U1016803

普通高等教育“十一五”国家级规划教材

材料物理性能

（第3版）

主编　邱成军　王元化　曲　伟
主审　关振铎　杨尚林

哈爾濱工業大學出版社

内容提要

本书介绍了固体材料的电、磁、光、热、弹性性能及固体材料物理检测方法等内容，主要阐述上述性能的物理模型、变化规律、影响因素以及和物理效应之间的关系。

本书是在金属物理性能的基础上按拓宽专业面的思路，将金属、半导体、电介质、聚合物等融入其中而编写的，旨在使学生尽可能从物理效应和微观机制角度掌握固体材料。

本书可作为高等院校金属、无机非金属、高分子专业和材料物理、材料化学、材料科学基础等专业的教材，也可供工程技术人员参考。

图书在版编目(CIP)数据

材料物理性能/邱成军，王元化，曲伟主编. —3 版.
哈尔滨：哈尔滨工业大学出版社，2009.1(2023.8 重印)
普通高等教育"十一五"国家级规划教材
ISBN 978-7-5603-1827-1
Ⅰ.材… Ⅱ.①邱… ②王… ③曲… Ⅲ.工程材料-物理性能-高等学校-教材 Ⅳ.TB303

中国版本图书馆 CIP 数据核字(2008)第 196944 号

策划编辑　张秀华　杨　桦
责任编辑　杨　桦　范业婷
封面设计　卞秉利
出版发行　哈尔滨工业大学出版社
社　　址　哈尔滨市南岗区复华四道街 10 号　邮编 150006
传　　真　0451－86414749
网　　址　http://hitpress.hit.edu.cn
印　　刷　哈尔滨市工大节能印刷厂印刷
开　　本　787mm×1092mm　1/16　印张 19.5　字数 446 千字
版　　次　2003 年 7 月第 1 版　2009 年 1 月第 3 版
　　　　　2023 年 8 月第 14 次印刷
书　　号　ISBN 978-7-5603-1827-1
定　　价　33.00 元

序　言

材料科学与工程系列教材是由哈尔滨工业大学出版社组织国内部分高等院校的专家学者共同编写的一套大型系列教学丛书，其中第一系列和第二系列已分别被列为新闻出版总署“九五”、“十五”国家重点图书出版计划。第一系列共计 10 种已于 1999 年后陆续出版。编写本套丛书的基本指导思想是：总结已有、通向未来、面向 21 世纪，以优化教材链为宗旨，依照为培养材料科学人才提供一个较为广泛的知识平台的原则，并根据培养目标，确定书目和编写大纲及主干内容。为了确保图书品位体现较高水平，编审委员会全体成员对国内外同类教材进行了细致的调查研究，广泛征求各参编院校第一线任课教师的意见，认真分析教育部新的学科专业目录和全国材料工程类专业教学指导委员会第一届全体会议的基本精神，进而制定了具体的编写大纲。在此基础上，聘请了国内一批知名专家对本系列教材书目和编写大纲审查认定，最后确定各册的体系结构。

经过全体编审人员的共同努力，第二系列 21 种和第三系列 11 种也已出版发行。值得欣慰的是系列丛书几经修订再版在该领域已经有了广泛的基础，像《材料物理性能》、《材料合成与制备方法》等 10 余种图书被选入教育部普通高等教育“十一五”国家级规划教材。我们热切地期望这套大型系列丛书能够满足国内高等院校材料工程类专业教育改革发展的部分需要，并且在教学实践中得以不断总结、充实、完善和发展。

在大型系列丛书的编写过程中，我们注意突出了以下几方面的特色：

1.根据科学技术发展的最新动态和我国高等学校专业学科归并的现实需求，坚持面向一级学科、加强基础、拓宽专业面、更新教材内容的基本原则。

2.注重优化课程体系，探索教材新结构，即兼顾材料工程类学科中金属材料、无机非金属材料、高分子材料、复合材料共性与个性的结合，实现多学科知识的交叉与渗透。

3.反映当代科学技术的新概念、新知识、新理论、新技术、新工艺，突出反映教材内容的现代化。

4.注重协调材料科学与材料工程的关系，既加强材料科学基础的内容，又强调材料工程基础，以满足培养宽口径材料学人才的需要。

5.坚持体现教材内容深广度适中、够用为原则，增强教材的适用性和针对性。

6.在系列教材编写过程中，进行了国内外同类教材对比研究，吸取了国内外同类教材的精华，重点反映新教材体系结构特色，把握教材的科学性、系统性和适用性。

此外，本套系列教材还兼顾了内容丰富、叙述深入浅出、简明扼要、重点突出等特色，能充分满足少学时教学的要求。

3 版 前 言

本教材第 1 版是根据国家教育部 1998 年调整的最新专业目录和高等学校材料科学与工程相关专业的教学需要,结合哈尔滨工业大学出版社第二届材料科学与工程系列教材编审委员会会议精神,为适应“厚基础、宽专业、多方向、强能力”的新时期教育思想而编写的。根据国家“十一五”规划的需求我们对教材进行了修订,修订的原则是修正错误的内容,在每章后增加习题,同时合理调整全书的结构。

本书适合作高校金属、无机非金属、高分子专业和材料物理、材料化学、材料科学基础等专业本科生教材,也可供工厂、研究部门科技人员参考。

全书共分六章。第一章为材料的热学性能,包括热容、热膨胀、热传导、热稳定性等;第二章为材料的电学性能,包括材料的导电性、超导电性、介电性、磁电性、热电性、接触电性、热释电性和压电性、光电性等;第三章为材料的磁学性能,介绍有关的磁学理论、磁性的测量和磁性分析法在材料研究中的主要应用;第四章为材料的光学性质,介绍光传播电磁理论、光的反射与折射、光的吸收与色散、晶体的双折射和二向色性、介质的光散射、发光材料等;第五章为材料的弹性及内耗分析,介绍弹性的物理本质、影响弹性模量的因素、弹性模量的测量及应用、滞弹性与内耗、内耗产生的机制、内耗的测量方法和度量、内耗分析的应用等;第六章为核物理检测方法及其应用,主要介绍穆斯堡尔效应、核磁共振、正电子湮没和中子散射等现代物理方法。

本书第一章、第五章 5.1 ~ 5.5 节由黑龙江大学邱成军编写,第二章由哈尔滨工程大学王元化编写,第三章由哈尔滨理工大学王义杰编写,第四、六章由黑龙江大学曲伟编写,第五章 5.6 ~ 5.9 节由哈尔滨工程大学刘红梅编写。王秀坤硕士在再版时做了大量具体工作,补充了习题。全书由邱成军统稿,清华大学关振铎教授、哈尔滨工程大学杨尚林教授主审。

本书在编写过程中,参考并引用了一批国内外相关图书和重要文献的有关内容,并得到了哈尔滨工业大学出版社材料科学与工程系列教材编审委员会的精心指导,得到了哈尔滨工业大学、哈尔滨工程大学、哈尔滨理工大学、黑龙江大学等院校的大力支持与协作,谨此一并致谢。

限于作者水平,不足与不妥之处在所难免,恳请使用本书的师生及读者批评指正。

编 者

2008 年 12 月

参加本套系列丛书编审工作的单位有:清华大学、哈尔滨工业大学、东北大学、山东大学、装甲兵工程学院、北京理工大学、哈尔滨工程大学、合肥工业大学、燕山大学、北京化工大学、中国海洋大学、上海大学等50多所院校近200多名专家学者。他们为本套系列教材编审付出了大量的心血,在此,编审委员会对这些同志无私的奉献致以崇高的敬意。

同时,编审委员会特别鸣谢中国科学院院士肖纪美教授、中国工程院院士徐滨士少将、中国工程院院士杜善义和才鸿年教授、全国材料工程类专业教学指导委员会主任吴林教授,感谢他们对本套系列丛书编审工作的指导与大力支持。

限于编审者的水平,疏漏和错误之处在所难免,欢迎同行和读者批评指正。

材料科学与工程系列教材编审委员会

2007年7月

目　　录

第一章　材料的热学性能

1.1　概　　述

材料的热学性能包括热容、热膨胀、热传导、热稳定性、热辐射、热电势等。工程中，在许多特殊场合对材料的热学性能提出特殊的要求，如微波谐振腔、精密天平、标准尺、标准电容等使用的材料要求的热膨胀系数低，而电真空封装材料要求具有一定的热膨胀系数，热敏元件却要求尽可能有高的热膨胀系数。而工业炉衬、建筑材料以及航天飞行器重返大气层的隔热材料要求具有优良的隔热性能；燃气轮机叶片、晶体管散热器等材料又要求优良的导热性能；在设计热交换器时，为了计算效率，又必须准确地了解所用材料的导热系数；在某些领域热性能往往成为技术关键。

另一方面，材料的组织结构发生变化时常伴随一定的热效应。因此，在研究焓与温度的关系中可以确定热容和潜热的变化。热性能分析已成为材料科学研究中的重要手段之一，特别是对于确定临界点并判断材料的相变特征时有重要的意义。本章就这些热性能和材料的宏观、微观本质关系加以探讨，以便为选材、用材、改善材质、探讨新材料和新工艺等打下理论基础。

材料是由晶体和非晶体组成的。材料的各种性能的物理本质均与晶格热振动有关。晶体点阵中的质点(原子、离子)总是围绕着平衡位置作微小振动，称为晶格热振动。晶格热振动是三维的，可以根据空间力系将其分解成三个方向的线性振动。设每个质点的质量为 m，在任一瞬间该质点在 x 方向的位移为 x_n，其相邻质点的位移为 x_{n-1}、x_{n+1}。根据牛顿第二定律，该质点的运动方程为

$$m\frac{\mathrm{d}^2 x_n}{\mathrm{d}t^2} = \beta(x_{n+1} + x_{n-1} - 2x_n) \tag{1.1}$$

式中，β 为微观弹性模量。

上述方程是简谐振动方程，其振动频率随 β 的增大而提高。对于每个质点，β 都不同，即每一个质点在热振动时都有一定的频率。某材料内 N 个质点，就有 N 个频率组合在一起。温度高时动能加大，所以振幅和频率均加大。各质点热运动时动能的总和，即为该物体的热量，即

$$\sum_{i=1}^{N}(\text{动能})_i = \text{热量} \tag{1.2}$$

由于材料中质点间有着很强的相互作用力，因此一个质点的振动会使临近质点随之振动。因相邻质点间的振动存在着一定的位相差，故晶格振动以弹性波的形式(又称为格波)在整个材料内传播。弹性波是多频率振动的组合波。

由实验测得弹性波在固体中的传播速度 $v = 3 \times 10^3 \mathrm{m/s}$，晶格的晶格常数 a 约为 $10^{-10}\mathrm{m}$，而声频振动的最小波长为 $2a$，故它的最大振动频率为

$$\nu_{\max} = \frac{v}{2a} = 1.5 \times 10^{13}\mathrm{Hz}$$

如果振动着的质点中包含频率甚低的格波，质点彼此之间的位相差不大，则格波类似于弹性体中的应变波，称为"声频支振动"。格波中频率甚高的振动波，质点间的位相差很大，邻近质点的运动几乎相反时，频率往往在红外光区，称为"光频支振动"。

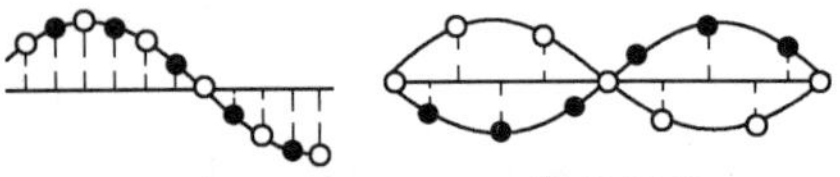

图 1.1　一维双原子点阵中的格波

图 1.1 表示晶胞中包含了两种不同的原子，各有独立的振动频率，即使它们的频率都与晶胞振动频率相同，由于两种原子的质量不同，振幅也不同，所以两原子间会有相对运动。声频支可以看成是相邻原子具有相同的振动方向，如图 1.1(a) 所示。光频支可以看成相邻原子振动方向相反，形成了一个范围很小、频率很高的振动，如图 1.1(b) 所示。如果是离子型晶体，就是正、负离子间的相对振动，当异号离子间有反向位移时，便构成了一个偶矩极子，在振动过程中此偶极子的偶极矩是周期性变化的。根据电动力学可知，它发射电磁波，其强度决定于振幅大小。在室温下，所发射的这种电磁波是微弱的，如果从外界辐射相应的红外光，则立即被晶体强烈吸收，从而激发总体振动。这表明离子晶体具有很强的红外光吸收特性，这也就是该支格波被称为光频支的原因。

由于光频支是不同原子相对振动引起的，所以如果一个分子中有 n 个不同的原子，则会有 $n-1$ 个不同频率的光频波。如果晶格有 N 个分子，则有 $N(n-1)$ 个光频波。

1.2　材料的热容

当加热一个物体时，它的温度将会升高。不同物体升高相同温度所需要的热量是不一样的，有的物体加热到某一温度比较容易，而另一些物体却需要较大的功率和较长的时间。显然，质量大的物体比质量小的物体难以升温，其所需要的热量与质量有关。不同的物质即使有相同的质量，升温的难易也是不同的，这就取决于物质的性质。热容是分子热运动的能量随温度而变化的一个物理量，它是物体温度升高 1 K 所需要增加的能量。热容以数学形式表示为

$$C = \frac{\Delta Q}{\Delta T} \tag{1.3}$$

对于一个指定的物体来说，升高 1 K 所需要的热量并不是确定的，还与过程有关。如果在加热过程中体积不变，则所供给的热量只需要满足升高 1 K 时物体内能增加，而不必再以做功的形式传输出去。这种条件下的热容称为定容热容（C_V）。假定在加热过程中保持压力不变，而体积则自由向外膨胀，那么，这时升高 1 K 时供给物体的热量，除了满足内能增加需要外，还必须补充对外做功的损耗。这种条件下的热容，称为定压热容（C_p）。

定容热容　$$C_V = \left(\frac{\Delta Q}{\Delta T}\right)_V = \left(\frac{\Delta U + p\Delta V}{\Delta T}\right)_V = \frac{\Delta U}{\Delta T} \tag{1.4}$$

定压热容 $C_p = \left(\frac{\Delta Q}{\Delta T}\right)_p = \left(\frac{\Delta U + p\Delta V}{\Delta T}\right)_p = \frac{\Delta U}{\Delta T} + p\frac{\Delta V}{\Delta T} = \left(\frac{\Delta H}{\Delta T}\right)_p$ (1.5)

式中，Q 为热量；U 为内能；H 为焓，$H = U + pV$。

由此可见，$C_p > C_V$，C_p 比 C_V 多了与体积膨胀有关的一项 $p\frac{\Delta V}{\Delta T}$。$C_p$ 的测定比较简单，但 C_V 更有理论意义，因为它可以直接由系统的能量增量计算。实验中很难保持体积不变，因而实际测量得到的都是定压热容 C_p。不过对于物质的凝聚态来讲，加热过程的体积变化甚微，C_p 和 C_V 的差异可以忽略。但在高温时二者的差别增加很快。

焓与温度的关系是

$$H = m\bar{c}T \tag{1.6}$$

式中，$\bar{c}$ 为从 0 ~ T K 温度区间的平均比热容。质量为 1 kg 的物质在没有相变和化学反应的条件下升高 1 K 所需的热量称为比热容。它与物质的本性有关，通常用小写的英文字母 c 表示，单位符号为 J/(kg · K)。

每种物质均有两种比热容，即比定压热容 c_p 和比定容热容 c_V。因为比定压热容中同样含有体积膨胀功，所以 $c_p > c_V$。对于固体材料而言，c_V 不能直接测量，只有 c_p 可用实验的方法测得，因此，以后出现的比热容测量值都是指 c_p。

质量为 m 的物体，温度从 T 升高到 $T + \Delta T$，它的热量从 Q 升高到 $Q + \Delta Q$。在 T ~ $T + \Delta T$ 温度范围内的平均比热容为

$$\bar{c}_p = \frac{1}{m}\frac{\Delta Q}{\Delta T} \tag{1.7}$$

物体的真实比热容是随温度而变化的。为了得到某种温度下物质的真实比热容，测量时，要把温度范围 T ~ $T + \Delta T$ 减小到无限小，即

$$c_p = \frac{1}{m}\frac{\mathrm{d}Q}{\mathrm{d}T} \tag{1.8}$$

在固体材料的研究中，通常使用摩尔热容表示热容。1 mol 的物质在没有相变或化学反应的条件下升高 1 K 所需的热量称为摩尔热容，用 C_m 表示，单位符号为 J/(mol · K)。

摩尔热容也有摩尔定压热容($C_{p,\mathrm{m}}$)和摩尔定容热容($C_{V,\mathrm{m}}$)之分，它和比热容的关系为

$$C_{p,\mathrm{m}} = c_pM, \quad C_{V,\mathrm{m}} = c_VM \tag{1.9}$$

式中，M 为摩尔质量，单位符号为 kg/mol。

测得摩尔定压热容 $C_{p,\mathrm{m}}$ 之后，通过热力学第二定律可以导出 $C_{V,\mathrm{m}}$ 与 $C_{p,\mathrm{m}}$ 的关系为

$$C_{p,\mathrm{m}} - C_{V,\mathrm{m}} = \frac{\alpha_V^2 V_\mathrm{m} T}{K} \tag{1.10}$$

式中，α_V 为体[膨]胀系数，单位符号为 K^{-1}；V_m 为摩尔体积，单位符号为 m^3/mol；K 为三向静力压缩系数，单位符号为 m^2/N。

后面所用 $C_{V,\mathrm{m}}$ 的实验值，实际上是指用实验测得的 $C_{p,\mathrm{m}}$ 值再通过式(1.10)换算获得的 $C_{V,\mathrm{m}}$ 值。

热容是随温度而变化的，在不发生相变和化学反应的条件下，多数物质的摩尔热容测量表明，$C_{V,\mathrm{m}}$ 和温度的关系与热容有相似的规律，如图 1.2 所示。在高温区 $C_{V,\mathrm{m}}$ 的变化很

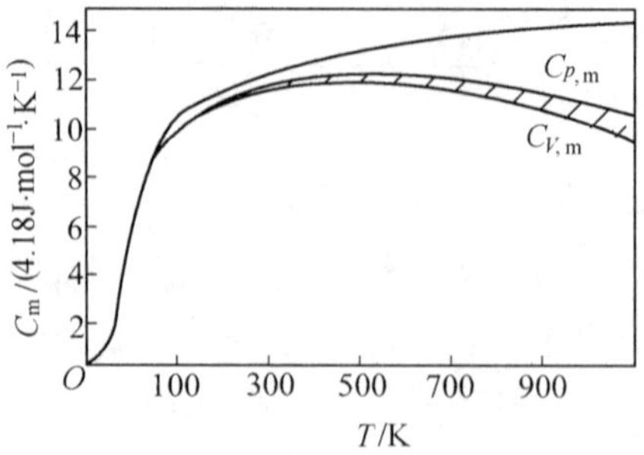

图 1.2 NaCl 的摩尔热容 – 温度曲线

平缓;低温区 $C_{V,m}$、$C_{p,m} \propto T^3$;温度接近0 K时,$C_{V,m}$、$C_{p,m} \propto T$;0 K时,$C_{V,m}$、$C_{p,m} = 0$的热容来源于受热后点阵离子的振动加剧和体积膨胀对外做功,此外还和电子贡献有关,后者在温度极高(接近熔点)或极低(接近0 K)的范围内影响较大,在一般温度下则影响很小。为了弄清热容 $C_{V,m}$ 随温度变化的实质,下面简要介绍固体的热容理论。

1.2.1 晶态固体热容的经验定律和经典理论

19 世纪已发现了两个有关晶体热容的经验定律。一是元素的热容定律——杜隆 – 珀蒂(Dulong-Petit)定律:恒压下元素的原子摩尔热容为 25 J/(mol · K)。

实际上,大部分元素的原子摩尔热容都接近该值,特别在高温时符合得更好。但轻元素摩尔热容需改用以下值:

元素	H	B	C	O	F	Si	P	S	Cl
$C_{p,m}/(J \cdot mol^{-1} \cdot K^{-1})$	9.6	11.3	7.5	16.7	20.9	15.9	22.5	22.5	20.4

另一个是化合物的热容定律——奈曼 – 柯普定律(Neumann-Kopp):化合物分子热容等于构成此化合物各元素原子热容之和。根据晶格振动理论,在固体中可以用谐振子代表每个原子在一个自由度的振动,按照经典理论,能量按自由度均分,每一振动自由度的平均动能和平均位能都为$(1/2)kT$,一个原子有三个振动自由度,平均动能和位能的总和就等于 $3kT$。1 mol 固体中有 N 个原子,总能量为

$$E = 3NkT = 3RT \tag{1.11}$$

式中,N 为阿伏加德罗常数,$N = 6.022 \times 10^{23}$/mol;T 为热力学温度,K;k 为玻耳兹曼常数,$k = R/N = 1.38 \times 10^{-23}$ J/K;R 为摩尔气体常数,$R = 8.315$ J/(mol · K)。

按热容定义,1 mol 单原子固体物质的摩尔定容热容为

$$C_{V,m} = \left(\frac{\partial E}{\partial T}\right)_V = \left(\frac{\partial(3NkT)}{\partial T}\right)_V = 3Nk = 3R = 24.945 \approx 25 \text{ J/(mol} \cdot \text{K)} \tag{1.12}$$

由式(1.12)可知,热容是与温度无关的常数,这就是杜隆 – 珀蒂定律。对于双原子的固态化合物,1 mol 物质中的原子数为 $2N$,故摩尔定容热容为 $C_{V,m} = 2 \times 25$ J/(mol · K),三原子固态化合物的摩尔定容热容 $C_{V,m} = 3 \times 25$ J/(mol · K),其余类推。实验表明,在室温以上除了 Si、C、B 以外,大多数单原子金属的热容值与这一结果相当接近。但是,在低温区热容随温度下降而减小,当温度接近 0 K 时热容趋于零。杜隆 – 珀蒂定律之所以在低温完全不能适用是因为其模型过于简单,也表明经典力学遇到了困难,需要用量子理论来解释。

1.2.2 晶态固体热容的量子理论回顾

普朗克在研究黑体辐射时，提出振子能量的量子化理论。他认为在一物体内，即使温度 T 相同，但在不同质点上所表现的热振动(简谐振动)的频率 ν 也不尽相同。因此在物体内，质点热振动时所具有的动能也是有大有小。即使同一质点，其能量也有时大有时小，但无论如何，它们的能量是量子化的，都是以 $h\nu$ 为最小单位。$h\nu$ 称为量子能阶，通过实验测得普朗克常量 h 的平均值为 $6.626\times10^{-34}\text{J}\cdot\text{s}$。所以，各个质点的能量只能是 $\nu, h\nu, 2h\nu, \cdots, nh\nu$，$n=0,1,2,\cdots$ 称为量子数。

如果上述频率 ν 改为以圆频率 ω 计，则

$$h\nu = h\cdot\frac{\omega}{2\pi} = \hbar\omega$$

式中，$\hbar$ 称为普朗克常量，$\hbar = 1.055\times10^{-34}\text{J}\cdot\text{s}$。

频率为 ω 的谐振子的能量也具有统计性，按照统计热力学的原理，在温度为 T，谐振子的频率为 ω 时，它所具有的能量为 $n\hbar\omega$ 值的概率与 $e^{-\frac{n\hbar\omega}{kT}}$ 成正比，即

$$\frac{N_n}{\sum\limits_{i=0}^{\infty}N_i} = \frac{e^{-\frac{n\hbar\omega}{kT}}}{\sum\limits_{i=0}^{\infty}e^{-\frac{i\hbar N}{kT}}}$$

根据麦克斯韦－玻耳兹曼分配定律可推导出，在温度为 T 时，一个振子的平均能量为

$$\overline{E} = \frac{\sum\limits_{n=0}^{\infty}n\hbar\omega e^{-\frac{n\hbar\omega}{kT}}}{\sum\limits_{n=0}^{\infty}e^{-\frac{n\hbar\omega}{kT}}} \tag{1.13}$$

将上式中多项式展开后，取前几项，化简得

$$\overline{E} = \frac{\hbar\omega}{e^{\frac{\hbar\omega}{kT}}-1} \tag{1.14}$$

在高温时 $kT \gg \hbar\omega$，所以 $\overline{E} = \frac{\hbar\omega}{e^{\frac{\hbar\omega}{kT}}-1} = kT$，即每个振子单向振动的总能量与经典理论一致。例如，晶格热振动的最大频率 $\omega_{\max}$ 在红外区，即大约为 $6\times10^{13}\text{rad/s}$，所以 $(h\nu)_{\max} = 9.93\times10^{-21}\text{J}$。室温时 $kT = 4.14\times10^{-21}\text{J}$，$kT < \hbar\omega$，因此 $\overline{E}$ 与 kT 相差较大。只有当温度稍高时，kT 将比 $\hbar\omega$ 大得多，可按经典理论计算热容。

由于 1 mol 固体中有 N 个原子，每个原子的热振动自由度是 3，所以可将 1 mol 固体的振动看成 $3N$ 个振子的合成振动，则 1 mol 固体的平均能量为

$$\overline{E} = \sum_{i=1}^{3N}\overline{E}_{\omega_i} = \sum_{i=1}^{3N}\frac{\hbar\omega_i}{e^{\frac{\hbar\omega_i}{kT}}-1} \tag{1.15}$$

因而固体的摩尔定压热容为

$$C_{V,\text{m}} = \left(\frac{\partial E}{\partial T}\right)_V = \sum_{i=1}^{3N}k\left(\frac{\hbar\omega_i}{kT}\right)^2\frac{e^{\frac{\hbar\omega_i}{kT}}}{(e^{\frac{\hbar\omega_i}{kT}}-1)^2} \tag{1.16}$$

这就是按照量子理论求得的热容表达式。但是由此式计算 $C_{V,\text{m}}$ 时，必须知道谐振子的频

谱，这是非常困难的。实际上，可采用简化的爱因斯坦模型和德拜模型。

1. 爱因斯坦模型

1906年，爱因斯坦引入点阵振动能量量子化概念，把晶体点阵上的每一个原子都看做一个独立的振子，原子间彼此无关，而且都是以相同的角频率振动。这样式(1.16)变为

$$\overline{E} = 3N \times \frac{\hbar\omega}{e^{\frac{\hbar\omega}{kT}} - 1} \tag{1.17}$$

$$C_{V,m} = \frac{\partial \overline{E}}{\partial T} = 3Nk\left(\frac{\hbar\omega}{kT}\right)^2 \frac{e^{\frac{\hbar\omega}{kT}}}{(e^{\frac{\hbar\omega}{kT}} - 1)^2} = 3Nkf_E\left(\frac{\hbar\omega}{kT}\right) \tag{1.18}$$

$f_E\left(\frac{\hbar\omega}{kT}\right)$称为爱因斯坦比热容函数。选取适当的角频率可以使理论上的 $C_{V,m}$ 值与实验值吻合得很好。

令 $\theta_E = \frac{\hbar\omega}{k}$，$\theta_E$ 称为爱因斯坦温度，则 $f_E\left(\frac{\hbar\omega}{kT}\right) = f_E\left(\frac{\theta_E}{T}\right)$。从式(1.18)可以得出：

(1) 当 $T \gg \theta_E$ 或 $\theta_E/T \ll 1$，即高温时，$e^{\frac{\theta_E}{T}} \approx 1 + \frac{\theta_E}{T}$，所以

$$C_{V,m} = 3Nk\left(\frac{\theta_E}{T}\right)^2 \frac{1 + \frac{\theta_E}{T}}{(1 + \frac{\theta_E}{T} - 1)^2} = 3Nk = 3R$$

此式表明，高温时爱因斯坦理论回到杜隆 – 珀蒂定律，与实验结果相符合。

(2) 当 $T \ll \theta_E$，即低温时，$e^{\frac{\theta_E}{T}} \gg 1$，所以

$$C_{V,m} = 3Nk\left(\frac{\theta_E}{T}\right)^2 e^{-\frac{\theta_E}{T}}$$

式中，$C_{V,m}$ 随 T 变化的趋势与实验相符，但比实验更快地趋近于零，如图1.3所示。

(3) $T \to 0$ 时，$C_{V,m}$ 也趋近于零，又与实验相符。

从以上分析可以看出，爱因斯坦理论不足之处是，在 Ⅱ 温区理论值较实验值下降得过快。原因在于爱因斯坦模型假定原子振动不相关，且以相同频率振动，而实际晶体中，各原子的振动不是彼此独立地以同样频率振动，而是原子振动间有耦合作用，点阵波的频率也有差异。温度低时这一效应尤其显著。此外，爱因斯坦也没有考虑低频率振动对热容的贡献。

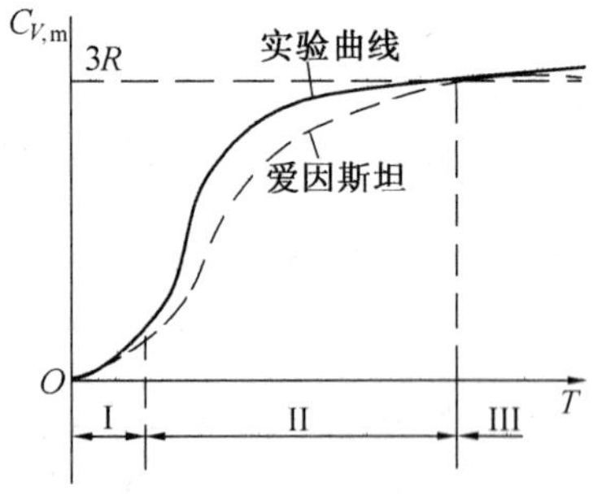

图1.3　热容的爱因斯坦模型理论值与实验值比较

德拜模型在这一方面作了改进，故能得到更好的结果。

2. 德拜模型

1912年，德拜考虑了晶体中原子的相互作用。因为晶格中对热容的主要贡献是弹性波的振动，也就是波长较长的声频支在低温下的振动占主导地位，并且声频波的波长远大于晶体的晶格常数，可以把晶体近似为连续介质，所以声频支的振动也近似地看做连续的，

具有 0 ~ ω_{max} 的谱带。高于 ω_{max} 不在声频支而在光频支范围，对热容贡献很小，可以忽略不计。ω_{max} 由分子密度及声速决定。由上述假定导出了摩尔定压热容的表达式

$$C_{V,m} = 3Nkf_D\left(\frac{\theta_D}{T}\right) \tag{1.19}$$

式中，$\theta_D = \dfrac{\hbar\omega_{max}}{k} \approx 0.76 \times 10^{-11}\omega_{max}$，称为德拜特征温度；$f_D\left(\dfrac{\theta_D}{T}\right) = 3\left(\dfrac{T}{\theta_D}\right)^3 \cdot \displaystyle\int_0^{\frac{\theta_D}{T}} \frac{e^x x^4}{(e^x - 1)^2}dx$，称为德拜比热容函数，$x = \dfrac{\hbar\omega}{kT}$。

根据式(1.19) 还可以得到如下结论：

(1) 当 $T \gg \theta_D$，即高温时，$e^x = 1 + x$，所以

$$C_{V,m} = 3Nk\left[12\left(\frac{T}{\theta_D}\right)^3\int_0^{\frac{\theta_D}{T}}\frac{x^3}{1 + x - 1}dx - \frac{3\left(\frac{\theta_D}{T}\right)}{1 + \frac{\theta_D}{T} - 1}\right] =$$

$$3Nk\left[12\left(\frac{T}{\theta_D}\right)^3\frac{\left(\frac{\theta_D}{T}\right)}{3} - 3\right] = 3Nk = 3R$$

可见，在高温区德拜理论的结果与杜隆 – 珀蒂定律相符。

(2) 当 $T \ll \theta_D$，即低温时，有

$$C_{V,m} = \frac{12}{5}\pi^4 R\left(\frac{T}{\theta_D}\right)^3$$

对于一定的材料 θ_D 为常数，所以 $C_{V,m}$ 与 T^3 成正比，这就是著名的德拜 T^3 定律。可见，在 Ⅱ 温区与爱因斯坦理论相比更符合实验测定的结果说明，晶体温度升高时所吸收的热量主要在于加剧点阵的振动。

(3) 当 $T \to 0$ 时，$C_{V,m} \to 0$，与实验大体相符。图 1.4 为德拜理论计算与实验曲线的比较。

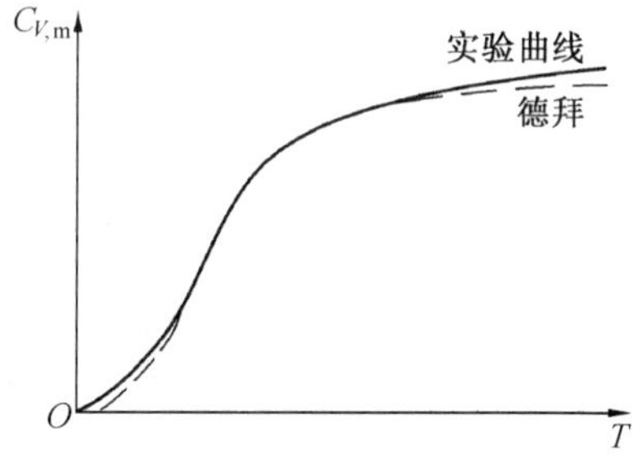

图 1.4　德拜模型理论值与实验值比较

德拜模型比起爱因斯坦模型有了很大的进步，但由于德拜把晶体看成连续介质，对于原子振动频率较高的部分不适用，故德拜理论对一些化合物的热容计算与实验不符。随着科学的发展，实验技术和测量仪器的不断完善，人们发现了德拜理论在低温下还不能完全符合事实，这是因为晶体毕竟不是一个连续体。对于金属类的晶体，没有考虑自由电子的贡献。在一般的场合下，德拜模型已足够精确了，但德拜模型解释不了超导现象。

作为反映固体的许多特性，德拜温度 θ_D 是一个重要标志，假如认为金属在熔点 T_m 时原子的振动达到了使电子解体的程度，那么最高频率 ω_m 与熔点之间存在如下关系

$$\omega_m = 2.8 \times 10^{12}\sqrt{\frac{T_m}{A_r V^{\frac{2}{3}}}} \tag{1.20}$$

式中 A_r 为相对原子质量；V 为原子体积。式(1.20) 称为林德曼公式。从 $\theta_D = \hbar\omega_m/K$ 可得

$$\theta_D = 137\sqrt{\frac{T_m}{A_r V^{\frac{2}{3}}}} \tag{1.21}$$

由于熔点 T_m 和最高频率 ω_m 的高低都代表材料中原子结合力的大小，显然德拜温度 θ_D 是反映晶体点阵内原子间结合力的又一重要物理量。当材料内部结合力很强，且原子质量较轻时，θ_D 值也较高，金刚石和金属铅就是典型的例子，金刚石的 θ_D 为 2 230 K，而铅的 θ_D 仅为 105 K。表 1.1 列出了一些单质的德拜温度值。

表 1.1　一些单质的德拜温度值　　K

单质	θ_D	单质	θ_D	单质	θ_D	单质	θ_D
Li	344	Ti	420	Ni	450	Al	428
Na	158	Zr	291	Ru	600	Ga	320
K	91	Hf	252	Rh	480	In	108
Rb	56	V	280	Pd	274	Tl	785
Cs	38	Nb	275	Os	500	C(金刚石)	2 230
Be	1 440	Ta	240	Ir	420	Si	645
Mg	406	Cr	630	Pt	240	Ge	374
Ca	230	Mo	450	Cu	343	Sn	200
Sr	147	W	400	Ag	225	Pb	105
Ba	110	Mn	410	Au	165	Bi	119
Sc	360	Re	430	Zn	327	U	207
Y	280	Fe	470	Cd	209		
La(β)	142	Co	445	Hg	71.9		

以上有关热容的量子理论，对于原子晶体和一部分较简单的离子晶体，如 Al、Ag、C、KCl、Al_2O_3，在较宽广的温度范围内都与实验结果符合得很好，但并不完全适用于其他化合物。因为较复杂的分子结构往往会有各种高频振动耦合。至于多晶、多相体系材料情况还复杂得多。

1.2.3　无机材料的热容

根据德拜热容理论，在高于德拜温度 θ_D 时，摩尔热容趋于常数 25 J/(mol·K)，低于 θ_D 时与 T^3 成正比。不同材料的 θ_D 是不同的。例如，石墨为 1 973 K、BeO 为 1 173 K、Al_2O_3 为 923 K 等。它取决于键的强度、材料的弹性模量、熔点等。图 1.5 是几种材料的摩尔热容 – 温度曲线。这些材料的 θ_D 约为熔点(热力学温度) 的 0.2 ~ 0.5 倍。对于绝大多数氧化物、碳化物，摩尔热容都是从低温时的一个低的数值增加到 1 273 K 左右的近似于 25 J/(mol·K) 的数值。温度进一步增加，摩尔热容基本上没有什么变化。图中几条曲线不仅形状相似，而且数值也很接近。

无机材料的摩尔热容与材料结构的关系不大，如图 1.6 所示。CaO 和 SiO_2 1 : 1 的混合物与 $CaSiO_3$ 的摩尔热容 – 温度曲线基本重合。

相变时，由于热量的不连续变化，所以摩尔热容也出现了突变，如图 1.6 中 α 型石英转化为 β 型时所出现的明显变化。其他所有晶体在多晶转化、铁电转变、有序 – 无序转变等相变情况下都会发生类似的情况。

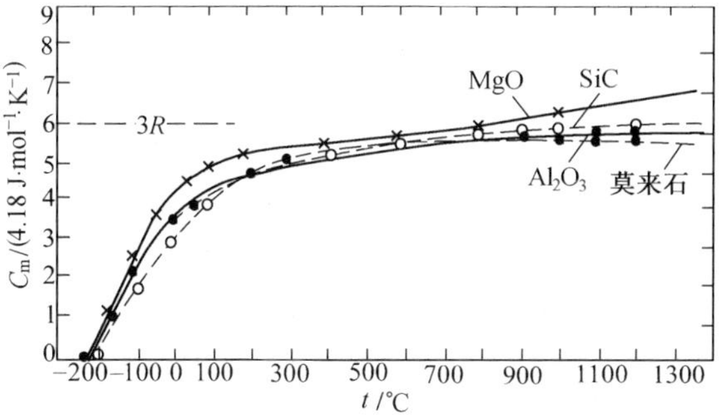

图 1.5　一些无机材料在不同温度下的摩尔热容

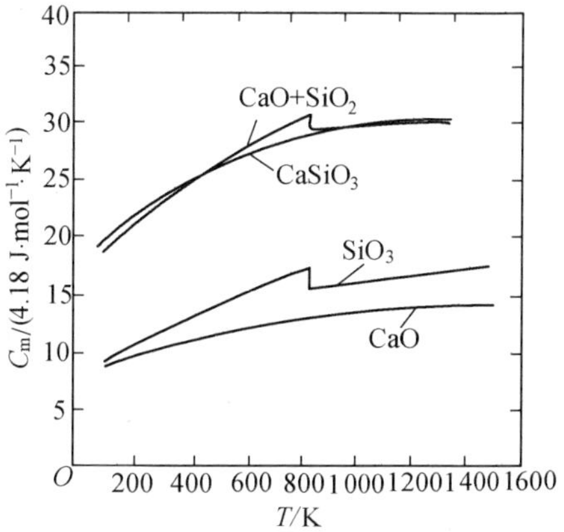

图 1.6　摩尔比为 1 : 1 的不同形式的 $CaO + SiO_2$ 的摩尔热容

虽然固体材料的摩尔热容不是结构敏感的，但是单位体积的热容却与气孔率有关。多孔材料因为质量轻，所以热容小，因此提高轻质隔热砖的温度所需要的热量远低于致密的耐火砖所需要的热量。

材料热容与温度关系应由实验精确测定。根据某些实验结果加以整理，可得经验公式

$$C_{p,\mathrm{m}} = a + bT + cT^{-2} + \cdots \tag{1.22}$$

式中，$C_{p,\mathrm{m}}$ 的单位为 4.18 J/(mol · K)，一些无机材料在不同温度范围的 a、b、c 系数可以通过相关资料给出。

周期加热的窑炉用多孔的硅藻土砖、泡沫刚玉等，因为质量轻可减少热量损耗，加快升降温速度。实验室炉用隔热材料，如用质量轻的钼片、碳毡等，可使质量降低，吸热少，便于炉体迅速升降温，同时降低热量损耗。

1.2.4　金属材料热容

1. 自由电子对热容的贡献

金属态物质的特征是其内部有大量的自由电子。经典电子理论估计自由电子对热容的贡献在 $\frac{3k}{2}$ 数量级，且与温度无关。但是，实验得到常温下电子对热容的贡献只有理论的 1%。

在低温时几乎所有的金属化合物、固溶体和中间相的摩尔热容由点阵振动和自由电子两部分的贡献组成，即

$$C_{V,\mathrm{m}} = C_{V,\mathrm{m}}^{\mathrm{l}} + C_{V,\mathrm{m}}^{\mathrm{e}} = \alpha T^3 + \gamma T \tag{1.23}$$

式中，$C_{V,\mathrm{m}}^{\mathrm{l}}$ 和 $C_{V,\mathrm{m}}^{\mathrm{e}}$ 分别代表点阵振动的摩尔定压热容和自由电子的摩尔定压热容；α 和 γ 为热容系数，可由低温热容实验测定。

式(1.23) 表明，在常温时自由电子热容与点阵振动热容相比微不足道，但在极高温度和极低温度下，γT 对热容的贡献不可忽视，其影响的大小取决于系数 γ。这是因为在高温下，电子像金属晶体离子那样显著地参加到热运动中，以 $C_{V,\mathrm{m}}^{\mathrm{e}}$、$\gamma T$ 作出贡献。因此，在 Ⅲ 温区不以 $3Nk$ 为渐近线，而继续有所上升。在极低温度下，电子热容不像离子热容那样

急剧减小，因而在极低温度下起着主导作用。

2. 合金成分对热容的影响

关于纯金属热容的一般概念和变化规律可以应用到合金相和多相合金中。合金元素加入后能生成不同的相与组织，因此合金的热容取决于组成相的性质。

在形成合金相时总能量可能增加，但是组成化合物的每个原子的热振动能，在高温下几乎与该原子在纯物质晶体中同一温度的热振动能一样。这一规律可以用奈曼 - 柯普定律来表述，合金的热容是每个组成元素热容与其质量分数的乘积之和，即

$$C = X_1C_1 + X_2C_2 + \cdots + X_nC_n = \sum_{i=1}^{n} X_iC_i \tag{1.24}$$

式中，C_i 是第 i 种元素的热容；X_i 是第 i 种元素的质量分数。

在高于 θ_D 温度时，用式(1.24)计算出的热容值与实测结果相差不超过4%。该定律具有一定的普遍性，它不仅适用于金属化合物、金属与非金属的化合物，并能准确地适用于中间相和固溶体及它们所组成的多相合金，但对铁磁合金不适用。对不同合金、不同组织状态的适用性表明，热处理虽然能改变合金的组织，但对合金高温下的热容没有明显的影响。

3. 相变时的热容变化

金属及合金组织发生转变时还会产生附加的热效应，由此使焓和热容出现异常的变化，按其特征可分为四种情况。

(1) 熔化和凝固

在一定的压力下，加热金属所需要的热量随温度的变化如图 1.7 所示。在加热温度低于熔点时，加热所需的热量随温度缓慢地上升，而在熔点 T_m 处，由于熔化金属需要大量的熔化热 q_s，焓曲线产生拐折并陡直上升。液态(L) 和固态(S) 金属的热量变化曲线相比，L 曲线的斜率比 S 的大，这说明，液态金属的热容比固态的大。

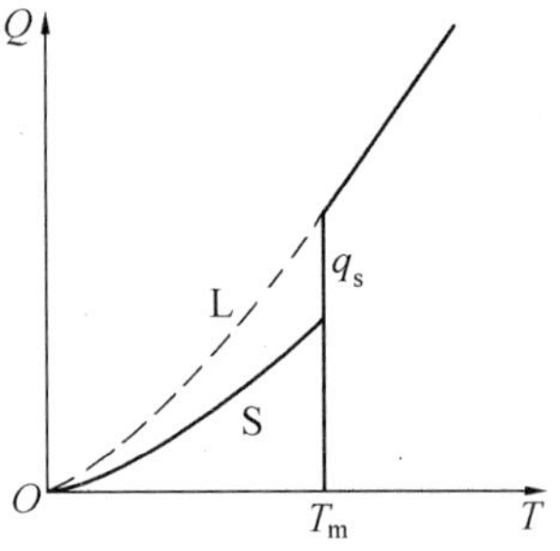

图 1.7　金属熔化时焓与温度关系

(2) 一级相变和二级相变

固态的多型性转变属于一级相变(第一类相变)，如珠光体转变，铁的 $\alpha \to \gamma$ 转变等。这类转变的焓与热容的变化如图 1.8(a) 所示。加热到临界点 T_c 时，焓曲线出现跃变，热容曲线发生不连续变化，这种转变的热效应即为曲线跃变所对应的焓变化值。

二级相变(第二类转变) 是在一个温度范围内逐步完成的，这种转变的热效应与第一类转变的特点不同，如图 1.8(b) 所示。由图可见，焓 Q 随着温度的升高而逐渐增大，当接近临界点 T_c 时，由于转变的数量急剧增多，Q 的变化加剧，与此相对应的热容值则达到最大值。转变的热效应相当于图中阴影所示的面积，可用内插法求得。属于这种转变的有磁性转变及 bcc 点阵的有序 - 无序转变等。从图 1.8 不难看出，有序 - 无序转变究竟属于哪一类转变还要作具体分析。一阶相变有潜热，如果是等温转变则相变时焓的变化有突变，热容趋于无穷大。二级相变无潜热，热容有突变。

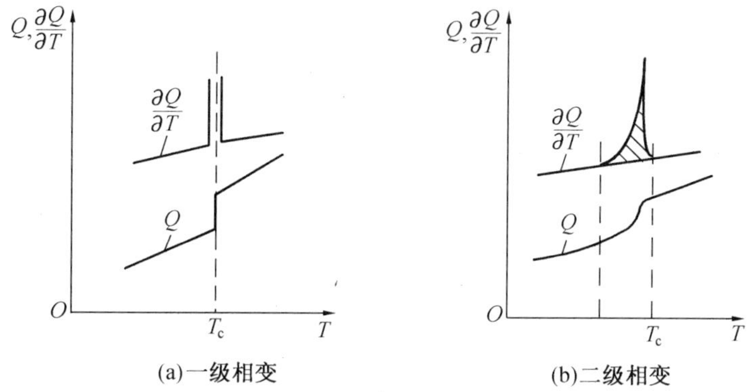

图 1.8　焓和热容与加热温度的关系

(3) 亚稳态组织转变

上述的组织转变均属于可逆性转变，所以转变的热效应也是可逆的。此外，在合金的研究中还常常遇到不可逆转变，如过饱和固溶体的时效，马氏体和残余奥氏体回火转变，形变金属的回复与再结晶等。它们的组织结构变化因为是不可逆的，所以伴随着转变产生的热效应也是不可逆的。通常认为，温度在室温以上某一范围内，如果不发生相变，合金的热容和温度之间成线性关系；如发生相变，则热容偏离直线规律。由于亚稳态固溶体的能量比较高，从亚稳态转变为稳定态时要放出热量，因此试样温度升高所需要的热量比无相变时要少，从而导致热容曲线要向下拐折。

1.2.5　热容与比热容的测量

测量焓及热容的方法很多，它是研究材料中相变过程的重要手段。分析焓和热容的温度关系，进行热和温度的测量可以确定临界点，建立合金状态图，研究材料中相变过程进行的方向和程度。这里仅将一些常用的测量方法介绍如下。

1. 量热计法

确定比热容的经典方法是量热计法，这种方法在普通物理的学习中已经熟悉。为了确定温度 T 时金属的比热容，要把试样加热到这个温度，经保温后，放入装有水或其他液体的量热计中去。根据试样的温度 T 和量热计最终的温度 T_f，由试样转移到量热计介质中的热量 Q，以及试样的质量 m，可求出比热容，即

$$c_p = \frac{Q}{T - T_f} \times \frac{1}{m} \tag{1.25}$$

这种方法是把加热的试样放入具有较低温度的量热计中进行测量，称为正向量热计法。若把未加热的试样放入具有较高温度的量热计中，利用试样被加热进行测量，称为反向量热计法。这种方法曾经有效地应用于研究淬火钢的回火及冷加工金属的再结晶过程。

在低温区和中温区，最方便的方法是电加热法。这种方法是把试样放在电阻为 $R(\Omega)$ 的螺旋管中，螺旋管的电阻丝通入 $I(\mathrm{A})$ 的电流，如加热时间为 $t(\mathrm{s})$，把质量为 $m(\mathrm{kg})$ 的试样从温度 T_1 加热到 T_2，若散入空气中的热损失忽略不计，则

$$c_p = \frac{I^2 Rt}{m(T_2 - T_1)}$$

这样得到的是平均比热容，若是物体所得到的热量和温度变化都很小时，c_p 可以接

近真实比热容。

2. 撒克司法

撒克司法是高温下测量比热容的方法，所用装置的主要部分如图 1.9(a) 所示。该部分有试样 1、箱子 2、电阻丝 3 以及测量箱子温度用的热电偶与测量试样和箱子之间温差的示差热电偶。试样和箱子都是由筒状基座和盖组成。

根据热量和加热温度的关系可以写出

$$\frac{\mathrm{d}Q}{\mathrm{d}t} = mc_p \frac{\mathrm{d}T_\mathrm{s}}{\mathrm{d}t}$$

因此

$$c_p = \frac{W}{m\dfrac{\mathrm{d}T_\mathrm{s}}{\mathrm{d}t}} \tag{1.26}$$

式中，$W = \dfrac{\mathrm{d}Q}{\mathrm{d}t}$，即电阻丝 3 的加热功率；$m$ 为试样的质量；$\dfrac{\mathrm{d}T_\mathrm{s}}{\mathrm{d}t}$ 为试样的温度变化速率。

若试样与箱子的温度相等，即 $T_\mathrm{s} = T_\mathrm{B}$，则可用式(1.26) 确定比热容。$W$ 可用安培和伏特计测出，实现测量的关键是确定$\dfrac{\mathrm{d}T_\mathrm{s}}{\mathrm{d}t}$。在实际测量时，如果用炉子加热箱子，然后通过箱子再加热试样，试样的温度必定落后于箱子，这样便不能满足 $T_\mathrm{s} = T_\mathrm{B}$ 的条件。为了保证 $T_\mathrm{s} = T_\mathrm{B}$，在试样中加进一个螺旋状的电阻丝，电阻丝交替通电或断电，使试样的温度 T_s 在 T_B 上下很小的范围内波动，如图 1.9(b) 所示，T_B 随着时间作单调变化。

因此，将试样温度变化速度用箱子温度变化速度来代替式(1.26) 中的$\dfrac{\mathrm{d}T_\mathrm{s}}{\mathrm{d}t}$，便可写成

$$\frac{\mathrm{d}T_\mathrm{s}}{\mathrm{d}t} = \frac{\mathrm{d}T_\mathrm{B}}{\mathrm{d}t} + \frac{\mathrm{d}(T_\mathrm{s} - T_\mathrm{B})}{\mathrm{d}t} \tag{1.27}$$

等式右侧中的第一项用接于 A_1B_1 上的热电偶测量，第二项用接于 A_2A_3 上的示差热电偶测量，如图 1.9(c) 所示。

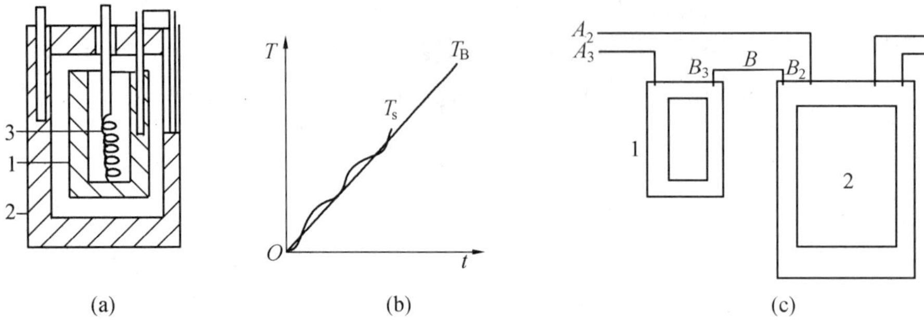

图 1.9　撒克司法测量原理图

3. 斯密特法

斯密特法用于测量金属及合金的比热容与转变潜热。这个方法所用设备的主要部分如图 1.10 所示。将直径为 19 mm、长为 38 mm 的试样 1 放于耐热材料制成的容器中，用耐火材料盖子将容器封闭，中间插入测温热电偶 2，再由示差热电偶 3 测量容器内外的温差 $\delta\theta$。此法的要点是在测量过程中要使 $\delta\theta$ 保持不变，如认为容器的导热系数是常数，则由容器

传给试样的热流 φ 也应当是常数。在 φ 和$\delta\theta$ 均保持不变的条件下，把容器于 Δt_b 时间内加热升温 $\Delta\theta_b$ 所需要的热量为

$$\varphi\Delta t_b = \Delta\theta_b c_b m_b$$

$$\varphi = \frac{\Delta\theta_b}{\Delta t_b} c_b m_b \tag{1.28}$$

式中，c_b 和 m_b 分别是容器的比热容和质量；$\frac{\Delta\theta_b}{\Delta t_b}$ 可看成是容器由温度 θ 加热到$\theta + \Delta\theta_b$ 的加热速度，即容器的加热速度。

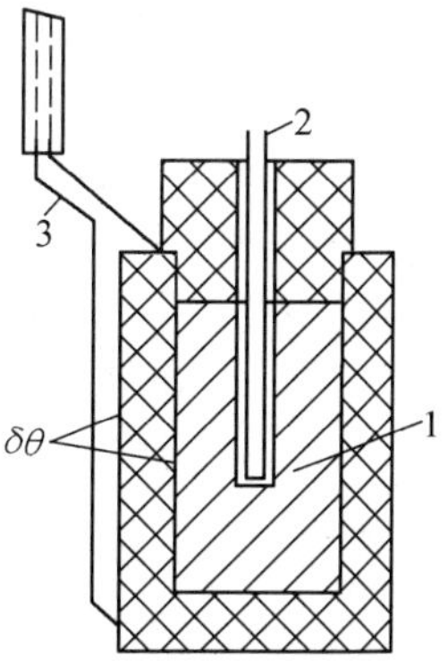

图 1.10　斯密特法原理图

当把试样放入容器后，为了保持同样的 φ 和$\delta\theta$，则需要用另一个速度加热装有试样的容器，亦即容器装入试样后的 $\Delta\theta_s$ 和 Δt_s 与 $\Delta\theta_b$ 和 Δt_b 不同。此时

$$\varphi = \frac{\Delta\theta_s}{\Delta t_s}(c_s m_s + c_b m_b) \tag{1.29}$$

式中，c_s 和 m_s 分别为试样的比热容及质量。

如容器的 c_b 及 m_b 为已知，则用式(1.29) 便能求得 c_s。为此采用具有已知热容的标准样求出 $c_b m_b$ 的乘积，这时式(1.29) 可写成

$$\varphi = \frac{\Delta\theta_r}{\Delta t_r}(c_r m_r + c_b m_b) \tag{1.30}$$

式中，c_r、m_r 分别代表标准样的比热容和质量。

将式(1.28)、(1.29) 和(1.30) 联立求解，得到

$$\frac{c_r m_r}{c_s m_s} = \frac{\left(\frac{\Delta t}{\Delta\theta}\right)_r - \left(\frac{\Delta t}{\Delta\theta}\right)_b}{\left(\frac{\Delta t}{\Delta\theta}\right)_s - \left(\frac{\Delta t}{\Delta\theta}\right)_b} \tag{1.31}$$

式中，$\frac{\Delta t}{\Delta\theta}$ 为试样或标准加热速度的倒数。标准样的比热容为已知，则在具有固定的容器壁温度梯度时，量出容器、带有试样的容器及带有标准样的容器的加热速度，便可利用式(1.31) 确定出比热容。

斯密特方法可以测定转变潜热，为此，把式(1.28) 中的 $c_b m_b$ 代入式(1.29) 中，则得

$$\varphi = \frac{c_s m_s}{\left(\frac{\Delta t}{\Delta\theta}\right)_s - \left(\frac{\Delta t}{\Delta\theta}\right)_b} \tag{1.32}$$

知道了转变温度下的 φ 后，测出恒温转变的时间 Δt，从 $\Delta H m_s = \varphi\Delta t$ 即可确定出转变的潜热。

撒克司法和斯密特法是测定材料比热容的基础，在此基础上还可以用脉冲法。

4. 热分析测定法

由于材料热容测量中严格的绝热要求难以实现，所以发展了广泛用于相变测试的热分析法。这一方法主要是为了探测过程的热效应并确定热效应的大小和发生温度。热分析法大体分为普通热分析、示差热分析和微分热分析。

普通热分析是利用加热或冷却过程中热效应所产生的温度变化和时间关系的一种分析

技术。为了研究固态相变，热分析时常采用带中心孔的圆棒试样，热电偶的热端放在试样的中心孔中，并与试样焊在一起，在加热或冷却过程中同时记录温度和时间，所得到的温度－时间关系曲线称为热分析曲线，用于测定材料的结晶、熔化的温度或温区。由于固态相变中所伴随的热效应较小，如铁中的$\gamma \rightarrow \alpha$转变的热效应只有$3.6 \times 10^3 J \cdot kg^{-1}$，钴中的$\gamma \rightarrow \varepsilon$转变的热效应只有$3.4 \times 10^3 J \cdot kg^{-1}$，故必须采用灵敏度和准确度更高的示差热分析。

示差热分析是在测定热分析曲线的同时，利用示差热电偶测定待测试样和标准试样的温差而得到的。示差热电偶由两对热电偶互相串联、极性反接而成，取得热电偶两热端的温差电势。待测试样1、标准试样2和3处于加热炉温场中的对称位置。标准试样应选择在研究温区内无相变的材料，质量和尺寸与待测试样相当，以便使加热或冷却速率大体相同。

由于示差热电偶的两个热端分别处于待测试样1和标准试样2中，当升(降)过程没有相变时，$T_1 = T_2, \Delta T = 0$，记录到随时间变化的是一条水平基线。若试样中发生相变热效应，改变了试样的升(降)温条件，则记录到的温差电势反映了过程热效应的性质(吸热或放热)和大小。如果与标准试样3中的热电偶所记录的热分析曲线相对照，即可通过吸热或放热峰的位置确定相变温度，如图1.11所示。

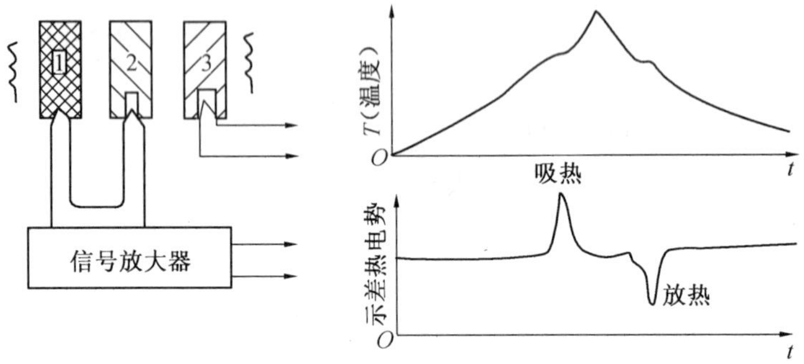

图1.11　示差热分析原理图

目前制成的各种成套仪器往往兼备示差热分析仪(简称DTA)和示差扫描量热计(简称DSC)的功能。后者既可测定相变温度又可进行相变潜热分析，所用的试样只需几毫克碎料即可，已广泛用于各种无机材料的研究中。

为了测定焊接、轧制、淬火等连续、快速冷却条件下金属材料的相变点，可以采用微分热分析。这种方法主要是测定试样温度随时间的变化率$\frac{dT}{d\tau}$。通常把热电偶直接焊接在试样上，其热电势场放大后输入微分器，即得到$\frac{dT}{d\tau}$。微分信号可以十分灵敏地探知变温过程中的相变过程，在新近出现的快速膨胀仪中已经出现了膨胀与温度兼备的微分功能，大大提高了分析的灵敏度。

1.2.6　热分析应用实例

1.建立合金的相图

在建立相图方面，由于热分析法的测定温度范围宽，可以达到2 000℃以上，可测量任何转变的热效应，包括液态$\rightleftharpoons$固态相变，特别是示差热分析法不仅测量方便而且测量的精度较高，所以用得最多。建立相图首先要确定合金的液相线、固相线、共晶线及包晶线等，然后再确定相区。例如，建立一个简单的二元合金相图，取某一成分的合金，用示差热分析法测定出它的 DTA 曲线，如图 1.12(a) 所示。试样从液相开始冷却，当到达 x 处时便开始凝固，由于放出熔化热曲线向上拐折，拐折的特点是陡直上升，随后逐渐减小，直到接近共晶温度时，DTA 曲线接近基线。在共晶温度处，由于试样集中放出热量，所以出现了一个陡直的放热峰，待共晶转变完成后，DTA 曲线重新回到基线。绘制相图取宽峰的起始点 T_1 和窄峰的峰值所对应的温度 T_2 分别代表凝固和共晶转变温度。按照上述方法测出不同成分合金的 DTA 曲线，将宽峰的起始点和窄峰的峰值温度分别连成光滑曲线，即可获得液态线和共晶线，如图 1.12(b) 所示。按规定测定相图所用的加热或冷却速度应小于 5℃/min，并在保持气氛中进行测量。为了消除过冷现象的影响，常采用在加热过程中测量 DTA 曲线的方法，曲线的特征与冷却测量曲线相似，但拐折方向相反。

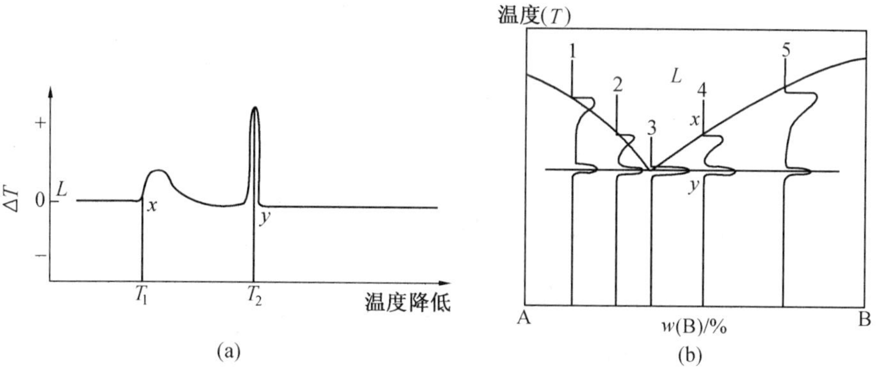

图 1.12　示差热分析曲线及合金相图

一般相图根据热分析法确定之后，再用金相法进行验证，以保证相图的准确性。

2. 热弹性马氏体相变的研究

热弹性马氏体相变是合金形状记忆效应和伪弹性行为的先决条件。但是，这种相变由于界面的共格和自协调效应，所发生的体积效应很小，应用广泛的膨胀法往往难以进行探测。电阻法固然可以灵敏地探测到这一相变过程，但由于在马氏体点的判断上存在较大的人为误差，示差扫描量热法(DSC) 成为一个高准确度的有效测试方法。

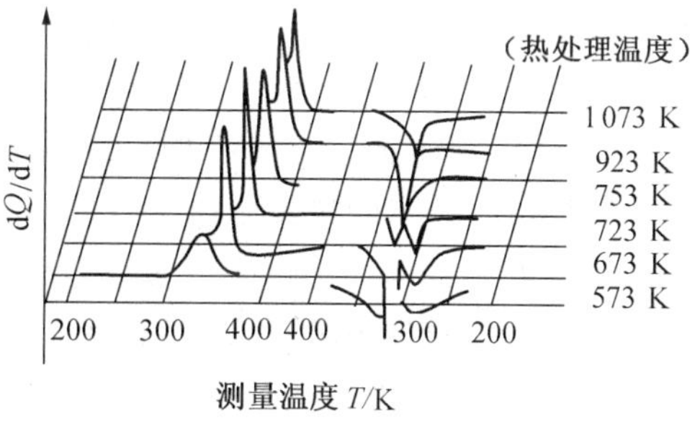

图 1.13　Ti – Ni 合金 DSC 测量结果

图 1.13 为 Ti – 49.2x% Ni 合金 DSC 测量结果。由图可见，在升(降) 温过程中热弹性马氏体的可逆转变都出现显著的吸热与放热峰，可以准确地判断相变点。随着热处理(退火) 温度的变化，相变点发生移动的同时出现潜热峰的分裂，显示了两种相变的独立性。

3. 有序 – 无序转变的研究

Ni_3Fe 合金既存在有序 – 无序转变，又存在铁磁 – 顺磁转变，它们都将出现热容峰。图 1.14 为 Ni_3Fe 合金加热过程中比热容的变化。曲线(a) 表示合金加热前为无序态，加热到

350 ~ 470℃ 温区，合金发生部分有序化并放出潜热使 C_p 降低，这个热效应的大小正比于虚线下部阴影部分的面积；加热到 470℃ 以上时，发生吸热的无序转变，热效应大小可按虚线上部面积定量。曲线(b) 表示加热前为有序态，比热容显著增高表示从完全有序到完全无序过程的吸热效应。在 590℃ 被有序化热效应掩盖的热容峰为磁性转变。如果不存在有序 - 无序转变，则比热容将按虚线表示的热容变化，显然，完全有序的 Ni_3Fe 合金更难发现磁性转变的热容峰。

4. 钢中临界点分析

图 1.15 表示碳钢中各临界点的热效应数值与碳含量的关系。A_0 为渗碳体从铁磁状态过渡到顺磁状态的临界点，即 Fe_3C 的居里点(210℃)。由图可见，A_0 点的存在是以钢中有渗碳体为先决条件，故在钢中碳含量越多(即渗碳体越多)，则在 A_0 点每克钢的热效应越大。因为在 $w(C) = 0$ 时没有渗碳体，当然在 210℃(A_0) 时也就没有转变，所以 A_0 点的连线通过坐标原点。

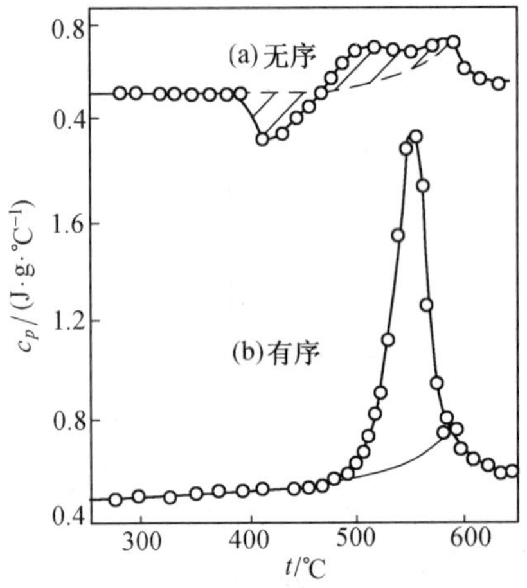

图 1.14 Ni_3Fe 合金加热过程中比热容的变化

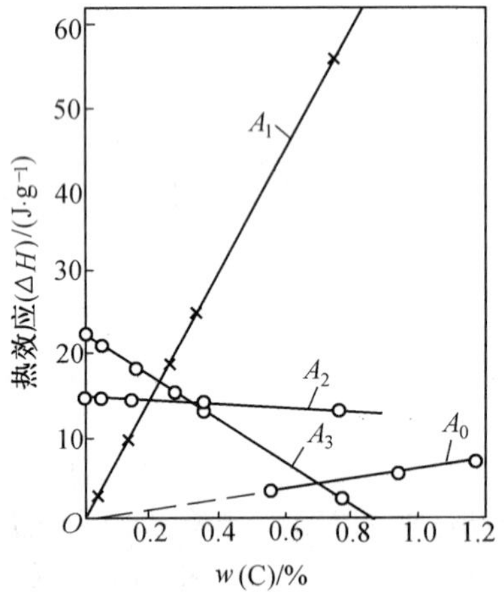

图 1.15 碳钢中相变的热效应

显然，在 A_1 点的热效应比 A_0 点的要大得多，表示在 A_1 点的热效应与碳含量关系的线也通过原点。这是因为珠光体转变也是以碳的存在为先决条件，而且，在原始组织中珠光体量越多，则该转变的热效应越强烈。

5. 研究 ε 相热稳定性

近年来液态急冷技术和非晶态研究的发展，对铁磁合金直接从液态进行急冷作了新的探索，发现了铁碳合金中的新相 ε 相。研究 Fe - C 和 Fe - C - Sb 系获得了 ε 相的可能性和成分范围，并用差热分析研究了 ε 相的热稳定性。图 1.16 为测得的 Fe - C - Sb 合金 DTA 曲线。曲线 Ⅰ 为第一次升温曲线。128 ~ 129℃ 和 300 ~ 500℃ 的放热峰经研究确定为：ε 相转变为 ε 碳化物和马氏体后，又进一步转变为渗碳体和铁素体。曲线还说明 Fe - C - Sb 合金液态急冷获得的 ε 相具有较好的稳定性，它在 130℃ 左右才开始分解，而且在室温下保持 80 天尚未有任何变化。如果把第一次升温到 600℃ 附近的试样冷却到室温后再加热则得到第二次升温曲线 Ⅱ，该曲线变化平缓，证明 ε 相加热是不可逆相变。

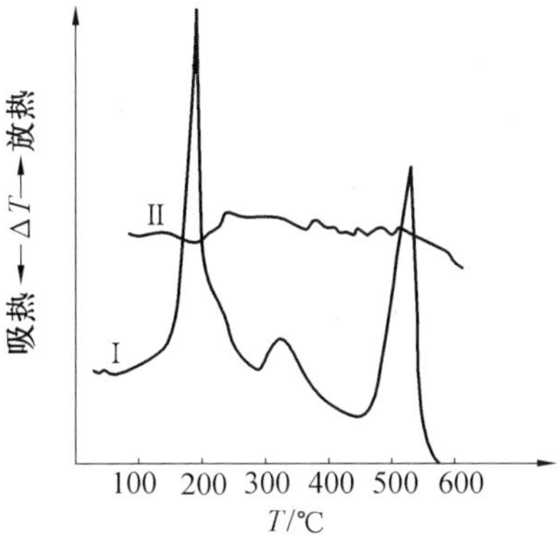

图 1.16　Fe－C－Sb 合金的 DTA 曲线

1.3　材料的热膨胀

物体的体积或长度随温度的升高而增大的现象称为热膨胀。一般来讲，温度升高，体积增大；温度降低，体积缩小。这就是所谓的热胀冷缩现象。不同物质的热膨胀特性是不同的，有的物质随温度变化有较大的体积变化，而另一些物质则相反。即使是同一种物质，由于晶体结构不同，也将有不同的热膨胀性能。

1.3.1　热膨胀系数

假设物体原来的长度为 l_0，温度升高 Δt 后长度增加量为 Δl，实验得出

$$\frac{\Delta l}{l_0} = \alpha_l \Delta t \tag{1.33}$$

α_l 称为线膨胀系数，也就是温度升高 1 K 时，物体的相对伸长。因此，物体在温度 t 时的长度 l_t 为

$$l_t = l_0 + \Delta l = l_0(1 + \alpha_l \Delta t) \tag{1.34}$$

实际上，固体材料的 α_l 值并不是一个常数，而是随着温度稍有变化，通常随温度升高而加大。在工业上，一般用平均线膨胀系数表示材料的热膨胀特性。假定试样在温度 t_0 时的长度为 l_0，升高到温度 t 时，长度变为 l，则试样在 $t_0 \sim t$ 范围内的平均线膨胀系数$\overline{\alpha_l}$定义为

$$\overline{\alpha_l} = \frac{1}{l_0}\frac{(l - l_0)}{(t - t_0)} = \frac{1}{l_0}\frac{\Delta l}{\Delta t} \tag{1.35}$$

平均线膨胀系数表示物体在该温度范围内，温度每平均升高 1 个单位，长度的相对变化量。因此，平均线膨胀是材料在一个温度范围内的平均膨胀特性。如果把温度范围缩小到无限小，可以得到反映某一温度 T 时材料真实的热膨胀特性，也称为微分线膨胀系数，且

$$\alpha_T = \frac{1}{l_T}\frac{\mathrm{d}l}{\mathrm{d}T} \tag{1.36}$$

式中，l_T 是温度为 T 时物体的长度；α_T 为 t 温度下的真线膨胀系数，线膨胀系数的单位为

K^{-1}。

实验测得各种金属的平均线膨胀系数见表 1.2。

类似地，物体体积随温度增加可以表示为

$$V_t = V_0(1 + \alpha_V \Delta t) \tag{1.37}$$

式中，α_V 称为体膨胀系数，相当于温度升高 1 K 时物体体积相对增长值。

假如物体是立方体则可以得到

$$V_t = l_t^3 = l_0^3(1 + \alpha_l \Delta t)^3 = V_0(1 + \alpha_l \Delta t)^3 \tag{1.38}$$

由于 α_l 值很小，可忽略 α_l^2 以上的高次项，则

$$V_t = V_0(1 + 3\alpha_l \Delta t) \tag{1.39}$$

与式(1.38)相比，可以得到近似关系

$$\alpha_V \approx 3\alpha_l$$

对于各向异性晶体，各晶轴方向的线膨胀系数不同，假如分别为 α_a、α_b、α_c，则

$$V_t = l_{at}l_{bt}l_{ct} = l_{a0}l_{b0}l_{c0}(1 + \alpha_a \Delta t)(1 + \alpha_b \Delta t)(1 + \alpha_c \Delta t)$$

同样忽略 α 的二次方以上的项，得

$$V_t = V_0[1 + (\alpha_a + \alpha_b + \alpha_c)\Delta t]$$

所以

$$\alpha_V = \alpha_a + \alpha_b + \alpha_c \tag{1.40}$$

同样体膨胀系数的精确表达式为

$$\alpha_V = \frac{1}{V_t}\frac{\partial V_t}{\partial t} \tag{1.41}$$

表 1.2　金属平均线膨胀系数(0 ~ 100℃)　　$10^{-6}K^{-1}$

金　属	$\bar{\alpha}_l$	金　属	$\bar{\alpha}_l$
Li	58	K	84.0
Be	10.97(20℃)	Ca	22(0 ~ 380℃)
B	8.0	Ti	7.14(20℃)
Na	71.0	Cr	6.7
Mg	27.3	γ-Mn	14.75(20℃)
Al	23.8	α-Fe	11.5
Si	6.95	Co	12.5
Ni	13.3	Sb	10.8
Cu	17.0	Te	17.0
Zn	38.7	Cs	97.0
Ca	18.3(20℃)	Ba	17 ~ 21(0 ~ 300℃)
Ce	6.0	Te	6.75

续表 1.2　　$10^{-6}K^{-1}$

金　属	$\overline{\alpha_l}$	金　属	$\overline{\alpha_l}$
As	4.70(20℃)	W	4.4
Rb	90.0	Re	12.45(20℃)
Zn	5.83(-10℃)	Os	5.7 ~ 6.6
Nb	7.2	Ir	6.58
Mo	4.9	Pt	8.9
Ru	7.0	Au	14.0(0℃)
Rh	8.5	Hg	181.79(0℃)
Pd	11.7(20℃)	Te	33.65(0 ~ 20℃)
Ag	18.7	Pb	28.3(0℃)
Cd	31.0	Bi	12.1
In	77(0 ~ 25℃)	Th	11.1(20 ~ 60℃)
Sn	22.2	V	40(25 ~ 100℃)

热膨胀系数是材料的重要性能参数之一，如果金属在加热或冷却的过程中发生了相变，则不同组成相的比热容差异将要引起热膨胀的差异，这种异常的膨胀效应为研究材料中的组织转变提供了重要信息。因此，对于研究与固态相变有关的各种问题，膨胀分析可以作出重要的贡献。

热膨胀的研究对于仪表工业也具有重要意义。例如，作为零件尺寸稳定的微波设备、谐振腔、精密计时器和宇宙航行雷达天线等，都要求在气温变动范围内具有很低的热膨胀系数的合金；在玻璃陶瓷与金属之间的封接工艺上，由于电真空的要求，需要在低温和高温下两种材料的 α_l 值均相近，所以高温钠蒸灯所用的透明三氧化二铝灯管的 $\alpha_l = 8 \times 10^{-6}/K$，选用的封接金属铌的 $\alpha_l = 7.8 \times 10^{-6}/K$，二者相近。

在多晶多相材料以及复合材料中，由于各相及各向异性的 α_l 不同所引起的热应力问题已成为选材、用材的突出矛盾。例如，石墨垂直于 c 轴方向的 $\alpha_l = 1.0 \times 10^{-6}/K$，平行于 c 轴方向的 $\alpha_l = 27 \times 10^{-6}/K$，所以石墨在常温下极易因热应力较大而强度不高，但在高温时内应力消除，强度反而升高。

材料的热膨胀系数大小直接与热稳定有关。一般 α_l 小，热稳定性就好。Si_3N_4 的 $\alpha_l = 2.7 \times 10^{-6}/K$，在陶瓷材料中是偏低的，因此热稳定性也好。这就是需要研究化学成分和组织结构对合金热膨胀系数的影响。

1.3.2　热膨胀的物理本质

晶体材料在不受外力作用时，原子处于点阵的平衡位置，与它周围的原子有相互作用力，这时结合能量最低，作用力为零，很容易受干扰，在外力作用下，绕平衡位置振动。因此，断定热膨胀与点阵原子振动有关。但是温度一定时，原子虽然振动，但它的平衡位置不变，物体体积就没有变化。物体温度升高了，原子的振动激烈了，但如果每个原子的平均位置保持不变，物体也就不会因温度升高而发生膨胀现象。这一情况可以解释金属热容现象。实际上，温度升高，会导致原子间距增大，可以用双原子模型进行解释，如图 1.17 所示。设有两个原子，其中一个在 b 点固定不动，另一个以 a 点为中心振动，振动的振幅用虚线1和2表示。当温度由 T_1 升高到 T_2 时，振幅便相应地增大。温度上升引起振幅增大的同时，振动中心 a 向右侧偏移，因此导致原子间距增大，否则就不会产生膨胀。之所以产生上述现象，其原因在于原子之间存在着相互作用力，这种作用力来自两个方面：一是异性电荷的库仑吸力；二是同性电荷的库仑斥力与泡利不相容原理所引起的斥力。吸力和斥力都和原子之间的距离有关，它们的关系可用图 1.18 作定性的表示。由于斥力随原子间距的变化比吸力大，所以合力的曲线与斥力曲线形状相似。当吸力与斥力相等时，合力为零。设 ρ_0 为点阵的平衡距离，$\rho > \rho_0$ 时，$F_1 > F_2$，两个原子相互吸引，合力变化比较缓慢；$\rho < \rho_0$ 时，$F_1 < F_2$，两个原子相互排斥，合力变化比较陡峭。与合力的变化相对应，两原子相互作用的势能呈一个不对称曲线变化，如图 1.19 所示。从势能曲线可以看到，当原子振动通过平衡位置时只有动能，偏离平衡位置时，势能增加而动能减小。曲线上每一最大势能都对应着两个原子最远和最近位置，如势能 $E_{\rho 5}$ 的最大距离为 ρ'_2，最小距离为 ρ'_1。最大势能间对应的 $\rho'_2 - \rho'_1$ 线段中心，即原子振动中心的位置。原子振动中心以 a 表示，显然，当温度上升，势能增高时，由于势能曲线的不对称必然导致振动中心右移，即原子间距增大。

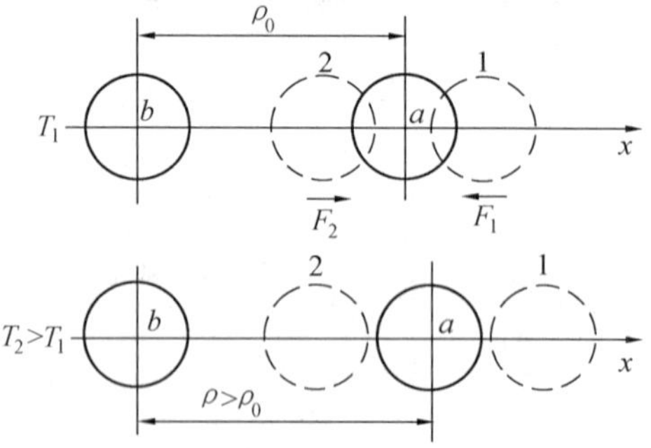

图 1.17　热膨胀双原子模型

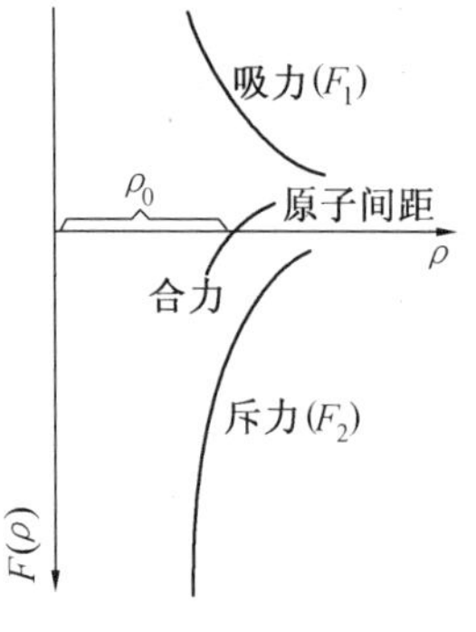

图 1.18　原子间作用力与原子间距的关系示意图

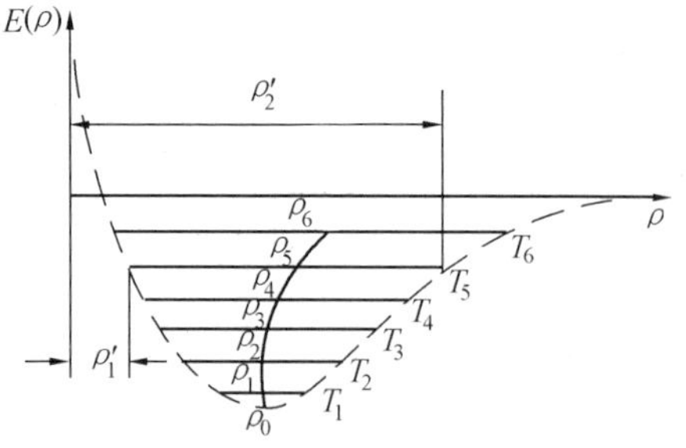

图 1.19　原子相互作用的势能曲线

1.3.3　热膨胀与其他物理性能的关系

1. 膨胀系数与热容的关系

膨胀与原子的热振动有关，因此，它和热容有一定的联系，格林爱森(Gruneisen) 根据晶格热振动理论导出了热膨胀系数与热容的关系为

$$\alpha_V = \frac{\gamma c_V}{K_0 V} \tag{1.42}$$

$$\alpha_l = \frac{\gamma c_V}{3K_0 V} \tag{1.43}$$

式中，α_l 和 α_V 分别为线膨胀系数和体膨胀系数；V 为体积；c_V 为比定容热容；γ 为格林爱森常数；K_0 为 0 K 时的体积弹性模量。

对于一般材料，r 值为 1.5 ~ 2.5。

格林爱森定律指出：体膨胀与比定容热容成正比，它们有相似温度依赖关系，在低温下随温度升高急剧增大，而到高温则趋于平缓。对铝来说，根据上述理论关系所得的曲线与实测结果一致，如图 1.20 所示。

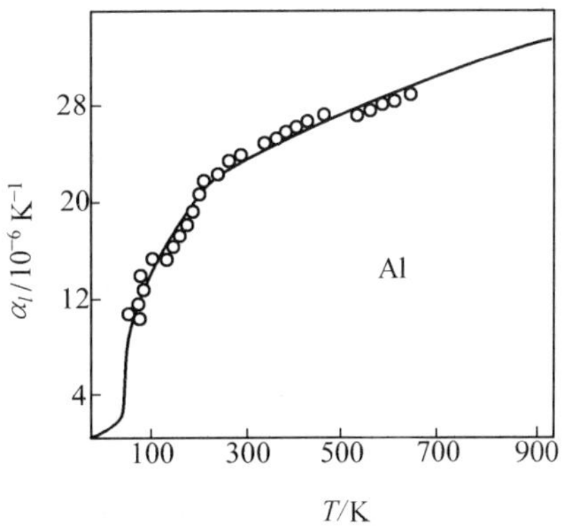

图 1.20　铝线膨胀系数和实测值的比较

2. 膨胀系数与熔点的关系

随着温度升高，晶格的振动激烈，物体的体积膨胀，到熔点时，热运动将突破原子间的结合力，晶体结构瓦解，物体从固态变成液态。格林爱森给出了固体热膨胀的极限方程，即一般纯金属，从 0 K 加热到熔点 T_m，相对膨胀量约为 6%。实际上可写成

$$T_m \alpha_V = \frac{V_{T_m} - V_0}{V_0} = C \tag{1.44}$$

式中，V_{T_m} 为熔点温度时固态金属的体积；V_0 为 0 K 时金属的体积；T_m 为熔点温度；对于立方和六方结构的金属，C 为常数，约为 0.06 ~ 0.076。

因此，熔点较高的金属具有较低的膨胀系数。线膨胀系数和熔点的关系可由一个经验表达式表示，其数据关系为

$$\alpha_l T_m = 0.022 \tag{1.45}$$

将式(1.45)代入式(1.21)，可以得到线膨胀系数和德拜温度关系

$$\alpha_l = c' \frac{1}{V^{2/3} A \gamma \theta_D^2} \tag{1.46}$$

式中，c' 为常数。

从式(1.46)不难看出，金属的德拜温度越高，膨胀系数就越小。由于原子间的结合力与 θ_D^2 成正比，故原子间结合力越大，膨胀系数就越小。根据上述关系，分析金属的热膨胀特性可以间接地获得有关原子间结合力的信息。

3. 膨胀系数和原子序数的关系

和其他物理量一样，膨胀系数随元素的原子序数呈明显周期性变化。由图 1.21 可见，只有 Li、Na、K、Rb、Cs、Fr 的 IA 族的 α_l 随原子序数增加而增大，其余 A 族的 α_l 都随原子序数增加而减小。过渡元素具有低的 α_l 值。碱金属 α_l 值高，这是因为其原子结合力低。一般说石英玻璃的膨胀系数是低的，大约为 $0.5 \times 10^{-6}/℃$，而铁为 $12 \times 10^{-6}/℃$，几乎是石英玻璃的 30 倍，故许多膨胀仪中忽略了石英玻璃的膨胀系数，表 1.3 为几种材料的线膨胀系数。

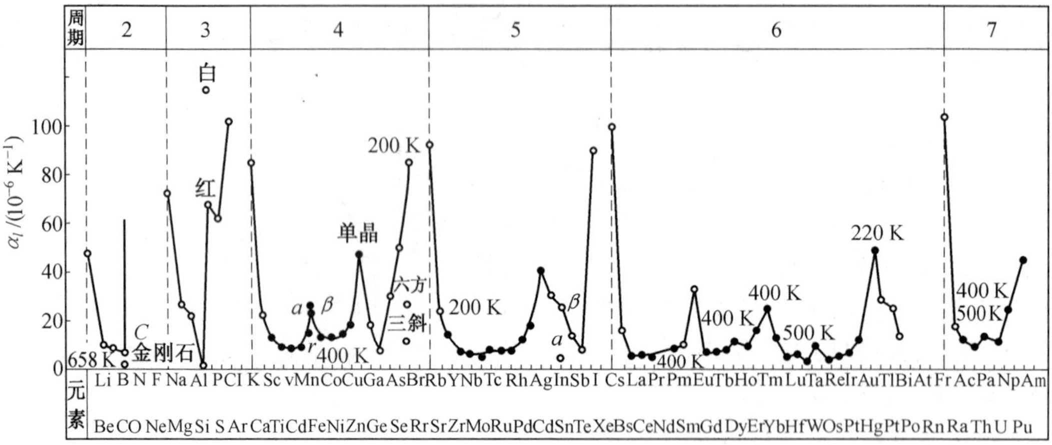

图 1.21　线膨胀系数(300 K)和元素原子序数的周期性

表 1.3　几种材料的线膨胀系数

材料名称	线膨胀系数 α_l/(10^{-6}℃$^{-1}$)	温度范围 /℃	熔点 /℃
0.40%C 碳钢	11.3	20 ~ 100	1 500
因瓦合金 36Ni – Fe	0 ~ 2	20 ~ 100	1 425 ~ 1 460
高锰钢 13Mn – C – Fe	18	20	1 350 ~ 1 400
可伐合金 29Ni – 18Co – Fe	4.6 ~ 5.2	20 ~ 400	~ 1 460
铬不锈钢 13Cr – 0.35C – Fe	10.0	20 ~ 100	1 480 ~ 1 530
镍铬不锈钢 18Cr – 8Ni – Fe	16.5	20 ~ 100	1 400 ~ 1 420
铸铁	10.5 ~ 12	0 ~ 200	1 130 ~ 1 160
黄铜	18.5 ~ 21	20 ~ 300	900 ~ 950
镍铬合金 80Ni – 20Cr	17.3	20 ~ 1 000	1 400
GCr9 轴承钢	13.0	0 ~ 100	
GGr15	14.0	0 ~ 100	
镍基合金 K3	11.60	20 ~ 100	
LY12 铝合金	22.7	20 ~ 100	
ZM5 镁合金	26.8	20 ~ 100	
WC	6.9	24 ~ 1 300	
VC	6.8	24 ~ 1 925	
硬质合金(WC50,Ni5,Mn7,Mo3,Co3,Cu30)	9.4	20 ~ 100	
硬质合金	12.5	20 ~ 900	
Fe – Cr – Al 合金	10.5	30 ~ 100	
M2 高速工具钢	11.2	20 ~ 100	
玻璃	0.9	20 ~ 100	

1.3.4 影响膨胀性能的因素

1. 相变的影响

相变时，金属由一种结构转变成为另一种结构，金属的性质将会发生突变。根据相变时性能参数变化的情况，可以将相变分为一级相变和二级相变。一级相变的特征是体积发生突变，有相变潜热。金属中少部分相变（如三态转变、同素异构体转变等）属于一级相变，因而可以借助热膨胀试验、热分析试验发现并研究它。在相变点，$V-T$ 曲线不连续。二级相变无体积突变和相变潜热，但膨胀系数和比热容有突变，即 $V-T$ 曲线是连续的，而 $\frac{dT}{dt}-T$ 曲线不连续。通常记录 $\Delta l-T$ 曲线的膨胀实验，方能有效地观测二级相变。

同素异构转变时，点阵结构重排，金属的比容发生突变，由此导致线膨胀系数发生不连续变化。例如，当将纯铁加热至 910℃ 时，α 相转变为 γ 相。由于 γ 相的比容比 α 相小，故试样的比容在 A_3 点处急剧变小。温度连续升高，由 γ 相转变为 δ 相时比容则急剧增大，如图 1.22 所示。根据计算，纯铁在 A_3 点的长度收缩应为 3.8%，但实测结果仅为 0.8%，引起这种差别的原因与加速度、晶体缺陷和气体含量等因素有关。

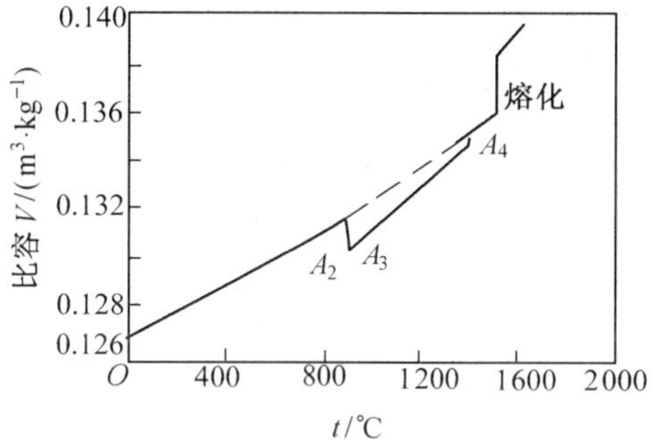

图 1.22 纯铁加热时比容的变化

有序-无序转变也伴随着膨胀系数的变化，因此膨胀曲线出现拐折，如图 1.23 所示。从图中曲线可以看到，将 $x(\mathrm{Cu})=50\%$（铜的摩尔分数）的金铜有序合金加热至 300℃ 时，有序结构开始破坏，由于转变量随温度上升增加得很缓慢，曲线的拐折很不明显。当温度达到 480℃ 时，合金转变为完全无序状态，由于在此温度转变量突然急剧增加，所以在膨胀曲线上出现了明显的拐折。拐折点对应于有序-无序转变的上临界温度，通常称为有序-无序转变温度。$x(\mathrm{Zn})=50\%$ 的铜锌和 $x(\mathrm{Al})=25\%$ 的铁铝两种合金热膨胀曲线与含 $x(\mathrm{Cu})=50\%$ 的金铜合金有着相似的规律。有序结构会使合金原子之间的结合增强，因此，有序化导致膨胀系数变小。

此外，由于温度变化时发生晶型转变，也会引起体积的变化。例如 ZrO_2 晶体，室温时为单斜晶型，$a=5.194\times10^{-10}$m，$b=5.266\times10^{-10}$m，$c=5.308\times10^{-10}$m，$\beta=80°48'$，理论密度为 5.56 g/cm³。当温度增至 1 000℃ 时，转变成四方晶型，$a=5.017\times10^{-10}$m，$c=5.161\times10^{-10}$m，$\gamma=6.1$ g/cm³。发生了 4% 的体积收缩，如图 1.24 所示。

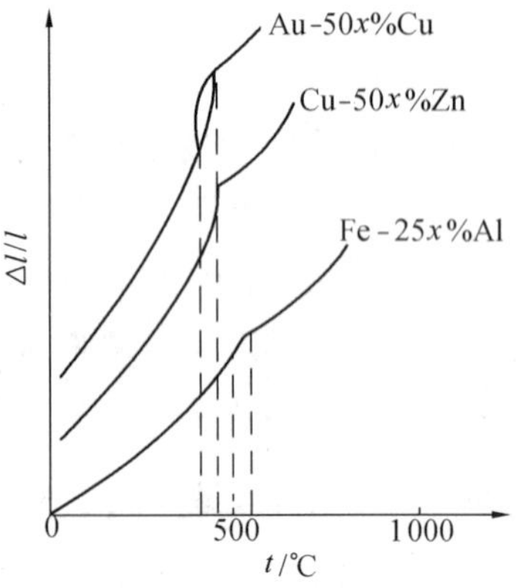

图 1.23　有序－无序转变膨胀曲线

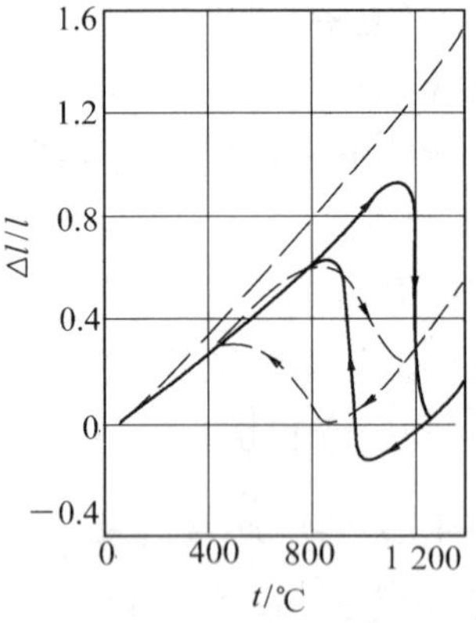

图 1.24　ZrO_2 的热膨胀曲线

2.成分和组织的影响

(1) 形成固溶体

固溶体的膨胀与溶质元素的膨胀系数和含量有关。溶质元素的膨胀系数高于溶剂基体时,将增大膨胀系数;溶质元素的膨胀系数低于溶剂基体时,将减小膨胀系数。含量越高,影响越大。于是,组元之间形成无限固溶体时,任意成分固溶体的膨胀系数将处于两组元膨胀系数之间,实验表明,其含量值略低于按直线规律计算的值。例如 Ag－Au 合金的膨胀系数与成分之间成线性关系,如图 1.25 所示。其他如 Bi－Sb 合金也有类似的关系。铜中溶入钯、镍、金和铝中溶入铜、硅、镍、铁等膨胀系数小的元素,都会使固溶体膨胀系数降低,并且明显地偏离直线关系。铜中溶入膨胀系数较大的锌和锡,使固溶体的膨胀系数增大。只有锑是例外,它的膨胀系数虽然比铜小,但是铜的膨胀系数反而增大,这可能是和它的半金属性质有关。

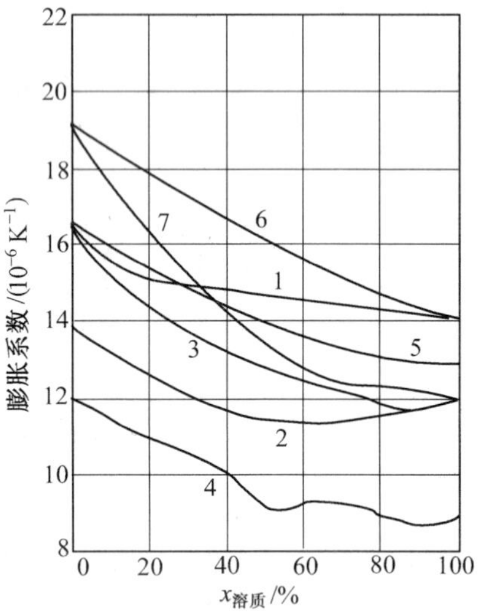

图 1.25　固溶体的膨胀系数(＋35℃)
1—Cu－Au;2—Au－Pd;3—Cu－Pd;
4—Cu－Pd(－140℃);5—Cu－Ni;
6—Ag－Au;7—Ag－Pd

(2) 不同结构的物质

对于相同组成的物质,由于结构不同,膨胀系数不同。通常结构紧密的晶体膨胀系数较大,而类似于无定形的玻璃,则往往有较小的膨胀系数。最明显的例子是石英的膨胀系数为 12×10^{-6}/K,而石英玻璃只有 0.5×10^{-6}/K。结构紧密的多晶二元化合物都具有比玻璃大的膨胀系数。这是由于玻璃的结构较疏松,内部空隙较多,所以温度升高,原子振幅加大,原子间距离增加时,部分被结构内部空隙所容纳,而整个物体的宏观膨胀量就少些。

(3) 多相体

如果材料的结构和性能不是均匀的,而是由两种或多种不同结构和性能的相机械混合而成，每一个相有其自身的膨胀系数，这样的多相体在受热膨胀时，将出现十分复杂的情况，膨胀系数的差异导致内应力，而内应力将抑制物体的热膨胀。多相体的膨胀系数可按特诺(Turner)公式

$$\alpha_V = \frac{\sum_i \alpha_{V_i} w_{m_i} k_i / \rho_i}{\sum_i w_{m_i} k_i / \rho_i} \tag{1.47}$$

$$\alpha_l = \frac{\sum_i \alpha_{l_i} w_{m_i} k_i / \rho_i}{\sum_i w_{m_i} k_i / \rho_i} \tag{1.48}$$

计算。式中，α_{V_i}、α_{l_i}、w_{m_i}、k_i、ρ_i 分别代表第 i 相的体膨胀系数、线膨胀系数、质量分数、体积弹性模量和密度。

如果各相的体积弹性模量相近，则有

$$\alpha_V \approx \frac{\sum_i \alpha_{V_i} w_{m_i} k_i / \rho_i}{\sum_i w_{m_i} k_i / \rho_i} = \sum_i \varphi_{V_i} \alpha_{V_i} \tag{1.49}$$

$$\alpha_l \approx \frac{\sum_i \alpha_{l_i} w_{m_i} k_i / \rho_i}{\sum_i w_{m_i} k_i / \rho_i} = \sum_i \varphi_{V_i} \alpha_{l_i} \tag{1.50}$$

式中，φ_{V_i} 为第 i 相的体积分数。

多相合金体的膨胀系数对各相的大小、分布及形状不敏感，主要取决于组成相的性质和数量。

3. 各向异性的影响

一般地说，单晶体的线膨胀系数是各向异性的，不同的晶向有不同的线膨胀系数，因而单晶体的膨胀特性不能以单一的量值表征。在各向同性的情况下，物体的热膨胀可以表示为

$$\frac{\Delta l}{l_0} = \alpha_l \Delta T \tag{1.51}$$

而在各向异性的情况下，热膨胀引起的变形应该以六个应变分量(ε_x，ε_y，ε_z，γ_{xy}，γ_{yz}，γ_{xz})表示，相应的，它与温度的关系也将表示为联立方程组

$$\begin{cases} \varepsilon_x = \alpha_{11} \Delta T \\ \varepsilon_y = \alpha_{22} \Delta T \\ \varepsilon_z = \alpha_{33} \Delta T \\ \gamma_{xy} = \alpha_{12} \Delta T \\ \gamma_{yz} = \alpha_{23} \Delta T \\ \gamma_{xz} = \alpha_{13} \Delta T \end{cases} \tag{1.52}$$

由六个独立膨胀系数分量构成的方阵

$$\begin{bmatrix} \alpha_{11} & \alpha_{12} & \alpha_{13} \\ \alpha_{21} & \alpha_{22} & \alpha_{23} \\ \alpha_{31} & \alpha_{32} & \alpha_{33} \end{bmatrix} \tag{1.53}$$

称为膨胀系数张量，其中，$\alpha_{12} = \alpha_{21}, \alpha_{13} = \alpha_{31}, \alpha_{23} = \alpha_{32}$。三个正应变分量（$\varepsilon_x, \varepsilon_y, \varepsilon_z$）就是三个相互垂直方向的相对伸长，因此，$\alpha_{11}$、$\alpha_{22}$、$\alpha_{33}$ 决定了晶体的体积膨胀特性。与切应变分量相联的 α_{12}、α_{23}、α_{31} 只对晶体在热膨胀过程中的形状变化起作用。晶体的对称性越强，独立张量分量越少。

立方和六方晶系的 α_{12}、α_{23}、α_{31} 均等于零，且立方晶系有 $\alpha_{11} = \alpha_{22} = \alpha_{33} = \alpha_l$，由式(1.40)可知体膨胀系数

$$\alpha_V = 3\alpha_l \tag{1.54}$$

对于六角和三角晶体，热膨胀系数由两个方向的热膨胀系数决定，即平行和垂直六角（三角）柱体晶轴：$\alpha_{11} = \alpha_{22} = \alpha_{\perp}$、$\alpha_{33} = \alpha_{//}$，所以六角、三角、四角晶系的平均热膨胀系数

$$\alpha_{平均} = \frac{1}{3}(\alpha_{//} + 2\alpha_{\perp}) \tag{1.55}$$

斜方晶系的热膨胀决定于三个垂直方向的热膨胀系数，$\alpha_{11} = \alpha_1$、$\alpha_{22} = \alpha_2$、$\alpha_{33} = \alpha_3$，则斜方晶系的平均热膨胀系数为

$$\alpha_{平均} = \frac{1}{3}(\alpha_1 + \alpha_2 + \alpha_3) \tag{1.56}$$

它们的体膨胀系数为

$$\alpha_V = 3\alpha_{平均} \tag{1.57}$$

4. 铁磁性转变的影响

大多数金属和合金的热膨胀系数随温度变化规律如图1.20所示，这种情况称为正常膨胀。但对于铁磁性金属和合金如铁、钴、镍及其某些合金，膨胀系数随温度变化不符合上述规律，在正常的膨胀曲线上出现附加的膨胀峰，这些变化称为反常热膨胀，如图1.26所示。其中镍和钴的热膨胀峰向上为正，称为正反常；而铁的热膨胀峰向下为负，称为负反常。铁镍合金也具有负反常的膨胀特性，如图1.27所示。

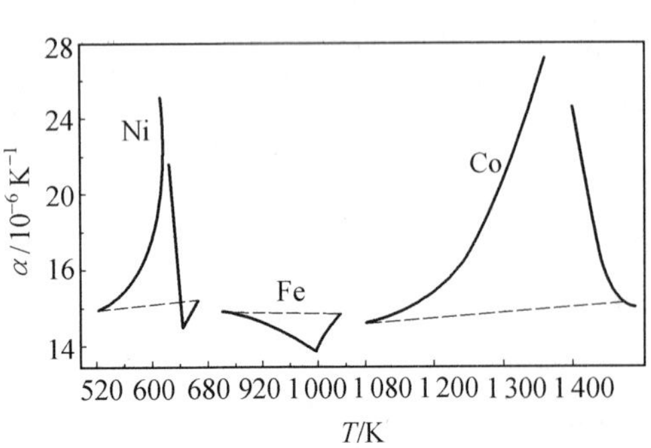

图1.26 铁、钴、镍磁性转变区的膨胀曲线

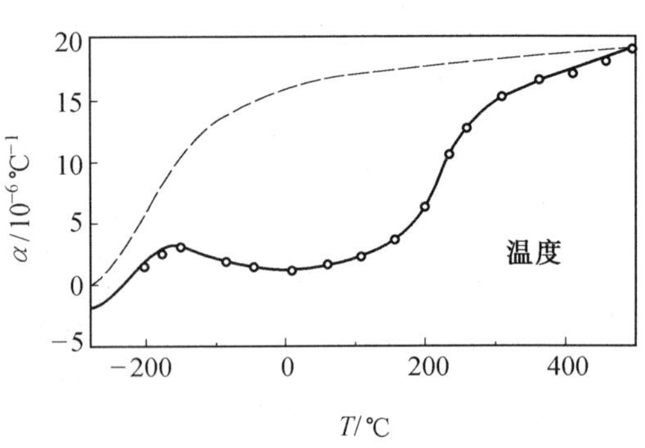

图1.27 Fe－35%Ni(原子)合金负反常膨胀曲线

具有负反常膨胀特性的合金，由于可以获得膨胀系数为零值或者负值的因瓦（Invar）合金，或者在一定温度范围内膨胀系数基本不变的可伐合金（Kovar.alloy），故具有重大的

工业意义。

出现反常的原因,目前大都从物质的铁磁性行为去解释,认为是磁致伸缩抵消了合金正常热膨胀的结果。

化学成分是决定材料膨胀系数的主要因素,当成分一定时,加工及热处理等工艺因素对热膨胀也有影响,但这种影响不稳定,采用一定的工艺处理后可以消除。

1.3.5 膨胀的测量

膨胀测量是材料热性能研究的一种物理方法。材料的热膨胀特性以它的膨胀系数表征,通常检测其平均线膨胀,核心在于精确测量指定温度范围内试样的热膨胀量。测量膨胀所用的仪器称为膨胀仪。膨胀仪的种类繁多,按其测量原理可以分为光学式、电测式和机械式三种类型。近年来,微机的应用使膨胀仪的自动化程度和测量精度有很大提高,热膨胀仪在快速冷却、加热的热循环中,对研究材料组织结构转变具有独特的贡献。下面按类举例说明之。

1. 光学膨胀仪

光学膨胀仪是利用各种光学原理放大并检测热膨胀量的一种较精密仪器,包括光杠杆膨胀仪、光干涉法膨胀仪等。

(1) 光杠杆膨胀仪

光杠杆膨胀仪属于传感式膨胀仪,借助光杠杆机构放大并检测试样的热膨胀量,是目前使用最广泛的膨胀仪之一,其结构原理如图1.28所示。膨胀仪的核心部分是由一块小的等腰直角三角架所组成的光学杠杆机构。在三角架的当中有一凹面镜,它起反射光束的作用。在三角架的顶点 A 安放一个固定铰链,顶点 B 和顶点 C 分别与装有标准试样和待测试样的传感石英杆紧密接触。若待测试样长度不变,只有标准试样伸长时,三角架以 AC 为轴转动,由此通过凹面镜反射到照相底片上的光点沿水平方向移动,用以记录试样温度的变化。若标准试样长度不变,仅待测试样伸长,则三角架以 AB 为轴转动。反射光点沿垂直方向向上移动,用以记录试样的热膨胀量。当待测试样和标准试样同时受热膨胀时,光点便在底片上照出图 1.29 所示的膨胀曲线。通过膨胀仪可将曲线的伸长放大 200、400 和 800 倍。它除适于作膨胀分析外,还适用于测量材料的膨胀系数。

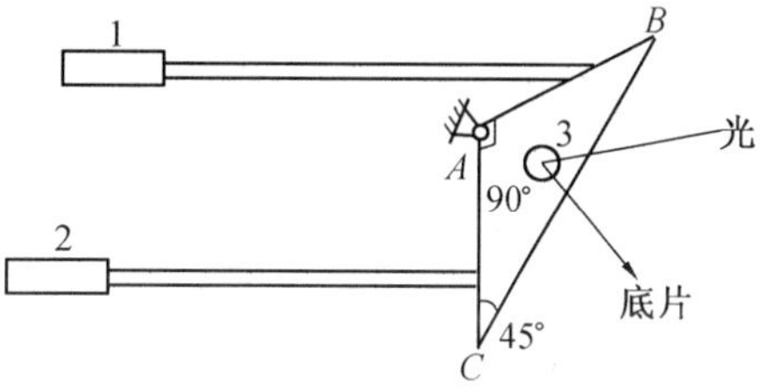

图 1.28 光杠杆膨胀仪原理图

1— 标准试样;2— 待测试样;3— 凹面镜

膨胀仪的放大原理主要是试样和标准杆转动小镜时,因为反射镜和感光记录纸的距离可以做得很小,这样微小的膨胀量将引起光斑足够大的移动距离,从而起到放大作用。借助光路的多次反射进一步延长反射镜和感光纸的距离,可以达到所需放大倍数。这个作用类似于机械杠杆,故称光杠杆。

标准试样的功能是指示和跟踪待测试样的温度,它的位置靠近待测试样。采用标准试样的膨胀量来表示温度,这样对照记录膨胀曲线十分方便。为了能准确地反映温度,对标准试样所用的材料有如下要求:其膨胀量与温度成正比;在使用范围内没有相变;与试样的导热系数接近;在使用温度区间不易氧化等。在较低温度范围研究有色金属及合金时,

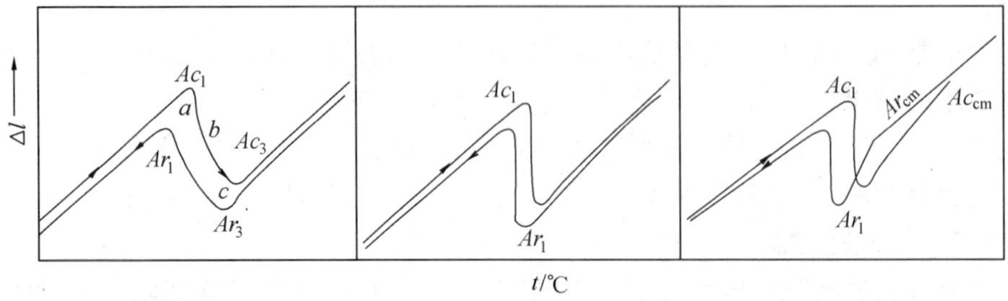

(a)亚共析钢　　(b)共析钢　　(c)过共析钢

图 1.29　钢的热膨胀曲线

常用铝和铜作为标准试样;研究钢材料时,由于加热温度比较高,常采用皮洛斯(PYROC)合金(x(Ni) = 80%, x(Cr) = 16%, x(W) = 4%)制作标准试样。这种合金的特点是热稳定性好,1 000℃以下没有相变,膨胀系数由 12.27×10^{-6}/K 均匀地增加到 21.24×10^{-6}/K。

光杠杆膨胀仪还可以按示差法工作。所谓示差法,是检测待测试样和标准试样热膨胀相对差值的方法,如图 1.30 所示。示差光学膨胀仪与光杠杆膨胀仪所不同的是三角架的形状不是等腰直角三角形,而是两角分别为 30° 和 60° 角的直角三角形。30° 角的顶点 B 用铰链固定,标准试样 1 的石英杆顶在直角顶点 A 处;待测试样 2 的石英杆在 60° 角的顶点 C 处。若标准样长度不变,仅待测试样伸长,三角架以 AB 为轴转动,经镜 3 反射后,光点向上移动。若待测试样长度不变,标准试样伸长,三角架以 BC 为轴转动,光点沿着与水平轴成 α 角的方向移动,如图 1.31 所示。图中,以 OB 代表待测试样伸长,OA 代表标准试样的伸长,若待测试样和标准试样同时受热膨胀,则标准试样和待测试样在纵坐标上引起的光点位移相反,光点的位置在 C 点。并且

$$CC' = OA\sin\alpha - OB$$

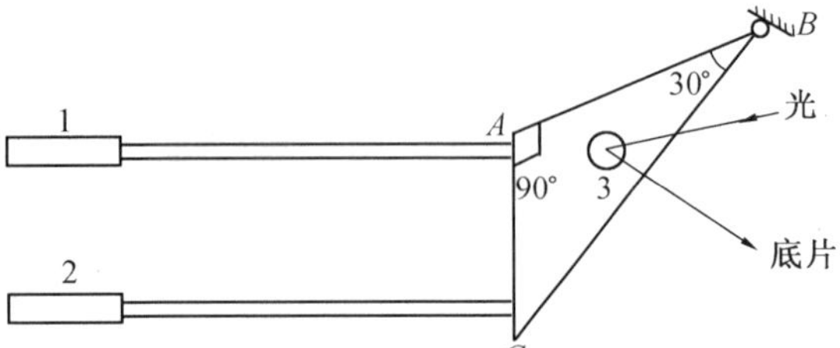

图 1.30　示差光学膨胀仪原理图

1— 标准试样;2— 待测试样;3— 凹面镜

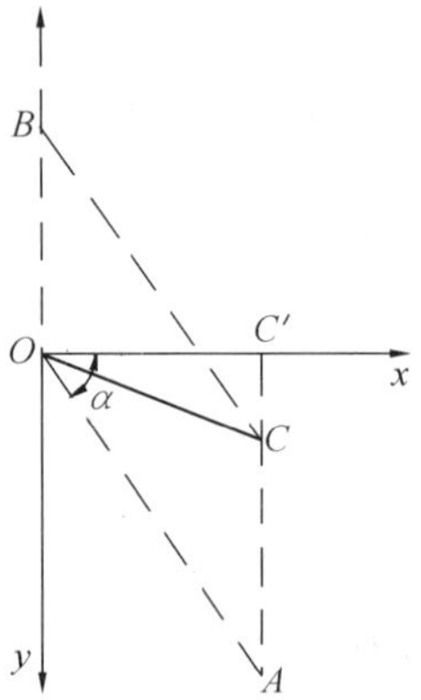

图 1.31　示差原理图

显然,光点实际位移代表待测试样和标准试样的纵向分量之差,故称为示差。图 1.31 中的 OA 和 OB 是为了便于理解示差法的原理而画出的,实际测量时,感光纸上照出的只是 C 点的移动轨迹,即示差膨胀曲线,如图 1.32 所示。图中的示差曲线为负表示钢的膨胀

系数比标准试样的小。

在示差膨胀测量中,标准试样的功能除了指示温度和跟踪待测试样的温度外,还有一个重要的功能,就是将待测试样内部组织未转变前的膨胀量抵消,将膨胀量的测量范围缩小,从而便可采用更高的放大倍数,提高测量的灵敏度和精确度 。示差膨胀法适用于分析金属内部的组织变化。

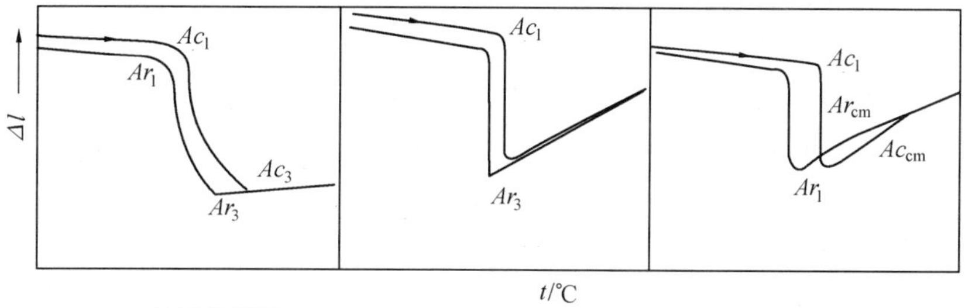

图 1.32　钢的示差膨胀曲线

(2) 光干涉法膨胀仪

光干涉法是利用光的干涉现象检验材料热膨胀特性的方法。以图 1.33 所示的装置为例,试样两端与透明的上下干涉板相接,共同置于变温器内。光源给出一束单色光经直角棱镜和半透镜,垂直入射到干涉板上,在上干涉板的下表面和下干涉板的上表面发生反射(其余两表面的反射,经处理排除到视场之外),这两束反射的光重叠后产生干涉现象,在半透镜上,可以见到明暗相间的条纹。

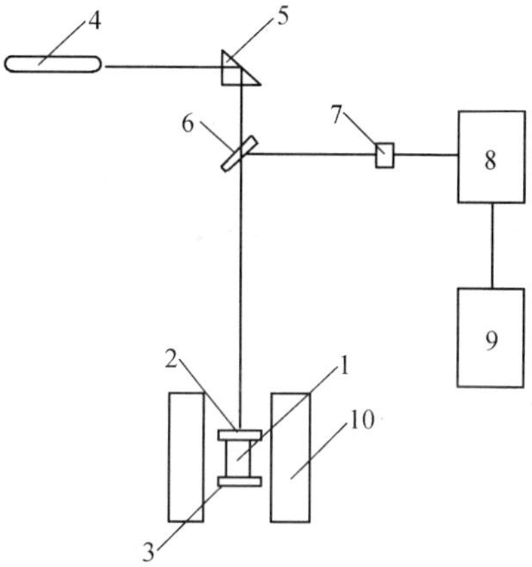

图 1.33　光干涉法膨胀仪示意图

1—试样;2—上干涉板;3—下干涉板;4—光源;5— 直角棱镜;6— 半透镜;7— 光敏元件;8—计数器;9—记录仪;10—变温器

我们知道,波的干涉现象是两列频率相同、位相差恒定的波相遇而出现的现象,在某一点,如果两列波的波峰或波谷同时到达,则该点的振动就得到了最大的加强。反之,若恰好是波峰与波谷相遇,则该点振动就得到了最大的削弱。来自同一光源而路程不同的光波在某一点相遇时出现哪一种情况,完全取决于它们的光程差。当光程差恰好等于波长的整数倍时,振动加强,出现亮斑,当光程差恰等于半波长的奇数倍时,振动削弱出现暗斑。在图 1.33 中,上下干涉板之间有微小的倾角,故观察到的是互相平行、明暗相间的条纹,相邻条纹间光程差的差值恰为该光波的一个波长。试样受热膨胀,推动干涉波沿试样轴向移动,干涉板之间的距离逐渐加大,观察到的干涉条纹向一侧移动,如果固定观察某一点,则每移过一个亮条(或暗条) 就表明试样膨胀半个波长,因为光波往返于上下干涉板之间,间距增加半个波长就相当于光程差增加一个波长。用光敏元件配用计数器可以连续计算移过某观察点的条纹数,从而获得试样的热膨胀量。假定试样升高温度 Δt,即计算值变化 ΔN,相当于试样膨胀 $\Delta N\dfrac{\lambda}{2}$,于是平

均线膨胀系数

$$\overline{\alpha_l}=\frac{1}{l_0}\frac{\Delta l}{\Delta t}=\frac{\lambda}{2l_0}\frac{\Delta N}{\Delta t} \tag{1.58}$$

光干涉法膨胀仪是用光的波长为尺度来测量试样热膨胀量的方法，可见光的波长为 10^{-1} 微米数量级，因而光干涉法具有较高的精密度，但对装置的设计和制造也提出了苛刻的要求，如果装置不理想，高精度也仍然无法保证。

2. 电测式膨胀仪

电测式膨胀仪是利用各种电学原理放大并检测试样的热膨胀量，即把试样的长度转换为相应的电信号，然后再对电信号进行处理，画出膨胀曲线，主要有电感式膨胀仪和电容式膨胀仪等。

(1) 电感式膨胀仪

电感式膨胀仪是目前自动式膨胀仪应用最多的一种，它的放大倍数可达 6 000 倍。这种膨胀仪用差动变压器作为位移传感器，如图 1.34 所示。

差动变压器由初级线圈、次级线圈和磁芯组成。初级和次级线圈绕在同一绝缘管轴上，次级线圈由两段完全相同的绕组反向串接而成，它们相对初级线圈处于完全对称位置。磁芯在管轴内可以沿轴向自由移动。测试前，调节磁芯处于两端次级线圈的中间位置。反接的次级线圈产生的感生电动势因磁芯处于平衡位置而相互抵消，使差动变压器输出电压为零。磁芯通过传感杆与加热器内的试样相接，试样受热膨胀，推动磁芯沿管轴移动，使磁芯偏离平衡位置，两端次级线圈产生的感生电动势将不相等，差动变压器便有信号电压输出，这个信号电压与试样伸长量成线性关系。将此信号和温度信号经放大处理后输入 X－Y 函数记录仪，便可得到试样的膨胀曲线。

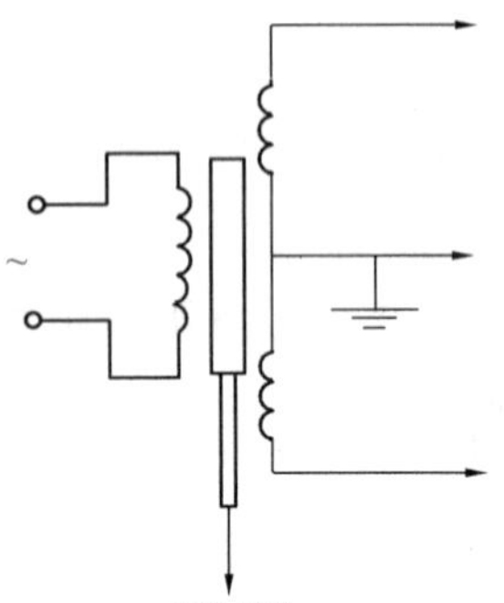

图 1.34　电感式膨胀仪测量原理

电感式膨胀仪将试样的膨胀量转换成电学量，可以利用现代电子技术和计算机技术进行处理，易于实现测量技术的自动化，但是容易受到电磁因素的干扰。为了防止工业电网的干扰，多数差动变压器电源的频率不是 50 Hz，而是采用 200 ~ 400 Hz。

近年来，较为先进的全自动快速膨胀仪膨胀量转换采用的就是差动变压器原理。为了保证工作状态的稳定性，将差动变压器放在一个恒温槽中，这种仪器可以将温度、膨胀与时间的关系曲线同时描绘在 X－Y 函数记录纸上。试样在真空中采用高频加热，加热速度可以控制在 500℃/s 以下的范围内。试样的冷却可以选用小电流加热、自然冷却和强力喷气冷却三种方式。加热和冷却均利用微机进行控制，这种膨胀仪特别适用于快速膨胀的测量，如 CCT 曲线的测量。

(2) 电容式膨胀仪

电容式膨胀仪是靠试样的膨胀引起电容器 C_1 的电容发生变化，如图 1.35 所示。电容的变化导致 LC 回路中的阻抗改变，从而使输出信号发生变化，再通过放大器输入到记录仪中，然后绘出试样的膨胀曲线。

3. 机械式膨胀仪

机械式膨胀仪用机械的方法放大并检测试样的热膨胀量，包括千分表式膨胀仪和机械杠杆式膨胀仪等。

(1) 千分表式膨胀仪

千分表式膨胀仪的基本结构通常由加热炉、试样热膨胀时位移的传递和位移的记录装置组成。其原理是将待测试样置于封闭的石英管底部，使其保持良好的接触，试样的另一端通过一个石英顶杆将膨胀引起的位移传递到千分表上，由此读出不同温度的膨胀量，如图 1.36 所示。

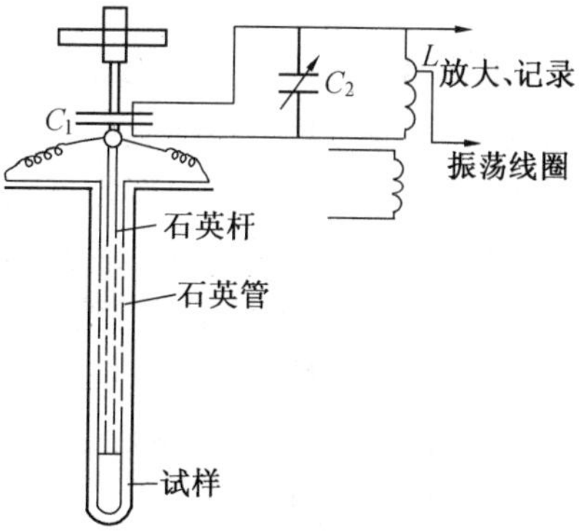

图 1.35　电容式膨胀仪测量原理图

为了减小加热炉的散热对千分表精度的影响，通常在炉子周围加上冷却水套。选用石英做套管和顶杆是因为在 0 ~ 1 000℃ 范围内，石英不相变，且膨胀系数极低，在通常情况下可以忽略不计。

这一种膨胀仪简单方便，但其精确度受千分表的最小刻度(0.001 mm) 所限，且不能进行膨胀量的放大与记录，对于体积效应较小的相变在测试数据中得不到反映。

(2) 杠杆式膨胀仪

杠杆式膨胀仪是较早被采用的一种对膨胀位移进行放大和记录的系统，这种系统一般可以把位移放大几百倍，且工作情况相当稳定，如图 1.37 所示。

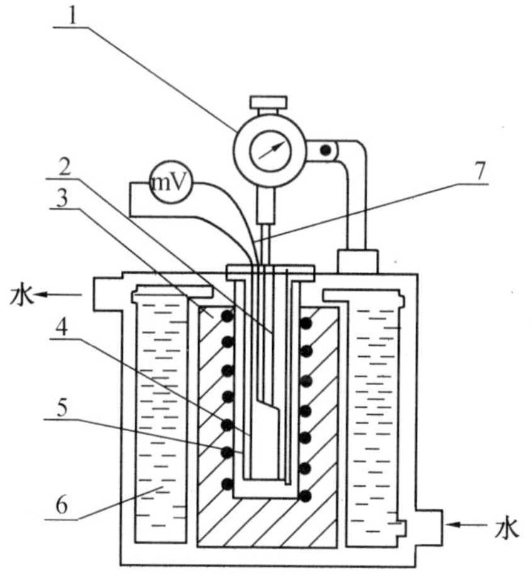

图 1.36　千分表式膨胀仪

1— 千分表；2— 石英顶杆；3— 加热炉；4— 试样；5— 石英套管；6— 冷却水套；7— 热电偶

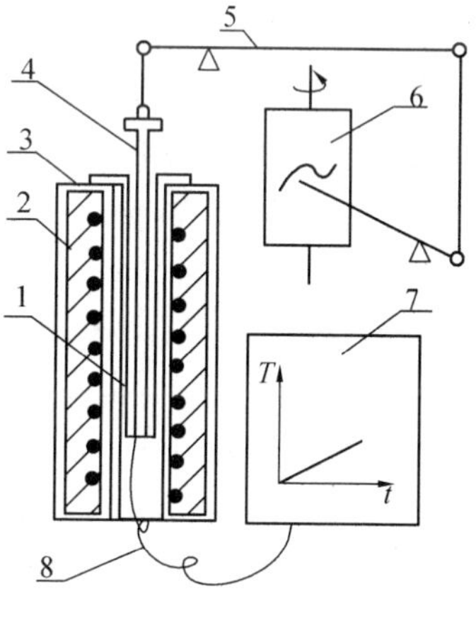

图 1.37　杠杆式膨胀仪

1— 试样；2— 加热炉；3— 石英套管；4— 石英顶杆；5— 杠杆机构；6— 转筒；7— 温度记录仪；8— 热电偶

从图中可以看出，试样的膨胀经过杠杆的放大传递到记录用的笔尖上，由于安放在转筒上的记录纸以一定速度移动，因而可以把膨胀量随时间的变化记录下来。与此同时，用一个温度控制与记录装置记录试样的升温情况，并根据这两条曲线换算成膨胀曲线，即膨胀量与温度的关系曲线。

除了前面介绍的几种膨胀仪外，还可以采用精密的测长仪器，如比长仪、垂高计等，直接观测试样的热膨胀量。利用入射线衍射法可以对晶体晶格常数随温度的变化进行测量。细丝、薄带膨胀仪是根据特定规格的样品设计的膨胀仪，可以采用多种检测原理。

1.3.6 膨胀分析的应用

材料的组织转变都伴随着产生十分明显的体积效应，根据这一特性，膨胀法对分析钢加热、等温、连续冷却和回火过程中的转变非常有效。

1. 确定钢的组织转变温度

(1) 转变点的测定

试样在加热或冷却过程中长度的变化来自两个方面，即单纯由温度变化引起的膨胀，收缩和金属组织转变产生的体积效应。在组织转变之前或转变之后，试样的膨胀或收缩是单纯由温度变化引起的。在组织转变的温度范围内，除单纯由温度引起的长度变化外，又附加了组织转变的体积效应，由于附加的膨胀效应，膨胀曲线偏离一般规律。因此，在组织转变开始和终了时，曲线便出现了拐折，拐折点即对应转变的开始及终了温度。

获得了膨胀曲线之后，如何从膨胀曲线上正确地确定组织转变的临界点也是很重要的。因为相变研究是材料学中一项基础研究工作，而相变临近点的测定对于每一个新钢种(或合金)总是不可缺少的。确定钢的转变点有两种方法。

第一种方法是取膨胀曲线上偏离单纯热膨胀规律的开始点，即切离点为拐折点。以亚共析钢为例，它的膨胀曲线如图 1.38 所示。图中曲线上的拐折点 a、b、c 和 d 分别对应图 1.32 中 Ac_1、Ac_3 和 Ar_3、Ar_1。这种方法从理论上将是正确的，但其缺点是判断切离点时易受主观因素的影响。为了减少目测的误差，必须用高精度的膨胀仪测量，得到细而清晰的膨胀曲线，以提高判断切离点的准确性。

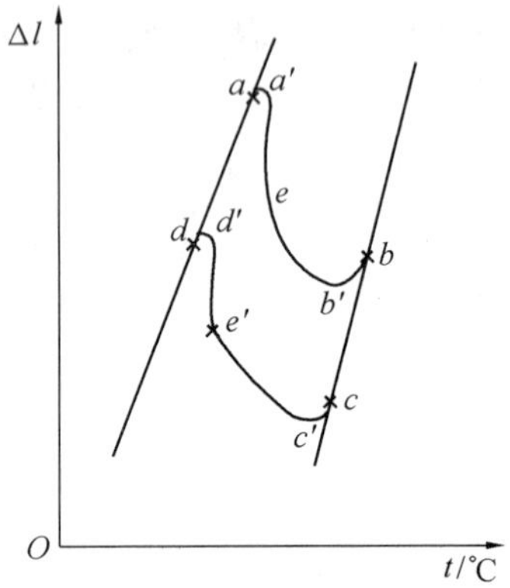

图 1.38 亚共析钢膨胀曲线上的切离点和峰值示意图

第二种方法是取膨胀曲线上四个极值 a'、b'、c' 和 d' 所对应图 1.32 中的温度分别作为 Ac_1、Ac_3 和 Ar_3、Ar_1 点。这种方法的优点是峰值温度容易判断，缺点是与实际转变温度之间存在着一定的误差。在研究合金元素钢的原始组织，以及加热或冷却速度等因素对转变温度的影响时，做对比分析可采用此法。

(2) 碳钢膨胀曲线的分析

从图 1.38 可以看到，亚共析钢的加热膨胀曲线分为共析转变和自由铁素体溶解两个阶段。由于奥氏体的比热容比珠光体小，因此组织转变使试样的长度产生明显的收缩，导致曲线下降。曲线上的 AC 段相当于珠光体转变为奥氏体的过程，它所对应的温度范围很窄，几乎是陡直变化，这是因为加热时，它在一个温度区间内逐渐完成，因此表现为曲线缓慢地降低。

共析钢加热膨胀曲线上的陡直下降十分显著，它说明珠光体转变为奥氏体的数量增多,体积收缩效应也随之增大。过共析钢中有二次渗碳体存在,所以在膨胀曲线的高温区出现了明显的拐折,拐折点的温度对应于 Ac_{cm} 和 Ar_{cm} 点,如图 1.29 所示。珠光体转变为奥氏体以后的曲线斜率增大,这是由于奥氏体的膨胀系数比珠光体大。此外,对应于 Ac_{cm} 和 Ar_{cm} 拐折的两旁曲线的斜率有明显的不同,这是二次渗碳体不断溶解,使奥氏体的含碳量不断增高,比热容不断增大的结果。

在确定钢的组织转变临界点时,为了测试结果准确而有可比性,除对钢的成分有严格要求外,还对钢的原始组织、加热和冷却速度、奥氏体化温度及保温时间等有下列要求:

① 钢的原始组织应当相同,一般采用退火组织,并且有相同的晶粒度;

② 采用相同的加热及冷却速度,一般要小于 200℃/h,对于高合金钢冷却速度小于 120℃/h;

③ 奥氏体化温度和保温时间按给定要求保持一致。

2. 研究钢的等温转变

用膨胀法研究钢的等温转变包括测量转变过程的动力学曲线及建立等温转变图两方面内容。

(1) 动力学曲线测定

测定冷奥氏体等温转变的动力学曲线,通常选用退火状态的材料制备试样。奥氏体化温度一般采用通常淬火加热温度,即 Ac_1 + (30 ~ 50℃),或者生产中用的实际淬火温度。保温时间根据试样大小而定,对于直径为 3 mm 的试样,在空气介质中加热时,保温时间一般取 5 ~ 10 min。

用全自动快速膨胀仪测量等温转变曲线的过程如下:试样组织经奥氏体化后,立即冷却至等温温度,与此同时,自动记录仪表由记录膨胀和温度的关系立即改为记录膨胀和时间的关系,这样便可得到如图 1.39 所示的曲线。AC 是加热膨胀曲线,在这一阶段中完成奥氏体化过程。从 O 点开始计算试样的等温时间。OE 是等温转变曲线,B 和 E 是曲线的拐点,它们分别对应转变的开始时间 t_1 和终了时间 t_2。由于等温转变产物(珠光体或贝氏体)的比热容大于奥氏体,所以曲线随等温时间增长逐渐增高,这意味着试样的长度不断地增大。因为测量在等温条件下进行,故曲线的变化不受温度的影响,所以试样的伸长和组织的转变数量成正比。OB 所对应的时间为该温度下的孕育期,一般孕育期转变量用 1% 时所经过的时间来表示。

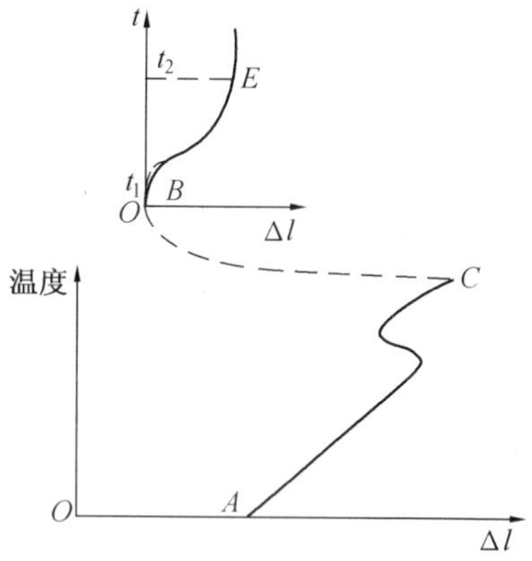

图 1.39 钢奥氏体化处理及等温转变过程的膨胀曲线

(2) 等温转变产物数量的确定及 TTT 图的绘制

根据转变产物的数量和试样的膨胀成正比的关系,在等温过程中转变完全的情况下,将转变终了所对应的膨胀量算做 100%,便可从曲线上所对应的膨胀量确定出任意等温时间的转变量。

例如,某钢种 600℃ 等温转变动力学曲线如图 1.40 所示。图中 Δl_f 为等温转变的总膨胀量,转变 50% 所需要的时间即 $\Delta l_f/2$ 所对应的时间。同理,用这种方式可确定其他转变数量和相应的转变时间。

奥氏体的中温转变通常是不完全的，对于这种情况可借助金相方法，对对应温度下转变产物进行定量分析，然后再按照转变量与时间正比的关系，找出不同转变量所对应的时间。

为了得到TTT图，应在 M_s 点和 Ac_1 点之间，每隔25℃左右测定一个等温转变过程，即可获得一条转变动力学曲线，在等温转变的动力学曲线上确定出转变开始点、终了点和转变量为25%、50%、75%点及其相应的时间。将不同等温温度转变开始、终了和转变不同数量所对应的时间标在温度时间坐标上，并分别连成光滑曲线，即得到TTT图。为了作图方便，时间轴常取对数坐标，完整TTT图应标注钢的成分、晶粒度、加热温度 Ac_1、Ac_3 和 M_s 点，以及奥氏体转变的体积分数。

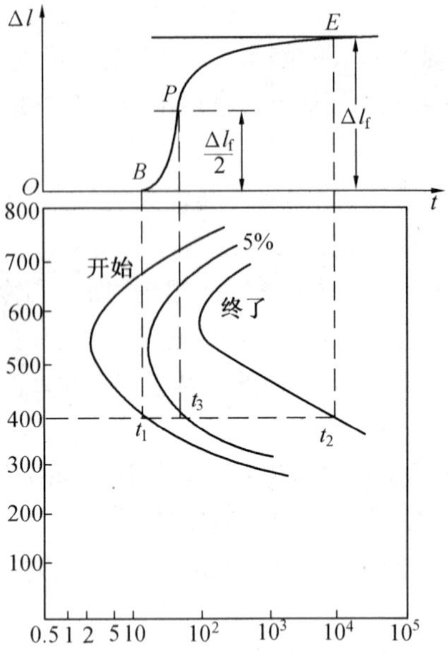

图1.40　TTT图的示意图

(3) 马氏体转变点 M_s 的测定

奥氏体变为马氏体时所产生的体积效应为最大，所以用膨胀法测定 M_s 点的效果很好。测定 M_s 点的原理与预测定 Ar 点的原理相同，但对多数钢来说，测定 M_s 点需要很高的冷却速度，因此膨胀仪必须具有淬火机构和快速记录装置，通常采用光学膨胀仪和全自动快速膨胀仪进行测量。马氏体转变的膨胀曲线示于图1.41中，图中 $ABDE$ 为测得的膨胀曲线，B 和 D 是膨胀曲线上的拐折点，它们对应的温度分别为 M_s 和 M_f 点。

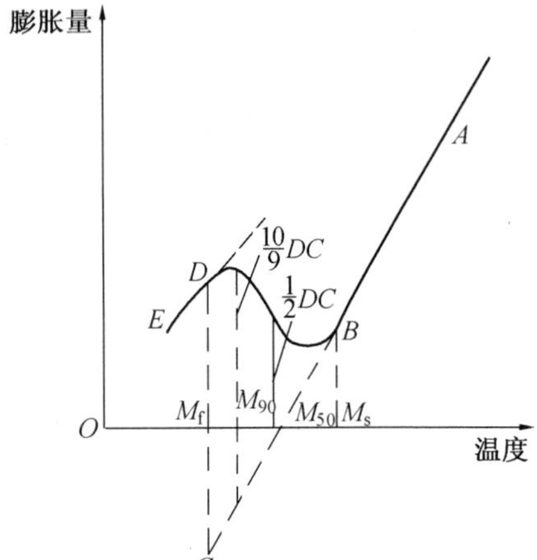

图1.41　马氏体转变膨胀曲线

如果要确定马氏体在 M_s 和 M_f 点之间的转变的数量，则需要考虑以下因素，即由于温度下降引起的试样体积收缩；奥氏体转变为马氏体产生的膨胀效应。实测曲线的变化是由于上述两种因素综合影响的结果。若假定马氏体和奥氏体的膨胀系数相差不多，转变量与膨胀量成正比，则可用下述方法确定马氏体的数量。做 AB 的延长线，用来表示奥氏体单纯受温度影响产生收缩的情况，线段 BD 即对应于马氏体最大转变量，实际转变数量可借助于X射线或定量金相进行标定。假定 DC 线段相当 $\varphi_M = 100\%$，则 $\frac{9}{10}DC$、$\frac{1}{2}DC$ 可分别为90%，50%的马氏体体积分数。实际上，马氏体和奥氏体膨胀系数并不相等，所以这种方法存在着一定误差。

3. 建立钢的连续冷却转变图

建立连续冷却转变图，首先测定不同冷却速度下的连续冷却转变的膨胀曲线，根据曲线上的拐折点确定出转变温度。从拐折点的温度和曲线的走向可以判定转变类型、转变的开始温度。

现以 40CrNiMoA 为例，不同冷却速度下，它的膨胀曲线如图 1.42 所示。由图可见，当冷却速度为 159℃/min 时，膨胀曲线上于 325℃ 处出现了一个拐折，并且伸长急剧增大，显然这种低温转变的产物是马氏体，可以认定 325℃ 即 M_s 点。当冷却速度为 79℃/min 时，膨胀曲线上出现了两个拐折：480 ~ 360℃ 属于中温转变，转变产物为马氏体；295℃ 低温区发生的拐折仍为马氏体转变，但由于转变数量较小，所以膨胀效应也较小。当冷却速度为 40℃/min，膨胀曲线上只有一个拐折，525 ~ 360℃ 转变应为贝氏体。当冷却速度降低到 8.3℃/min 时，膨胀曲线上又出现了两个拐折：高温 680 ~ 530℃ 出现拐折，意味着发生了珠光体类型的转变；510 ~ 372℃ 中温区发生的是贝氏体转变。630 ~ 510℃ 的线段表明，上述两种转变是分开进行的，如果冷却速度减慢到 1.7℃/min，膨胀曲线上只在高温区出现一个拐折，说明奥氏体全部转变为铁素体和珠光体。高温区是共析铁素体析出的终了还是珠光体转变的开始在膨胀曲线上不好区分，因此常借助金相法来判断或校正。

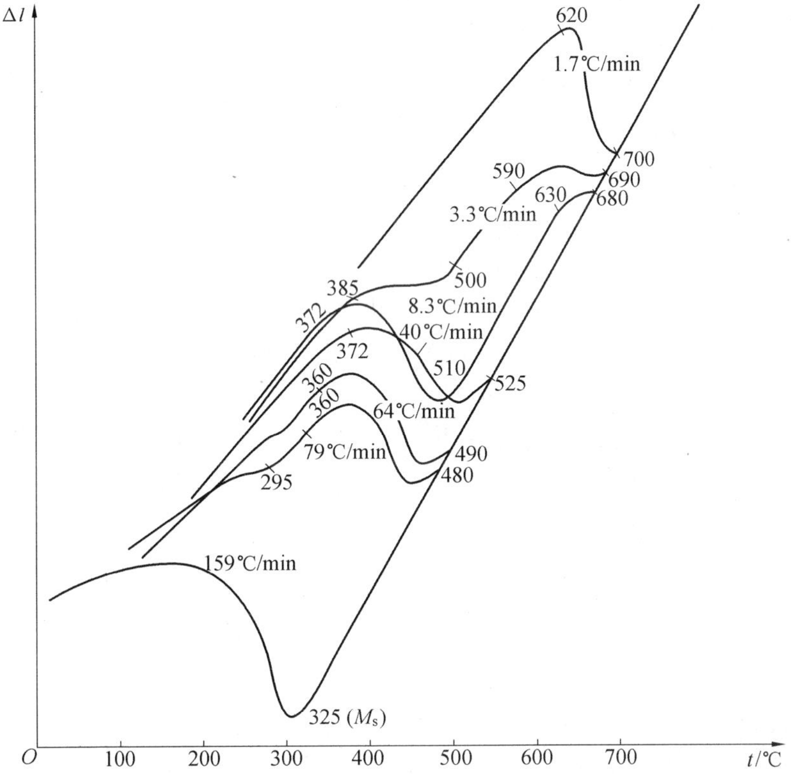

图 1.42 40CrNiMoA 钢的冷却膨胀曲线

为了绘制 CCT 曲线，首先取时间为横坐标，温度为纵坐标绘出不同冷却速度的冷却曲线。将不同冷却速度膨胀曲线上得到的转变点在相应冷却曲线上标出，然后将转变开始及转变终了点分别连接成光滑曲线,便得到连续冷却转变图,如图 1.43 所示。

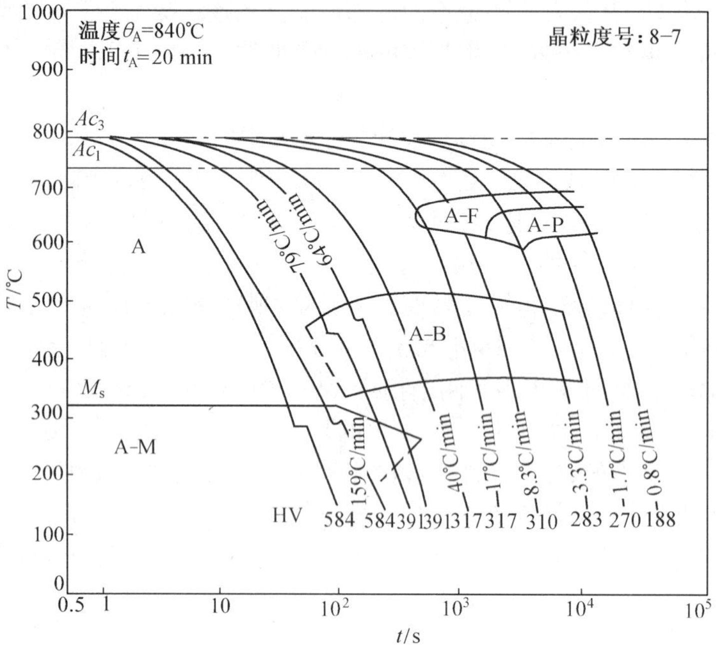

图 1.43 40CrNiMoA 钢的 CCT 曲线

4. 研究淬火钢的回火

$w(C)=0.94\%$ 的碳钢淬火后的组织为马氏体加残余奥氏体,对具有这种组织的钢在回火过程中测得的膨胀曲线示于图 1.44 中。从图中可以看出,以不同温度进行回火试样的体积发生了如下的变化:

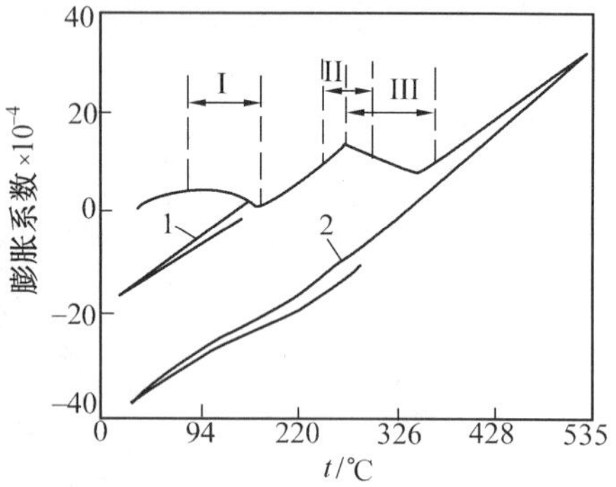

图 1.44 淬火钢膨胀曲线比较

80 ~ 160℃ 温度区间发生了体积收缩。冷却膨胀曲线 1 表明温度降低时,曲线不沿原加热曲线回升,说明这种转变是不可逆的。X 射线分析指出,此时析出了 ε 相碳化物,体积收缩是由于碳化物析出,导致了马氏体的正方度下降。

230 ~ 280℃ 温度区间发生了体积膨胀,它表明淬火组织中残余奥氏体发生了分解。260 ~ 360℃ 温度范围内出现了体积收缩,它说明马氏体继续分解为铁素体和碳化铁的混合物。加热到 535℃ 后,再缓慢地冷却至室温,冷却膨胀曲线在 200℃ 附近出现了明显的拐折。它表明 535℃ 回火钢的组织已完全转变为铁素体和渗碳体,在以后的冷却过程中渗碳体于 200℃ 附近转变为弱铁磁相。

5. 研究热循环对材料的影响

热循环特别是在相变内重复的热循环,在材料内部将产生缺陷和内应力,带来肉眼可见的变形,这种情况在焊热过程中常常碰到。此外,还有一种常见的情况是,经过热循环的材料内部结构将发生变化,这必然在性能上带来某种影响。显然,一台可以进行快速加热和冷却的膨胀仪是进行这一现象研究的有力工具。

例如，对铁镍钴合金进行热循环时加热和冷却速度为20℃/s，可达到最高温度为750℃（略高于 A_f 点），正如平时所观察到的，冷却到 M_s 和 M_f 点之间将发生马氏体相变，而加热到 A_s 和 A_f 之间马氏体又逆变为奥氏体。

随着热循环次数的增加，将看到由于相变引起的膨胀幅度有规律地减小，最终完全消失，如图1.45中曲线(1)、(2)、(3)所示，这是由于材料内部松弛应力的作用使马氏体和奥氏体都趋于亚稳态状态。必须指出，只要进行更高温度的加热，这种混合组织的亚稳定状态就可以得到解除。图1.45中曲线(4)表示在第19次循环过程中，由于加热到750℃ + Δt℃，使得从前的多次循环稳定下来的马氏体在较高的 A'_s 点开始转变，在随后的冷却过程中，还可以观察到标准的马氏体相变，其 M_s 点与第一次循环所观察到的完全相同。

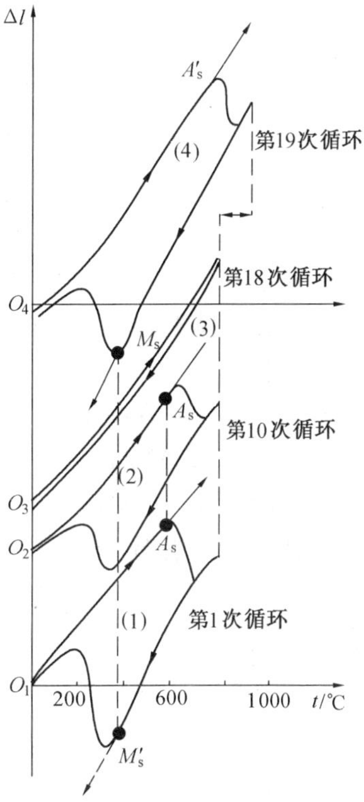

图1.45　循环对铁基合金Ni20Co9的稳定化作用

6. 研究晶体缺陷

晶体缺陷的存在或消失引起的晶体相对体积变化在 10^{-4} 数量级。利用这种性质可以确定形变试件或高温淬火零件的空位或位错密度。图1.46给出不同形变度（扭）的纯镍点缺陷和位错在退火时消失的情况。相对体积变化 $\Delta V/V$ 正比于点缺陷数目和位错密度。在这种情况下，点缺陷数目的改变 Δn 可表示为

$$\Delta n = \frac{\rho N_A \Delta V}{MV} \tag{1.59}$$

式中，ρ 为金属密度；N_A 为阿伏加德罗常数；M 为相对原子质量。

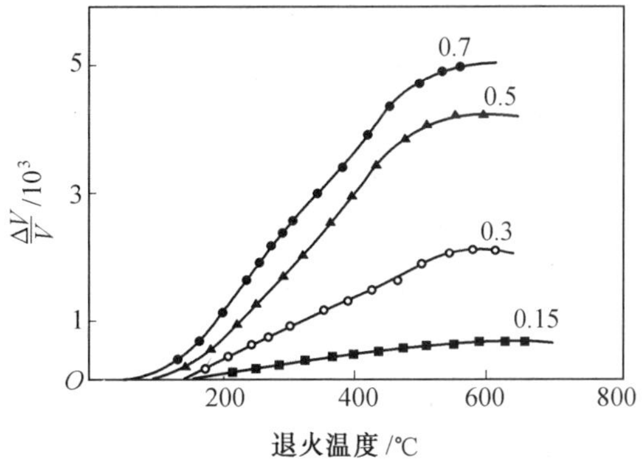

图1.46　扭转形变镍真空退火体积相对变化曲线

材料每立方厘米的位错密度为

$$N = \left(\frac{\rho N_A}{M}\right)^{2/3} \frac{\Delta V}{V} \tag{1.60}$$

由此,根据试样相对体积变化,便可计算金属中点缺陷和位错的数量。式(1.59)和式(1.60)只适用金属在形变(扭、拉、拔)过程中产生的空位和位错密度,这些金属是银、铜、镍、铁、铝、镁及一些银基合金。

膨胀法还广泛用于研究金属淬火空位浓度。由于热运动,金属产生的空位有关系式

$$n/N = e^{-u/kT} = e^{-U/RT} \tag{1.61}$$

式中,n 为空位数;N 为总原子数;u 为原子空位形成能;U 为摩尔原子空位形成能。

如果空位占据晶格结点位置,试样体积将出现附加的体积增大。假定空位与原子体积相同(实际有少许差别),则由于空位增加而引起的体积变化有关系

$$n/N = \Delta V/V = 3(\Delta l/l) \tag{1.62}$$

图 1.47 是铜、银、金、铝的膨胀系数温度变化曲线。由图可见,当温度超过 1/2 熔点温度以后,膨胀系数急剧增加,大大偏离线性值。格尔茨利坎曾测定铝在 600℃ 膨胀系数的偏离值 Δ 为 3.8×10^{-4},则单位体积膨胀偏离值为 3Δ,根据式(1.61)和式(1.62)得

$$1.14\times10^{-3} = \frac{\Delta V}{V} = \frac{n}{N} = e^{-u/RT} \tag{1.63}$$

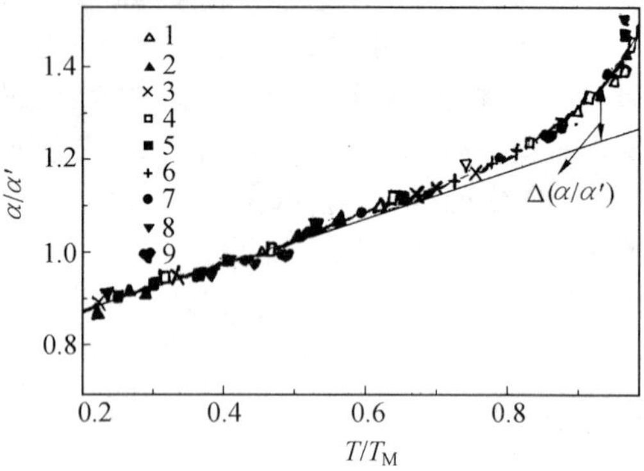

图 1.47　金属膨胀系数随温度变化曲线

α— 膨胀系数;α'— 熔点一半温度时的膨胀系数;1、2、3— 铜;4、5、6— 银;7— 金;8、9— 铝

计算结果是,铝的空位形成能是 49.37×10^3 J/mol。铝在熔点的空位相对数目为

$$(n/N)_{T_m} = 2\times10^{-3} \tag{1.64}$$

1.4　材料的热传导

不同温度的物体,具有不同的内能,同一个物体不同区域,如果温度不等,也反映了它们热运动的激烈程度不同,含有的内能不等。这些不同温度的物体或区域,在相互靠近或接触时,会以传热的形式交换能量。即由于材料相邻部分间的温差而发生的能量迁移称为热传导。在热能工程、制冷技术、工业炉设计、工件加热和冷却、房屋采暖与空调、燃汽轮机叶片散热以及航天器返回大气层的隔热等一系列技术领域中,材料的导热性能都是一个重要的问题。

1.4.1　热传导的基本概念和定律

1. 傅里叶(Fourier)定律和热导率

当物体上各点温度不一致时,将有热量从温度高的地方向温度低的地方“流动”。沿热流方向,每单位长度的温度变化,称为温度梯度。温度梯度为矢量,其方向沿热流指向温度升高方向。温度梯度越大,热量的“流动”将越大。单位时间内通过与热流垂直的单位面积的热量称为热流密度。傅里叶定律表明,在固体内任何一点,热流密度 q 与温度梯度 $\frac{\Delta T}{\Delta x}$ 成

正比,但方向相反,即

$$q = -\lambda \frac{\Delta T}{\Delta x} \tag{1.65}$$

式中,λ 为热导率,它表示在单位温度梯度下,单位时间内通过单位截面积的热量。

式(1.65) 还可以写成

$$Q = -\lambda St \frac{\Delta T}{\Delta x} \tag{1.66}$$

式中,Q 为流过与热流垂直的某一面元的热量;S 为该面元的面积;t 为时间。

式(1.66) 说明,流过与热流垂直的某一面元的热量,与面元的面积、时间和该处的温度梯度成正比,比例系数 λ 就是标志材料热传导能力的热导率,或称为"导热系数",其单位符号为 $W \cdot m^{-1} \cdot K^{-1}$ 或 $W \cdot cm^{-1} \cdot K^{-1}$。

在板材厚度为无限小的 dx 情况下,板两面温差为 dT,则可以得到热传导的傅里叶定律

$$\frac{dQ}{dt} = -\lambda S \frac{dT}{dx} \tag{1.67}$$

式中,dQ/dt 称为热量迁移率;dT/dx 为温度梯度。

由于热量沿 x 降低的方向流动,方程中加负号使 dT/dx 为负值时,dQ/dt 为正值。表 1.4 列出了一些材料在常温下的热导率。显然,与非金属相比,金属为热的良导体而气体则是热的绝缘体。

表 1.4　不同材料常温下的热导率 λ　　$W \cdot m^{-1} \cdot K^{-1}$

金属	热导率	非金属	热导率	气体	热导率
铝	205	石棉	0.084	空气	0.024
黄铜	109	混凝土	0.837	氢气	0.138
铜	385	软木	0.167	氧气	0.023 4
铅	347	玻璃	0.837		
银	414	冰	1.674		
钢	46	木材	0.084		

2.热扩散率

不稳定导热过程与体系的焓相联系,而焓的变化速率与材料的导热能力(λ) 成正比,与贮热能力(定容热容) 成反比。因此,在工程上常采用与导热系数有关的一个参数,称为导温系数或热扩散率 α,定义为

$$\alpha = \frac{\lambda}{\rho c} \tag{1.68}$$

式中,α 为热扩散率;λ 为热导率;ρ 为密度;c 为比热容。

热扩散率的引出是出于不稳定热传导过程的需要。在不稳定热传导过程中,材料内经历着热传导的同时还有温度场随时间的变化。热扩散率正是把两者联系起来的物理量,表示温度变化的速率。在加热和冷却相同的条件下,α 越大的材料各处的温差越小。例如,金属工件在加热炉内被加热的情况就是一种典型的不稳定导热过程。要计算出经过多长时间才能使工件达到某一预定的均匀温度,就需要知道热扩散率。

与电导率和电阻率之间的关系一样，也可以引入热阻率 $\overline{\omega} = \dfrac{1}{\lambda}$ 的概念，且同样可以把合金固溶体的热阻分为基本热阻（本征热阻）$\overline{\omega}(T)$ 和残余热阻 $\overline{\omega}_0$ 两部分。基本热阻也是基质纯阻元的热阻，为温度的函数，而残余热阻则与温度无关，即

$$\overline{\omega} = \overline{\omega}_0 + \overline{\omega}(T) \tag{1.69}$$

由于热阻的大小表征着材料对热传导的阻隔能力，故可以根据材料热阻的数值对工程技术的不同装置进行"隔热"或"热导"的计算。此类隔热装置的应用十分广泛。例如，锅炉、冷冻、冷藏、石油液化、建筑结构等需要隔热；燃汽轮机叶片和电子元件散热器等要求导热。特别是那些超高温装置对隔热材料有更严格的要求，液化天然气需要长途运输，航天飞机需要携带液氢燃料，而飞船返回大气层时前沿局部要经受 4 273 ~ 5 773 K 的高温。隔热材料和热防护材料对实现这些目标是至关重要的。

1.4.2　热传导的物理机制

1.声子和声子电导

热传导过程就是材料内部的能量传输过程。在固体中能量的载体可以有：自由电子、声子（点阵波）和光子（电磁辐射）。因此，固体的导热包括电子导热、声子导热和光子导热。对纯金属而言，电子导热是主要机制；在合金中声子导热的作用要增强；在半金属或半导体内声子导热常常与电子导热相仿；而在绝缘体内几乎只存在声子导热一种形式。通常可以不考虑光子导热，因为只有极高温下才可能有光子导热存在。根据不同导热机制的贡献，可以把固体材料的导热系数写成

$$\lambda = \lambda_e + \lambda_l \tag{1.70}$$

式中，λ_e 为电子导热系数；λ_l 为声子（点阵波）导热系数。

按照气体分子运动论并取某种近似，可得到的气体导热系数为

$$\lambda = \frac{1}{3}cv\bar{l} \tag{1.71}$$

式中，c 为单位气体比热容；v 为分子速度；$\bar{l}$ 为分子的平均自由程。

自由电子的比热容越大，意味着电子从高温区向低温区运动时，携带能量越多；电子的运动速度越高，意味着单位时间内有更多的电子通过所考虑的截面。自由电子的平均自由程是电子在运动过程中相邻两次碰撞的平均距离。借用气体导热系数公式近似地来描述固体材料中电子、声子和光子的导热机制，则有

$$\lambda = \frac{1}{3}\sum_j c_j v_j \bar{l}_j \tag{1.72}$$

式中，带角标 j 的参数表示不同载体类型的相应物理量。

电子的导热系数可写成

$$\lambda = \frac{1}{3}c_e v_e \bar{l}_e \tag{1.73}$$

由于电子的平均自由程 $\bar{l}_e$ 完全由金属中自由电子的散射过程所决定，所以，如果点阵是完整的，电子运动不受阻碍，$\bar{l}_e$ 为无穷大。实际上，热运动引起点阵上原子偏移，杂质原子引起弹性畸变、位错，晶界引起点阵缺陷，受到这些散射机制的影响电子热导变得十分复杂。通过近似计算知，金属中电子热导率和声子热导率之比 $\lambda_e/\lambda_l \approx 30$。可见，金属中电子热导率与绝缘体热导率之比约为 30，因为金属点阵上正离子所引起作用与绝缘体中的情

形大致相同。但是,电子对声子的散射而使得金属的声子导热与绝缘体的还有所不同。在低温下金属中电子对声子的散射通常起主导作用,因而限制了声子的平均自由程,使得金属中的声子导热系数比起具有相同弹性性能绝缘体 λ_1 要小。

由于"电子 - 电子"间的散射对于能态密度很高的金属相当重要,因此在许多场合下对于过渡金属必须考虑其影响。此外,在极低温度下,位错通常是散射声子最重要的因素;在高温和高点缺陷浓度下,点缺陷引起的热阻与点阵的非谐振相联系。实验表明,点缺陷对声子的散射有一个粗略的规则:大区域缺陷主要在最低温下显示对热阻的贡献;点、面缺陷则主要在中等温度下显示出来。

2. 光子热导

固体中除了声子的热传导外,还有光子的热传导。这是因为固体中分子、原子和电子的振动、转动等运动状态的改变,会辐射出频率较高的电磁波。这类电磁波覆盖了一较宽的频谱。其中具有较强热效应的是波长在 0.4 ~ 40 pm 间的可见光与部分近红外光的区域,这部分辐射线就称为热射线。热射线的传递过程称为热辐射。由于它们都在光频范围内,其传播过程和光在介质(透明材料、气体介质)中传播的现象类似,也有光的散射、衍射、吸收和反射、折射,所以可以把它们的导热过程看做光子在介质中传播的导热过程。

在温度不太高时,固体中电磁辐射能很微弱,但在高温时就明显了,因为其辐射能量与温度的四次方成正比。例如,在温度 T 时黑体单位容积的辐射能为

$$E_T = 4\sigma n^3 T^4 / v \tag{1.74}$$

式中,σ 是斯忒藩 - 玻耳兹曼常数($\sigma = 5.67 \times 10^{-8} \mathrm{W \cdot m^{-2} \cdot K^{-4}}$);$n$ 是折射率;v 是光速($v = 3 \times 10^{10} \mathrm{cm/s}$)。

由于辐射传热中,定容热容相当于提高辐射温度所需的能量,所以

$$C_{V,\mathrm{m}} = \left(\frac{\partial E}{\partial T}\right) = \frac{16\sigma n^3 T^3}{v} \tag{1.75}$$

同时将辐射线在介质中的速度 $v_\mathrm{r} = \dfrac{v}{n}$,以及式(1.74)代入式(1.70),可以得到辐射的传导率

$$\lambda_\mathrm{r} = \frac{16}{3}\sigma n^2 T^3 l_\mathrm{r} \tag{1.76}$$

实际上,光子传导的 $C_{V,\mathrm{m}}$ 和 l_r,都依赖于频率,所以更一般的形式仍应是式(1.71)。

对于介质中辐射传热过程,可以定性地解释为:任何温度下的物体既能辐射出一定频率的射线,同样也能吸收类似的射线。在热稳定状态,介质中任一体积元平均辐射的能量与平均吸收的能量相等。当介质中存在温度梯度时,相邻体积间温度高的体积元辐射的能量大,吸收的能量小;温度较低的体积元正好相反,吸收的能量大于辐射的,因此,产生能量的转移,整个介质中热量从高温处向低温处传递。λ_r 就是描述介质中这种辐射能的传递能力,它取决于辐射能传播过程中光子的平均自由程 l_r。对于辐射线是透明的介质,热阻很小,l_r 较大;对于辐射线是不透明的介质,l_r 很小;对于完全不透明的介质,$l_\mathrm{r} = 0$,在这种介质中,辐射传热可以忽略。一般,单晶和玻璃对于辐射线是比较透明的,因此在 773 ~ 1 273 K 辐射传热已很明显,而大多数烧结陶瓷材料是半透明或透明度很差的,其 l_r 要比单晶和玻璃的小得多,因此,一些耐火氧化物在 1 773 K 高温下辐射传热才明显。

光子的平均自由程除与介质的透明度有关外，对于频率在可见光和近红外光的光子，其吸收和散射也很重要。例如，吸收系数小的透明材料，当温度为几百摄氏度(℃)时，光辐射是主要的；吸收系数大的不透明材料，即使在高温时光子传导也不重要。在无机材料中，主要是光子的散射问题，这使得 l_r 比玻璃和单晶的都小，只是在 1 500℃ 以上，光子传导才是主要的，因为高温下的陶瓷呈半透明的亮红色。

1.4.3 热导率的一般规律——维德曼 - 弗兰兹(Wiedeman-Franz)定律

在量子理论出现以前，人们研究金属材料的热导率时发现一个引人注目的实验事实：在室温下许多金属的热导率与电导率之比 $\frac{\lambda}{\sigma}$ 几乎相同，而不随金属不同而改变，称为维德曼 - 弗兰兹定律。这一定律同样表明，导电性好的材料，其导热性也好。后来洛伦兹(Lorentz)进一步发现，比值 $\frac{\lambda}{\sigma}$ 与温度 T 成正比，该比例常数称为洛伦兹数，即

$$\frac{\lambda}{\sigma} = LT \tag{1.77}$$

$$L = \frac{\lambda}{\sigma T} = \frac{\pi^2}{3}\left(\frac{k_B}{e}\right)^2 = 2.45 \times 10^{-8}\,\mathrm{W \cdot \Omega \cdot K^{-2}} \tag{1.78}$$

式中，k_B 为玻耳兹曼常数；e 为电子电量。

表 1.5 列出的实验值，与这一结果大部分符合得很好。

表 1.5 洛伦兹数的实验值

金属	$L \times 10^5/(\mathrm{W \cdot \Omega \cdot K^{-2}})$		金属	$L \times 10^5/(\mathrm{W \cdot \Omega \cdot K^{-2}})$	
	0℃	100℃		0℃	100℃
Ag	2.31	2.37	Pb	2.47	2.56
Au	2.35	2.40	Pt	2.51	2.60
Cd	2.42	2.43	Sn	2.52	2.49
Cu	2.23	2.33	W	3.04	3.20
Ir	2.49	2.49	Zn	2.31	2.33
Mo	2.61	2.79			

各种金属的洛伦兹数都一样，这一事实是因为它所表征的同是费米面上各电子所参与的物理过程。但许多事实也表明，洛伦兹数只有在 $T > 0$℃ 的较高温度时才近似为常数；当 $T \to 0$ K 时，洛伦兹数也趋近于零。因为金属中的热传导不仅仅依靠电子来实现，也还有声子(点阵波)的作用，尽管它所占的比例很小。然而，随着温度的降低，电子的作用很快被削弱，使导热过程变得复杂起来。因此，不同金属的洛伦兹数偏离恒定值也就容易理解。从表 1.5 可见，不同金属 L 值有些差别，对于合金差异则更大，如果计算出声子(点阵波)的导热系数 λ_1，从总的热导率 λ 中减去声子部分的贡献，则洛伦兹数被修正为

$$L' = \frac{\lambda - \lambda_1}{\sigma T} \approx 2.5 \times 10^{-8}\,\mathrm{W \cdot \Omega \cdot K^{-2}}$$

修正后的洛伦兹数 L'，除 Be 和 Cu 以外，对绝大多数金属都符合得很好，对合金也可适用。

应当看到，即使维德曼－弗兰兹定律和洛伦兹数是近似的，但是它们所建立的电导率与热导率之间的关系还是很有意义的。因为与电导率相比热导率的测定既困难又不准确，这就提供了一个通过测定电导率来确定金属热导率的既方便又可靠的途径。

1.4.4 热传导的影响因素

1. 温度对金属热导率的影响

金属以电子导热为主，热导率与电导率之间遵从维德曼－弗兰兹定律。电子在运动过程中将受到热运动的原子和各种晶格缺陷的阻挡，从而形成对热量输运的阻力。按热阻的定义它是热导率的倒数，它可以分解为两部分，晶格振动形成的热阻和杂质缺陷形成的热阻。而电阻率也同样可以分解成这样两部分（ρ_P 和 ρ_0），可以根据这些认识对热导率随温度变化的关系作出大致估计。ρ_0 为残余电阻率，即为杂质缺陷形成的电阻率；ρ_P 为晶格振动形成的电阻率。

在低温下，缺陷阻挡起主要作用，ρ_0 与温度无关，按维德曼－弗兰兹定律有

$$\frac{\lambda}{\sigma T} = \frac{\rho_0}{\overline{\omega}_0 T} = L \tag{1.79}$$

式中，$\overline{\omega}_0$ 为残余热阻率，$\overline{\omega}_0$ 与 T 成反比；L 为电子热导的洛伦兹数。

在高温下，声子阻挡起主要作用，ρ_P 与温度成正比，按维德曼－弗兰兹定律有

$$\frac{\lambda}{\sigma T} = \frac{\rho_P}{\omega_P T} = L \tag{1.80}$$

式中，$\overline{\omega}_P$ 为杂质缺陷形成的热阻率，$\overline{\omega}_P$ 趋于常数。

在中间温区，声子阻挡与缺陷都起作用，热阻与缺陷的关系如图 1.48 所示。缺陷热阻率随温度升高依 T^{-1} 规律下降，声子热阻随温度依 T^2 规律上升，合成后的热阻和热导率表示如下式。令 $\rho_0/L = \beta$ 为代表试样性质的常数，则 $\overline{w}_0 = \beta/T$。

$$\overline{\omega} = \overline{\omega}_P + \overline{\omega}_0 = \alpha T^2 + \frac{\beta}{T} \tag{1.81}$$

$$\lambda = \frac{1}{\alpha T^2 + \beta/T} \tag{1.82}$$

式中，α 和 β 为与材料试样性质有关的常数。

由图 1.48 可见热阻率有一最小值，或者说热导率有一最大值。

一般说来，纯金属由于温度升高而使平均自由程减小的作用超过温度的直接作用，因而纯金属的热导率一般随温度升高而降低。合金的热导率则不同，由于异类原子的存在，平均自由程受温度的影响相对减小，温度本身的影响起主导作用，使声子导热作用加强，因此随温度的升高而升高。

玻璃体的热导率随温度的降低而减小。在室温下玻璃体的热导率比晶体低一个数量级左右。图 1.49 表示溶凝石英玻璃（SiO_2）和非晶态聚苯乙烯（PS）的热导率随温度的变化。石英玻璃在室温下的导热率低，从其电子平均自由程 $\overline{l}_e$ 仅为 0.8 nm 即可说明。这一 $\overline{l}_e$ 只是 SiO_2 四面体尺寸（0.7 nm）的数量级。电介质晶体可能具有和金属一样高的热导率。例如，合成蓝宝石（Al_2O_3）是热导率最高的材料之一，其 λ 在 30 K 温度下接近 2.0 W · m^{-1} · K^{-1}。蓝宝石热导率的极大值超过铜的热导率近 1.0 W · m^{-1} · K^{-1}。但是，金

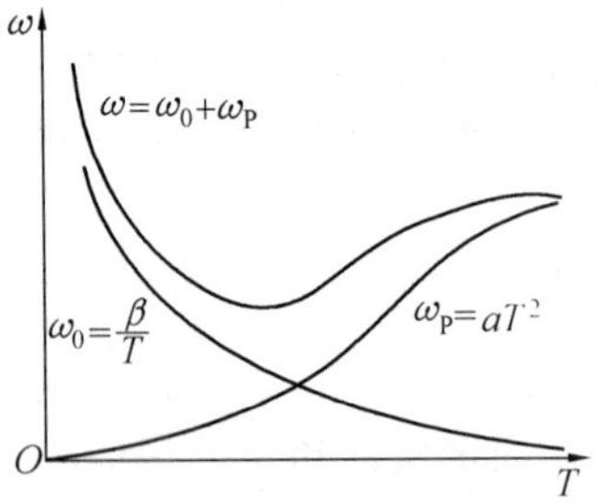

图 1.48　电子热阻率的温度关系

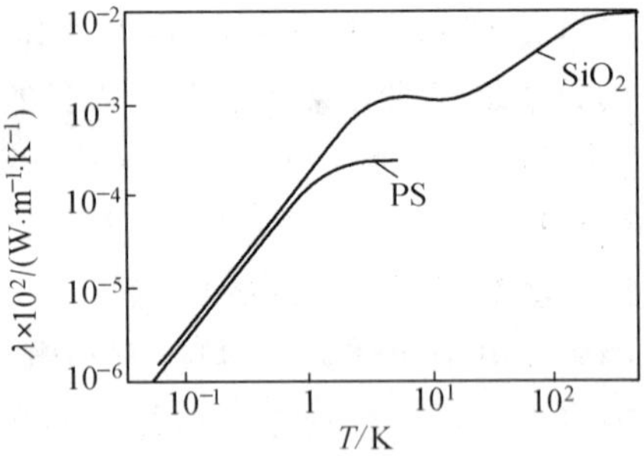

图 1.49　熔凝石英和非晶态聚苯乙烯的热导率随温度的变化

属铱在 1.8 K 下的热导率为 8.45 W · m^{-1} · K^{-1}，仍然最大。

2. 原子结构对热传导的影响

由于金属的热传导主要是自由电子所起的作用，而热导率与电导率又有密切的关系，所以可以想象物质的电子结构将对金属的热传导有重大影响，如图 1.50 所示。图中列出了单质在 300 K 时的热导率，也大体可以相应地反映出导热性的变化趋势。如果采用每摩尔单质的热导率并作一些修正，就可以找出一定的规律。

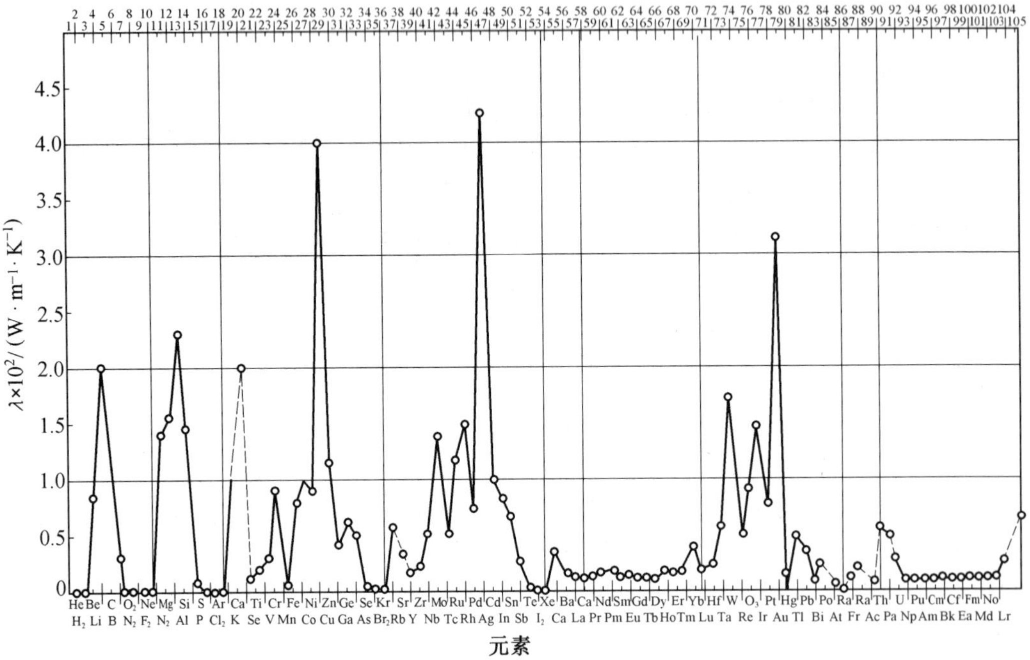

图 1.50　单质在 300 K 时的热导率

3. 合金的成分和晶体结构对热传导的影响

合金中加入杂质元素将使杂质缺陷形成的热阻增强，使热导率降低。杂质原子与晶格或金属的原子结构差异较大的元素，如 Mn、Al 和 Si 的加入对晶格原子铁的 λ 影响较大；杂质原子与晶格金属的原子结构差异较小的元素，如 Co 和 Ni 的加入对晶格铁的 λ 影响较小。图 1.51 表示杂质元素对铁基体热导率的影响。还有一个规律是，基体金属的热导率越高，合金元素对它的 λ 影响也越大，如合金元素中 Ni 对铜的影响就比对铁的影响大。

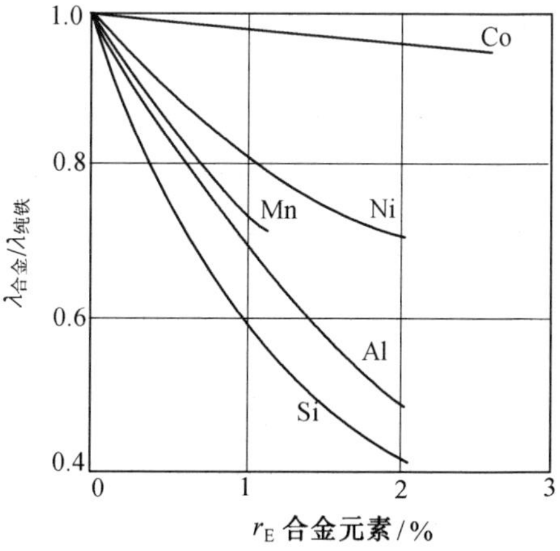

图 1.51　杂质元素对铁基体热导率的影响

4. 气孔率对材料热传导的影响

气体是热的不良载体。不言而喻，倘若材料周围有气体包围，或内部有弥散的气孔(如金属烧结材料)，材料的热导率将受气孔率的影响。就末烧结的金属粉末而言，空气为基体相，粉末为弥散相，由麦克斯韦方程可解得关系

$$\frac{\lambda_p}{\lambda_m}=\frac{\lambda_a}{\lambda_m}\left(\frac{3}{\varphi_a}-2\right) \tag{1.83}$$

式中，λ_p 为粉末热导率；λ_a 为空气热导率；φ_a 为空气的体积分数；对于大多数金属粉末，$\lambda_a/\lambda_m \approx 0.001$。由此可以得到相对热导率 λ_p/λ_m 与气孔率的变化规律。

对于烧结的多孔材料应假设空气为弥散相，空气相对于金属的热导率可以忽略，则麦克斯韦方程便可写成

$$\frac{\lambda_p}{\lambda_m}=\frac{1-\varphi_a}{1+\frac{1}{2}\varphi_a} \tag{1.84}$$

式中，$\varphi_a = 1-\varphi_p$ 为空气的体积分数。由此可以得到金属粉末热导率与气孔率的关系。

1.4.5　某些无机材料的热导率

由以上的讨论可以看到，影响材料热导率的因素是比较复杂的，因此，实际无机材料的热导率一般还得依靠实验测定。图 1.52 所示为某些材料的热导率，其中石墨和 BeO 具有最高的热导率，低温时接近金属铂的热导率。致密稳定的 ZrO_2 是良好的高温耐火材料，它的热导率相当低。气孔率大的保温砖具有更低的热导率。粉状材料的热导率极低，具有最好的保温性能。通常，低温时有较高热导率的材料，随着温度升高，热导率降低；而低热导率的材料正相反。前者如 Al_2O_3、BeO 和 MgO 等，它们的热导率随温度变化的规律相似。根据实验结果，可整理出经验公式

$$\lambda=\frac{A}{T-125}+8.5\times10^{-36}T^{10} \tag{1.85}$$

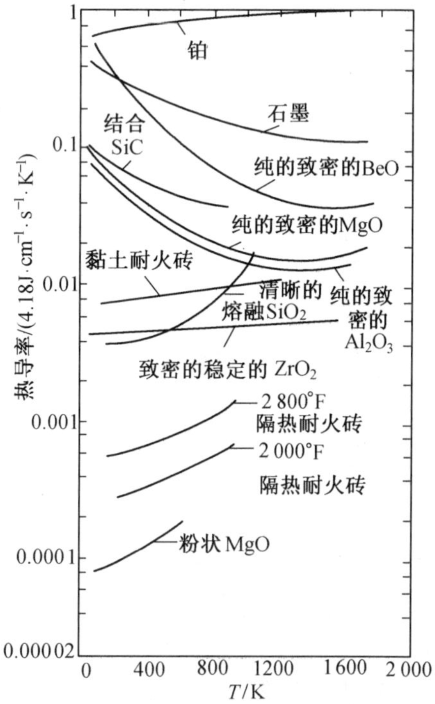

图 1.52　某些无机材料的热导率

式中，T 是热力学温度，K；A 是常数，对于 Al_2O_3、BeO 和 MgO，A 分别为 16.2，18.8，55.4。

此式适用的温度范围，对于 Al_2O_3 和 MgO 是室温到 2 073 K，对于 BeO 是 1 273 ~ 2 073 K。

玻璃体的热导率随温度的升高而缓慢增大。高于 773 K，由于辐射传热的效应使热导率有较快的上升，其经验方程式为

$$\lambda = cT + d \tag{1.86}$$

式中，c、d 为常数。

某些建筑材料、黏土质耐火砖以及保温砖等，其热导率随温度升高线性增大。一般的经验方程式为

$$\lambda = \lambda_0(1 + bT) \tag{1.87}$$

式中，λ_0 是 0℃ 时材料的热导率；b 是与材料性质有关的常数。

1.4.6 热导率的测量

材料热导率测量方法很多，对不同测量温度和不同热导率范围常需要采用相应的测量方法，很难找到一种对各种材料和各个温区都适用的方法。而往往要根据材料热导率的范围、所需结果的精确度、要求的测量周期等因素确定试样的几何形状和测量方法。

固体导热可分为稳定导热和不稳定导热两种状态，根据试样内温度场是否随时间变化可将热导率测量方法分为两大类：稳态法和非稳态法。即在稳定导热状态下测定试样热导率的方法，称为稳态法；而在不稳定导热状态下测量的方法称为非稳态法。稳态法具体测量的是每单位面积上的热流速率和试样上的温度梯度；非稳态法则直接测量导温系数，因此在试验中要测定热扰动传播一定距离所需的时间，要得到材料的密度和比热容数据。

1. 稳态法

在稳定导热状态下，试样上各点温度稳定不变，温度梯度和热流密度也都稳定不变，根据所测得的温度梯度和热流密度，就可以按傅里叶定律计算材料的热导率。稳态法的关键在于控制和测量热流密度。通常的方法是，建立一个稳定的、功率可测量的热源（常用电阻加热源），令所产生的热量全部进入试样，并以一定的热流图像通过试样。这样，就可以根据热功率确定热流密度，也可以方便地确定温度梯度。采取各种技术措施以形成理想的热流图像，是这类方法的关键，测量的失败和误差往往源于热流图像的破坏。由于稳态法是在稳定条件下进行测量，直接测量（如温度等）较为精确。但达到稳定状态需要较长时间，效率较低。为了保证温度梯度测量的精确度，要求在有效距离内有较大的温差。

理论上讲，把热源放在空心球试样的中心就没有热损失，但是把试样做成球很困难，球状中心热源也很难制作，且安装和测量都有一定难度。所以，通常把试样做成圆棒、方柱和平板等简单的形状。为了保证试样只在预定的方向上产生热流，需要在其他方向采取热防护，使旁向热流减至最小。依照美国热物理性能研究中心（TPRC）分类，热导率的稳态测量可分为：纵向热流法，径向热流法，直接通电加热法，福培斯（Fobes）法，热电法，热比较仪法等。

2. 非稳态法

由于稳态法测量材料热导率时热损失问题是一个重大障碍，特别在高温情况下，要满足稳态法所要求的一维热流条件是十分困难的，因此，为了避免热损失的影响，出现了非

稳态测量法。所谓非稳态法，就是根据试样温度场随时间变化情况来测量材料热传导性能的方法。在非稳态法的实验中无需测量试样的热流速率，只要测量试样上某些部位温度变化的速率。实际上，这时得到的是导温系数。若需要热导率还需要知道材料的比热容和密度。

非稳态法在不稳定导热状态下进行测量，试样上各点的温度处于变化之中，变化的速率取决于试样的热扩散率。试验时，令试样上的温度形成某种有规律的变化(单调的或者是周期的)，通过测量温度随时间的变化以获得热扩散率值，在已知比热容和密度的条件下，可求得材料的热导率。非稳态法测量同样要求建立起某点变温速度与热扩散率的关系。但由于测量速度快，热损的影响较小，较易于处理。非稳态法测量要求记录温度时间的变化，较稳态法测量要复杂一些。

非稳态法测量导温系数所需的时间比较短，热损失的影响要比稳态法小得多，而且热损失系数往往可以通过实验消去。它的缺点是要有已知的比热容数据，但是，与热导率相比，材料的比热容对杂质和结构不是十分敏感，而且，在德拜温度以上比热容与温度的关系不太大，测量比热容的方法相对比较成熟，已有的数据也齐全可靠。因此，非稳态法日益为人们所重视，有广阔的前景。

依照试样提供热流的方式，非稳态法可以分为周期热流法和瞬态热流法两大类。热流方式可以有纵向和径向。瞬态热流法中可以采用线热源或移动热源，有许多具体的测量方法可供选择。

1.5 材料的热稳定性

热稳定性是指材料承受温度的急剧变化而不致破坏的能力，所以又称为抗热震性。由于无机材料在加工和使用过程中，经常会受到环境温度起伏的热冲击，因此，热稳定性是无机材料的一个重要性能。

一般无机材料和其他脆性材料一样，热稳定性是比较差的。它们的热冲击损坏有两种类型：一种是材料发生瞬时断裂，抵抗这类破坏的性能称为抗热冲击断裂性；另一种是在热冲击循环作用下，材料表面开裂、剥落，并不断发展，最终碎裂或变质，抵抗这类破坏的性能称为抗热冲击损伤性。

1.5.1 热稳定性的表示方法

由于应用场合的不同，对材料热稳定性的要求各异。例如对于一般日用瓷器，只要求能承受温度差为 200 K 左右的热冲击，而火箭喷嘴就要求瞬时能承受高达 3 000 ~ 4 000 K 的热冲击，而且还要经受高气流的机械和化学作用。目前对于热稳定性虽然有一定的理论解释，但尚不完善，还不能建立反映实际材料或器件在各种场合下热稳定性的数学模型。因此，实际上对材料或制品的热稳定性评定，一般还是采用比较直观的测定方法。例如，日用瓷器通常是以一定规格的试样，加热到一定温度，然后立即置于室温的流动水中急冷，并逐次提高温度和重复急冷，直至观测到试样发生龟裂，则以产生龟裂的前一次加热温度来表征其热稳定性。对于普通耐火材料，常将试样的一端加热到 1 123 K 并保温 40 min，然后置于 283 ~ 293 K 的流动水中 3 min 或空气中 5 ~ 10 min，并重复这样的操作，直至试件失重 20% 为止，以这样操作的次数来表征材料的热稳定性。某些高温陶瓷材料是以加热到一定温度后，在水中急冷，然后测其抗折强度的损失率来评定它的热稳定性。如制品具有较复杂的形状，则在可能的情况下，直接用制品来进行测定，这样就免除了形状和尺寸带来的影响。如高压电瓷的悬式绝缘子等，就是这样来考核的。测试条件应参照使用条件并更严格一些，以保证实际使用过程中的可靠性。总之，对于无机材料尤其是制品的热稳定性，尚需提出一些评定的因子。从理论上得到的一些评定热稳定性的因子，对探讨材料性能的机理显然还是有意义的。

1.5.2　热应力及第一热应力断裂抵抗因子

不改变外力作用状态，材料仅因热冲击造成开裂和断裂而损坏，这必然是由于材料在温度作用下产生的内应力超过了材料的力学强度极限所致。对于这种内应力的产生和计算，先从下述的简单情况来讨论。假如有一长为 l 的各向同性的均质杆件，当它的温度从 T_0 升到 T' 后，杆件膨胀 Δl。若杆件能自由膨胀，则杆件内不会因膨胀而产生应力；若杆件的二端是完全刚性约束的，则热膨胀不能实现，杆件与支撑体之间就会产生很大的应力。杆件所受的抑制力，相当于把样品自由膨胀后的长度$(l + \Delta l)$仍压缩为 l 时所需的压缩力，因此，杆件所承受的压应力正比于材料的弹性模量 E 和相应的弹性应变 $-\Delta l/l$，因此，材料中的内应力为

$$\sigma = E\left(-\frac{\Delta l}{l}\right) = -E\alpha_l(T' - T_0) \tag{1.88}$$

式中，α_l 为线性膨胀系数。

若上述情况是发生在冷却过程中，即 $T_0 > T'$，则材料中内应力为张应力(正值)，这种应力才会使杆件断裂。

这种由于材料热膨胀或收缩引起的内应力称为热应力，不一定要在机械压缩的情况下才会产生热应力。具有不同膨胀系数的多相复合材料，可以由于结构中各相膨胀收缩的相互牵制产生热应力，另外，即使各向同性的材料，当材料中存在温度梯度时也会产生热应力。实际无机材料受三向热应力，三个方向都会有胀缩，而且互相影响。

1. 第一热应力断裂抵抗因子 R

根据上述的分析，只要材料中最大热应力值 σ_{max}(一般在表面或中心部位)不超过材料的强度极限 σ_f，材料就不会损坏。

显然，$\Delta T_{max} = T' - T_0$ 值越大，说明材料能承受的温度变化越大，即热稳定性越好，所以定义

$$R = \frac{\sigma_f(1-\mu)}{\alpha E} \tag{1.89}$$

式中，μ 为泊松系数；R 为表征材料热稳定性的因子，称为第一热应力断裂抵抗因子或第一热应力因子。

2. 第二热应力断裂抵抗因子 R'

材料是否出现热应力断裂，固然与热应力 σ_{max} 密切相关，但还与材料中应力的分布、产生的速率和持续时间，材料的特性(例如塑性、均匀性、弛豫性)以及原先存在的裂纹、缺陷等有关。因此，R 虽然在一定程度上反映了材料抗热冲击性的优劣，但并不能简单地

认为就是材料允许承受的最大温度差，R 只是与 σ_{max} 有一定的关系。

热应力引起的材料断裂破坏，还涉及材料的散热问题，散热使热应力得以缓解。与此有关的因素包括：

(1) 材料的热导率 λ 越大，传热越快，热应力持续一定时间后很快缓解，所以对热稳定有利。

(2) 传热的途径，即材料或制品的厚薄，薄的传热通道短，容易很快使温度均匀。

(3) 材料表面散热速率。如果材料表面向外散热快(例如吹风)，材料内、外温差变大，热应力也大，如窑内进风会使降温的制品炸裂。所以引入表面热传递系数 h。h 定义为：材料表面温度比周围环境温度高 1 K(或 1°F) 时，在单位表面积上，单位时间内带走的热量。

如令 r_m 为材料的半厚(cm)，则令 $hr_m/\lambda = \beta$ 为毕奥(Biot) 模数，β 无单位。显然，β 大对热稳定不利。

在无机材料的实际应用中，不会像理想骤冷那样，瞬时产生最大应力 σ_{max}，而是由于散热等因素，使 σ_{max} 滞后发生，且数值也折减。由此导出第二热应力断裂抵抗因子 R' 为

$$R' = \frac{\lambda\sigma_f(1-\mu)}{\alpha E} \tag{1.90}$$

R' 的单位为 J/(cm · s)。

3. 冷却速率引起材料中的温度梯度及热应力

在一些实际场合中往往关心材料所允许的最大冷却(或加热) 速率$\frac{dT}{dt}$。例如经推导对于厚度为 $2r_m$ 的无限平板，在降温过程中，内外温度的变化允许的最大冷却速率为

$$-\left(\frac{dT}{dt}\right)_{max} = \frac{\lambda}{\rho C_p}\frac{\sigma_f(1-\mu)}{E\alpha}\frac{3}{r_m^2} \tag{1.91}$$

式中，ρ 为材料的密度，kg/m^3；C_p 为热容。

导温系数 $\alpha \equiv \frac{\lambda}{\rho C_p}$ 表征材料在温度变化时，内部各部分温度趋于均匀的能力。α 越大，越有利于热稳定性。所以，定义

$$R'' = \frac{\sigma_f(1-\mu)}{\alpha E} \times \frac{\lambda}{\rho C_p} = \frac{R'}{C_p\rho}$$

为第三热应力因子。这样，式(1.91) 就具有下列的形式

$$\left(\frac{dT}{dt}\right)_{max} = R'' \times \frac{3}{r_m^2} \tag{1.92}$$

这是材料所能经受的最大降温速率。陶瓷在烧制冷却时，不得超过此值，否则会发生制品炸裂。

1.5.3 抗热冲击损伤性

上面讨论的抗热冲击断裂是从热弹性力学的观点出发，以强度 - 应力为判据，认为材料中热应力达到抗张强度极限后，材料就产生开裂，一旦有裂纹成核就会导致材料的完全破坏。这样导出的结果对于一般的玻璃、陶瓷和电子陶瓷等都能适用。但是对于一些含有微孔的材料(如黏土质耐火制品建筑砖等) 和非均质的金属陶瓷等却不适用。发现这些材料在热冲击下产生裂纹时，即使裂纹是从表面开始，在裂纹的瞬时扩张过程中也可能被

微孔、晶界或金属相所阻止，而不致引起材料的完全断裂。明显的例子是在一些筑炉用的耐火砖中，往往含有 10% ~ 20% 气孔率时反而具有最好的抗热冲击损伤性，而气孔的存在是会降低材料的强度和热导率的，因此，R 和 R' 值都要减小。这一现象按强度 – 应力理论就不能解释。实际上，凡是以热冲击损伤为主的热冲击破坏都是如此。因此，对抗热震性问题就发展了第二种处理方式，这就是从断裂力学观点出发，以应变能 – 断裂能为判据的理论。

在强度 – 应力理论中，计算热应力时认为材料外形是完全受刚性约束的。因此，整个坯体中各处的内应力都处在最大热应力状态，这实际上只是一个条件最恶劣的力学假设。它认为材料是完全刚性的，任何应力释放，例如位错运动或黏滞流动等都是不存在的，裂纹产生和扩展过程中的应力释放也不予考虑，因此，按此计算的热应力破坏会比实际情况更严重。按照断裂力学的观点，对于材料的损坏，不仅要考虑材料中裂纹的产生情况（包括材料中原有的裂纹情况），还要考虑在应力作用下裂纹的扩展、蔓延。如果裂纹的扩展、蔓延能抑制在一个很小的范围内，也可能不致使材料完全破坏。

通常在实际材料中都存在一定大小、数量的微裂纹，在热冲击情况下，这些裂纹产生、扩展以及蔓延的程度与材料积存的弹性应变能和裂纹扩展的断裂表面能有关。当材料中可能积存的弹性应变能较小，则原先裂纹的扩展可能性就小；裂纹蔓延时断裂表面能需要大，则裂纹蔓延的程度小，材料热稳定性就好。因此，抗热应力损伤性正比于断裂表面能，反比于应变能释放率。这样就提出了两个抗热应力损伤因子 R''' 和 R''''，且

$$R''' \equiv \frac{E}{\sigma^2(1-\mu)} \qquad (1.93)$$

$$R'''' \equiv \frac{E \times 2r_{\mathrm{eff}}}{\sigma^2(1-\mu)} \qquad (1.94)$$

式中，$2r_{\mathrm{eff}}$ 为断裂表面能（$\mathrm{J/m^2}$）（形成两个断裂表面）；R''' 实际上是材料的弹性应变能释放率的倒数；R'''' 用来比较具有相同断裂表面能的材料。R''' 或 R'''' 值高的材料抗热应力损伤性好。

根据 R''' 和 R''''，热稳定性好的材料有低的 σ 和高的 E，这与 R 和 R' 的情况正好相反。原因就在于二者的判据不同。在抗热应力损伤性中，认为强度高的材料，原有裂纹在热应力的作用下容易扩展蔓延，对热稳定性不利，尤其在一些晶粒较大的样品中经常会遇到这样的情况。

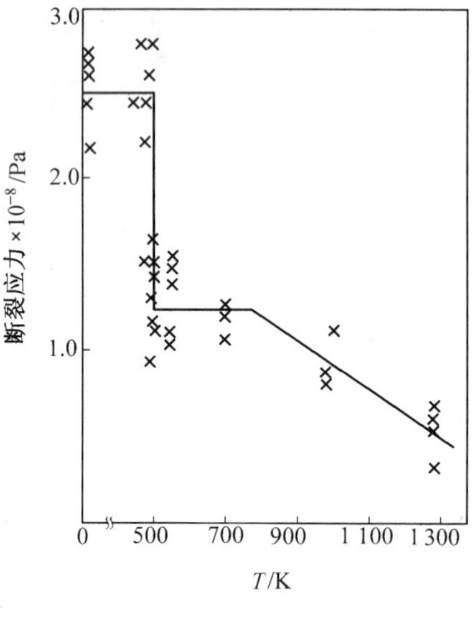

图 1.53　不同温度的氧化铝杆在水中急冷后的强度曲线

图 1.53 是直径为 5 mm 的氧化铝杆加热到不同温度后投入水中急冷，在室温下测得的强度曲线。可以看到与理论预期结果是符合的。

然而，精确地测定材料中存在的微小裂纹及其分布以及裂纹扩展过程，目前在技术上还有不少困难。因此还不能对此理论作出直接的验证。另外，材料中原有裂纹的大小远非一致的，而且影响热稳定性的因素是多方面的，还关系到热冲击的方式、条件和材料中热

应力的分布等。而且材料的一些物理性能在不同的条件下也是有变化的。即使是应力 σ 与 ΔT 的关系也完全有不同于图 1.53 所示的形式,因此,这个理论还有待于进一步发展。目前这一理论在热应力损伤方面获得了应用。

1.5.4 提高抗热冲击断裂性能的措施

提高陶瓷材料抗热冲击断裂性能的措施,主要根据是上述抗热冲击断裂因子所涉及的各个性能参数对热稳定性的影响。分述如下:

(1) 提高材料强度 σ,减小弹性模量 E,使 σ/E 提高。这意味着提高材料的柔韧性,能吸收较多的弹性应变能而不致开裂,因而提高了热稳定性。

实际无机材料却是 σ 不低但 E 很大,尤其是普通玻璃更是如此。另一方面,金属材料则是 σ 大 E 小,例如钨的断裂强度比陶瓷高几十倍。

同一种材料,如果晶粒比较细,晶界缺陷小,气孔少且分散均匀,则往往强度高,抗热冲击性好。

(2) 提高材料的热导率 λ,使 R' 提高。λ 大的材料传递热量快,使材料内外温差较快地得到缓解、平衡,因而降低了短时期热应力的聚集。金属的 λ 一般较大,所以比无机材料的热稳定性好。在无机材料中只有 BeO 瓷可与金属类比。

(3) 减小材料的热膨胀系数 α。α 小的材料,在同样的温差下,产生的热应力小。例如石英玻璃的 σ 并不高,仅为 109 MPa,其 σ/E 比陶瓷稍高一些。但 α 只有 $0.5\times10^{-6}/\mathrm{K}$,比一般陶瓷低一个数量级,所以热应力因子 R 高达 3 000,其 R' 在陶瓷类中也是较高的,故石英玻璃的热稳定性好。

Al_2O_3 的 $\alpha=8.4\times10^{-6}/\mathrm{K}$,$Si_3N_4$ 的 $\alpha=2.75\times10^{-6}/\mathrm{K}$,因此虽然二者的 σ 与 E 差不多,但后者的热稳定性优于前者。

(4) 减小表面热传递系数 h。不同材料的 h 值差别很大。为了降低材料的表面散热速率,周围环境的散热条件特别重要。例如在烧制冷却工艺阶段,维持一定的炉内降温速率,制品表面不吹风,保持缓慢地散热降温是提高产品质量及成品率的重要措施。

(5) 减小产品的有效厚度 r_m。以上所列,是针对密实性陶瓷材料、玻璃等,目的是提高抗热冲击断裂性能。但对多孔、粗粒、干压和部分烧结的制品,要从抗热冲击损伤性来考虑。如耐火砖的热稳定不够,表现为层层剥落,这是表面裂纹、微裂纹扩展所致。根据 R'''' 和 R''''' 因子,应减小切应变 G,这就要求材料具有高的 E 及低的 σ_f,使材料在胀缩时,所储存的用以开裂的弹性应变能小;另一方面,则要选择断裂表面能 r_{eff} 大的材料,一旦开裂就会吸收较多的能量使裂纹很快止裂。这样,降低裂纹扩展的材料特性(高 E 和 r_{eff},低 σ_f),刚好与避免断裂发生的要求(R 和 R' 高)相反。因此,对于具有较多表面孔隙的耐火砖类材料,主要还是避免裂纹的长程扩展所引起的深度损伤。

近期的研究工作证实了显微组织对热震损伤的重要性。产生微裂纹,例如晶粒间相互收缩引起的裂纹,对抵抗灾难性破坏有显著的作用。由表面撞击引起的比较尖锐的初始裂纹,在不太严重的热应力作用下就会导致破坏。Al_2O_3-TiO_2 陶瓷内晶粒间的收缩孔隙可使初始裂纹变钝,从而阻止裂纹扩展,显著地降低了热震损伤。在与抗张强度关系不大的用途中,利用各向异性热膨胀,有意引入裂纹,乃是避免灾难性热震破坏的途径。

习　题

1. 说明膨胀系数与温度的关系?

2. 德拜热容理论取得了什么成功?

3. 何谓德拜温度,有什么物理意义?

4. 试用双原子模型说明固体热膨胀的物理本质?

5. 膨胀的反常行为有什么实际意义,举例说明?

6. 证明六方晶体的体膨胀系数 $\alpha_V = \alpha_{/\!/} + 2\alpha_{\perp}$,计算镁单晶体在20℃体膨胀系数(已知镁单晶体在垂直于[001]或[0001]方向 $\alpha = 24 \times 10^{-6}/℃$。镁单晶体在平行于[001]或[0001]方向 $\alpha = 27 \times 10^{-6}/℃$)

7. 试述热导率的测试方法。

第二章　材料的电学性能

2.1　概　　述

当今世界，电能的开发与电信的发展已深入到社会生产和家庭生活的每一个角落，影响着整个生产和生活方式，"电气化"曾被作为一个社会物质文明的重要指标。从大功率发电机、变压器、几千公里的电能输送到微电子线路的各种元件，无一不在应用着材料的不同电学性能。它们分别被制成导体材料，电阻和电热材料，热电、压电和光电材料，半导体材料和绝缘材料等。特别是作为 20 世纪的十大发明之一，半导体材料的发展导致了大规模集成电路的出现，推动了电子计算机技术的巨大进步，使人类社会的生产和生活发生了深刻的变化。另外，超导电性的发现和超导材料的研究与进展，又对强磁场的获得和无铜耗电机等技术提供了新的发展途径。不言而喻，研究材料的电学性能是多么重要。

材料的电学性能大致上包含有导电性、超导电性、介电性、磁电性、热电性、接触电性、热释电性和压电性、光电性等。

2.2　导 电 性

材料的导电性可通过对欧姆定律的求解得出。即若测得施加于材料两端的电位差为 U，又测得材料中通过的电流为 I，则由欧姆定律知材料的电阻大小为

$$R = U/I \tag{2.1}$$

式中，U 的单位为 V；I 的单位为 A；则 R 的单位为 Ω。

用电阻 R 的大小可以评价材料的导电性好坏，但对不同的材料 R 又不仅与材料的性能有关，还与材料的尺寸有关，即

$$R = \rho L/S \tag{2.2}$$

式中，L 为材料的长度；S 为材料的断面积；ρ 为与材料的性质有关的系数，称为电阻率或比电阻。显然，在评定不同材料的导电性能时，用 ρ 比 R 更确切一些。ρ 的单位为 $\Omega \cdot m$。

在研究材料的导电性时，有时还常用电导率 σ，其与 ρ 的关系为

$$\sigma = 1/\rho \tag{2.3}$$

显然，ρ 值越小，σ 值越大，说明材料的导电性越好。σ 的单位是 S/m（西门子每米）。

不同材料具有不同的导电性，通常根据材料导电性的好坏，也即按 ρ 值的大小把材料进行分类。ρ 值小于 $10^{-2}\Omega \cdot m$ 的为导体材料，其中纯金属的 ρ 值为 $10^{-8} \sim 10^{-7}\Omega \cdot m$，合金的 ρ 值为 $10^{-7} \sim 10^{-5}\Omega \cdot m$；$\rho$ 值在 $10^{-3} \sim 10^{9}\Omega \cdot m$ 的为半导体材料；ρ 值大于 $10^{9}\Omega \cdot m$ 的为绝缘体材料。

虽然物质都是由基本粒子构成的，但导电性的差异却非常显著，同是金属的 Ag 的 ρ 值为 $1.46 \times 10^{-8}\Omega \cdot m$，而 Mn 的 ρ 值为 $260 \times 10^{-8}\Omega \cdot m$，导电性最佳的材料(如 Ag 和 Cu) 和导电性最差的材料(如聚苯乙烯和金刚石) 之间的 ρ 值差别达 23 个数量级。人们不仅要问，究竟什么原因造成材料导电性有如此明显的差别呢?这与物质的能带结构及其被电子填充的性质有关。

2.3　晶体的能带

在晶体的能带图上物质的导电性反映为它的价带是否被填满，是否存在禁带以及禁带宽度的大小等因素。

2.3.1　导体和非导体的区别

如图 2.1 所示，金属导体的能带分布通常有两种情况，一是价带和导带重叠，而无禁带；二是价带未被价电子填满，所以这种价带本身就是导带，如图 2.1(a) 所示。在这两种情况下的价电子就是自由电子，所以金属导体即使在温度较低的情况下仍有大量的自由电子，具有很强的导电能力。至于非导体(包括半导体和绝缘体) 在绝对温度零度时，其能带情况是满价带和空导带且有禁带，如图 2.1(b) 所示，故基本无导电能力。

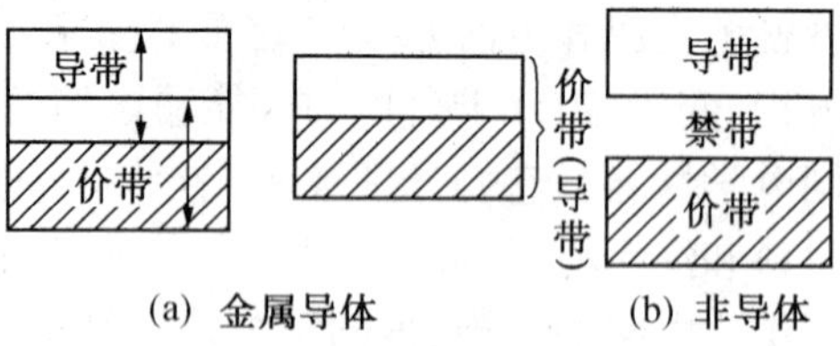

图 2.1　导体和非导体能带的区别

2.3.2　半导体和绝缘体的区别

半导体和绝缘体的能带图的区别仅是禁带宽度的大小，如图 2.2 所示。半导体的禁带宽度小，例如锗的 $\Delta E = 0.72$ eV，如图 2.2(b) 所示，在室温(27℃ 或 300 K) 锗晶体中的价电子能量增大，一部分价电子能获得大于 ΔE 的能量跃迁到导带中去成为自由电子，同时在价带中形成空穴，这样就使半导体具有一些导电能力。而绝缘体的禁带宽度大，例如金刚石的 $\Delta E = 6$ eV，如图 2.2(a) 所示，在室温下，几乎没有价电子能跃迁到导带中去，故基本无自由电子和空穴，所以绝缘体几乎无导电能力。

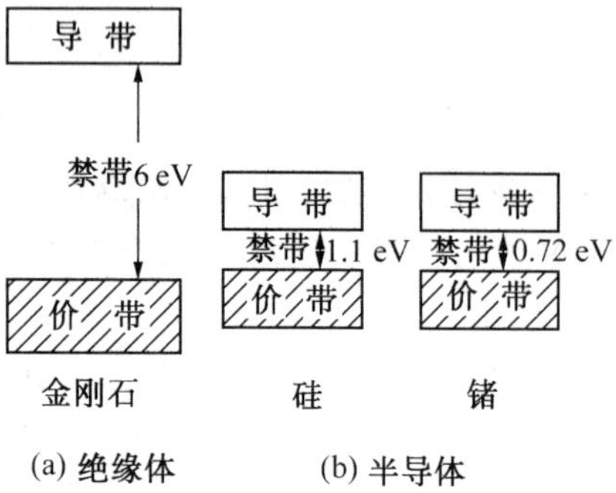

图 2.2　半导体和绝缘体能带的区别

2.4　金属的导电性

2.4.1　金属的导电机制与马西森定则

利用费米球在 k 空间位移的方法，可近似求出电导率

$$\sigma = \frac{n^* e^2}{2m^*}\bar{\tau} \tag{2.4}$$

式中，e 为电子的电荷量；m^* 为电子的有效质量(它是考虑晶体点阵对电场作用的结果)；

n^* 为单位体积内实际参加导电的电子数(即能量接近费米面的那部分电子而非单位体积内全部的电子数);$\bar{\tau} = \bar{L}/\bar{v}$,为相邻两次散射的时间间隔;$\bar{L}$ 为电子的平均自由程;$\bar{v}$ 为电子运动的平均速度。

式(2.4)是用量子电子论和能带理论得出的,适用于所有材料,它能完整地反映晶体导电的物理本质。量子力学可以证明,当电子波在 0 K 下通过一个理想的晶体点阵时,它将不会受到散射而无阻碍地传播,这时 $\rho = 0$,而 σ 为无穷大,即此时的材料是一个理想的导体。只有在晶体点阵的完整性以及由于晶体点阵离子的热振动,晶体中的异类原子、位错和点缺陷等使晶体点阵的周期性遭到破坏的地方,电子波才会受到散射,从而产生了阻碍作用,降低了导电性,这就是材料产生电阻的本质所在。

若令 $\mu = 1/\bar{L}$(称为散射系数),则有

$$\rho = \frac{1}{\sigma} = \frac{2m^*\bar{v}}{n^*e^2}\cdot\frac{1}{\bar{L}} = \frac{2m^*\bar{v}}{n^*e^2}\mu \tag{2.5}$$

式(2.5)表明对一定的材料来说,其 ρ 值要随散射系数而变化。而对金属来说,温度升高离子热振动的振幅越大,电子就越易受到散射,故可认为 μ 与温度成正比,则 ρ 也就与温度成正比(这是因为上式中其他的量均与温度无关),这就是金属的电阻随温度升高而增大的原因。

实际的晶体并非理想,它不但会有杂质,而且还存在缺陷。传导电子的散射发生在电子 - 声子、电子 - 杂质原子以及与其他晶体点阵静态缺陷相碰撞的时候。理想金属的电阻对应着两种散射机制(声子散射和电子散射),可以看做基本电阻,这个电阻在 0 K 时降为零。第三种机制(电子在杂质和缺陷上的散射)在有缺陷的晶体中,是 0 K 下金属的残余电阻。这个电阻反映了金属的纯度和完整性。

马西森等人把固溶体电阻率看成由金属基本电阻率 $\rho(T)$ 和残余电阻率 $\rho_{残}$ 组成。这表明在一级近似下,不同散射机制对电阻率的贡献可以加法求和。这一导电规律称为马西森定律,即

$$\rho = \sum_i \rho_i = \rho(T) + \rho_{残} \tag{2.6}$$

式中,$\rho(T)$ 为与温度有关的金属的基本电阻率,即溶剂金属(纯金属)的电阻率;$\rho_{残}$ 为决定于化学缺陷和物理缺陷而与温度无关的残余电阻率。这里所指的化学缺陷是偶然存在的杂质原子及人工加入的合金元素的原子,物理缺陷是指空位、间隙原子、位错以及它们的复合体。显然,马西森定律忽略了电子各种散射机制间的交互作用,给合金的导电性做了简明的描述,并很好地反映了低浓度固溶体的实验事实。

从马西森定律可以看出在高温时金属的电阻率基本上取决于 $\rho(T)$,而在低温时取决于 $\rho_{残}$。既然 $\rho_{残}$ 是电子在杂质和缺陷上的散射引起的,那么 $\rho_{残}$ 的大小就可以用来评定金属的电学纯度。考虑到 $\rho_{残}$ 测量上的麻烦,实际上常常采用相对电阻率 $\rho(300\ \text{K})/\rho(4.2\ \text{K})$ 的大小来评定金属的电学纯度,晶体越纯、越完善,相对电阻率越大,许多完整的金属单晶可得到高达 2×10^4 的相对电阻率。

2.4.2 影响金属导电性(电阻)的因素

1.温度对金属电阻的影响

温度是强烈影响材料物理性能的外部因素。加热时发生点阵热振动和振幅的变化,出

现相变、回复、空位退火、再结晶以及合金相成分和组织的变化,这些现象往往对电阻的变化显示出重要的影响。另一方面,测量电阻与温度的关系乃是研究这些现象和过程的一个较敏感的方法。在很宽的温度范围内,电阻与温度关系可以显示电子散射的不同机制,同样也可显示超导现象和引起铁磁性反常的特殊性能。下面先讨论“简单金属”的电阻随温度变化的一般规律,然后再讨论几种反常情形。

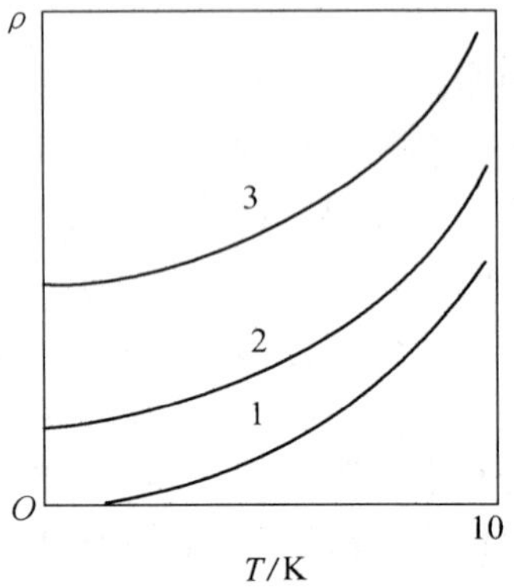

图 2.3　低温下杂质、晶体缺陷对金属电阻的影响

1— 理想金属晶体,$\rho = \rho(T)$

2— 含有杂质金属,$\rho = \rho_{残} + \rho(T)$

3— 含有晶体缺陷,$\rho = \rho_{残} + \rho(T)$

(1) 一般规律

前已述及,在 0 K 下,纯净又无缺陷的金属,其电阻率等于零。随温度的升高金属的电阻率也在增加。理想晶体的电阻率是温度的单值函数,如图 2.3 中的曲线 1 所示。若晶体中存在杂质和结构缺陷,那么电阻与温度的关系曲线将发生变化,如图中的曲线 2 或 3 所示。在低温下微观机制对电阻的贡献主要由式(2.6) 中的 $\rho_{残}$ 表示。缺陷的类型和数量决定了与缺陷有关的电阻,因而也就决定了图 2.3 中曲线的位置。

在低温下“电子 - 电子” 散射对电阻的贡献可能是显著的,但除低温以外几乎所有温度下大多数金属的电阻都取决于“电子 - 声子” 散射。必须指出,点阵的热振动在不同温区存在差异。由德拜理论,原子热振动的特征在两个温度区域存在本质的差别,划分这两个区域的温度 θ_D 称为德拜温度或特征温度。由于在 $T > \theta_D$ 和 $T < \theta_D$ 时电阻与温度有不同的函数关系,因此,当研制具有一定电阻值和电阻温度系数值的材料时,若知道金属在哪个温区工作,怎样控制和发挥其性能是非常重要的。

研究表明,在各自的温区有各自的电阻变化规律

$$\frac{\rho(T)}{\rho(\theta_D)} \propto \begin{cases} (T/\theta_D)^5 & 当\ T \ll \theta_D\ 时 \\ T/\theta_D & 当\ T > \theta_D\ 时 \end{cases} \tag{2.7}$$

式中,$\rho(\theta_D)$ 是德拜温度时的电阻率。

若以 ρ_0 和 ρ_T 分别表示材料在 0℃ 和 T℃ 下的电阻率,则它们总可表示成一个温度的升幂函数

$$\rho_T = \rho_0(1 + \alpha T + \beta T^2 + \gamma T^3 + \cdots) \tag{2.8}$$

实验表明,对于普遍非过渡族金属,θ_D 一般不超过 500 K,当 $T > 2\theta_D/3$ 时,β、γ 及高次项系数都很小,线性关系已足够正确,即在室温和更高一些温度都可写成

$$\rho_T = \rho_0(1 + \alpha T) \tag{2.9}$$

式中,α 为电阻温度系数,单位为 ℃$^{-1}$(每摄氏度),其值为

$$\alpha = \frac{\rho_T - \rho_0}{\rho_0 T} \tag{2.10}$$

显然,α 只是 0 ~ T℃ 温区的平均电阻温度系数。若使温度间隔趋于零,便得到在温度 T 时的真电阻温度系数

$$\alpha_T = \frac{1}{\rho_T} \cdot \frac{d\rho}{dT} \tag{2.11}$$

除过渡族金属外，所有纯金属的电阻温度系数都近似等于 4×10^{-3} ℃$^{-1}$。过渡族金属特别是铁磁性金属具有较高的 α 值，如铁的 $\alpha = 6 \times 10^{-3}$ ℃$^{-1}$。

理论证明，理想金属在 0 K 时电阻为零。粗略地讲，当温度升高时，电阻与温度成一次方关系增加(图2.3)。对于含有杂质和晶体缺陷的金属的电阻，不仅有受温度影响的 $\rho(T)$ 项，而且有 $\rho_{残}$ 项。如钨单晶体相对电阻率($\rho_{300\ K}/\rho_{4.2\ K}$) 值为 3×10^5，由 4.2 K 到熔点电阻率变化 5×10^6 倍。

严格地说，金属电阻率在不同温度范围与温度变化的关系是不同的，其特征如图 2.4 所示。

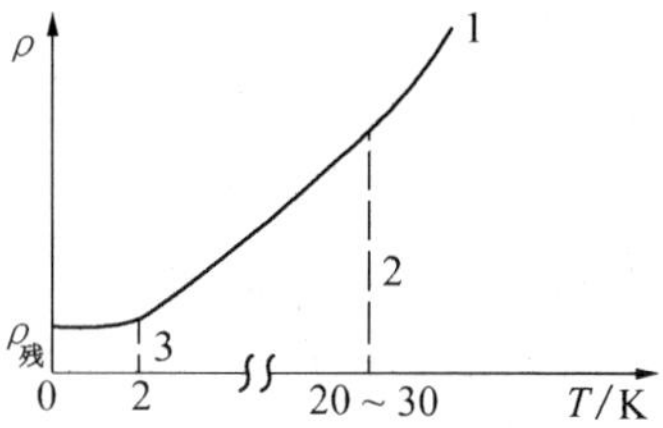

图 2.4　金属电阻温度曲线

1—$\rho_{电\text{-}声} \propto T(T > \frac{2}{3}\theta_D)$

2—$\rho_{电\text{-}声} \propto T^5(T \ll \theta_D)$

3—$\rho_{电\text{-}电} \propto T^2(T \approx 2\ K)$

在温度 $T > (2/3)\theta_D$ 时，电阻率正比于温度，即 $\rho(T) = \alpha T$。当 $T \ll \theta_D$ 时，电阻率与温度成 5 次方关系，即 $\rho \propto T^5$。一般认为纯金属在整个温度区间电阻产生的机制是电子 - 电子(离子) 散射，只是在极低温度 (2 K) 时，电阻率与温度成 2 次方关系，即 $\rho \propto T^2$，这时电子 - 电子之间的散射构成了电阻产生的主要机制。

通常金属熔化时电阻增高 1.5 ~ 2 倍。因为熔化时金属原子规则排列遭到破坏，从而增强了对电子的散射，电阻增加，图 2.5 示出了锑、钾、钠金属电阻率温度曲线。但也有反常，如锑随温度升高，电阻也增加；熔化时电阻反常地下降了。其原因是锑在熔化时，锑中的共价键被破坏而转为金属键，故电阻率下降。

(2) 过渡族金属和多晶型转变

在过渡族金属中电阻与温度间有着复杂的关系，莫特(Mott) 认为这是由于在过渡族金属中存在着不同的载体所致。因为传导电子有可能从 s - 壳层向 d - 壳层过渡，可能对电阻带来明显的影响。另外在 $T \ll \theta_D$ 时，s$^-$ 态电子在具有很大有效值的 d$^-$ 态电子上的散射将变得很可观。总之，过渡族金属的电阻可以认为是由一系列具有不同温度关系的成分叠加而成的。

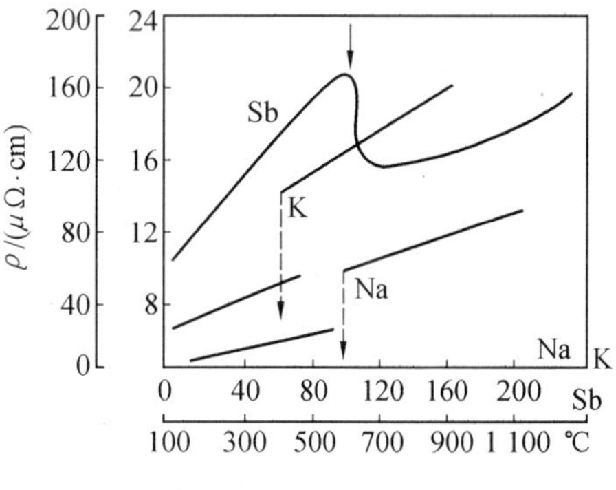

图 2.5　锑、钾、钠熔化时电阻率变化曲线

过渡族金属 $\rho(T)$ 的反常往往是由两类载体的不同电阻与温度关系所决定的，这已在 Ti、Zr、Hf、Ta、Pt 和其他过渡族金属中得到证实。钛和锆的电阻与温度的线性关系只保持到 350℃，在进一步加热到多晶型转变温度之前由于空穴导电的存在，线性关系被破坏。这是由于在过渡族金属中 s - 壳层基本被填满，且其中电流的载体是空穴，而在 d - 壳层中却是电子。

多晶型金属不同的结构变体导致了对于同一金属存在不同的物理性能，其中包括电阻与温度的关系。由于不同结构变体的电阻温度系数变化显著，在 $\rho(T)$ 曲线上多晶型转变可以显示出来。无论在低温变体区还是在高温变体区随着温度的提高，多晶型金属的电阻都要增加。一种"碘化 – 沉积"提纯金属的方法给出了钛和锆的 $\rho(T)$ 曲线（见图 2.6），其中 850 ~ 900℃ 高温区存在的反常可用多晶型转变来解释。

（3）铁磁金属的电阻 – 温度关系反常

对于铁磁性金属及其合金，电阻和温度的线性关系已不适用。图 2.7 表示了铁磁金属 Ni 和顺磁金属 Pd 的电阻随温度的变化情况。为了便于比较，选用适当的比例尺并取 Ni 居里点 θ_{Ni}（磁性转变温度）处的 $\rho/\rho_\theta = 1$。这里 ρ 为任意温度下的电阻率，ρ_θ 为 θ_{Ni} 温度下的电阻率。从图中可看出，当温度降到低于 θ_{Ni} 时，铁磁体 Ni 的电阻比顺磁体 Pd 的下降要激烈。从图 2.7 中可看到，在居里点 θ_{Ni} 以前 Ni 的电阻温度系数 α 不断增大，过了 θ_{Ni} 以后则急剧减小。其他的铁磁性材料也有类似的情况。这种在居里点附近电阻（或电阻率）对温度的一阶导数经过极大值的现象被用来获得电阻温度系数很高的合金（$\alpha > 200 \times 10^3 ℃^{-1}$），这是许多仪器制造中提出的一个迫切课题。温度对具有磁性转变金属比电阻和电阻温度系数的影响如图 2.8 所示。

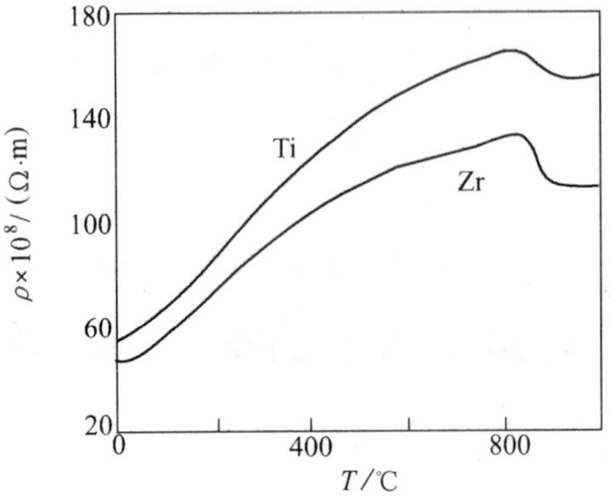

图 2.6　多晶型金属电阻与温度的关系

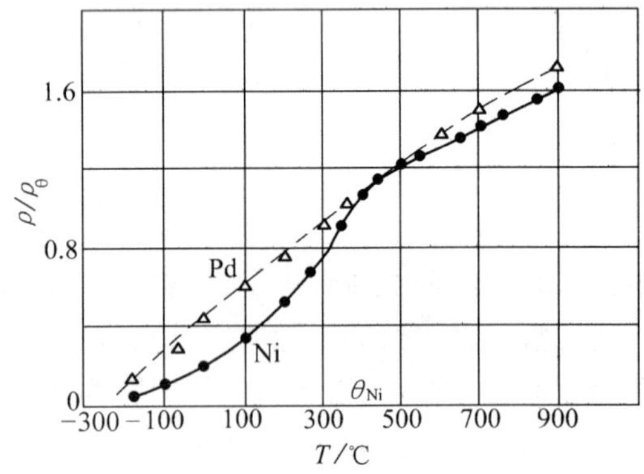

图 2.7　Ni 和 Pd 的 ρ/ρ_θ 与温度的关系

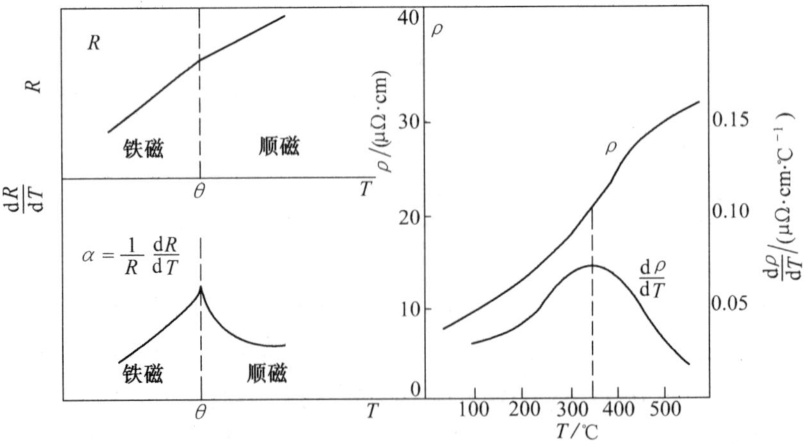

(a) 一般情况　　　(b) 金属镍

图 2.8　温度对具有磁性转变金属比电阻和电阻温度系数的影响

研究表明，这种铁磁金属的电阻－温度关系反常是与自发磁化有关的。在接近居里点 θ 时，铁磁金属的电阻率的反常降低量 $\Delta\rho$ 与自发磁化强度 M_s 的平方成正比，即

$$\frac{\Delta\rho}{\rho_\theta} = \alpha M_s^2 \tag{2.12}$$

按照翁索夫斯基的意见，此反常现象是由于参与自发磁化的 d－态电子与 s－态电子相互作用所引起的。

2. 受力情况对金属电阻的影响

(1) 拉力的影响

在弹性范围内单向拉伸或扭转应力能提高金属的 ρ，并有

$$\rho = \rho_0(1 + \alpha_\gamma \sigma) \tag{2.13}$$

式中，ρ_0 是无负荷时金属的电阻率；α_γ 是应力系数；σ 是拉应力，单位为 Pa(N/m^2)。

(2) 压力的影响

对大多数金属来说，在受压力情况下电阻率降低，有

$$\rho = \rho_0(1 + \varphi p) \tag{2.14}$$

式中，ρ_0 是真空下的电阻率；φ 是压力系数，为负值；p 是压力，单位为 Pa。

压力之所以能对材料的性能表现出如此强烈的影响，是由于金属在压力的作用下，其原子间距缩小，内部缺陷的形态、电子结构、费米面和能带结构以及电子散射机制等都将发生变化，这必然会影响金属的导电性能。尤其对过渡族金属，由于其内部存在着具有能量差别不大的未填满电子的壳层，因此在压力的作用下，有可能使外壳层电子转移到未填满的内壳层，这就必然会表现出性能的变化，即存在着类似于温度影响下很容易发生的多晶型现象。

在不同温度下，人们几乎对所有纯元素都研究过压力对电阻的影响，并确定了电阻的压力系数（定义为$\frac{1}{\rho}\frac{d\rho}{dp}$）。实验表明，随温度的变化电阻压力系数几乎不变，这说明电阻压力系数与温度无关。根据压力对电阻的影响，可把金属分为两类，一类是正常金属元素，其电阻率随压力增大而下降，如 Fe、Co、Ni、Rh、Pd、Ir、Pt、Cu、Ag、Zr、Hf、Th、Nb、Ta、M、W、V 等，如图 2.9(a)、(b) 所示。另一类为反常金属元素，它们是碱金属、碱土金属、稀土金属和第 V 族的半金属，它们有正的电阻压力系数，但随压力升高一定值后系数变号，即在 $\rho = f(p)$ 曲线上有极大值，如图 2.9(c) 所示。研究表明，这种反常现象和压力作用下的相变有关。

有趣的是，高压力往往能导致物质的金属化，引起导电类型的变化，而且有助于从绝缘体→半导体→金属→超导体的某种转变。表2.1列举了某些元素获得金属导电性的临界压力，物质的这种金属导电性的呈现使得有可能从 ρ 值范围很宽的非导体得到导体材料。

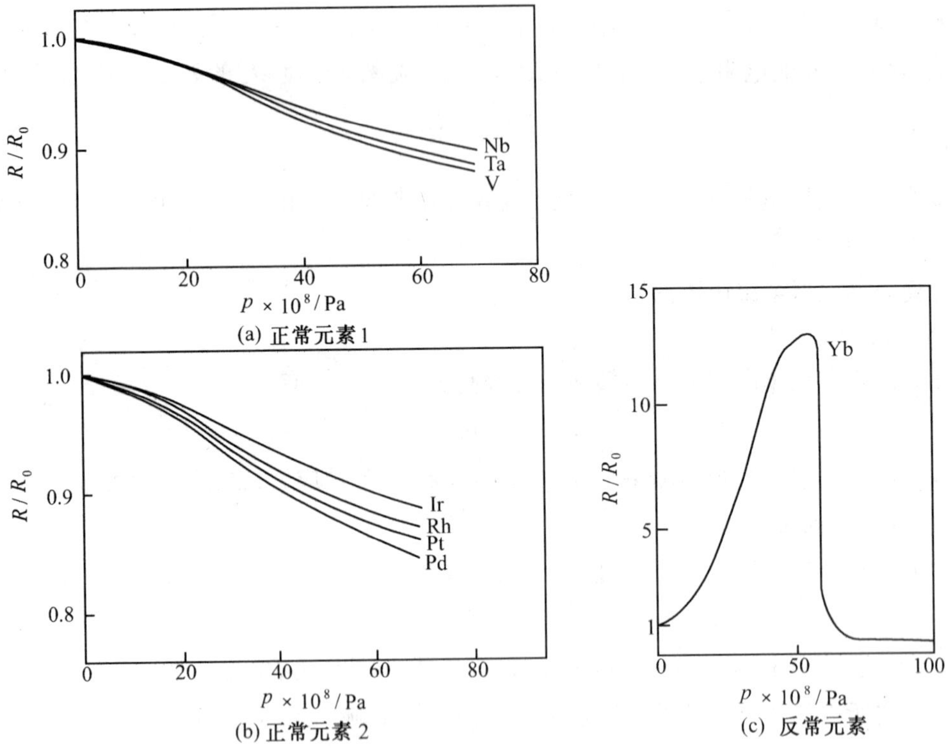

图 2.9　压力对金属电阻的影响

表 2.1　某些半导体和电介质转变为金属态所需的临界压力

元　素	$p_{临}$ /Pa	$\rho/(\mu\Omega\cdot cm)$	元　素	$p_{临}$ /Pa	$\rho/(\mu\Omega\cdot cm)$
S	400 000	–	H	2 000 000	–
Se	125 000	–	金刚石	600 000	–
Si	160 000	–	P	200 000	60 ± 20
Ge	120 000	–	AgO	200 000	70 ± 20
I	220 000	500	–	–	–

前已述及，有些金属当温度变化时会出现多晶型转变现象，同样，许多金属在高压下都能观察到多晶型现象。比较一下二者的影响可以看到，压力对于相变来说更为有利。实验表明，当温度变化时大约有 30 种金属有多晶型转变，而在压力影响下却有 40 种金属发现了多晶型转变现象。对于 Bi、Sb、Cd、Li、Cs、Rb、He、Ba、Ga、Zn 等，压力将导致出现新的多晶型变体，而在常压下它们则是单晶型的。

3. 冷加工对金属电阻的影响

冷加工变形使金属（如 Fe、Cu、Ag、Al 等）的电阻率增加 2% ~ 6% 如图 2.10 所示，只有 W、Mo、Sn 等例外，可分别增加为 30% ~ 50%、15% ~ 20%、90%。一般单相固溶体经冷加工后，电阻可增加 10% ~ 20%，而有序固溶体则增加 100% 甚至更高。也有相反的情况，

如镍 - 铬，镍 - 铜 - 锌，铁 - 铬 - 铝等合金中形成 K 状态，则冷加工变形将使电阻降低，关于这方面另有专论。

金属经范性形变电阻率增大的原因，可以认为是由于冷加工使晶体点阵发生畸变和缺陷，从而增加了电子散射的概率。同时冷加工也会引起金属原子间结合键的变化，导致原子间距的改变，对电阻有一定的影响。

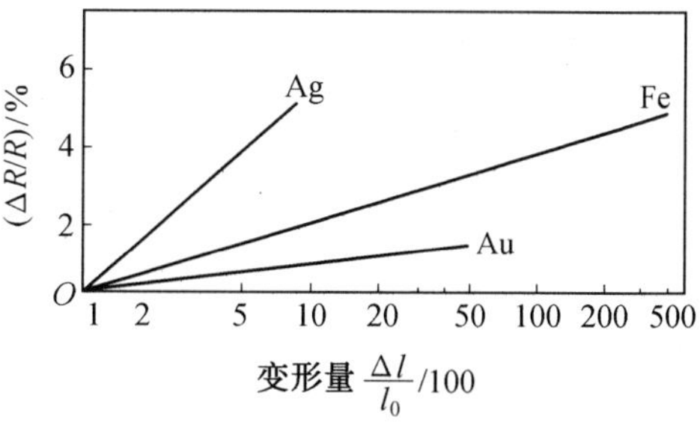

图 2.10　变形量对金属电阻的影响

若以 ρ_T 代表加工前的电阻率，ρ' 代表加工对电阻率的影响部分，则加工后金属总的电阻率是

$$\rho = \rho_T + \rho' \tag{2.15}$$

当温度降低到 0 K 时，上式中的 $\rho_T \to 0$，故 $\rho \to \rho'$，就是说，在 0 K 时，冷加工的金属仍保留有某极限电阻率 ρ'，称之为残余电阻率。实验证明，ρ' 与温度无关，故 ρ'/ρ 将随温度的降低而增加，据此，在低温时用电阻法来研究金属的冷加工就更为有效。

如果认为范性形变所引起的电阻率增加是由晶格畸变、晶体缺陷所致，则电阻率增加值 $\Delta\rho$ 等于

$$\Delta\rho = \Delta\rho_{空位} + \Delta\rho_{位错} \tag{2.16}$$

式中，$\Delta\rho_{空位}$ 表示电子在空位处散射所引起的电阻率的增加值；$\Delta\rho_{位错}$ 表示电子在位错处散射所引起的电阻率的增加值，这部分电阻保留到再结晶温度。

范比伦给出了电阻率随变形 ε 变化的表达式

$$\Delta\rho = C\varepsilon^n \tag{2.17}$$

式中，C 是比例常数，与金属纯度有关；n 在 0 ~ 2 之间变化。

考虑到空位、位错的影响，将式(2.16) 和式(2.17) 写成

$$\Delta\rho = A\varepsilon^n + B\varepsilon^m \tag{2.18}$$

式中，A，B 是常数；n 和 m 在 0 ~ 2 之间变化。

式(2.18) 对许多面心立方金属和体心立方的过渡族金属是成立的。如金属铂 $n = 1.9$，$m = 1.3$；金属钨 $n = 1.73$，$m = 1.2$。

4. 晶体缺陷对电阻的影响

空位、位错、间隙原子及它们的组合等晶体缺陷会使金属电阻率增加。根据马西森定律，在极低温度下，纯金属电阻率主要由其内部缺陷(包括杂质原子) 决定，即残余电阻率 ρ'。因此，研究晶体缺陷对电阻率的影响，对于估计单晶体结构完整性有重要意义。掌握这些缺陷对电阻的影响，可以研制具有一定电阻值的金属。半导体单晶体的电阻值就是根据这个原则进行人为控制的。

不同类型的晶体缺陷对金属电阻的影响程度不同。通常，分别用 1% 原子空位浓度或 1% 原子间隙原子、单位体积中位错线的单位长度、单位体积中晶界的单位面积所引起的电阻率变化来表征点缺陷、线缺陷、面缺陷对金属电阻的影响，它们相应的符号分别为 $\Omega \cdot cm$/ 摩尔分数、$\Omega \cdot cm \cdot cm^{-3}$、$\Omega \cdot cm \cdot cm^{-2} \cdot cm^{-3}$，表 2.2 列出了一些金属的空位、位错对电阻的影响。

在范性形变和高能粒子辐射过程中，金属内部将产生大量缺陷。此外，高温淬火和急冷也会使金属内部形成远超平衡状态浓度的缺陷。实验表明，点缺陷引起的残余电阻率变化远比线缺陷的影响大（见表 2.2）。

表 2.2　空位、位错对一些金属电阻率的影响

金属	$\dfrac{\Delta\rho_{位错}/\Delta N_{位错}}{10^{-19}\Omega\cdot cm\cdot cm^{-3}}$	$\dfrac{\Delta\rho_{空位}/C_{空位}}{10^{-6}\Omega\cdot cm/摩尔分数}$	金属	$\dfrac{\Delta\rho_{位错}/\Delta N_{位错}}{10^{-19}\Omega\cdot cm\cdot cm^{-3}}$	$\dfrac{\Delta\rho_{空位}/C_{空位}}{10^{-6}\Omega\cdot cm/摩尔分数}$
Cu	1.3	2.3，1.7	Pt	1.0	9.0
Ag	1.5	1.9	Fe	–	2.0
Au	1.5	2.6	W	–	29
Al	3.4	3.3	Zr	–	100
Ni	–	9.4	Mo	11	–

对多数金属，当形变量不大时，位错引起的电阻率变化 $\Delta\rho_{位错}$ 与位错密度变化 $\Delta N_{位错}$ 之间成线性关系。

5. 热处理对金属电阻的影响

金属冷加工形变后，若再进行退火，则可使电阻降低，尤其当退火温度接近再结晶温度时（再结晶退火），电阻可恢复到接近冷加工前的水平，如图2.11 所示。例如，冷加工后的金属铁、铜、银随退火温度的升高而电阻下降；但当退火温度高过再结晶温度时，电阻反而又增大了。这是再结晶后新晶粒的晶界阻碍了电子运动造成的，晶界是一种面缺陷。

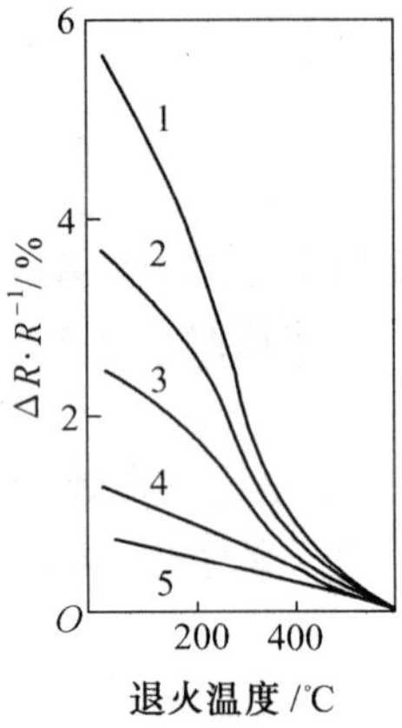

图 2.11　冷加工变形铁的电阻在退火时的变化

1— 形变量 99.8%；2— 形变量 97.8%；3— 形变量 93.5%；4— 形变量 80%；5— 形变量 44%

淬火能够固定金属在高温时空位的浓度，从而产生残余电阻。淬火温度越高空位浓度越高，则残余电阻率就越大，如纯金 800℃ 淬火后，4.2 K 时的电阻增大 35%。

6. 几何尺寸效应对电阻的影响

在某些场合，导电性同试样的几何尺寸有关。从金属的导电机制可知，当导电电子的自由程同试样尺寸是同一数量级时，这种“尺寸效应”就显得十分突出。这一现象对研究和测试金属薄膜和细丝材料（厚度 1 ~ 10 nm）的电阻非常重要。

在低温下，随金属纯度的提高，样品尺寸对电阻的影响也更明显起来。因为此时导电电子自由程超过了原子间距（4.2 K 时，纯金属电子自由程达几毫米），这样电子在试样表面的散射就构成了新的附加电阻。其试样的有效散射系数为

$$\frac{1}{L^*}=\frac{1}{L}+\frac{1}{L_d} \qquad (2.19)$$

式中，L、L_d 分别表示电子在试样中和表面的散射自由程。

将上式代入式（2.5）中，并令 $L_d = d$（薄膜厚度），则薄膜试样的电阻率为

$$\rho_d = \rho_\infty(1 + L/d) \tag{2.20}$$

式中，ρ_∞ 为大尺寸试样的电阻率。电阻率的“尺寸效应”在超纯单晶体和多晶体中发现最多。图 2.12 给出钼和钨单晶体厚薄度对电阻率的影响。由图可见，随钼、钨单晶体厚度的变薄，4.2 K 时的晶体电阻（$R_{4.2\ K}$）增高。

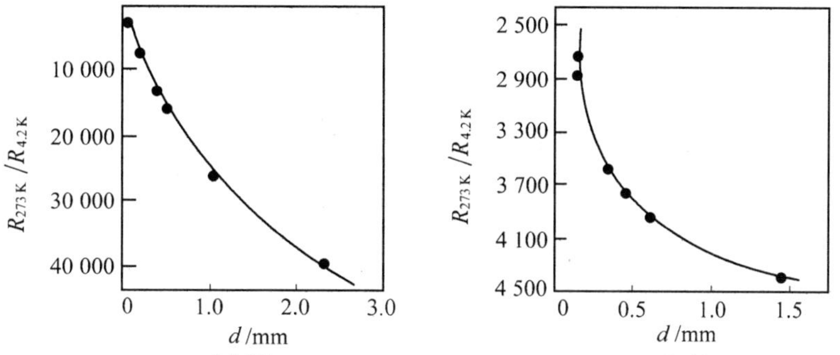

(a) 钼　　(b) 钨

图 2.12　单晶体厚薄度对电阻的影响

7. 电阻率的各向异性

一般在立方系晶体中金属的电阻表现为各向同性。但在对称性较差的六方晶系、四方晶系、斜方晶系和菱面体中，导电性表现为各向异性。

电阻各向异性系数 $\rho_\perp/\rho_{/\!/}$（$\rho_\perp$ 为垂直六方晶轴方向测得的电阻率，$\rho_{/\!/}$ 为平行六方晶轴方向，即[0001]方向测得的电阻率），不同金属和不同温度下是不相等的。常温下某些金属各向异性系数见表 2.3。温度对各向异性系数的影响规律尚不清楚。

表 2.3　一些金属电阻的各向异性

金属	晶格类型	$\rho/(\mu\Omega\cdot cm)$		$\rho_\perp/\rho_{/\!/}$	金属	晶格类型	$\rho/(\mu\Omega\cdot cm)$		$\rho_\perp/\rho_{/\!/}$
		$\rho_\perp$	$\rho_{/\!/}$				$\rho_\perp$	$\rho_{/\!/}$	
Be	六方密排	4.22	3.83	1.1	Cd	六方密排	6.54	7.79	0.84
Y	六方密排	72	35	2.1	Bi	菱面体	100	127	0.74
Mg	六方密排	4.48	3.74	1.2	Hg	菱面体	2.35	1.78	1.32
Zn	六方密排	5.83	6.15	0.95	Ga	斜方	54 轴 c	8 轴 b	6.75
Sc	六方密排	68	30	2.2	Sn	四方晶系	9.05	13.3	0.69

多晶试样的电阻可通过晶体不同方向的电阻率表达，即

$$\rho_{多晶} = \frac{1}{3}(2\rho_\perp + \rho_{/\!/}) \tag{2.21}$$

2.5　合金的导电性

2.5.1　固溶体的导电性

1. 固溶体的电阻与组元浓度的关系

在形成固溶体时，与纯组元相比，合金的导电性能降低了（即电阻增大），即使是在低

导电性的金属溶剂中加入高导电性的金属溶质也是如此。但电阻随成分连续变化而无突变,故在连续固溶体的情况下,当组元 A 溶入组元 B 时,电阻由 B 组元的电阻值逐渐增大至极大值后再逐渐减小到 B 组元的电阻值。图 2.13 表示 -273℃(0 K)、0℃ 和 100℃ 下,Ag - Au 合金的电阻与组元浓度的关系。

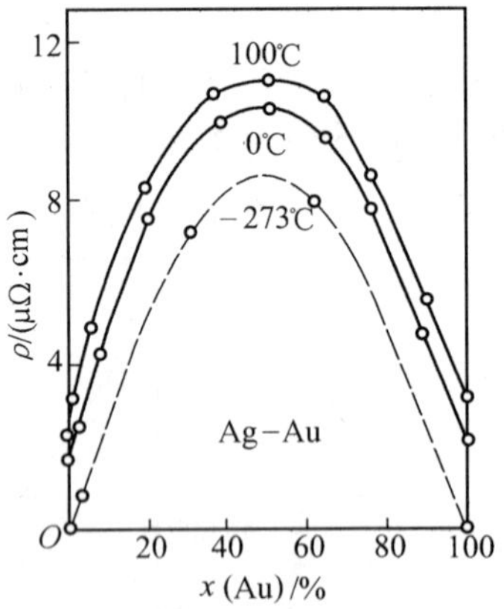

图 2.13 Ag - Au 合金电阻率与成分的关系

考虑到纯组元间原子半径差所引起的晶体点阵畸变,增加了电子的散射,故固溶体的电阻总是大于各组元纯金属的电阻,且原子半径差越大,固溶体的电阻也越大。但是晶体点阵畸变不是固溶体电阻增大的唯一原因,这种合金化对电阻的影响还有如下几方面:一是杂质对理想晶体的局部破坏;二是合金化对能带结构起了作用,移动费米面并改变了电子能态的密度和有效导电电子数;三是合金化也影响弹性常数,因此点阵振动的声子谱要改变。这些因素最终都要反映到固溶体的电阻上来。

库尔纳科夫指出,在连续固溶体中,合金成分距组元越远,电阻率越高。因此,在二元合金中最大电阻率通常在 50% 浓度处,而且比组元电阻高几倍,如图 2.13 所示。但铁磁性和强顺磁性金属组成的固溶体情况有异,其电阻的极大值一般不在 50% 浓度处,而在较高的浓度处。需要指出的是,贵金属(Cu、Ag、Au)与过渡族金属组成固溶体时,不仅极大值出现在较高浓度处,而且电阻也异常的高,如图 2.14 所示。这是因为它们的价电子可以转移到过渡族金属的尚未被填满的 d - 或 f - 壳层中,从而使有效导电的电子数目减小所致。这种电子的转移应看做是固溶体组元间化学作用的加强,固溶体电阻随成分的增大可作为一个证明。

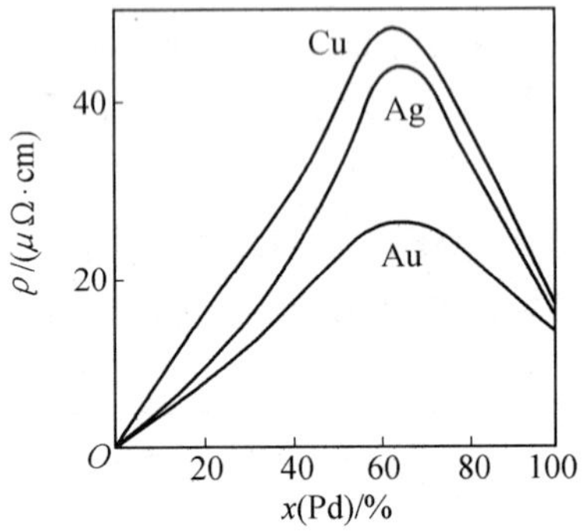

图 2.14 铜、银、金与钯组成合金的电阻率同成分的关系

2. 固溶体电阻与温度的关系

固溶体加热时它的电阻通常要增大,但它的电阻温度系数与纯金属相比总是较低的,而且与电阻率一样随成分而变。根据马西森定律,低浓度固溶体的电阻率为

$$\rho = \rho_T + \rho' \tag{2.22}$$

式中,ρ_T 为溶剂组元(基体)的电阻率,与 T 有关;ρ' 为残余电阻率,令 $\rho' = c\xi$,此处 c 为杂质原子含量,ξ 为溶入 1% 杂质原子时所引起的附加电阻率,它与温度无关。由马西森定律可以看出,对同一溶剂的一系列固溶体 $\rho - T$ 曲线(图 2.3)的斜率相同,且在常温以上 $\mathrm{d}\rho/\mathrm{d}T$ 为常数(见图 2.4)而不取决于杂质的浓度。又从电阻温度系数的定义 $\alpha_T = \dfrac{1}{\rho_T}\cdot\dfrac{\mathrm{d}\rho}{\mathrm{d}T}$ 知,ρ_T 越大(即存在杂质引起的 ρ' 时),α_T 就越小。工业上使用的电阻合金的温度系数普遍

比导体合金小 1 ~ 2 个数量级，也证实了这一规律性。

考察一价溶剂金属（如 Cu、Ag、Au）为基的固溶体可以发现，α_T 随溶质原子价的增加而减小。实验证明，除过渡族金属外，在同一溶剂基体中溶解 1% 的各种金属所引起的 ξ 的增加取决于溶剂和溶质金属的价数，它们的原子价差别越大，则附加电阻率 ξ 也越大。这就是诺波利 - 林德法则，其表示式为

$$\xi = a + b(Z_Z - Z_J)^2 \tag{2.23}$$

式中，a、b 为常数；Z_Z、Z_J 分别为固溶体溶质和溶剂的原子价数。

应当指出，马西森定律对于低浓度固溶体只是在某种程度上是正确的，目前已发现不少低浓度固溶体（非铁磁性）偏离了这一定律，其中一个主要原因是我们假定了 ρ' 不随温度而变化。实际上固溶体的电阻既决定于温度对溶剂电阻的影响，也决定于温度对溶质所引起的 ξ 的影响。因此，除考虑溶剂电阻的温度系数之外，还应顾及残余电阻的温度系数 α_ξ，其表示式为

$$\alpha_\xi = \frac{1}{\xi} \cdot \frac{d\xi}{dT} \tag{2.24}$$

值得注意的是，当溶解过渡族元素时，若固溶体的顺磁性随温度变化很大，则其 α_ξ 具有负号，因而对 $d\rho/dT$ 影响很大。如 Ag - Mn、Au - Cr、Au - Co 等合金，在加热到 100℃ 时电阻减小，α_ξ 的负值甚至使 $d\rho/dT$ 出现负号。这种现象可以被用来获得电阻温度系数很低（$\alpha < 10^{-6}$℃$^{-1}$）的电阻合金，以满足仪器仪表工业的迫切需要。

3. 有序固溶体（超结构）的电阻

人们在研究高温下形成连续固溶体时注意到这样一种性质，即成分相当于 Cu_3Au 和 CuAu 的合金经高温淬火及退火处理后，其电阻值发生了很大的变化。退火后的电阻只有原淬火态的 1/2 或 1/3，如图 2.15 和图 2.16 所示。图 2.16 中曲线 2 上的点离虚线的距离表示有序合金 Cu_3Au 和 CuAu 的残余电阻。

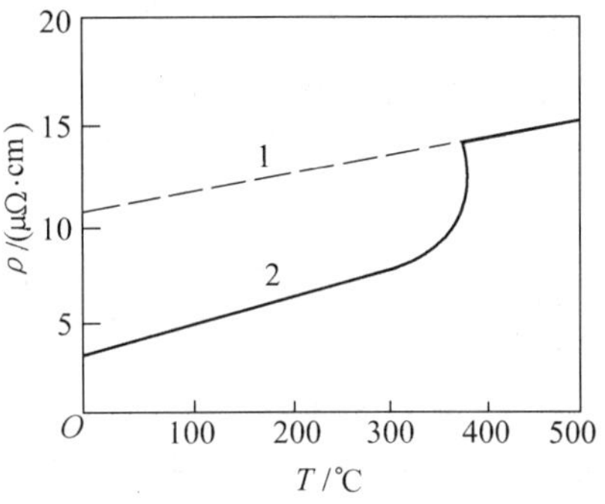

图 2.15　Cu_3Au 合金有序化对电阻率的影响

1— 无序（淬火态）；2— 有序（退火态）

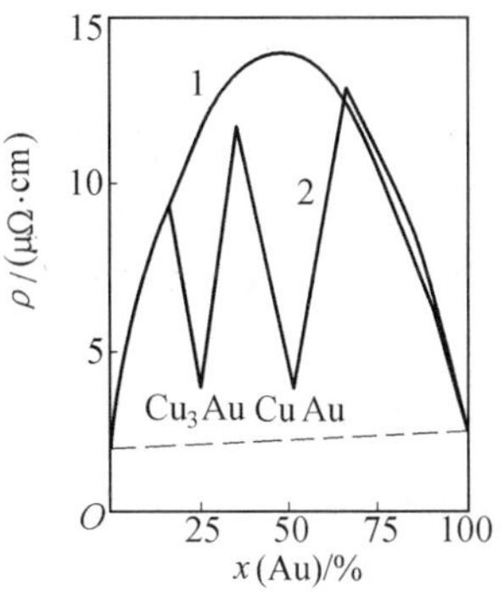

图 2.16　CuAu 合金电阻率曲线

1— 淬火；2— 退火

X 射线结构分析发现，对于退火态的 Cu_3Au 和 CuAu 合金，除了代表具有面心立方点阵的无序固溶体的 X 射线谱外，还出现了一些新的线谱，称为超结构线谱。这种新线谱的出现是由于 Cu_3Au 和 CuAu 合金在退火时晶体点阵中的原子进行了有序排列（称为合金固溶体有序化）的缘故。当固溶体有序化后，其合金组元的化学作用加强，因此，其电子结合

比在无序态时更强，这就使导电电子数减少而残余电阻增大。然而晶体的离子势场在有序化后则更为对称，这就使电子的散射概率大大降低，因而有序合金的残余电阻减小。通常在上述两种相反作用的因素中，第二个因素占主导作用，故合金有序化时电阻总是降低。

斯米尔诺夫根据合金的成分及远程有序度，从理论上计算了有序合金的残余电阻率。其假定：完全有序合金在 0 K 和纯金属一样不具有电阻，只有当原子的有序排列遭到破坏时才有电阻。这样，有序合金的残余电阻率就可写成

$$\rho' = A\left[c(1-c) - \frac{v}{1-v}(q-c)^2\eta^2\right] \tag{2.25}$$

式中，ρ' 为 0 K 时合金的电阻率；A 为与组元性质有关的系数；c 为合金中第一组元的相对原子浓度；v 为第一类结点（第一组元占据）的相对浓度；对于 $c < v, q = c/v$，而对于 $c \geqslant v, q = 1$，q 值表示第一类结点被相应原子占据的可能性，即被第一组元原子占据的可能性；η 表示远程有序的程度，$\eta = \dfrac{p-c}{q-c}$，p 为被自己原子即第一组元原子占据的第一类结点的相对数目。图 2.17 给出了残余电阻与远程有序度 η 及成分的关系。

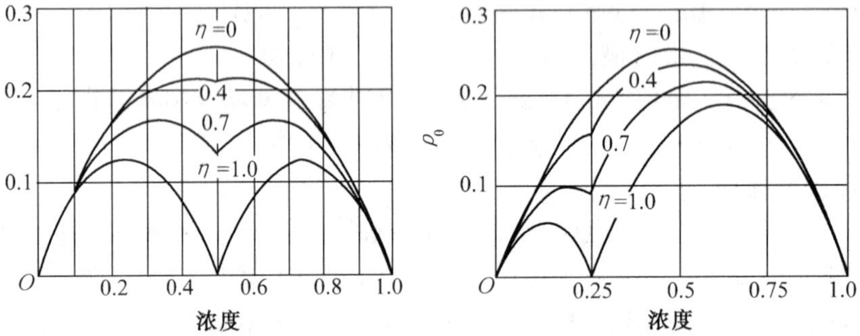

(a) 形成 AB 型超结构　　(b) 形成 A_3B 型超结构

图 2.17　不同程度远程有序度（η）下的残余电阻

有序化不仅存在于以组元为基的一级固溶体中，具有与组元不同空间点阵的中间相也可能存在有序化。

4. 不均匀固溶体（K 状态）的电阻

和纯金属一样，冷加工可使固溶体电阻升高，而退火则降低。但对某些成分中含有过渡族金属的合金，如 Ni－Cr，Ni－Cu，Zn，Fe－Ni－Mo，Fe－Cr－Al，Ag－Mn 等合金，尽管金相分析和 X 射线分析的结果认为其组织仍是单相的，但在回火中发现合金电阻有反常升高，而在冷加工时发现合金的电阻有明显降低，这种合金组织出现的反常状态称为 K 状态。由 X 射线分析可见，固溶体中原子间距的大小显著地波动着，其波动正是组元原子在晶体中不均匀分布的结果，所以也把 K 状态称为“不均匀固溶体”，在这些固溶体中有着特殊的相变及特殊的结构状态存在着。

图 2.18(a) 表示了 $w(\mathrm{Ni}) = 80\%$ 和 $w(\mathrm{Cr}) = 20\%$ 的合金预先淬火或冷加工后在回火过程中电阻的变化。合金在回火前具有一般固溶体组织，点阵中的原子为无序的统计均布。曲线 1 的试样经 800℃ 淬火预处理，曲线 2 的试样为淬火后又冷加工处理。从回火前的原始电阻可以看出，淬火不能完全阻止冷却过程中不均匀固溶体的形成，即不能完全把高

温固溶体固定下来。而冷加工使电阻降得更低表明，冷加工在很大程度上促使固溶体不均匀组织的破坏，并在固溶体中获得无序的均匀组织。两个试样经400℃长时间回火使电阻均不断升高，这表明它们都获得了不均匀组织且最后使电阻很接近。把这两个试样与经800℃淬火未回火的另一试样再进行冷加工后发现，400℃回火后所得的不均匀组织都消失了，此时电阻单调降低，如图2.18(b)所示。图中，实心点"•"表示预先经800℃淬火，空心点"◦"表示淬火后又回火，叉号点"×"表示冷加工后又回火。

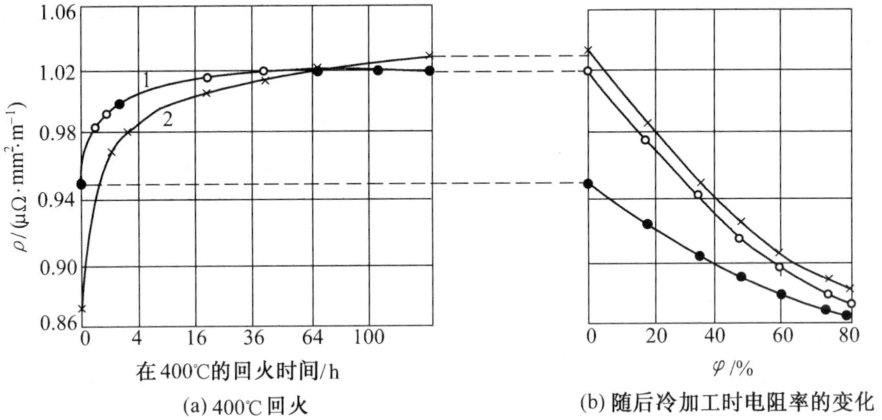

图2.18　$w(Ni) = 80\%$ 和 $w(Cr) = 20\%$ 合金

1— 预先经800℃淬火；2— 预先冷加工

2.5.2　金属化合物的导电性

当两种金属的原子形成化合物时，其合金的性能尤其是导电性的变化最为激烈，其电阻率要比各组元的电阻率高很多。原因是原子键合的方式发生了质的变化，其中至少一部分由原金属键变为共价键或离子键，使导电电子数减少。此外晶体结构变化也有一定的作用。

例如某些金属化合物的电阻与组元间的电离势之差有关。当组成化合物时，若两组元给出价电子的能力相同，则所形成的化合物的电阻就低，因而具有金属的性质。相反，若两组元的电离势相差较大，即一组元给出的电子被另一组元吸收，则化合物的电阻就大，接近半导体的性质。

已知的金属只有几十种，而它们却形成了几千种二元、三元以及更复杂的金属化合物，且化合物的数量还在不断地增加。由于化合物可看成一种新物质，故研究各种因素对其电阻率的影响引起了人们颇大的兴趣。

化合物在许多金属系统中往往是在原始组元的一定浓度区形成，其晶体结构不同于组元及其固溶体的结构。在二元系中常遇到一系列中间相，它们有的在相图的液相线和固相线上有显露的极大值，有的则按包晶反应形成。

库尔纳科夫比较了单相区内不同金属相的"成分 - 性能"曲线，发现曲线上有的相出现了特殊的点，称奇异点，如图2.19(a)所示；而有的相的物理性能却随成分均匀地改变，如图2.19(b)所示。为此他把中间相划分为道尔顿体和别尔多利体两大类，其中前者以存在奇异点为特征。二者物理性能的不同是由于它们结构不同，这已为X射线分析所证实。

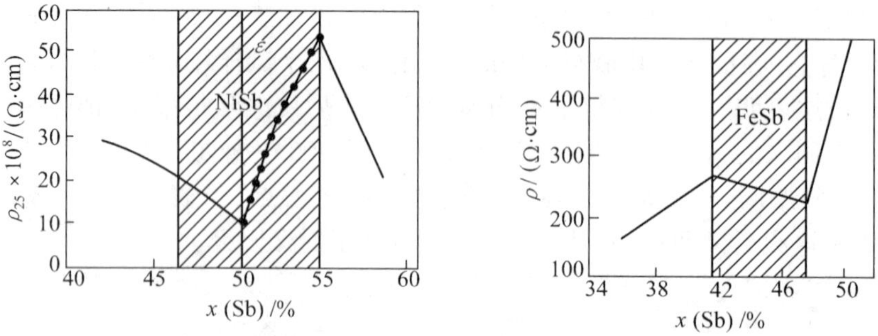

(a) NiSb相　　(b) FeSb相

图 2.19　电阻随成分的变化特征

现已知道，与某一定分子式成分相当而性能图上存在奇异点的道尔顿体中，两组元的原子排列达到了最大的远程有序。而在别尔多利体中则无这种最大有序的点，其晶体内原子的有序排列仅是局部的。可把别尔多利体看成以某种化合物为基的固溶体，而该化合物在自由状态下则是不稳定的。显然，奇异点的存在与否表示金属相能否形成有序结构。

例如，Mg－Ag系中的MgAg相就属于道尔顿体，在这个相的均质区中电导率的极大值与化学计算成分相对应。沿化学计算成分的两侧电导率都激烈下降，如图 2.20 所示。但也有相反的电阻行为，如 Fe_2Ti 的 Lares 相对应着电阻的极大值，如图 2.21 中的曲线 1 和 2，但在 4.2 K 的低温下接近 Fe_2Ti 的残余电阻却处于极小值，如曲线 3 所示，这可能与超导效应有关。

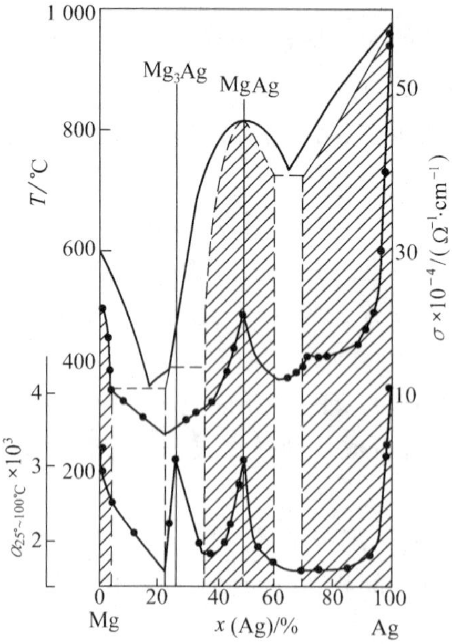

图 2.20　Mg－Ag 系相图和出现道尔顿体的成分性能图

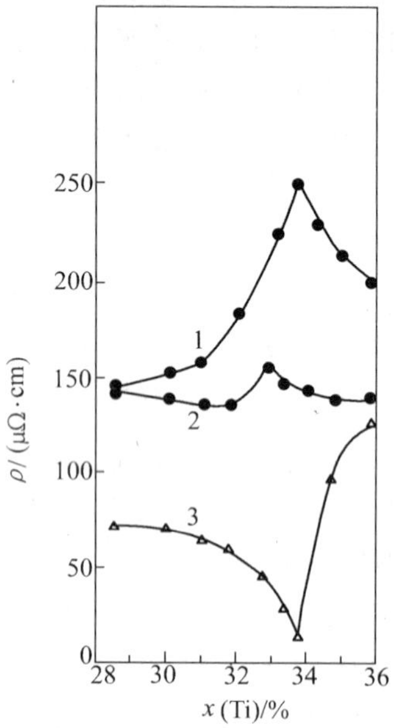

图 2.21　Fe_2Ti 的 Lares 相电阻率与浓度的关系

1—室温（4.2 K 淬冷后）；2—室温（淬冷前）；3—4.2 K

金属化合物的电学性能可以在很宽的范围内变化，从低温下的超导电性到常温的半导体，存在部分共价键和离子键的金属化合物照例具有高电阻率。与离子型和共价型化合物不同，金属化合物是以异类原子间的金属键占优势为特征的，因而具有光泽、导电性和正电阻温度系数等金属性能。

2.5.3 多相合金的导电性

当合金由两个以上的相组成时，其合金的导电性应当由组成相的导电性来决定。由于导电性是一个对组织结构较敏感的性能，故要通过各相的导电性来计算多相合金的导电性，但不是在任何情况下都能做到。

多相合金的电阻除像单相区中要考虑晶粒的大小、点阵的畸变以及晶粒内部异类原子的偏聚对电阻的影响外，还必须考虑组成相的界面，以及第二相的形状、大小及分布状况等对电阻的影响。尤其当一种相(如夹杂物)的晶粒大小或GP区与电子波长属同一数量级时，由于电子在这些夹杂物上要发生附加散射，故这种弥散度的影响就很大。研究表明，发生最大散射并由此而引起电阻最大升高的情况是与夹杂物的大小相对应的。这种情况下电阻的升高可达10% ~ 15%。

若晶体不属于立方晶系，则试样的织构对合金电阻也有一定的影响。但若合金晶粒为弥散度不大的退火等轴晶且不存在织构现象，则上述影响可忽略。此时多相合金的电阻就可以看做各相电阻的算术和。当然这只是在各组成相的导电性相近时才可能。许多实验表明，在这种情况下，电导率与组元的体积浓度成线性关系，同时电阻率应当按双曲线变化，其表达式为

$$\rho = \rho_1^p \cdot \rho_2^q \tag{2.26}$$

式中，ρ、ρ_1、ρ_2 分别为合金及组元的电阻率；p、q 分别为组元的体积浓度($p + q = 1$)。

图2.22示出了该类合金电导率的变化情况，图中，两曲线(双曲线和按式(2.26)算出的曲线)稍微向下弯曲，它们与边界两纵坐标(组元ρ_1和ρ_2)的连接偏离直线很小。若横坐标不以体积分数表示，而以质量分数表示，那么电阻实际上就是成分的线性函数。总之，对于任意合金，电阻率的值总是处于组元电阻率之间。上述电阻率的直线关系可以推广到状态图的多相区中，而在状态图上这些区不是与纯金属相毗邻，而是与固溶体相毗邻。这里对处于多相区每一合金的电导率可由极限浓度固溶体的σ_α和σ_β值的连接直线找出来(图2.22)。

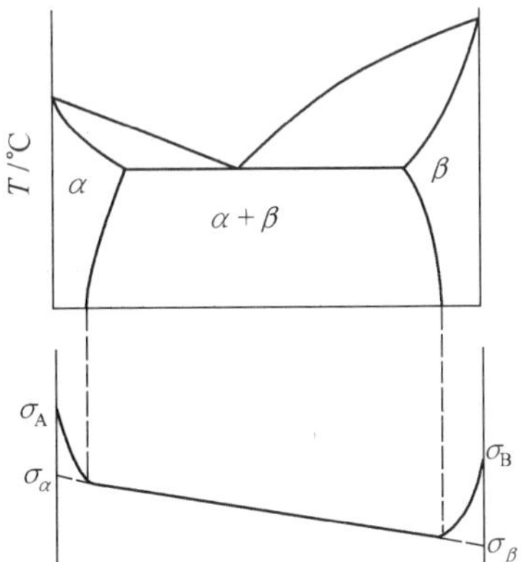

图 2.22　固态具有有限溶解度的合金电导率变化

若已知每个相的体积含量、形状及晶体的相互分布，则按组成合金各个相的电导率计算合金电导率在原则上是可能的。但细小的夹杂物(10^{-6} ~ 10^{-7}cm)以及沿晶界的点阵畸变所引起的电子附加散射未能计入。

对于两相以上的合金(不管多少相)有

$$\sum_i \frac{\sigma_i - \sigma}{\sigma_i - 2\sigma} c_i = 0 \tag{2.27}$$

根据此式即可计算合金的电导率。实际上常常遇到基体型组织中夹杂相(如索氏体中的渗碳体)由不同大小的扁球体所组成,此时经过某些修正后的公式可得出与实验数据符合得很好的结果,即

$$\sigma = \sigma_0\left(1 - 3nc + 3n^2c^2\frac{\sigma_0 + 2\sigma_1}{\sigma_1 + 2\sigma_0}\right) \tag{2.28}$$

式中,$n = \frac{\sigma_0 - \sigma_1}{2\sigma_0 + \sigma_1}$;$\sigma$ 为合金电导率;σ_0 和 σ_1 分别为基体和夹杂相的电导率;c_i 为某相(基体相或夹杂相)的体积含量。

在两相片状组织中,若所有片状物都沿着电流方向伸长(理想的"纤维状"组织),则应用相加规律计算合金的电导率

$$\sigma = c_1\sigma_1 + c_2\sigma_2 \tag{2.29}$$

如果它们都严格横向分布(理想的层状组织),则按相加规律计算电阻率才是正确的,即

$$\rho = c_1\rho_1 + c_2\rho_2 \tag{2.30}$$

2.6 导电性的测量

材料导电性能的测量实际上就是对试样电阻的测量,因为根据试样的电阻值和它的几何尺寸就可以由 $\rho = R\frac{S}{L}$ 算出电阻率。跟踪测量试样在变温或变压装置中的电阻,就可以建立电阻与温度或电阻与压力的关系,从而得到电阻温度系数或电阻压力系数。

电阻的测量方法很多,一般都是根据测量的需要和具体的测试条件来选择不同的测试方法。通常都是按测量的范围或测量的准确度要求来分类:一般对 $10^6\,\Omega$ 以上较大的电阻(俗称高阻),如材料的绝缘电阻的测量,要求不严格的测量(粗测)时,可选用兆欧表(俗称摇表);要求精测时,可选用冲击检流计测量。对 $10^2 \sim 10^6\,\Omega$ 的中值电阻粗测时,可选用万用表 Ω 挡、数字式欧姆表或伏安法测量,精测时可选用单电桥法测量。对 $10^{-6} \sim 10^2\,\Omega$ 的电阻的测量,如金属及其合金电阻的测量,必须采用较精确的测量,可选用双电桥法或直流电位差计法测量。对半导体材料电阻的测量一般用直流四探针法。下面只对比较精确的测量方法作介绍。

2.6.1 导体电阻的测量

因为金属及合金的电阻率一般都很小,即使再细再长的试样电阻也不会超过 $10^6\,\Omega$,故可采用单电桥法测量。

无论是单臂电桥、双臂电桥还是直流电位差计,它们都属于比较法测量,即把待测量与已知量(标准量)采用某种方式进行比较而获得测量结果。

1.单电桥(惠斯通电桥)法

图 2.23 示出了单电桥的原理线路,这是一个经典的桥式测量线路,由连接成封闭环式的四个电阻组成了桥的四臂,两个对角线 ac、bd 支路分别为工作电源 U 支路和平衡指

零仪(检流计 G) 支路。其中 $R_x(R_3)$ 为未知的待测电阻(称未知臂)，$R_N(R_4)$ 为已知的标准电阻(称比较臂)。R_1、R_2 也是已知的可调电阻(分别称为测量臂和比例臂)。当调节这些已知电阻达某一值时，可使检流计 G 中的电流 $I_G = 0$(此时称为电桥平衡状态)，由此知 $V_b = V_d, I_1 = I_2, I_3 = I_4$，故有

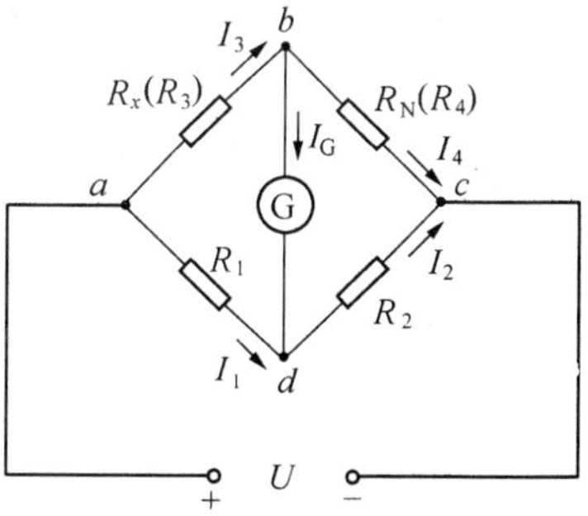

图 2.23　单电桥线路原理

$$U_{ab} = I_3 R_x = U_{ad} = I_1 R_1$$

$$U_{bc} = I_3 R_N = U_{dc} = I_1 R_2$$

因等式两边的比值仍然相等，故可得

$$\frac{R_x}{R_N} = \frac{R_1}{R_2} \quad 或 \quad R_x = R_N \frac{R_1}{R_2} \tag{2.31}$$

由式(2.31) 可知，当电桥平衡时，只要 R_N、R_1、R_2 是已知或可测知的，则待测电阻 R_x 便可求得。将式(2.31) 两边取对数并微分可得

$$\frac{dR_x}{R_x} = \frac{dR_N}{R_N} + \frac{dR_1}{R_1} - \frac{dR_2}{R_2} \tag{2.32}$$

可见，电桥测量的相对误差取决于各已知电阻的相对误差。为减小误差提高测量精度，通常在测量时，应选择一个与待测电阻 R_x 有着同一数量级的标准电阻 R_N。另外，桥路分析表明，当电桥的四个电阻接近相等时，则桥路灵敏度将接近最大值。

必须指出的是单电桥测量的电阻中，不但包括了待测电阻本身，还包括了连接导线的电阻和各接点的接触电阻等附加电阻。当待测电阻足够大时($> 10^2 \Omega$)，则连线电阻和接触电阻尚可忽略不计，测量还可相当精确。但当待测电阻较小时，尤其是当它的数量级接近于附加电阻时，将出现不允许的测量误差。所以，单电桥只适合于测量 $10^2 \sim 10^6 \Omega$ 的中值电阻，而对于小电阻的测量应采用能够克服或清除附加电阻影响的双电桥法或直流电位差计法。

2. 双电桥(开尔文电桥) 法

双电桥是怎样克服或清除上述附加电阻影响的呢?我们会从对双电桥电路的分析中逐渐看出。图 2.24 为双电桥的原理示意图(由图可以看出，双电桥与单电桥的主要结构差别在于，在单电桥中检流计 G 的一个接头 b 直接接在被测电阻和比较电阻之间，而在双电桥中，它接于第二对大电阻 R_3 和 R_4 之间，这对电阻是在单电桥的基础上新增加的一个臂，故称为双电桥)。当电桥平衡时，电路的电流分成三路，第 1 路电流 I_1 通过 A_1、A_2、R_1、F、R_2、D_2、D_1 等电阻，第 2 路电流 I_3 通过 A_1、R_x、B_2、R_3、E、R_4、C_2、R_N、D_1 等电阻，第 3 路电流($I_2 - I_3$) 通过 A_1、R_x、B_1、r、C_1、R_N、D_1 等电阻。

由于设计时 R_1、R_2、R_3、R_4 的电阻($> 10\ \Omega$) 远比 R_x、R_N 及 r 的电阻($< 1\ \Omega$) 大许多，因此 I_1、I_3 远小于($I_2 - I_3$)，所以 A_1、B_1、C_1、D_1 是大电流通过的接头，称为电流接头。而接头 A_2、B_2、C_2、D_2 只通过小电流，它们的作用只是从待测电阻 R_x 和比较电阻 R_N 中取出一部分比较电压来，所以称为电压接头。双电桥分为电流接头和电压接头是区别于单电桥的特点之一，这是为解决测量小电阻问题而采取的有效措施。由电路还可看出，接点 A_1、D_1 的接触电阻及连线电阻可归并到电源支路去，对测量结果不会有影响。接点 A_2、D_2 的接触

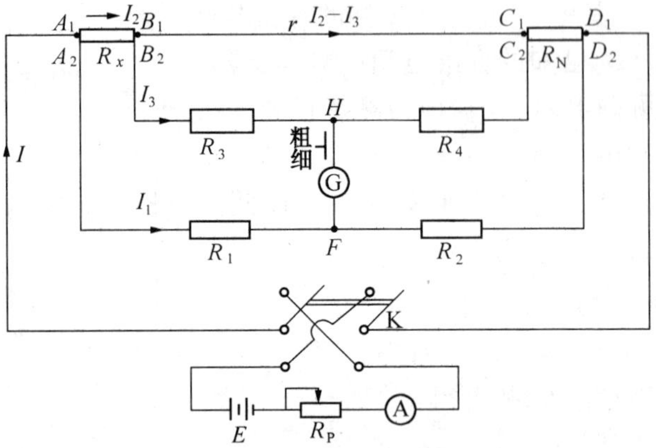

图 2.24　双电桥的工作原理

电阻及连线电阻由于比 R_1 和 R_2 的阻值要小得多，且通过它们的电流 I_1 很小，故它们的电压降对 F 点电位的影响可忽略不计。同理，接点 B_2、C_2 的电阻对 H 点电位的影响也可忽略不计。即 A_2FD_2 和 B_2HC_2 两支路上不大的电阻改变不影响 F、H 两点的电位，当然也就不影响 G 的读数。相反地，在 R_x 和 R_N 上不大的电阻改变，将会显著地影响 F、H 两点的电位，这是因为 I_2 相当大。由此可知为什么双电桥可以精确测定小电阻的原因。但正由于 I_2 相当大，所以接点 B_1、C_1 和连线 r 的电阻，仍会对测量有影响。那么采取什么措施才能使它们的影响也清除呢?

设 B_1、C_1 的接触电阻和连线 r 的电阻之和为 R，则当电桥平衡（$I_G = 0, V_F = V_H$）时，有

$$I_1R_1 = I_2R_x + I_3R_3 \tag{1}$$

$$I_1R_2 = I_2R_N + I_3R_4 \tag{2}$$

$$I_3(R_3 + R_4) = (I_2 - I_3)r \tag{3}$$

式(1) ÷ 式(2) 消去 I_1 并整理得

$$I_2(R_1R_N - R_2R_x) = I_3(R_2R_3 - R_1R_4) \tag{4}$$

由式(3) 得

$$I_2r = I_3(r + R_3 + R_4) \tag{5}$$

式(5) ÷ 式(4) 消去 I_2 和 I_3 并整理得

$$R_x = R_N\frac{R_1}{R_2} + \frac{r(R_1R_4 - R_2R_3)}{R_2(r + R_3 + R_4)} \tag{2.33}$$

可见，与单电桥的平衡条件式(2.31) 相比，双电桥的平衡条件式(2.33) 多出了一个更正项，显然，只要满足 $R_1/R_2 = R_3/R_4$，则更正项就可为零。双电桥在设计制造时已使 $R_1 = KR_3$ 构成测量臂，$R_2 = KR_4$ 构成比例臂，并使 R_1 与 R_3、R_2 与 R_4 采取联动调节，从而保证在任何调节情况下 $R_1/R_2 = R_3/R_4$ 都成立，这样就消除了 r 的影响，使双电桥的待测电阻 R_x 的阻值仍可按式(2.31) 计算。但在实际上，两臂电阻调节时不可避免地要存在点偏差，因此仍需采取一些措施（如使 R_1、R_2、R_3、R_4 四个臂的连线等长，选 R_N 与 R_x 阻值相近，用粗而短的铜线来连接 R_N 与 R_x 等）以减小误差。此外，R_x 值的测量精度除与 R_N、

R_1、R_2 的精度有关外，还与检流计的灵敏度有关，故一般应选用灵敏度高的检流计，如 Ac15/5 等。又因电阻值与试样的尺寸有关，因此，对试样的尺寸精度应有严格要求；为消除环境温度对电阻值的影响，电阻的测量最好在恒温室里进行。

可以把单电桥和双电桥合二为一做成一个单双臂两用电桥，如国产的 QJ36 型单双两用电桥，通过不同的接法，它既可以用做单电桥测 $10^2 \sim 10^6\Omega$ 的中电阻，又可用做双电桥测 $10^{-6} \sim 10^2\Omega$ 的小电阻，其精度可达 0.02 级。

3. 直流电位差计测量法

直流电位差计也是一种采用比较法进行测量的仪器。它是基于被测量与已知量相互补偿的原理来实现测量的，用来进行比较的已知量是标准电池的电动势，比较方式是使某一电流通过电阻形成一已知压降，用此压降与被测电动势（或电压）相比较，从而确定被测量的大小。

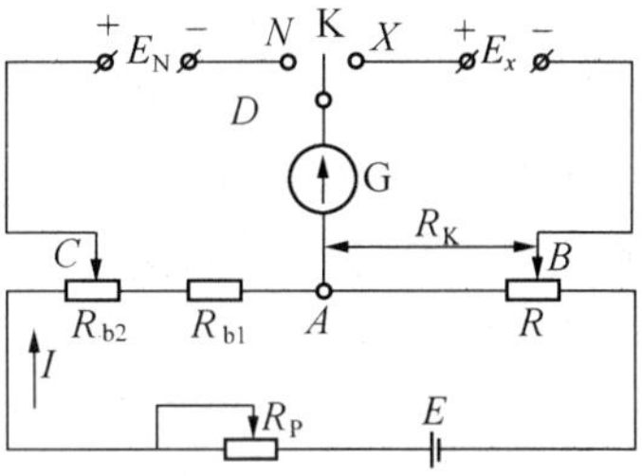

图 2.25　直流电位差计线路原理

图 2.25 为直流电位差计原理线路，整个线路包括工作电流回路、标准回路和测量回路三部分。工作电流回路由工作电源（E）、工作电流的调节电阻 R_P、工作电流的标定电阻 $R_b = R_{b1} + R_{b2}$（其数值准确已知）和测量电阻 R（数值准确已知）组成。标准回路也称为标定工作电流回路，由标准电池（E_N）、换接开关 K、检流计 G 和 R_{b1}、R_{b2} 组成。测量回路又称补偿回路，由待测电动势 E_x（或 U_x）、K、G 和测量电阻 R_K（又称补偿电阻，它是 R 的可变输出部分）等组成。

每次测量前，先要进行工作电流的标准化，即把 K 扳向 N 位，调 R_P 使 G 指零，这时 E_N 已被 I_{R_b} 所补偿，电位差计所需的工作电流已被标定好，即

$$I = \frac{E_N}{R_b} \tag{2.34}$$

然后，再把 K 扳向 X 位进行测量，调 R_K 使 G 再指零，这时 E_x 已被 I_{R_K} 所补偿，则

$$E_x = IR_K = E_N \frac{R_K}{R_b} \tag{2.35}$$

即从式(2.35)可求出待测电动势 E_x（或 U_x）。考虑到 $I = \dfrac{E_N}{R_b}$ 是一个固定值，故可在测量电阻 R 上直接按电压的单位 mV 进行刻度，即经标定和补偿后待测电动势 E_x 可以从 R_K 上直接读出。

从以上分析可以看出，直流电位差计测量法有两大优点：一是两次平衡中 G 都指零，这就是说，电位差计既不从标准电池中也不从待测电势中吸取能量，因此，不论是标准电池还是待测电势，其电源内部和连接导线上都没有电阻压降。E_N 在测量中仅作为电动势的参考标准，而且待测对象的状态也不会因测量时的接线而改变，从而保持其原有值。当用做电阻测量时也就消除了连线电阻和接触电阻的影响，避免了方法误差，这点是很可贵的。二是 E_x 是由 E_N 和 $\dfrac{R_K}{R_b}$ 来决定的，而 E_N 又是十分准确且高度稳定的，电阻元件的制造也可有很高的精度，故 E_x 可以达到很高的测量精度(0.001 级)。

如图 2.26 所示，用直流电位差计进行电阻的精度测量时，必须选择一标准电阻 $R_{标}$，且将其与待测电阻 R_x 串联在一个稳定的外接电源上。然后用双刀双掷开关分别测量 R_x 和 $R_{标}$ 上的电压降 U_x 和 $U_{标}$，由于以同样大小的电流通过它们，故有

$$R_x = R_{标} U_x / U_{标} \tag{2.36}$$

根据已知的 $R_{标}$ 和分别测得的 U_x 和 $U_{标}$ 就可求得待测电阻 R_x 的值。

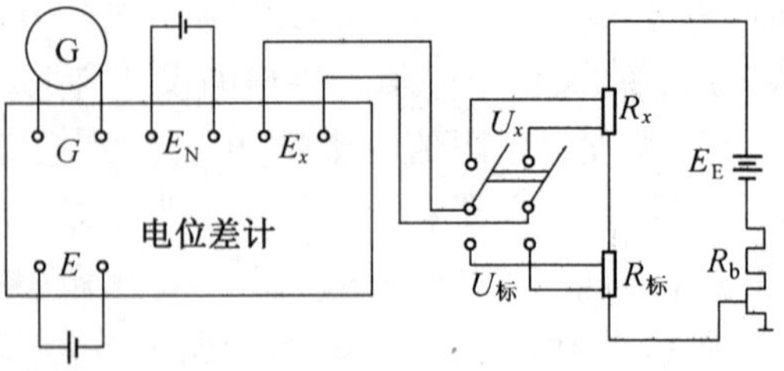

图 2.26 用电位差计测量电阻的外接线路

2.6.2 半导体电阻的测量

半导体材料的电阻常用四探针法来测量。这种方法测量时使用相距约1 mm 的四根金属探针同时与样品表面接触，通过恒流源给其中两根探针（如 1、4）通以小电流使样品内部产生压降，并以高输入阻抗的直流电位差计或数字电压表来测量其他的两根探针（如 2、3）的电压，然后计算材料的电阻率

$$\rho = C\frac{U_{23}}{I} \tag{2.37}$$

式中，U_{23} 为 2、3 两探针间的电压；C 为该测法的探针系数，cm。

测量的简单装置和原理如图 2.27 所示。

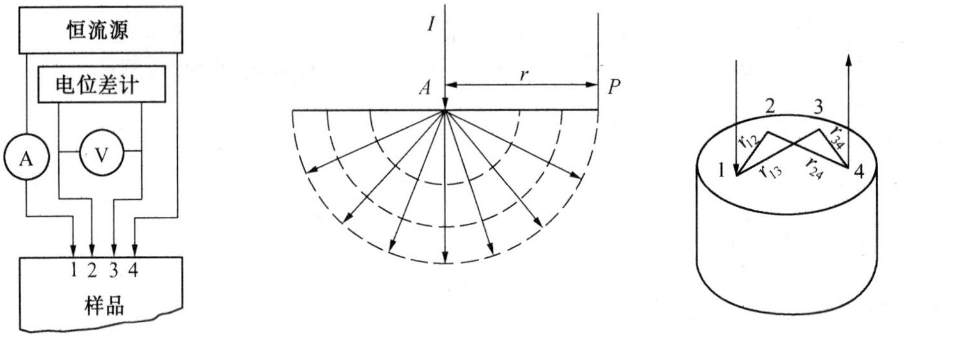

(a) 装置 (b) 点电流源 (c) 探针排列

图 2.27 四探针法测量原理图

测量时四个探针间距不等地排在一直线上（外侧两根为电流探针，内侧的为电压探针），测量原理为：设有一均匀的半导体试样，其尺寸与探针间距相比可视为无限大，探针引入点电流源的电流强度为 I。因均匀导体内恒定电场的等位面为球面，故在半径为 r 处等位面的面积为 $2\pi r^2$，则电流密度为 $j = I/2\pi r^2$。由欧姆定律的微分形式可得电场强度为 $E = j/\sigma = \dfrac{I}{2\pi r^2\sigma} = I\rho/2\pi r^2$，因此，距点电荷 r 处的电位为 $V = I\rho/2\pi r$。

显然，半导体内各点的电位应为电流探针分别在该点形成电位的矢量和。通过数学推导可得四探针法测量电阻率的普遍公式为

$$\rho = 2\pi\left(\frac{1}{r_{12}} - \frac{1}{r_{24}} - \frac{1}{r_{13}} + \frac{1}{r_{34}}\right)^{-1}\frac{U_{23}}{I} \tag{2.38}$$

式中，$C = 2\pi\left(\frac{1}{r_{12}} - \frac{1}{r_{24}} - \frac{1}{r_{13}} + \frac{1}{r_{34}}\right)^{-1}$ 为探针系数；r_{12}、r_{24}、r_{13}、r_{34} 分别为相应探针的间距。

若四探针处于同一平面的同一直线上，其间距分别为 s_1、s_2、s_3 则式(2.38) 又可写成

$$\rho = 2\pi\left(\frac{1}{s_1} - \frac{1}{s_2 + s_1} - \frac{1}{s_2 + s_3} + \frac{1}{s_3}\right)^{-1} \frac{U_{23}}{I} \tag{2.39}$$

当 $s_1 = s_2 = s_3 = s$ 时，式(2.39) 可简化为

$$\rho = 2\pi s \frac{U_{23}}{I} \tag{2.40}$$

这就是常用的直流等间距四探针法测电阻率的公式。

若令 $I = C = 2\pi s$，即流过探针 1、4 的电流数值上等于探针系数，则

$$\rho = U_{23} \tag{2.41}$$

即从探针 2、3 上测得的电压在数值上就直接等于试样的电阻率。

为减小测量区域以观察电阻率的不均匀性，四探针不一定都排成一直线，也可排成正方形或矩形，但采用这些排法与直线四探针法并无原则差别，只需改变公式中的系数。如正方形四探针法的 $\rho = \frac{2\pi s}{2 - \sqrt{2}} \frac{U}{I}$；矩形四探针法的 $\rho = \frac{2\pi s}{2 - (2/\sqrt{1 - n^2})} \cdot \frac{U}{I}$。

四探针法的优点是探针与半导体样品之间不要求制备合金结电极，这给测量带来了方便，且可测量样品沿径向分布的断面电阻率，从而可以观察电阻率的不均匀情况。由于这种方法可迅速、方便、无破坏地测量任意形状的样品，且精度较高，更适合于大批量生产中使用，所以为半导体材料厂家广泛使用。但由于该方法的测量精度略逊于二探针法，又受到针距的限制，很难发现 < 0.5 mm 两点电阻的变化，因此又提出一种新的微区电阻率测量法，称为单探针扩散电阻法。

2.6.3 绝缘体电阻的测量

绝缘体的电阻可用冲击检流计法测量，其原理如图 2.28 所示。由图可见，待测电阻 R_x 与一电容 C 串联，C 上的电量可通过冲击检流计来测量。若换接开关 K 合向 1 位时，启动秒表计时，经过 t 时间 C 上的电压 $U_C = U(1 - e^{-\frac{t}{R_x C}})$，$C$ 上的电量 $Q = UC(1 - e^{-\frac{1}{R_x C}})$。将 Q 按级数展开，取第一项，则有 $Q = \frac{Ut}{R_x}$，即

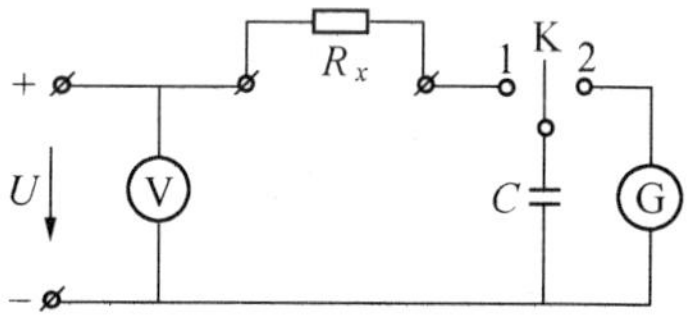

图 2.28 绝缘电阻测量原理

$$R_x = \frac{Ut}{Q} \tag{2.42}$$

式中，U 为直流电源电压，可测出；t 为充电时间，可测出；而 Q 可用冲击检流计测出，当 K 合向 2 位时，则有

$$Q = C_b \alpha_m$$

式中，C_b 为冲击检流计的冲击常数；α_m 为检流计的最大偏移量(可直接读出)。
故可得

$$R_x = \frac{Ut}{C_b \alpha_m} \tag{2.43}$$

用冲击检流计可测得的绝缘电阻高达 $10^{16}\Omega$。

2.7 电阻分析的应用

用电阻分析法来研究材料的成分、结构和组织变化的灵敏度很高，它能极敏感地反映出材料内部的微弱变化。由于影响电阻的因素较多，测量结果不太容易分析，故此法尚有一些不足，但由于很容易对材料的许多物理过程进行电阻的跟踪测量，故此方法仍然是应用较广的一种方法。电阻分析法可研究的问题较多，诸如：研究与脱溶回溶有关的问题，测定固溶体的溶解度曲线，研究合金的时效过程，研究合金的不均匀固溶体的形成，有序 – 无序转变，以及研究扩散和马氏体转变等。

2.7.1 研究合金的时效

合金的时效往往伴随着脱溶过程，从而使电阻发生显著的变化，所以电阻分析法是研究合金时效的最有效方法之一。

先看一下铝铜合金的时效，将含铜4.5%的铝合金经固溶淬火后，在 20℃ 下进行低温时效，发现随时效时间的变化电阻升高，如图 2.29 所示。但若时效的温度提高到 225℃，则发现电阻降低。低温时效电阻升高是由于时效的初期形成了极细小的弥散小区域(称二度晶核或 G – P 区)，使导电电子发生散射的缘故。而这些 G – P 区是铜原子在铝的晶体点阵中占优势偏聚的结果。高温时效电阻降低，则是由于从固溶体中析出了 $CuAl_2$ 相，降低了溶质的含量，使溶剂点阵的对称性得到了恢复。所以从电阻的变化情况可以看到，铝合金内部存在着不同组织状态的变化。

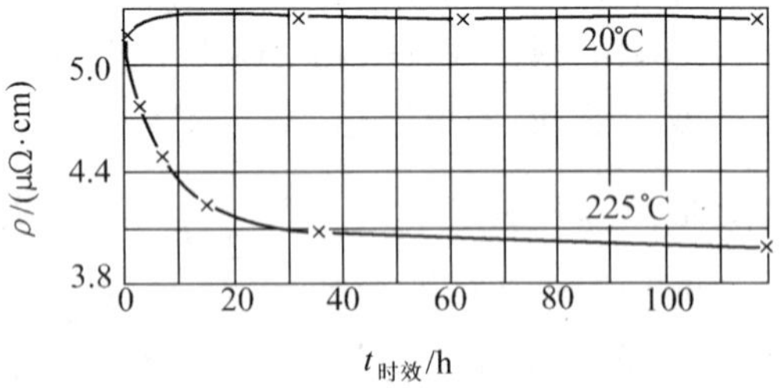

图 2.29 Al – Cu 合金时效过程电阻的变化

在对含铜 5% 的铝合金的研究中，发现合金时效的回归现象。若将该合金淬火后在 25℃ 下时效，则电阻升高；若再加热到 215℃ 保温 2 ~ 3 min，则电阻将降低到接近淬火后的数值；若将其冷却至 25℃，再进行时效，则电阻将再次升高；再加热，又降低，如图 2.30 所示。这说明，在 25℃ 时效所产生的晶核是不稳定的，当再加热到 215℃ 时，这些不稳定的晶核又溶回到固溶体中，重新变为均匀的固溶体，这种现象称为回归现象。

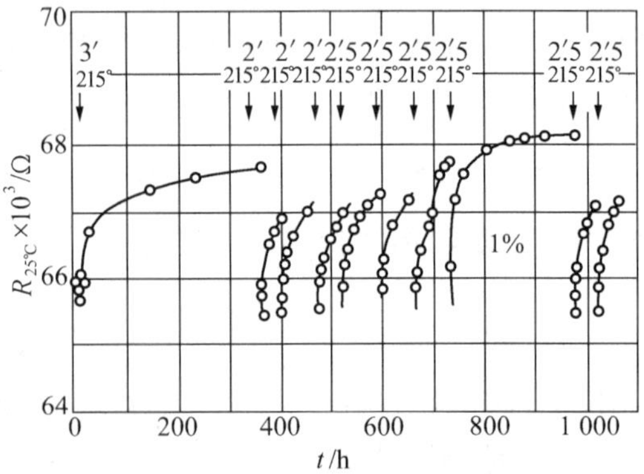

图 2.30 Al + 5% Cu 合金在 215℃ 回归和 25℃ 保温交替进行时的电阻变化

2.7.2 研究合金的有序 – 无序转变

合金在加热过程中存在着有序 – 无序转

变时，它的电阻便会发生明显的变化。以铜合金为例，若将室温下为有序的 Cu_3Au 加热，当温度超过临界温度时就要从有序转变为无序，从而引起电阻的升高。若将 Cu_3Au 淬火使其无序状态保持到室温，当再加热时，测量其电阻变化和温度的关系便可得图 2.31 中的曲线 1。由曲线 1 可看出，无序状态的电阻较高，当再加热的温度达 300℃ 时，电阻开始下降，这表示由于热激活使原子产生了有序化过程。但由于温度低于临界温度，故不能达到全部有序化，只有在高于临界温度后，再慢慢冷却时才能得到曲线 2。曲线 2 说明，在低于临界温度后，合金的有序化得到了充分的发展，使电阻降到最低的水平。若将合金快冷到有序化温度范围，随后再进行慢慢冷却，则可控制有序区的大小，得到部分有序化状态，见曲线 3，它表明有序 - 无序转变是可控的。

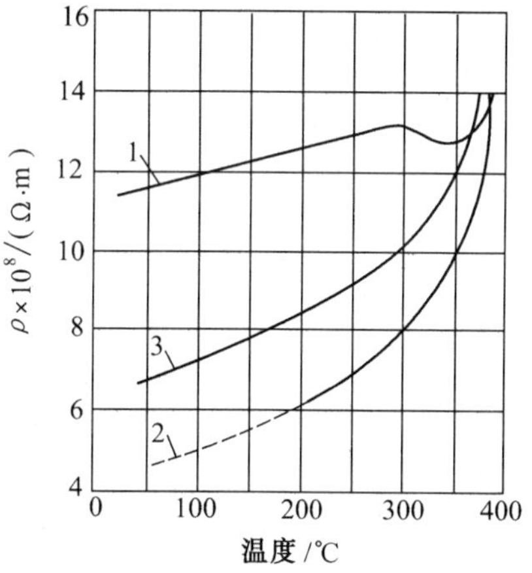

图 2.31　Cu_3Au 的电阻率与温度的关系

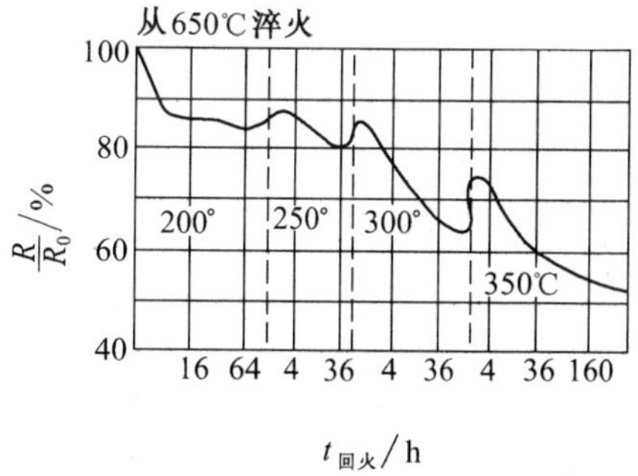

图 2.32　温度升高时在 CuAu 合金有序过程中的电阻变化

根据电阻的变化还可发现 CuAu 合金的有序化也存在着回归现象，如图 2.32 所示。若将合金 650℃ 淬火后再回火，当过渡到更高的回火温度时，发现电阻先是升高，随后便降低下来。电阻的升高说明有序相晶核又部分地溶解了，降低说明有序相数量的增加。

2.7.3　测量固溶体的溶解度

建立状态图往往需要确定溶解度曲线，而溶解度的确定测量电阻则是一种很有效的方法。例如固态的二元合金，B 在 A 中只能是有限溶解，且溶解度随温度的升高不断增加，如图 2.33 所示。图中曲线 ab 即为要测量的曲线，若 B 全部溶于 A 中，则可获得单相的 α 固溶体，在形成过程中电阻率 ρ 将沿曲线变化。若 B 不能全溶于 A 中，就要形成新相 β 和 α 相组成的两相机械混合物，ρ 将沿直线变化。这

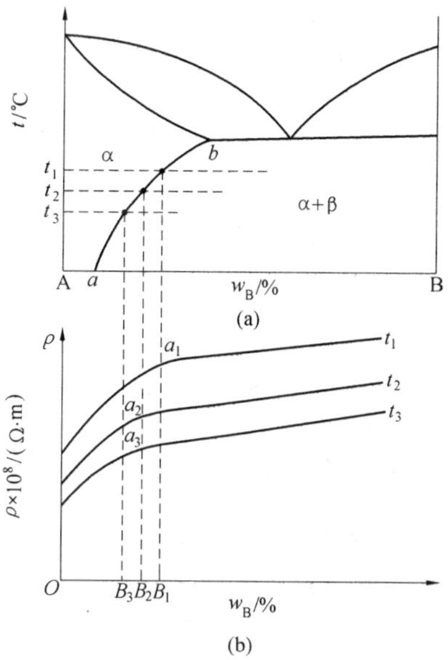

图 2.33　经不同温度淬火后合金的电阻率

样在曲线上便出现了转折点，这个转折点即代表了某温度 t 下的溶解度。

据此，可将不同成分的合金加工成试样，将试样加热到低于其共晶温度 t_0 的温度，将其成分均匀后再淬火。若要测定 t_1 温度下的溶解度，可将试样再加热到 t_1，保温足够长时间后再淬火（目的是把高温下的组织状态固定下来）。然后测量 ρ，做出 $\rho - w(\mathrm{B})\%$ 的关系曲线，定出转折点，即找出了 t_1 温度的最大溶解度。同理测 t_2、t_3 等温度下的溶解度时可重复上述过程，然后做出温度和成分的关系曲线，即得到合金的溶解度曲线。例如，Cu－Mg－Sn 系中 Mg_2Sn 的有限溶解度曲线便可用电阻分析法确定出来。

2.7.4 研究淬火钢的回火

淬火钢在回火时，马氏体和奥氏体分解为多相混合组织。对同一含碳量(0.58)的钢，若采用900℃和780℃淬火，然后进行回火，于室温测电阻的变化如图2.34所示。图中曲线表明，淬火后的回火温度在110℃时电阻开始急剧降低，其原因是产生了马氏体的分解。约在230℃时电阻又发生了更为激烈的下降，这是由于残余奥氏体分解的结果。在高于300℃时，电阻则很少变化，说明固溶体分解已基本结束。曲线的折点110℃、230℃、300℃各代表着回火的不同阶段。

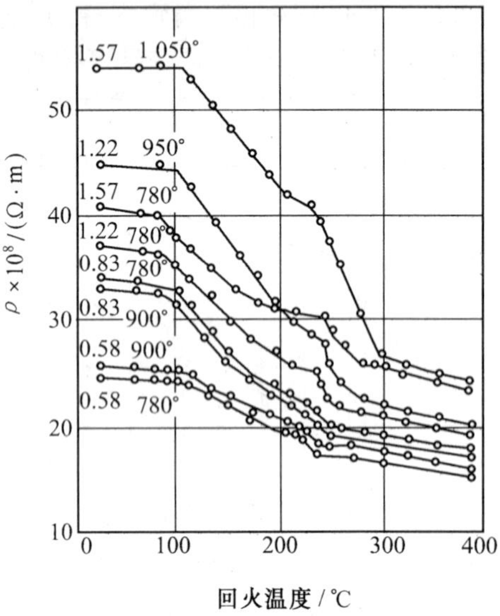

图 2.34 淬火钢回火对电阻的影响

2.7.5 研究材料的疲劳过程

通过对材料电阻的测量可以反映出材料的应力疲劳，这是因材料的应力疲劳是内部位错的增殖、裂纹的扩展等缺陷的发展过程。可将开好缺口的试样置于可使试样通过稳恒电流的实验机上，并施以周期性载荷。在试样的缺口两边选好探测点以进行电位的测量，所测得的电位变化应代表缺口区域电阻的变化，而此变化将显示着材料疲劳的发展过程。图2.35示出了金属镍在低周期应力疲劳过程中的电阻变化曲线。它是采用板材试样并开成V形缺口，所施载荷为每分钟一个应力周期。根据其记录的疲劳过程，电阻的变化可分为四个阶段，第1、2阶段电阻的变化不大；第3阶段电阻值有缓慢的增高趋势，这对应着材料内部

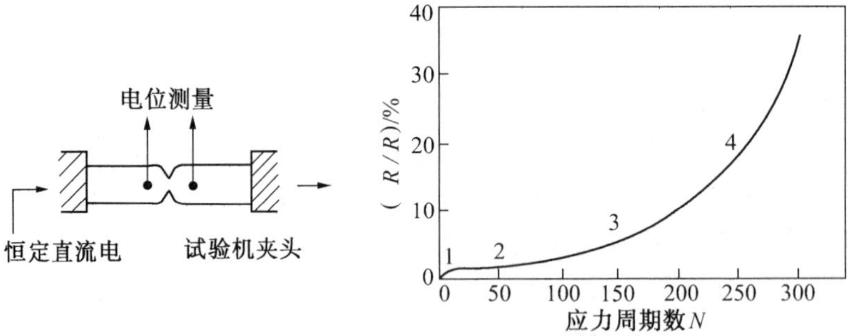

(a) 试样示意图　　(b) 电阻变化曲线

图 2.35 镍在低周期应力疲劳过程中的电阻变化

缺陷密度的不断增高;第 4 阶段电阻的变化更加明显,这时试样内部的裂纹已发展到表面出现微裂纹。

这种测法中,探测点之间的电位变化和裂纹的长度之间存在着函数关系,故利用电阻的变化来检查 COD 试样中裂纹的缓慢生长是一个有效的方法。

2.8 半导体的电学性能

2.8.1 概 述

由 2.2 节和 2.3 节可知,半导体材料无论是按电阻率(ρ 为 $10^{-3} \sim 10^{9}\Omega \cdot m$)还是按能带理论(禁带宽度 E_g 为 0.2 ~ 3.5 eV),其电学性能总是介于金属导体($\rho < 10^{-5}\Omega \cdot m$, $E_g = 0$)与绝缘体($\rho > 10^{9}\Omega \cdot m$, $E_g > 3.5$ eV)之间,这也是其"半导体"命名的由来。

半导体材料分为晶体半导体、非晶半导体及有机半导体。晶体半导体又分为元素(单质)半导体(大约有十几种处于 ⅢA – ⅦA 族的金属与非金属的交界处,如 Ge、Si、Se、Te 等)、化合物半导体(大约数十种,有 ⅢA – ⅤA 族元素组成的,如 GaAs、GaP、AlAs、InP 等;有 ⅡB – ⅥA 族组成的,如 CdS、CdTe、CdSe 等;有 ⅣA – ⅣA 族组成的,如 SiC 等;有 ⅣA – ⅥA 族组成的,如 GeS、GeSe 等;有 ⅤA – ⅥA 族组成的,如 $AsSe_3$、$AsTe_3$ 等)及多元化合物半导体和固溶体半导体(ⅣA – ⅣA 族组成的 Ge-Si 固溶体,ⅤA – ⅤA 族组成的 Bi-Sb 固溶体,GaAs-GaP 组成的 Ga-As_{1-x}-P_x 固溶体半导体)。非晶半导体主要有非晶硅(α – Si)、多孔硅及硫属玻璃半导体,如 As_2S_3、As_2Te_3 等。有机半导体主要是一些高聚物半导体,如聚乙炔$(CH)_x$ 链。非晶半导体及有机半导体的研究尚处于起步阶段,所以本书只讨论晶体半导体。

在单质半导体中,硅和锗是当今被应用得最广泛的半导体材料,这是由于它们易于实现高纯度(如锗的杂质含量只有$\frac{1}{10^{10}}$)。而化合物半导体更具有广阔的应用前景,因其原子间的共价结合,故各项性能参数比起单质半导体有更大的选择余地。尤其 Ⅲ – Ⅴ 族化合物半导体,它们多属闪锌矿(ZnS)结构,即有类似金刚石的共价结构,它们在一般用途上可代替硅和锗,在某些特殊用途上更具有优越性。如 GaAs 的电子迁移率比 Si 大 4 ~ 5 倍,故用 GaAs 做集成电路时,其工作速度要比 Si 更快。在 GaP 中掺入 Zn 和 O 可制作发光效率很高的红色发光二极管,掺入 N 可制成绿色发光二极管,GaN 可制成蓝色发光二极管,用它和 GaP 的红绿发光管相匹配可制成大屏幕高亮度的彩色显像管。GaSb 的电学特性与 Ge 接近,在 GaSb 衬底上生长 InGaAsSb/AlGaAsSb 异质结激光器并与卤化物晶体氟化锆、氟化铝或硫系玻璃光纤相匹配,可望用于超长距离无中继站的洲际光通讯。碳化硅是一种重要的宽禁带半导体,可制成面接触型整流器、场效应管和蓝色发光二极管。锗硅固溶体半导体的禁带宽度随组分而变,可以调整合金的禁带宽度、点阵常数、介电常数和杂质电离能,设计特殊要求的探测器。20 世纪 70 年代以来,由于电子技术的兴起,人类从工业社会步入信息社会。半导体技术与集成电路技术集中反映了现代微电子技术的发展,出现了大规模和超大规模集成电路。这就要求半导体材料要向高纯度、高均匀性、高完整性和大尺寸方向发展。

此外，利用多种化学气象沉积技术可制造一系列薄膜晶体。其中，分子束外延技术可以人为地改变晶体结构，异质结、超晶格、量子阱的出现，改变了人们设计电子器件的思想，半导体材料的发展有光明的前景。

2.8.2　半导体中电子的能量状态 —— 能带

在半导体晶体中，由于原子之间的距离很小，使得每一个原子中的价电子除受本身原子核及内层电子的作用外，还受到其他原子的作用。在本身原子和相邻原子的共同作用下，价电子不再属于各个原子，而成为晶体中原子所共有，可以在整个晶体中运动，这种情况称为价电子共有化运动。

正是这种价电子的共有化，使得单个原子的价电子能级分裂成一系列相互之间能量差极微的能级，即形成了能带。图 2.36 说明了由单个硅原子的价电子能级变成了共价晶体中价电子能带的演变过程。

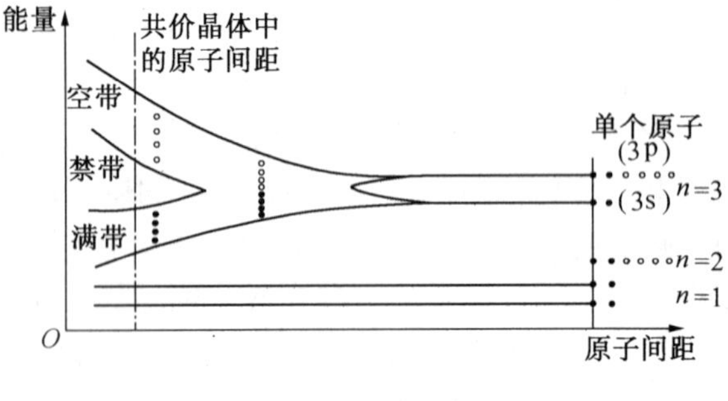

图 2.36　硅共价晶体能带图的演变过程

单个硅原子 3s 能级上有两个价电子(如图上的实心小圆所示)，3p 能级上也有两个价电子，因为 3p 能级最多可容纳六个价电子，所以还有四个空位(如图上的空心小圆所示)。在共价晶体中，原子间的共价键结合得比较紧密，原子间距减小，价电子的共有化运动使得 3s 和 3p 能级分裂成满带和空带。若一块纯净无缺陷的硅单晶中有 N 个原子，在 0 K、无外界影响的条件下，$4N$ 个价电子把价带中的所有能级全部填满，则称为满带；而导带中具有的可容纳 $4N$ 个价电子的能级中，却是一个价电子也没有，故称为空带。在满带和空带之间不存在能级，这一能量区间称为禁带。满带顶的电子能量用 E_V 表示，空带底的电子能量用 E_C 表示，禁带宽度用 E_g 表示。显见，$E_g = E_C - E_V$。

2.8.3　本征半导体的电学性能

所谓本征半导体就是指纯净的无结构缺陷的半导体单晶。如前述，在 0 K 和无外界影响的条件下，半导体的空带中无电子，即无运动的电子。但当温度升高或受光照射时，也就是半导体受到热激发时，共价键中的价电子由于从外界获得了能量，其中部分获得了足够大能量的价电子就可以挣脱束缚，离开原子而成为自由电子。反映在能带图上，就是一部分满带中的价电子获得了大于 E_g 的能量，跃迁到空带中去。这时空带中有了一部分能导电的电子，称为导带。而满带中由于部分价电子的迁出出现了空位置，称为价带，如图2.37所示。当一个价电子离开原子后，在共价键上留下一个空位(称空穴)，在共有化运动中，相邻的价电子很容易填补到这个空位上，从而又出现了新的空穴，其效果等价于空穴移动了。在无外电场作用下，自由电子和空穴的运动都是无规则的，平均位移为零，所以并不产生电流。但在外电场的作用下，电子将逆电场方向运动，空穴将顺电场方向运动。从能带图可以看出，自由电子在导带内(导带底附近)，空穴在价带内(价带顶附近)，在本征激发(常见是热激发) 过程中它们是成对出现的。在外电场作用下，自由电子和空穴都能导电，所以它们统称为载流子。

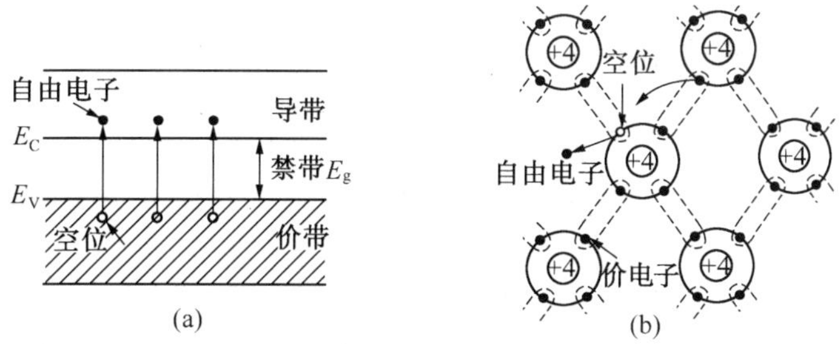

图 2.37　本征激发的过程

1.本征载流子的浓度

根据本征载流子占据能级的概率和对其能带的能态密度进行积分运算等,可得到本征载流子的浓度表达式

$$n_i = p_i = K_1 T^{3/2} \exp\left(-\frac{E_g}{2kT}\right) \tag{2.44}$$

式中,n_i、p_i 分别为自由电子和空穴的浓度;$K_1 = 4.82 \times 10^{15} K^{-3/2}$;$T$ 为绝对温度,单位是K;k 为玻耳兹曼常数。

由上式可知,本征载流子的浓度 $n_i = p_i$ 与温度 T 和禁带宽度 E_g 有关。随着温度 T 的增加,$n_i = p_i$ 显著增大。E_g 小的 $n_i = p_i$ 大,E_g 大的 $n_i = p_i$ 小。在 $T = 300$ K 时,硅的 $E_g = 1.1$ eV,$n_i = 1.5 \times 10^{10} cm^{-3}$;锗的 $E_g = 0.72$ eV,$n_i = 2.4 \times 10^{13} cm^{-3}$。可见在室温条件下,本征半导体中载流子的数目是很少的,它们有一定的导电能力但很微弱。

2.本征半导体的迁移率和电阻率

本征半导体受热后,载流子不断发生热运动,在各个方向上的数量和速度都是均布的,故不会引起宏观的迁移,也不会产生电流。但在外电场的作用下,载流子就会有定向的漂移运动,产生电流。这种漂移运动是在杂乱无章的热运动基础上的定向运动,所以在漂移过程中,载流子不断地互相碰撞,使得大量载流子定向漂移运动的平均速度为一个恒定值,并与电场强度成正比。对自由电子和空穴分别有

$$\bar{v}_n = \mu_n \varepsilon, \quad \bar{v}_p = \mu_p \varepsilon \tag{2.45}$$

式中,比例常数 μ_n 和 μ_p 分别表示在单位场强(V/cm)下自由电子和空穴的平均漂移速度(cm/s),称为迁移率。

自由电子的自由度大,故它的迁移率 μ_n 较大;而空穴的漂移实质上是价电子依次填补共价键上空位的结果,这种运动被约束在共价键范围内,所以空穴的自由度小,迁移率 μ_p 也小。在室温下,本征锗单晶中,$\mu_n = 3\,900\ cm^2/(V \cdot s)$,$\mu_p = 1\,900\ cm^2/(V \cdot s)$;本征硅单晶中,$\mu_n = 1\,400\ cm^2/(V \cdot s)$,$\mu_p = 500\ cm^2/(V \cdot s)$,硅迁移率比锗小是因其 n_i 小。

在本征半导体中有电场 ε,空穴将沿 ε 方向做定向漂移运动,产生空穴电流 i_p;自由电子将逆 ε 方向做定向漂移运动,产生电子电流 i_n,所以总电流应是两者之和。即

$$j = j_n + j_p \tag{2.46}$$

而

$$\begin{aligned} j_n &= q n_i \bar{v}_n = q n_i \mu_n \varepsilon \\ j_p &= q n_i \bar{v}_p = q n_i \mu_p \varepsilon \end{aligned} \tag{2.47}$$

式中，j_n、j_p 分别为自由电子和空穴的电流密度；q 为电子电荷量的绝对值。

所以本征半导体的电阻率为

$$\rho_i = \frac{\varepsilon}{j} = \frac{\varepsilon}{qn_i\mu_n\varepsilon + qn_i\mu_p\varepsilon} = \frac{1}{qn_i(\mu_n + \mu_p)} \tag{2.48}$$

在 300 K 时，本征锗的 $\rho_i = 47\ \mu\Omega \cdot \text{cm}$，本征硅的 $\rho_i = 2.14 \times 10^5 \mu\Omega \cdot \text{cm}$，硅的 ρ_i 比锗的大是因其 n_i 小。

本征半导体的电学特性可以归纳如下：

(1) 本征激发成对地产生自由电子和空穴，所以自由电子浓度与空穴浓度相等，都是等于本征载流子的浓度 n_i。

(2) n_i 与 E_g 有近似反比关系，硅比锗的 E_g 大，故硅比锗的 n_i 小。

(3) n_i 与温度近似正比，故温度升高时 n_i 就增大。

(4) n_i 与原子密度相比是极小的，所以本征半导体的导电能力很微弱。

2.8.4　杂质半导体的电学性能

通常制造半导体器件的材料是杂质半导体。在本征半导体中人为地掺入五价元素或三价元素将分别获得 N 型(电子型) 杂质半导体和 P 型(空穴型) 杂质半导体。

1. N 型半导体

在本征半导体中掺入五价元素的杂质(磷、砷、锑) 就可以使晶体中的自由电子的浓度极大地增加。这是因为五价元素的原子有五个价电子，当它顶替晶格中的一个四价元素的原子时，它的四个价电子与周围的四个硅(或锗) 原子以共价键相结合后，还有一个价电子变成多余的，如图 2.38 所示。

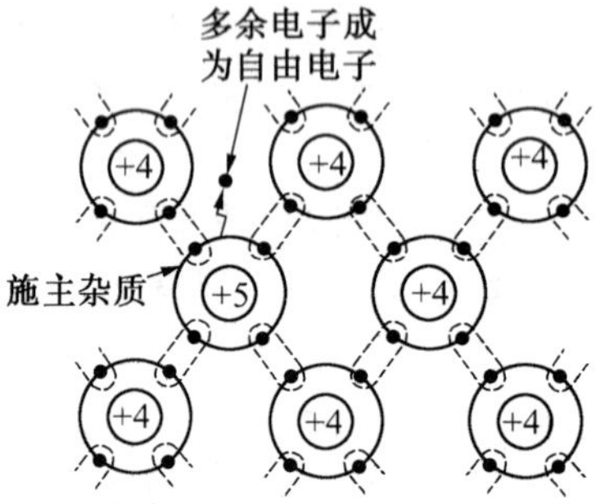

图 2.38　N 型半导体的结构

理论计算和实验结果表明，这个价电子能级 E_D 非常靠近导带底，($E_C - E_D$) 比 E_g 小得多($E_C - E_D$ 的值在锗中掺磷为 0.012 eV，在硅中掺锑为 0.039 eV，掺砷为0.049 eV)。所以在常温下，每个掺入的五价元素原子的多余价电子都具有大于($E_C - E_D$) 的能量，都可以进入导带成为自由电子，因而导带中的自由电子数比本征半导体显著地增多。把这种五价元素称为施主杂质(因其能提供多余价电子)，E_D 称为施主能级，($E_C - E_D$) 称为施主电离能。图2.39示出了 N 型半导体的能带图。

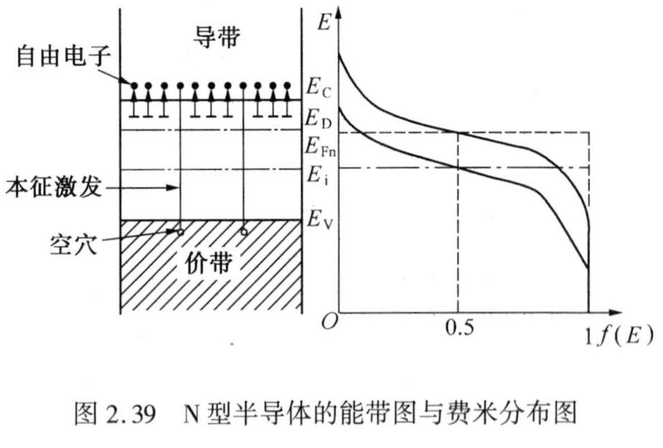

图 2.39　N 型半导体的能带图与费米分布图

在 N 型半导体中，由于自由电子的浓度大($1.5 \times 10^{14}\text{cm}^{-3}$)，故自由电子称为多数载流子，简称多子。同时由于自由电子的浓度大，由本征激发产生的空穴与它们相遇的机会也增多，故空穴复合掉的数量也增多，所以 N 型半导体中空穴的浓度($1.5\times10^{6}\text{cm}^{-3}$) 反而比本征半导体中的空穴的浓度小,故把 N 型半导体中的空穴称为少数载流子,简称少子。在电场作用下,N 型半导体中的电流主要由多数载流子 —— 自由电子产生,也就是说,它是以电子导电为主,故 N 型半导体又称为电子型半导体,施主杂质也称 N 型杂质。N 型半导体中的电流密度

$$j\approx j_{\text{n}}=qn_{\text{n}_0}\mu_{\text{n}}\varepsilon \tag{2.49}$$

式中,n_{n_0} 为 N 型半导体的自由电子浓度。

N 型半导体的电阻率为

$$\rho_{\text{n}}\approx\frac{1}{qn_{\text{n}_0}\mu_{\text{n}}}\approx\frac{1}{qN_{\text{D}}\mu_{\text{n}}} \tag{2.50}$$

式中,$N_{\text{D}}=1.5\times10^{14}\text{cm}^{-3}$ 是 N 型硅半导体的掺杂浓度(施主杂质浓度)。当 $\mu_{\text{n}}=1\ 400\ \text{cm}^2/(\text{V}\cdot\text{s})$ 时,$\rho_{\text{n}}\approx30\ \mu\Omega\cdot\text{cm}$,显见,N 型硅半导体的电阻率比本征硅半导体减小到$\frac{1}{7\ 000}$,也就使它的导电能力增强 7 000 倍。

2. **P 型半导体**

在本征半导体中,掺入三价元素的杂质(硼、铝、镓、铟),就可以使晶体中空穴浓度大大增加。因为三价元素的原子只有三个价电子,当它顶替晶格中的一个四价元素原子,并与周围的四个硅(或锗) 原子组成四个共价键时,必然缺少一个价电子,形成一个空位置,如图 2.40 所示。在价电子共有化运动中,相邻的四价元素原子上的价电子就很容易来填补这个空位,从而产生一个空穴。理论计算和实验结果表明,三价元素形成的允许价电子占有的能级 E_{A} 非常靠近价带顶,即($E_{\text{A}}-E_{\text{V}}$) 远小于 E_{g}($E_{\text{A}}-E_{\text{V}}$ 的值在硅中掺镓为 0.065 eV,掺铟为 0.16 eV,锗中掺硼或铝为 0.01 eV)。在常温下,处于价带中的价电子都具有大于($E_{\text{A}}-E_{\text{V}}$) 的能量,都可以进入 E_{A} 能级。所以每一个三价杂质元素的原子都能接受一个价电子,而在价带中产生一个空穴。我们把这种三价元素称为受主杂质(因其能接受价电子),E_{A} 称为受主能级,($E_{\text{A}}-E_{\text{V}}$) 称为受主电离能。图 2.41 示出了 P 型半导体能带图。

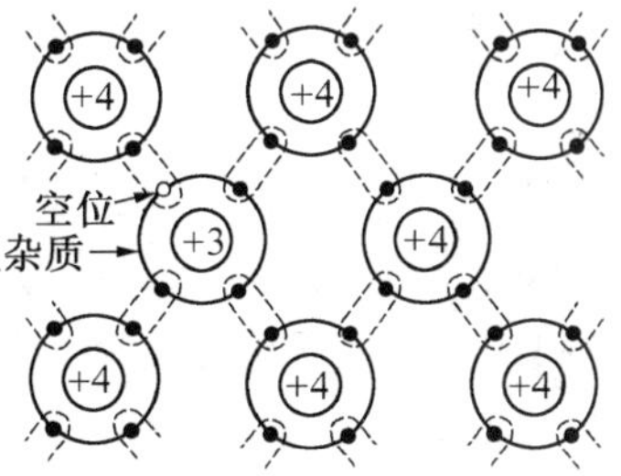

图 2.40　P 型半导体的结构

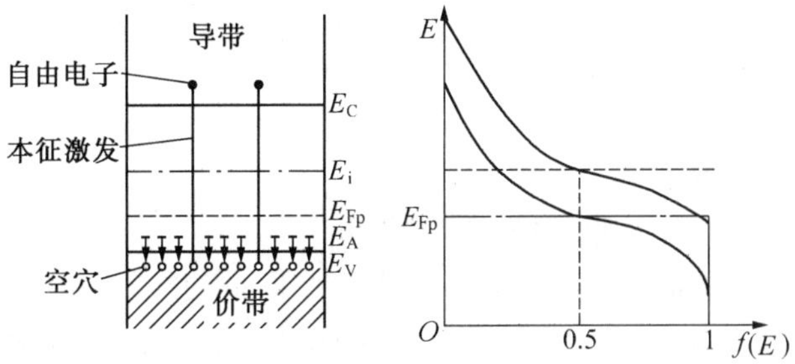

图 2.41　P 型半导体的能带图及费米分布图

在 P 型半导体中,因受主杂质接受价电子产生空穴的作用,使空穴浓度大大提高,故

空穴为多数载流子。同时因空穴多,本征激发的自由电子与空穴复合的机会增多,故 P 型半导体的自由电子浓度反而比 n_i 小,即电子是少数载流子。在电场的作用下,P 型半导体中的电流主要由多数载流子 —— 空穴产生,即它是以空穴导电为主,故 P 型半导体又称空穴型半导体,受主杂质又称 P 型杂质。P 型半导体中的电流密度

$$j \approx j_P = qp_{P_0}\mu_P\varepsilon \tag{2.51}$$

式中,p_{P_0} 为 P 型半导体的空穴浓度。P 型半导体的电阻率为

$$\rho_P \approx \frac{1}{qp_{P_0}\mu_P} \approx \frac{1}{qN_A\mu_P} \tag{2.52}$$

式中,N_A 为受主杂质浓度。

N 型半导体和 P 型半导体统称为杂质半导体,与本征半导体相比,具有如下特性:

(1) 掺杂浓度与原子密度相比虽很微小,但是却能使载流子浓度极大地提高,导电能力因而也显著地增强。掺杂浓度越大,其导电能力也越强。

(2) 掺杂只是使一种载流子的浓度增加,因此杂质半导体主要靠多子导电。当掺入五价元素(施主杂质) 时,主要靠自由电子导电;当掺入三价元素(受主杂质) 时,主要靠空穴导电。

2.8.5 PN 结的形成及特性

PN 结是指在同一块半导体单晶中 P 型掺杂区与 N 型掺杂区的交界面附近的区域。PN 结是构成种类繁多的半导体电子器件的基本单元。普通半导体二极管就是一个 PN 结,半导体三极管(或晶体管) 和结型场效应晶体管则是由两个 PN 结构成的。将诸多二极、三极管及 L、R、C 等元件做在同一块半导体晶片上就成了半导体集成电路。

1. PN 结制造工艺的实质是杂质补偿

施主杂质可释放出一个自由电子,而受主杂质则需要接受一个价电子(即产生一个空穴)。从这个意义上说,两者性质相反。当两者同处于一块半导体中时,半导体的性质是 P 型还是 N 型将随着两种杂质浓度的大小而改变。

(1) 当施主杂质的浓度 N_D 比受主杂质的浓度 N_A 大时,半导体是 N 型的。根据能量最小原则,从施主原子释放出来的电子将优先填补受主原子,单位体积中余下的 $N_D - N_A$ 个施主原子再各自释放出一个电子,这时 N 型半导体的自由电子浓度为 $N_D - N_A$。

(2) 当施主杂质的浓度 N_D 比受主杂质的浓度 N_A 小时,半导体是 P 型的。施主原子先释放出 N_D 个自由电子,以填补 N_D 个受主原子,在单位体积中,余下的 $N_A - N_D$ 个受主原子再从四价元素的原子吸收 $N_A - N_D$ 个价电子,从而产生 $N_A - N_D$ 个空穴,这时 P 型半导体的空穴浓度为 $N_A - N_D$。

2. PN 结阻挡层的形成过程

(1) 载流子的浓度差引起载流子的扩散运动

在 PN 结中,P 区中的空穴(多子) 浓度远大于 N 区中的空穴(少子) 浓度,同时,N 区中的自由电子(多子) 浓度远大于 P 区中的自由电子(少子) 浓度。即在 PN 结的两边,由于存在着载流子分布的浓度差,这就必然会引起载流子的扩散运动。P 区中的空穴将向 N 区扩散,N 区中的电子将向 P 区扩散,如图 2.42 所示。

(2) 扩散运动形成空间电荷区(阻挡层)

在扩散运动进行之前,整个晶体中的任何一部分都是中性的,但随着多数载流子扩散运动的进行,在交界面附近的P区和N区的电中性状态被打破。由于P区中的空穴扩散到了N区,故在交界面附近的P区中就只留下了带负电荷的受主杂质离子。同样,由于N区中的电子扩散到了P区,在交界面附近的N区中就只留下了带正电荷的施主杂质离子。这些离子被束缚在晶格结构中,不能自由移动,于是在交界面处形成了一层很薄的空间电荷区,如图2.43所示。

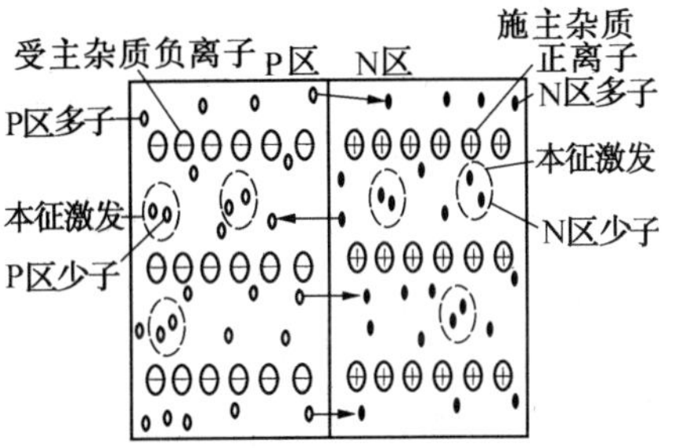

图2.42 载流子分布浓度差引起扩散运动

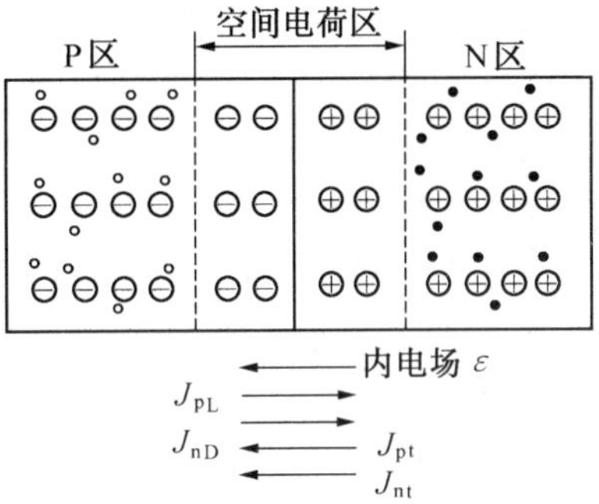

图2.43 动态平衡时PN结中的电流

(3) 内电场使扩散与漂移达动态平衡

由于在空间电荷区的N区一边带正电荷,P区一边带负电荷,于是就形成一个由N区指向P区的内电场 ε 和内建电位差 V_D。这时虽然中性P区和空间电荷区之间仍存在着空穴的浓度差,P区中的空穴将继续向右边扩散,但在空间电荷区将受到内电场的漂移作用,空穴要被扫回到P区。同理,从中性N区扩散到空间电荷区的自由电子将被扫回到N区。可见,空间电荷区产生的内电场将阻止载流子的进一步扩散,所以空间电荷区又称为阻挡层。在无外加电压作用时,起初扩散运动占优势,但随着扩散的进行,空间电荷区逐渐增宽,内电场逐渐增大,对载流子的漂移作用加强,最后达动态平衡。平衡后在P区和N区的交界面处形成一个有一定宽度 L 的空间电荷区,同时也有一定值的内电场 ε 和内建电位差 V_D。PN结内没有载流子的净流动,即无电流。

3. PN结的特性

PN结的主要特性是其单向导电性,即当外加电压极性不同时其表现出的导电性截然不同。

(1) 外加正向电压的情况

由于中性P区和N区的 ρ 比阻挡层小得多,故外加电压都降落在阻挡层上,由于外加正向电压 U 与内建电位差 V_D 方向相反,因而使阻挡层两端的电位差由 V_D 减小到 $V_D - U$,如图2.44所示。相应地阻挡层变窄,空间电荷量减小,以至内电场减小,使载流子的漂移作用减弱,扩散与漂移的平衡被破坏,扩散作用大于漂移作用,结果产生了从P区流向N区的正向电流。由于该电流是由多子扩散形

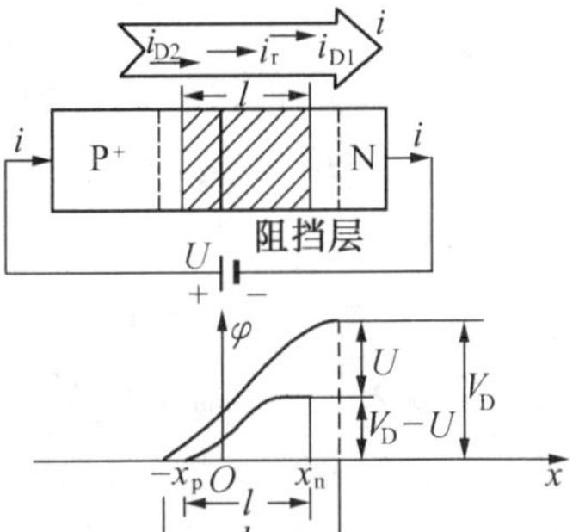

图2.44 PN结正偏时的电流及电位差

成的，故正向电流较大，且随 U 的增大而迅速增大。

(2) 外加反向电压的情况

由于外加电压 U 与 V_D 方向相同，故阻挡层两端的电位差由 V_D 增大到(V_D+U)，如图 2.45 所示。阻挡层加宽，空间电荷量增多，以至内电场增强，使载流子的漂移作用加强。这将产生两方面的后果：一方面 P 区的多子(空穴)被强电场扫回至 P 区而不能扩散进入阻挡层，同样 N 区多子(自由电子)也不能进入阻挡层，即多子的扩散运动完全被阻止；另一方面 P 区的少子(自由电子)一旦扩散到阻挡层边界时，便被强电场扫至 N 区，同样 N 区的少子(空穴)一旦扩散到阻挡层边界时，也被扫至 P 区，这样就形成了从 N 区流向 P 区的反向电流。由于该电流是由少子漂移形成的，故反向电流很微弱，且几乎不随 U 的增大而变化。

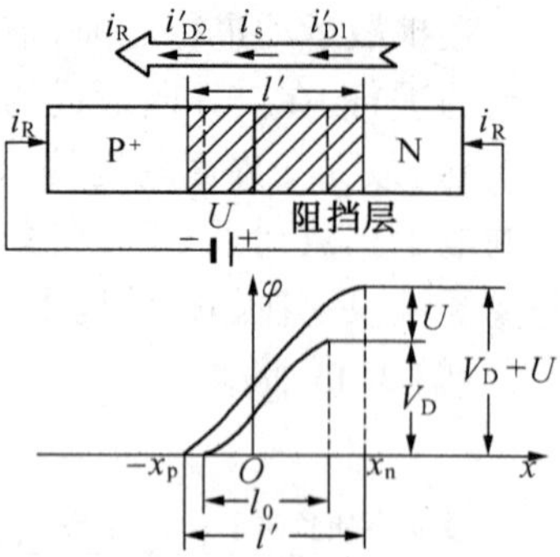

图 2.45　PN 结反偏时的电流及电位差

显然，PN 结正、反向导电的显著差异反映出其具有整流特性，所以，由一个 PN 结组成的半导体二极管常用来做整流二极管、检波二极管、开关二极管、变容二极管、隧道二极管、齐纳二极管、发光二极管和光电二极管等。

2.8.6　晶体(半导体三极)管的放大特性

晶体管的核心是一块具有两个相互联系的 PN 结的单晶。两个 PN 结把单晶分成三部分，其排列方式有两种：一种是 PNP，另一种是 NPN，如图 2.46 及图 2.47 所示。三个电极分别为发射极 e、基极 b 和集电极 c，连接各极的相应的单晶区域分别称为发射区、基区、集电区。e－b 结为发射结，c－b 结为集电结。

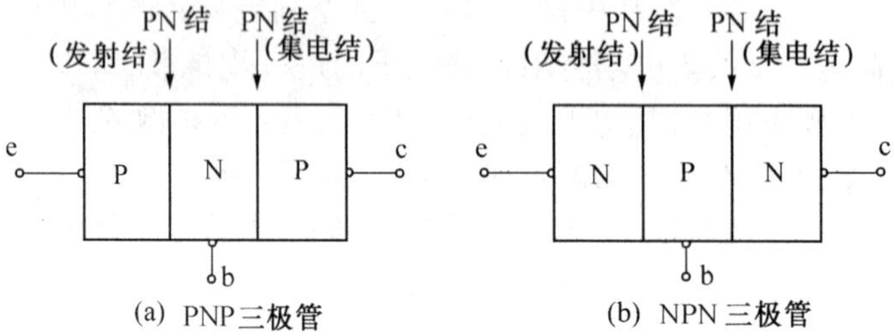

图 2.46　半导体三极管的原理结构图

由于三极管具有两个互相联系的 PN 结，它的性能与二极管相比有了质的飞跃，即三极管有放大作用，它可以把微弱的电信号转换成较强的电信号。三极管具有放大作用的条件是基区宽度要小于载流子的平均扩散长度(即基区要做得非常薄)，发射结正向偏置而集电结反向偏置，如图 2.48 及图 2.49 所示。改变 E_1 就可改变射极电流 i_e，三个电流表可分别测出 i_e、i_c 和 i_b 的值，列入表 2.4 中。

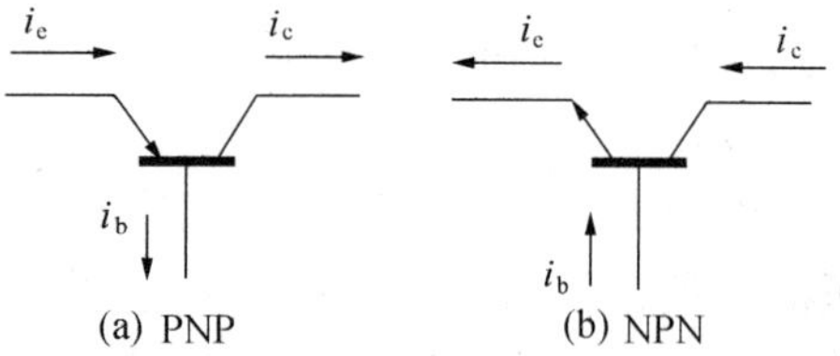

图 2.47　三极管的电路符号及规定的电流正方向

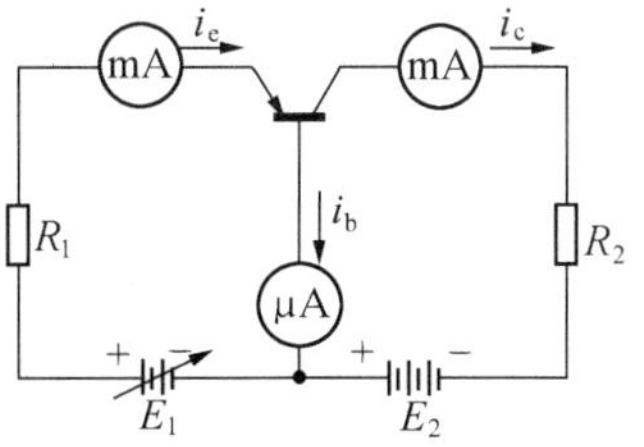

图 2.48　测量三极管电流的电路

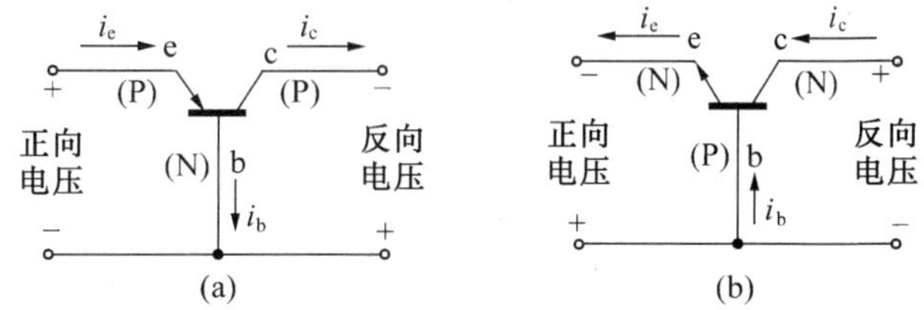

图 2.49　放大状态下三极管的偏置电源极性

表 2.4　i_e 变化时相应测量得到的 i_b 和 i_c

i_e/mA	0	1	2	3	4
i_c/mA	0.01	0.96	1.91	2.86	3.81
i_b/mA	0.01	0.04	0.09	0.14	0.19

由表中数据可看出：

(1) 集电结虽然反偏，但和单个 PN 结反偏时仅有很小的反向饱和电流的情况不一样，三极管中的(c-b)结电流 i_c 较大，且随 i_e 的增大而增大(即 i_c 受 i_e 的控制)，但 i_c 始终略小于 i_e($i_c/i_e \approx 0.95$)。

(2) 基极电流 i_b 比 i_e 小得多，三者满足 $i_b = i_e - i_c$。

下面简要分析一下集电极电流形成过程和晶体管的放大作用。在发射结正向偏压的作用下发射区要向基区发射并注入空穴，当然基区也要向发射区注入电子，但由于制造时发射区的掺杂浓度(受主)远比基区的掺杂浓度(施主)高，所以注入基区的空穴电流要远比注入发射区的电子电流大得多，可近似认为射极电流 i_e 全部由注入基区的空穴电流组成。又由于基区做得很薄，所以注入基区的空穴电流很容易通过基区(当然有一部分空穴要与基区的电子复合掉，形成基极电流 i_b，但是非常小)向集电区扩散，当空穴扩散到集电结边缘时，将在集电结的内电场和反偏压的共同作用下迅速地漂移到集电极被集电极收集而形成集电极电流 i_c(注意该电流是射区的多子空穴经发射注入基区，在基区中扩散和在集电区被漂移、收集等一系列过程形成的，其 i_c 值近似等于 i_e)。这与单个 PN 结反偏时仅有少子形成的微小反向饱和电流的情况截然不同。

图 2.50(a) 的电路为共基极接法(即以基极为公共端)。如果我们以射极为输入端(即在射极加上输入信号)，以集电极为输出端，因为输出端的集电结是反偏置，输出电流 i_c 主要由输入电流 i_e 决定($i_c \approx i_e$)，而反偏压对 i_c 的影响很微小甚至可忽略，所以这种接法的三极管的输出端可看做高内阻的恒流源。此时输入电压 $u_i = i_e R_i$，输出电压 $u_o = i_c R_L \approx i_e R_L$，因为 $R_L \gg R_i$(因发射结正偏，R_i 可较小，又因为 i_c 为恒流源，R_L 可较大)，从而使 $U_o \gg U_i$，这就实现了共基极三极管的电压放大作用($i_c \approx i_e$，无电流放大作用)。

三极管的电路连接方式还有两种，一种是图 2.50(b) 的共射极接法(以射极为公共端)，另一种是图 2.50(c) 的共集电极接法(以集电极为公共端)。

在图 2.50(c) 的接法中，以基极为输入端，以射极为输出端，此时输入电流为 i_b，输出电流为 i_e，且受 i_b 的控制，因为 $i_e = i_b + i_c$，$i_e \approx i_c \gg i_b$，这就实现了共集电极三极管的电流放大作用($u_o = u_i - u_{be} \approx u_i$，无电压放大作用)。

在图 2.50(b) 的接法中，以基极为输入端，以集电极为输出端，此时输出不仅有共基极接法的电压放大作用，还有共集电极接法的电流放大作用，所以三极管作为放大器运用时，多采用这种共射极接法。

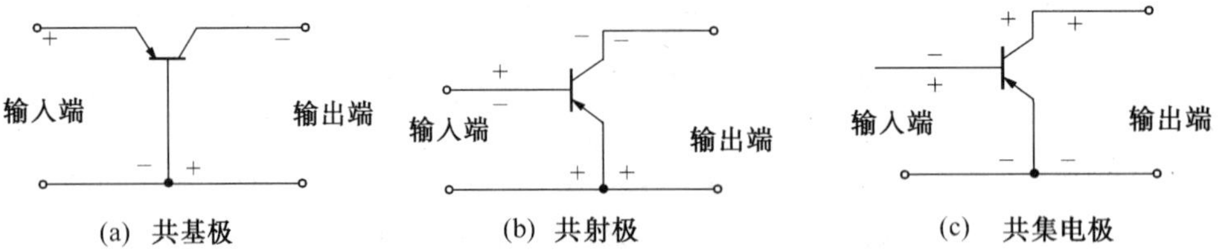

图 2.50　三极管的三种不同连接方式

2.9　绝缘体的电学性能

绝缘体一般是指电阻率大于 $10^9\Omega \cdot m$、用来限制电流使它按一定的途径流动(如在电机、电器、电缆中的绝缘) 的材料，另外还有利用其"介电" 特性建立电场以贮存电能(如电容器中) 的材料。这种绝缘材料往往还起着灭弧、防火、防潮、防雾、防腐、防辐射和保护导体等作用，所以绝缘材料是电器设备中必不可少的极重要的组成部分。

人类最早使用的绝缘材料有橡胶、云母、陶瓷、棉布、丝绸等天然产品，而这些绝缘材料的分布范围十分广泛，按聚集态分有气(如氮气)、液(如矿物油)、固三态；按极性分有非极性和极性绝缘材料，其中固体绝缘材料又分有机(如塑料、纤维、涂料) 和无机绝缘材料(如玻璃、石棉、氧化膜) 等。20 世纪初，工业合成塑料酚醛树脂首先问世，某些性能优于天然产品，以后合成绝缘材料工业飞速发展。现代工业和科学技术的发展对绝缘材料提出了更高的要求：

(1) 绝缘体必须具有足够高的耐电强度，以经受住导体间的高电场。

(2) 绝缘体必须具有足够高的绝缘电阻，以防止跨越导体的泄漏电流。

(3) 绝缘体必须具有良好的耐电弧性，以防发生飞弧损坏。

(4) 绝缘体必须能在环境危害的条件下(如温度、湿度、辐射) 保持其完整性。

(5) 绝缘体必须具有足够的机械强度，以抗振动和冲击。

与这些要求密切相关的电性能是：① 介电常数，② 耐电强度，③ 损耗因数，④ 体积和表面的电阻率，其中前三项属介电性，后者属于导电性。下面着重研究绝缘材料关于这几方面的电性能。

2.9.1　电介质的极化

电介质是指能在电场中极化的材料，而其又多是优良的绝缘材料，故两者经常通用。

(1) 电介质分类

电介质按其分子中正负电荷的分布状况可分为：

① 中性电介质，它由结构对称的中性分子组成，如图 2.51(a) 所示，其分子内部的正负电荷中心互相重合，因而电偶极矩 $\boldsymbol{p} = \mathbf{0}$。

② 偶极电介质，它由结构不对称的偶极分子组成，其分子内部的正负电荷中心不重合，而显示出分子电矩 $\boldsymbol{p} = q\boldsymbol{d}$，如图 2.51(b) 所示，$q$ 为所带的正负电荷，$\boldsymbol{d}$ 为其中心矩。它

是一个矢量，从负电荷指向正电荷。

③ 离子型电介质，它由正负离子组成。任何一对电荷极性相反的离子可看做一偶极子。

电介质在电场的作用下，其内部的束缚电荷所发生的弹性位移现象和偶极子的取向（正端转向电场负极、负端转向电场正极）现象，称为电介质的极化。

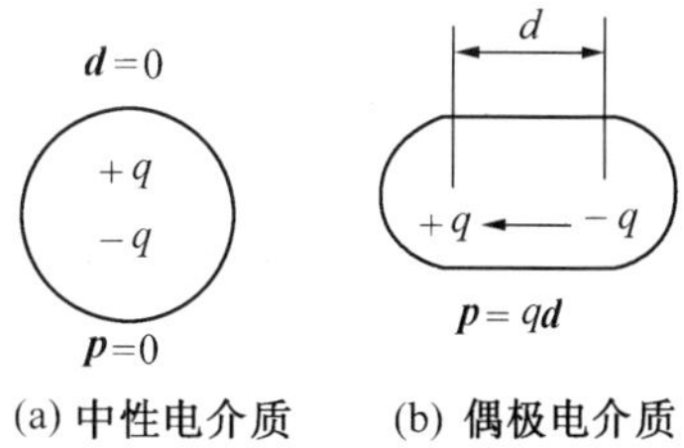

图 2.51 中性分子与偶极分子电荷分布图

(2) 介质极化的基本形式

① 电子式极化。在电场作用下，构成介质原子的电子云中心与原子核发生相对位移，形成感应电矩而使介质极化的现象为电子式极化，又称电子位移极化。电子位移极化的形成过程很快，仅需 $10^{-14}\sim10^{-16}$s。它的极化是完全弹性的，即外电场消失后会立即恢复原状，且不消耗任何能量。电子位移极化在所有电介质中都存在。仅有电子位移极化而不存在其他极化形式的电介质只有中性的气体、液体和少数非极性固体。

② 离子式极化。在离子晶体中，除离子中的电子要产生位移极化外，处于晶格结点上的正负离子也要在电场作用下发生相对位移而引起极化，这就是离子式极化，又称离子位移极化。这种极化根据离子位移的大小和取消外电场后是否能恢复原位又可分为：a.离子弹性位移极化，这种极化只存在于离子键构成的晶体中，且极化过程也很快，约为 $10^{-12}\sim10^{-13}$s，也不消耗能量，这种极化因离子间束缚力较强，离子位移有限，一旦撤去外电场后又会恢复原状，故称离子弹性位移极化；b.热离子极化，在离子晶体和无定形体中，往往有一定量的束缚力较弱的离子，它们在热的影响下将做无规则的跳跃迁移。无外电场时，这种迁移沿各向概率相同，故无宏观电矩；当外加电场后，由于正负离子沿逆电场跃迁率增大，因此形成了正负离子分离而产生介质极化，这种极化建立过程较长，约 $10^{-2}\sim10^{-5}$s。所以有极化滞后现象，故又称离子松弛式位移极化。

③ 偶极子极化。如前所述，偶极分子在无外电场时就有一定的偶极矩 $\boldsymbol{p}$，但因热运动缘故，它在各方向概率相同，故无外电场时偶极电介质的宏观电矩为零。但有外电场时，由于偶极子要受到转矩的作用，有沿外电场方向排列的趋势，而呈现宏观电矩，形成极化。此极化称偶极子极化或固有电矩的转向极化。这种极化所需时间较长，约为 $10^{-2}\sim10^{-10}$s。且极化是非弹性的，即撤去外电场后，偶极子不能恢复原状，故又称偶极子松弛式极化。在极化过程中要消耗一定能量。

④ 空间电荷极化。在一部分电介质中存在着可移动的离子。在外电场作用下，正离子将向负电极侧移动并积累，而负离子将向正电极侧移动并积累，这种正、负离子分离所形成的极化称空间电荷极化。这种极化所需时间最长，约为 10^{-2}s。

在上述几种极化方式中，电子极化、离子极化及空间电荷极化都是正、负电荷在电场作用下发生相对位移而产生的，故统称为位移极化。而偶极极化是由于偶极子在外电场作用下发生转向形成的，故称为转向极化。根据电介质的极化形式，把材料分为两大类：只有位移极化的电介质称为非极性材料，有转向极化的电介质称为极性材料。

2.9.2 电介质的介电常数

在基础电学中曾介绍过平板电容器的电容量 C 与平板的面积 S、板间距离 d 的关系，

即

$$C = \varepsilon \frac{S}{d} \tag{2.53}$$

式中的比例常数 ε 即称为静态介电常数，显然，ε 代表了板间电介质的性能。

仿此，当极板间为真空时，将有

$$C_0 = \varepsilon_0 \frac{S}{d} \tag{2.54}$$

式中，C_0、ε_0 分别为真空时的电容和介电常数，$\varepsilon_0 = 8.855 \times 10^{-12}$ F/m。

法拉第做了如下实验：在一个电容器中放有标准气压的空气，另一个电容器中放入电介质，当两个电容器充电到相同的电位差时，发现含有电介质的电容器上的电荷比另一个多，如图 2.52 所示。根据 $C = Q/U$ 和实验结果可知，放入电介质的电容器的电容量也要增大。带有电介质的电容 C 与无电介质（真空）的电容 C_0 之比称为电介质的相对介电常数 ε_r，即

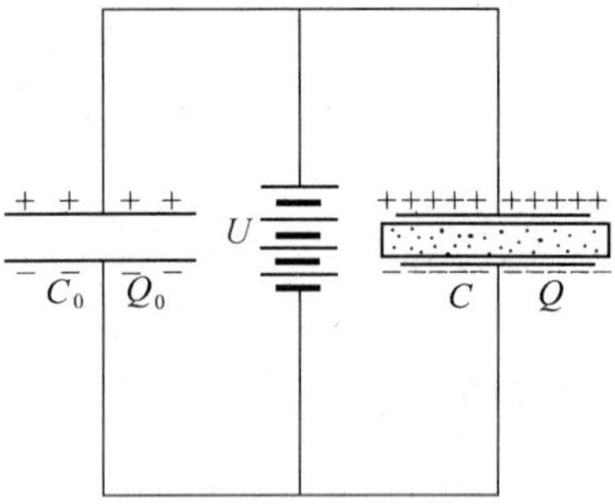

图 2.52　静电场中介质的极化

$$\varepsilon_r = \frac{C}{C_0} \tag{2.55}$$

将式(2.53)、式(2.54)代入式(2.55)得

$$\varepsilon_r = \frac{\varepsilon}{\varepsilon_0} \tag{2.56}$$

式中，ε、ε_0、ε_r 都是量纲为 1 的正数，它们反映了电介质在电场中的极化特性。放入电介质的电容器的电荷量 Q 和电容 C 增大的原因就是由于介质的极化作用。显然不同的电介质其极化能力不同，ε 越大，极化能力越强。又从电介质中存储能量的角度来看，电容器存储的能量为

$$W = \frac{1}{2}CU^2 = \frac{1}{2}\varepsilon \frac{S}{d}U^2 = \frac{1}{2}\varepsilon \frac{S}{d}(dE)^2 = \frac{1}{2}\varepsilon SdE^2 = \frac{1}{2}\varepsilon VE^2$$

从而有

$$\varepsilon = \frac{2W}{VE^2} \tag{2.57}$$

即介电常数又可理解为在单位电场强度下，单位体积中所存储的能量。式中，E 为电场强度，V 为电容器的体积。

2.9.3　电介质的耐电强度

当施加于电介质上的电场强度或电压增大到一定程度时，电介质就由介电状态变为导电状态，这一突变现象称为电介质的击穿。发生击穿时的电场强度称为击穿电场强度，用 E_b 表示，此时所加电压称为击穿电压，用 U_b 表示。在均匀电场下有

$$E_b = \frac{U_b}{d} \tag{2.58}$$

各种电介质都有一定的耐电强度（介电强度），即不允许外电场无限加大。所谓“耐电

强度”就是指电介质在不发生电击穿条件下允许施加的最大电压 U_b。在电极板之间填充电介质的目的就是要使极板间可承受的电位差能比空气介质承受的更高些。表 2.5 列出了一些普通电介质材料的介电常数和介电强度。

表 2.5　一些材料的介电性能

材　料	相对介电常数	介电强度 /(kV · m^{-1})
真空	1.000 00	∞
空气	1.000 54	0.08
水	78	—
纸	3.5	1.40
红宝石云母	5.4	16.00
琥珀	2.7	9.00
瓷器	6.5	0.40
熔凝石英	3.8	0.80
派热克斯玻璃	4.5	1.30
电木	4.8	1.20
聚乙烯	2.3	5.00
聚苯乙烯	22.6	2.50
特氟隆	2.1	6.00
氯丁橡胶	6.9	1.20
吡喃油	4.5	1.20
二氧化钛	100	0.60

2.9.4　电介质的电导

绝缘材料似乎应该不导电,但实际上所有电介质都不可能是理想的绝缘体,在外电场的作用下,介质中都会有一个很小的电流。这个电流是由电介质中少量联系较弱的或自由的带电质点(正、负离子和离子空位、电子和空穴等载流子)在电场的作用下做定向迁移形成的(又称泄漏电流)。其中,形成固体电导的载流子有两种:一种是电子和空穴,另一种是可移动(接力式运动)的正负离子和离子空位。前者形成的电导为电子电导,后者形成的电导为离子电导。这两种电导的机理有质的不同,特别是后者,传递的不单是电荷,而是构成物质的粒子。另外,还须指出:一般在低场强下,存在离子电导;在高场强下,呈现电子电导。晶体的离子电导分为两类,一类是源于晶体点阵中基本离子的运动,称为离子固有电导或本征电导。这种电导是热缺陷形成的,即是由离子自身随着热振动的加剧而离开晶格点阵形成。另一类是源于结合力较弱的杂质离子的运动造成的,称为杂质电导。

当固体电介质加上电压后,电流一部分将从介质的表面流过,称为表面电流 I_S;另一部分从介质的体内流过,称为体电流 I_V。相应的电导(电阻)又称为表面电导 G_S(表面电阻 R_S)和体电导 G_V(体电阻 R_V),如图 2.53 所示,而且

$$R_S = \frac{U}{I_S}, G_S = \frac{1}{R_S} = \frac{I_S}{U} \tag{2.59}$$

$$R_V = \frac{U}{I_V}, G_V = \frac{1}{R_V} = \frac{I_V}{U} \tag{2.60}$$

$$I = I_S + I_V$$

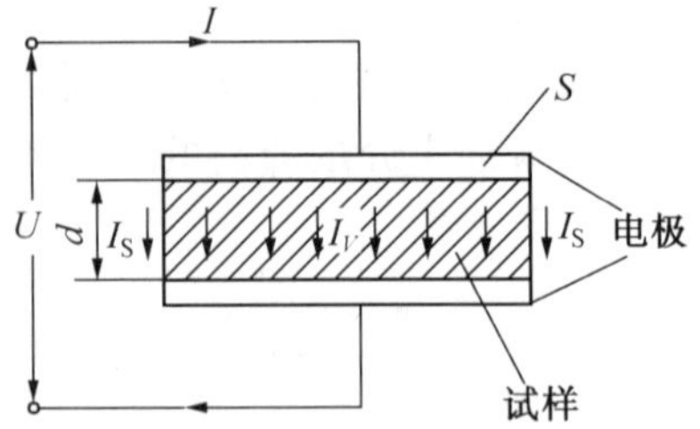

图 2.53　体电阻和表面电阻测量线路图

体电阻(电导)的大小不仅由材料的本质所决定,而且与试样尺寸有关,即

$$R_V = \rho_V \frac{d}{S},\ G_V = \sigma_V \frac{S}{d} \tag{2.61}$$

式中,ρ_V 为体电阻率($\Omega \cdot m$);σ_V 为体电导率($S \cdot m^{-1}$);d 为试样厚度(m);S 为试样面积(m^2)。

体电导率(电阻率)是由材料本质决定的,与试样尺寸无关,它表示介质抵抗体积漏电的性能。σ_V 的倒数称体电阻率 ρ_V。表面电阻(电导)与电极的距离 d 成正比,与电极长度 L 成反比,即

$$R_S = \rho_S \frac{d}{L},\ G_S = \sigma_S \frac{L}{d} \tag{2.62}$$

式中,ρ_S 为表面电阻率;σ_S 为表面电导率。表面电导率 σ_S 的倒数称表面电阻率 ρ_S,它们表示介质抵抗沿表面漏电的性能。因此它们与材料的表面状况以及周围环境的关系很大,若环境潮湿,则因材料表面湿度大而使 σ_S 变大,易漏电。

2.9.5　电介质的介电损耗

电介质在外电场作用下,其内部会有发热现象,这说明有部分电能已转化为热能耗散掉,这种介质内的能量损耗称为介质损耗。这种损耗是由电导作用和极化作用引起的。

电介质在静电场中,因介质中无周期性的极化过程,因此当外加电压低于发生局部放电的电压时,其损耗仅仅由电导引起。能量损耗 $P = \sigma E^2$。在交变电场作用下,除电导损耗外,还有因介质极化(尤其是转向极化)而引起的能耗。所以研究介质在交流下的能耗时,往往采用有损耗电介质组成的电容器的等效电路,将有损耗的电容器用一个理想电容器和一个有效电阻来代替。并且当损耗主要由电导引起时,用并联等效电路;而当损耗主要由介质极化引起时,用串联等效电路。图 2.54 为并、串联等效电路图,图中将有损耗电容器用一理想电容器和一电阻来代替。

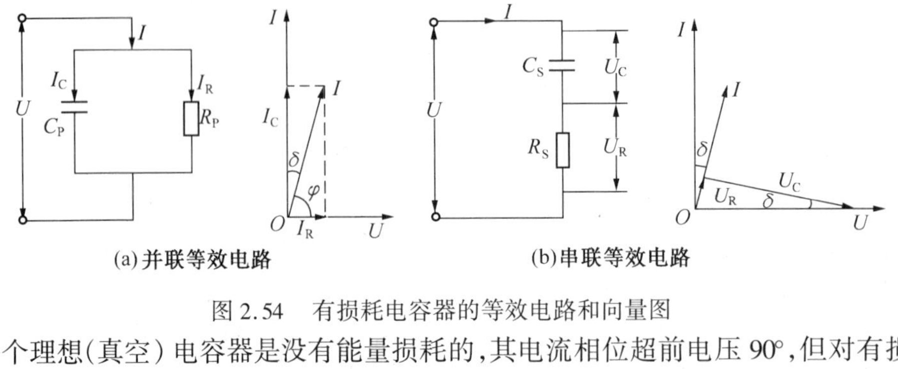

(a) 并联等效电路　　(b) 串联等效电路

图 2.54　有损耗电容器的等效电路和向量图

一个理想(真空)电容器是没有能量损耗的,其电流相位超前电压 90°,但对有损耗电容器,其电流就不是超前 90° 而是(90° − δ),这个 δ 角就称为损耗角,tan δ 即损耗角正切称为损耗因数。δ 越大说明介质损耗越大。

对并联电路有

$$
\begin{cases}
I_R = \dfrac{U}{R_P} \\
I_C = U\omega C_P \\
\tan\delta = \dfrac{I_R}{I_C} = \dfrac{1}{\omega C_P R_P} & (2.63) \\
P = \dfrac{U^2}{R_P} = U^2\omega C_P\tan\delta & (2.64)
\end{cases}
$$

对串联电路有

$$
\begin{cases}
U_R = IR_S \\
U_C = \dfrac{I}{\omega C_S} \\
\tan\delta = \dfrac{U_R}{U_C} = \omega C_S R_S & (2.65) \\
P = I^2R_S = \left(\dfrac{U}{R_S + \dfrac{1}{\omega C_S}}\right)^2 R_S = \dfrac{U^2\omega C_S\tan\delta}{(1+\tan\delta)^2} & (2.66)
\end{cases}
$$

从损耗公式中可见，当频率 ω 及电压 U 提高时，损耗 P 将随之增加。尤其是高压设备，由于 P 与 U^2 成正比，所以 P 将急剧增大。因此，要求损耗因数 $\tan\delta$ 尽可能地小，以减小 P，P 的单位为 W，U 的单位为 V，ω 的单位为 s^{-1}，C 的单位为 F。

2.10 超导电性

2.10.1 超导电性的发现与进展

1911 年荷兰科学家昂内斯(Onnes) 在研究低温下水银的电阻实验中惊奇地发现，当温度在低于 4.2 K(– 269℃) 附近时，水银的电阻率突然降低到仪器无法测出的极小值(小于 $10^{-27}\Omega\cdot m$)，此后人们又陆续地发现了许多金属和合金也具有类似的现象。这种在一定条件下(温度、磁场、压力) 材料的电阻突然消失的现象称为超导电性，发生这一现象的温度称为临界温度，以 T_c 表示。材料失去电阻的状态称为超导态，存在电阻的状态称为正常态。具有超导态的材料称为超导体。

超导电性不仅出现在周期表的许多(大约 28 种) 金属元素中(见表 2.6)，也出现在合金、化合物(大约几千种) 中，甚至出现在半导体以及氧化物陶瓷中。

科技的发展有时带有某种戏剧性，近些年来发现的超导材料并不是在传统上被人们认为是良导体的金属及其合金中，而是在常态下导电性很差的氧化物体系的陶瓷中。以前人们得到转变温度(T_c) 最高的材料是 Nb_3Ge，其 T_c 也不过只有 23.2 K，但 1986 年贝诺兹和穆勒在(La – Ba – Cu – O 系) 中发现 T_c 高达 35 K 的超导转变，在全世界掀起一股超导热。自 1987 年以来，日本、美国和我国分别获得了临界温度 T_c 更高的超导材料：Y – Ba – Cu – O 系(90 K)，Ba – Sr – Ca – Cu – O 系(110 K)，Ti – Ba – Ca – Cu – O 系(120 K)……使超导技术从液氦温区步入液氮温区以至接近常温。这些研究成果使超导材料正在向实用化阶段迈进。如果能在常温下实现超导，那么超导热核反应能源、超导磁流体发电、超导贮能装置、无损耗超导输电、超导发电 – 电动机、强大的电磁铁及超导磁悬浮列车等理想均将会成为现实。这将引起电子元器件和能源领域的一场革命，有人认为，超导的成就可以与历史上铁器的发明相媲美。

表 2.6　元素的超导电性参数

（表中：转变温度/K → 上行数值；0 K 下的临界磁场/G → 下行数值）

Li	Be											B	C	N	O	F	Ne
Na	Mg											Al 1.140 105	Si*	P*	S	Cl	Ar
K	Ca	Sc	Ti 0.39 100	V 5.38 1420	Cr*	Mn	Fe	Co	Ni	Cu	Zn 0.875 53	Ga 1.091 51	Ge*	As*	Se*	Br	Kr
Rb	Sr	Y*	Zr 0.546 47	Nb 9.50 1980	Mo 0.92 95	Tc 7.77 1410	Ru 0.51 70	Rh	Pd	Ag	Cd 0.56 30	In 3.4035 293	Sn(W) 3.722 309	Sb*	Te*	I	Xe
Cs*	Ba*	La*fcc* 6.00 1100	Hf 0.12	Ta 4.483 830	W 0.012 1.07	Re 1.4 198	Os 0.655 65	Ir 0.14 19	Pt	Au	Hg (*a*) 4.153 412	Tl 2.39 803	Pb 7.193 803	Bi*	Po	At	Rn
Fr	Ra	Ac															
			Ce*	Pr	Nd	Pm	Sm	Eu	Gd	Tb	Dy	Ho	Er	Tm	Yb	Lu 0.1	
			Th 1.36 1.62	Pa 1.4	U* (*a*)	Np	Pu	Am	Cm	Bk	Cf	Es	Fm	Md	No	Lr	

* 此元素仅在薄膜或高压下某种晶体变态是超导的，而这种变态在正常情况下是不稳定的。

2.10.2　超导体的性能

1. 完全的导电性

昂内斯等人曾进行过下列实验，如图 2.55 所示。先将超导体做成的环放入磁场中，此时 $T > T_c$，环中无电流，然后再将环冷却至 T_c 以下，使环变成超导态，此时环中仍无电流；但若突然去掉磁场，则环内将有感应电流产生。这是由于电磁感应作用的结果，按楞次定律，该电流应沿反抗磁通变化的方向流动。如果此环的电阻确实为零，那么这个电流就应长期无损地流下去。事实上经过长达几年的观察，没发现电流有任何衰减，这就有力地证明了超导体的电阻确实为零，是完全导电性的。同时也说明了超导体是等电位的，即超导体内没有电场。

2. 完全的抗磁性

迈斯纳等人由下列实验分析了超导体在外磁场中的特性，如图 2.56 所示。先将超导体冷却至超导态（$T < T_c$），然后加磁场，发现磁场不能进入超导体内。若在常温下将超导体先放入磁场内，则有磁力线穿过超导体；然后再将超导体冷却至 T_c 以下，发现磁场从超

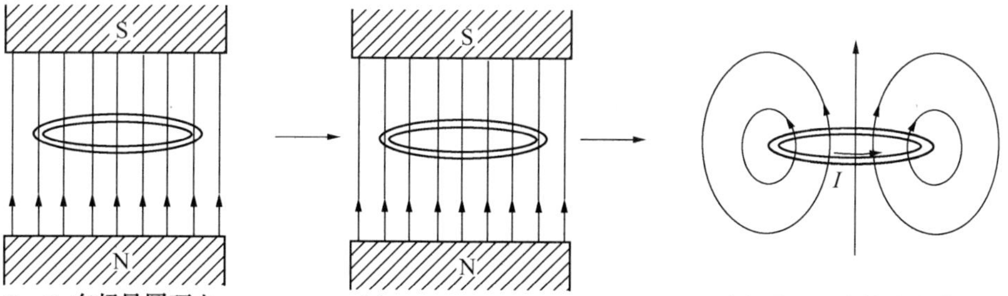

(a) $T>T_c$ 在超导圆环上加磁场，环内无电流　(b) $T<T_c$ 转变为超导态，环内无电流　(c) $T<T_c$ 突然除去磁场，圆环内产生持续电流

图 2.55　持续电流实验图

导体内被排出，即超导体内无磁场，磁感应强度 B 为零。这一现象说明了超导体具有完全的抗磁性，又称迈斯纳效应。

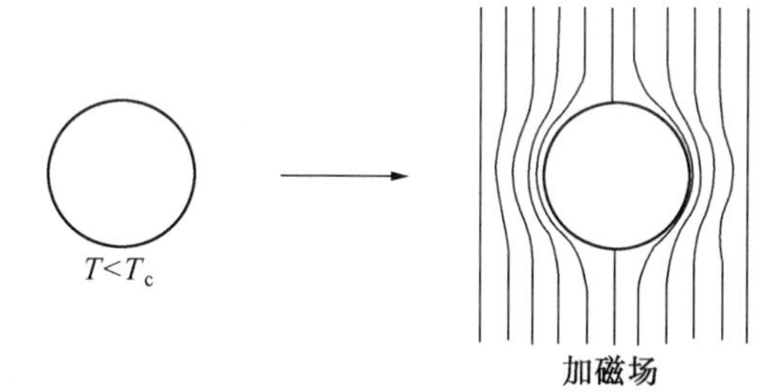

(a)　超导电材料先冷至超导态然后加磁场

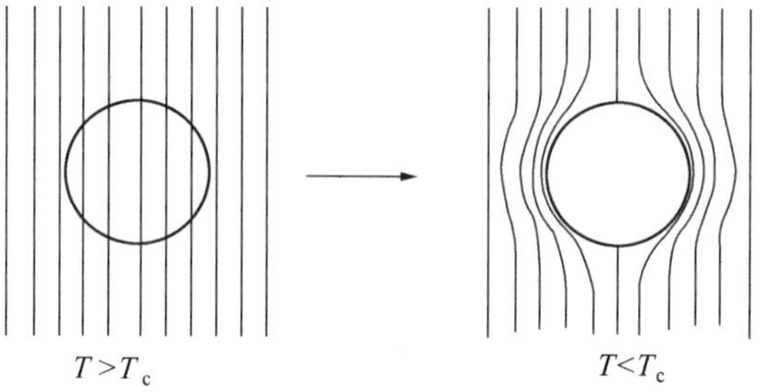

(b)　超导电材料先加磁场后冷却至超导态

图 2.56　迈斯纳效应

超导态为什么会出现完全抗磁性呢?这是由于外磁场在试样表面感应产生一个感应电流，如图 2.57(b) 所示。此电流由于所经路径电阻为零，故它所产生的附加磁场总是与外磁场大小相等，方向相反，因而使超导体内的合成磁场为零。由于此感应电流能将外磁场从超导体内挤出(如图 2.57(c) 所示)，故称抗磁感应电流，又因其能起着屏蔽磁场的作用，又称屏蔽电流。这个电流沿着表面层流过，磁场也穿透同样深度，这层厚度称为磁场穿透深度 t，它是温度的函数：

$$t = t_0[1-(T/T_C)^4]^{-\frac{1}{2}} \tag{2.67}$$

式中，t_0 为在 0 K 下的磁场穿透深度，是一物质常数，一般在 5×10^{-7}m 数量级；T 为测量时的温度。

随着测量温度上升，t 增大，而在 T_c 附近 t 急剧增大。所以只有试样本身的厚度比磁场穿透深度大得多时，试样才能看成是完全抗磁性的。

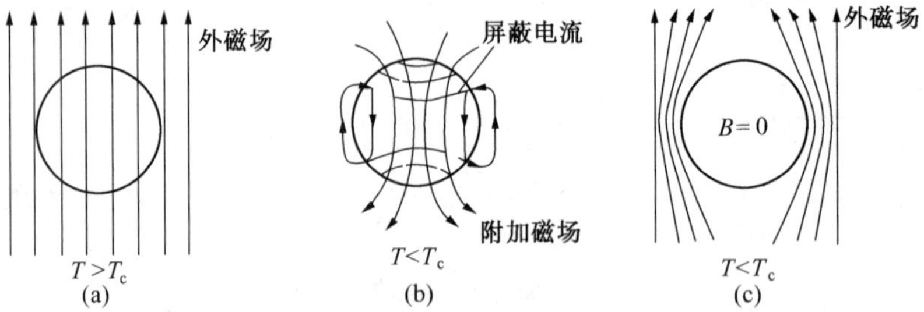

图 2.57　超导体中磁场为零的示意图

2.10.3　超导电性的影响因素和基本临界参数

超导态除了决定于温度外，还与外磁场有关，纵使处于 $T < T_c$ 下，但如果磁场强度超过某 $H_c(T)$ 值时，超导态便转变为正常态（普通态）。$H_c(T)$ 称为温度为 T 时的临界磁场，$H_c(T)$ 与 T 的关系为

$$H_c(T) = H_c(0)\left[1 - \left(\frac{T}{T_c}\right)^2\right] \tag{2.68}$$

图 2.58 表明了这种关系。从导电性的角度看，该图近似一个相图，图中曲线相当于相平衡曲线。温度和磁场对超导电性都起破坏作用，只有在一定的温度和磁场范围内才能呈现超导态。此外，压力对超导电性也有影响，如 Cs 在 1.1×10^{10} Pa 压力下经几次相变后成为超导体（$T_c = 1.5$ K）。

临界电流是超导体的第三个性能指标，除上述两个因素影响着材料超导态以外，输入电流也起着重要作用，它们都是相互依存和相互关联的，如果输入电流所产生的磁场与外磁场之和超过临界磁场，则超导态被破坏，这时输入的电流为临界电流 I_c。

$$I_c = \frac{1}{2} crH_c \tag{2.69}$$

式中，r 为试样截面半径；c 为光速。

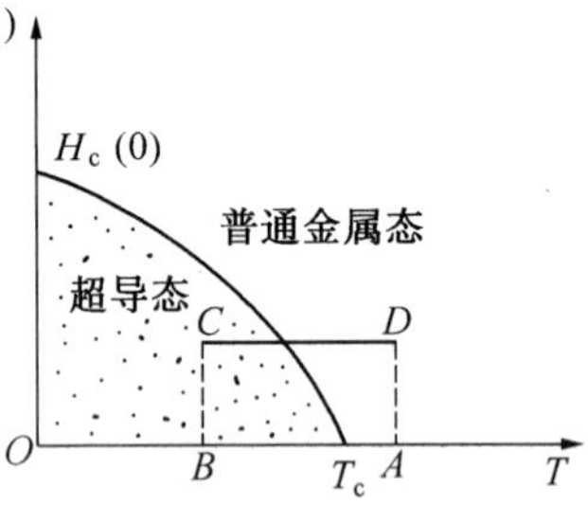

图 2.58　$H_c(T)$ 曲线

随着外磁场的增加，I_c 必须相应地减小。以使它们磁场的总和不超过 H_c 值而保持超导态，故临界电流 I_c 就是材料保持超导态的最大输入电流。

大量的有关超导实验的结果揭露出：① 具有较高临界温度 T_c 的超导体在常态下却是相当差的导体。② 超导态与磁有序似乎互不相容，铁磁性或反铁磁性金属没有一个同时具有超导电性。磁性对超导的不相容性还扩展到了杂质对超导的影响，非磁性杂质对超导影响微小，但具有磁矩的杂质会明显地影响超导的 T_c。③ 每个原子具有 3、5、7 个价电子的元素具有高的 T_c。临界温度 T_c 与原子的价电子数有联系，还与原子质量有关。

2.10.4　两类超导体

大多数纯金属超导体，在超导态下磁通从超导体中全部逐出，具有完全的迈斯纳效应

(完全的抗磁性)，这种超导体称第一类超导体。它在 $T-H$ 平面上的相变曲线如图 2.59 所示。但在铌、钒及其合金中，允许部分磁通透入，仍保留超导电性，这类超导体称为第二类超导体。它们在 $T-H$ 平面上的相变曲线如图 2.59 所示。对第二类超导体，存在两个临界磁场，较低的 H_{c1} 和较高的 H_{c2}。在低于 H_{c1} 的外磁场中，该超导体如同第一类超导体当 $H<H_c$ 时那样显示出完全的抗磁性。而当外磁场高于 H_{c1} 时，磁通开始部分地透入到超导体内，当外磁场继续增加时，进入超导体内的磁通线也增加。磁通线能进入超导体内说明超导体内已有部分区域转变为正常态(但仍保持零电阻特性)，这时的超导体处于混合态(涡漩态)。当外磁场增大到 H_{c2} 时，超导体由混合态完全转变为正常态，磁场完全穿透超导体。第一类超导体的临界磁场 H_c 小，往往比 7.96×10^4 A/m 还小；第二类超导体的 H_{c2} 可达很高，有的高达 7.96×10^6 A/m。零电阻的超导电流可以在环绕磁通线周围的超导区中流动，由于在相当高的磁场下仍有超导电性，仍能负载无损耗电流，故第二类超导体在建造强磁场电磁铁方面有重要的实际意义。

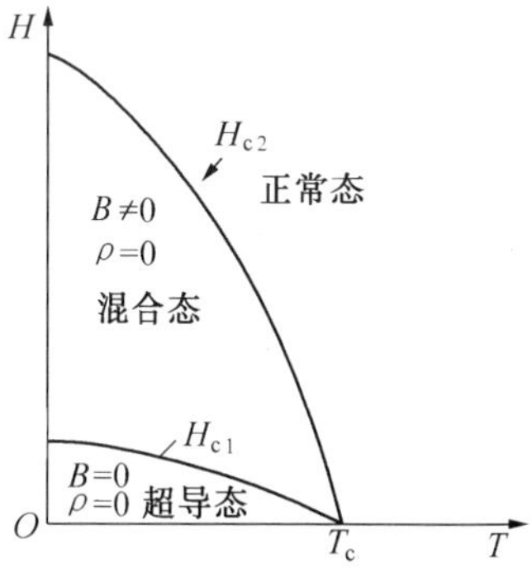

图 2.59　第二类超导体相变曲线(ρ 为电阻率)

2.10.5　超导现象的物理本质

超导的微观物理本质终于在超导现象发现后的第 46 年，即 1957 年由巴丁(Bardeen)、库柏(Cooper) 和施瑞弗(Schrieffer) 等人揭露，简称为 BCS 理论。这个理论认为，超导现象产生的原因是由于超导体中的电子在超导态时，电子之间存在着特殊的吸引力，而不是正常态时电子之间的静电斥力。这种吸引力使电子双双结成电子对，它是超导态电子与晶格点阵间相互作用产生的结果。如图 2.60 所示，当超导体内处于超导态的某一电子 e_1 在晶体中运动时，它周围的正离子点阵将被这个电子吸引向其靠拢以降低静电能，从而使此局部区域的正电荷密度增加，而这个带正电的区域又会对临近电子 e_2 产生吸引力，正是由于这种吸引力克服了静电斥力，使动量和自旋方向相反的两个电子 e_1、e_2 结成了电子对，称为库柏电子对。

显而易见，组成库柏对的电子 e_1 和 e_2 之间的这种相互吸引作用与正离子的振动有关，而且在超导体内，这些正离子的运动是相互牵连的，某个正离子的振动，会使邻近正离子也发生振动，一个个传下去，其结果是形成了一个以声速在晶格上传播的波动，称为晶格波动，简称格波。

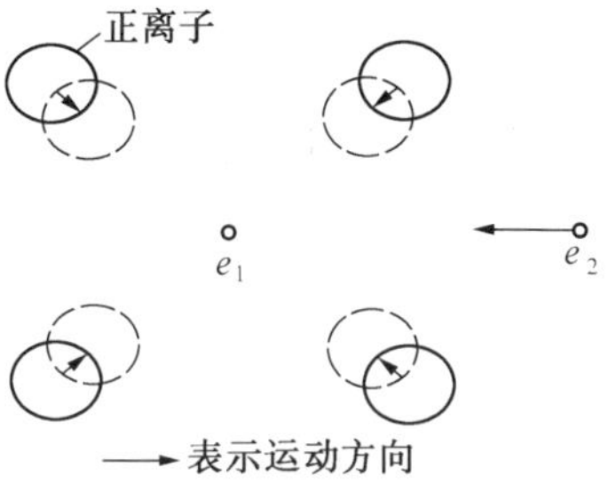

图 2.60　电子与正离子相互作用形成电子对示意图

据理论计算，对能量相近似的两个电子，由晶格引起的这种间接作用力是吸引力。显然电子与晶格间作用越强，这种吸引力就越大。而且根据量子统计法则，如果每对电子的总动量都相等，那么每一对中的两个电子之间的吸引力也大大加强。因此，在电子结成库柏电子对时，每对电子的总动量都是相当的。库柏对中两个电子的相互作用范围为 $10^{-6}\sim10^{-9}$ m，而一般晶格中原子之间的距离只有 10^{-10} m，由此看出，互相吸引而结成对的两个电子相距可能很远，这是因为电子是通过格波而在相互作用的。

材料变为超导态后，由于电子结成库柏对，使能量降低而成为一种稳定态。一个超导电子对的能量比形成的它的单独的两个正常态的电子的能量低 2Δ，这个降低的能量 2Δ 称为超导体的能隙，而正常态电子则处于能隙以上的能量更高的状态，如图 2.61 所示。能隙的大小与温度有关，且

$$2\Delta = 6.4kT_c\left[1 - \left(\frac{T}{T_c}\right)\right]^{\frac{1}{2}} \tag{2.70}$$

式中，k 为玻耳兹曼常数；T_c 为由正常态转变为超导态的临界温度。

由式可见，当 $T = 0$ 时能隙最大，当电子对获得的能量 $\geqslant 2\Delta$ 时就进入正常态，即电子对被拆开成两个独立的正常态电子。当温度或外磁场强度增加时，电子对获得能量，能隙就减小。当温度增加到 $T = T_c$，外磁场强度增加到 $H = H_c$ 时，能隙减小到零，如图 2.62 所示，电子对全部被拆开成正常态电子，于是材料即由超导态转变为正常态。由此可知，为什么温度越低，超导体就越稳定。

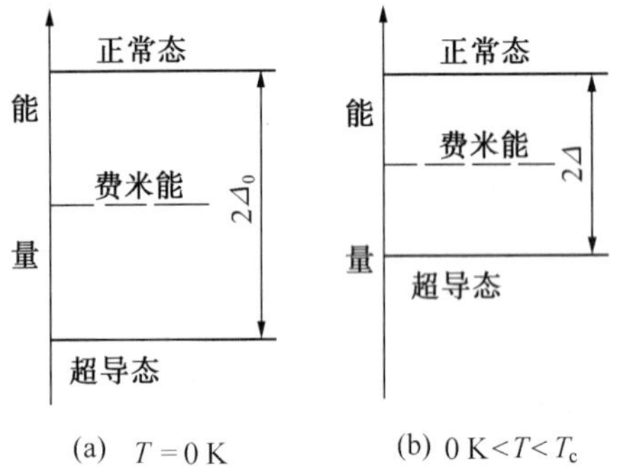

图 2.61 超导体的能隙

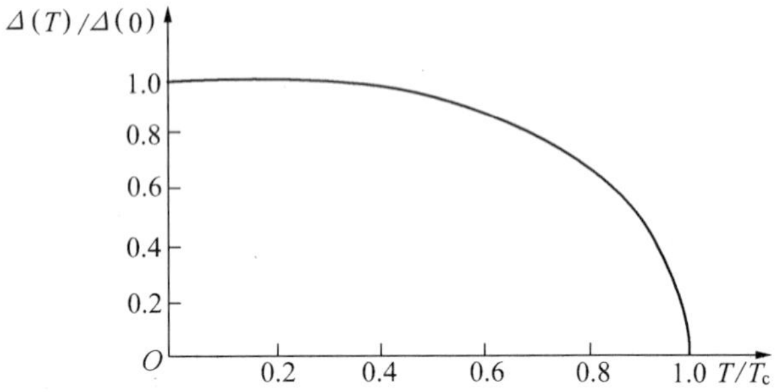

图 2.62 能隙随温度变化的曲线

前已提及，超导态的电子对有一基本特性，即每个电子对在运动中的总动量保持不变，故在通以直流电时，超导体中的电子对将无阻力地通过晶格运动。这是因为任何时候，晶格(缺陷) 散射电子对中的一个电子并改变它的动量时，它也将散射电子对中的另一个电子，在相反方向引起动量的等量变化。因此，成对电子的平均运动不减慢也不加快，这就说明超导态的电子对运动时不消耗能量，因而表现出零电阻的特性，这也是超导体中可以产生永久电流的原因。

2.11 接触电性

两种不同的材料接触，视目的不同可有多种方式，如焊接、合金化、扩散、氧化、真空镀膜等。由于它们可以有不同的相，不同的晶态结构、电子结构，所以在它们的交界面上不可避免地要发生载流子的某种行为，由此引起两种材料单独存在时所没有的新的电学效应，称接触电效应。

金属、半导体、电解质溶液都可以导电，它们的载流子分别为自由电子、电子和空穴、正负离子。这里选取的几种导电物质的接触，不论从原理上还是从应用上都具有代表性，

它们是:金属 - 金属,金属 - 半导体,金属 - 电解质溶液,P 型半导体 - N 型半导体,金属 - 氧化物 - 半导体。

2.11.1 金属 - 金属接触电效应

1.金属电子的逸出功

我们知道,金属中的价电子可近似地认为处在一个均匀的势场中运动,如图 2.63(a)所示。价电子就好像处在一个深度为 E_0 的势阱中。在金属与真空的界面上,晶格原子的周期性排列被中断,由金属到真空电子的势能将按图 2.63(b)所示的规律由 $-E_0$ 逐渐到零,构成了金属的表面势垒,势垒的高度为 E_0,这里设电子在金属中的势能为 $-E_0$,真空中势能为零。而电子又可具有从零到 E_F 的动能 E_K,E_F 称为费米能,它是 0 K 下价电子允许具有的最大动能。显然,金属中一个电子的总能量 $E=-E_0+E_K$,且它的总能量只能处于 $-E_0$ 和 $-E_F$ 之间,因此,金属中的电子如果不能从外界获取等于或大于 $\varphi=E_0-E_F$ 的能量,那么它是无法克服势垒 E_0 外逃的(因此,表面势垒 E_0 是表示金属表面对电子的束缚作用的)。自由电子逃逸出金属表面所需要的这个最小能量或说需要对电子所做的最小的功称为逸出功。不同的金属具有不同的表面势垒 E_0 和费米能 E_F,从而有不同的逸出功 φ。逸出功的不同,实质上就是金属中电子的能量不同,即逸出功的大小反映了金属中电子的能量大小。逸出功或逸出电位($V=\varphi/e$)小的,电子的能量就大;反之,若电子的能量较小,则所需逸出功就大。金属电子的逸出功在光电子发射、热电子发射、场致电子发射、温差电现象等有重要应用。

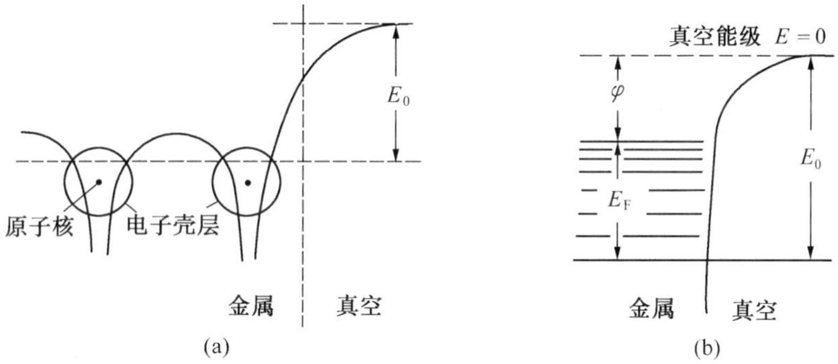

图 2.63　金属势阱与势垒

2.金属 - 金属接触

当两个不同的金属互相紧密接触时(称为MM结),由于它们的真空能级(为0)相同而各自的表面势垒 E_0 和费米能 E_F 不同,也即它们的逸出功 φ 不同,故它们各自占有高能量状态的电子数就不同,从而在接触处就会发生电子的交换。如图 2.64 所示,由于金属 1 的逸出功 φ_1 小于金属 2 的逸出功 φ_2,故金属 1 内部电子的能量较大,即占有高能量状态的电子数多。而电子又有从能量较高处向能量较低处过渡的趋势,所以当金属 1、2 接触后,电子将主要从金属 1 迁移到金属 2(当然也有少量的从金属 2 迁移到金属 1 的)。而金属 1 由于失去电子而带正电,其电位不断升高,相应在电子势能图上的能级要不断降低,即费米能级也不断降低;金属 2 因得到电子而带负电,其费米能级要不断升高,当两金属的费米能级拉平时,就达到了平衡状态。(其实质是由于在接触面上形成了一个空间电荷区,建立

起一个内电场 E,这个电场会阻止电子从 1 到 2 的继续扩散,最后达电场力与扩散力的动态平衡状态,见第 2.12.1 小节。) 由此,在两金属间形成了一个电位差

$$V_{12} = \frac{1}{e}(\varphi_2 - \varphi_1) = V_2 - V_1 \tag{2.71}$$

这就是接触电位差。式中,e 为电子电荷量的绝对值;V_1、V_2 分别为 1、2 的逸出电位。

金属 - 金属接触电效应的一个重要应用就是热电偶,可用它测量温度、发电、致冷等。

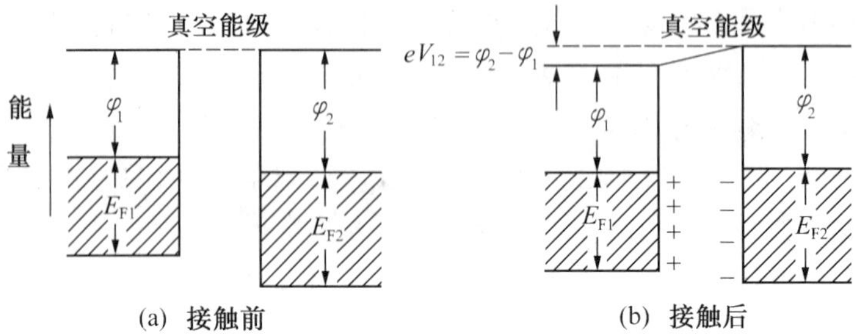

图 2.64　接触电位差(为简化,取方形势垒)

2.11.2　金属 - 半导体接触电效应

1. 半导体的表面势

在半导体的表面上,由于吸附的杂质原子、离子,或是由于有外电场以及与金属相接触,甚至就因为是晶体边界,会形成带电的表面层。在外电场作用下,带电表面层的出现是来自于载流子的重新分布,由此在表面与内部之间产生一个电位差,称为表面势 V_S。对 N 型半导体,当外加电场 $V_S > 0$(表示方向为由半导体外指向内,以下类推) 时,多数载流子(电子) 会向表面积聚,形成电子的堆积层,使表面附近的能带下降 $e\mid V_S\mid$,即如图 2.65(a) 所示的弯曲情况;当 $V_S < 0$时,表面附近的电子浓度比内部小,施主正离子凸现出来,构成正电荷层,由于层内几乎无电子,故称耗尽层,如图 2.65(b) 所示;当 $\mid V_S\mid$ 足够大时,使能带过分弯曲或禁带足够窄时,表面处的 E_F 将落在禁带中线 E_i 之下,使价带顶 E_V 比导带底 E_C 离 E_F 更近,这就意味着在表面层内空穴的浓度将超过电子浓度,形成如图 2.65(c) 所示的反型层(由空穴和施主正离子组成)。对P型半导体,外电场 $V_S < 0$、$V_S > 0$、$V_S \gg 0$ 时,分别形成由空穴组成的堆积层、由受主负离子形成的耗尽层、由电子和受主负离子组成的反型层,如图 2.65(d) ~ 图 2.65(f) 所示。

可见,表面空间电荷区的不同状态是和表面能带弯曲的方向和程度直接相联系的,由此引入的表面势就是 V_S。

2. 金属 - 半导体接触

半导体的导带底 E_C 一般比真空能级 E'_0 低几个电子伏特,与金属类似,也把 $\varphi = E'_0 - E_F$ 称为半导体的逸出功。同时,把 $\chi = E'_0 - E_C$ 称为电子亲和能,它表示要使半导体导带底的电子逸出体外所需的能量。

假定金属的逸出功 φ_M 大于半导体的逸出功 φ_S,显然$(E_F)_S$ 高于$(E_F)_M$,如图 2.66(a) 所示。当金属与 N 型半导体紧密接触时(称为 MS 结),由于 N 型半导体的逸出功 φ_S 小,故 N 型半导体中的电子能量大且多数载流子 —— 电子数多,所以半导体中的电子就会向金属中扩散流动,使金属表面带负电,半导体表面带正电,能带发生了相对移动,最后当费米

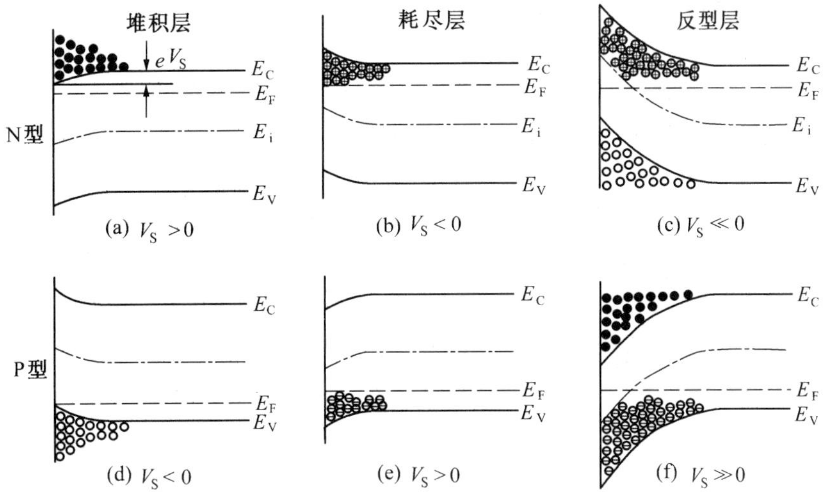

图 2.65 杂质半导体由表面势 V_S 引起的能带弯曲

（图示：• 电子，∘ 空穴，⊕ 电离受主，⊖ 电离施主）

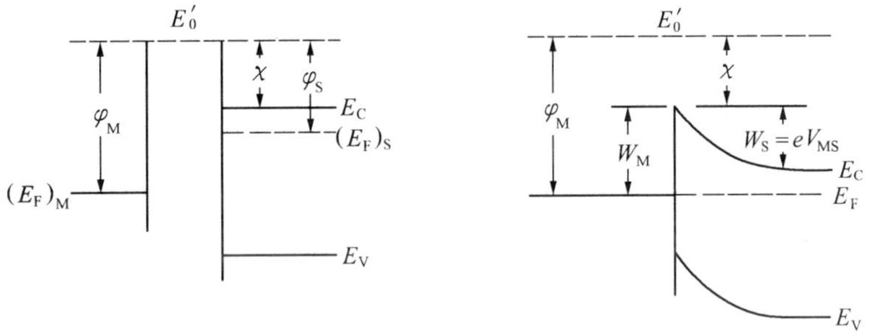

(a) 接触前　　(b) 接触后

图 2.66 金属与 N 型半导体接触前后能带变化（$\varphi_M>\varphi_S$）

能级重合于 E_F 时而达到动态平衡，不再有静电子的流动，形成了接触电位差

$$V_{MS}=\frac{1}{e}(\varphi_M-\varphi_S) \tag{2.72}$$

这时在半导体的接触面处形成了一个由电离施主构成的较厚的空间电荷区，相当于有一从半导体指向金属的电场，故阻碍了电子的扩散流动，所以称该区为阻挡区。又由于该区内几乎无电子，故又称为耗尽层。按照图 2.66(b) 的讨论，能带应向上弯曲，如图2.66(b)所示，它在金属与半导体两侧形成的势垒高度 W_M 和 W_S 稍有不同，相差 $\varphi_S-\chi=E_C-(E_F)_S$。具有这种势垒的结称为肖特基结，它具有整流作用。

若 $\varphi_M<\varphi_S$，电子将由金属扩散流向半导体，在半导体一侧形成堆积层，这是个高电导区，称为反阻挡层。其形成的能带向下弯曲，这种结无整流作用，称为欧姆结。通常半导体器件采用金属电极时就需要有良好的欧姆接触。

金属与 P 型半导体接触，$\varphi_M>\varphi_S$ 时形成反阻挡层；$\varphi_M<\varphi_S$ 时形成阻挡层。

金属 – 半导体接触电效应的典型应用是制造肖特基势垒二极管和肖特基势垒栅场效应晶体管。肖特基二极管高频特性好，除可用做钳位、整流、检波和混频外，在微波技术与高速集成电路等领域有重要作用。肖特基场效应管噪声低、增益高，在通信和雷达中得到广泛应用。

2.11.3 P型－N型半导体接触电效应PN结（见2.8.5小节）

2.11.4 金属－氧化物－半导体接触电效应

金属－氧化物－半导体接触（称为MOS结），是金属－绝缘体－半导体接触（称为MIS结）的特殊形式。MOS结用得最广，典型结构如图2.67所示。V_G为加在金属电极G上的电压，规定金属电极相对于半导体的欧姆接触为正偏置时，V_G为正；反之为负。

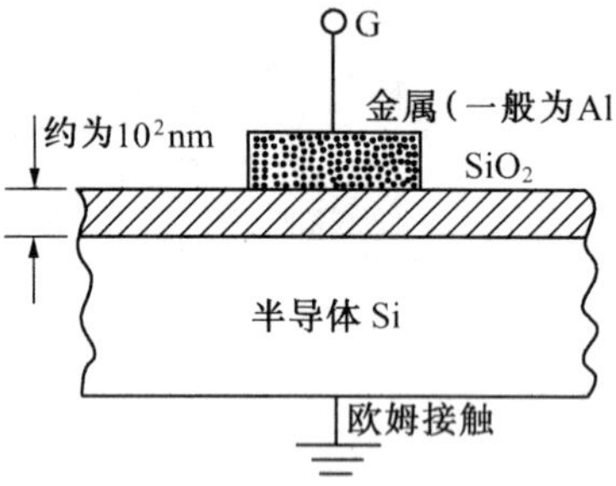

图2.67 MOS结构

MOS结的各种应用都基于半导体表面的空间电荷区，而理想MOS的空间电荷区是由外加电压V_G引起的。理想MOS就是指满足下列三个条件：①$V_G = 0$时，金属与半导体的费米能级E_F持平；②氧化物层中无任何静电荷且完全不导电；③半导体界面无任何表面电荷区。外电场作用下半导体表面空间电荷的几种状态在2.11.2小节中已有叙述，这里把V_G作用下P型半导体MOS结构的能带和表面电荷的分布示于图2.68中。需要说明的是，在突然加上一个较大的电压V_G（$V_G > 0$）的瞬间，少数载流子（电子）来不及产生，因此不能形成反型层。为了补偿金属电极上大量的正电荷，在半导体的表面出现大量受主负离子，并且由于电离受主较稀薄，故这一电荷层较厚，这就是深耗尽状态，如图2.68(e)所示，但这是一种非稳态，随着时间的推移，半导体内部的电子会在V_G的作用下聚集到表面，这时就过渡到反型状态，如图2.68(d)

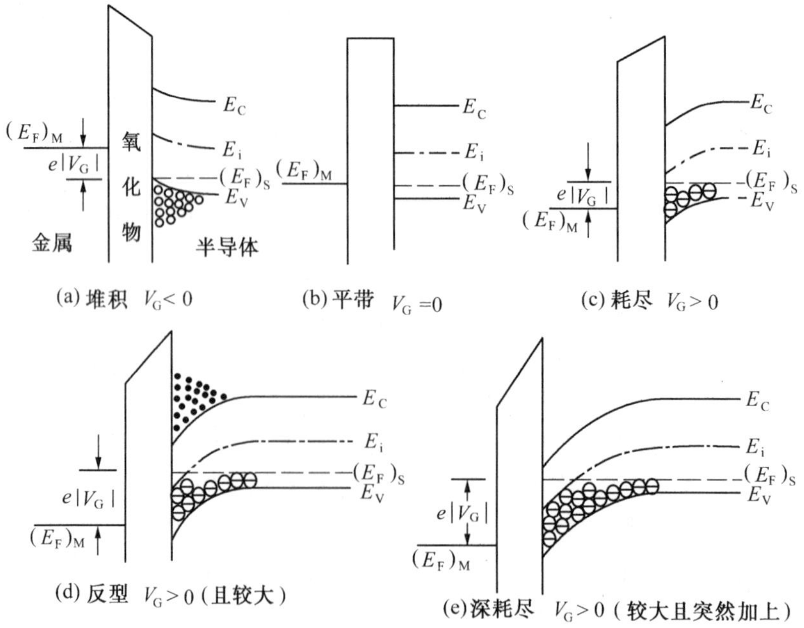

图2.68 MOS的P型半导体的表面状态

（• 电子；∘ 空穴；⊖ 电离受主）

所示，它是一种稳态。显然，半导体掺杂浓度越高，表面电荷层就越薄，由深耗尽状态转入反型状态也越困难(即需加较大的 V_G 才可转变)。MOS结的典型应用是制造绝缘栅场效应管、集成电路和电荷耦合器件。

2.11.5 金属 – 电解质溶液接触电效应

1.用表面态来描述溶液中的离子

金属与溶液离子接触，电子是从离子向金属转移还是反之?这是二者接触的一个重要问题。离子吸附或靠近金属表面，会引起金属表面状态的变化。从表面态即可知吸附了什么离子，从表面态能级进一步可了解电子转移的动向。表面态是指固体表面的局部电子能级，常常是一些能与固体内部活跃的交换电子的能级。用同一个表面态能级描述同种元素高、低价离子与表面的相互作用，如图 2.69 所示。就 Fe^{2+}/Fe^{3+} 离子对的表面能级来说，若被电子占据，则意味着金属电极吸附 Fe^{2+}；若空着，则意味着金属电极吸附 Fe^{3+}。图中 Fe^{2+}/Fe^{3+} 表面态能级高于金属的费米能级 E_F，故该能级基本空着，表面粒子以 Fe^{3+} 的形式存在。以此类推，其他表面粒子应以 V^{3+} 和 Ce^{4+} 的形式存在，且按 Ce^{3+}、Fe^{2+}、V^{2+} 的顺序丢失电子的倾向增大，故还原性也增强。

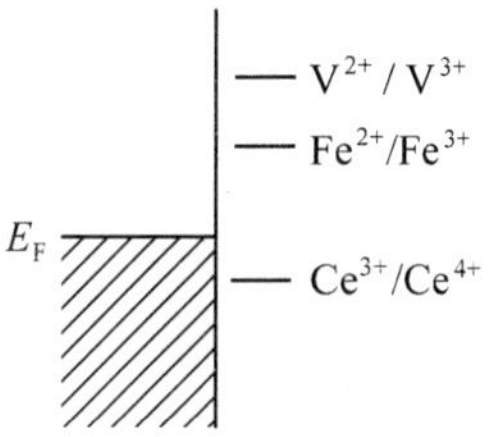

图 2.69 一些氧化还原离子对的表面态

2.表面态能级的弗兰克 – 康东分裂与涨落

用一个能级来描述 Fe^{2+}/Fe^{3+} 等氧化还原离子对过于简化，实际上，由于两种价态的离子与固体局部键合有所不同，所以能量也不同。又由于两种价态离子周围极性溶剂的极化状态不同，会影响离子的库仑势，因此两种价态的离子具有不同的表面态能级，这称为弗兰克 – 康东分裂。图 2.70 表明了 Fe^{2+}/Fe^{3+} 能级的分裂，E_O 和 E_R 分别表示了氧化态和还原态的能级。

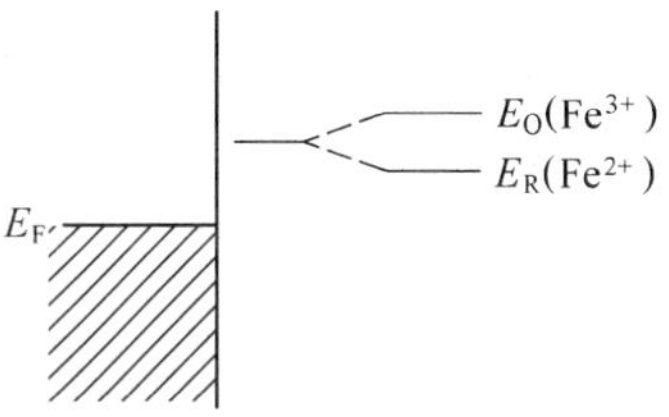

图 2.70 表面态能级的弗兰克 – 康东分裂

由于热涨落，溶剂的极化状态会发生涨落，这会影响被溶剂环绕的离子，从而使表面态能级发生涨落。表面态能级用图 2.71 右边具有正态概率分布的能带来描述，这里 $P_O(E)$，$P_R(E)$ 分别表示氧化态和还原态的概率分布。

溶液中的电子能级(表面态能级)一般如图 2.71 所示，它包括了能级的分裂与涨落，也表示了氧化态与还原态能级都具有正态分布函数。

3.金属 – 电解质溶液接触

金属和电解质溶液的载流子分别是电子和离子，它们不能互相渗透，只可能发生电子的转移，因此金属 - 电解质溶液接触为发生得失电子的氧化还原反应提供了条件。在电化学中，有所谓的弗兰克 – 康东理论，即电子只能在能量相近的两个粒子间有效地跃迁，否则有向反方向跃迁的可能。它是氧化还原反应电子跃迁的普遍原理。这个理论可描绘出如图2.72 所示的图像：氧化态离子 O 首先因能量涨落而由能量取极小值的 A 态激发到 B 态，即与金属的 E_F 能级实现等能级电子跃迁，形成处于激发态 B 的还原态离子 R，最后离子 R 回到能量取极小值的稳定态 C。离子 O 变成离子 R 的过程，对金属电极来说，相当于失去电子而带正电，于是在电极与溶液之间形成了接触电位差。相反的转换则产生相反方向的接触电位差，这就是化学电池的原理。

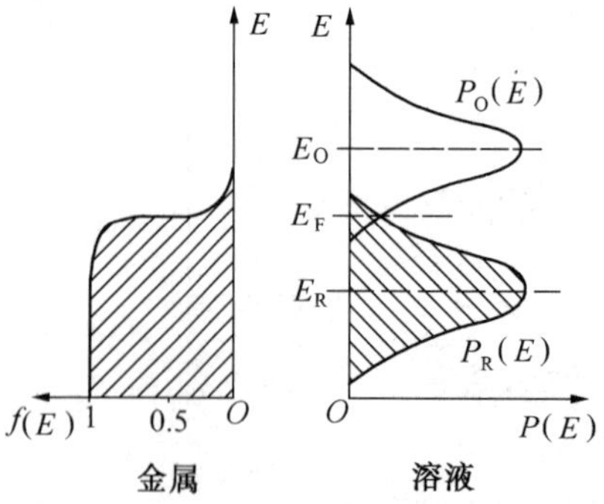

图 2.71　金属的能级充填概率与溶液中的电子能级

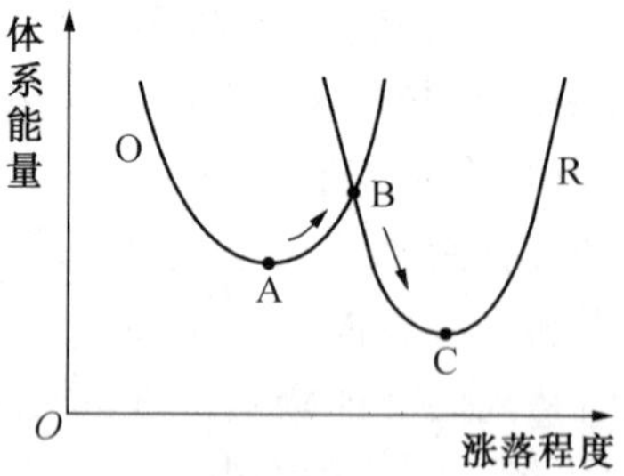

图 2.72　电子跃迁的激发过程示意图

当然，上述未考虑电极电位的影响。仿金属 E_F 能级定义溶液的费米能级 $(E_F)_L$，在图 2.71 中，还原态的 R 离子能级已被电子占据，在 $P_O(E) = P_R(E)$ 处，电子占有率为 1/2，所以此处的能级定为溶液的费米能级。在电极处于平衡电位时，电极反应也处于平衡状态，这意味着 $(E_F)_M = (E_F)_L$，且可逆反应 $O + e \longrightarrow R$ 正反两方向的反应速度相等，对应于图 2.72 的情况。当电极处于非平衡电位（即极化）时，电极和溶液中的电子能级发生相对移动，$(E_F)_M$ 不再等于 $(E_F)_L$，正反方向速度不再相等，如图 2.73 所示。其中图 2.73(a) 对应于正反应速度大于逆反应速度，图 2.73(b) 对应于逆反应速度大于正反应速度。

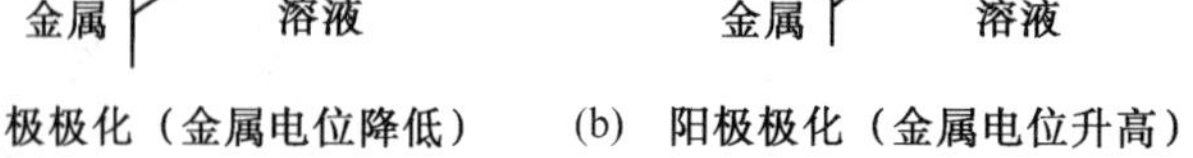

图 2.73　能级关系随电极电位变化

金属 - 电解质溶液接触电效应是电化学的基础，它是构造化学电池进行电解、电镀、金属防腐的基本依据。

2.12　热 电 性

在材料中存在电位差时会产生电流，存在温度差时会产生热流。从电子论的观点来看，在金属和半导体中，不论是电流还是热流都与电子的运动有关系，故电位差、温度差、电流、热流之间存在着交叉联系，这就构成了热电效应。这种热电现象很早就被发现，它可以概括为三个基本的热电效应。

2.12.1 第一热电效应——塞贝克效应

1821年德国学者塞贝克发现,当两种不同的导体组成一个闭合回路时,若在两接头处存在温度差则回路中将有电势及电流产生,这种现象称为塞贝克效应。其中产生的电势称为温差电势或热电势,电流称为热电流,上述回路称为热电偶或温差电池。

如图2.74所示,将两种不同金属1和2的两接头分别置于不同温度 T_1 和 T_2,则回路中就会产生热电势 ε_{12}。如图2.74(b)所示,将1或2从中断开,接入电位差计就可测得这个 ε_{12}。它的大小不仅与两接头的温度有关,还与两种材料的成分、组织有关。与材料性质的关系可用单位温差产生的热电势即热电势率 α 来描述,即

$$\alpha = \frac{d\varepsilon_{12}}{dT} \tag{2.73}$$

用不同材料构成热电偶,会有不同的 α,但对两种确定的材料,热电势与温差成正比,即

$$\varepsilon_{12} = \alpha(T_1 - T_2) \tag{2.74}$$

但上式仅在一定温度范围内成立,热电势的一般表达式为

$$\varepsilon_{12} = \alpha(T_1 - T_2) + \frac{1}{2}\beta(T_1 - T_2)^2 + \cdots \tag{2.75}$$

式中,β 为另一表征材料性质的系数。

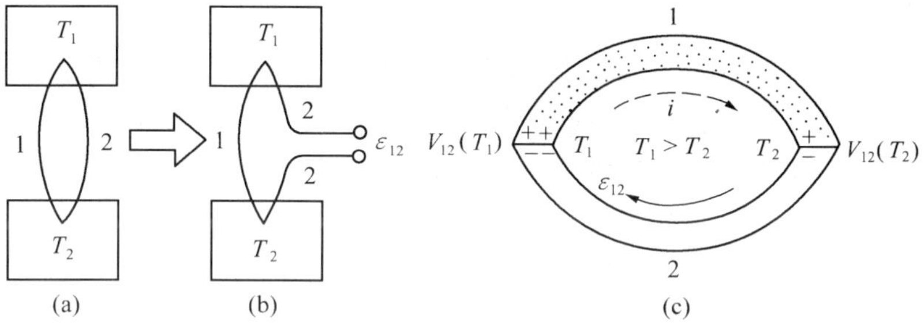

图2.74 塞贝克效应

两种金属构成的回路有塞贝克效应,两种半导体构成的回路也同样有此效应,而且效应更显著得多。为了说明塞贝克效应产生的机理,先了解一下接触电位差和温差电位差的概念。

1. 接触电位差

接触电位差在2.11.1小节中已有论述,这里还要做一点补充。前面讨论接触电位差产生的原因时只考虑了两种金属的电子逸出功 φ 不同,实际上,造成接触电位差还有一个重要的原因,那就是两种金属的自由电子密度(浓度)不同。由于相接触的两种金属的电子密度不同,也即在其接触面的两侧存在着自由电子的浓度差,所以必然产生自由电子从高浓度区向低浓度区的扩散运动。若金属1的电子密度高(图2.64),则电子将从金属1向2扩散,扩散的结果使接触面的1金属侧带正电位(由于自由电子移走,留下了正离子形成正电荷区),而在接触面的2金属侧带负电位(由于得到多余电子,使原子变成负离子形成负电荷区)。故在接触面附近两侧形成了一个空间电荷区,产生了一个由金属1指向金属2的结内电场,结内电场对电子的漂移作用与扩散作用相反,其结果阻止了自由电子的继续扩散,当电场力增大到与扩散力相等时,扩散与漂移运动达到了动态平衡,此时就建立了

一定厚度的空间电荷区，产生了一定大小的结内电场和接触电位差。显然，接触电位差应是上述两个原因的综合结果。物理学已证明，两种不同金属紧密接触时产生的接触电位差为

$$V_{12} = V'_{12} + V''_{12} = (V_2 - V_1) + \frac{kT}{e}\ln\frac{n_1}{n_2} \tag{2.76}$$

式中，V'_{12} 是由逸出功之差造成的电位差；V''_{12} 是由电子密度不同造成的电位差；V_1、V_2 分别是金属 1、2 的逸出电位；n_1、n_2 分别为金属 1、2 的自由电子密度；k 是玻耳兹曼常数；T 是绝对温度；e 是电子的电荷。

这样在图 2.74 的两个接头处将有 $V_{12}(T_1)$ 和 $V_{12}(T_2)$ 两个接触电位差，若两端温度 $T_1 = T_2$，则由于 $V_{12}(T_1) = V_{12}(T_2)$，于是回路的热电势 $\varepsilon_{12} = V_{12}(T_1) - V_{12}(T_2) = 0$。若 $T_1 \neq T_2$，则 $V_{12}(T_1) \neq V_{12}(T_2)$，于是回路的热电势

$$\varepsilon_{12} = V_{12}(T_1) - V_{12}(T_2) \tag{2.77}$$

实际上，当某一种金属(1 或 2) 的两端温度不同时，即在金属上存在温度梯度时，这种温度梯度在造成热流的同时，也将造成自由电子的流动，而这种流动又会引起一种电位差称为温差电位差。

2. 温差电位差

如图 2.75(a) 所示，在金属 1 的热端 T_1，有较多的高能电子，而冷端 T_2 则有较多的低能电子。于是宏观趋势是热端的高能电子向冷端扩散使电子在冷端堆积带负电，而热端因缺少电子带正电，这样就在金属的内部产生了一个阻止电子进一步扩散的温差电场。当该电场对电子的电场力 F_e 等于热扩散力 F_T 时，金属的两端就建立起一稳定的温差电位差 $V_1(T_1, T_2)$。同样，在金属 2 的两端也会建立起 $V_2(T_1, T_2)$。对于整个回路来说，金属 1、2 上的温差电位差反向，但因材料不同，即使温差相同，二者也不会完全抵消。如图 2.75(b) 所示，热电偶回路的热电势应是

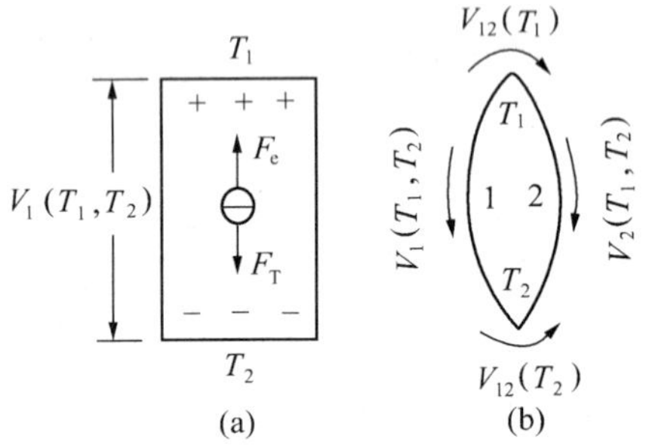

图 2.75　温差电位差与塞贝克电动势

$$\varepsilon_{12} = V_{12}(T_1) - V_{12}(T_2) + V_2(T_1, T_2) - V_1(T_1, T_2) \tag{2.78}$$

式中，前两项是两接头的接触电位差的差，后两项是两种金属上的温差电位差的差。

3. 影响热电势的因素

(1) 压力的影响

实践表明，当高压使用热电偶时，输出的热电势发生了变化。例如，测量 100℃ 温差的铜 – 康铜热电偶，在压力从零升到 7×10^9 Pa 的过程中，平均每升高 10^8 Pa，热电势降低相当于 0.052℃。布里奇曼(Bridgman)发现：当环境压力增加到 1.2×10^9 Pa 时，康铜在 0 ~ 100℃ 范围内热电势的平均变化率为 $3 \times 10^{-10}\mu V \cdot ℃^{-1} \cdot Pa^{-1}$。压力对金属热电势率的影响首先是由于原子大小及其间距在电压下发生了变化，提高了费米面，改变了能带结构，从而影响扩散热电势率。其次，高压改变了声速，声子极化以及电子与声子的交互作用，从而影响着声子曳引热电势率。这些因素只是在高压系统中才需考虑，一般情况下可以忽略。

(2) 磁场的影响

在液氦温区的低温下,磁场对金属热电势的影响相当明显。例如,在 1 K 温度下对标准"银 - 金铁"热电偶施加 $16 \times 10^5 A \cdot m^{-1}$ 横向磁场时,热电势变化达 20%。对"镍 10% Cr - 金 0.07% Fe"热电偶施加 $48 \times 10^5 A \cdot m^{-1}$ 磁场,在 35 ~ 60 K 温度下热电势率下降 2.5%,温度下降到 20 K 以下加磁场后热电势率却增大,温度降到 4.1 K 时增大达 40% 之多。洛斯柯(Loscoe)和米夫(Meffe)提出,金属材料在强磁场中不仅产生与温度有关的热电势,还会产生与磁场有关的磁电势。当施加强磁场时,磁场中的 A 金属被磁化为 A_m,这时的 A_m 将与磁场外的 A 金属组成 $A - A_m$ 热电偶,只要存在温差就可以产生磁(热)电势。强磁场对金属热电势的影响可以用磁场改变了与费米能级有关的能态密度,从而引起电导率和热电势率的变化来解释。

(3) 相变的影响

有序化热电势的影响十分明显。Ni - Mn 合金有序化引起热电势率的降低,如"Cu - Ni_3Mn"热电偶中 Ni_3Mn 的有序度越高热电势变化也越大。合金形成了化合物,则其热电势会发生突变。当形成半导体性质的化合物时,由于共价键的加强导致热电势显著提高,它们的热电势率,如 Mg_3Sb_2 约为 600 $\mu V \cdot ℃^{-1}$,Mg_2Zn 为 250 ~ 280 $\mu V \cdot ℃^{-1}$,SbZn 为 200 ~ 250 $\mu V \cdot ℃^{-1}$,都比普通合金高一个数量级以上。

卡特勒(Chateller)在研究"铁 - 铂"在 0 ~ 1 000℃ 温区的热电势后提出

$$E = aT + bT^2 \tag{2.79}$$

式中,0 ~ 700℃:$a = -16.6$,$b = 9.6$;700 ~ 1 000℃:$a = -2.5$,$b = -10.5 \times 10^3$。图2.76 中可以看见,$\frac{dE}{dT}$ 曲线在铁的居里点(θ_c = 768℃)A_2 处发生明显转折,在 A_3 和 A_4 处发生突变。显然,作为二级相变的磁性转变和一级的位移相变(此处系同素异构转变和固液相变)对热电势的影响是不同的。$\frac{dE}{dT}$ 曲线的 β - 铁温区(768 ~ 906℃)和 δ - 铁温区(1 401℃ 以上)同为 bcc 结构,互为延长线也说明了晶体结构因素对热电势率的影响。

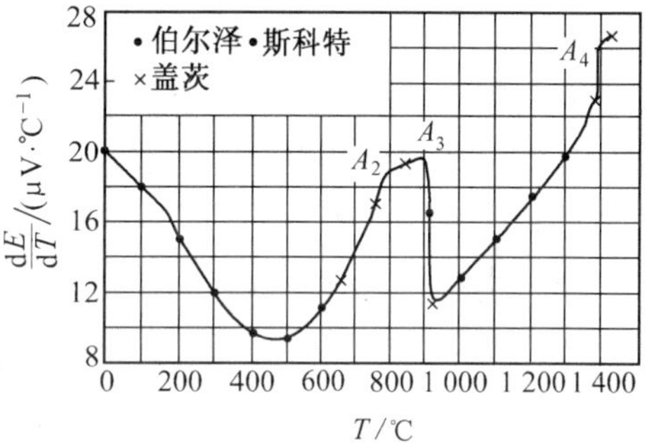

图 2.76 Fe - Pt 热电势随温度变化

4. 热电势的测量

相对热电势率的测量、热电势的测量实际上与标定热电偶的方法是一样的,只涉及电动势和温度的测量,关键是温度的测量。热电势测量使用的电位差计与温度测量使用的基本相同,一般准确度在 0.05% ~ 0.01%,即 0.05 级或 0.01 级电位差计。所有用于研究目的的热电势测量都必须有一定的热源和冷源。

热电检测中的参考材料是重要的,要求热电性能稳定,化学性质不活泼,易于得到纯净的物质,而且绝对热电势率已经反复确定,且对周围环境不敏感。目前常用的热电参考电极有铅、标准银(银 + 0.37% 金)、铜、铂等,其中性能最好、温区最宽、使用最普遍的为铂。美国国家标准局介绍由 Sigmund Cohn 公司制造的 Pt - 67 热电参考材料的电阻比 $R_{100}/R_0 \approx 1.392\,7$ 为其电学纯度。该参考材料已为国际电工委员会所接受。

为了测量某一温区内材料的平均热电势率，将待测试样与某一参考电极组成回路，得到总热电势 E 后除以两端的温差 ΔT 即可得到该温差范围内的平均热电势率。用来测量总热电势的方法通常有定点法、比较法、示差法等。

(1) 定点法

所谓定点法，是利用某些高纯物质具有稳定的物态、转变温度和国际温标所定义的固定温度作为热电势测量的温度点，而无须使用温度计来确定试样所处的温度。测定试样与参考材料之间的平均相对热电势率，可作为定点的物质和转变温度，在国际温标中都有规定。通常作为热电测量的固定点有：液氦的沸点(4.2 K)，液氧的沸点(- 182.962℃)，干冰的升华温度(- 78.476℃)，水的三相点(0.01℃)，水的冰点(0℃)，水的沸点(100℃)，锌的凝固点(419.58℃)，锑的凝固点(630.755℃)，银的凝固点(961.93℃)，金的凝固点(1 064.43℃)，铜的凝固点(1 084.88℃)等。

(2) 比较法

比较法使用足够精度的各种温度计测量热端温度，并同步地记录试样和参考电极配对的热电势。可以在任何温度下进行测量，因而广泛被使用于热电检测和研究。

比较法的原理是把待测试样与已知热电特性的标准参考电极(如铂丝)的一端相焊，组成热电偶的测量端，按要求的测试温度置于相应热源中，而参考端置于冰点槽内进行测量。由于使用的热源温度在其使用的范围内可以连续改变，因此可以测定各种温度下试样对标准参考电极的热电势。用比较法测定热电势值可以选用 0.02 级直流电位差计或相应等级的数字电压表，其测量回路如图 2.77 所示。为了消除炉温变化的影响，精确测量时，常用两台电位差计同时测定待测试样对参考电极的热电势和热电偶的热电势，如图2.78 所示。

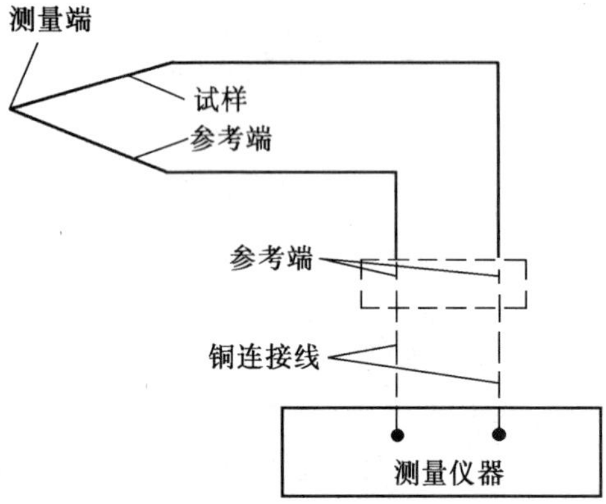

图 2.77　比较法测量热电势示意图

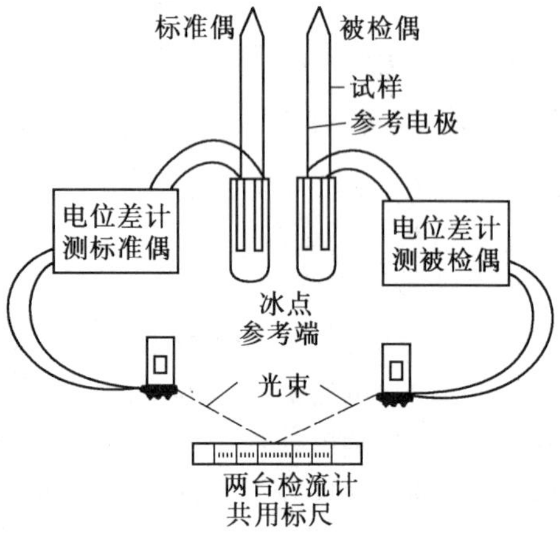

图 2.78　双电位差计测量热电势示意图

(3) 示差法

示差法也是一种在材料研究和热电分析中广泛应用的热电势测量方法。其原理是将待测试样 B 与参考电极 A 构成两对 A - B 热电偶并在 O 点反串为示差热电偶。测量时使参考电极的参考端保持恒定温度(如 0℃),而不论 O 点处于什么温度,如图 2.79 所示。对于示差热电偶而言,只要 $T_1 \neq T_2$,就会产生热电势。该热电势值就是在稳定热源温度(如 T_2)下温差为 $\Delta T = T_2 - T_1$ 时,试样 B 相对于参考电极 A 的热电势值。作示差测量也必须有稳定的热源,且试样还要处于一定的温差 ΔT 之中。产生 ΔT 的方法通常可以附加一个小的热源。

T_1 和 T_2 通常是用两支相同类型且经过单支检定的细支热电偶来确定,热电偶的丝径尽量细,以不扰乱试样的温度场为准。两支测温热电偶可以分别和参考电极一起焊在试样的不同点上。为了得到高的分辨率,可以采用光电放大检流计。测温热电偶的参考端(冷端) 应处于保持 0℃ 的冰点器中,参考电极的参考端通常也处于冰点器中,以保持温度恒定,如图 2.80 所示。图中的转换开关用来切换两支热电偶和两参考电极间的热电势信号,依次提供电位差计测量,反向开关用来确定试样对参考电极的极性。

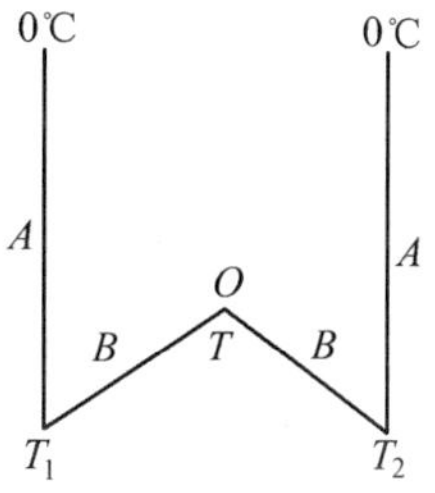

图 2.79 示差法测量热电势的原理

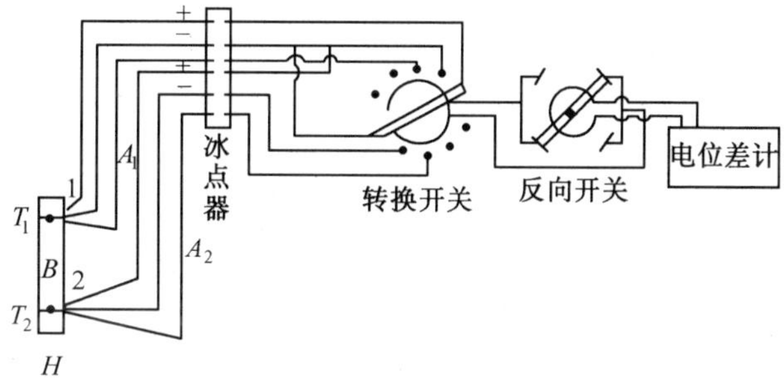

图 2.80 示差法测量热电势示意图

具体测量过程是:① 通过转换开关先用热电偶 1 和 2 测量该处温度 T_1 和 T_2。② 测量两参考电极 $A_1 - A_2$ 间的热电势 E,即待测材料 B 处于温度 T_1 时,相对于参考电极 A 和温度差 $\Delta T = T_2 - T_1$ 的热电势值。测量时 T_1 温度由所用的稳定源确定,可以通过调整小热源来改变,以得到不同温度的热电势值。③ 最后,将所得到的热电势 E 除以 ΔT 即可得到接点两端温差范围内的平均热电势率。

事实上,热电势率通常为温度的函数,平均热电势率并不代表各温度下真实的热电特性。如果把 ΔT 控制在 1℃ 左右,则可得到各温度下的相对热电势率。绝对热电势率对热电材料是一个重要的物理量,但要直接测量并不容易,必须通过汤姆逊关系计算求得。

5. 塞贝克效应的应用

半导体中的塞贝克效应比金属导体中的显著得多,金属中的热电势率约为几微伏每度,而半导体的热电势率为几毫伏每度,因此金属的塞贝克效应主要用于测量温度,而半导体的塞贝克效应则用于温差发电。

适于温度测量和温差发电的一个基本系统略图如图 2.81 所示。几个温差电偶互相串联构成一个温差电堆,这种装置与单个温差电偶相比,可以提高灵敏度(对温度测量) 和增加功率输出(对温差发电)。对温度测量,温度 T_L 是固定的,T_H 为待测温度,而装置 D 就是一个量度塞贝克电动势的电位差计。对于差生动力来说,温度 T_L 和 T_H 是两个热源的温度,D 则是由产生的电力来运转的负载,A 和 B 分别代表 P 型和 N 型半导体。

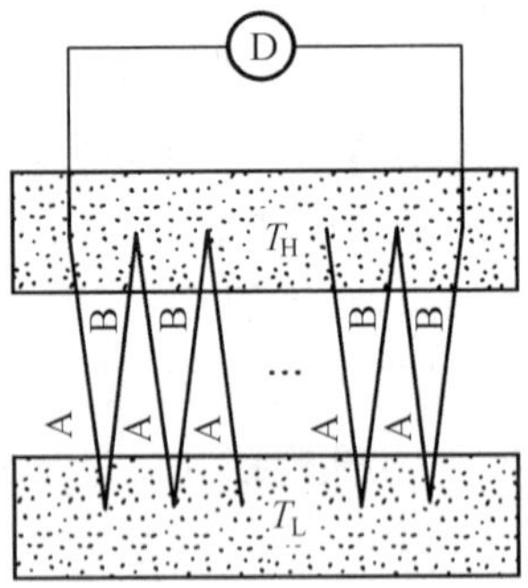

图 2.81 温差电堆

(1) 温度测量

尽管金属比半导体的热电势率小,但因金属材料比半导体材料价格低,较易制成丝状的形式,故具有更易再现的热电特性,且在较大的温区能保持热电势与温差的线性关系,通过多个热电偶串联成热电堆可获得高灵敏度,足以探测微弱的温差乃至红外辐射。

铂铑 - 铂热电偶可测 1 700℃ 高温,镍铬-镍硅热电偶有更高的灵敏度和与温度成正比的热电势,铜 - 康铜热电偶在高于室温直至 15 K 的温度范围仍具有高灵敏度,低于 4 K 的温度可用特种金钴合金-铜热电偶或金铁合金-镍铬热电偶。热电偶测温被广泛用于科研和工业生产中,仅在美国每年生产的热电偶材料就达几百吨之多。

(2) 温差发电

由于半导体温差发电机的体积小、质量轻、结构简单、工作安静、无干扰并可利用多种热源(如煤热、油热、地热、海洋温差) 等优点,且可在恶劣条件下工作,故适于做空间飞行器、海底电缆系统、海上灯塔、石油井台及无人岛屿上观测站的辅助电源,还可以用于心脏起搏器中。另外,由于热电性与材料的成分和组织有密切关系,故利用热电性分析合金的成分及组织变化也是一种很有效的方法,如热电性可用于研究合金的时效和钢材的回火等方面问题。

2.12.2 第二热电效应 —— 珀耳帖效应

如图 2.82 所示,当有电流通过两个不同导体组成的回路时,除产生不可逆的焦耳热外,还要在两接头处分别出现吸收或放出热量 Q 的现象。Q 称为珀耳帖热,此现象称为珀耳帖效应,被认为是塞贝克效应的逆效应,是由珀耳帖在 1834 年发现的。

这一效应是热力学可逆的,如果电流的方向反过来则吸热的接头便放热,放热的接头便吸热。1853 年伊西留斯发现,在每一接头上热量的流出率或流入率与电流 I 成正比,即

$$\frac{dQ}{dt} = \pi_{12} I \tag{2.80}$$

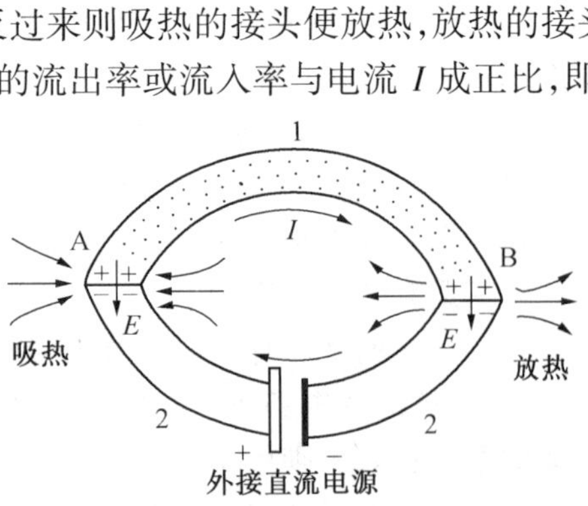

图 2.82 珀耳帖效应

式中,π_{12} 为珀耳帖系数,它是单位电流每秒吸收或放出的热流。它与接头处两金属的性质及温度有关,而与电流的大小无关。根据惯例,当电流从导体 1 流向导体 2 的接头时,若发生吸热现象,则 π_{12} 取为正,否则为负。

珀耳帖效应可用接触电位差来解释。如图 2.82 所示,由于在两金属的接头处有接触电位

差 V_{12},设其方向都是由金属 1 指向金属 2。在接头 A 处,电流由金属 2 流向金属 1,即电子是由金属 1 流向金属 2,显然接触电位差的电场将阻碍形成电流的这种电子运动,电子在这里要反抗电场力做功 eV_{12},它的动能减小。减速的电子与金属原子相碰,又从金属原子取得动能,从而使该处温度降低,须从外界吸收热量。而在接头 B 处,接触电位差的电场则使电子加速,电子越过时动能将增加 eV_{12},被加速的电子与接头附近的原子碰撞,把获得的动能交给金属原子,从而使该处温度升高,而释放出热量。

金属热电偶的珀耳帖效应小,半导体热电偶的珀耳帖效应大。珀耳帖效应主要用来进行温差制冷,温差可达 150℃ 之多。尤其对小容量制冷相当优越,适用于做各种小型恒温器,以及要求无声、无干扰、无污染等特殊场合,因此可用在宇宙飞行器和人造卫星、真空冷却阱、红外线探测器等冷却装置上。

2.12.3 第三热电效应 —— 汤姆逊效应

如图 2.83 所示,当电流通过具有一定温度梯度的导体时,会有一横向热流流入或流出导体,其方向视电流的方向和温度梯度的方向而定。此种热电现象称为汤姆逊效应,是 W · 汤姆逊于1854 年发现的。

汤姆逊效应在下列意义上是可逆的,即当温度梯度或电流的方向倒转时,导体从一个汤姆逊热吸收器变成一个汤姆逊热发生器,在单位时间内吸收或放出的能量 $\frac{\mathrm{d}Q}{\mathrm{d}t}$ 与电流 I 和温度梯度 $\frac{\mathrm{d}T}{\mathrm{d}x}$ 成正比,即

$$\frac{\mathrm{d}Q}{\mathrm{d}t} = \mu I \frac{\mathrm{d}T}{\mathrm{d}x} \tag{2.81}$$

式中,μ 为汤姆逊系数,它与材料的性质有关。习惯上,若 I 和 $\frac{\mathrm{d}T}{\mathrm{d}x}$ 的方向相同为吸热,则 μ 为正值。

对汤姆逊效应可作如下解释:如图 2.83 所示,当某一金属存在一定的温度梯度(温差)时,由于高温端(T_1)的自由电子平均速度大于低温端(T_2),所以由高温端向低温端扩散的电子比由低温端向高温端扩散的电子要多,这样就使高、低温端分别出现正、负净电荷,形成一温差电位差 $V(T_1, T_2)$,方向由 T_1 端指向 T_2 端。当外加电流 I 与 $V(T_1, T_2)$ 同向时,电子将从 T_2 向 T_1 定向流动,同时被温差电场加速,电子从温差电场中获得的能量,除一部分用于电子达高温端所需的动能增加外,剩余的能量将通过电子与晶格的碰撞传给晶格,使整个金属温度升高并放出热量,如图 2.83(b) 所示。当外加电流 I 与 $V(T_1, T_2)$ 反向时,电子将从 T_1 向 T_2 定向流动,且被温差电场减速,但这些电子与晶格碰撞时,从金属原子取得能量,而使晶格能量降低,这样整个金属温度就会降低,并从外界吸收热量,如图2.83(c) 所示。

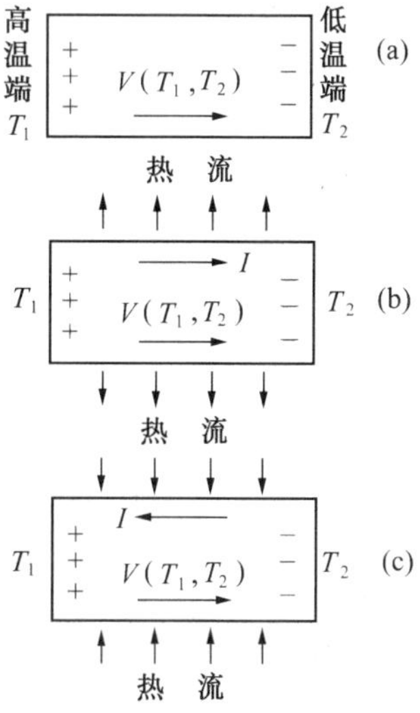

图 2.83 汤姆逊效应的机理
(a) 无外加电流 (b) 外加电流由高温端流向低温端 (c) 外加电流由低温端流向高温端

一个由两种导体组成的回路，当两接触端温度不同时，三种热电效应会同时产生。赛贝克效应产生热电势和热电流，而热电流通过接触点时要吸收或放出珀耳帖热，通过导体时要吸收或放出汤姆逊热。

汤姆逊由热力学理论导出了热电势率 α，珀耳帖系数 π_{12}，汤姆逊系数 μ_1、μ_2 之间的关系式 —— 开尔文(汤姆逊) 关系式

$$\mu_1 - \mu_2 = T\frac{d\alpha}{dT} \tag{2.82}$$

$$\pi_{12} = \alpha T \tag{2.83}$$

2.12.4 热电子效应

固体受热后，出现大量电子逸出固体进入真空，形成热电子发射的热电现象称为热电子效应。它是电子管、射线管的物理基础，虽然电子管已被晶体管和集成电路所取代，但毕竟是它开辟了近代电子工业，对人类贡献不容忽视，而且有些仍有重要应用价值。

图 2.84 示出了热电子发射的原理线路。给作为发射电子的阴极灯丝提供加热电流，那么阴极就会产生热电子发射，再在作为收集电子的阳极(集电极) 上加足够高的正电压，则阴极发射出的电子将被阳极收集并加速，形成电子管电流(热发射电流)。

1. 热电子发射机理

前面已提及电子逸出功和金属表面势垒的概念，因此，热电子发射机理简单地说就是由于固体受热，其内部自由电子的动能增加，当温度足够高、动能足够大(足以克服逸出功 φ 或表面势垒 E_0) 时，电子就会逸出固体而形成热电子发射。

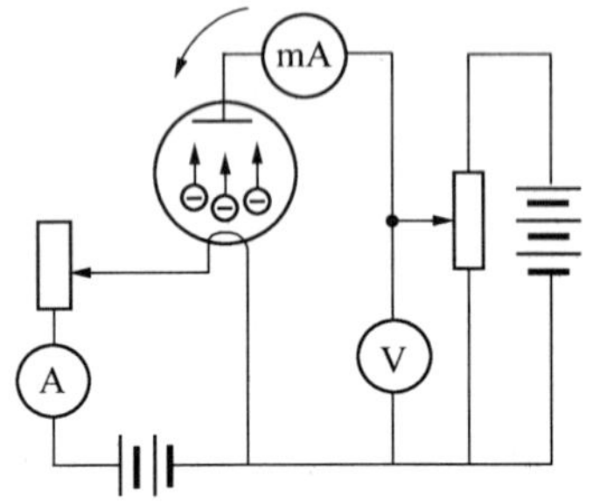

图 2.84　热电子发射原理线路图

我们知道，金属中的自由电子宛如一箱“自由电子气”，它们各自具有不同速度和不同的能量状态。在热平衡下，由于电子有自旋，同时受能量最小原理和泡利不相容原理的制约，电子按能量的分布遵从费米 - 狄拉克分布，其分布函数为

$$f(E) = \frac{1}{1 + \exp\left(\frac{E - E_F}{kT}\right)} \tag{2.84}$$

式中，k 为玻耳兹曼常数；E_F 为费米能级。利用统计物理可推得单位体积内的能量 $E \sim E + dE$ 之间的电子数为

$$dn = C\sqrt{E}f(E)dE \tag{2.85}$$

式中，$C = \frac{4\pi(2m)^{3/2}}{h}$，$m$ 为电子质量，h 为普朗克常量。为方便说明，把不同温度下金属内自由电子按能量分布 $\frac{dn}{dE}$ 同金属的表面势垒并列画于图 2.85 中(其中 $\varphi = E_0 - E_F$ 为逸出功)。

图中曲线 1 是 $T = 0$ K 的情况，这时所有电子的能量都不超过 E_F，当然不会有电子发射。曲线 2 表示低温时的情形，这时能量高于 E_F 的电子数很少，所以较低温度下，实际上

仍观察不到电子发射。曲线 3 表明阴极温度已高到一定程度(通常为 1 000 K 以上),已具有相当数量的能量高于 E_0 的电子(如图中阴影部分所示),这时就会产生相当大的热电子发射,形成热发射电流。

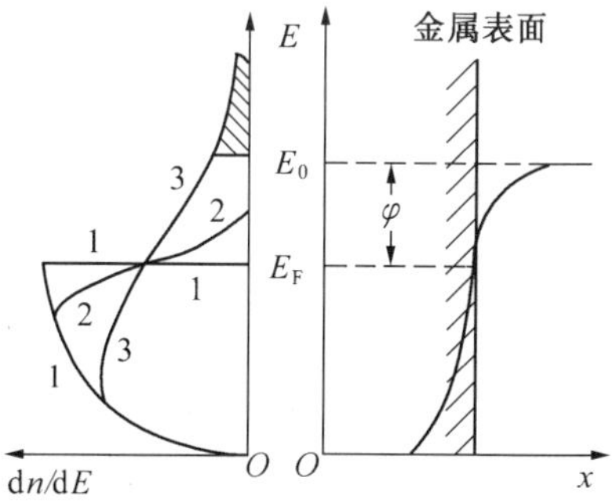

图 2.85 $\frac{dn}{dE}$ 分布和金属表面势垒

2. 热电子效应的应用

在现代科技、工业生产甚至生活的很多方面都需用到电子束,因此热电子发射的应用很广。首先,热电子发射体(阴极)按制备材料分为四类:纯金属阴极、薄膜阴极、厚涂层阴极和金属陶瓷阴极。基本符合作为热电子发射材料的纯金属阴极只有钨、铼、钽、钼、铌五种。若在钨阴极炼制过程中加入不易蒸发的氧化物(如氧化铝)制成薄膜阴板,可得比纯钨大几个数量级的热电子发射。厚涂层氧化物阴极是目前应用最广的阴极,现代接收放大管和中小功率振荡管全部用这种阴极。金属陶瓷阴极用于发射电流大、寿命长的器件中。

热电子效应的典型应用是制作各种电子管、X 射线管、阴极射线管和电子显微镜。电子管包括真空管和充气管,真空管由能发射电子的阴极、能收集电子的阳极和能控制电子运动的栅极等组成,可以有 2、3、4、5 极管。充气管利用热电子冲击低压汞蒸气或惰性气体使其电离,发生辉光放电和弧光放电,如日光灯、氖灯、闸流管等。X 射线管利用高压电场将热阴极发射的电子加速,撞击靶面产生 X 射线,可广泛用于医学、工业探伤、无损检测和科学实验。阴极射线管可把电子束聚焦,改变位置和强度。通常用热电子轰击光屏,使其发光得到受输入信息调制的光学图像的输出。常见的阴极射线管就是电视机的显像管。阴极射线管还大量用于测试仪器(如各种示波器、图示仪)、摄像机、计算机的输入输出终端设备、传真通信上。电子显微镜是一种利用电子束使物体形成具有极高放大倍数和分辨本领的图像装置。它可以分辨出极精细的结构,在生物学、冶金、化工和材料科学中成为主要的研究分析工具。

2.13 压电性

2.13.1 压电效应

所谓压电效应,顾名思义,就是由力产生电的效应。在某些晶体的一定方向上施加压力或拉力,则在晶体的一些对应的表面上分别出现正、负电荷,其电荷密度与施加的外力的大小成正比。这是力致形变而产生电极化的现象,是由居里兄弟于 1880 年在 α 石英晶体上发现的。

压电效应产生于绝缘介质之中,主要是离子晶体中。晶体的非中心对称性是产生压电效应的必要条件。某些各向同性晶体可以被强电场“极化”,并且具有永久性,它也能产生压电效应。压电效应可用图 2.86 形象地加以解释。图 2.86(a) 表示非中心对称的晶体中正、负离子在某平面上的投影,此时晶体不受外力,正、负电荷中心重合,电极化强度为零,晶体表面不带电。图 2.86(b) 表示在某方向对晶体施加压力，这时晶体发生形变导致正、负电荷中心分离，晶体对外显示电偶极矩，电极化强度不再为零，表面出现束缚电荷，这就是力致电极化。图 2.86(c) 表示施加拉力的情况，其表面带电情况与图 2.86(b) 相反。如果在晶体的施力面镀上金属电极，就可检测到这种电位差的变化，只是金属电极上由静电感应产生的电荷与晶体表面出现的束缚电荷符号相反，如图 2.86(d)、图 2.86(e) 所示，它们分别对应图 2.86(b)、图 2.86(c) 的情况。这时电位差的方向与压力或拉力的方位一致，称为纵向压电效应。而有些压电材料，也可能出现图 2.86(f)、图 2.86(g) 的情形，即电位差的方位与施力的方位垂直，称为横向压电效应。

反之，如果将一块晶体置于外电场中，由于电场作用，使晶体正、负电荷中心发生相反位移而分离，这一极化又导致了晶体的形变 —— 电致形变，称为逆压电效应。

常见的压电晶体有 α 石英晶体、钛酸钡、钛酸铅(压电陶瓷)、二氧化碲(非铁电压电晶

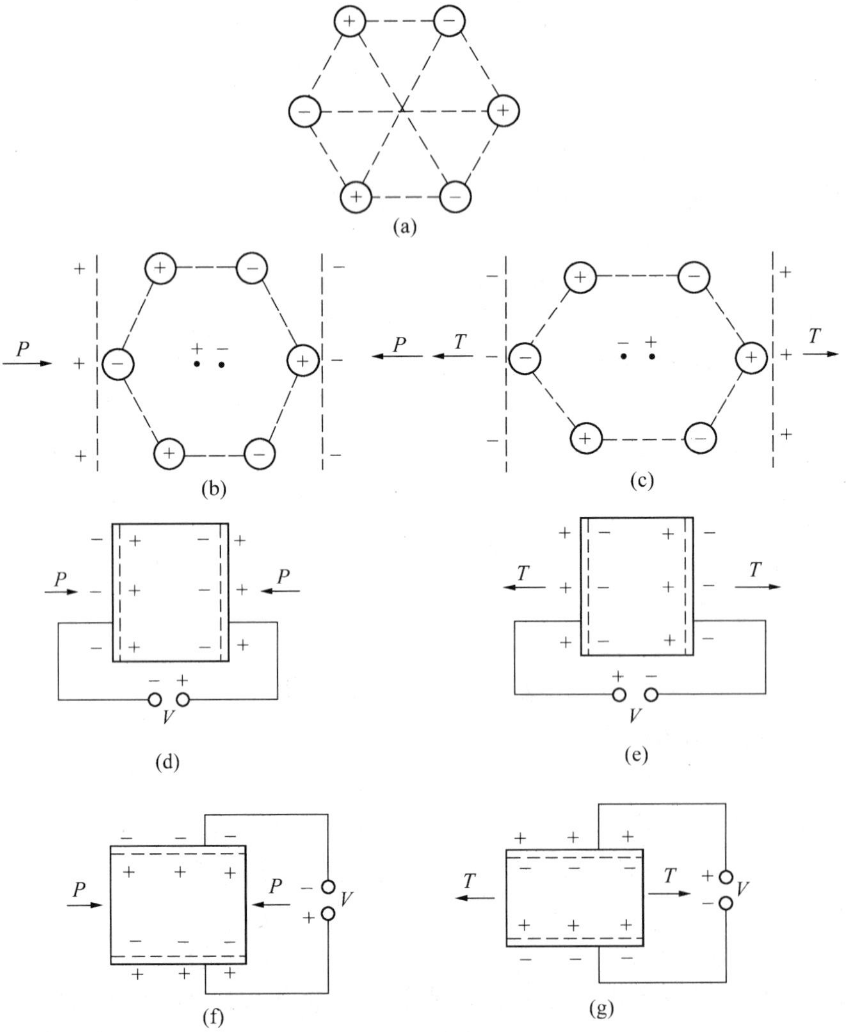

图 2.86　压电效应

体)、铌酸锂(铁电晶体)、磷酸二氢钾(KDP、水溶铁电晶体) 等。四硼酸锂是近年来发现的性能优良的压电单晶。

2.13.2 压电效应的应用

从能量上讲,压电效应是将机械能转换成电能,将力或力导致的机械形变转换成电信号;逆压电效应是一种相反的转换,将电能转换为机械能,将电信号转换为机械形变或机械振动;该效应的所有应用都是基于这些特点。

1. 压电振荡器

把一适当切割的石英晶体镀上两个电极,其在电路中等效于一个 LC 电路,把它接入图 2.87 所示的电路中,便能产生频率高度稳定(频率稳定度高达 10^{-14}) 的正弦振荡。石英晶体振荡器之所以有高的频率稳定度,是因为它的品质因数(Q 值) 很高(10^5 ~ 10^7) 以及它的机电耦合系数(K 值) 很低(K^2 值小于 1%)。

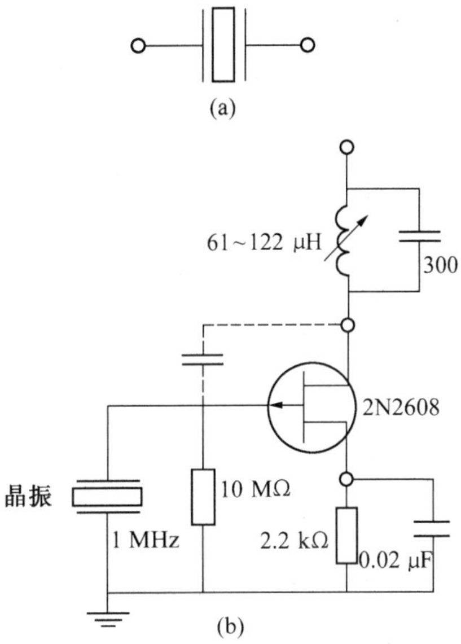

图 2.87 1 MHz 石英晶体振荡器

利用石英晶体元件能产生几千赫到几千兆赫的电振动,作为标准信号源它广泛用于石英钟、石英手表、计算机的时钟脉冲发生等诸多场合。

2. 超声发射器和接收器

用压电常数大和机电耦合系数大的压电材料做成换能器可在水中、地下和固体中发射和探测超声波。这种超声换能器被广泛地用于潜水艇探测水下目标的声呐、鱼探仪、地下结构探测仪、医学上的超声成像仪(如 B 超),工业上使用的超声探伤仪、超声清洗、焊接、切割机中。受话器、拾音器、扬声器用到它,压力、振动传感器用到它,还可做成次声、声、超声检测用的传感器,军事上用的压电陀螺等。

3. 信号处理器

用压电材料的压电效应可以制作滤波器、鉴频器、延迟线、衰减器、放大器等,它们广泛应用于雷达、军事通讯、导航设备上。

4. 压电发电机、压电马达

利用压电陶瓷的压电效应可以产生脉冲高压,用来制作压电打火机、汽车点火器、压电引信、高压电源等。利用逆压电效应制成压电马达可用于扫描电镜、带动探针描绘表面原子结构,超声行波马达已应用于电镜的自动聚焦系统中。

2.14 热释电性

2.14.1 热释电效应

在某些绝缘物中,由于温度变化而引起电极化状态改变的现象称为热释电效应。该效应最初是在电气石上发现的,当电气石被加热时,晶体一端出现正电荷,另一端出现负电荷。当晶体被冷却后，两端的电荷反号。具有热释电效应的物质叫热电体。除电气石外，还有硫酸三甘肽(TGS)、蔗糖、铁电钛酸钡等。

热释电效应只发生在非中心对称并具有极性的晶体中。在32类点群晶体中只有10类满足此条件。在常温常压下，由于热电体的分子具有极性，其内部存在着很强的未被抵消的电偶极矩，故它的宏观电极化强度不为0。这种自发极化几乎不受外电场影响，但却很容易受温度的影响。常温下，一般热电体温度变化1℃产生的极化强度约为10^{-5}C/m^2，而在恒温下，需70 kV/m的外电场才能产生同样大的极化强度。

虽然热电体内存在着很强的电场，但通常对外却不显电性，这是因为在热电体宏观电偶极矩的正端表面吸附了一些负电荷，而在其负端表面吸附了一些正电荷，直到它形成的电场被完全屏蔽为止。吸附电荷是一层自由电荷，其来源有两种：一是晶体的微弱导电性导致一些自由电子堆积在表面；二是从大气中吸附的异号离子。如图2.88所示，一旦温度升高，极化强度减小，屏蔽电荷跟不上极化电荷的变化，而显示极性，温度下降后，极化强度增大，屏蔽响应一时来不及，故显示相反的极性。

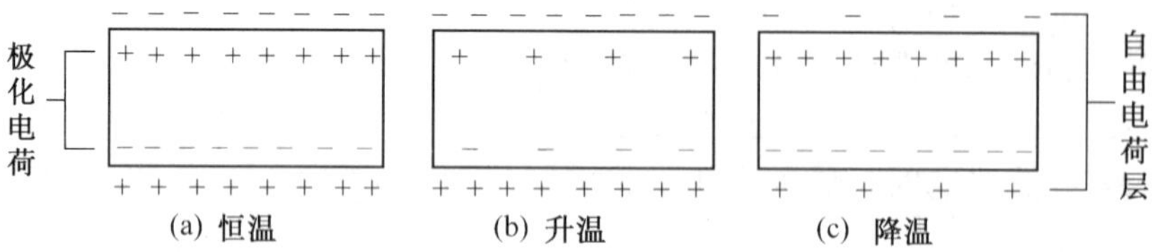

图2.88　热释电效应的定性解释

从本质上看，热释电效应是温度(热)变化引起了晶体电极化的变化。进一步说，只有晶体存在单一极轴才有可能由于热膨胀引起电极化变化，而导致热释电效应。因此，热释电效应的必要条件又可归结为晶体具有单极轴或自发极化。

热释电效应的强弱可用热释电系数来描述。设热电体温度均匀地改变了ΔT(ΔT较小)，宏观永久极化强度改变了ΔP_0，则热释电系数为

$$P' = \frac{\Delta P_0}{\Delta T} \tag{2.86}$$

2.14.2　热释电效应的应用

热释电材料对温度的敏感性已被用来测量$10^{-5}\sim10^{-6}$℃这样微小的温度变化，目前性能较好且获得广泛应用的热释电材料有：TGS及其衍生物、氧化物单晶、高分子压电材料等。热释电红外探测器是一种新型热探器，广泛用于非接触式温度测量、红外光谱测量、激光参数测量、红外摄像与空间技术等。

热释电摄像管结构简单，可用于安全防护与监视、医学热成像、监视热污染等。国内用ATGSAs晶体制成的红外摄像管已出口美、意等国。动植物的器官、组织中也都有热释电效应，生物体的热释电性可能对生命过程产生非常重大的影响。

2.15　铁电性

在介电体中有一个很重要的分支——铁电体。如图2.89所示，根据转动对称性晶体

可分为32种类型，在非中心对称的21种类型中就有20种具有压电性，而这20种压电体中具有极性的10种又具有热释电性，这10种热电体中又有一部分具有铁电性，称为铁电体。

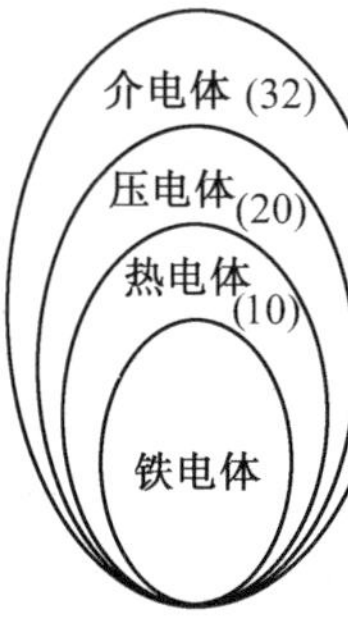

图2.89　热电体与压电体、铁电体的关系

铁电体的特征是它们具有居里点，其自发极化能因外电场而重新取向，铁电体只有在极化之后才能表现出热释电效应。铁电体都具有热释电性，但与非铁电体的热释电性的微观机理不尽相同。以电气石为代表的非铁电体的热释电性是其本身固有的，不需要人工处理而得到。它们由于微观结构对称性太低，每个晶胞会出现非零的自发极化强度 P_s，并且所有晶胞的自发电偶极矩同向排列，使得宏观极化强度 $P = P_s$。这类晶体的电偶极矩只有唯一的一个可能取向，并且一直到晶体温度升到熔化或在晶体完全破坏之前，电偶极矩都不会消失，可以认为整个晶体就是一个“电畴”。而铁电体例如TGS在未经特殊处理前，热平衡状态下的宏观极化强度恒等于零。但经过人工极化（此过程叫驻极，即把适当电介质高温加热并置于强电场，而后冷却）后，使微观电偶极矩沿极化方向的分量占优势，产生宏观持久的极化强度 P。

经过驻极的铁电体处于亚稳态，它的热释电效应只在不太高温度范围内才可以重现。此时 P 随温度升高而减小，当温度较高并超过居里点时，其局部电偶极矩和空间电荷将获得足够多的热激发能量，越过势垒达到热平衡态，使 P 和热释电效应消失。这种消失是破坏性的，即使再降低温度，也不能恢复，而是回到驻极前的普通电介质状态，只有再施行人工驻极，才能恢复。

铁电体由于自发极化可以在内部形成若干均匀极化的区域，它们的极化方向不同，这些区域称为电畴。以上现象均是电畴作用的结果。不仅铁电单晶具有电畴，铁电多晶也有电畴，图2.90示出了典型铁电多晶的钛酸钡系陶瓷的微观结构。图2.90(a)表示线度为0.1 ~ 10 μm数量级的晶粒包含若干电畴，各畴的电偶极矩取向不同，因此宏观极化强度 $P = 0$。经驻极后每个晶粒趋于单畴化，并且电偶极矩尽可能平行外电场方向，使 $P \neq 0$，如图2.90(b)所示，这样铁电陶瓷就变成热电陶瓷了。

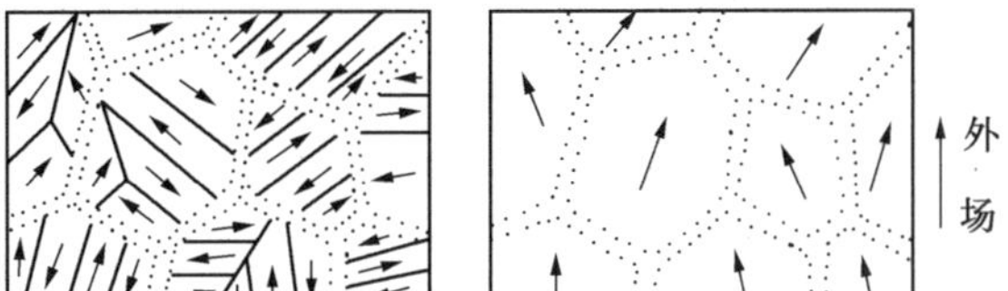

(a) 铁电陶瓷　　(b) 热电陶瓷

图2.90　铁电多晶的微观结构

因此，可以说铁电体的特征是具有电畴结构的晶体，这些电畴的界面称为“畴壁”，它将随外电场的变化而移动，显示宏观的极化，直到形成单个电畴。换言之，铁电体的自发极化强度可以因外电场的反向而反向，其极化强度 P 和外电场 E 之间的关系构成了电滞回线，如图2.91所示。由于铁电性与铁磁性存在许多对应的特征，所以这类具有电畴结构和电滞回线的晶体被称为铁电体，尽管它们并不含有元素铁。

铁电体的热释电系数 p' 比一般热电体要大得多,特别是在接近居里温度时,因此,具有实用价值的热释电材料都是铁电体。TGS是典型的铁电体,具有较高的热释电系数和品质因数、较低的介电常数、易从水溶液中培育出优质单晶的优点。

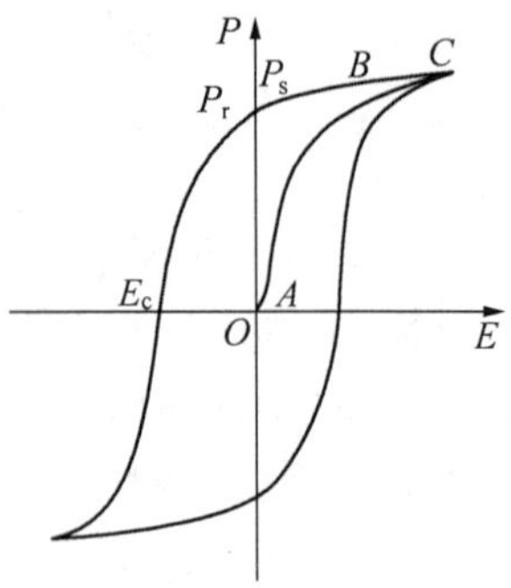

图 2.91　铁电体的电滞回线

现已知道,具有铁电性的晶体可以分为两类:一类是以钛酸钡为代表的位移型铁电体(硬铁电体),它们在降温过程中,从顺电到铁电的转变,是由于晶体中正离子 Ba^{2+} 和 Ti^{4+} 的亚点阵和负离子 O^{2-} 的亚点阵发生了相对位移。另一类是以磷酸二氢钾为代表的有序 - 无序型铁电体(软铁电体),它们从顺电到铁电的转变是氢键的"无序 - 有序"的过程。

属于位移型铁电体的有:钛酸锶、钛酸铅、铌酸锂、铌酸钾、钽酸锂、钽酸钾。属于有序 - 无序型铁电体的有:罗息盐及其有关的酒石酸盐、三甘氨酸硫酸盐、硫脲、硫酸胍铝六水化合物、一水甲酸锂等。

2.16　光 电 性

某些物质受到光照后,引起物质电性发生变化,这种光致电变的现象称为光电效应。光电效应乃是光子与电子相互作用的结果。两者之间作用后各有所变,对于光子,它或被吸收或改变频率和方向;对于电子,必发生能量和状态的变化,从束缚于局域的状态转变到比较自由的状态,因而导致物质电性的变化。

2.16.1　外光电效应

固体受光照后从其表面逸出电子的现象称为外光电效应或光电发射效应。被光逸出的电子称为光电子。这一现象是由赫兹和霍尔瓦克斯等人于 1887 年发现的。这个效应可用图 2.92 示出的装置来观察。把两个金属电极安装在抽成真空的玻璃泡中,在两极间接入直流电源和灵敏检流计。当无光照射时,泡内阴极 K 与阳极 A 之间的空间无载流子,故检流计 G 中无电流。当有光照射阴极 K 时,由于有光电子从阴极逸出,在电压作用下,漂向阳极,于是 G 中便有电流,且光电流正比于光强。

近代物理已确认了光的波粒二象性,外光电效应乃是光的粒子(光子)性的表现。爱因斯坦认为,一束频率为 ν 的光,是一束单个粒子能量为 $h\nu$ 的光子流。即

$$h\nu = \frac{1}{2}mv_0^2 + \varphi \tag{2.87}$$

式中,h 为普朗克常量,$h = 6.626 \times 10^{-34}$ J·s;m 为光电子质量;v_0 为光电子的初速度;φ 为金属的逸出功或功函数。该方程称为爱因斯坦方程。

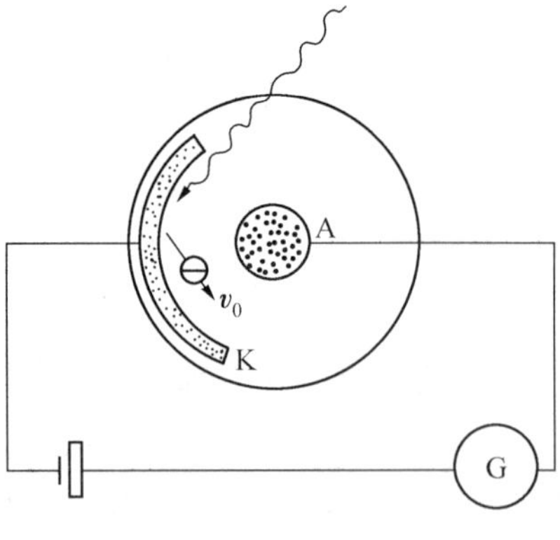

图 2.92　外光电效应观察装置

上述理论可以理解为光子是一个个能量为 $h\nu$

的小能包，当它与固体的电子碰撞并为电子所吸收时，电子便获得了光子的能量，一部分用于克服金属的束缚，开销于逸出功 φ，剩下的便成了外逸光电子的初动能$\frac{1}{2}mv_0^2$了，它与光的频率有线性关系，与入射光的强度无关。

爱因斯坦方程成功地解释了外光电效应。几十年来，人们没有看到什么现象偏离了爱因斯坦方程。但是，随着强度大、单色性好的激光器的问世，新的情况出现了，进而发现了与爱因斯坦方程偏离的奇异光电发射。1968 年 Tech 和 Wolga 用 GaAs 激光器发射的 $h\nu = 1.48$ eV 的光子照射逸出功 $\varphi = 2.3$ eV 的钠时，发现光电流与光强的平方成正比。按爱因斯坦方程，光子的频率处于钠的逸出功以下，不会有光电子发射，然而新现象却发生了。于是，人们设想光子间进行了“合作”，两个光子同时被一个电子吸收得以跃过表面能垒，称为双光电子发射。进一步实验表明，可以三个、多个，甚至四十个光子同时被一个电子吸收而发射光电子，称为多光子光电发射。人们推断，n 光子的光电发射过程的光电流似乎应与光强的 n 次方成正比。人们把满足爱因斯坦方程的光电发射过程叫单光子光电效应，则多光子光电发射过程叫多光子光电效应。

上面只提及了金属的外光电效应，实际上半导体和其他固体一样也会发生外光电效应，式(2.87) 同样成立。

利用外光电效应可制成光电倍增管(PMT)，它选用了二次电子发射率高的锑 - 铯合金材料做光电阴极，同时又在原阴极与阳极之间安装了一系列连续式次阴极，形成通道式光电倍增管和微通道板式光电倍增管。它们是将弱光信号转变成电信号的不可缺少的传感器，广泛使用在众多的高新探测技术中，如各种光谱仪、光子计数仪、表面分析仪等。通道式电子倍增管(CEM) 由于增益高、功耗低、结构简单小巧、响应快、多功能等优点备受欢迎，它可直接探测光电子、离子、中性粒子、软 X 射线以及 α、β、γ 等带能粒子，已将其载于人造卫星或航天器中来进行这类探测和分析。微通道板可制作像亮度增强器和超高速变像管相机，是捕捉高速瞬变现象的利器。

2.16.2　内光电效应

物体受光照后无电子发射，但其电导率发生变化或产生电动势，这种现象称为内光电效应。显然，内光电效应包括光电导效应和光生伏特效应。

1. 光电导效应

半导体受光辐射时，电导率增加而变得易于导电，此现象称光电导效应。该效应的机理是利用光子能量来产生自由载流子。如图 2.93 所示，当半导体未受光照时，只有极少的热激发自由载流子，绝大多数电子被束缚在图 2.93(a) 的局域价键上不能参与导电。或如图 2.93(b) 所示，导带中的自由电子极少，近似空带，而价电子全部束缚于满的价带中，故电导率很小。要打破电子的这种分布格局，就必须输入能量，以破坏原子间的价键，将电子从价带提升到导带，光电导效应正是利用了光子的能量来实现了这一目的。如图 2.93(c) 所示，当有光照射时，能量大于半导体禁带宽度 E_g 的光子 $h\nu$ 与价电子碰撞，价电子获得了光子的能量从价带中跃迁到导带中成为自由电子，并在价带中留下空位形成空穴。即光子被价电子吸收形成了自由电子 - 空穴对，它们都是可以参与导电的载流子。由于这一光电效应增加了材料的载流子浓度，从而增加了材料的电导率。

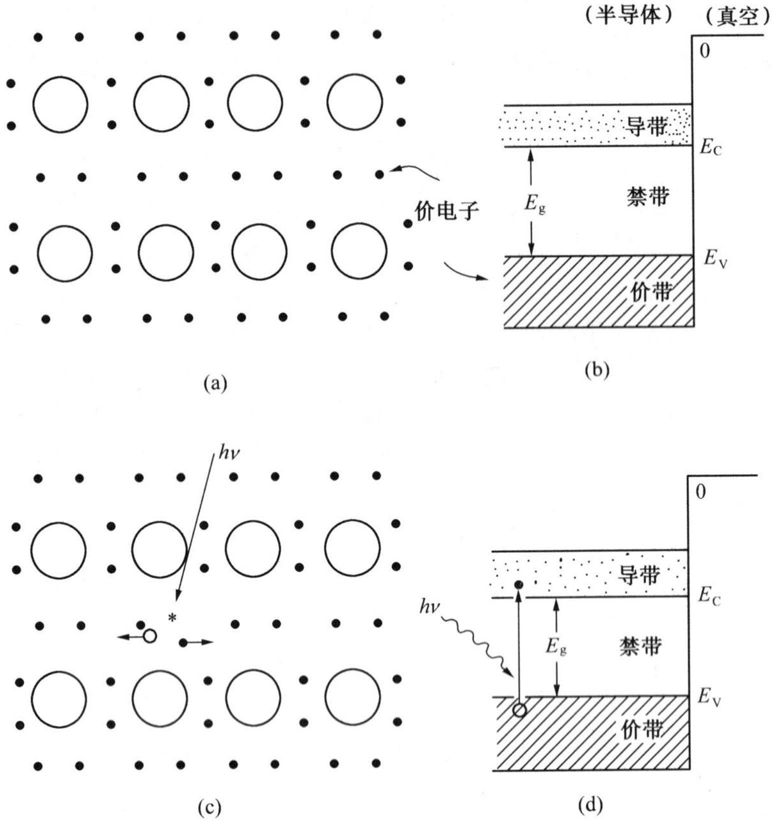

图 2.93　本征半导体光电导效应

光电导效应的应用是可制作各种光探测器：

(1) 光敏电阻。硫化镉、硒化镉光敏电阻是可见光范围内使用最广的光电导器件。

(2) 红外光电导探测器，制造这类探测器的材料有硫化铅、硒化铅、碲化铅等。这种探测器在高空侦察、资源探测等方面有重要意义。

(3) 光电导摄像管。

(4) 高速光导开关(用 GaAs、InP 等光电导材料做成)。

(5) 静电复印机的有机光电导体(用硒及其合金、氧化锌等制成)。

2. 光生伏特效应

半导体受光照时产生电动势(或电位差)的现象称为光生伏特效应。前述的光电导效应是以光为动力，使束缚电子成为自由电子，形成电子 - 空穴对，从而改变了材料的载流子浓度，致使电导率发生变化。要在光照下产生电位差或电动势，还需一种能将正、负载流子在空间上分离的机制。根据产生电位差时载流子分离机理的不同，光生伏特效应可分为丹倍效应、光磁电效应和 PN 结光生伏特效应等。

(1) 丹倍效应

如图 2.94 所示，当一束频率足够高的光照射在一块均匀半导体样品的表面上时，便会产生大量的电子 - 空穴对，如图2.94(a)所示，于是表面层内就有了非平衡的载流子

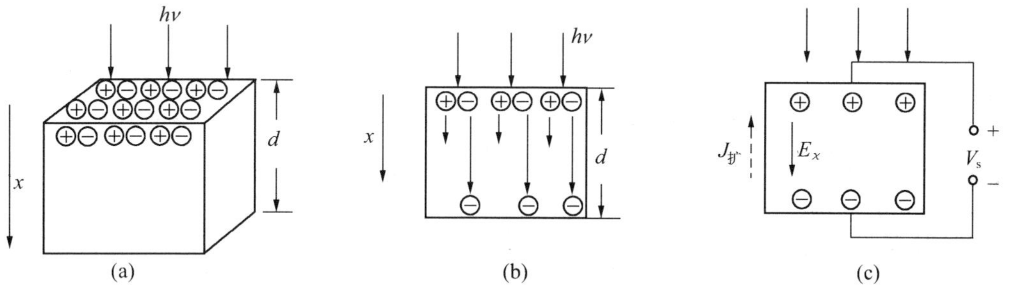

图 2.94　丹倍效应

$\Delta n = \Delta p$(表示光照部分高出未被照部分的载流子浓度)。这样就造成了由表面指向体内的载流子的浓度梯度。我们知道物理量的空间梯度相当于一种广义驱动力,在载流子浓度梯度的推动下,载流子将沿光照 x 方向向内部扩散。但由于电子和空穴形成的扩散电流相反,若二者的扩散系数相同,则二者的扩散电流将完全抵消。然而,事实上电子和空穴的扩散系数不同,一般电子扩散得比空穴快,如图 2.94(b) 所示,故总扩散电流将沿 x 负方向,引起电荷的局部累积而打破电中性状态,使光照的一面带正电,相对的一面(当厚度 d 不太大时)带负电,形成了沿 x 方向的电场 E_x,如图 2.94(c) 所示。这个电场又将引起载流子沿 x 方向的漂移运动,形成漂移电流,当达稳态时,总电流为零,从而在半导体中建立了稳定的电场和电位差。

这种由于光生非平衡载流子扩散速度的差异所引起的光照方向的电场和电位差的现象,由丹倍于 1931 年阐明,故称为丹倍效应。

(2) 光磁电效应

如图 2.95 所示,当在垂直于光照的方向(z 向)上再加一磁场,则在半导体的两侧端面间将产生电位差,此现象称为光磁电效应,是 1934 年 Knkonh 和 Hockob 发现的。

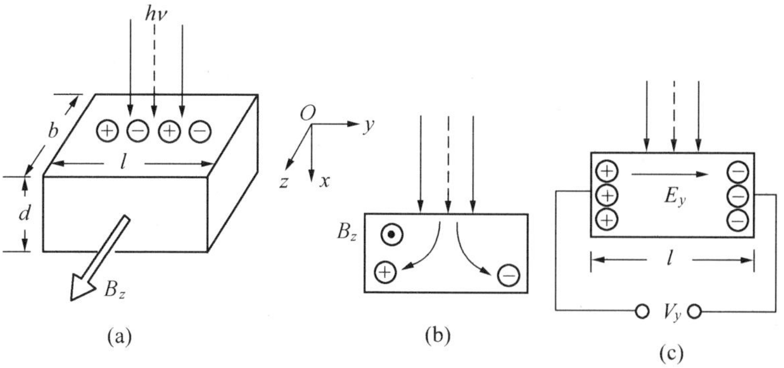

图 2.95　光磁电效应

该效应的机理是:光在样品表面产生了非平衡载流子的浓度梯度,如图 2.95(a) 所示,浓度梯度将使载流子出现定向扩散运动(x 方向)。而磁场作用在载流子上的洛伦兹力将使正负载流子分离,如图 2.95(b) 所示,这样在两个侧端面电荷的累积形成了电位差和电场。当作用在载流子上的洛伦兹力与电场作用的电场力平衡时,将建立起一个稳定的电位差。Ge、InSb、InAs、PbS、CdS 等许多半导体材料都可呈现较明显的光磁电效应,利用它们可以制作半导体红外探测器。

(3)PN结光生伏特效应

当光照射在PN结上时,在PN结上会产生电动势(电位差),此现象称为PN结光生伏特效应,是1839年贝克勒发现的。如图2.96所示,当PN结未受光照射时(参阅2.8.5小节),由于P、N两区存在载流子的浓度差(浓度梯度)而引起载流子的扩散运动,所以在交界处形成了空间电荷层及内建电场(电位差),如图2.96(a)所示。从能量角度看,对载流子来说,空间电荷层相当于一个势垒(电位壁垒),无论是N区电子或P区空穴要想进入极性相反的另一区都需要提供能量,如图2.96(b)所示。当光照射时,光子进入P区、结区和N区,在此三区域光子被吸收而产生电子-空穴对,如图2.96(c)所示。图中的波纹线表示载流子的扩散,扩散长度标志扩散的快慢。在每个区域是非平衡的光生少数载流子起作用(光生多数载流子对产生光生电位差无贡献),P区的少子是电子,只要在此区所产生的光生电子离结区的距离x小于电子的扩散长度L_n,便可靠扩散从P区进入结区,而被结内电场漂移至N区。N区的少子是空穴,只要光生空穴离结区的距离x小于空穴的扩散长度L_p,也可靠扩散进入结区,被结内电场漂移至P区。在结区内产生的光生电子-空穴对,被结内电场漂移到结的两边。在三个区域都是光子产生的电子-空穴对,靠扩散和内电场实现正、负载流子的分离,使电荷累积到结的两边,P区侧带正电,N区侧带负电,从而建立了一个与原内建电位差相反的电位差,称为光生电位差。

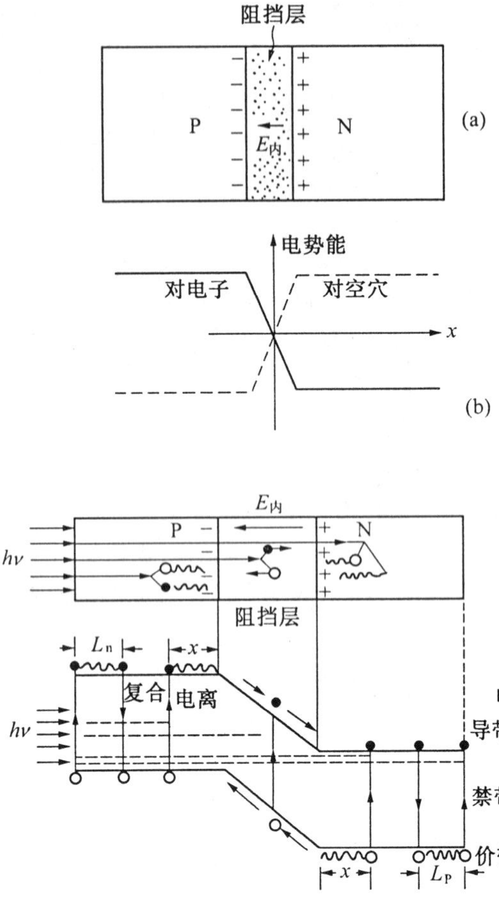

图2.96　PN结光生伏特效应

在光照下,PN结成了一个能产生电动势的电源,构成了光电池。为得到所需的电压和输出功率,可将许多光电池串、并联连接成光电池阵列。卫星、航天器上使用的硅光电池板就是这样的阵列。也有用硅光电池板来驱动汽车的,这是解决能源危机、减少污染的一个非常诱人的方案。利用PN结的光敏特性,除了制作光电池外,还可制作各种光敏二极管、三极管等,广泛地用于自动检测、控制和传感技术中。

2.16.3　贝克勒效应

如图2.97所示,将两个同样的电极浸在电解液中,其中一个被光照射,则在两个电极间将产生电位差，此现象称为贝克勒效应。

前面所述的都是固体中发生的光生伏特效应，而贝克勒效应是液体中的光生伏特效应。这个效应已被用来制作实用化的感光电池。图 2.97(b) 示出了模仿叶绿素光合作用的太阳能电池。两电极与电解质溶液接触，其中一个透明电极上覆盖一层二氧化钛粒子，再在其上又覆盖一层特制的钌基染料。这种染料有类似叶绿素的性质，它的分子像小型天线那样吸收入射的光子，将电子释放给下面的二氧化钛。这些电子再经透明电极、外电路、电解质溶液返回染料。

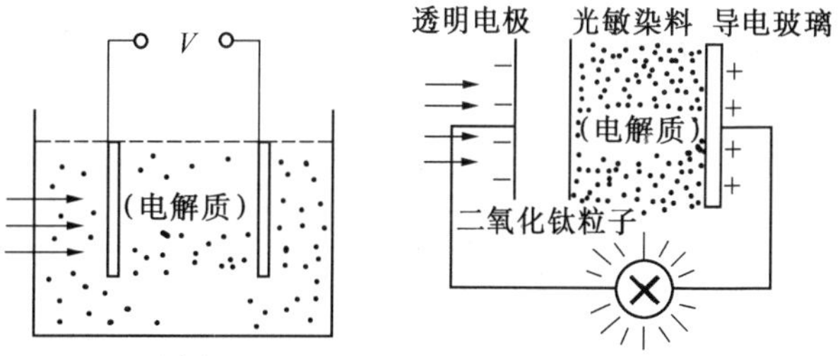

(a)　　(b)

图 2.97　贝克勒效应

将化学电池与光生伏特效应结合起来可能会有光明的前途，制造出廉价而高效的太阳能电池是解决地球上能源危机的重要途径之一。

2.16.4　俄歇效应

前面所述，用可见光的光子可从金属或半导体中击出光电子，而用 X 射线等高能光子或高能电子，则可从原子的内壳层中击出光电子。

1925 年，法国科学家俄歇在威尔逊云室中用 X 射线研究电离惰性气体的光电效应时发现：沿 X 射线有双电子径迹，这两条径迹从同一点出发，其中一条径迹的长度随 X 射线光子能量的增加而增加，这可用原子内壳层光电子发射来解释。而另一条电子径迹的长度却不随 X 射线光子的能量变化，但却同被照原子的类型有关，它不能用光电效应来解释，称这种径迹的电子为俄歇电子。这种在发射光电子后，发射俄歇电子，使原子、分子成为高价离子的现象称为俄歇效应。X 射线可以激发俄歇电子，能量超过内壳层电子束缚能的高能电子也可以激发俄歇电子。对于电子，它的能量更易控制和调节，因此观察俄歇效应或用它来做研究工作，使用电子束入射更为方便。

下面以氩原子为例来说明俄歇电子的发射过程。氩原子的电子在各壳层的排布如图 2.98(a) 所示，能量大于 k 壳层电子结合能的光子或电子与氩原子碰撞，轰击出 k 壳层的束缚电子，留下一个空穴，如图 2.98(b) 所示，k 壳层被电离。这时原子内电子分布失去平衡，同时静电力也会促使较外层的电子来填补这个空穴。由于较外层电子的能量比内层高，当它为填补空穴而跃迁到内层时，必将多余的能量释放出去。释放的方式有两种：一种是以光子形式辐射，如发射软 X 射线。另一种是非辐射能量转移，即将能量转移给另一个电子，得到能量的这个电子就从原子中发射出来，这就是我们所说的俄歇电子，如图 2.98(c) 所示。l_1 层的一个电子填补 k 层空穴，导致 l_1 层另一个电子作为俄歇电子发射，这时在 l_1 层留下两个空穴，l_1 能级被电离。上述俄歇电子发射过程称为 kl_1l_1 跃迁。其中，第一个字母表示接受电子的空穴所在的能级，第二个字母表示填充空穴的电子所在的能级，第三个字母表示发射俄歇电子的能级。以此类推，可能会有 kl_1l_2，kl_1l_3 等俄歇跃迁。此时，l 壳层存在两个空穴，电子系统仍不稳定，能量较高的电子继续填充空穴，并发射俄歇电子，使氩原子电离成高价离子，如三、四、五价的离子。

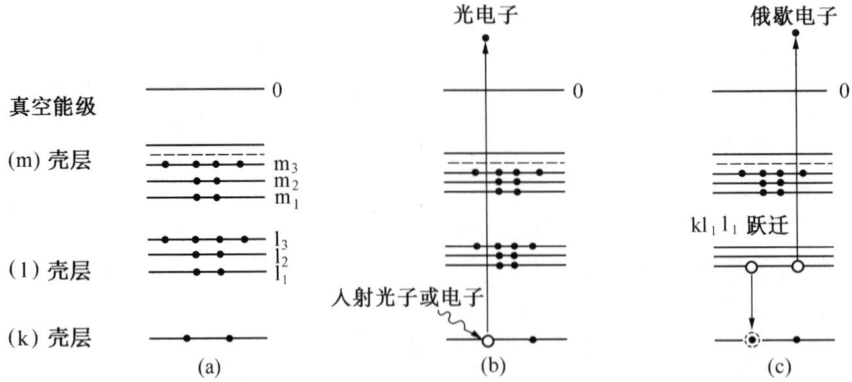

图 2.98　俄歇电子发射

不仅气体可以产生俄歇电子发射，X 射线或高能电子轰击固体表面也可发射俄歇电子。诸多原子组成固体时，能级展宽成能带，特别是最外层的价电子带 V 比较宽。图 2.99 示出了固体硅的能级(带) 图和可能的俄歇跃迁中的两个 ——$kl_{2,3}l_{2,3}$、$l_{2,3}VV$ 跃迁，$l_{2,3}$ 表示 l_2、l_3 能级分不开。

俄歇效应与光电子发射效应不同，光电子发射是一步过程，只涉及原子的一个能级，而俄歇效应是两步过程，它涉及三个(至少两个) 能级，俄歇电子必然带着这些能级的印迹。若 W 能级的空穴被 X 能级的电子填充，使 Y 能级的电子逸出成为俄歇电子，则按能量守恒，由图 2.99 知，俄歇电子的动能

$$E_A(Z) = |E_W(Z) - E_X(Z) - E_Y(Z)| \quad (2.88)$$

式中，Z 是原子序号，E_W、E_X、E_Y 都是元素特有的能级。不同原子会发射出不同能量 E_A 的俄歇电子，故通过测量俄歇电子的能量，便可得知有哪种元素存在。同一原子有许多能级 W、X、Y，它不只发射一种能量的俄歇电子，而是一组特征能谱的俄歇电子。因此，通过测量俄歇电子能谱，就能分析材料的成分和结构。基于俄歇效应的俄歇电子能谱仪，就是一种使用较广的表面分析仪器。它靠检测自表面逸出的俄歇电子的特征能谱来进行表面成分分析，了解表面的化学环境等。它能对气体进行元素分析和分子类型分析，也可进行电离过程的研究。俄歇电子能谱仪能成功地进行固体表面的成分分析，还可分析表面发生的吸附、脱附、扩散、催化反应、薄膜生长、表面污染等。它有灵敏度高、分析速度快等优点，在表面物理、化学反应动力学、催化剂、冶金、电子等诸多领域有很多重要应用。

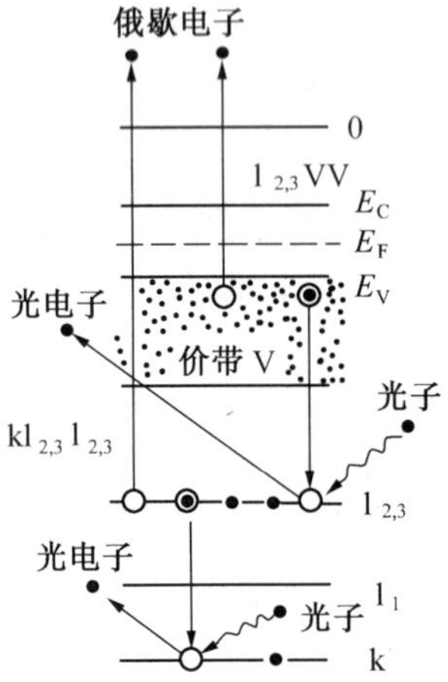

图 2.99　固体俄歇电子发射

2.17　磁 电 性

将运动的导体、通电的导体或半导体置于磁场中会产生电动势(电位差)、电阻变化等，这类磁致电变的现象称为磁电效应。

2.17.1　霍耳效应

磁场对载流导体或半导体中的载流子有作用,致使产生横向电位差的现象称为霍耳效应。它是美国物理学家霍耳于1879年发现的。

1. 普通金属的霍耳效应

如图2.100所示,电子沿 $-x$ 方向运动,由于磁场的存在,每个运动电子均受洛伦兹力 $F = -Bqv$ 作用而偏向 $-z$ 的方向,这就使得A面累积了电子,而B面则相应地出现了等量的正电荷,A、B两侧表面间产生一横向电场(沿 $-z$ 方向)即霍耳电场。当此电场达到 $E = Bv$ 时,运动的电子所受的电场力 $E_{\mathrm{H}}q$ 就与洛伦兹力 Bqv 的大小相等而方向相反。这时电子不再偏折,导体A、B两侧建立了一稳定的电位差 $V_{\mathrm{H}} = E_{\mathrm{H}}a$($a$ 为导体宽度)。由于电流密度 $j = \dfrac{I}{ad} = nqv$,故霍耳电位差 $V_{\mathrm{H}} = \dfrac{j}{nq}Ba = \dfrac{IB}{nqd}$,而霍耳电场和霍耳电位差又可表示为

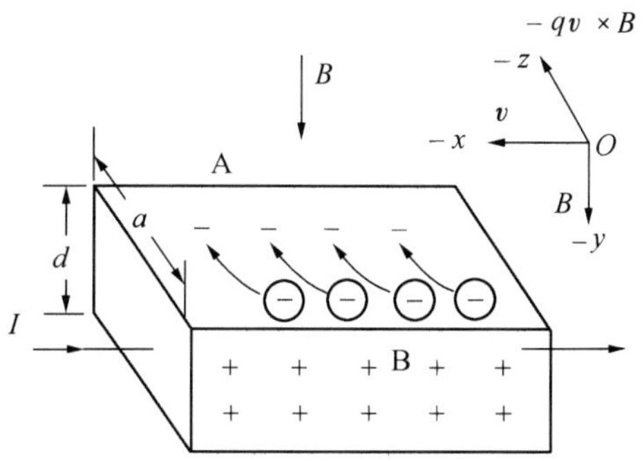

图2.100　金属霍耳效应

$$E_{\mathrm{H}} = R_{\mathrm{H}}jB \tag{2.89}$$

$$V_{\mathrm{H}} = R_{\mathrm{H}}\frac{IB}{d} \tag{2.90}$$

式中,B 为磁感应强度;q 为电子电荷量;v 为电子速度;I 为导体中电流;d 为导体厚度;n 为自由电子的浓度;$R_{\mathrm{H}} = \dfrac{1}{nq}$ 称为霍耳系数,它的大小取决于载流子的浓度 n,符号取决于载流子的符号,对于金属,载流子是带负电的电子,R_{H} 为负,对于半导体因有带正电的载流子空穴,故 R_{H} 为正。因此,依式(2.90),通过霍耳效应可测定霍耳系数来得知材料的载流子浓度和电荷的符号。又由 $j = nq\mu E = \sigma E$ 和 $R_{\mathrm{H}} = \dfrac{1}{nq}$ 可得载流子的迁移率 μ。材料的电导率 σ 和霍耳系数 R_{H} 间的关系为

$$\mu = R_{\mathrm{H}}\sigma \tag{2.91}$$

因此,根据 R_{H} 的测量,结合 σ 的测定,便可求出 μ。分析载流子在运动中的碰撞过程,可得出 μ 与平均碰撞时间 τ 和载流子的有效质量 m^* 的关系为

$$\mu = \frac{q\tau}{m^*} \tag{2.92}$$

确定了 μ 和 m^* 后,由上式就可得到 τ。由此可见,霍耳效应和霍耳系数的测定在材料研究中的重要意义。

在得出式(2.90)的分析中,假设电子做匀速运动,实际上,电子是在做规则热运动的同时向前漂移的,因此存在一个速度分布问题。研究表明,若电子的速度分布为费米分布,所得 R_{H} 仍为 $\dfrac{1}{nq}$。若其速度服从玻耳兹曼分布,则得霍耳系数为 $R_{\mathrm{H}} = \dfrac{3\pi}{8}\cdot\dfrac{1}{nq}$,二者相差 $\dfrac{3\pi}{8}$ 的因子。

2. 半导体的霍耳效应

在半导体中的霍耳效应更为显著，那是由于半导体中的载流子浓度远小于金属中的自由电子浓度，即由 $R_H = \frac{1}{nq}$ 知，半导体的霍耳系数远比金属的大。发生效应的机理与上述金属的情形相同，只是半导体有 N、P、本征型之分，N 型半导体，多子是电子，R_H 为负；P 型半导体，多子是空穴，R_H 为正。图 2.101 分别表明了在 N 型半导体和 P 型半导体中发生霍耳效应的情况。在本征半导体中，由于电子和空穴同时起作用，故效果互相抵消。

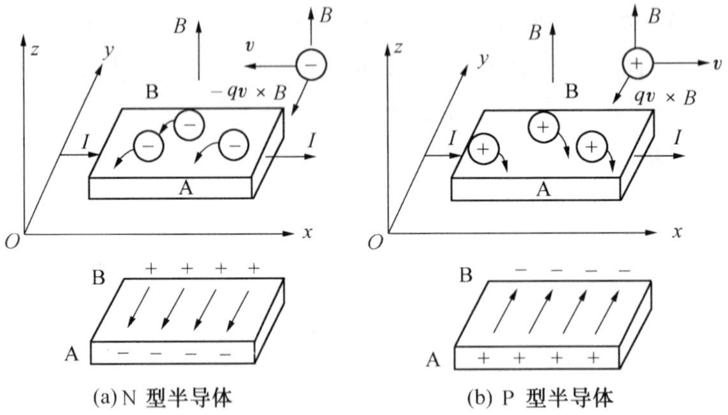

图 2.101　半导体的霍耳效应

3. 霍耳效应的应用

霍耳效应除了在材料性质研究上的重要性外，利用半导体霍耳效应制成的霍耳敏感元件和集成霍耳功能器件，在自动化、机器人、信息和检测技术中有着广泛的应用。实用要求用来制作霍耳器件的材料，应该有高的迁移率和霍耳系数、尽量小的温度系数，目前使用较多的有 Ge、Si、InSb、InAs 等。利用式(2.88)，只要能将某物理量变换成 I 和 B 的变化，就可以利用霍耳效应制造出各种传感器。

2.17.2　磁电阻效应

磁场对载流导体或半导体中的载流子有作用。致使电阻值发生变化的现象称为磁电阻效应。通常用磁场引起的电阻率的相对变化来度量磁电阻效应，即

$$\frac{\Delta\rho}{\rho_0} = \frac{\rho_B - \rho_0}{\rho_0} \tag{2.93}$$

式中，ρ_0 和 ρ_B 分别为无磁场和有磁场时的电阻率。在大多数金属中，电阻的变化是正的，类金属和过渡金属的合金以及饱和的铁磁体中，其变化是负的。半导体的磁电阻非常大，特别是在锑化铟中。并且相对单晶来说，具有较大的磁电阻各向异性，这个性质对确定能带结构很有价值。磁电阻的测量还能提供有关迁移率、有效质量各向异性的信息。

产生磁电阻效应的原因是磁场改变了载流子的漂移路径，致使与外加电场同方向的电流分量减小，等价于电阻增大了。磁场的方向与外电场相垂直时的磁电阻效应称为横向磁电阻效应，而二者平行时称为纵向磁电阻效应。当材料中电子有效质量显示各向同性时，纵向磁电阻效应为零。一般情况下，横向磁电阻效应比纵向要显著得多，故本书只讨论横向磁电阻效应。

磁电阻效应分为物理磁电阻效应和几何磁电阻效应两种。物理磁电阻效应是材料的电阻率随磁场增大的效应,故又称磁电阻率效应。而几何磁电阻效应是材料的电阻随样品的几何形状而变的效应。

利用磁电阻效应可制作磁敏电阻,已得到较多的应用。常选用锑化铟、砷化铟等高迁移率的材料来制作。磁电阻元件主要应用于检测磁场、制作无接触电位器、无接触开关等,还可应用于各类传感器中,如磁卡识别传感器、位移传感器、转速传感器、位置传感器、速度传感器等。

2.17.3 磁生电效应

运动的电荷或电流产生磁场,反过来磁场也能产生电场和电流,上面所述效应都是由洛伦兹力导致的,都是磁生弱电动势的效应,产生不了强电,现讨论磁生电的两种方式。

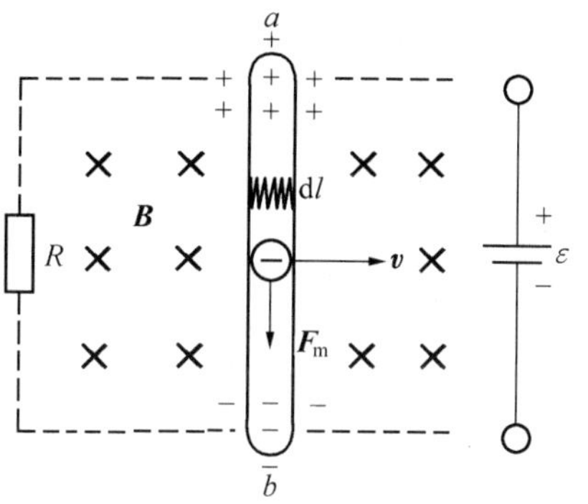

图 2.102　动生电动势

1. 磁动生电动势

如图 2.102 所示,在垂直纸面的磁场 $\boldsymbol{B}$ 中,长度为 L 的导体以速度 $\boldsymbol{v}$ 向右垂直切割磁力线时,导体中的自由电子将受到洛伦兹力 $\boldsymbol{F}_m = q\boldsymbol{v} \times \boldsymbol{B}$ 而向下运动,从而使下端堆积了净的负电荷,上端由于缺少电子而呈现净的正电荷,直到堆积的净电荷形成的电场力与洛伦兹力平衡时,两端就形成了一个稳定的电位差,因此,导体 ab 就好像是一个具有电动势 ε 的电源。这里

$$\varepsilon = \int_0^L (\boldsymbol{v} \times \boldsymbol{B}) \cdot \mathrm{d}l \tag{2.94}$$

这个电动势是导体在磁场中运动切割磁力线产生的,称为磁动生电动势。正是利用了这种磁生电效应,制成了发电机。大型的水火发电设备如水轮发电机、汽轮发电机等均利用了这一原理。

2. 磁感生电动势

如图 2.103 所示,在铁芯上有两个互不相连的线圈,若在初级线圈中通以恒定的直流电,则次级线圈中的灯泡不亮;若通以交流电,则灯泡亮。灯泡亮说明在次级线圈中有电动势产生,但这里线圈并无运动,导体也未切割磁力线,为了与磁动生电动势相区别,称此电动势为磁感生电动势。

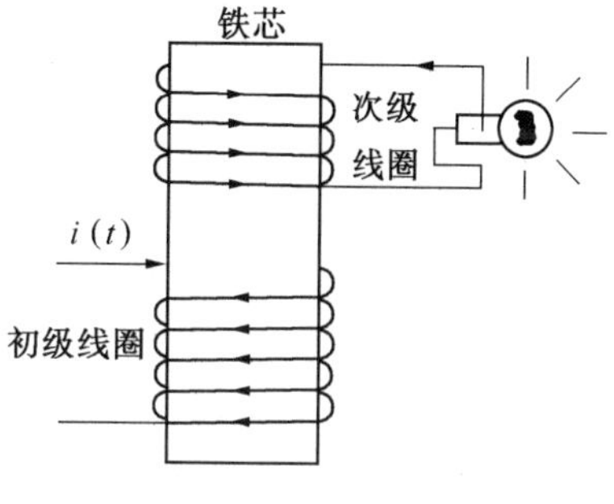

图 2.103　感生电动势

为什么在初级线圈中通以交流电,次级线圈中就会有电动势呢?由电磁场理论可知,变化的电场会产生磁场,变化的磁场会产生电场。由于在初级线圈中,通有随时间变化的交变电流 $i(t)$,故会在铁芯中产生磁场 B,而这个磁场 B 又会随着电流 $i(t)$ 的变化而变化,故会在次级线圈中甚至在初级线圈本身产生电场 E_i,这就是磁感生电动势的成因。

在次级线圈中产生的电动势称为互感电动势

$$\varepsilon_M = -M\frac{\mathrm{d}i}{\mathrm{d}t} \tag{2.95}$$

在初级线圈中产生的电动势称为自感电动势

$$\varepsilon_L = -L\frac{\mathrm{d}i}{\mathrm{d}t} \tag{2.96}$$

式中,M 为两线圈中的互感系数,它与线圈匝数、尺寸、相对位置及磁介质有关; L 为初级线圈的自感系数,它与线圈匝数、尺寸及磁介质有关。

变化的磁场能感生出电场和电动势的效应在电力、电子工业中有着极为广泛的应用,各种变压器就是依此原理制造的,各种工频、中频、高频感应电炉也都是依此原理制造的。

自 1820 年丹麦物理学家奥斯特发现电流的磁效应和安培发现电流之间的作用力以后,法拉第一直在思考和探索相反的课题 —— 磁能生电吗?为此,他做了许多实验,于 1831 年发现了磁生电效应,并把产生感应电流的情况概括成五类:变化着的电流、变化着的磁场、运动的稳恒电流、运动的磁铁、在磁场中运动的导体;指出了感应电流与原电流的变化有关而与原电流本身无关。法拉第还把这些磁生电现象定名为"电磁感应",但法拉第没有得出电磁感应的数学表达式,直到 1845 年,诺伊曼才把法拉第的五种产生感应电动势的原因概括成一个根本的原因 —— 磁通 ϕ 对时间的变化。至此法拉第电磁感应定律才被陈述在一个简洁的数学表达式中,即

$$\varepsilon = -\frac{\mathrm{d}\phi}{\mathrm{d}t} \tag{2.97}$$

式中,ε 是一匝闭合回路的感应电动势,ϕ 是闭合回路的磁通。此式覆盖了产生感应电动势的所有情况。图 2.102 所示的磁动生电动势的情况实际上是导体 L 向右移动时,回路包围的磁通量 ϕ 在不断增加,故产生感应电动势。

习 题

1. 铂线 300 K 时电阻率为 $1 \times 10^{-7}\Omega \cdot \mathrm{m}$,假设铂线成分为理想纯度。试求 1 000 K 时的电阻率。

2. 镍铬丝电阻率(300 K) 为 $1 \times 10^{-6}\Omega \cdot \mathrm{m}$,加热至 4 000 K时电阻率增加 5% ,假定在 400 ℃ 下马西森定律成立。试计算由于晶格缺陷和杂质引起的电阻率。

3. 为什么金属的电阻因温度的升高而增大,而半导体的电阻却因温度的升高而减小?

4. 从能带的角度说明导体、绝缘体、半导体有什么区别。

5. 简要论述电阻测量的方法以及电阻分析的应用?

6. 本征半导体中,从价带激发至导带的电子和价带产生的空穴共同导电。激发的电子数 n_i 近似表示为 $n_i = K_1 T^{3/2}\exp(-E_g/2kT)$,式中 $K_1 T^{3/2} = N$。试回答:

① 设 $N = 10^{23}\mathrm{cm}^{-3}$, $k = 8.6 \times 10^{-5}\mathrm{eV} \cdot \mathrm{K}^{-1}$ 时,Si($E_g = 1.1$ eV),TiO_2($E_g = 3.0$ eV) 在 20℃ 和 500℃ 时所激发的电子数(cm^{-3}) 各是多少?

② 本征半导体的电阻率为 $\rho_i = \dfrac{1}{qn_i\mu_n + qp_i\mu_p}$,假设 Si 的迁移率 $\mu_n = 1\,450\ \mathrm{cm}^2 \cdot \mathrm{V}^{-1} \cdot \mathrm{s}^{-1}$,$\mu_p = 500\ \mathrm{cm}^2 \cdot \mathrm{V}^{-1} \cdot \mathrm{s}^{-1}$,且不随温度变化。试求 Si 在 20℃ 和 500℃ 的电阻率。

7. 简述 PN 结的整流特性和晶体管的放大特性。

8. 表征超导体性能的 3 个主要指标是什么?

9. 详细论述金属 – 半导体接触电效应。

10. 将两种不同金属连成回路。如果两结点处温度不同,在回路中会产生哪些热电效应?并论述其原理?

11. 在云母电容器中，电介质的相对介电常数为 5.5，电容为 2 μF，试求施加直流电压 3 kV 时电容所存储的能量。

12. 简述压电效应及其应用？

13. 简述热释电效应及其应用？

14. 光电管的光电子发射面受到 $\lambda = 2\ 537$ Å 的光的照射，所放出的电子最大能量为2.5 eV，试求材料的功率数。

15. 已知 Ge 和 Si 的禁带宽度分别为 0.72 eV 和 1.1 eV，试求光照下本征 Ge 和 Si 发生光电效应时所需光的最小波长？

16. 已知电子和空穴的迁移率分别为 0.36 $m^2 \cdot V^{-1} \cdot s^{-1}$) 和 0.17 $m^2 \cdot V^{-1} \cdot s^{-1}$，试求室温下本征的 Ge 的 R_H？

第三章　材料的磁学性能

研究物质的磁学性能是非常重要的，这是因为磁性是一切物质的基本属性之一，它存在的范围很广，小至微观粒子大到宇宙天体几乎都存在着磁现象。磁性不只是一个宏观的物理量，而且与物质的微观结构密切相关：它不仅取决于物质的原子结构，还取决于原子间的相互作用——键合情况和晶体结构等。因此，研究磁性是研究物质内部微观结构的重要方法之一。

随着现代科学技术和工业的发展，磁性材料的应用越来越广泛，特别是电子技术的发展，对磁性材料又提出了新的要求。因此，研究有关磁性的理论、发现新型的磁性材料是材料科学的一个重要方向。

本章将介绍有关的磁性理论、磁性的测量和磁性分析法在材料研究中的主要应用。

3.1　材料的磁化特征及其基本参数

3.1.1　磁化现象及磁化强度

按照现代科学的观点，一切物质都具有磁性，任何空间都存在着磁场，只是强弱不同而已。当物质处于磁场中时，会使它所占据的空间的磁场发生变化。不同的物质所引起的磁场变化是不一样的，空气会使磁场略有增强，而铁会使磁场增加得强烈，铜则相反，会使磁场减弱。这就是说，物质在磁场中由于受磁场的作用而表现出一定的磁性，这种现象被称之为磁化。通常把能磁化的物质称为磁介质。电磁学中物质磁化理论由两种观点来描述：分子电流观点和等效磁荷观点，两种观点是等效的。

由物理学知，一个环形电流周围的磁场犹如一条形磁铁的磁场。环形电流在其运动中心产生一个磁矩 P_m（或称磁偶极矩），其周围磁场情况与环形电流和条形磁场相同。因此，可用 P_m 来代替环形电流与条形磁铁。

一个环形电流的磁矩定义为

$$P_m = IS$$

式中，I 为环形电流的强度；S 为环形所包围的面积；P_m 的方向可以用右手定则来确定。

根据安培的分子环流假说，物质中的每个磁分子都相当于一个环形电流，无外磁场时，各分子环流取向杂乱无章，作用抵消，不显磁性。

当施加外磁场后，分子电流的磁矩将沿磁化场排列起来，而呈现出宏观磁性。为衡量物质磁性的强弱和描述其磁化状态，引入磁化强度矢量的概念，把单位体积的总磁矩定义为磁化强度

$$M = \frac{\sum P_m}{V} \tag{3.1}$$

式中，$\sum P_m$ 为体积元 V 内环电流磁矩的矢量和，下标 m 表示磁场，M 的单位为 $A \cdot m^{-1}$。当材料未被磁化时，环电流磁矩沿空间的取向按统计规律分布，$\sum P_m = 0$，则 $M = 0$。当材料被磁化时，环电流磁矩沿外磁场(磁化场)排列起来，$\sum P_m \neq 0$，产生一个沿外磁场的磁化强度 $M \neq 0$。环电流磁矩定向排列的程度越高，磁化强度矢量也就越大，可见磁化强度 M 是一个反映物质磁化状态(强度和方向)的物理量。

从磁荷的观点来看，材料的磁分子就是磁偶极子，未磁化时各磁偶极子取向呈无序状态，其偶极矩的矢量和 $\sum j_m = 0$，故不显磁性。当施加外磁场后，偶极子受外磁场作用而转向外场方向，由于材料内部磁偶极子的这种"整列"，使材料的两端呈现出磁极的性质。从磁荷观点来描述材料的磁化，通常引入磁极化强度矢量的概念，把单位体积的磁偶极矩的矢量和定义为磁极化强度

$$J = \frac{\sum j_m}{V} \tag{3.2}$$

根据环电流与磁偶极子的等效原理，材料内一个磁矩为 P_m 的电流环可看成是一个偶极矩为 $j_m = \mu_0 P_m$ 的磁偶极子，故分子电流观点中的磁化强度 M 和磁荷观点中的磁极化强度 J 之间的关系为

$$J = \mu_0 M \tag{3.3}$$

式中，$\mu_0 = 4\pi \times 10^{-7} H \cdot m^{-1}$ 为真空的磁导率。表 3.1 列出了采用两种观点相对应的概念、模型和物理量。

表 3.1　两种观点相对应的概念、模型和物理量

分子电流观点	等效磁荷观点	附　注
环电流	磁偶极子	统称"磁分子"
环电流任意取向	磁偶极子任意取向	无外场时
环电流整列	磁偶极子整列	加外场时
表面束缚电流，I	棒端磁荷，m	等效
磁矩，$\sum P_m = NIS$	磁偶极矩，$\sum j_m = ml = \sigma sl$	$j = \mu_0 P$
磁化强度，$M = \frac{NIS}{Sl} = \frac{N}{l} I = nI$	磁极化强度，$J = \frac{\sigma Sl}{Sl} = \sigma$	$J = \mu_0 M$
单位棒长上的束缚电流	棒端表面磁荷密度	等效

3.1.2　磁化率和物质磁性的分类

研究材料磁性的基本任务是确定材料的磁化强度 M 与外磁场强度 H 和温度 T 的关系，即确定磁状态方程 $M = f(H, T)$，在给定的外界条件(T = 常数)下，若所研究的材料各向异性，且 $M // H$，则上述关系可表为

$$M = \chi H \quad 或 \quad \chi = \frac{M}{H} \tag{3.4}$$

式中，χ 称为物质的磁化率，它把物质的磁化强度与外磁场强度联系了起来，显然它的大小反映了物质磁化的难易程度，是材料的一个重要的磁参数。同时，它也是物质磁性分类

的主要依据。

若对原先不存在宏观磁性的材料施加一个由零逐渐增大的磁场,则对不同的材料都可得一不同的 $M-H$ 曲线,称为基本磁化曲线,如图 3.1 所示。显然,曲线上任意一点都对应着材料的某种磁化状态,它与坐标原点连线的斜率即表示材料在该磁场下的磁化率。通常磁化率有三种表示形式,χ_V 表示单位体积(每 cm^3)的磁化率,χ_A 表示每摩尔的磁化率,χ_g 表示单位质量(每克)的磁化率,它们之间的关系为

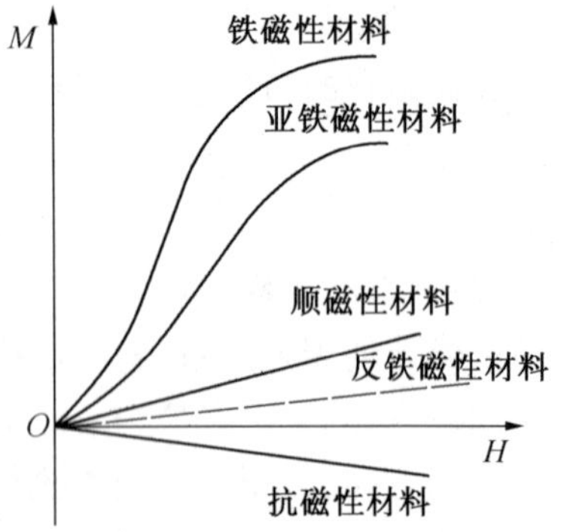

图 3.1　五类磁体的磁化曲线

$$\chi_A = \chi_V V = \chi_g A = \frac{\chi_V}{\delta} A \qquad (3.5)$$

式中,A 为相对原子质量;V 为每摩尔的体积;δ 为相对体积质量。

根据磁化率的符号和大小,可以把物质的磁性大致分为五类:

1. 抗磁体

χ 为甚小负常数,大约在 10^{-6} 数量级。这表明其 M 与 H 反向,故抗磁体在磁场中受微弱斥力。金属中约有一半的简单金属是抗磁体。根据 χ 与温度 T 的关系,抗磁体又分为:

(1)"经典" 抗磁体,它的 χ 不随 T 变化,如铜、银、金、汞、锌等。

(2) 反常抗磁体,它的 χ 随 T 变化,且大小是前者的 10 ~ 100 倍,如铋、镓、锑、锡、铟等。

2. 顺磁体

χ 为正常数,约为 10^{-3} ~ 10^{-6} 数量级。表明 M 与 H 同向,故顺磁体在磁场中受微弱引力。根据 χ 与温度 T 的关系,顺磁体又分为:

(1) 正常顺磁体,其 χ 随 T 变化,且符合与 T 成反比的关系,如铂、钯、奥氏体不锈钢、稀土金属等。

(2) χ 与 T 无关的顺磁体,如锂、钠、钾、铷等。

3. 反铁磁体

χ 是甚小的正常数,当 T 高于某个温度时,其行为像顺磁体,如 α-Mn、铬、氧化镍、氧化锰等。低于这个温度时,它的磁化率同磁场的取向有关。

4. 铁磁体

χ 为很大的正常数,约在 10 ~ 10^6 数量级,如图3.2 所示,这表明 M 与 H 同向且在不大的 H 作用下,就能产生很大的 M,故铁磁体在磁场中被强烈地磁化受到强大的吸力,如铁、钴、镍等。铁磁体在温度高于临界温度后变成顺磁体。此临界温度称为居里温度或居里点,用 T_N 表示。

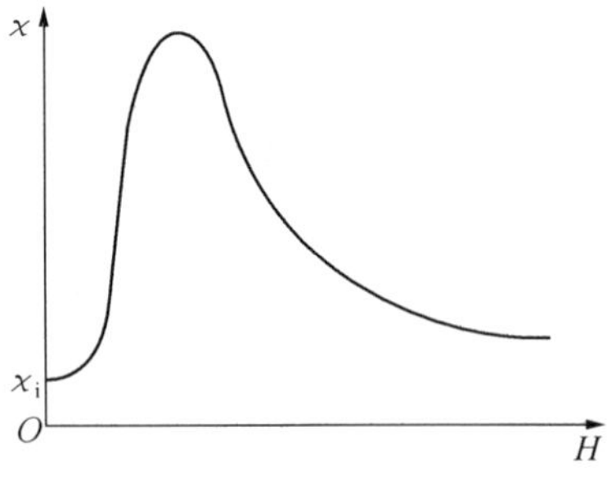

图 3.2　铁磁体的 $\chi-H$ 关系

5. 亚铁磁体

亚铁磁体类似于铁磁体,但 χ 值没有铁磁体那样

大，如磁铁矿(Fe_3O_4)等。

3.1.3 磁导率

以上只是从物质的磁化与外磁场的关系进行了讨论，实际上，当物质被磁化以后必然会反过来影响物质所在处的磁场，使其发生相应的变化。设变化后的总磁场为 B(设真空中 $B_0 = \mu_0 H$。式中 B_0 和 H 分别为磁感应强度($\mathrm{Wb \cdot m^{-2}}$)和磁场强度($\mathrm{A \cdot m^{-1}}$)，μ_0 为真空磁导率，$\mu_0 = 4\pi \times 10^{-7}\mathrm{H/m}$)，并设物质磁化后所引起的磁场变化为 H'，则有

$$B = B_0 + B' = \mu_0 H + \mu_0 H' = \mu_0 H + \mu_0 M = \mu_0 H + \mu_0 \chi H = \mu_0(1 + \chi)H \tag{3.6}$$

式中，H' 称为附加磁场强度，其值等于磁化强度 M，这表明磁化强度越高，附加磁场也越大。外磁场和磁化强度(或磁化引起的附加磁场)对磁感应强度都作出了贡献。对铁磁体而言，磁化强度 M 对磁感应强度 B 的贡献是起决定性的作用的。令 $\mu_r = 1 + \chi$，称为相对磁导率，是一个量纲为 1 的纯数。令

$$\mu = \mu_0(1 + \chi) = \mu_0 \mu_r \tag{3.7}$$

称为介质的磁导率(绝对磁导率)，其单位与 μ_0 相同。

由式(3.6)和式(3.7)可知

$$B = \mu H \quad \text{或} \quad \mu = \frac{B}{H} \tag{3.8}$$

由此可见磁感应强度和外磁场强度的关系，而磁导率 μ 表示，当外磁场增加时磁感应强度增加的速率。必须指出，在工程技术上用来表示铁磁材料磁化难易程度的不是磁化率 χ 而是磁导率 μ。总之，磁导率 μ 同磁化率 χ 一样是材料的一个重要的磁参数。前者是工程技术上喜欢采用的参数，而后者则是理论研究中常用的参数。如果用 $B-H$ 的关系来表示材料的磁化过程，并与 $M-H$ 的关系作一比较可以看出，当外磁场增大到 H_s 时，磁化强度已达到饱和值 M_s，如图 3.3 所示。继续增大 H、M 值将保持不变，这时 B 的增加仅仅是由于 H 增大的结果。当 $H \to \infty$ 时，$\mu \to \mu_0$，则 $\chi \to 0$。

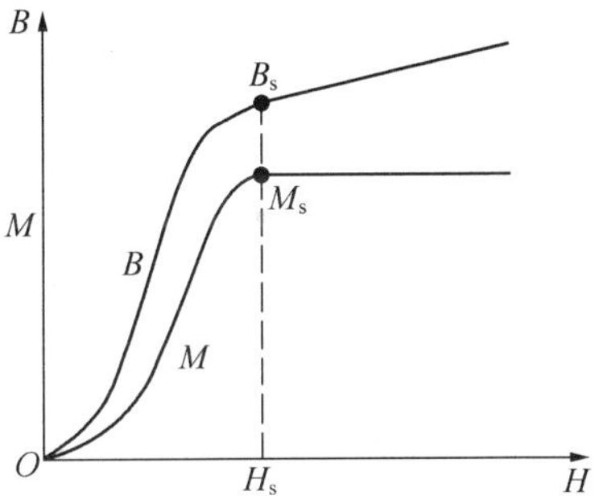

图 3.3　铁磁材料的磁化过程中 B 和 M 与 H 的关系

3.1.4 磁化曲线和磁滞回线

磁性材料的磁化曲线和磁滞回线是材料在外加磁场时表现出来的宏观磁特性。前已叙及，铁磁体具有很高的 χ(或 μ)，即使在微弱的 H 下也可以引起激烈的磁化并达饱和。以软钢的磁化过程为例，如图 3.4 所示。若起始状态为完全退磁($H = 0$时，$M = 0$)态，则随 H 增大，M 开始缓慢增加，当 H 达到 $0.6 \times 10^3\mathrm{A \cdot m^{-1}}$ 时 M 开始急剧上升，在$(1.2 \sim 2.4) \times 10^3\mathrm{A \cdot m^{-1}}$ 的 H 间隔内 M 从 $0.8 \times 10^4\mathrm{A \cdot m^{-1}}$ 增大到 $12 \times 10^4\mathrm{A \cdot m^{-1}}$。以后继续增大 H，M 增加越来越慢，在 H 约为 $32 \times 10^3\mathrm{A \cdot m^{-1}}$ 时，M 的增加已停止，即达到技术饱和磁化强度 M_s。所有从退磁状态开始的铁磁物质的基本磁化曲线都有如图 3.4 的形式。它们之间的差别仅在于开始阶段的区间大小、M_s 的大小以及上升陡度的大小，如图 3.5 所示。这种从退磁状态直到饱和之前的磁化过程称为技术磁化。

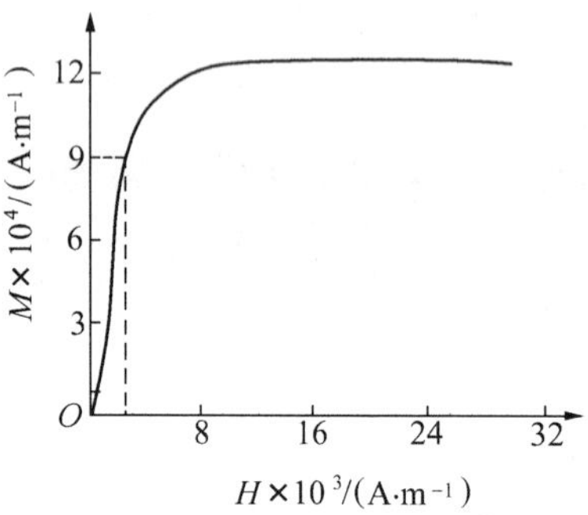

图 3.4　软钢的磁化曲线

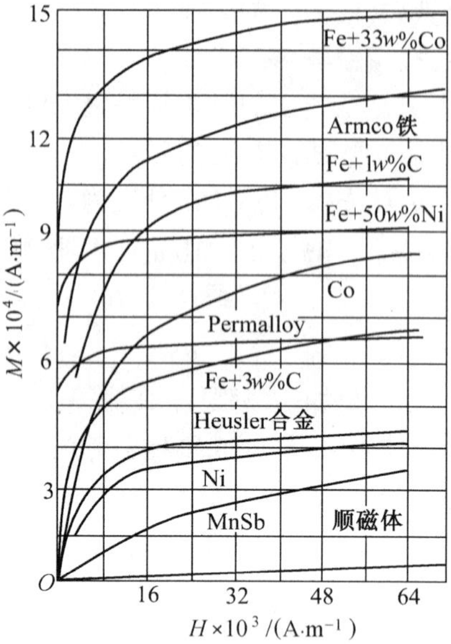

图 3.5　一些工业材料的基本磁化曲线

若把磁化曲线画成 $B-H$ 的关系，则从曲线上各点与坐标原点连线的斜率即是各点的磁导率 μ，因此可建立 $\mu-H$ 曲线，如图 3.6 所示。当 $H=0$ 时，$\mu_i=\lim\limits_{H\to 0}\dfrac{\Delta B}{\Delta H}$ 称为起始磁导率。对那些工作在弱磁场下的软磁材料，如信号变压器、电感器的铁芯等，希望具有较大的 μ_i，这样可在较小的 H 下产生较大的 B。在弱磁场区 $\mu-H$ 曲线存在的极大值 μ_{max} 称为最大磁导率。对在强磁场下工作的软磁材料，如电力变压器、功率变压器等，则要求有较大的 μ_{max}。

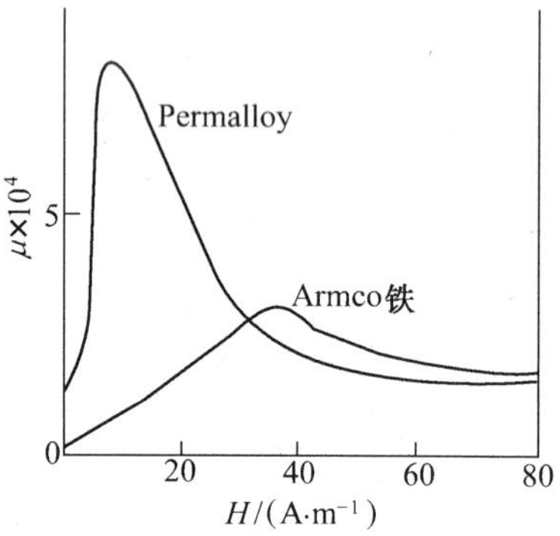

图 3.6　磁导率与磁场的关系

实验表明，上述技术磁化过程中存在着不可逆过程，即从饱和磁化状态 a 降低 H 时，M 将不再沿基本磁化曲线变化而是降得极慢，这种现象称为“磁滞”。当外磁场完全去除后（$H=0$），得到不为零的磁化强度 M_r，称为剩余磁化强度。欲将 M 减小到零，必须再加一反向磁场 $-H_c$，如图 3.7 所示，此 H_c 值称为磁矫顽力。继续增大反向磁场到 $-H_s$，磁化强度将达到 $-M_s$。这样从 a 点到 d 点并返回到 a 点，磁化状态变化了一周，得到了一个关于原点对称的闭合曲线，称为磁滞回线。回线所围的面积表征了磁滞损耗。磁滞现象表明，技术磁化过程和材料中存在的不可逆变化有着重要的联系。

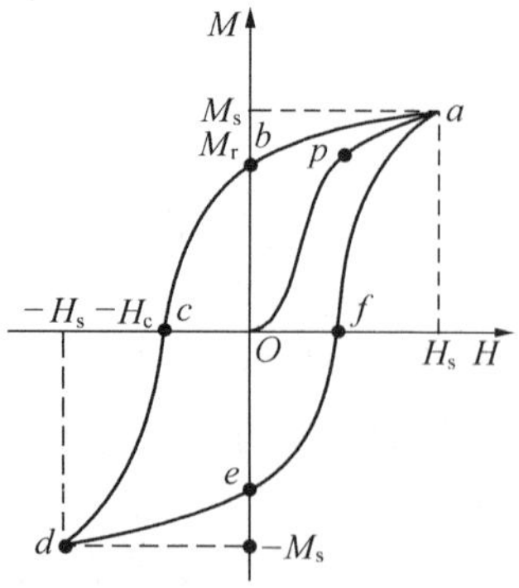

图 3.7　铁的磁化曲线和磁滞回线

有趣的是，若图 3.7 中磁滞回线的起点不是 a，而

是 p，则 H 减小时，不但 M_r 减小，H_c 也随之减小，则磁滞回线将变得短而窄。由此可以设想，若施加于材料的交变磁场的幅值 $H \to 0$，则回线将成为一条条趋向坐标原点的螺线，直至交变磁场的 $H = 0$，铁磁体将完全退磁（$M = 0$）。这就提供了一种有效的技术退磁方法。

需要指出的是，μ、M_r 和 H_c 都是对材料组织敏感的磁参数，它们不但决定于材料的组成（化学组成和相组成），而且还受显微组织的粗细、形态和分布等因素的强烈影响，即与材料的制造工艺密切相关，是材料磁滞现象的表征。不同的磁性材料具有不同的磁滞回线，从而使它们的应用范围也不同。具有小 H_c 值、高 μ 的瘦长形磁滞回线的材料，适宜作软磁材料。而具有大的 M_r 和 H_c、低 μ 的短粗形磁滞回线的材料适宜作硬磁（永磁）材料。而 M_r/M_s 接近于 1 的矩形磁滞回线的材料，即矩磁材料则可作为磁记录材料。总之，通过材料种类和工艺过程的选择可以得到性能各异、品种繁多的磁性材料。

就静态磁性来说，一般金属磁性材料要达到 $H_c > 8 \times 10^4 \text{A} \cdot \text{m}^{-1}$ 是相当困难的，但铁氧体却可得到很高的 H_c，例如，钡铁氧体可得到 ${}_BH_c = 11.5 \times 10^4 \text{A} \cdot \text{m}^{-1}$，而 ${}_MH_c = 19 \times 10^4 \text{A} \cdot \text{m}^{-1}$，然而铁氧体的饱和磁化强度 M_s 较低，而金属磁性材料的 M_s 都较高。图 3.8 示出了铁氧体与金属磁性材料磁滞回线的比较。

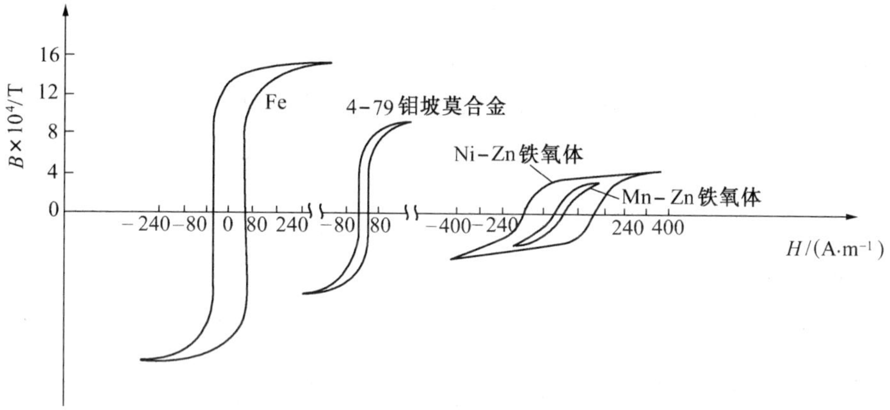

图 3.8 铁氧体与金属磁性材料磁滞回线的比较

3.2 物质的磁性及其物理本质

3.2.1 原子的磁性

众所周知，任何物质都是由原子组成的，而原子又是由带正电荷的原子核（简称核子）和带负电荷的电子所构成的。近代物理的理论和实验都证明了核子和电子的本身都在做着自旋运动，而电子又沿着一定轨道绕核子做循轨运动。显然，带电粒子的这些运动必然要产生磁矩。

首先，电子的循轨运动可看做是一个闭合电流，因此将产生一个磁矩，称为电子的轨道磁矩 P_l，其大小为

$$P_l = is = ef\pi r^2 = e\frac{\omega}{2\pi}\pi r^2 = \frac{e}{2m}m\omega r^2 =$$

$$\frac{e}{2m}L = \frac{e}{2m}\frac{h}{2\pi}l = \frac{eh}{4\pi m}l = l\mu_B \tag{3.9}$$

式中，e 为电子电荷量；m 为电子质量；h 为普朗克常量；l 为以 $h/2\pi$ 为单位电子运动的轨道角动量；f 为电子旋转的频率；ω 为电子旋转的角速度；r 为电子旋转的轨道半径；μ_B 为玻尔磁子，$\mu_B = \frac{eh}{4\pi m} = 0.927 \times 10^{-23} J \cdot T^{-1}$，一般都用它来表示原子磁矩的大小。

该磁矩的方向垂直于电子运动的轨迹平面，并符合右手螺旋定则。它在外磁场方向上的投影，即电子轨迹磁矩在外磁场方向上的分量 P_{lz} 满足量子化条件

$$P_{lz} = m_l\mu_B(m_l = 0, \pm 1, \pm 2, \cdots, \pm l) \tag{3.10}$$

式中，m_l 为电子状态的磁量子数；P_l 的下角标 z 表示外磁场的方向。

电子的自旋运动也将产生一个自旋磁矩 P_s，从量子力学可知，电子自旋的磁矩与电子自旋的角动量 s 间的关系为

$$P_s = \frac{e}{M}s = \frac{e}{m}\frac{h}{2\pi}s = 2\frac{eh}{4\pi m}s = 2s\mu_B \tag{3.11}$$

式中，s 为以 $h/2\pi$ 为单位的电子自旋角动量。

由于在外磁场方向上电子自旋的角动量分量 s_z 满足量子化条件，所以

$$s_z = m_s\hbar = m_s\frac{h}{2\pi} = \pm\frac{1}{2}\frac{h}{2\pi} = \pm\frac{h}{4\pi}$$

式中，m_s 为电子自旋量子数，它等于 $\pm\frac{1}{2}$。所以电子自旋磁矩在外磁场方向上的分量为

$$P_{sz} = \frac{e}{m}s_z = \frac{e}{m}\left(\pm\frac{h}{4\pi}\right) = \pm\frac{eh}{4\pi m} = \pm\mu_B \tag{3.12}$$

式中的符号取决于电子自旋的方向，一般取与外磁场方向 z 一致的为正。

核子的自旋运动也要产生一个自旋磁矩，但是由于它的磁矩很小(因核子的质量约为电子质量的 2 000 倍，故核子的磁矩约为电子磁矩的 1/2 000)，所以它对原子磁矩的贡献略去不计。

由上述可知，原子的磁矩主要由电子的磁矩组成，而电子的磁矩又是其轨道磁矩和自旋磁矩的矢量和。我们知道，原子中的电子都是按照不同的壳层进行排列的，那么，原子的磁矩是如何确定的呢?因电子的磁矩是与电子的角动量(轨道角动量与自旋角动量的矢量和)成正比的，当原子中某一电子壳层被排满时，各个电子的轨道运动与自旋运动的取向占据了所有可能的方向，这些方向呈对称分布，因此电子的总角动量为零，故该壳层电子的总磁矩也为零。只有当某一电子壳层未被电子排满时，这个壳层的电子总磁矩才不为零，该原子对外就要显示磁矩。

由于不同的原子具有不同的电子壳层结构，因而对外表现出不同的磁矩，所以当这些原子组成不同的物质时也要表现出不同的磁性来。必须指出的是，原子的磁性虽然是物质磁性的基础，但却不能完全决定凝聚态物质的磁性，这是因原子间的相互作用(包括磁的和电的作用)对物质磁性往往起着更重要的影响。这是我们下面将要讨论的问题。

3.2.2 物质的抗磁性

上面的原子磁性的讨论表明，原子的磁矩取决于未填满壳层电子的轨道磁矩和自旋磁矩。对于电子壳层已填满的原子，虽然其轨道磁矩和自旋磁矩的总和为零，但这仅是在

无外磁场的情况下，当有外磁场作用时，即使对于那种总磁矩为零的原子也会显示出磁矩来。这是由于电子的循轨运动在外磁场的作用下产生了抗磁磁矩 ΔP 的缘故。

如图 3.9 所示，取两个轨道平面与磁场 H 方向垂直而循轨运动方向相反的电子为例来研究。当无外磁场时，电子循轨运动产生的轨道磁矩为 $P_l = \frac{1}{2}e\omega r^2$（见式(3.10)），电子受到的向心力为 $K = mr\omega^2$。当加上外磁场后，电子必将又受到洛伦兹力的作用，从而产生一个附加力 $\Delta K = \mu_0 He r\omega$。由于洛伦兹力 ΔK 使向心力 K 或增（如图 3.9(a) 所示）或减（如图 3.9(b) 所示），对图 3.9(a)，向心力增为 $K + \Delta K = mr(\omega + \Delta\omega)^2$，这是根据朗之万的意见，认为 m 和 r 是不变的，故当 K 增加时，只能是 ω 变化，即增加一个 $\Delta\omega = \frac{\mu_0 eH}{2m}$（解上式并略去 $\Delta\omega$ 的二次项），称为拉莫尔角频率，电子的这种以 $\Delta\omega$ 围绕磁场所做的旋转运动，称为电子进动。从而由式(3.9) 可得磁矩增量（附加磁矩）

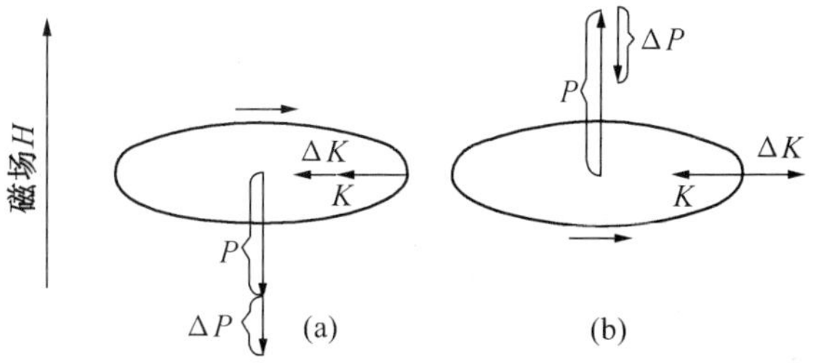

图 3.9　产生抗磁磁矩的示意图
（沿圆周箭头指电流方向）

$$\Delta P = -\frac{1}{2}e\Delta\omega r^2 = -\frac{\mu_0 e^2 r^2}{4m}H \tag{3.13}$$

式中的符号表示附加磁矩 ΔP 总是与外磁场 H 方向相反，这就是物质产生抗磁性的原因。显然，物质的抗磁性不是由电子的轨道磁矩和自旋磁矩本身所产生的，而是由外磁场作用下电子循轨运动产生的附加磁矩所造成的。由上式还可看出，ΔP 与外磁场 H 成正比，这说明抗磁磁化是可逆的，即当外磁场去除后，抗磁磁矩即行消失。

上面讨论的仅是一个电子产生的抗磁磁矩 ΔP，对于一个原子来说，常常有 z 个电子，这些电子又分布在不同的壳层上，它们有不同的轨道半径 r，且其轨道平面一般与外磁场方向不完全垂直，故一个原子的抗磁磁矩经计算为

$$\Delta P_{\mathrm{a}} = -\frac{\mu_0 e^2 H}{4m}\sum_{i=1}^{z} r_i^2 \tag{3.14}$$

对于每摩尔的抗磁磁矩应为 $N_{\mathrm{A}}\Delta P_{\mathrm{a}}$，这里 $N_{\mathrm{A}} = 6.023 \times 10^{23}\mathrm{mol}^{-1}$ 为阿伏加德罗常数。故其抗磁磁化率 χ 为

$$\chi = \frac{N_{\mathrm{A}}\Delta P_{\mathrm{a}}}{H} = -\frac{\mu_0 e^2 N_{\mathrm{A}}}{4m}\sum_{i=1}^{z} r_i^2 \tag{3.15}$$

但上式对金属内的自由电子不适用，因自由电子的 $\sum_{i=1}^{z} r_i^2$ 无确定值。由此可见，上式仅表达了离子的抗磁性。

既然抗磁性是电子的轨道运动产生的，而任何物质又都存在这种运动，故可以说任何物质在外磁场作用下都要产生抗磁性。但应注意，这并不能说任何物质都是抗磁体，这是因为原子除了产生抗磁磁矩外，还有轨道磁矩和自旋磁矩产生的顺磁磁矩。在此情况下只有那些抗磁性大于顺磁性的物质才能称为抗磁体。抗磁体的磁化率 χ 很小，约为 -10^{-6}，

且与温度、磁场强度等无关或变化极小。凡是电子壳层被填满了的物质都属抗磁体，如惰性气体、离子型固体、共价键的 C、Si、Ge、S、P 等通过共有电子而填满了电子壳层，故也属抗磁体。

3.2.3　物质的顺磁性

顺磁体的原子或离子是有磁矩的（称为原子固有磁矩，它是电子的轨道磁矩和自旋磁矩的矢量和），其源于原子内未填满的电子壳层（如过渡元素的 d 层，稀土金属的 f 层），或源于具有奇数个电子的原子。但无外磁场时，由于热振动的影响，其原子磁矩的取向是无序的，故总磁矩为零，如图 3.10(a) 所示。当有外磁场作用时，则原子磁矩便排向外磁场的方向，总磁矩便大于零而表现为正向磁化，如图 3.10(b) 所示。但在常温下，由于热运动的影响，原子磁矩难以有序化排列，故顺磁体的磁化十分困难，磁化率一般仅为 $10^{-6} \sim 10^{-3}$。

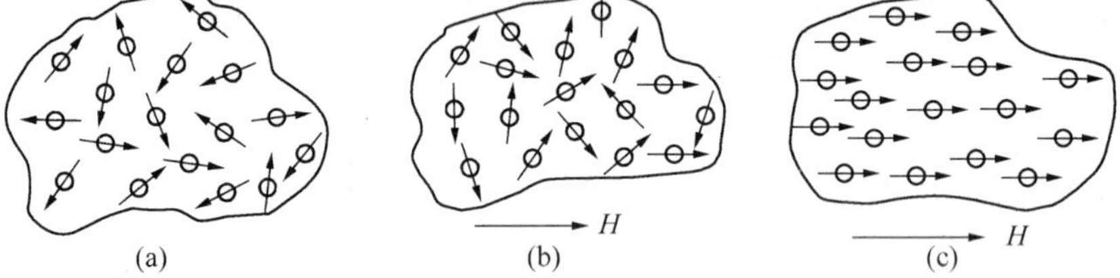

图 3.10　顺磁物质磁化过程示意图

在常温下，使顺磁体达到饱和磁化程度所需的磁场约为 $8 \times 10^8 \mathrm{A \cdot m^{-1}}$，这在技术上是很难达到的。但若把温度降低到接近 0 K，则达到磁饱和就容易多了。例如 $GdSO_4$，在1 K 时，只需 $H = 24 \times 10^4 \mathrm{A \cdot m^{-1}}$ 便可达磁饱和状态，如图 3.10(c) 所示。总之，顺磁体的磁化乃是磁场克服热运动的干扰，使原子磁矩排向磁场方向的结果。

根据顺磁磁化率与温度的关系，可以把顺磁体大致分为三类，即正常顺磁体、磁化率与温度无关的顺磁体和存在反铁磁体转变的顺磁体。

1. 正常顺磁体

O_2、NO、Pt、Pd 稀土金属，Fe、Co、Ni 的盐类，以及铁磁金属在居里点以上都属正常的顺磁体。其中有部分物质能准确地符合居里定律，它们的原子磁化率与温度成反比，即

$$\chi = \frac{C}{T} \tag{3.16}$$

式中，C 为居里常数，它的值为 $N_A \mu_B^{2/3k}$，这里 N_A 为阿伏加德罗常数，μ_B 为玻尔磁子，k 为玻耳兹曼常数。但还有相当多的固溶体顺磁物质，特别是过渡族金属元素是不符合居里定律的。它们的原子磁化率和温度的关系需用居里 – 外斯定律来表达，即

$$\chi = \frac{C'}{T + \Delta} \tag{3.17}$$

式中，C' 为常数；Δ 对某种物质而言也是常数，但对不同物质可有不同的符号，对存在铁磁转变的物质，其 $\Delta = -\theta_C$（表示居里温度）。在 θ_C 以上的物质属顺磁体，其 χ 大致服从居里 – 外斯定律，此时的 M 和 H 间保持着线性关系。

2. 磁化率与温度无关的顺磁体

碱金属 Li、Na、K、Rb 属于此类，它们的 $\chi = 10^{-7} \sim 10^{-6}$，其顺磁性是由价电子产生的，

由量子力学可证明它们的 χ 与温度无关。

3. 存在反铁磁体转变的顺磁体

过渡族金属及其合金或它们的化合物属于这类顺磁体。它们都有一定的转变温度，称为反铁磁居里点或尼尔点，以 T_N 表示。当温度高于 T_N 时，它们和正常顺磁体一样服从居里－外斯定律，且 $\Delta > 0$；当温度低于 T_N 时，它们的 χ 随 T 下降，当 $T \to 0$ K 时，$\chi \to$ 常数；在 T_N 处 χ 有一极大值，MnO、MnS、NiCr、CrS－Cr_2S、Cr_2O_3、VO_2、FeS_2、FeS 等都属这类。

图 3.11 中表示了单纯顺磁性图(图 3.11(a))、存在铁磁性图(图 3.11(b))和存在反铁磁性转变图(图 3.11(c))的顺磁体的 $\chi - T$ 关系曲线。由图可看出，图 3.11(b) 中 $T < \theta_C$ 时物质属铁磁体，而图 3.11(c) 中 $T < T_N$ 时物质属反铁磁体。

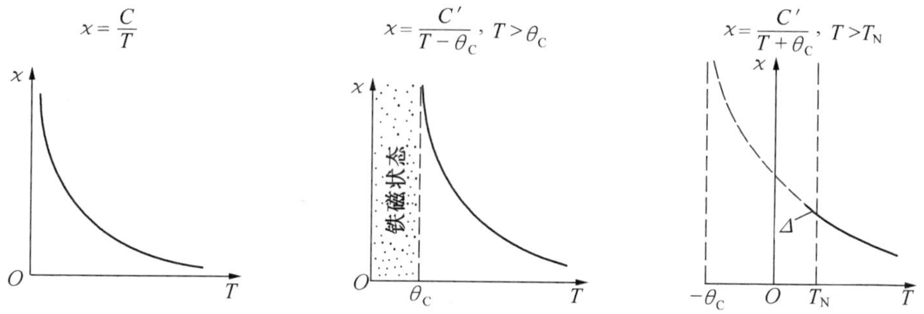

(a) 单纯顺磁性　(b) 存在铁磁性　(c) 存在反铁磁性转变

图 3.11　顺磁体的 $\chi - T$ 关系曲线示意图

3.2.4　金属的抗磁性与顺磁性

我们知道，金属是由点阵离子和自由电子构成的，故金属的磁性要考虑到点阵结点上正离子的抗磁性和顺磁性，自由电子的抗磁性与顺磁性。如前所述，正离子的抗磁性源于其电子的轨道运动，正离子的顺磁性源于原子的固有磁矩。而自由电子的磁性可简述如下：其顺磁性源于电子的自旋磁矩，在外磁场作用下，自由电子的自旋磁矩转到了外磁场方向；自由电子的抗磁性源于其在外磁场中受洛伦兹力而做的圆周运动，这种圆周运动产生的磁矩同外磁场反向。这四种磁性可能单独存在，也可能共同存在，要综合考虑哪个因素的影响最大，从而确定其磁性的性质。

非金属中除氧和石墨外，都是抗磁性(它们与惰性气体相近)的。如 Si、S、P 以及许多有机化合物，它们基本上是以共价键结合的，由于共价电子对的磁矩互相抵消，因而它们都成为抗磁体。在元素周期表中，接近非金属的一些金属元素，如 Sb、Bi、Ga，灰 Sn、Tl 等，它们的自由电子在原子价增加时逐步向共价结合过渡，故表现出异常的抗磁性。

在 Cu、Ag、Au、Zn、Cd、Hg 等金属中，由于它们的离子所产生的抗磁性大于自由电子的顺磁性，因而它们属抗磁体。

所有的碱金属和除 Be 以外的碱土金属都是顺磁体。虽然这两族金属元素在离子状态时有与惰性气体相似的电子结构，似应成为抗磁体，但是由于自由电子产生的顺磁性占据了主导地位，故仍表现为顺磁性。

稀土金属的顺磁性较强，磁化率较大且遵从居里－外斯定律。这是因为它们的 4f－或 5d－电子壳层未填满，存在未抵消的自旋磁矩所造成的。

关于过渡族金属，在高温基本都属于顺磁体，但其中有些存在铁磁转变（如 Fe、Co、Ni），有些则存在反铁磁转变（如 Cr）。这类金属的顺磁性主要是由于它们的3d ~ 5d电子壳层未填满，d^- 和 f^- 态电子未抵消的自旋磁矩形成了晶体离子的固有磁矩，从而产生了强烈的顺磁性。

3.2.5 影响金属抗、顺磁性的因素

前已提及，温度和磁场强度对抗磁性的影响甚微，但当金属熔化凝固、范性形变、晶粒细化和同素异构转变时，电子轨道的变化和原子密度的变化，将使抗磁磁化率发生变化。

熔化时抗磁体的磁化率值一般都减小，铊熔化时降低 10%，铋降低 8%。但锗、金、银不同，它们的磁化率值在熔化时是增高的。

范性形变可使铜和锌的抗磁性减弱，经高度加工硬化后的铜可由抗磁性变为顺磁性，而退火则可使铜的抗磁性恢复。

晶粒细化可使铋、锑、硒、碲的抗磁性减弱，在晶粒高度细化时可由抗磁性变为顺磁性。显然，熔化、加工硬化和晶粒细化等因素都是使金属晶体趋于非晶化，因此其影响效果也类似。而且都是因变化时原子间距增大、密度减小所致。

同素异构转变时，白锡 → 灰锡是由顺磁性变为抗磁性；锰的同素异构转变，无论是 $\alpha \to \beta$，还是 $\beta \to \gamma$ 都会使顺磁磁化率增大。前者是因转变时原子间距增大，自由电子减少，故金属性减弱，顺磁性减弱。而后者则与其恰恰相反。α - Fe 在 A_2 点（678℃）以上变为顺磁状态，在 910℃ 和 1 401℃ 发生同素异构转变时顺磁磁化率发生突变，如图 3.12 所示。由图可见，γ - Fe 的 χ 比 α - Fe 和 δ - Fe 都低，且几乎与温度无关，而 α - Fe 和 δ - Fe 的 χ 随 T 升高而急剧下降，这乃是强顺磁质的一般特性。有趣的是，α - Fe 和 δ - Fe 的 χ 曲线互为延长线，这说明了它们点阵结构的一致性，其物理性能的变化规律往往相同。

合金的相结构及组织对磁性的影响比较复杂。当低磁化率的金属，如 Cu、Ag、Mg、Al 等形成固溶体时，其磁化率与成分呈平滑的曲线关系，这说明形成固溶体时原子之间的结合键发生了变化。如果在抗磁性金属 Cu、Ag、Au 中溶入过渡族的强顺磁性的元素，如 Pd，则将会使其磁性发生复杂变化，如图 3.13 所示。虽然 Pd 为强顺磁金属，但在含 Pd 量小于 30% 时，却使合金的抗磁性增强（有人认为这是由于合金的自由电子填充了 d 电子壳层而使 Pd 没有离子化造成的），只有当含量 Pd 相当高的时候磁化率才变为正值，并且很快上升到 Pd 所特有的高顺磁值。与 Pd 同族的元素 Ni 和 Pt 溶入 Cu 中，也会使磁化率降低，但仍保持着微弱的顺磁性。而 Cr、Mn 与 Pd 却大不相同，它们溶入 Cu 中将使固溶体的磁化率急剧增加，甚至比它们处于纯金属状态时的顺磁性还强，如图 3.14 所示。

如果在抗磁性金属中加入 Fe、Co、Ni 等铁磁性金属，则可使合金的 χ 剧增，甚至在低浓度时就能成为顺磁性的。研究合金化对金属磁性的影响，不但对了解固溶体中结合键的变化有重要意义，而且对某些要求弱磁性的仪器仪表有现实意义。

当固溶体产生有序化时，其原子间结合力要发生变化，从而引起原子间距变化和磁性的变化。在形成 CuAu 有序合金时抗磁性减弱，但形成 Cu_3Au、Cu_3Pd 等合金时抗磁性却增强。

金属形成中间相与化合物时的特征是在磁化率与成分的关系曲线上将出现极大或极小值，如图 3.15 所示。图中曲线表明，在 Cu-Zn 合金中 γ 相有很高的抗磁磁化率，这是因为

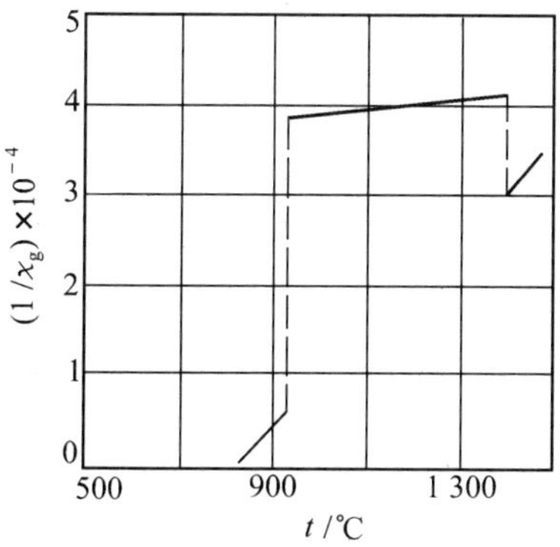

图 3.12　铁在 A_2 点以上的顺磁磁化率

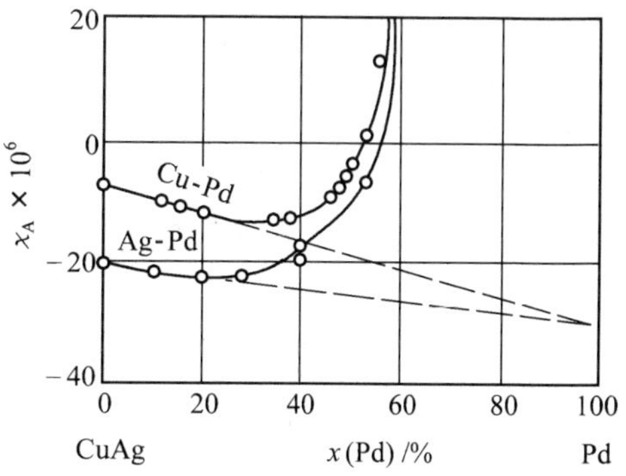

图 3.13　Cu－Pd、Ag－Pd 固溶体的磁化率

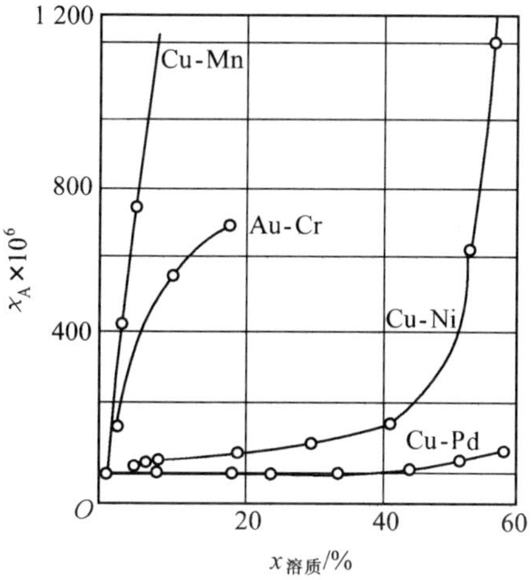

图 3.14　Mn、Cr、Ni 和 Pd 在 Cu 和 Au 中固溶体的磁化率

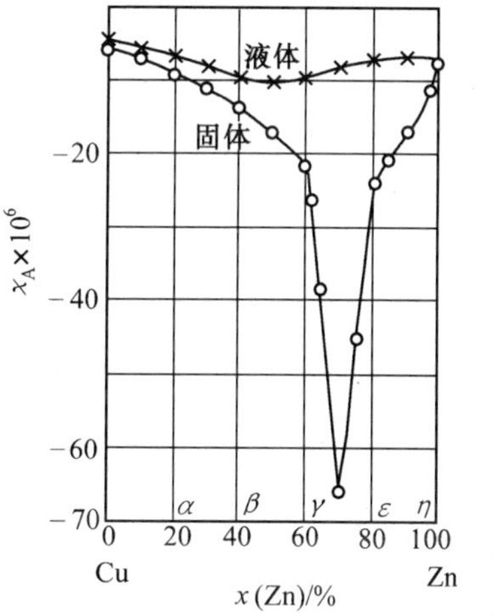

图 3.15　Cu－Zn 合金的磁化率

γ 相 Cu_5Zn_8 中的原子是中性的（可能是 γ 相中电子的顺磁性不存在或小于抗磁性）。化合物的抗磁性在液态时比固态时为弱，这是由于熔化时化合物部分分解而使金属键得到了加强的缘故。

3.2.6　磁化率的测量

金属的抗、顺磁磁化率的测量一般是采用磁秤法，即通过试样在非均匀磁场中的受力情况来确定它的磁化率。其装置如图 3.16 所示。它由一个分析天平 1 和一个能产生不均匀磁场的强电磁铁 2 及一个能施加平衡力的系统 3 组成。电磁铁的极头有一个坡度，造成不等距的间隙，因而在间隙中可产生一不均匀的磁场，其 H 沿 χ 方向的分布可以事先测出并可求出磁场梯度 $\mathrm{d}H/\mathrm{d}\chi$。

将试样 4 放入磁极的间隙中，在不均匀的磁场中当试样被磁化以后将沿 χ 方向受到一个力 F（若试样为顺磁则产生抗力、抗磁则相反），且

$$F = \chi VH \frac{\mathrm{d}H}{\mathrm{d}\chi} \tag{3.18}$$

式中，χ 为试样的磁化率；V 为试样的体积；H 是磁场强度；$\mathrm{d}H/\mathrm{d}\chi$ 是沿 χ 方向的磁场梯

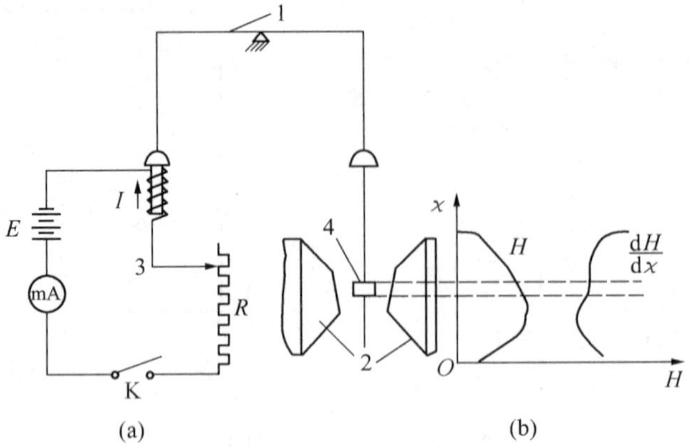

图 3.16　磁秤结构原理示意图

度。测量时，试样挂在天平的一端，天平的另一端挂一个铁芯，铁芯置于一个线圈中，通过调节 R 来调节线圈的电流使其产生与 F 相等的力，使天平达平衡状态。由于式(3.18) 中，V、H、$\mathrm{d}H/\mathrm{d}\chi$ 均可测知，而 F 则可通过电流 I 来确定，从而由式(3.18) 即可求出磁化率 χ。

磁秤可以用金属已知的 χ 值进行刻度，若某金属的磁化率 χ_1 为已知，则其对应的 I_1 可测知，而待测试样 χ_2 所对应的 I_2 也可测知，故可近似求出

$$\chi_2 = \chi_1 \frac{I_2}{I_1} \tag{3.19}$$

磁秤的用途较广，不但可用于抗、顺磁磁化率的测量，还可用于铁磁性的测量，其优点是可进行连续测量。若配备加热或冷却装置，则可对加热和冷却过程中组织的变化及合金的相分析进行跟踪研究。目前磁秤的测量已可以实现自动化，它是磁性分析的一个有力工具。

3.3　物质的铁磁性及其物理本质

从 3.1.4 小节中关于磁化曲线与磁滞回线的讨论中可以看出，铁磁物质的磁化，不像抗、顺磁那样与磁场成正比，而是一种很复杂的曲线关系，并且存在磁饱和与磁滞现象。抗、顺磁质磁化是可逆的，而铁磁质磁化是不可逆的，交变磁化时形成磁滞回线。抗、顺磁质磁化较困难，而铁磁质则非常容易。铁磁质的这些特点，说明产生铁磁性的原因和磁化过程都是很复杂的。

铁磁现象虽然发现很早，但对其本质的认识还是在 20 世纪初才开始的。1907 年，法国科学家外斯提出了铁磁性的假说，他认为，在铁磁质内部存在着很强的“分子场”，在这种“分子场” 的作用下，原子磁矩趋于同向平行排列，即自发的磁化至饱和，称自发磁化。铁磁质自发磁化成若干个小区域(这些自发磁化至饱和的小区域称磁畴)，由于各个区域的磁化方向各不相同，故其磁性彼此相消，所以大块铁磁体对外并不显示磁性。

外斯的假说由实验证明了它的正确性，并在此基础上发展了现代的铁磁理论。在分子场假说的基础上，发展了自发磁化的理论，解释了铁磁性的本质；在磁畴假说的基础上发

展了技术磁化理论,解释了铁磁体在外磁场中的行为。

3.3.1 铁磁质的自发磁化

铁磁质的磁性是自发产生的,磁化过程只不过是把铁磁质本身的磁性显示了出来,而不是由外界向铁磁质提供磁性的过程。

实验证明,铁磁质自发磁化的起因是源于原子未被抵消的自旋磁矩,而轨道磁矩对铁磁性几乎无贡献(由于凝聚成晶体时,原子外层电子轨道受到点阵周期场的作用,方向是变动的,故不能产生联合磁矩,即轨道磁矩对总磁矩无贡献)。我们知道,过渡族金属的3d壳层都未被电子填满,因此这些金属的原子都有剩余的自旋磁矩,例如Fe、Co、Ni是铁磁性的。Mn虽然也有剩余的自旋磁矩,但事实上它并不是铁磁质,这说明原子具有未填满的电子壳层即原子有未抵消的自旋磁矩仅是产生铁磁性的必要条件,但不是充分条件。金属要具有铁磁性,关键还在于它的自旋磁矩能自发地排列在同一个方向上,亦即能产生自发磁化,这才是产生铁磁性的充分条件。

现已清楚,铁磁质的自发磁化是由于电子间的静电相互作用而产生的。根据键合理论,当原子相互接近形成分子时,电子云要相互重叠,电子要相互交换位置,对过渡族金属,原子的3d态与4s态能量相差不大,因此它们的电子云重叠时引起了4s、3d态电子的再分配,即发生了交换作用。这种交换所产生的静电作用力称为交换力,交换力的作用迫使相邻原子的自旋磁矩产生有序的排列。其作用的效果就像强磁场一样,外斯的"分子场"就是因此而得名的。因交换作用而产生的附加能量称为交换能,用 $E_{C\chi}$ 表示,且

$$E_{C\chi} \propto -A\cos\varphi \tag{3.20}$$

式中,A 为交换能积分常数;φ 为两相邻原子的两个电子自旋磁矩之间的夹角。由此式可知,交换能的正负取决于 A 和 φ,A 为正值时,$\varphi = 0°$,$E_{C\chi}$ 为最大,自旋磁矩将自发地排向同一方向,即产生自发磁化;若 A 为负值时,则 $\varphi = 180°$,$E_{C\chi}$ 为最小,自旋磁矩将呈反向的平行排列,这种排列产生所谓反铁磁性。

由以上分析可知,只有 A 为正值时才能实现自发磁化而产生铁磁性。理论分析表明,交换能积分 A 不仅与电子运动状态的波函数有关,而且强烈地依赖于原子核间的距离 R_{ab}(点阵常数)和未填满壳层半径 r。也即 A 与原子的电子结构和晶体的点阵结构有关。如图3.17所示,只有当 R_{ab} 与参加交换作用的电子距核的距离(未填满电子壳层的半径)r 之比大于3时,A 才为正值。如Fe、Co、Ni及某些稀土元素 A 为较大的正值,满足自发磁化的条件,它们都是铁磁性金属。大部分稀土元素虽 $A > 0$,但因 R_{ab}/r 太大,即原子核间距太大,电子云很少重叠或不重叠,电子间的静电交换作用很弱,对电子自旋磁矩的取向影响甚小,故在常温下为顺磁性;而当 $R_{ab}/r < 3$ 时,$A < 0$,原子磁矩反平行排列。如Cr、Mn,它们是反铁磁性金属。

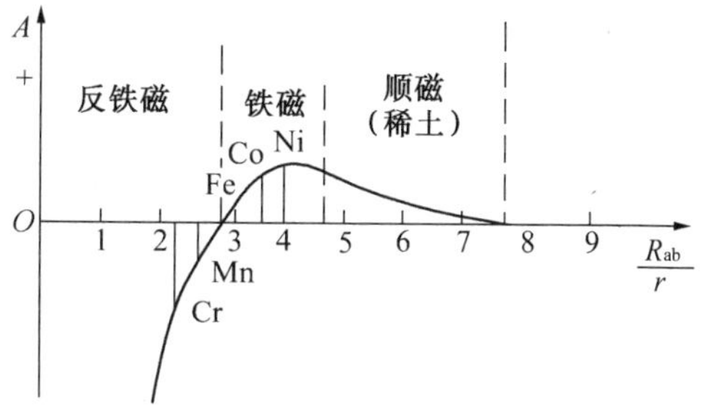

图3.17 交换能积分 A 与 R_{ab}/r 的关系

综上所述,铁磁性产生的充要条件是:原子内部要有未填满的电子壳层,$R_{ab}/r > 3$ 使 $A > 0$。前者指的是原子的本征磁矩(固有磁矩)不能为零,后者指的是要有一定的晶体点

阵结构。

根据自发磁化的过程和理论，可以解释许多铁磁特性。例如温度对铁磁性的影响，每一铁磁体都有一完全确定的温度（称磁性转变点或居里点），在此温度以上铁磁性转变为顺磁性。这是由于温度升高时，原子间距加大，交换作用降低，同时热运动也破坏了原子磁矩的规则取向，故自发磁化强度降低，直至居里点，已完全破坏了原子磁矩的规则取向，自发磁化已不存在，材料即由铁磁性变为顺磁性。同样，也可以解释磁晶各向异性、磁致伸缩等。

3.3.2 反铁磁性和亚铁磁性

由上节所述，相邻原子间的静电交换作用使得原子磁矩有序地排列。当交换能积分 A 为负值时，原子磁矩取反向平行排列；若相邻原子的磁矩相等，则相互抵消，使自发磁化强度趋于零。这样一种特性称为反铁磁性。除 α – Mn、Cr 属反铁磁体外，某些金属氧化物如 MnO、Cr_2O_3、CuO、NiO 等也属反铁磁体，目前发现有 40 余种反铁磁性物质。这类物质的磁化率 χ 如图 3.18 所示。χ 的极大值点称为尼尔点，以 T_N 表示，$T > T_N$ 时，χ 服从居里 – 外斯定律。在尼尔点附近存在着电阻热膨胀、比热容、弹性等反常现象，由于这些反常现象，反铁磁物质可能成为有实用意义的材料。例如近几年来正在研究具有反铁磁性的 Fe – Mn 合金作为恒弹性材料。

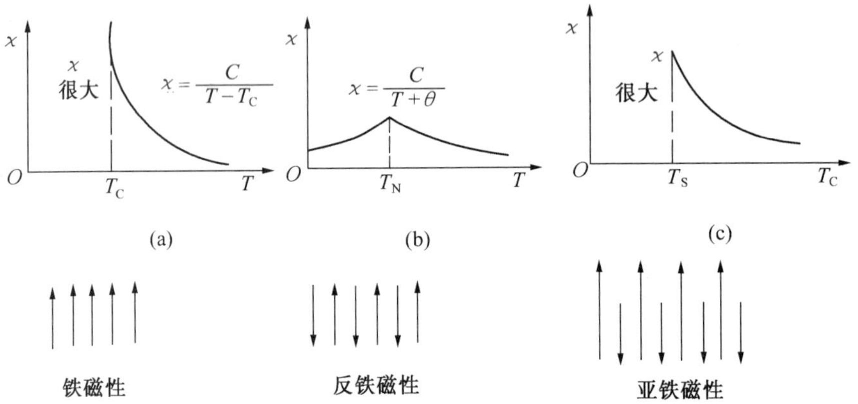

图 3.18 三种磁化状态示意图

反铁磁晶体可看做由两个亚点阵组成，每个亚点阵中的离子磁矩平行排列而相互间的磁矩方向却反平行。这样在反铁磁体中两个亚点阵磁矩的方向相反而大小相等，故反铁磁体的自发磁化强度为零，即 $M_A + M_B = 0$。显然若 $|M_A| \neq |M_B|$（即两亚点阵磁矩的方向相反大小不等，即不能完全抵消），则 $M_A + M_B \neq 0$，即存在着自发磁化强度 $M = M_A + M_B$，从而表现出宏观磁性，这就是亚铁磁性。具有亚铁磁性的物质大部分是金属的氧化物，是非金属磁性材料。目前发现的亚铁磁体一般都是 Fe_2O_3 与二价金属氧化物组成的复合氧化物，称为“铁氧体”（又称为磁性瓷及铁淦氧）。铁氧体是指以氧化铁为主要成分的磁性氧化物，从晶体学角度，较重要的铁氧体都是由三种天然化合物尖晶石、石榴石和磁铅石衍生出来的。

在铁氧体中磁性离子都被间隔较大的氧离子所隔离，故磁性离子间不会存在直接的交换作用。然而事实上铁氧体内部存在着很强的自发磁化，显然，这种自发磁化并不是由于磁性离子间的直接交换作用，而是通过夹在磁性离子间的氧离子而形成的间接交换作用，称为超交换作用。这种超交换作用使每个亚点阵内离子磁矩平行排列，两个亚点阵磁矩方向相反大小不等，因而抵消了一部分，剩余部分即表现为自发磁化。

从已知的反铁磁结构出发，利用元素的代换可能会制成一种保持原来磁结构的反平行排列、但两亚点阵磁矩不等的亚铁磁晶体。利用这一原理，近年来已创造出一些新的亚铁磁体。例如，铁钛石型氧化物 $Fe_{1+x}Ti_{1-x}O_3$ 是反铁磁体 $\alpha-Fe_2O_3$ 和 $FeTiO_3$ 的固溶体，两者的点阵结构相同，在 $0.5 < x < 1$ 的范围内就表现出较强烈的亚铁磁性，这在铁氧体未来的发展上是值得注意的。

同铁磁体一样，在铁氧体内也存在着交换作用与热运动的矛盾，因此随温度的升高铁氧体的饱和磁化强度要降低，当达某一足够温度时，自发磁化消失，铁氧体变为顺磁体，这一温度即为铁氧体的居里温度。

按导电性论亚铁磁体应属半导体，其高电阻率的特点使它可以应用于高频磁化，同时又常作为磁介质用。亚铁磁性的 $\chi-T$ 关系如图 3.18 所示，图中还示出了三种磁性原子（离子）磁矩的排列。

3.4 磁晶各向异性和各向异性能

在对铁磁单晶体进行磁化时我们会发现，沿不同晶向的磁化曲线不同，如图 3.19 所示。沿铁的[100]、镍的[111]和钴的[0001]方向极易磁化，在很小的磁场下即可达到磁饱和，故它们是易磁化方向。而沿铁的[111]、镍的[100]和钴的[1010]方向磁化时，则需要非常强的磁场才能达到磁饱和，它们是难磁化方向。像这种在单晶体的不同晶向上，磁性能不同的性质，称为磁性的各向异性。

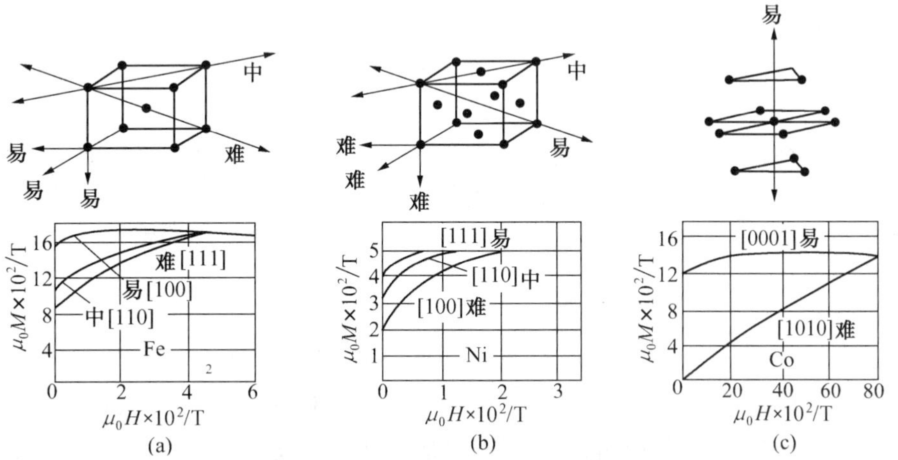

图 3.19 铁、镍、钴沿不同晶向的磁化曲线

在晶体的原子中，一方面电子受空间周期变化的不均匀静电场的作用，另一方面邻近原子间电子轨道还有交换作用，通过电子轨道的交叠，晶体的磁化强度受到空间点阵的影

响。由于自旋－轨道相互作用，电荷分布为旋转椭球形，而不是球形，非对称性与自旋方向有密切联系，所以自旋方向相对于晶轴的转动将使交换能改变，同时也使原子电荷分布的静电相互作用能改变，这两种效应都会导致磁各向异性。

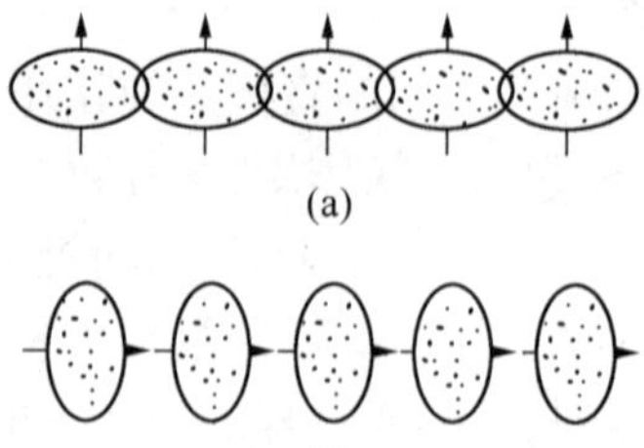

图 3.20　不同磁化方向电子交叠的非对称性示意图

基特(Kitter)曾用图3.20表示排列在一条直线上的原子在两种不同磁化方向的情况。图3.20(a)表示磁化垂直于原子排成的直线，邻近原子的电子运动区有重叠，因此彼此的交换作用强；图3.20(b)表示磁化沿着直线方向，邻近原子间电子运动区重叠极少，因而交换作用很弱，这就造成了晶体的磁各向异性。

为使铁磁体磁化需消耗一定的能量，它在数量上等于图3.21中阴影部分的面积，称为磁化功。沿不同方向的磁化功不同，反映了磁化强度矢量(M_s)在不同取向的能量不同，M_s沿易磁化轴时能量最低(通常就取此能量为基准)，沿难磁化轴时能量最高。磁化强度分量沿不同晶轴方向的能量差代表了磁晶各向异性能，简称磁晶能(也即难、易磁化方向的磁化曲线所围的面积)，用E_K表示。对于立方晶系，设α、β、γ分别是磁化强度与三个晶轴的方向余弦，则有

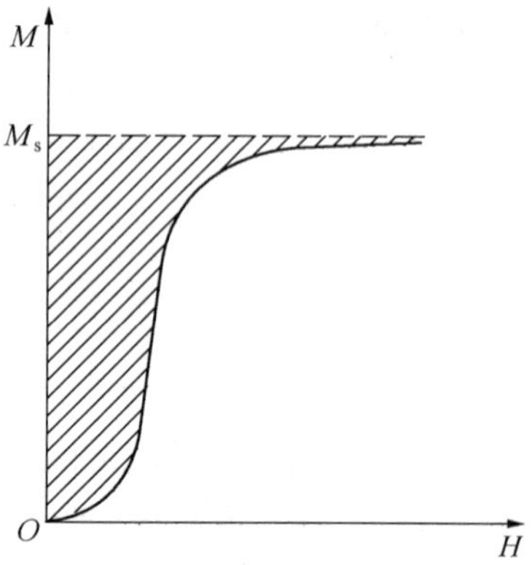

图 3.21　磁化功示意图

$$E_K = K_1(\alpha^2\beta^2 + \beta^2\gamma^2 + \gamma^2\alpha^2) + K_2\alpha^2\beta^2\gamma^2 \tag{3.21}$$

式中，K_1、K_2为磁晶各向异性常数，与物质结构有关。一般情况下，K_2较小，可忽略，故

$$E_K \approx K_1(\alpha^2\beta^2 + \beta^2\gamma^2 + \gamma^2\alpha^2)$$

实验测得，在20℃时，铁的$K_1 = 4.2 \times 10^4 J/m^3$，镍的$K_1 = -0.34 \times 10^4 J/m^3$，钴的$K_1 = 4.1 \times 10^4 J/m^3$。

磁各向异性常数的大小关系到磁化的难易，故高磁导率的软磁材料(即在较弱磁场下就可获得高磁化强度)的一个重要条件就是K_1的绝对值要小，而作为大矫顽力的硬磁材料却要求较大的K_1值，研究磁各向异性将为寻求新磁性材料提供线索。

3.5　磁致伸缩与磁弹性能

铁磁体在磁场中被磁化时，其形状和尺寸都会发生变化，这种现象称为磁致伸缩效应。此效应在技术上已得到应用，例如具有高磁致伸缩系数的材料已被用来做超声波换能器、延迟线与存储器等。

磁致伸缩的大小可用磁致伸缩系数λ表示，且

$$\lambda = \frac{\Delta L}{L} \tag{3.22}$$

式中，L 为铁磁体的原长，ΔL 为磁化引起的长度改变量。$\lambda > 0$时，表示沿磁场方向的尺寸伸长，为正磁致伸缩；$\lambda < 0$时，表示沿磁场方向的尺寸缩短，为负磁致伸缩。所有的铁磁体均有磁致伸缩的特性，但不同的铁磁体其磁致伸缩系数不同，一般在 $10^{-6} \sim 10^{-3}$ 之间。图 3.22 示出了几种磁性材料的 $\lambda - H$ 的关系。由图可见，随外磁场的增强材料将伸长（或缩短），最后稳定在某一尺寸上，此时磁致伸缩达到了饱和，$\lambda = \lambda_s$ 称为饱和磁致伸缩系数，对一定的材料它是个常数。

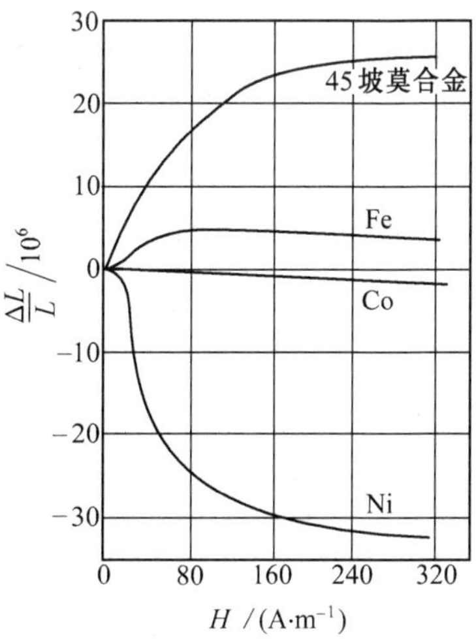

图 3.22　几种材料的磁致伸缩

磁致伸缩效应是由原子磁矩有序排列时，电子间的相互作用导致原子间距的自发调整而引起的。材料的晶体点阵结构不同，磁化时原子间距的变化情况也不一样，故有不同的磁致伸缩性能。也可以认为材料的磁致伸缩效应是其内部各个磁畴形变的外观表现。单晶体的磁致伸缩也有各向异性，图 3.23 示出了铁、镍单晶体沿不同晶向的磁致伸缩系数。由图可见，铁在不同晶向上的磁致伸缩系数相差很大。同多晶铁磁体没有磁各向异性一样，多晶铁磁体的磁致伸缩也没有各向异性。

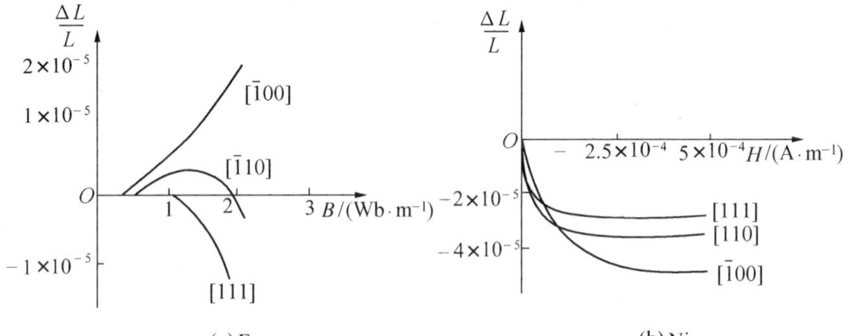

(a) Fe　　(b) Ni

图 3.23　铁、镍单晶体不同晶向的磁致伸缩系数

既然材料在磁化时要发生磁致伸缩，一旦这种形变受到限制，则在材料内部将产生拉（或压）应力，因而存在一种弹性能，称磁弹性能。物体内部缺陷、杂质等都可能增加其磁弹性能。对于多晶体，磁弹性能

$$E_\sigma = \frac{3}{2}\lambda_s \sigma \sin^2\theta \tag{3.23}$$

式中，σ 是材料所受应力；θ 是磁化方向与应力方向的夹角；E_σ 是单位体积的磁弹性能。由上式可见，应力也会使材料发生各向异性，称应力各向异性。它也像磁各向异性那样影响着材料的磁化，因而与材料的磁性能密切相关。要得到高磁导率的软磁材料就必须使其具有低的 K 值和 λ_s 值，硬磁材料则相反。

3.6 铁磁体的形状各向异性及退磁能

铁磁体在磁场中具有的能量为静磁能,它包括铁磁体与外磁场的相互作用能和铁磁体在自身退磁场中的能量,后者又常称为退磁能。

材料的形状对磁性有重要的影响,形状不同的材料或同一材料的不同方向测得的磁化曲线是不同的(图 3.24),这说明其磁化行为是不同的,这种现象称为材料的形状各向异性。

铁磁体的形状各向异性是由退磁场引起的。当铁磁体磁化出现磁极后,这时在铁磁体内部由于磁极作用而产生一个与外磁化场反向的磁场,因它起到退磁(减弱外磁场)的作用,故称为退磁场,用 H_d 表示,如图 3.25 所示。

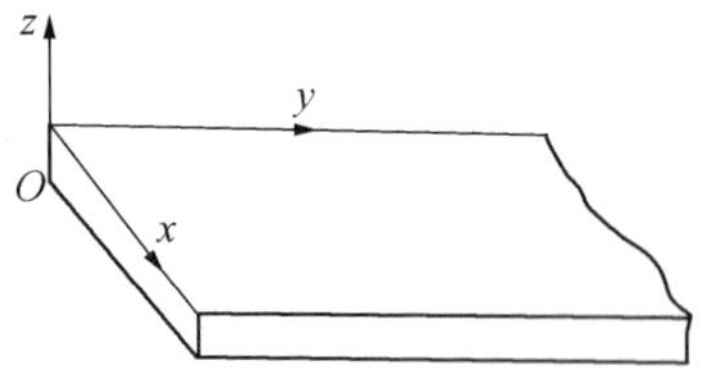

(a) 试样形状

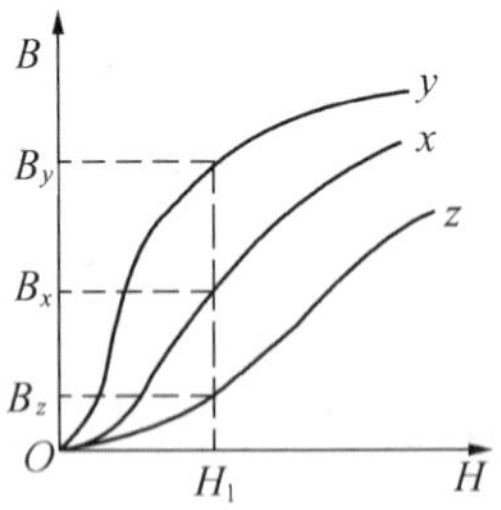

(b) 不同方向的磁化曲线

图 3.24

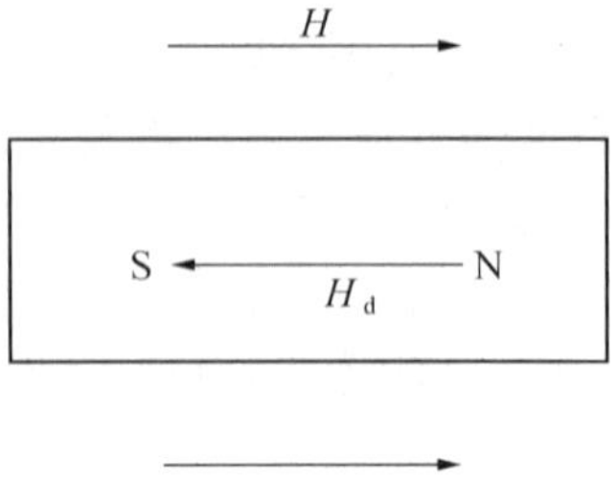

图 3.25 铁磁体的退磁场

对于均匀磁化的椭球体,退磁场强度为

$$H_d = -NM \tag{3.24}$$

式中,负号表明退磁场与磁化场反向;N 为材料的退磁因子,它与材料的几何形状及尺寸有关,表3.2列出了某些退磁因子值。式(3.24)说明退磁场 H_d 与磁化强度 M 成正比,M 越高,H_d 也越强,对外磁场的削弱也越甚。

退磁场作用在铁磁体上的退磁能为

$$E_d = -\int_0^M \mu_0 H_d \mathrm{d}M = \frac{1}{2}\mu_0 NM^2 \tag{3.25}$$

由表 3.2 可以看出,当铁磁体呈开路态时,磁体越短粗,N 越大,退磁场及退磁能也越高。

表 3.2 椭球体长轴上退磁因子的计算值与圆柱体实验值的比较

K	长椭球体(计算)	圆柱体(实验)
0	1.0	1.0
1	0.333 3	0.27
2	0.173 5	0.14
5	0.055 8	0.040
10	0.020 3	0.017 2
20	0.006 75	0.006 17

续表 3.2

K	长椭球体(计算)	圆柱体(实验)
50	0.001 44	0.001 29
100	0.000 430	0.000 36
200	0.000 125	0.000 090
500	0.000 023 6	0.000 014
1 000	0.000 006 6	0.000 0003 6
2 000	0.000 001 9	0.000 000 9

3.7　磁畴的形成与磁畴结构

3.7.1　磁畴的观察与磁畴壁

外斯假说认为,自发磁化是以小区域磁畴存在的,各个磁畴的磁化方向是不同的,所以大块铁磁体对外并不显示磁性。磁畴是指在未加磁场时铁磁体内部已经磁化到饱和状态的小区域。磁畴的存在已为实验观察所证实。实验可采用"粉纹法",即将待查试样表面适当处理后,敷上一层含有铁磁粉末的悬胶,然后在显微镜下进行观察。由于铁磁粉末受到试样表面磁畴磁极的作用,将聚集在磁畴的边界处,在显微镜下便可观察到铁磁粉末排成的图像,如图 3.26 所示。由图可直接看出磁畴的形状和结构。有的磁畴大而长,称为主畴,其自发磁化方向必定沿晶体的易磁化方向;小而短的磁畴叫副畴,其磁化方向不定。

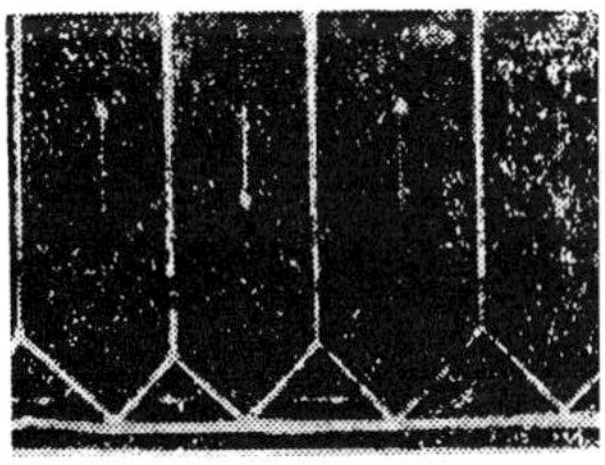

(a) 铁硅合金单晶在"(100)"面的磁畴结构

(b) 当平面与"(100)"之间形成小角度时的磁畴结构

(c) 多晶铁硅合金的晶界和磁畴界

图 3.26　铁硅合金单晶粉纹图

相邻磁畴的界限称为磁畴壁,它是磁畴结构的一个重要部分,它对磁畴的大小、形状以及相邻磁畴都有重要的影响。畴壁有两种,一种是 180° 壁(即两相邻畴的磁化方向相反),另一种是 90° 壁(即两相邻畴的磁化方向垂直),图 3.27 给出了这两种壁的示意图。畴壁是一个过渡区,有一定的厚度,磁畴的磁化方向在畴壁处不能突然转一个很大角度,而是经过畴壁的一定厚度逐步转过去的,即在这过渡区中原子磁矩是逐步改变方向的。若在整个过渡区中原子磁矩都平行于畴壁平面,这种畴壁叫布洛赫壁,如图 3.28 所示。

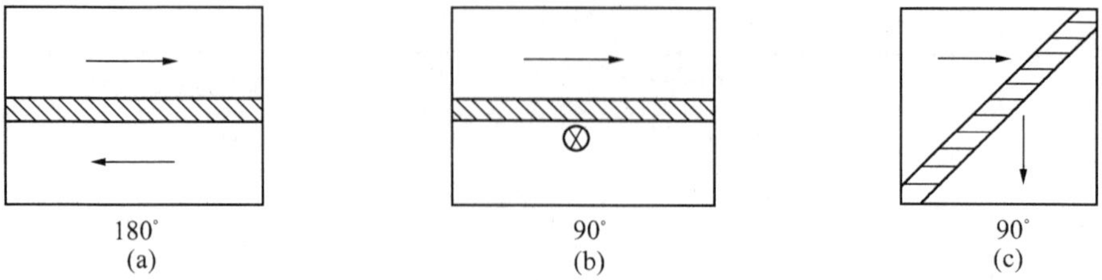

图 3.27　磁畴壁的种类

磁畴壁具有交换能、磁晶能及磁弹性能。因为畴壁是原子磁矩的方向由一个磁畴的方向转到相邻畴的方向的逐渐转向的一个过渡层，所以原子磁矩的逐渐转向比突然转向的交换能小，但仍比原子磁矩同向排列的交换能大。若只考虑降低壁的交换能 $E_{C\chi}$，则畴壁的厚度越大越好；但原子磁矩的逐渐转向，使原子磁矩偏离了易磁化方向，因而使磁晶能 E_K 增加，故磁晶能倾向于使壁变薄。综合考虑此二因素，则单位面积上的畴壁能 W 与壁厚 N 的关系如图 3.29 所示。畴壁能的最小值所对应的壁厚 N_0 便是平衡状态时壁的厚度。由于原子磁矩的逐渐转向，各个方向上的伸缩难易不同，因此便产生了磁弹性能。这样，畴壁内的能量总比磁畴内的能量高，壁的厚薄和面积的大小都使它具有一定的能量。

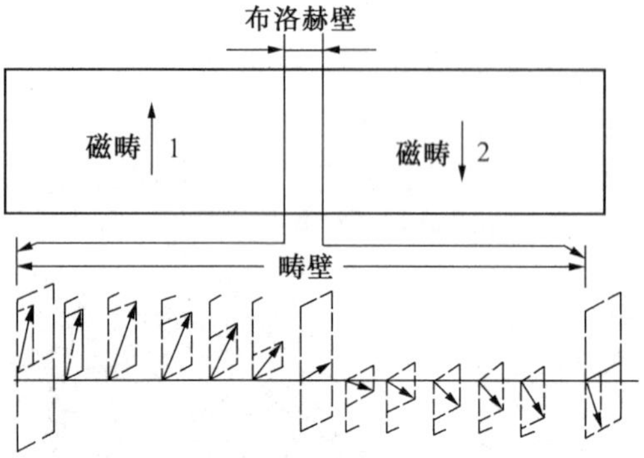

图 3.28　磁畴壁是一过渡区

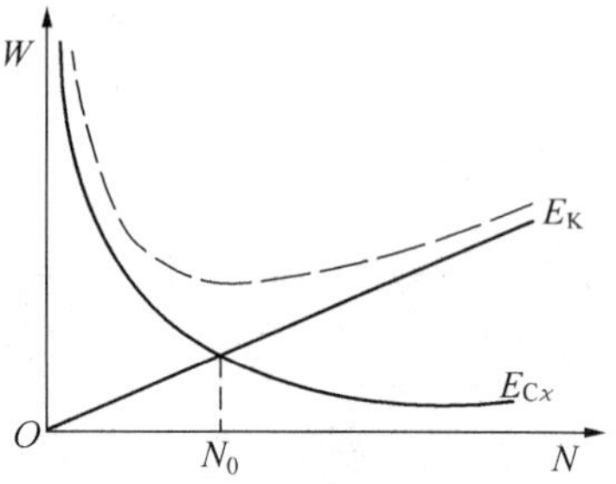

图 3.29　畴壁能与壁厚的关系

3.7.2　磁畴的起因与结构

磁畴的形状、尺寸、畴壁的类型与厚度总称为磁畴结构。同一磁性材料，若磁畴结构不同，则其磁化行为也不同。因此说磁畴结构类型的不同是铁磁质磁性千差万别的原因之一。

前面已讨论了铁磁质的自发磁化，问题是自发磁化为什么要分成很多的小区域(磁畴)呢?从能量的观点，这种磁畴的形成是能量最小原则的必然结果。换言之，形成磁畴是为了降低系统的能量(主要是降低退磁能和磁弹性能)。因磁畴结构受交换能、磁晶能、磁弹性能、畴壁能和退磁能的影响，平衡状态时的磁畴结构，应使这些能量之和为最小值。下面就从这一观点来研究磁畴的形成过程。

以铁磁单晶体为例，根据自发磁化的理论，在冷却到居里点以下且不受外磁场作用的铁磁晶体中，由于交换作用力图使整个晶体自发磁化至饱和，磁化显然应沿晶体的易磁化方向，这样才能使交换能和磁晶能都处于最小值。但因晶体有一定的形状和尺寸，整个晶体均匀磁化的结果必然会产生磁极，有磁极就必然会产生退磁场，从而给系统增加了退磁能，这个退磁场将要破坏已形成的自发磁化。这两个矛盾相互作用的结果将使大磁畴分割为小磁畴。如图 3.30 所示，若铁磁单晶体只存在一个自发磁化区，如图 3.30(a) 所示，则磁体的两极必然要产生很高的退磁场能(若 $M_s = 8 \times 10^4 \mathrm{A \cdot m^{-1}}$，$E_d \approx 10^5 \mathrm{J \cdot m^{-3}}$)。从能量的观点，① 若把晶体分成若干个平行反向的自发区域，则可以大大地降低退磁能，如图 3.30(b) 和图 3.30(c) 所示。当磁体被分成 n 个区域(即 n 个磁畴)时，退磁能约降为原来的 $1/n$。因此可以说减少退磁能是分畴的基本动力。分畴后，退磁能虽然减少了，但却增加了畴壁能，因此不能无限制地分畴。随磁畴数目的增加，退磁能减少而畴壁能增加，当达到退磁能与畴壁能之和为最小值时，分畴就停止了。② 若能形成图 3.30(d) 所示的封闭式的磁畴结构(即出现三角形的封闭畴)，由于其具有封闭磁通的作用，故可以使退磁能降低为零。但由于封闭畴(副畴) 与主磁畴的磁化方向不同，引起的磁致伸缩不同，因而会产生一定的磁晶能和磁弹性能。磁弹性能与磁畴的尺寸有关，尺寸越大，磁致伸缩所引起的尺寸变化就越不易补偿，因而磁弹性能就越高。因此封闭式磁畴结构还要由更小的封闭畴构成，如图 3.30(e) 所示，这样磁弹性能才能更低。同样由于畴壁能的原因，封闭畴也不能无限地小。这样，只有当铁磁晶体的各种能量之和具有最小值时，才能取得平衡状态的磁畴结构。

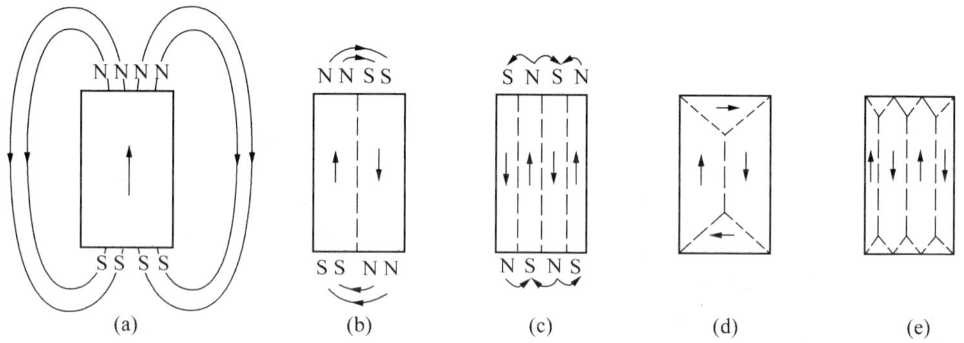

图 3.30　单畴晶体中磁畴的起因

3.7.3　不均匀物质中的磁畴

上面从能量上分析了均匀单晶体的磁畴结构。但实际使用的铁磁体大多是多晶体，多晶体的晶界、第二相、晶体缺陷、夹杂、应力、成分的不均匀性等对畴结构有较显著的影响，因而实际多晶体的畴结构是很复杂的。

在多晶体中晶粒的方向是杂乱的且每一个晶粒都可能包含许多磁畴。在一个磁畴内磁化强度一般都沿晶体的易磁化方向，而不同晶粒内磁畴的取向不同，但由于大量磁畴沿各个方向，因此就整体来说，材料对外显示各向同性，如图 3.31 所示，此为多晶体中磁畴结构示意图。图中每个晶粒分成片状磁畴，可以看出，在晶界的两侧，磁化方向虽转过了一个角度，但磁通仍能

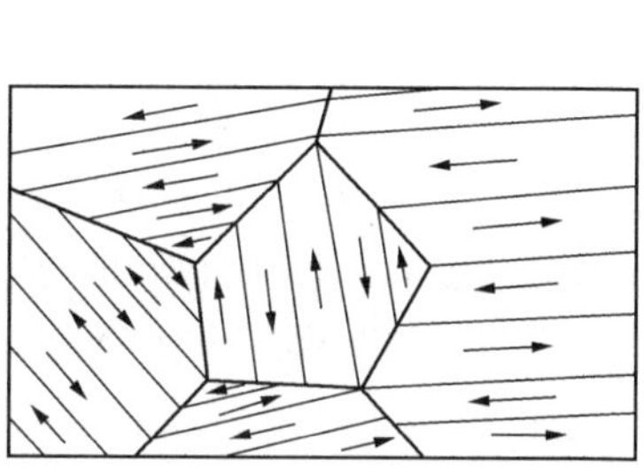

图 3.31　多晶体中的磁畴示意图

保持连续。这样,在晶界上才不容易出现磁极,因而退磁能较低,磁畴结构才较稳定。当然,实际的磁畴结构不可能全部是片状磁畴,必然还会出现许多附加畴来更好地实现能量最低的原则。

如果材料存在非磁性夹杂物、应力、空洞等不均匀性,将使畴结构复杂化。由于在夹杂、空洞处磁通的连续性遭破坏,势必出现磁极和退磁场,如图 3.32 所示。由于在离磁极不远的区域内,退磁场的方向同原磁化方向有很大差别,这就造成这些区域在新的方向上的磁化,形成附着在夹杂、空洞上的楔形磁畴。由于楔形畴的磁化方向垂直于主畴,故它们之间为 90° 壁,因而取斜出的方向。虽然在壁上仍出现磁极,但因分散在较大的面积上,因而降低了退磁能。

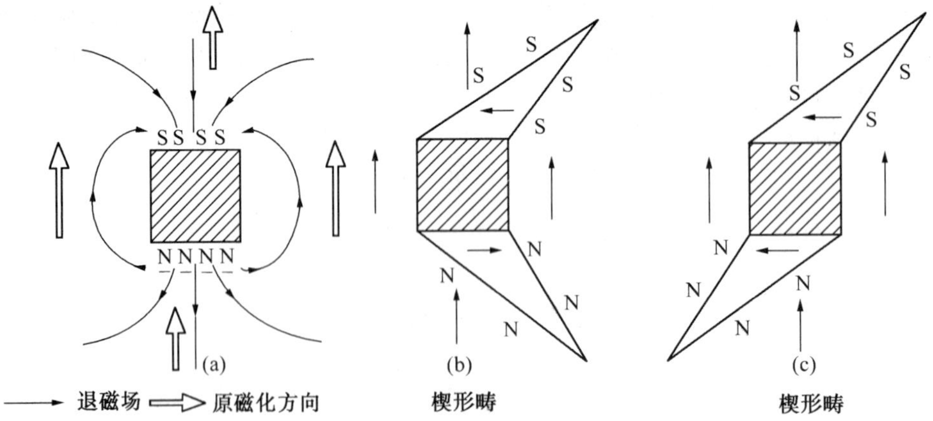

图 3.32　夹杂物或空隙附近的退磁场和楔形磁畴

这里需要指出,夹杂物或空隙对畴壁的移动也有很大的影响。若畴壁经过了夹杂或空隙,夹杂物在两个磁畴之间,界面上出现的磁极(N、S 极)半数的位置是交换的,如图 3.33(a)所示。若夹杂物处在同一磁畴中,其界面上的 N、S 极分别集中在一边,如图 3.33(b)所示。显然,前种情况要较后种的退磁能小,从畴壁面积看,(a)也比(b)要小,即畴壁能也小。既然畴壁经过夹杂物或空隙时系统的退磁能和畴壁能都较小,那么这种情况就比经过它们的近旁要稳定得多,看来夹杂物似有吸引畴壁的作用。欲把畴壁从经过夹杂物或空隙的位置移开必须提供能量,即需要外力做功。由此可见,材料中夹杂物或空隙越多,壁移磁化就越困难,因而磁化率也就越低。这种情况对铁氧体性能的影响最为显著,铁氧体的磁化率在很大程度上决定于其内部结构的均匀性、夹杂物和空隙的多少。

实际上畴壁经过非磁性夹杂物时不一定只出现图 3.33 所示的简单情况,可能在夹杂物上会产生附加磁畴以降低退磁能,这些附加畴会把近旁的畴壁给连接起来。图 3.34 表示主畴的两个畴壁经过一群夹杂物时,通过各种附加畴与各夹杂物相连接的情况。可以看出,对畴壁有影响的不仅是畴壁经过的那些夹杂物,而且还有在其近旁的夹杂物。

3.7.4　单畴颗粒与磁泡畴

前已述及,为了降低退磁能,磁性材料即使是单晶体也总是要形成多畴结构。但如果组成材料的颗粒足够小以至整个颗粒可以在一个方向自发磁化到饱和,则成为单个磁畴。这样的颗粒称为单畴颗粒。显然,对各种材料都可以找到一个临界尺寸,小于这个尺寸的

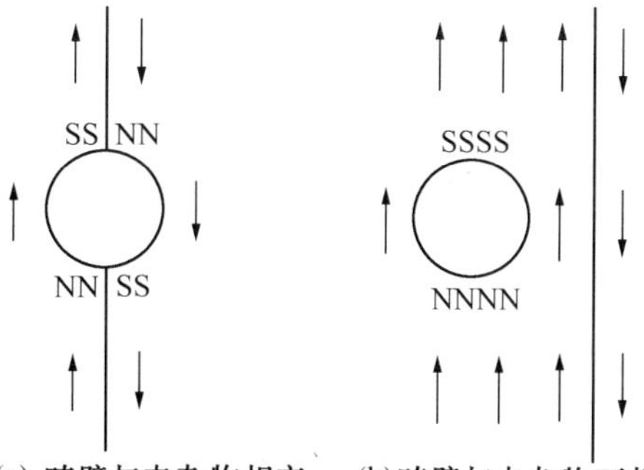

(a) **畴壁与夹杂物相交**　(b) **畴壁与夹杂物不相交**

图 3.33　非磁性夹杂边界上所出现的磁极

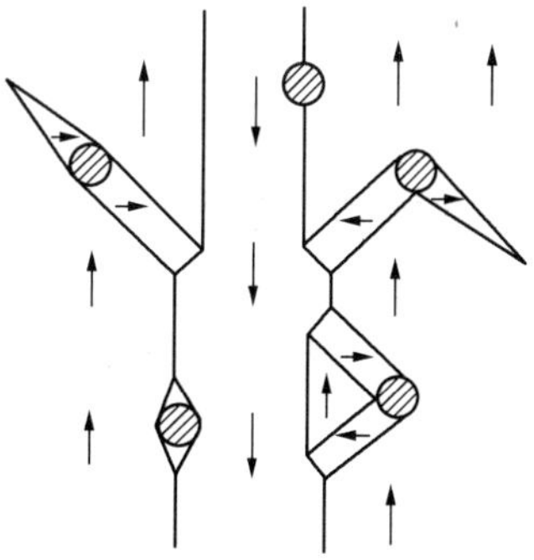

图 3.34　主畴的畴壁经过一群夹杂物时发生附加畴的情况

颗粒就可以得到单畴。

由于单畴颗粒中不存在畴壁，因而在技术磁化时不会有壁移过程，而只能依靠畴的转动。而畴的转动是需要克服磁晶能的，所以这样的材料进行技术磁化和退磁都不容易。它具有低的磁导率和高的矫顽力，这正是永磁材料所希望的，所以近年来在永磁材料的生产工艺中正是普遍采用了粉末冶金法以提高材料的矫顽力。当然，对于软磁材料则需注意，颗粒不能太小，以免形成单畴以致降低材料的磁导率。可见了解单畴颗粒对材料性能的影响并估计其临界尺寸是具有实用意义的。

对于单轴各向异性材料的薄晶片或薄膜，如果加偏置磁场，可以使小圆柱形磁畴（直径在 1～100 μm 范围）处于稳定状态，这种磁畴在显微镜下观察很像气泡，故称为磁泡，如图 3.35 所示。由于磁泡体积小且能高速转移，故它可以用于电子计算机中高密度存储器，以增加存储量，提高计算速度和减小机件体积。

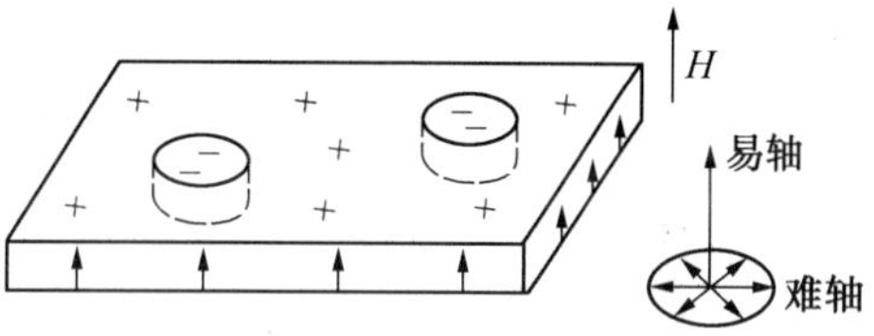

图 3.35　磁泡畴
（薄片向上磁化，磁泡向下磁化）

为了得到磁泡，制备出来的薄晶片的易磁化轴和所加偏置磁场的方向都必须垂直于晶片。当未加外磁场时，薄晶片中由于自发磁化常出现带状磁畴，如图 3.36(a)所示。加磁场后，与磁场方向一致的畴变宽，方向相反的畴变窄，如图 3.36(b)所示。磁场继续增强时，反向畴将缩小成分立的柱形畴，如图 3.36(c)所示。

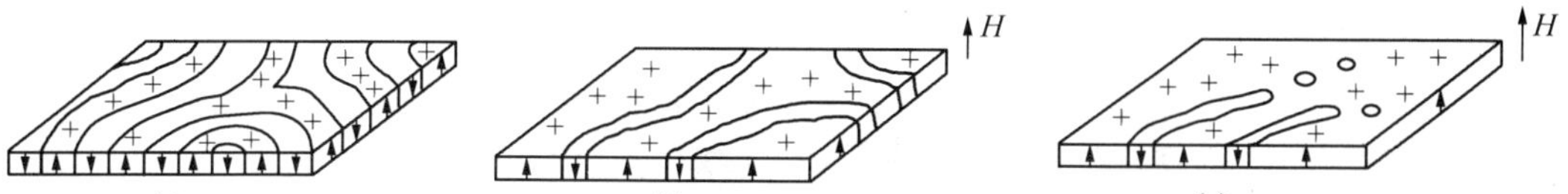

(a)　(b)　(c)

图 3.36　磁泡的形成

目前可用于产生磁泡畴的材料有：六角单轴晶体（如钡铁氧体），稀土元素的正铁氧体（如 $HOFeO_3$），稀土元素的石榴石形铁氧体（如 $Eu_2ErCa_{0.7}Fe_{4.3}O_{12}$）等。

3.8 技术磁化和反磁化过程

3.8.1 技术磁化的机制

前已提及，所谓技术磁化，就是在外磁场的作用下，铁磁体从完全退磁状态磁化至饱和的内部变化过程。讨论这一过程不但可以说明材料磁性的一些规律，且有助于研究提高材料性能的途径。技术磁化过程实质上就是外磁场对磁畴的作用过程，也即外磁场把各个磁畴的磁矩方向转到外磁场方向（或接近外场方向）的过程，显然，它与自发磁化有本质的不同。

前面讨论的磁化曲线与磁滞回线都是技术磁化的结果。我们知道，铁磁质的基本磁化曲线大体可分为三个阶段。从磁畴理论的观点，这三个阶段的磁化乃是铁磁体的磁畴结构在外磁场的作用下发生变化的结果。图 3.37 示出了在磁化曲线各个状态上磁畴结构的特点。设材料原始的退磁状态为四个成封闭结构的磁畴，在磁化的起始阶段，磁场作用较弱，对于自发磁化方向与磁场方向成锐角的磁畴，由于其静磁能低的有利地位而发生了扩张，而成钝角的磁畴则缩小。这个过程是通过磁畴壁的迁移来完成的，这种畴壁的迁移，使材料在宏观上表现出微弱的磁化，与第Ⅰ区段的磁畴结构相对应。然而此时畴壁的这种微小的迁移是可逆的，若这时去除外磁场，则畴壁又会自动地迁回原位（因原位能态最低），这就是第Ⅰ区段所谓的畴壁可逆迁移区。此时磁化曲线较为平坦，磁导率也不高。

越过第Ⅰ区段，若外磁场继续增强，则畴壁将会发生瞬时的跳跃。换言之，某些与磁场成钝角的磁畴将瞬时转向与磁场成锐角的易磁化方向。由于大量原子磁矩的瞬时转向，因此表现出强烈的磁化，磁化曲线急剧上升，磁导率很高，这与第Ⅱ区段的磁畴结构相对应。这时的畴壁迁移是跳跃式的，称为巴克豪森跳跃（原因后面讲）。畴壁的这种迁移，是不会由于外磁场取消而自动迁回原位的，这就是第Ⅱ区段所谓的畴壁不可逆迁移区。畴壁的这种迁移的结果，将使畴内所有的原子磁矩都转向与磁场成锐角的易磁化方向，而使晶体成为单畴。

由于晶轴通常与外磁场不一致，故当外磁场继续增大时，则整个晶体单畴的磁矩方向将逐渐转向外磁场方向。这种磁化过程称为磁畴的旋转，这就是第Ⅲ区段的磁畴旋转区。这种转动需要相当大的能量，显然外磁场要为此而做功，故磁化进行得非常缓慢。当晶体单畴的磁化强度矢量与外磁场方向完全一致（或基本一致）时，即达磁饱和状态。

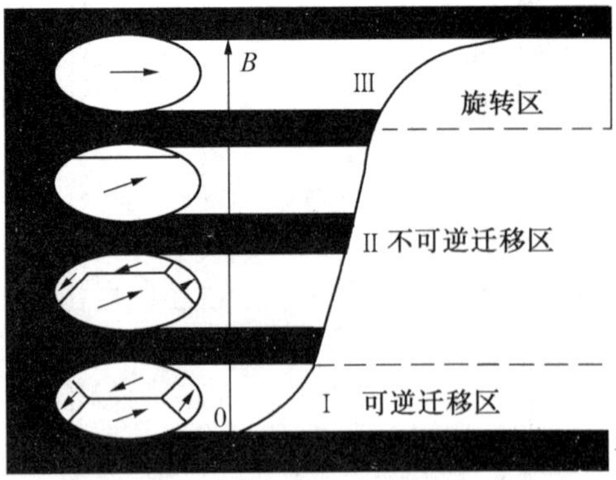

图 3.37　磁化曲线分区示意图

由上述可知，技术磁化包含着两种机制：即畴壁的迁移磁化（简称壁移磁化）和磁畴的旋转磁化（简称畴转磁化）。

关于壁移磁化可用图 3.38 所示的 180°壁的迁移来说明。若未加外磁场之前畴壁位于 a 处，左畴磁矩向上，右畴磁矩向下。当加 H 后，由于左畴的磁矩与 H 的向上分量一致，静磁能较低，而右畴的静磁能则较高，故畴壁将从 a 右移到 b 处。这样，a、b 之间原属于右畴、方向朝下的原子磁矩将转动到方向朝上而属于左畴，这样就增加了磁场方向的磁化强度。

前已提及，畴壁是原子磁矩的方向逐渐转向的一个过渡层。所以畴壁的右移，实际上就是右畴靠近畴壁的一层原子磁矩，由原来朝下的方向开始转动，继而进入畴壁区。与此同时，畴壁区的原子磁矩也发生转动，且最左边的一层原子磁矩最终完成转动过程后，脱离畴壁区而加入到左畴的行列。必须指出，所谓原子磁矩进入或脱离畴壁区，并不是说原子挪动了位置，而只是通过原子磁矩方向的改变来实现畴壁区的迁移。由此可见，壁移磁化过程本质上也是原子磁矩的一种转动过程。

关于畴转磁化，可用图3.39来说明。若磁畴原来沿易轴磁化，那么在与该方向成 θ_0 角的外磁场 H 的作用下，由于壁移已完成(或因结构上的原因壁移不能进行)，则整个磁畴的磁矩(或 M_s)将向外磁场方向转动一个 θ 角，这实际上是静磁能与磁晶能共同作用的结果。因为 M_s 转向 H 方向可以降低静磁能，但却提高了磁晶能，这两种能量相互抗衡的结果，使 M_s 稳定在原磁化方向和外磁场方向间总能量最小的某一个 θ 角上。

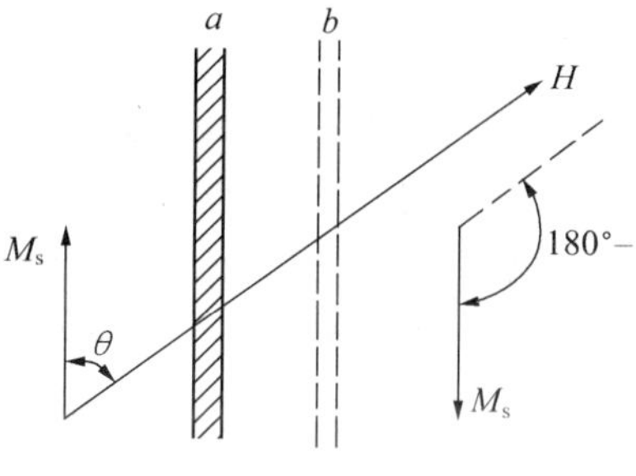

图 3.38　壁移磁化示意图

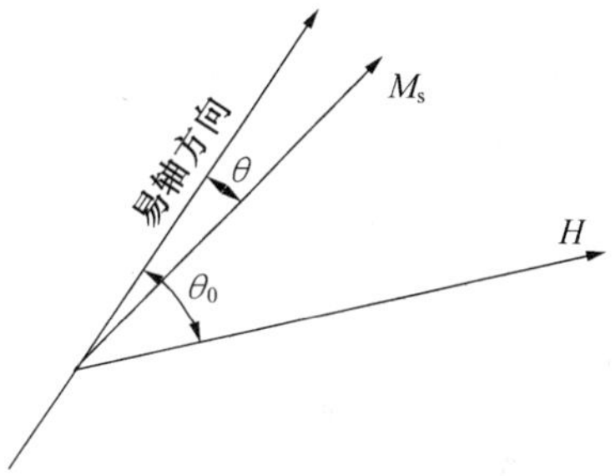

图 3.39　畴转磁化示意图

3.8.2　影响壁移的因素

从技术磁化过程可以看出，壁移存在着阻力，因此需由外磁场做功。据研究，阻力主要来自以下几方面：首先是铁磁材料中的夹杂物、第二相、空隙的数量及分布；其次是内应力的起伏大小和分布；再就是因磁体磁化产生的退磁场能，壁移产生的磁晶各向异性能和磁弹性能等。同时还可看出，壁移的阻力是随位置而变化的，正由于此，壁移磁化才有可逆和不可逆之分，而磁滞现象则正是不可逆壁移的结果。

显然，壁移过程中，铁磁晶体的总自由能将不断发生变化。这里必须考虑静磁能、退磁能、交换能、磁晶能和磁弹性能。由于外磁场是壁移的原动力，故静磁能在技术磁化中起主导作用，而其他几种能量则都与壁移的阻力有关。由于我们讨论的磁化是在缓变磁场或低频交变磁场中进行的，属静态或准静态的技术磁化，因此，畴壁的平衡位置是以各部分自由能的总和达到极小值为条件的。

现设有两相邻成180°的磁畴，其总自由能 $F(\chi)$ 随畴壁位置 χ 的变化如图3.40所示。当未加外磁场时，畴壁的平衡位置稳定在能谷 a 处，若加上一个与A畴 M_s 方向一致的 H 后，畴壁受磁场作用将向右推移。设壁移为 $d\chi$，则外磁场所做的功将等于自由能 $F(\chi)$ 的增量，故

$$2HM_s\mathrm{d}\chi = \frac{\partial F}{\partial \chi}\mathrm{d}\chi \qquad (3.26)$$

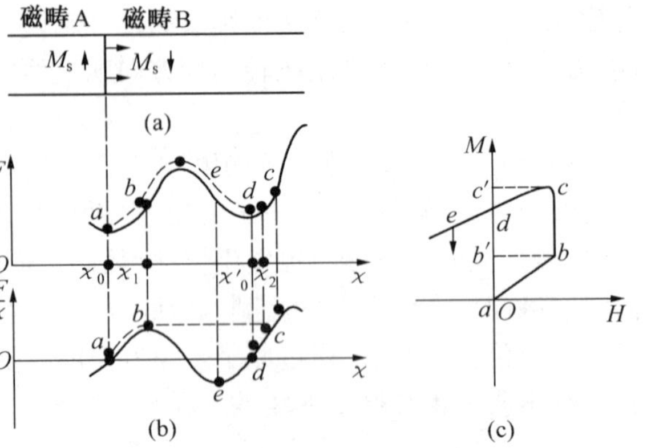

图 3.40　180°壁的可逆与不可逆迁移图解

由上式可见，磁场把畴壁推进单位距离时，对畴壁单位面积所做的功为 $2HM_s$。即磁场的作用相当于对畴壁有一个静压强 $2HM_s$。在磁化过程中，它要克服壁移所遇到的阻力 $\partial F/\partial\chi$。设 b 点是能量变化曲线上的拐点，显然，在 b 以前 $\partial F/\partial\chi$ 是递增的，$\partial^2 F/\partial\chi^2 > 0$；在拐点 b 处 $\partial F/\partial\chi$ 达极大值 $(\partial F/\partial\chi)_{max}$；而在 b 点之后 $\partial F/\partial\chi$ 逐渐减小，$\partial^2 F/\partial\chi^2 < 0$。这样当磁场很弱时，壁移也很小，在 χ_1 点之前壁移是可逆的，即去掉 H 后，畴壁受 $\partial F/\partial\chi$ 的推动仍回到原位 χ_0 处。增加 H 使畴壁移动到 χ_1 处(即最大阻力处)，若此时磁场产生的推动力能超过最大阻力 $(\partial F/\partial\chi)_{max}$，则畴壁以后移动所遇的阻力 $\partial F/\partial\chi$ 都将比 $(\partial F/\partial\chi)_{max}$ 小。于是畴壁便可轻松地从 χ_1 处移动到 χ_2 处(即能量变化曲线上的 c 点)，由于在 c 点重新受阻(阻力与推力相平衡时)而停留在 χ_2 处。由于畴壁从 χ_1 到 χ_2 是瞬间完成的，故相当于一个跳跃，这就是前面曾提到的巴克豪森跳跃。伴随此过程，产生了强烈的磁化效应。一旦发生了巴克豪森跳跃，再去除外磁场也不能使畴壁自动回到原 χ_0 位置，而是受 $\partial F/\partial\chi$ 的作用移到 χ'_0 位置(χ'_0 处 $\partial F/\partial\chi = 0$)。由于畴壁不能回到 χ_0 处，故磁畴在外磁场方向保留了一定的剩余磁化强度 M_r。这种畴壁移动的不可逆性导致了铁磁材料的不可逆磁化。若要消除剩磁，就必须加一个反向磁场来克服畴壁反向移动时产生的最大阻力 $(\partial F/\partial\chi)_{max}$，使畴壁回到磁化前的 χ_0 处。因此，铁磁材料表现出一定的矫顽力 H_c。

由上述可见，从 $a \to b$ 是畴壁可逆迁移的过程。若在此磁化阶段减弱磁场，则可使畴壁退回原位，即磁化曲线可沿原路线下降而不出现磁滞现象，这是因为该区段的各位置均为稳定的平衡状态的缘故。

从 $b \to c$ 是畴壁的不可逆迁移的过程。在此阶段减弱磁场，畴壁将不能退回原位，只能移到 d、e 等位置，因而磁化曲线也不能沿原路线下降，而形成磁滞回线。

这里可逆与不可逆壁移的界限，在于增强磁场时，畴壁的位置是否达到了最大阻力 $(\partial F/\partial\chi)_{max}$ 处。我们把达到最大阻力时的磁场强度 $H_0 = \frac{1}{2M_s}(\partial F/\partial\chi)_{max}$ 称为临界磁场。

从与 $a \to b \to c \to d \to e$ 过程相对应的磁化曲线及部分磁滞回线的示意图 3.40(c)上，可以区分出可逆磁化 ab，不可逆磁化 bc，剩余磁化 ad 以及矫顽力 bb' 等过程。

下面看一下杂质对壁移的影响。前已提及，杂质有吸引畴壁的作用。杂质使畴壁穿孔，畴壁面积减小，畴壁能 $F(\chi)$ 降低，如图 3.41(a) 中的 0 位。若外加磁场，则畴壁受磁场的推动向右弓出，从而使左畴增大，右畴减小，产生磁化，见图 3.41(b) 中 1。与此同时，畴壁弓出导致畴壁面积增大，畴壁能增高，因而产生阻力。但在畴壁未脱开杂质钉扎之前，畴壁具有回到最低能量状态，即回到未磁化前状态的倾向，因此在磁化的起始阶段，磁化过程是可逆的。当磁场增强超过临界磁场强度 H_0 时，畴壁便脱开杂质的钉扎，向右侧快速大幅度地移动，从而表现出强烈的磁化，见图 3.41(b) 中 2。此过程一旦发生，即使去除磁场，畴壁也不再回至原位，而是停在杂质较多的新位置上，保留一定的剩余磁化，因此这个阶段磁化是不可逆的。

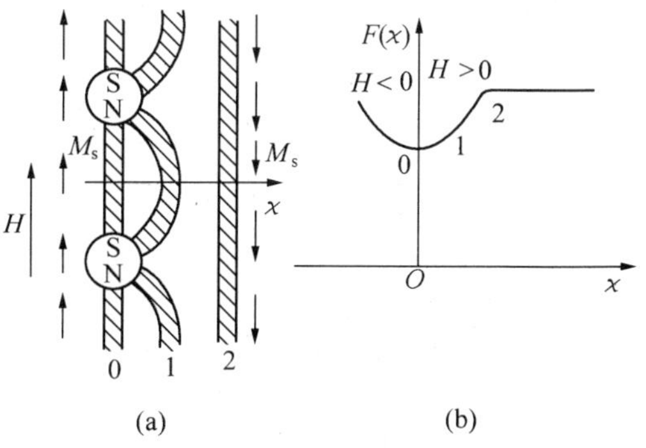

图 3.41　杂质对畴壁移动的影响

3.8.3　反磁化过程和磁矫顽力

在上述技术磁化之后，若把外磁场去掉，由于磁晶能的作用，则磁畴的磁化方向将转动到离磁场方向最近的易磁化方向。因此，在外磁场方向仍有磁化强度的分量，这就是存在剩磁 M_r 的原因。所谓反磁化过程就是从该状态开始施加反向磁场所经历的过程。

显然 $M_r \leqslant M_s$，为提高 M_r，① 可使材料的易磁化方向与外磁场方向一致，这样就不会有畴转过程。例如高度拉伸的 15% 镍铁细丝。② 进行磁场热处理。例如让材料在外磁场中从高于居里温度向低温冷却，即可造成磁有序也称磁织构。这样可使材料易磁化，提高磁导率。

为消除剩磁，须加反向磁场，以推动反向壁移，这就是磁滞回线中退磁曲线那一段形成的原因。在反向磁场的作用下，与反磁场成钝角的磁畴(正向畴) 要缩小，而与反磁场成锐角的磁畴(反向畴) 要扩大。已磁化的材料中为何会有反向磁畴呢?这是因为材料中总有夹杂物、第二相、空隙等质点，在它们周围会出现磁极，形成退磁场。这些退磁场在外磁场的推动下，就可发展为反向磁畴。

同正向磁化过程一样，反磁化过程初期也有一可逆壁移阶段，然后才开始不可逆的跳跃。随磁场的继续增强，磁化强度可能发生多次跳跃式的降低，最后当磁场增强到某一值时，壁移将发生大跳跃，以致完全侵吞了正向磁畴，这一反磁化过程可用图 3.42 来表示。当反向磁畴扩大到同正向磁畴大小相等时，它们的磁化对外部的效果相互抵消，有效磁化强度为零，这时的磁场强度称为矫顽力，它也是发生大跳跃时的临界磁场。图 3.42 中的 bc 直线即代表这次大跳跃。显然，壁移过程完成后，尽管已都成为反向磁畴，但其方向一般同磁场还是不一致的，要达磁饱和还需经过转动磁化。

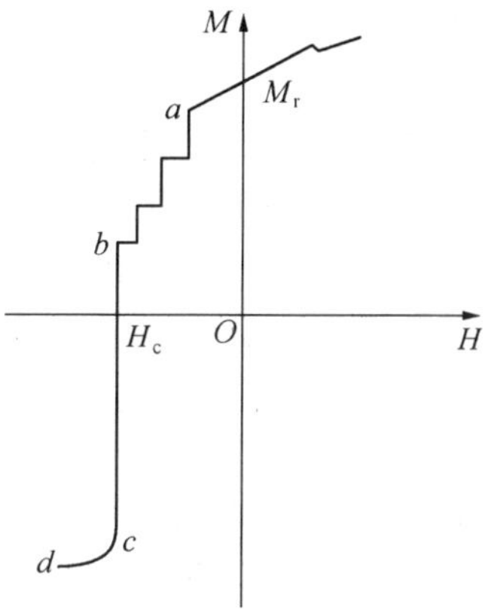

图 3.42　壁移反磁化过程

由于磁性材料一般是多晶体，其晶粒对磁场可有各种取向，因此易轴对磁场也有各种取向。取向不同的晶粒的临界磁场不同，矫顽力也就不同，而材料的磁矫顽力却是各晶粒矫顽力的平均效果。假如用 θ 表示壁移完成后磁畴的磁矩和磁场方向间的夹角，H_{00} 表示 $\theta = 0$ 情况下的临界磁场，则不同 θ 角单轴晶体的反磁化曲线可用图 3.43 来表示，而这些过程的平均效果如图 3.44 所示。它就是我们熟悉的多晶材料反磁化曲线所构成的磁滞回线。

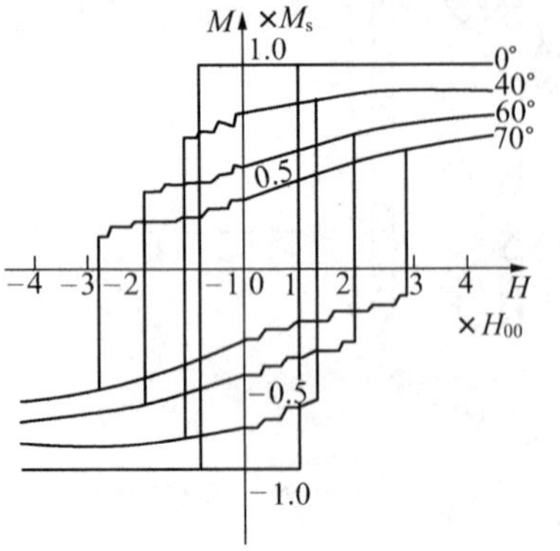

图 3.43　单轴晶体不同 θ 角时的反磁化曲线

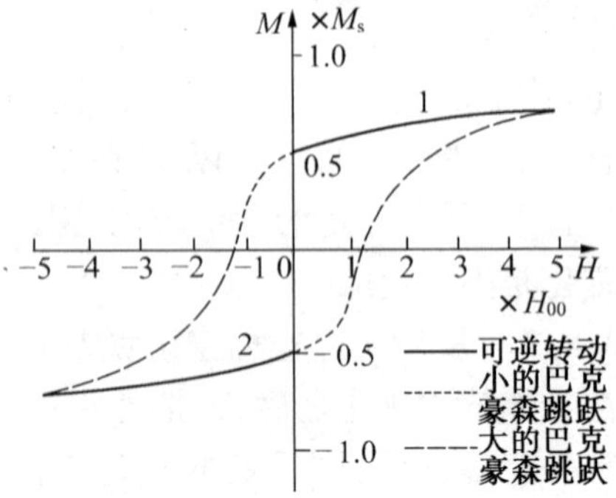

图 3.44　单轴多晶体的反磁化曲线

内应力作用下的磁矫顽力 $H_c \propto \dfrac{\lambda_s \sigma_0}{M_s}$，杂质作用下的 $H_c \propto \dfrac{K_1}{M_s}\beta^{2/3}\dfrac{\delta}{d}$，因此，要提高材料的磁矫顽力，必须增加壁移的阻力。具体地说，应提高磁致伸缩系数，设法使材料产生内应力 σ，增加杂质的浓度 β 和弥散度 δ/d，以及选高 K_1 值、低 M_s 的材料，但最有效的还是使壁移不发生，即使畴壁不存在。前以提及，当材料的颗粒小到临界尺寸以下时可得单畴，这对提高硬磁材料的矫顽力是非常重要的。

3.9　影响金属及其合金铁磁性的因素

影响铁磁性的因素主要来自两个方面：一是外部环境因素，如温度和应力等。二是金属及合金内部因素，如成分、组织和结构、热处理状态等。从内部因素考查，可把表示材料铁磁性的参数分成两类：即组织敏感性参数和组织不敏感性参数。凡是与自发磁化有关的参数都是组织不敏感的，如，饱和磁化强度 M_s，饱和磁致伸缩系数 λ_s，磁各向异性常数 K 和居里点 Q_C 等。它们与原子结构、金属及合金的成分、铁磁相的结构性质及数量有关，而与组成相的晶粒大小、分布情况和组织形态无关。凡是与技术磁化有关的参数，都是组织敏感的，如，磁矫顽力 H_c、磁化率 χ、磁导率 μ、剩磁感应强度 B_r 等。它们与组成相的晶粒形状和大小、分布情况以及组织形态等有密切关系。

3.9.1　温度的影响

图 3.45 示出了铁磁金属的磁饱和强度和温度的关系。它表明，在温度低于居里点时，温度升高使原子热运动加剧，原子磁矩的无序排列倾向增大而导致 M_s 下降。这种无序倾向在接近居里点时急剧增大，因此 M_s 急剧降低，在居里点处下降为零，即由铁磁性转变为顺磁性。这个变化规律是铁磁金属的共性。通常居里点就是根据实验所得到的 M_s-t 曲线上最大斜率点的切线和温度轴的交点确定的。

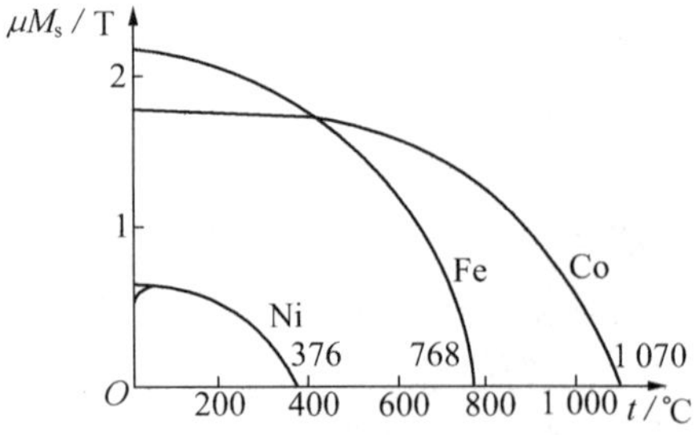

图 3.45　铁、钴和镍的饱和磁化强度与温度的关系

图3.46示出了铁的磁性参数与温度的关系。磁导率 μ 在 $H = 320\ \text{A}\cdot\text{m}^{-1}$ 时随温度升高而降低(因温度升高导致 B 降低)。在 $H = 24\ \text{A}\cdot\text{m}^{-1}$ 时,随温度升高,引起应力松弛,故有利于磁化,使 μ 增高,当温度接近居里点时,由于 B 值的急剧降低,导致 μ 的迅速下降,在居里点处降为零。饱和磁感应强度 B_s、磁滞损耗 $\tan\varphi$ 和磁矫顽力 H_c 均随温度升高而下降(与 $M_s - t$ 关系相似),到居里点时降为零。只有剩磁 B_r 在 -200 ~ 20℃ 范围内有所增高,然后再下降。

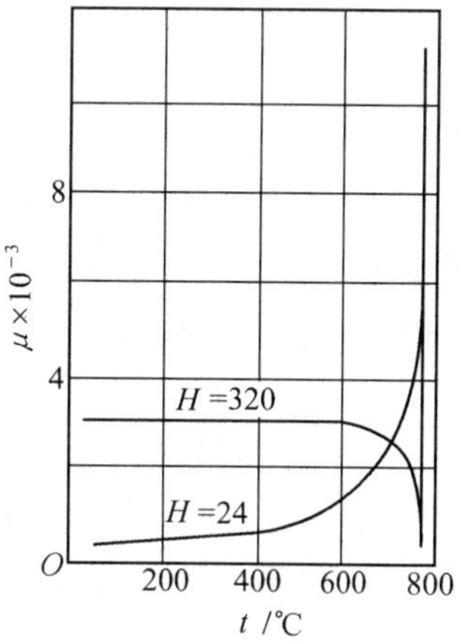

图3.46　铁的磁导率与温度的关系

3.9.2　应力、形变、晶粒及杂质的影响

1.应力的影响

这里说的应力是指弹性应力,它对金属的磁化有显著影响,当应力的方向与金属的磁致伸缩为同号时,则应力对磁化起促进作用,反号时则对磁化起阻碍作用。例如镍,它的 λ_s 为负值,所以拉应力阻碍磁化,使 μ 变小;而压应力对磁化有利,使 μ 变大。

2.形变(加工硬化)的影响

加工硬化能引起晶体点阵扭曲,晶粒破碎,内应力增加,它们都会对壁移造成阻力,使技术磁化困难,故会引起与组织结构有关磁性参数的改变。图3.47为含C量为0.07%的软铁丝经不同压缩变形后铁磁性的变化。图中,磁导率 μ 随形变量增大而下降,而矫顽力 H_c 则相反,随形变量增大而增高。剩磁 B_r 在压缩量为5% ~ 8% 时急剧下降,当压缩量大于8% 后,则随压缩量增大而升高。

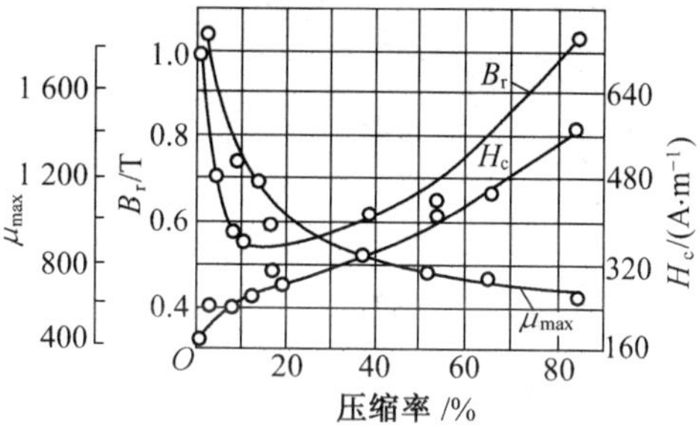

图3.47　软铁磁性能与加工硬化时应变量的关系

再结晶退火与加工硬化的作用相反,退火之后,点阵扭曲恢复,内应力消除,故使磁化易于进行,在完全再结晶情况下,金属的铁磁性可以恢复到加工硬化前的情况。

3.晶粒细化的影响

晶粒细化与加工硬化的效果相似,这是因为晶界也是一种面缺陷,晶粒越细,晶界便越多,对磁化的阻力也越大。

4.杂质的影响

杂质如C、N、Mn、S、P等,它们对铁的组织敏感参数的影响与它们存在的形态有关。当它们固溶于铁中便会造成点阵扭曲,而当它们呈夹杂物存在时则使畴壁穿孔,这都会给壁移造成阻力,导致 μ 下降,H_c 上升。

由上述可以看出,组织敏感参数 μ 和 H_c 在很大程度上取决于铁磁材料的纯度,随着铁磁材料纯化技术的提高,必将会得到高 μ、低 H_c 的新材料。同时,还可以看出,改善铁磁材料 μ 的方法可有:① 消除铁磁材料中的杂质;② 把晶粒培育到足够大并呈等轴状;③ 造成再结晶织构;④ 采用磁场中退火,这就是下面要讨论的。

3.9.3 磁场中退火

我们知道,铁磁材料从高温冷却至居里点时,由于从顺磁态转变为铁磁态从而形成磁畴。各磁畴因经受磁致伸缩而发生形变,其中包括沿易轴的形变。由于每个晶体有几个易轴(如铁有三个),则在居里点以下形成磁畴时它们将在不同方向发生形变。显然,在铁中之所以能发生形变是因为居里点位于足够高的温度。假如铁试棒冷却后在室温下顺着棒的轴向磁化,则由于磁致伸缩,各磁畴将沿与磁场方向(即试棒的轴向)成角度最小的易轴伸长。由于冷却时经过居里点而产生的各项杂乱形变将妨碍室温下磁化的新变形,于是产生应力。这种应力将妨碍磁致伸缩,因而也将妨碍磁化,使磁导率降低。

在沿轴向的磁场中缓慢冷却时,因为基元区域的磁化向量沿着与外磁场呈最小角度的易轴,则每一磁畴的磁致伸缩和范性形变将沿该方向发生。换言之,磁畴将在室温磁化时沿应伸长(在正磁致伸缩情况下)的方向预先伸长。经过磁场中退火的样品,其磁致伸缩将不妨碍磁化,样品的磁化将变得更加容易,从而在该方向将有高的磁导率。

这样,高磁导率不但可以由晶体易轴的择优取向(通过冷加工和再结晶手段)达到,同样也可以由内应力的择优取向(通过磁场中退火的手段)达到。前者称为冷加工或再结晶织构,而后者称为磁织构。

3.9.4 合金的成分和组织的影响

1.形成固溶体

若在铁磁金属中溶入顺磁或抗磁金属形成固溶体,则饱和磁化强度 M_s 将随溶质原子浓度的增大而降低。以镍中溶入 Cu、Zn、Al、Si、Sb 等原子为例,如图 3.48 所示,由于溶质原子的 $4s^-$ 电子进入了镍中未填满的 $3d^-$ 壳层,导致镍原子的玻尔磁子数减少。且溶质的原子价越高,给出的 $4s^-$ 电子越多,则镍的玻尔磁子数减少越甚,M_s 降得越低。

过渡族金属与铁磁金属所组成的固溶体则不同,如 Ni - Mn、Fe - Iv、Fe - Rh、Fe - Pt 等合金,由于这些溶质的原子都有较强的固有磁矩,当形成固溶体合金时,通过点阵常数的变化,使交换作用增强,因而对自发磁化有所促进。当溶质浓度不高时,M_s 有所增大。但浓度较高时,由于溶质原子的稀释作用,使 M_s 降低。

两种铁磁性金属组成固溶体时,M_s 的变化较复杂,从图 3.49 可看出,Ni - Co 合金的 M_s 随浓度的增加而单调增加;Fe - Co 合金不同,在 Co 含量 30%(原子)处有极大值,可见在这类合金系中存在比纯铁的铁磁性更强的工业合金;Fe - Ni 合金的 M_s 变化特点与 Fe - Co 类似。由于 M_s 的大小不仅与合金的成分而且还与温度有关,因此不同温度,M_s 随成分的变化曲线将有明显差异。

Fe - Ni 合金的 K 和 λ_s 与合金的成分和结构有关,如图 3.50 所示。图中曲线是快速冷却,合金处于无序状态时,K 和 λ_s 随成分的变化情况。若缓慢冷却,合金中产生 FeNi 等有序相时,K 和 λ_s 将有明显的不同。与 M_s 一样,K 和 λ_s 随加热温度的升高而降低,且在居里点处下降为零。

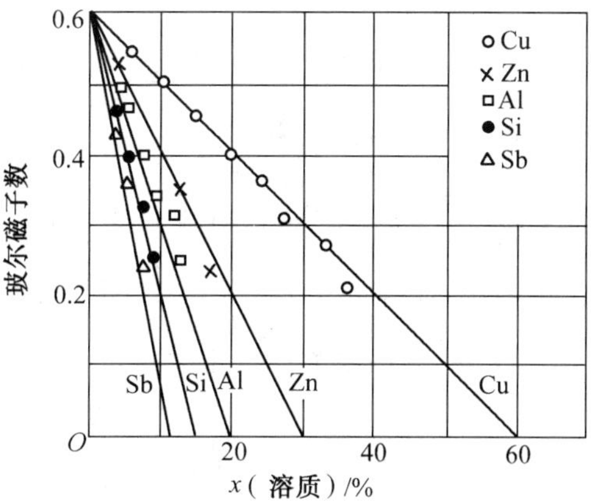

图 3.48　镍中合金元素浓度对每个原子玻尔磁子数的影响

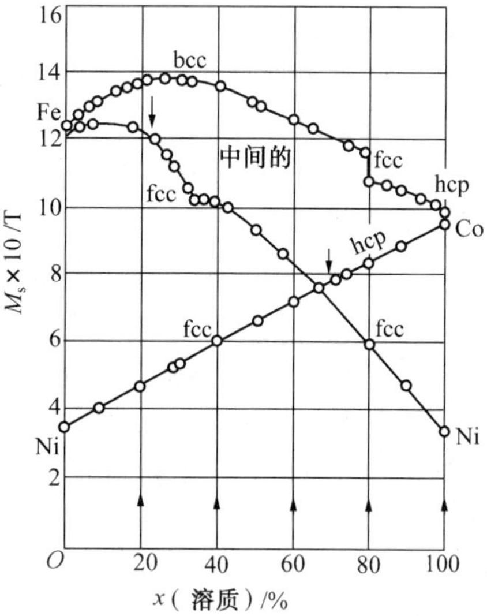

图 3.49　Fe－Ni、Fe－Co 和 Ni－Co 合金 M_s 随成分的变化

固溶体合金的有序化对合金的磁性有显著的影响，如图 3.51 所示。当 Ni－Mn 合金淬火后处于无序态时，M_s 在 10% Mn 以下略有增高，10% 以上则单调下降，在含 Mn 量达 25% 时合金已变成非铁磁性了，如曲线 2 所示。若将合金在 450℃ 进行长时间的有序化退火，使其有序化形成超结构 Ni_3Mn，则合金的 M_s 将沿曲线 1 变化，当含 Mn 量达 25% 时，M_s 达到极大值(已超过纯 Ni)。

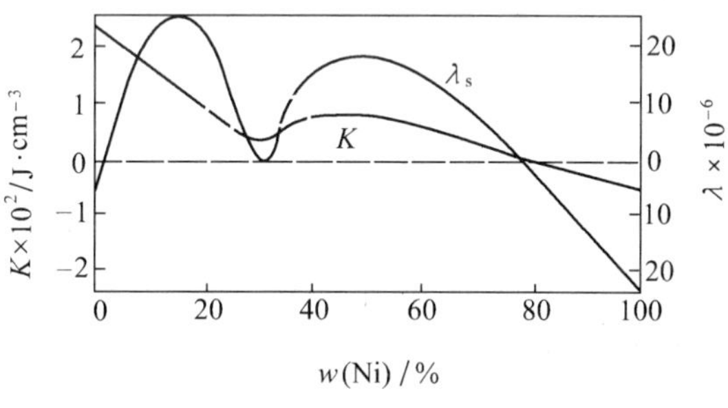

图 3.50　Fe－Ni 合金的 K 和 λ_s 与成分的关系

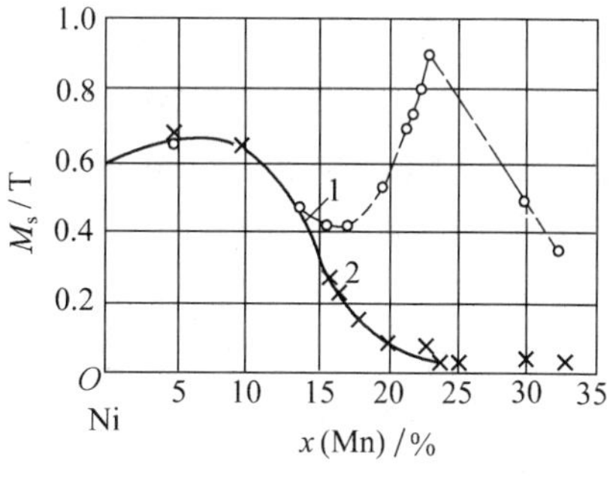

3.51　Ni－Mn 合金的 $4\pi M_s$ 与成分的关系

需要指出的是，通过加热使 Ni_3Mn 合金从有序向无序过渡(在 520℃ 达到)时，M_s 和 H_c 的变化如图 3.52 所示。H_c 在有序态和无序态时都比较低，而在过渡区达到极大值。可以设想，在过渡区有序和无序的晶体点阵在近距离内共存。显然，合金在这个温度区域点阵的畸变和与其相关的应力达到了很大的数值。

目前用做永久磁铁的高矫顽力的合金如 Pt_3Fe 和 Pt_3Co，它们的 H_c 值分别为 $1.25\times10^5 A\cdot m^{-1}$ 和 $2.11\times10^5 A\cdot m^{-1}$。这样高的矫顽力即是合金从有序结构向无序结构转变时得到的。

2. 形成化合物

铁磁金属与顺磁或抗磁金属所组成的化合物和中间相，如 Fe_7Mo_6、$FeZn_7$、Fe_3Au、Fe_3W_2 和 $FeSb_2$，还有 NiAl 和 CoAl 等，由于这些顺磁或抗磁金属的 $4s^-$ 电子进入了铁磁金属未填满的 $3d^-$ 壳层，因而使铁磁金属 M_s 降低，呈顺磁性。

铁磁金属与非金属所组成的化合物，Fe_3O_4、$FeSi_2$、FeS 等均呈亚铁磁性，即两相邻原子的自旋磁矩呈反向平行排列，而又没有完全抵消。常见的 Fe_3C 和 Fe_4N 则属于弱铁磁相。

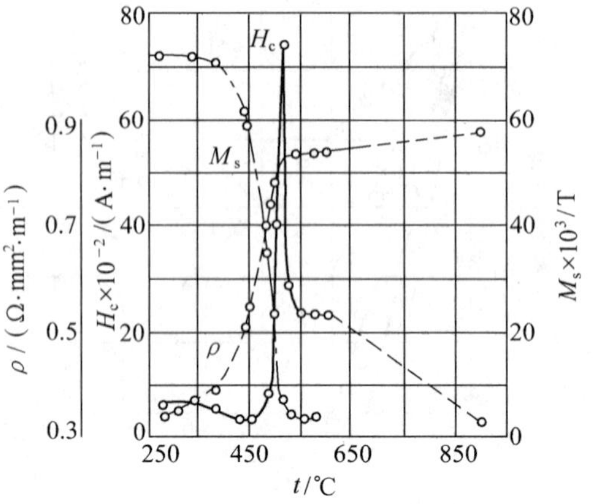

图 3.52　从有序向无序转变时合金 Ni_3Mn 的 M_s、H_c 和 ρ 的变化

3. 形成多相合金

形成多相合金时，若各相都是铁磁相，则合金的总饱和磁化强度将由组成相的饱和磁化强度之和来决定。即

$$M_s = M_{s1}\frac{V_1}{V} + M_{s2}\frac{V_2}{V} + \cdots + M_{sn}\frac{V_n}{V} \tag{3.27}$$

式中，$M_{s1} \sim M_{s2}$ 为各组成相的饱和磁化强度；$V_1 \sim V_n$ 为各相的体积；V 为合金的体积，$V = V_1 + V_2 + \cdots + V_n$。用此式可对合金进行定量相分析。

多相合金的居里点与相的成分、相的数目有关，合金中有几个铁磁相，就有几个居里点，因此根据居里点可对铁磁相作出判断。通常居里温度都是根据实际测量所得到的 $M_s - T$ 的关系曲线确定的。若合金中存在两个铁磁相，则 $M_s - T$ 曲线上便会出现两个拐折，如图 3.53 所示，图中的 T_{C1} 和 T_{C2} 为两铁磁相的居里点。

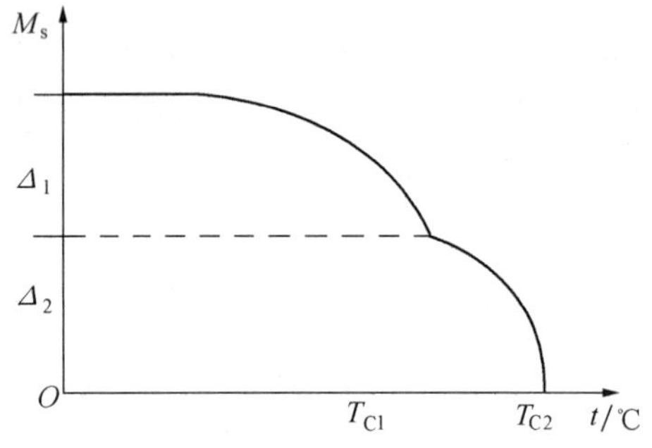

图 3.53　两铁磁相组成的合金磁化强度与温度的关系

钢是金属材料中组织变化比较复杂的合金之一，经不同热处理工艺所得到的组织及它们的组成相具有不同的磁性。铁素体具有很强的铁磁性，是强铁磁相，Fe_3C 是弱铁磁相，合金碳化物及残余奥氏体为顺磁相。在钢的所有组织中除奥氏体组织呈顺磁性外，其他组织，如珠光体、贝氏体和马氏体均为强铁磁性组织。因此，同一成分的钢处于不同组织状态时，磁性有很大的差异，如图 3.54 所示。由图可见，随含碳量增加，钢的 M_s 降低，这是由于弱铁磁相 Fe_3C 相的存在所致。对同一含碳量的钢，淬火态的 M_s 比退火态的 M_s 低，这是因为淬火钢中含有非铁磁相的残余奥氏体。H_c 随含碳量的增加而增加，这不仅与 Fe_3C 含量有关，而且与组织形态有关。同一含碳量的钢的 H_c，淬火后比退火后的高，这是由于形成了具有很高内应力的淬火马氏体所致。磁导率 μ 的变化与 H_c 相反。

3.9.5 Spinodal 分解

1971 年金子秀夫等人研制成功了 Fe－Cr－Co 系永磁合金，其可加工性和向低 Co 含量的发展趋势，使该系列合金逐渐取代了传统的铝镍钴永磁合金。而且由于其$(BH)_{max}$目前达到的数值还只是理论值的 1/10，因而存在很大的发展潜力。

Fe－Cr－Co 合金良好的永磁性能，是利用高温下单相的 α 固溶体在一定温度(如 600～700℃)下，通过 Spinodal 分解得到晶体结构相同、成分各异，而浓度连续变化的 α_1 和 α_2 固溶体组成的“调幅组织”。

长期以来，普遍认为 Fe－Cr－Co 合金和 Al－Ni－Co 一样，反磁化过程主要通过畴转机制实现，阻碍畴转的是柱状磁性相的形状各向异性。但近年来对磁畴的研究表明，反磁化过程主要是壁移机制，阻碍壁移过程的是 α_1、α_2 界面对畴壁的钉扎作用。

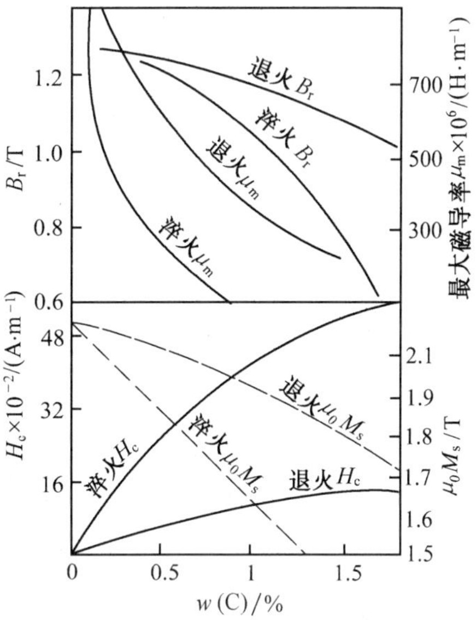

图 3.54 热处理对钢磁性的影响

3.10 动态磁化特性

铁磁(包括亚铁磁)材料用于制作铁芯被广泛地应用于数以千万计的各种电机和变压器中，以构成磁路起传导磁通的作用。由于其工作在工频范围，故是一个交变的磁化过程。又由于这种材料用量极大，又常工作于高磁通密度的条件下，因此工程上必须考虑节能指标，而能耗中很大一部分则是这种铁芯的损耗(简称铁耗)。同时，对高频条件下工作的磁芯材料，也有因能耗而引起磁芯品质因子 Q 降低的问题。因此仍有必要研究材料的动态磁化特性。

3.10.1 磁滞和涡流损耗

铁磁材料在交变磁场中反复磁化时，由于磁化处于非平衡状态，磁滞回线表现为动态特性。交流磁滞回线的形状介于直流磁滞回线和椭圆之间，即在磁化场的振幅不变情况下，若提高频率，则回线将逐渐变为椭圆形。图 3.55 为厚度为 50 μm 钼坡莫合金带的动态磁滞回线。

当外磁场的振幅不大(磁化基本上为可逆)时，得到在原点附近具有正负对称变化的磁滞回线称为瑞利磁滞回线，如图 3.56 所示。

由于瑞利磁滞回线可用解析式表达，故利用它可以求出回线所包围的面积 —— 磁滞损耗为

$$W_h = \frac{4}{3} f \eta H_m^3 \tag{3.28}$$

由上式知，由壁移引起的磁滞损耗 W_h 不但与磁化场的频率 f 成正比，与磁化场振幅

H_m 的三次方成正比，还和瑞利常数 η 成正比。

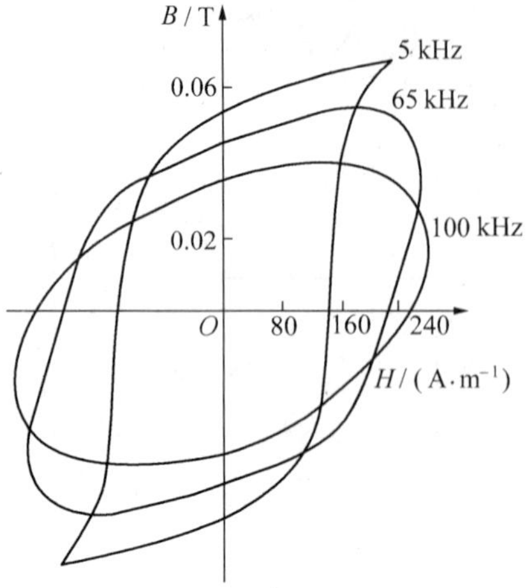

图 3.55　厚度为 50 μm 钼坡莫合金带在不同频率下的磁滞回线

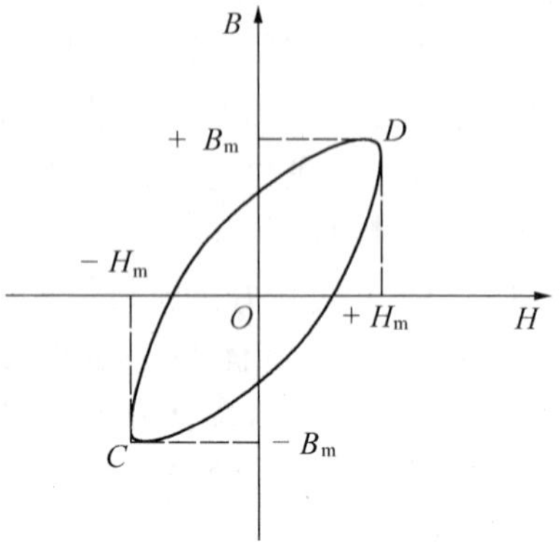

图 3.56　瑞利磁滞回线

当铁磁材料进行交变磁化时，铁磁导体内的磁通量也将发生相应变化，根据电磁感应定律，这种变化将在铁磁导体内产生垂直于磁通量的环形感应电流——“涡流”。这种涡流产生的损耗称涡流损耗。均匀磁化时，其单位体积内的损耗为

$$P = \frac{r_0^2}{8\rho}\left(\frac{\mathrm{d}M}{\mathrm{d}t}\right)^2$$

非均匀磁化时

$$P = \frac{r_0^2}{2\rho}\left(\frac{\mathrm{d}M}{\mathrm{d}t}\right)^2 \tag{3.29}$$

可见，非均匀磁化的涡流损耗比均匀磁化时大 4 倍。

反过来，根据楞次定律，这种涡流又将产生一个磁场来阻止外磁场引起的磁通变化。因此，铁磁体内的实际磁场总是要滞后于外磁场，这就是涡流对磁化的滞后效应。若交变磁场的频率很高，而铁磁导体的电阻率又较小，则可能出现材料内部无磁场，磁场只存在于铁磁体表层的“趋肤效应”。

3.10.2　磁后效应及复数磁导率

设某一时刻（$t = 0$）磁场有一从 H_1 到 H_2 的阶跃，则磁化强度也将有从 M_1 到 M_2 的变化。但这一变化分为两个阶段，即 $t = 0$ 时 M_1 无滞后地上升到 M_i，然后随时间的延续再逐渐上升到与 H_2 相应的平衡值 M_2，如图 3.57 所示。在后一阶段的磁化中，出现涡流现象的同时还存在着一种“磁后效应”，即磁化强度（或磁感应强度）跟不上磁场变化的延迟现象。故若进行反复磁化，则每次都要出现时间的滞后。

产生磁后效应弛豫过程的原因是，在含有微量间隙元素 C 或 N 的纯铁材料中，间隙原子 C 或 N 分布在 α-Fe 晶体点阵中的间隙位置容易受磁场变化扰动。当磁场方向发生变化时，间隙原子 C 或 N 将发生微扩散，引起材料磁各向异性的变化，从而导致磁化强度的变化。这种弛豫过程称为扩散磁后效。

日常经验告诉我们，永磁材料天长日久后剩磁会逐渐地变小，即磁性随着时间的推移

而变弱，这也是一种磁后效现象，称为“减落”。我们知道，永久磁铁一般都存在自由磁极，由于退磁场的持续作用，通过磁后效过程引起磁铁渐渐地退磁。若不了解磁后效的机制并加以克服，要想得到稳定的永久磁铁是不可能的。

现已知道，永磁材料的磁后效应遵从以下规律，即

$$M(T) - M(0) = \chi_d S_V \log t \tag{3.30}$$

式中，S_V 为磁后效系数；χ_d 为微分磁导率。由此式可见，磁化强度的变化与时间的对数成正比，由此可求得时间从 $0 \to \infty$ 时，磁化强度的变化。这一磁后效称为约旦磁后效。应用上希望永磁材料能在较短时间内使磁化强度达到稳定状态，而一般磁后效系数 S_V 随温度的升高而变大，因此常利用加热的办法来加速磁铁的老化，以便在较短的时间内使磁铁达到稳定状态。由上式还可看出，磁化强度的变化与微分磁导率 χ_d 成正比，而在磁化曲线的陡峭部分磁后效应最严重，所以，在选取永久磁铁的工作点时，往往要避开陡峭区域，以便获得较稳定的工作状态。

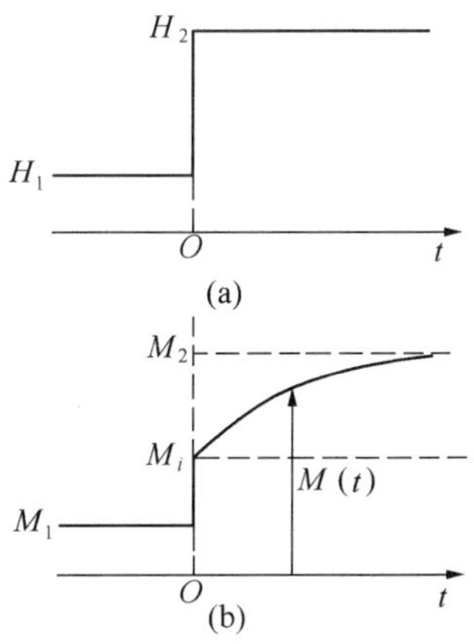

图 3.57　(a) 外磁场突变后和(b)磁化强度随时间的变化

铁磁材料在交变磁场作用下的磁性与它在静磁场作用下的磁性有很大不同。首先，材料在静磁场中的磁导率是一常数，但在交变磁场中存在磁滞效应、涡流效应、磁后效应和畴壁共振等，使材料在交变磁场中的磁感应强度落后于外加磁场一个相位角，因而交变(动态)磁化时的磁导率为一复数。其次，各向同性的铁磁材料在交变磁场(尤其是高频场)中，往往处于交变磁场和交变电场的同时作用下，而铁磁材料往往又是电介质(如铁氧体)，因而处在交变电磁场中的铁磁材料常常同时显示其铁磁性和介电性。

设振幅为 H_m、角频率为 ω 的交变磁场为

$$H = H_m e^{i\omega t} \tag{3.31}$$

当该磁场加在各向同性的铁磁材料上时，由于上述各种阻碍作用，B 落后于 H 一个相位角 φ，称为损耗角。则

$$B = B_m e^{i(\omega t - \varphi)} \tag{3.32}$$

故由此二式可得材料在交变磁场中的复数磁导率为

$$\dot{\mu} = \frac{1}{\mu_0}\frac{B}{H} = \frac{B_m}{\mu_0 H_m} e^{-i\varphi} = \mu' - i\mu'' \tag{3.33}$$

其中

$$\mu' = \frac{B_m}{\mu_0 H_m}\cos\varphi \tag{3.34}$$

$$\mu'' = \frac{B_m}{\mu_0 H_m}\sin\varphi \tag{3.35}$$

由式(3.33) ~ 式(3.35)可知，$\dot{\mu}$ 的实部 μ' 是与 H 同相位的，而虚部 μ'' 是比 H 落后 90° 的。由于 μ'' 的存在，B 落后于 H，引起铁磁材料在动态磁化过程中不断地耗能。处于均匀交变磁场中的单位体积铁磁体，单位时间的平均能耗(或磁损耗功率密度)为

$$P_{耗} = \frac{1}{T}\int_0^T H\mathrm{d}B = \pi f \mu_0 \mu'' H_m^2 \tag{3.36}$$

可见，铁磁体单位体积内的磁损耗功率与复数磁导率的虚部成正比，而与实部无关。此

外，还与外磁场的频率和振幅的平方成正比。另一方面，交变磁场在铁磁体内的储能密度为

$$W_C = \frac{1}{T}\int_0^T HB\mathrm{d}t = \frac{1}{2}\mu_0\mu' H_m^2 \tag{3.37}$$

复数磁导率 $\dot{\mu}$ 的实部 μ' 与铁磁材料在交变磁场中的储能密度有关，而其虚部 μ'' 与铁磁材料在单位时间内的能耗有关。

铁磁材料的品质因子 Q 定义为

$$Q = 2\pi f \frac{\text{铁磁体内储能密度}}{\text{单位体积损耗功率}} = \frac{\mu'}{\mu''} \tag{3.38}$$

可见，铁磁材料的 Q 值乃是复数磁导率的实部与虚部的比值。Q 值的倒数称为材料的磁损耗系数或损耗角的正切，即

$$\tan\varphi_\mu = \frac{1}{Q} = \frac{\mu''}{\mu'} \tag{3.39}$$

3.10.3 磁导率减落及磁共振损耗

铁磁材料即使经完全退火，放于无机械和热干扰的环境中，其起始磁导率也会随时间的推移而下降。如 Mn－Zn 铁氧体受磁场作用或机械冲击后，起始磁导率将随时间发生降落，称为磁导率减落。设材料在完全退磁后时刻 t_1(s) 测得的起始磁导率为 μ_{i1}，时刻 t_2(s) 测得的为 μ_{i2}，则减落系数 DA 定义为

$$DA = \frac{\mu_{i1} - \mu_{i2}}{\mu_{i1}^2 \lg(t_2/t_1)} \tag{3.40}$$

在实际应用中通常希望减落系数尽可能小，且为方便起见常将 t_1 和 t_2 定义为 10 min 和 100 min，并采用交流退磁使材料达到磁中性化。

图 3.58 为 －60℃ 和 0℃ 下 Mn－Zn 铁氧体的减落曲线。图 3.59 为 Mn－Zn 铁氧体的 DA 随温度的变化。由图可见，磁导率减落与温度的关系较敏感。目前，人们认为起始磁导率随时间的减落，是由铁磁材料中电子或离子的扩散后效所造成的。由于磁性材料退磁时处于亚稳态，随时间的推移，为使磁性体的自由能达到最小值，电子或离子将不断向有利的位置扩散，把畴壁稳定在势阱中，导致了铁氧体起始磁导率随时间的减落。若时间足够长，扩散趋于完成，起始磁导率也趋于稳定值。不同温度下电子或离子的扩散速度不同，温度越高扩散速度越快，起始磁导率 μ_i 随时间的减落也就越快。

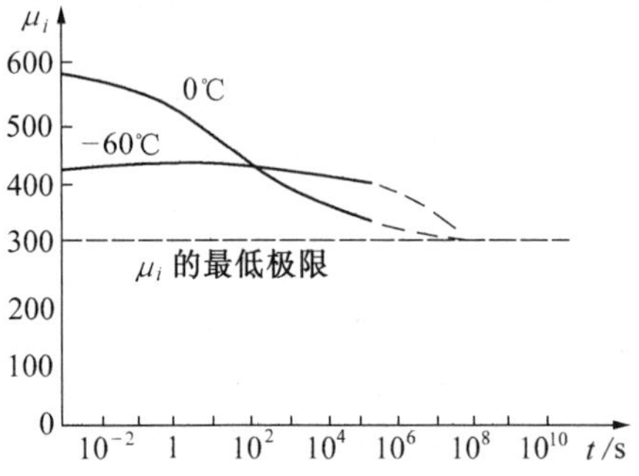

图 3.58 Mn－Zn 铁氧体的磁导率减落曲线

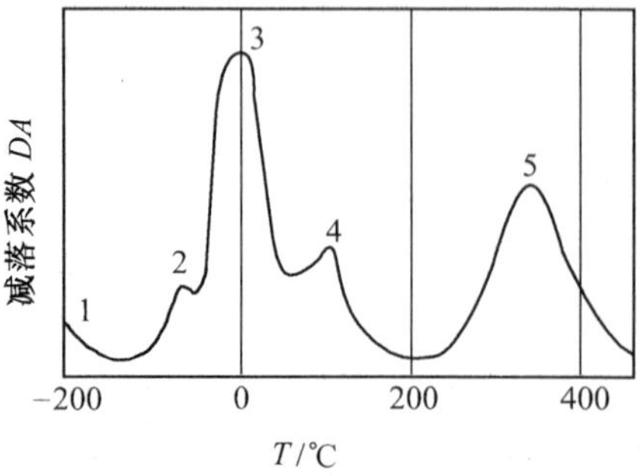

图 3.59 Mn－Zn 铁氧体的减落系数 DA 随温度 T 的变化

考虑到以上的减落机制，在应用这类软磁材料时，除在使用前要对材料进行老化处

理外,还必须尽量减少对材料的机械冲击。

由式(3.36)可知,磁损耗随频率而变,在某一频率下出现明显增大的损耗就是一种共振损耗。随磁场频率的变化,将出现不同形式的共振损耗。

首先,共振损耗的频率同材料的尺寸有关。设材料的相对磁导率为 μ_r,相对介电系数为 ε_r,加在其上的电磁波的波长为 $\lambda = \frac{c}{f}\sqrt{\varepsilon_r\mu_r}$($c$ 为光速)。当磁性材料的尺寸为波长的整数倍或半整数倍时,材料中将形成驻波,从而发生共振损耗,称为尺寸共振。图 3.60 为 Ni – Zn 铁氧体复数磁导率的实部和虚部与频率的关系。图中在某个频率附近出现 μ'' 明显增大,就表示了共振损耗的存在。

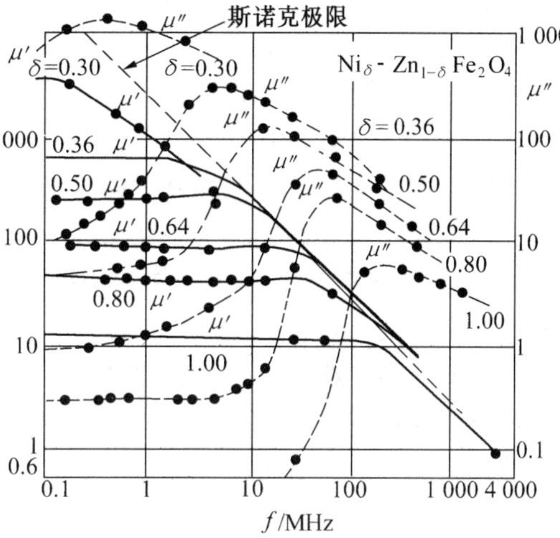

图 3.60　Ni – Zn 铁氧体复数磁导率的实部和虚部与频率的关系

在铁磁材料中一般都存在着磁各向异性场 H_k,材料中的微观磁化强度将绕着 H_k 进动。其进动的频率为

$$f = |\nu| H_k/2\pi \qquad (3.41)$$

当进动的频率与高频磁场的频率一致时,出现共振损耗。这种由磁各向异性场形成的共振现象,称为自然共振。式(3.41)中的常数 ν 称为旋磁系数。

另外,铁氧体中电子或离子扩散的磁后效现象除了引起磁导率减落外,也要引起共振损耗。

3.11　射频铁氧体

铁氧体的可贵之处是其高电阻率。我们知道,金属铁磁材料的电阻率是不可能做得高于 $10^{-4}\Omega\cdot\mathrm{cm}$ 的,而铁氧体的电阻率可达 $1 \sim 10^{12}\Omega\cdot\mathrm{cm}$。在磁性材料中,低电阻率会引起过大的涡流损耗,该项损耗正比于 D^2f/ρ(D 为磁芯厚度,f 为交流场频率,ρ 为电阻率)。显然,磁性材料的 ρ 越低,应用频率越高,涡流损耗越大。因此,在磁性元件中采用高电阻率的大块铁氧体磁芯是一项相当大的节约,它即使应用到光频 6×10^{14} Hz 也未表现出过大的涡流损耗。

对于铁氧体的射频应用最重要的是,要达到尽可能高的磁导率和在所研究的射频范围内尽可能低的损耗。

3.11.1　射频铁氧体按用途的分类

1. 约 1 MHz 以下频率用的铁氧体

这种铁氧体可作为变压器和滤波器中线圈的磁芯。对于这种低频应用,要求有高磁导率值,磁各向异性和磁致伸缩都必须接近于零。所以,对做变压器磁芯用的铁氧体的主要要求是有高磁导率,故称这类铁氧体为 μ 铁氧体。对用于强信号的场合,则应有较高的饱和磁化强度值。当用于载波电话设备的滤波器中时，则要求有较低的磁损耗系数，无磁导率减落以及在环境温度变化中需保持磁导率近似不变。已经发现，Ni – Zn 铁氧体可得高磁导率，Mn – Zn 铁氧体的温度特性优于其他铁氧体。

2. 在 1 MHz 以上频率用的铁氧体

此类铁氧体可做广播电视设备中的线圈、变压器及天线的磁芯。一般要求高磁导率和低损失。为避免涡流损耗，其电阻率应大于 $10^6\Omega\cdot cm$，还应使共振损耗离开所使用的频率范围。在 1 ~ 100 MHz 的频率范围内主要应采用 Ni – Zn 铁氧体。

3. 射频振荡电路调谐用的铁氧体

这是以磁导率和偏置场的依赖关系为基础的铁氧体，所加的偏置场可以与射频场平行或垂直。这类铁氧体的一个有趣的用例，就是美国布鲁克海文实验室 30 亿 eV 质子同步加速器中采用的一种特殊品质的 Ni – Zn 铁氧体作为射频功率振荡器的调谐。

4. 做非线性电路元件用的铁氧体

这类铁氧体的应用是基于磁感应强度为磁场幅度的非线性函数这一现象的，故这种应用要求铁氧体应具有很小的矫顽力，且在磁滞回线上有一突然的折屈点。如磁放大器中的铁氧体就属这类。由于这类放大器通常工作在低频，所以采用 Mn – Zn 铁氧体。作为磁滞特性应用典型的矩形回线铁氧体也属这一范畴。

5. 其他有更重要意义的铁氧体

如超声换能器中的压磁铁氧体，能把磁信号转换成机械振动。记录磁头中和磁带中所用的铁氧体能将磁信号转换成电信号等。

3.11.2 低频铁氧体

在低频下，铁氧体主要用做变压器和共振电路中高品质因数线圈（滤波器线圈）的磁芯材料。对此两种用途的要求是不同的。变压器用铁氧体的主要要求是高磁导率，以便减少杂散电感和做成尽可能小的尺寸，损失并不重要。对于变换大信号的各种应用（如电视接收机线路中的变压器）场合，要求有高的磁感应强度和低矫顽力。对滤波器线圈的铁氧体的要求是应有小的损失角正切和小的可变性及高磁导率。

载波电话系统利用带通滤波器，除去不同信息频道具有锐利的边缘。为避免串话，要求每一滤波器的频率响应应该不随温度和时间变化。图 3.61 示出了其带通滤波器的传输特性。假定滤波器是由 C 和 L 组成的，其中铁氧体是唯一有损失的元件，其损失因数为 $\tan\varphi$，则滤波器边缘的斜率近似为

$$\Delta f/f_0 \approx \tan\varphi \tag{3.42}$$

若铁氧体的磁导率发生一变化 $\delta\mu$，则将导致元件的自感 L 变化，因而滤波器的中心频率 f_0 将按

$$\delta f/f_0 \approx \frac{1}{2}\delta\mu/\mu \tag{3.43}$$

改变 δf。$\Delta f+\delta f$ 决定信息波道间的最小距离，而为了在给定的频带内容纳最多的信息，这个和必须要小。这就是要求损失和可变性要小的原因。对于一个给定的铁氧体磁芯，减小其线圈的损失和可变性的一个重要手段就是在磁芯中引入一空气隙，这在磁场方向将导致一个有效退磁因子 N。

铁氧体的磁导率与温度的关系示于图 3.62 中。我们知道，Mn－Zn 铁氧体在磁各向异性常数 K 过零的温度处有高磁导率，它来源于二价铁离子的存在。在理想的均匀铁氧体中，磁各向异性只在一个温度（T_k）精确地为零，如图 3.63 所示。磁导率随温度的变化如此之大是一个严重的问题，根据对磁导率可变性小的要求，这样的铁氧体难以应用。

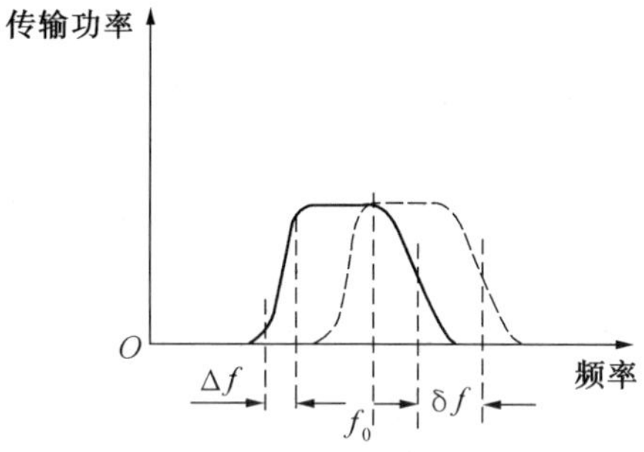

图 3.61　带通滤波器的频率特性

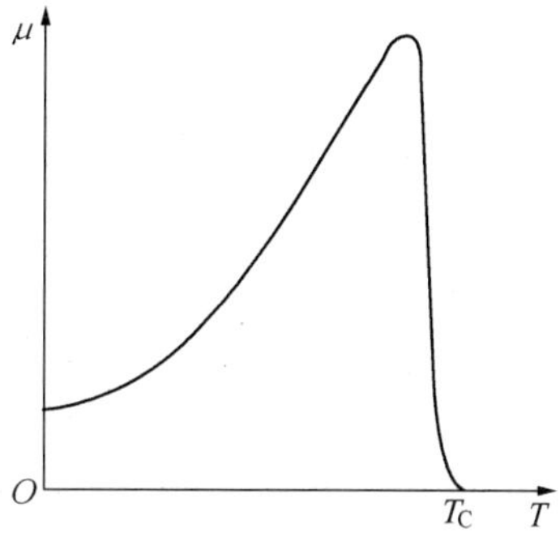

图 3.62　多数铁氧体磁导率随温度的变化

为了获得有用的铁氧体，往往有意识地引进小的化学不均匀性，特别对于 Fe^{2+} 离子的分布加以控制。这可以通过特殊的氧化烧结处理来做到。材料最后得出的 $\mu - T$ 曲线如图 3.64 的实线所示。通过这种工艺就可在相当宽的温度范围 $T_2 \sim T_1$ 内得到一个小的可变度 $\delta\mu$。目前得到磁导率为 2 000 在约 40℃ 的温度范围内保持变化 $\delta\mu/\mu$ 在 5% 以下的铁氧体材料是可能的。

引起铁氧体磁导率减落的主要扩散机制被认为是阳离子空位的徙动。空位可认为是尖晶石中溶解过量的 Fe_2O_3 而形成的。这可用式子表示为 $Fe_{8/3}\square_{1/3}O_4$，其中 $\square$ 表示阳离子空位。按照这个模型，由很纯的原料制备的化学正分铁氧体（阳、阴离子之比为 3 : 4）的减落是小的，事实上化学正分的铁氧体中 $\delta\mu/\mu$ 约为 0.01。

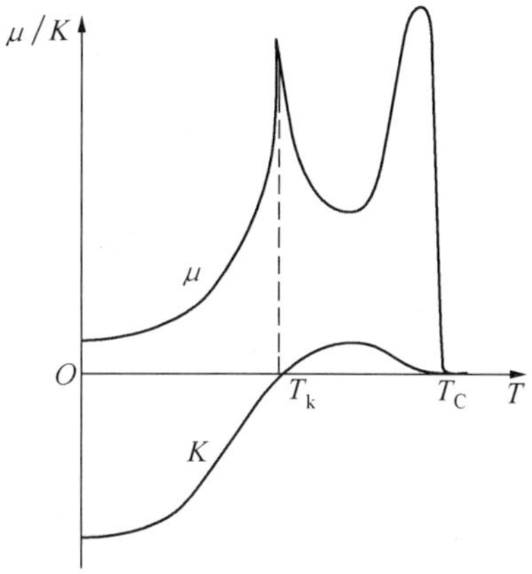

图 3.63　极均匀的 Mn－Zn－Fe^{2+} 铁氧体的 μ 与 K

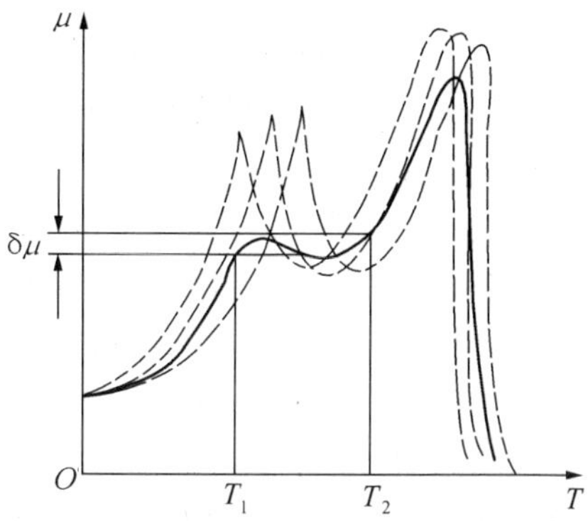

图 3.64　不均匀的 Mn－Zn－Fe^{2+} 铁氧体的 $\mu - T$ 关系

如果人们对高磁导率比对平坦的 $\mu - T$ 曲线更感兴趣，那么材料就应尽量均匀，而且应是高纯度的（杂质含量低于 10^{-4}），工艺过程必须使孔隙率小，且使孔隙处于晶界而不在晶粒内。这种情况下磁导率随晶粒度的增大而线性地增高。如今,这样得到的铁氧体的起始磁导率最高约为40 000,几乎可与最佳的金属软磁材料坡莫合金的 μ 值相当。

铁氧体的磁损耗包括磁滞和涡流损耗两部分。铁氧体的 B 随 H 变化的磁滞回线可决定磁滞损耗。可表为

$$\frac{(\tan\varphi)_{磁滞}}{\mu}=\frac{a_h B_{max}}{2\pi} \tag{3.44}$$

在优良的Mn-Zn铁氧体中,常数 a_h 可小到 $2\times10^{-11}T^{-1}$,在起始磁导率范围不出现磁滞损耗。已知磁滞损耗是由不可逆的壁移造成的,它与材料的晶粒尺寸和杂质浓度有关。在实际应用中(变压器),磁滞损失的一个重要影响就是导致信号的一个正比于($\tan\varphi$)磁滞的畸变。

涡流损耗在许多工业生产的铁氧体中是不可忽视的,例如Mn-Zn铁氧体中 Fe^{2+} 离子替代 Fe^{3+} 离子,使材料的电阻率变低到0.1 ~ 0.01 Ω·cm。为避免由此导致的涡流损耗,在许多场合需要对晶界进行某种程度的再氧化,这样晶粒间被包上的高电阻层所隔绝。再氧化过程可表示为

$$2Fe_3O_4+\frac{1}{2}O_2\longrightarrow 3Fe_2O_3 \tag{3.45}$$

通过此方法,材料的电阻率可提高到100 ~ 5 000 Ω·cm。在技术上应用的磁心中相应的涡流损耗近似为

$$\frac{(\tan\varphi)_{涡流}}{\mu}\approx(2\times10^{-5})f \tag{3.46}$$

式中,频率 f 用MHz表示。

近年来,由于Mn-Zn铁氧体工艺的不断改进,滤波器线圈的尺寸较过去减小了几十倍,且滤波器的特性也有了本质上的改善。可变性小的铁氧体材料,其磁导率大约可达2 000。用一个空气隙使有效磁导率减至约200,而其可变性和损耗因数也按此比率减小。

3.11.3 高频铁氧体

在1 ~ 100 MHz的频率范围内主要采用Ni-Zn铁氧体,磁导率频散的频率随着Ni的含量增加而增高。Ni-Zn系列的每一种铁氧体,都存在一个最高频率极限,其数值决定于所允许的损耗。磁导率大致与这个频率极限成反比。但是有些方法可以在超越其磁导率谱所给定的频率极限的情况下使用铁氧体。例如对环形试样引入空气隙即可以改变铁氧体的磁导率谱。图3.65示出了 $Ni_{0.36}Zn_{0.64}Fe_2O_4$ 铁氧体在完整磁环和有不同气隙时的磁导率谱。

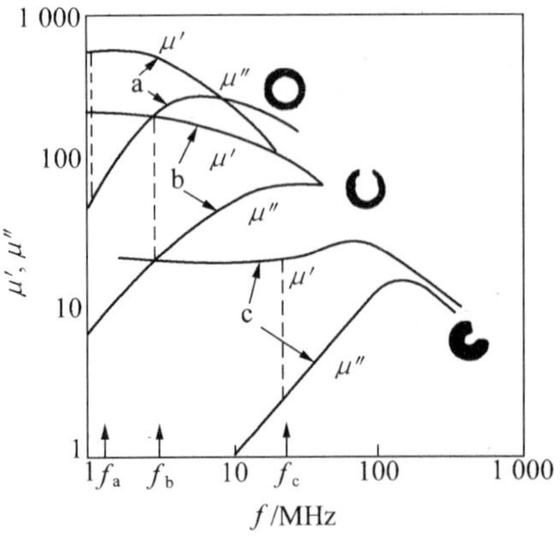

图3.65 $Ni_{0.36}Zn_{0.64}Fe_2O_4$ 铁氧体的磁导率谱
a—环形试样;b—开有小气隙的同一试样;c—切去1/4的同一试样

欲使Ni-Zn铁氧体的性能有实质性的改善,必须搞清 μ 频散的畴壁共振与自旋共振两种机制。由于畴壁可以存在于不同的位置,故其共振的频谱

通常相当宽，损耗可延伸到相当低的频率。若能使畴壁固定，则频散就只能来自自旋共振，而此频谱较窄，并开始于较高的频率。在应用上常加入 Co^{2+} 离子使畴壁固定。由于 Co^{2+} 离子在一定的温度范围内有正的磁各向异性，所以加入 Co^{2+} 离子的一个附带的收获是使磁各向异性接近于零。这样，与 Mn - Zn 铁氧体一样，在一给定的温度范围内磁导率近似不变。加入适量的 Co^{2+} 离子，这个范围可移至室温。

研究表明，在纯的正分铁氧体中不能使畴壁固定，而必须使 Fe_2O_3 过量或不足。若氧化铁过量，就有一些 $\gamma - Fe_2O_3$ 溶于尖晶石晶格中，这将产生阳离子空位（$Fe_{8/3}\square_{1/3}O_4$）。此时 Co^{2+} 离子就能凭借经过空位的扩散在晶格中运动，而达到最低能量从而稳定了布洛赫壁的状态。这种离子的扩散在室温下是一个缓慢的过程，在居里温度时却相当快。所以，欲使这类材料得到低损耗，只有从居里温度的缓慢冷却来实现。而每当在室温下经过磁场扰动或机械振动以后，布洛赫壁就要离开稳定位置，并在一年的时间内也不能稳定下来。此时，磁导率由于壁移的贡献而增加了，但损耗同时也变得大多了。因此，这类铁氧体只能在无强磁场作用下使用。

然而，Fe_2O_3 不足的 Ni - Zn - Co 铁氧体，不用缓慢冷却就能使它在高频下有低损耗，且磁性能对磁的和机械的冲击处理也不敏感。这是由于 Co^{2+} 离子部分地氧化成 Co^{3+} 离子，而 Co^{3+} 离子大抵是非磁性的，也无大的各向异性。通过从 Co^{2+} 到 Co^{3+} 的电子扩散会使畴壁固定，在室温下，这种扩散是足够快的，从而可保证在冲击处理以后几分之一秒的时间内就能重新达到稳定。但是，对于在高频固定畴壁，这种扩散是相当慢的。在铁氧体粉压型时加以旋转磁场可以提高磁导率。用一些 Zn 取代 Co，也会使磁导率提高，但是以减小频率范围为代价。

总之，在 1 ~ 100 MHz 之间，使用高电阻率的 Ni - Zn 铁氧体提供了最好的解决办法。用少量 Co 替代及适当的工艺处理，可以把畴壁固定，从而得到低损耗和由 Snoek 关系式决定的磁导率。在 100 MHz 以上，用平面型六角铁氧体材料 Co_2Z 或 Co - Zn - Z，或用加极化场的 Ni - Zn 铁氧体，也都可以得到合理的磁导率及低损耗。

20 MHz 以下的铁氧体的主要用途是视频放大器中的天线棒线圈和变压器中的磁芯。而 20 MHz 以上的用途是甚高频和超高频放大器的天线和本机振荡电路中的天线棒、电感元件、中频变压器以及脉冲形成网络中的磁芯。

3.12 矩磁铁氧体

现代的电子计算机几乎都使用由矩形回线铁氧体（简称矩磁铁氧体）环组成的高速存储器。可以说，电子计算机技术的进步是依赖于矩磁铁氧体的磁性能和经济性的，1968 年铁氧体磁环（磁芯）的年产量超过 150 亿这一点就足以说明。

矩磁铁氧体磁芯之所以能存储信息，是由于它具有 $+B_r$ 和 $-B_r$ 这两个同样稳定的剩磁状态。它需要加一个超过磁芯所固有的阀场 H_k 的外磁场，才能使磁芯由一个剩磁状态翻转到另一个剩磁状态。通常，存储器是由若干块磁芯板组成的，磁芯板上有两组驱动线，一组穿过所有位于同一列上的磁芯，另一组穿过所有位于同一行上的磁芯。为了翻转在某一特定交叉点上的磁芯，需要两个电流的重合，每一个电流单独是不足以克服磁滞回线的阈场的。重合电流存储器的优点是,可以很快速地读出存储的信息,而且所需开关元件的数量也不多。除了作为存储器中的记忆元件以外,矩磁铁氧体还有许多重要的应用,如开关元件、移位寄存器、计数器和模拟器件,既可做逻辑器件又可做记忆器件。矩磁铁氧体发展到今天,它比金属薄带磁芯更快速、更便宜、更可靠。

下面讨论磁芯对信息存储最为重要的一些特性。首先是矩磁铁氧体回线的矩形性。

实际铁氧体材料的磁滞回线的矩形性总是与几何上的理想矩形(直角)有一定的差别,因此对于回线的矩形性需要有一种定量的量度。典型的磁滞回线族如图 3.66 所示。其中,a 为未饱和的磁滞回线,b 为饱和的磁滞回线。在任何情况下都可用 B_r/B_m 和 H_k/H_m 这两个比值来表征回线的矩形性。前一个比值为剩磁比,在实用的矩磁铁氧体中其最大值通常 $\geqslant 0.9$。当 H_m 增大时回线变大,B_r 和 B_m 也都增大,但通常在驱动场接近于矫顽力 H_c 时剩磁比有最大值。后一个比值为打扰比,当阈场 H_k(回线的膝)达到饱和值以后,打扰比就随驱动场的增大而迅速降低。要在重合电流方式中成功地应用,打扰比必须 > 0.5,这样半选电流才不至于使磁通翻转。实际上该比值应 > 0.6,以便允许电流漂移、温度漂移和其他干扰。由于对打扰比的上述要求,在重合电流方式中磁芯总是在一小回线上被操作的,但这种苛刻的限制对矩磁铁氧体的多数其他应用是不必要的。

为了描述一个铁氧体磁芯,原则上只要在每一个有关的温度下列出上述两个比值随外磁场变化的关系就可以了。然而实践中一般是利用磁芯对一个具体的脉冲序列的响应,该脉冲序列是密切的和一个重合电流存储器的操作相关的。由于静态和动态回线之间存在着一定的差别,因此使用脉冲响应曲线是必要的。图 3.67 中表示从阈值到饱和的那一段磁滞回线,是由逐步增幅的驱动电流翻转一磁芯时所得输出电压的积分值构成的脉冲响应积分曲线。它常常被用来表征开关磁芯的性能。而对于记忆磁芯,更普遍的是直接用电压响应曲线来描述其性能。

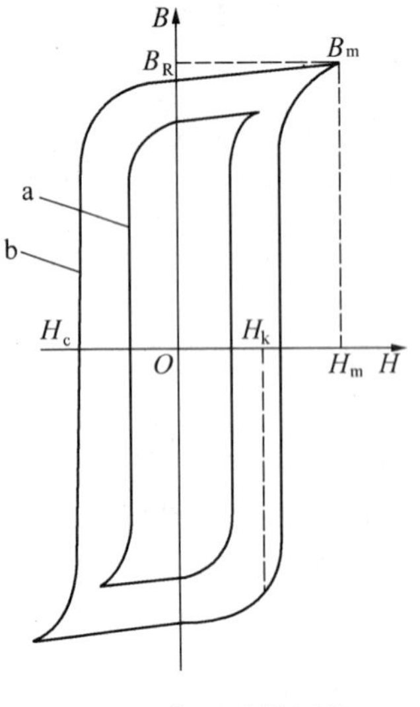

图 3.66　典型磁滞回线
a— 外场未饱和;b— 外场饱和

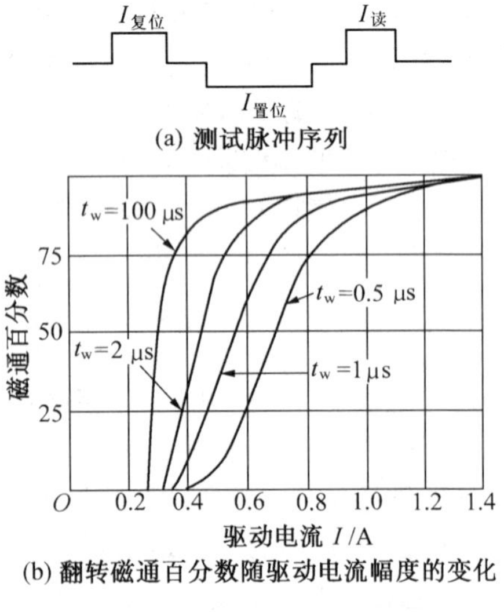

图 3.67　翻转磁通和驱动电流的关系曲线

3.13 材料静态磁性能的测量

材料磁性的测量包括对组织结构不敏感量(本征参量)如 M_s、K、λ_s、T_c 和组织结构敏感量(非本征参量)如 H_c、B_r、χ、μ 等的测量,以及交变磁场下的磁参数测量。由于材料磁性有直流磁性和交流磁性之分,故有相应的静态磁性测量和动态磁性测量。前者为测量直流磁场下得到的基本磁化曲线、磁滞回线及由此定义的各种磁参数,如 M_s、B_r、H_c、μ 以及最大磁能积 $(BH)_{max}$ 等,而后者则是测量软磁材料在交变磁场中的性能,及在各种 B、f 下的 μ 和损耗。

3.13.1 静态磁性的冲击法测量

材料磁性的冲击法测量是建立在电磁感应基础上的经典方法,在理论上和实践上均较成熟,且具有足够高的准确度和良好的重现性,所以目前国际上仍推荐其为标准的测试方法。该法主要利用"冲击检流计"的特点进行测量。

1. 闭路试样的冲击法测量

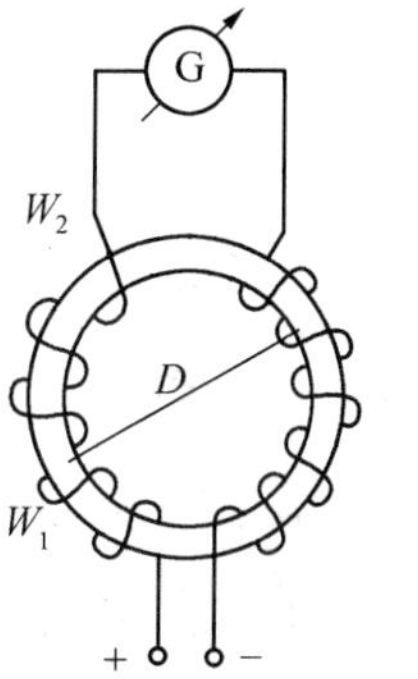

图 3.68 闭路试样示意图

图 3.68 示出了该法的原理图。试样的标准形状为圆环形,当沿圆环的轴线磁化时由于磁路是闭合的,故没有退磁场,同时漏磁通也极小,因此测试精度较高(为减小由于环形试样径向磁化的不均匀性,应使环形试样的内外径尽量接近)。

图中,W_1 为给试样提供磁化场的磁化线圈,W_2 为测量线圈,其产生的感应电动势供冲击式检流计 G 显示。

图 3.69 示出了该法的测量线路。当电源通过 W_1 施加一个脉冲电流 i 时,由安培环路定律在螺线环中产生的磁场为

$$H = \frac{W_1 i}{L} \tag{3.47}$$

式中,L 为环形试样的平均周长。当 W_1 中的磁化电流有 $-\Delta i$ 时,在磁路中将产生 $-\Delta\Phi$,从而在 W_2 中感应电动势

$$e = -W_2 \frac{d\Phi}{dt} \tag{3.48}$$

设测量回路中总电阻为 R,则 e 在测量回路引起的感应电流为

$$i_2 = \frac{e}{R} = -\frac{W_2}{R}\frac{d\Phi}{dt} \tag{3.49}$$

则流经检流计的总电量为

$$Q = \int_0^t i_2 dt = \int_0^{\Phi} \frac{W_2}{R}\frac{d\Phi}{dt}dt = \frac{W_2 \Phi}{R} \tag{3.50}$$

式中,$\Phi = BS$,$B = \mu_0(H + M)$,S 为试样截面积。而电量 Q 与冲击式检流计光点的最大偏移量 α 成正比,即

$$Q = C_b \alpha \tag{3.51}$$

式中，C_b 为冲击常数。由式(3.50)和式(3.51)可得

$$B = \frac{C_b R}{W_2 S}\alpha \tag{3.52}$$

由于 C_b、W_2、R、S 等均为已知量，故知冲击检流计的偏移量 α 正比于材料的磁感应强度 B。

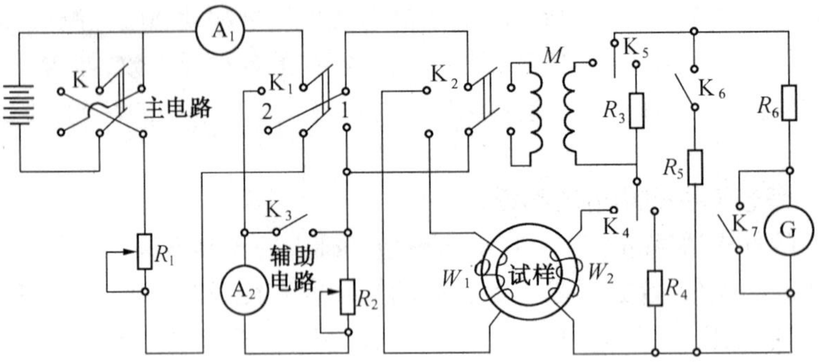

图 3.69 冲击法测量线路

冲击法测量闭路试样的静态磁性，实际上是测定不同磁化电流所对应的试样的磁通密度 B。测量时 W_1 经变阻器 R_1 由直流电源供电。在测量基本磁化曲线时，利用 K_1 来改变磁化电流的方向，利用 K_3 接通而使 R_2 短路去除辅助电路。而在测量磁滞回线时，则利用 K_3 的断开使变阻器 R_2 辅助电路工作来调节磁化电流。A_1 和 A_2 两电流表用来测量磁化电流。双刀双掷开关 K_2 一是用来接通 W_1 的电源，二是在有必要对冲击检流计进行分度时，接通互感 M 的初级线圈。测量时，为使试样从退磁状态 $H=0$、$B=0$ 开始测量，通常采用交流退磁法，即在试样上加一低频交变磁场，磁场幅度由不小于材料矫顽力 H_c 的 10 倍的值均匀地减小至零。测量基本磁化曲线时，为使磁化电流从小到大依次变化，R_1 应从最大值开始逐渐减小。为保证试样磁状态的稳定，必须用每一个选定的磁化电流对试样进行磁锻炼，即将 K_1 换向数次即可。测量时对应磁化电流 i_1，从式(3.47)算得 H_1，记下 K_1 换向时冲击检流计的偏移 α_1；然后使磁化电流变为 i_2，同时读得 α_2，以此类推得到不同磁化电流下的偏移值。应当指出，每次 K_1 换向时磁感应强度总是从 $+B \to -B$（或从 $-B \to +B$）变化，故式(3.52)应改为

$$B = \frac{C_b R}{2W_2 S}\alpha \tag{3.53}$$

根据测量和计算出的 H_i、B_i，即可绘出如图 3.70 所示的基本磁化曲线 OA。

磁滞回线的测量方法虽与此稍有不同，但测量原理相同，故不再赘述。

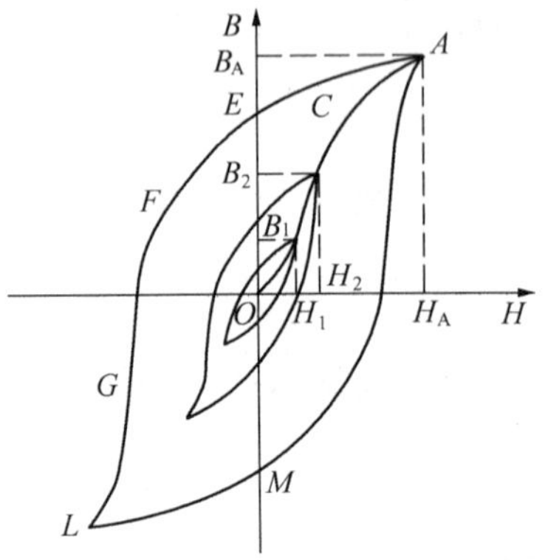

图 3.70 冲击法测得的基本磁化曲线和磁滞回线

2. 开路试样的冲击法测量

闭路试样虽有优点，但也存在缺点，即靠螺绕环不能产生强磁场，不能使永磁材料达到磁饱和状态，而且

环形闭合试样还不便更换，螺绕繁杂。因此在磁性的测量中，广泛采用的是开路试样，如圆柱形、方条形、长条形等，其优点是易于制备和更换，且能放入适合测量要求的任何磁化装置中。但开路试样（除椭球外）即使在均匀磁场中磁化，其内部磁场也是不均匀的，这是因为试样内部存在着非均匀的退磁场。因此，开路试样的磁性测量必须解决好两个问题：一个是如何减小试样非均匀磁化的影响，另一个是如何测量材料的内部磁场。

（1）为使开路试样均匀磁化，必须采用能够产生强磁场的磁化装置（如电磁铁），但磁场越强，均匀区越小，所以必须使试样的形状和大小符合一定要求。中国计量科学院规定永磁材料的标准试样如下：当被测材料的 $H_c < 8 \times 10^2 A \cdot m^{-1}$ 时，取 ϕ10 mm × 50 mm 圆柱试样或 10 mm × 10 mm × 50 mm 条形试样；当被测材料的 $H_c > 8 \times 10^2 A \cdot m^{-1}$ 时，取 ϕ10 mm × 20 mm 圆柱试样或 10 mm × 10 mm × 20 mm 条形试样。

借助于电磁铁和试样构成的闭合磁路，可形成良好的测试条件。但试样与电磁铁极头接触处不可避免地存在气隙，必然引起退磁场，使试样内部的磁场在两端附近明显减弱，并使试样截面上各点磁场不均匀，对测量带来一定影响。为减小这种影响，试样的长径比应尽可能大（$L/d > 5$），试样两端面的平行度以及端面与轴线的垂直度不小于 0.05 mm。

（2）为测量试样的内部磁场必须采用特殊设计的探测线圈，用其测到的磁通来计算试样的内磁场。由电磁学原理知，测量试样表面磁场即可间接得到试样内磁场。通常测表面磁场的探测线圈有两种：

① 双层同轴线圈，如图 3.71 所示，两层线圈有相同匝数，且串联反接。试样的内磁场为

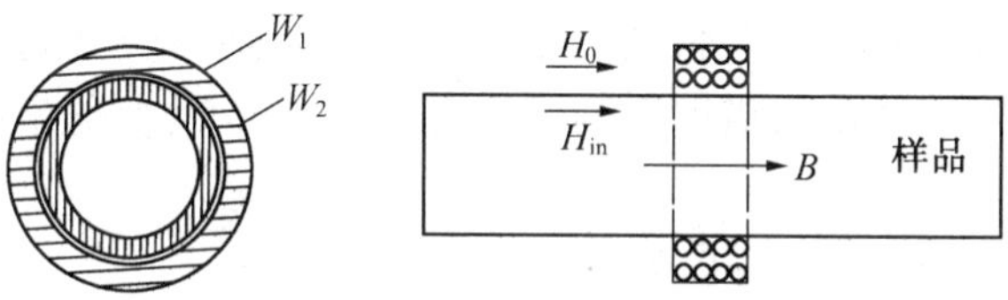

图 3.71　双层同轴线圈

$$H_{in} = \frac{\Delta \Psi}{\mu_0 W(S_1 - S_2)} \tag{3.54}$$

式中，$\Delta \Psi$ 为线圈中总磁链的变化；W 为一层绕组匝数；$S_1 - S_2$ 为两层线圈有效面积之差。

② 扁平线圈，用来测量片状试样的内磁场，它是用 0.06 ~ 0.1 mm 细导线绕在薄片的绝缘材料上制成的。

对于高磁导率的材料，在试样表面附近的磁场梯度很大，直接测量引入误差较大，故需要精确测量内磁场时，可测量离试样不同距离处的磁场，再根据测量数据作 $H = f(d)$（d 为离试样表面的距离）曲线，用外推法求得 $d = 0$ 处的 H 值，如图 3.72 所示。

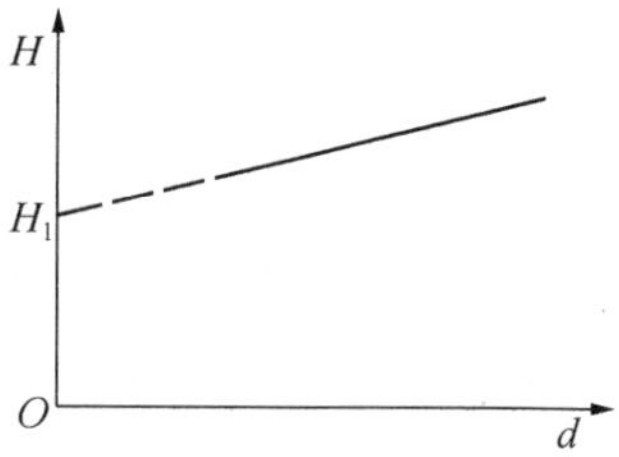

图 3.72　试样内磁场的外推法

图 3.73 所示为开路试样冲击法测量的原理线路，图中开关 K_4 在“校正”位时，将互感 M 的次级与冲击检流计接通。在“测量”位时，将测量 B（绕在试样上的单层线圈）或测量 H 的线圈与检流计接通。

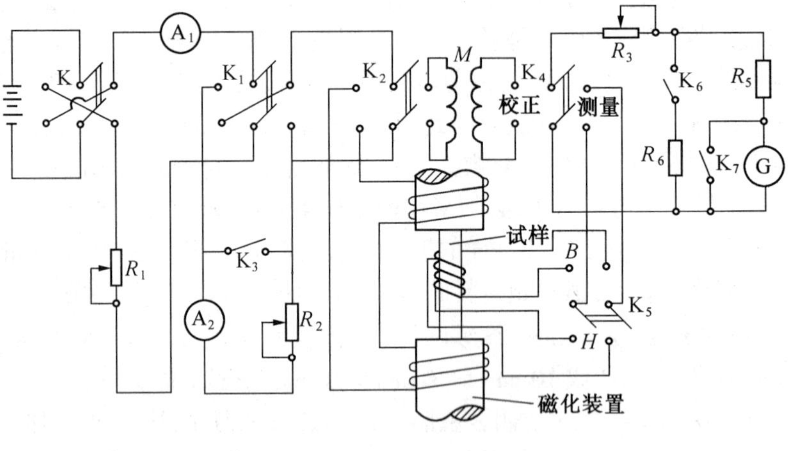

图 3.73　开路试样冲击法测量原理

K_5 就是用来对测 B 或测 H 线圈进行选择的。其他部分的作用与图 3.70 完全相同。

开路试样的测量一般用于永磁材料，而永磁材料主要是测反磁化曲线，由此得剩磁 B_r、矫顽力 H_c 和最大磁能积 $(BH)_{max}$ 等参数。

在永磁材料的测量中，使用的是"抛脱法"而非"电流换向法"，这是因为电磁铁等磁化装置的电感量大，电流变化的延续时间长的缘故。抛脱法可分为抛线圈和抛样品两种。测 B 或测 H 可将线圈抛到磁场为零处或转 180°，就可测试样中的 B、H 值。将试样从测 B 线圈中抽走，就可测试样的磁化强度 $M = B - B_0$。图 3.74 示出了冲击磁性仪测量法。测量时先选定一个足够强的磁场，然后将试样 1 迅速地投入到磁极 2 间隙中的测量线圈 3 中（或将试样从线圈中迅速抽出），借助于测量线圈中磁通 Φ 的变化来测量材料的饱和磁化强度 M_g。

设试样投入前线圈中的磁通量为 Φ_1，投入后的磁通量为 Φ_2，则

$$\Phi_1 = \mu_0 HS_1$$

$$\Phi_2 = \mu_0 HS_1 + \mu_0 M_s S_2$$

式中，S_1 为测量线圈的截面积；S_2 为试样的截面积。则试样投入前后磁通的变化为

$$\Delta\Phi = \Phi_2 - \Phi_1 = \mu_0 M_s S_2$$

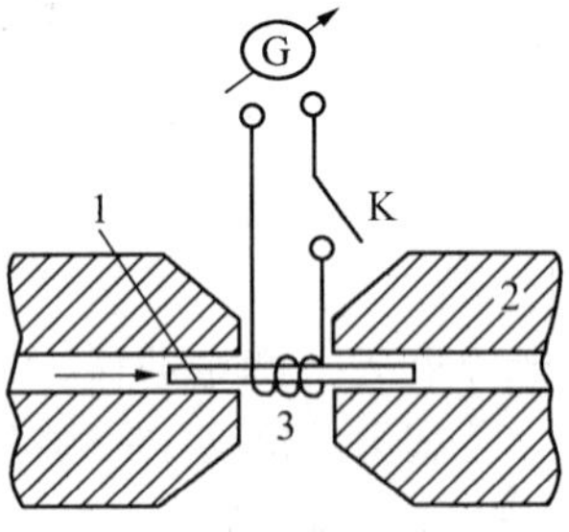

图 3.74　冲击磁性仪测量原理

或

$$M_s = \frac{\Delta\Phi}{\mu_0 S_2} \tag{3.55}$$

这一磁通变化所感应出的电量

$$Q = \int_0^t i\mathrm{d}t = \int_0^{\Delta\Phi} \frac{W}{R}\frac{\mathrm{d}\Phi}{\mathrm{d}t}\mathrm{d}t = \frac{W\Delta\Phi}{R} \tag{3.56}$$

式中，W 为测量线圈的匝数；R 为测量回路的电阻。又由于冲击检流计有 $Q = C_b\alpha$ 的关系，故得

$$\Delta\Phi = \frac{C_b R}{W}\alpha \tag{3.57}$$

将式(3.57)代入式(3.55)中使得

$$M_s = \frac{C_b R}{\mu_0 W S_2}\alpha \tag{3.58}$$

由于 C_b、R、μ_0、W、S_2 均为已知量，故只需读出试样抛脱后冲击检流计的偏移量 α 即可求得材料的 M_s。必须指出，抛脱法要求抛脱的速度要快而且一致，为此必须设置必要的机械装置来保证。

3. 静态磁性的热磁仪法测量

热磁仪又称阿库洛夫仪，它是通过测量饱和磁化了的棒状试样在均匀磁场中所受力矩来确定材料的饱和磁化强度 M_s 的仪器，故又称为磁转矩仪。图 3.75 给出了热磁仪的示意图。

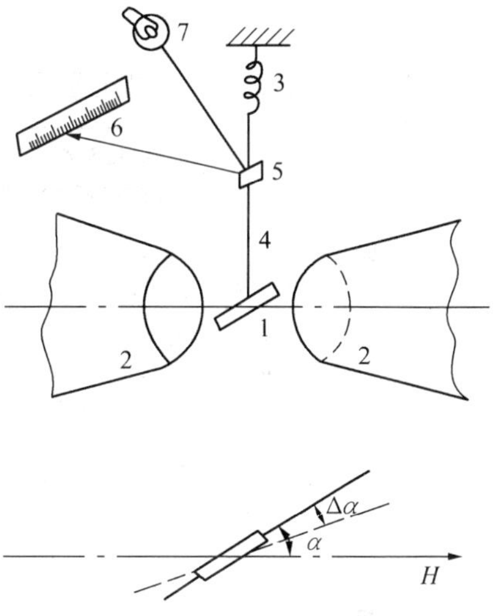

图 3.75　热磁仪原理示意图

棒状试样 1(标准尺寸为 $\phi 3\ \mathrm{mm} \times 30\ \mathrm{mm}$) 固定在杆 4 的下端，且位于两磁极 2($H > 28 \times 10^4 \mathrm{A \cdot m^{-1}}$) 的磁场中，杆 4 的上端装有反射镜 5，并通过弹簧 3 固接在仪器支架上。光源 7 发出的光束由反射镜 5 反射到读数标尺 6 上。

试样水平安装在磁极轴的平面内，并使磁极轴与试样的中心在一起。试样受磁场作用被磁化同时受到力矩作用，使试样从初始位置(与磁场方向夹角为 α) 向磁场方向转动 $-\Delta\alpha$ 角，此时试样受到的磁力矩为

$$L_1 = VMH\sin(\alpha - \Delta\alpha)$$

式中，V 为试样体积；M 为磁化强度；H 为磁场强度。同时弹簧因扭转形变而产生一反抗力矩

$$L_2 = C\Delta\alpha$$

式中，C 为弹性常数。故平衡时有

$$VMH\sin(\alpha - \Delta\alpha) = C\Delta\alpha$$

当 $\Delta\alpha$ 与 α 相比非常小时，$\sin(\alpha - \Delta\alpha) \approx \sin\alpha$(一般 $\alpha < 20°$，$\Delta\alpha < 3°$)，故可得

$$M = \frac{C}{VH\sin\alpha}\Delta\alpha \tag{3.59}$$

式中，$\Delta\alpha$ 可以在标尺 6 上读出。故只要已知 C、V、H、α，就可算出磁化强度 M。

式(3.59)表明，测量所得的 $\Delta\alpha$ 越大，磁化强度 M 就越大，当 $H > 28 \times 10^4 \mathrm{A \cdot m^{-1}}$ 时，M 即为磁饱和强度 M_s，它与试样中铁磁相的数量成正比。故在研究工作中，常用 $\Delta\alpha$ 代表试样中铁磁相的数量，而热磁仪法可以用于定量相分析。

3.13.2　静态磁特性的自动测量

静态磁特性的冲击法测量虽有许多优点，但也存在着测量速度慢、冲击检流计的线圈

悬挂系统怕振动和冲击、使用维护不便等缺点。由于电子技术的进步，可对线圈中感生电动势进行瞬时积分，从而能测缓变的磁通。这不仅从根本上克服了冲击检流计的局限性，而且可获得比磁电式磁通表高得多的测量灵敏度，更重要的是，它可以实现对磁化曲线和磁滞回线的自动测量和记录。

1. 光电放大磁通计

图 3.76 为国产 CL－1 型直流磁特性测试仪原理图。它的光电放大器输入部分为一个短周期的镜式检流计，它和互感反馈环节组成的光电放大积分器是测量磁通的主要部分。当测量线圈中的磁链变化时，线圈两端感应电动势为

$$e_i = \frac{d\Psi}{dt} \tag{3.60}$$

此电动势经光电放大后输出电流为 i_o。该电流在互感 M 次级引起的感应电动势为

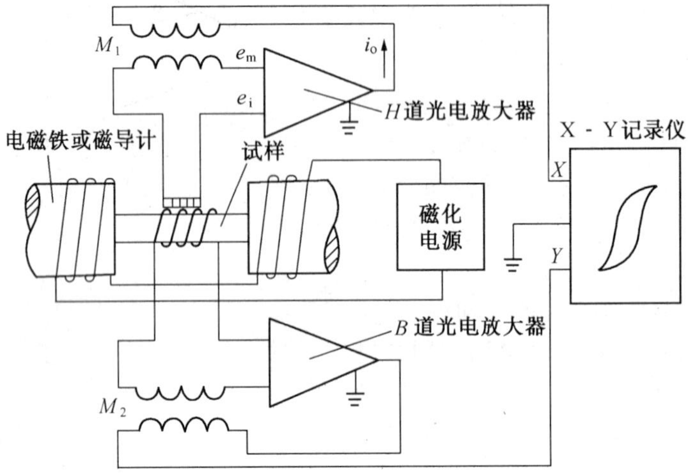

图 3.76　CL－1 型直流磁特性测量原理

$$e_m = M\frac{di_o}{dt} \tag{3.61}$$

因互感的接法使 e_m 和 e_i 的相位相反，故对光电放大器输入端而言，净输入电压 $\Delta u = e_i - e_m$。由于光电放大器的放大倍数很高（约 10^7），故可认为 $\Delta u \approx 0$，因此有

$$\frac{d\Psi}{dt} = M\frac{di_o}{dt}$$

即

$$\Psi = Mi_o \tag{3.62}$$

由此可见，光电放大器的输出 i_o 与测量线圈的总磁链 Ψ 成正比，即与被测试样的 B 或 H 成正比。因此，当以 H 道和 B 道光电放大器的输出电流同时驱动 X－Y 记录仪时，就能描绘出 $B-H$ 曲线。当测试环形试样时，记录仪的 X 输入端可由磁化电流直接驱动，因为环形试样是由螺绕环来磁化的，磁化场正比于磁化电流。

测量磁化曲线时，先使试样退磁，然后调节磁化电流从 0 到 I_m 即可。测量磁滞回线时，则须使磁化电流按 $I_m \to 0 \to -I_m$ 变化。

由于光电放大磁通计尚未摆脱检流计系统，故仍需维持平衡，严格防震，它的零点漂移比检流计还要大得多，故限制了它的应用。

2. 电子积分运算放大器

光电放大磁通计是通过互感反馈来实现积分运算的，故灵敏度不够高。而采用电子式运算放大器对感应电动势积分，则可大大地提高灵敏度和积分精度。这是由于它采用了高输入阻抗、高增益、低漂移的稳定放大器的缘故。

图 3.77 为电子式直流磁特性自动测量原理图。由图可见，采取 H 运算放大器和 B 积分器的输出，同时控制 X - Y 记录仪的画笔工作，就可以得到试样在特定磁化条件下的 $B-H$ 曲线。图中的低频振荡器输出的方波经积分器积分成锯齿波电压，送到磁化电流功率放大器，由功放器输出线性扫描磁化电流，其扫描周期由方波发生器的振荡频率决定。磁通积分器的输出（正比于 B）反馈到磁化电流的控制部分，在 M 点与积分器输出的锯齿波电压相加，使磁化电流的变化速率受到抑制。

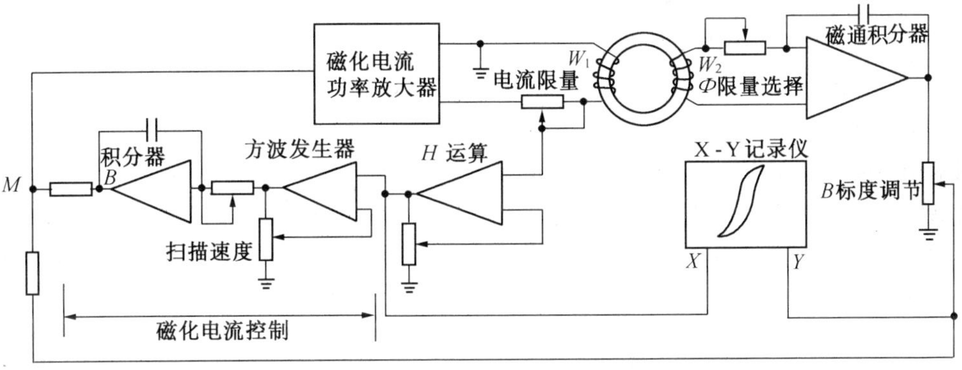

图 3.77　电子式直流磁特性测量原理

值得提出的是霍尔传感器的应用。用霍尔元件代替 H 探测线圈，用比例运算放大器对霍尔电压进行比例运算，就可以测量试样表面的磁场。若霍尔元件的驱动电流正比于 B 的变化，那么，霍尔电压就正比于磁能积（BH）。利用这一原理，可以方便地测量材料的磁能积。

电子积分放大器在零点漂移方面不如光电积分放大器，故有些装置中仍保留光电放大器作为前置放大，与运算放大器串联成积分器。

3. 数字磁通计

近年来应用的数字化测量系统与上述的电子模拟积分装置相比，可以彻底地解决零点漂移问题。因为数字测量系统是由 V/F 变换器和计数器构成的，零点漂移很小。数字磁通计不仅具有直观、快速、高精度等优点，而且为测量的全自动化及计算机应用开辟了前景。

数字磁通计利用 V/F 变换器将探测线圈两端的感应电压 U 转换成一组电脉冲，其频率与该感应电压成正比，即

$$f = KU \tag{3.63}$$

式中，K 为电压 - 频率变换常数（kHz/V），它反映了电压/频率变换器的灵敏度。通过电子

计数器累计后，得到的脉冲数为

$$N = \int_0^t f\mathrm{d}t = K\int_0^t U\mathrm{d}t = K\int_0^t \frac{\mathrm{d}\Psi}{\mathrm{d}t}\mathrm{d}t = K\Delta\Psi$$

式中，$\Delta\Psi$ 是试样磁化过程中任意两个磁状态间的磁通链的差值。当用数字磁通计来测量 B 时

$$N = K(WS)_b\Delta B \tag{3.64}$$

式中，$(WS)_b$ 为测 B 线圈的常数。

由此可见，计数值 N 与试样中的磁感应强度 B 成正比，经校准后，可将计数值 N 直接按 B 来分度。

数字磁通计的主要问题是如何提高 V/F 变换器的变换常数 K，以便提高数字测量装置的灵敏度。为满足磁特性测量的要求，V/F 变换器必须能把 1 ~ 10 mV 电压变换成 100 kHz 的频率。

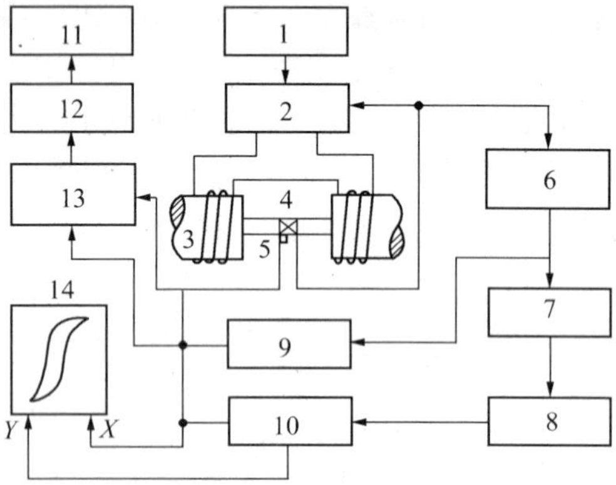

图 3.78　数字式直流磁特性自动测量原理

1—电源；2—扫描电流调节器；3—电磁铁或磁通计；4—B 线圈；5—霍尔变换器；6—V/F 变换器；7—可逆计数器；8—D/A 转换器；9—可预置计数器；10—空气磁能补偿；11—数字记录器；12—H 运算电路；13—采样保持数字电压表；14—X-Y 记录仪

为实现 $B-H$ 曲线的自动测量和记录，必须采用D/A转换将代表 B 的计数值 N 转换成连续变化的模拟量，以便控制记录笔在 Y 方向的运动。图 3.78 为数字式直流磁特性自动测量仪的原理图，其特点是具有控制磁化电流变化速率的电路。因为数字磁通计要求输入电压与 V/F 变换器的量程相适应，并接近于一常数(如 2 V)，但测 B 线圈的感应电动势与磁滞回线的陡度有关，在回线的陡峭部分感应电动势可能会很高，故造成 V/F 变换器过载(即达截止频率)。为减小积分误差，在回线的这一部分必须放慢磁化电流的变化速率。设置扫描电流调节器 2 就能使磁化电流的变化速率与 B 的变化速率成反比。设置可预置计数器 9 的作用是可以对 V/F 变换器产生的脉冲按一定数目进行分组，对应于一定磁通链的步级变化。在每次预定的计数值达到后，就发出一个采样命令，采样保持数字电压表 13 就被触发，测出与触发时刻的 H 相对应的霍尔电压。同时向数字记录器 11 送出一个打印命令。这样在一次测量过程完成之后，打印纸上就得到与磁滞回线上每一磁通链间隔所对应的磁场强度值。

3.14　材料动态磁性能的测量

3.14.1　指示仪表测量法

1. 动态磁化曲线的测量

图 3.79 为指示仪表测量动态磁化曲线的原理图。该装置是通过测量线圈中的感应电动势来测定交变磁通的。在不同变化磁场 H_m(峰值)下测算出相应的 B_m，即得到交流磁化

曲线。根据 B_m-H_m 曲线可以求出振幅磁导率 μ_a 等动态磁参数。由图可见，在被测的闭路试样上绕有两组线圈，采用自耦调压器来调节磁化电流的大小。由测得的磁化电流的峰值 I_m 可算出交变磁场峰值 H_m。若磁化电流为正弦变化，则磁化电流的峰值 I_m 可直接从有效值 A 表的读数 I 求得。此时，磁场的峰值为

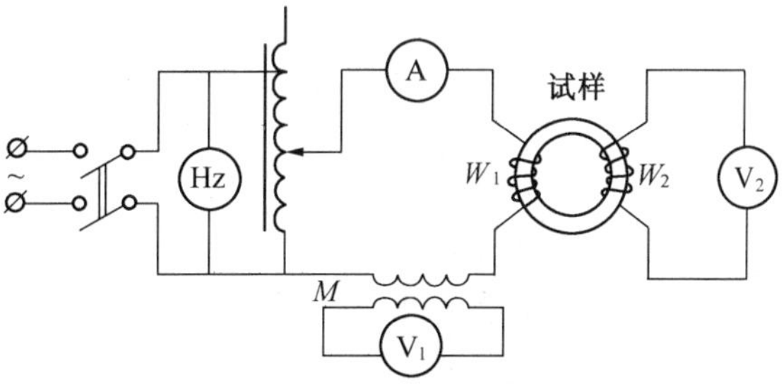

图 3.79　指示仪表测量动态磁化曲线的原理

$$H_m=\frac{\sqrt{2}W_1I}{L} \tag{3.65}$$

式中，W_1 为磁化线圈的匝数；L 为试样的平均磁路长。若磁化电流为非正弦，则磁场的峰值也可由磁化电流的平均值求得。方法是在磁化电流的回路中接入互感 M，用平均值电压表 V_1 来测量互感次级感应电压平均值 $\overline{U}_M$，于是

$$H_m=\frac{W_1\overline{U}_M}{4fML} \tag{3.66}$$

式中，f 为磁化电流的频率，由 Hz 表读得；M 为互感系数。若 V_2 表测得的感应电压平均值为 $\overline{U}_2$，则磁感应强度的峰值为

$$B_m=\frac{\overline{U}_2}{4fW_2S} \tag{3.67}$$

式中，W_2 为测量线圈的匝数；S 为试样的截面积。

在不同的磁化电流下测得 B_m 和 H_m，即得动态磁化曲线 $B_m=f(H_m)$，由此也可得到曲线上每点的振幅磁导率 $\mu_a=B_m/H_m$。

必须指出，由于指示仪表内阻有限，此种测量方法的准确度不高，其测量误差一般为 10% 左右。

2. 材料损耗的功率表测量法

用 Epstein 方圈和功率表测软磁材料在交变磁化时的损耗，是国际上规定作为检验硅钢片交流损耗的标准方法。在频率低于 1 kHz 和较高的 B 下测硅钢片的损耗时，其误差约为 ±3%。当材料在较高频率下使用时要用电桥法来测铁芯损耗。

根据冶金部规定，Epstein 方圈用 10 kg 试料（当材料性能均匀时可采用 1 kg 试料）从大张硅钢片上剪下 500 mm × 30 mm 长条分成 4 组插入预先绕好的 4 个方形截面的螺线管内组成一个正方形。螺线管初、次级 W_1 及 W_2 均为 600 匝，分成 4 组串联起来，如图 3.80 所示。

图 3.81 为功率表法测量材料磁损耗原理图。初级线圈 W_1 与功率表 W 的电流线圈 1 串联，通过 W_1 的电流 i_1 由 A 表读出；次级线圈 W_2 与 W 表的电压线圈 2 并联，W_2 的端电压 u_2 由有效值 V_2 表及平均值 $\overline{V}_2$ 表读出。交流电源电压 u_1 通过自耦调压器 A_T 输入，其频率由 Hz 表读出。由图可见，Epstein 方圈相当于一个互感器，试样就是互感器的铁芯。图中 r_1 为 W_1 等效电阻，e_1 为 W_1 感应电势，r_2 为 W_2 等效电阻，e_2 为 W_2 感应电势，R 为电压表与

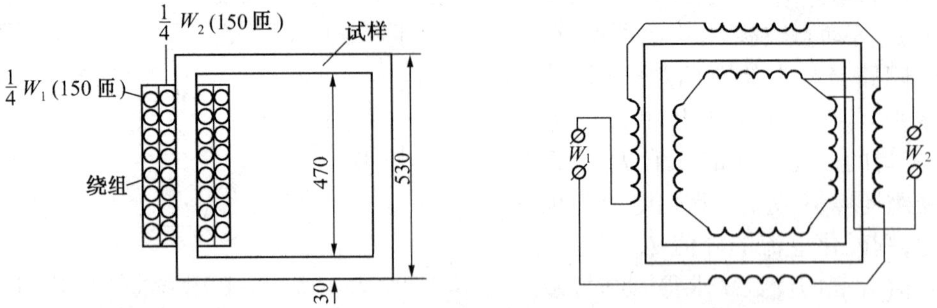

(a) 结构　　　　(b) 线圈连接方法

图 3.80　Epstein 方圈

功率表电压线圈的并联电阻。

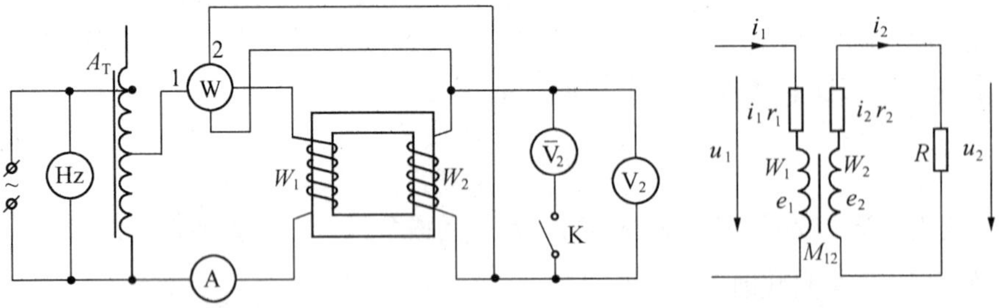

(a) 原理线路　　　　(b) 等效电路

图 3.81　功率表测量材料磁损耗原理

由图有

$$u_1 i_1 = e_1 i_1 + i_1^2 r_1 \tag{3.68}$$

$$e_1 i_1 = P_C + i_2^2 r_2 + \frac{u_2^2}{R} \tag{3.69}$$

$$P_W = u_2 i_1 = \frac{R}{R + r_2} e_2 i_1 \tag{3.70}$$

式中，$u_1 i_1$ 为初级磁化回路的输入功率；$e_1 i_1$ 为初次级间传递的功率；$i_1^2 r_1$ 为初级铜耗；$i_2^2 r_2$ 为次级铜耗；u_2^2/R 为电压表与功率表的损耗；P_C 为试样交变磁化时的功耗；P_W 为功率表所测损耗。

由于 W_1 与 W_2 相同，又以共同磁通相交链，故有 $e_1 = e_2$，而在次级回路中有 $i_2 = u_2/R$。将它们及式(3.70)代入式(3.69)得

$$P_C = \left(P_W - \frac{u_2^2}{R}\right)\left(1 + \frac{r_2}{R}\right) \tag{3.71}$$

材料交变磁化的铁耗 P_C 应为瞬时功率 P_C 在电流周期 T 内的平均值，即

$$P_C = \frac{1}{T}\int_0^T P_C \mathrm{d}t$$

故

$$P_C = \left(P_W - \frac{U_2^2}{R}\right)\left(1 + \frac{r_2}{R}\right) \tag{3.72}$$

由于 $r_2 \ll R$，故上式可改写为

$$P_C = P_W - \frac{U_2^2}{R} \tag{3.73}$$

式中，P_W 为功率表的读数；U_2 为 W_2 端电压有效值，由 V_2 表读出。

与损耗相对应的磁感应强度 B_m 值为

$$B_m = \frac{\overline{U}_2}{4fW_2S} \tag{3.74}$$

式中，S 为方圈试样的横截面积；$\overline{U}_2$ 为 W_2 端电压的平均值，由 $\overline{V}_2$ 表读出；测硅钢片损耗的 f 规定为 50 Hz 和 400 Hz；B_m 为 1 T 和 1.5 T。

3.14.2 示波器法

用示波器可以在较宽的频率范围内直接观察材料的磁滞回线，也可进行摄影。在已知灵敏度时，还可根据磁滞回线确定材料的有关磁参数。示波器法既适用于闭路试样，也适用于开路试样，测定的基本磁化曲线和磁滞回线的误差约为 7% ~ 10%，其原理如图3.82所示。环试样初级的磁化电流在 R_s 上的压降经放大器 A_X 放大后送示波器的 X 轴，因而电子束在 X 方向上的偏转正比于磁场强度 H。环试样次级的感应电势 e_2 经 RC 积分电路和放大器 A_Y 积分、放大后，送入示波器的 Y 轴，因而电子束在 Y 方向上的偏转正比于磁感应强度 B。于是，在示波器上可观察到动态磁滞回线。

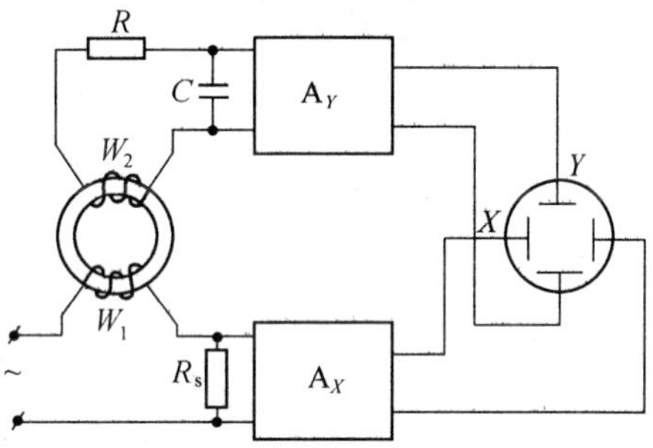

图 3.82　示波器法线路原理

以下的推导可以看出 Y 方向的输入量 u_C 正比于试样的 B。由试样测量回路有

$$e_2 = i_2R + L\frac{di_2}{dt} + u_C \tag{3.75}$$

式中，i_2 为次级电流；R、L 分别为该回路中的电阻、电感值；u_C 为积分电容上的电压。若设计时将 R 选得很大，以致上式后两项可忽略，则式(3.75)变为

$$e_2 = -W_2S\frac{dB}{dt} \approx i_2R$$

即

$$i_2dt = -\frac{W_2S}{R}dB \tag{3.76}$$

式中，W_2 为次级绕组匝数；S 为试样截面积。由于 $u_C = \frac{1}{C}\int i_2dt$，故有

$$u_C = \frac{1}{C}\int -\frac{W_2S}{R}dB = -\frac{W_2S}{RC}B \tag{3.77}$$

这里，为保证不失真地显示磁滞回线的形状，通常积分电路的时间常数 RC 应比 $\frac{1}{2\pi f}$ 大 100 倍以上（f 为测量时磁化电流的频率）。

3.14.3 电桥法

软磁材料在很宽的频率范围内被用来做各种电感元件，在这些场合下材料的工作磁通密度很低（对金属软磁材料，磁化场的 $H < 0.08\ A \cdot m^{-1}$，对铁氧体磁化场的 $H < 1\ A \cdot$

m^{-1}),标志材料磁性的参数主要是复数磁导率的两个分量 μ' 和 μ''。

交流电桥法是测量软磁材料复数磁导率的有效方法。因一个带有被测软磁试样的线圈,可等效成一个纯电感 L_X 和一个纯电阻 R_X 的组合电路,而 L_X 和 R_X 分别与 μ' 和 μ'' 分量有直接联系。若串联,则有

$$\begin{cases} L_X = \dfrac{W^2 S}{\pi \overline{d}}\mu'\mu_0 & (3.78) \\ R_X = \omega \dfrac{W^2 S}{\pi \overline{d}}\mu''\mu_0 + R_{X0} & (3.79) \end{cases}$$

式中,W 为线圈匝数;R_{X0} 为线圈电阻;S 为试样截面积;$\overline{d}$ 为试样平均直径;ω 为电源角频率。因此,只要用交流电桥测出 L_X 和 R_X,就可以得到复数磁导率,并计算出该频率下的损耗角正切

$$\tan\varphi = \frac{\mu''}{\mu'} = \frac{R_X - R_{X0}}{\omega L_X} \tag{3.80}$$

不仅如此,电桥法还可测量试样在各种频率和不同磁通密度下的磁化曲线。因为电感的定义是单位电流变化所引起的磁通变化量,所以凡是能测电感的电桥,只要附加测电流的仪表,都可用来测量磁通。同时由测得的电流值可计算出对应的磁场强度

$$H_m = \frac{W\sqrt{2}I}{\pi \overline{d}}, \quad B_m = \frac{\sqrt{2}IL_X}{WS} \tag{3.81}$$

式中,I 为线圈电流有效值;L_X 为电桥测得的有效电感。这样就可给出磁化曲线。又因电桥同时可测出直流电阻 R_{X0},由此就可计算交流损耗。

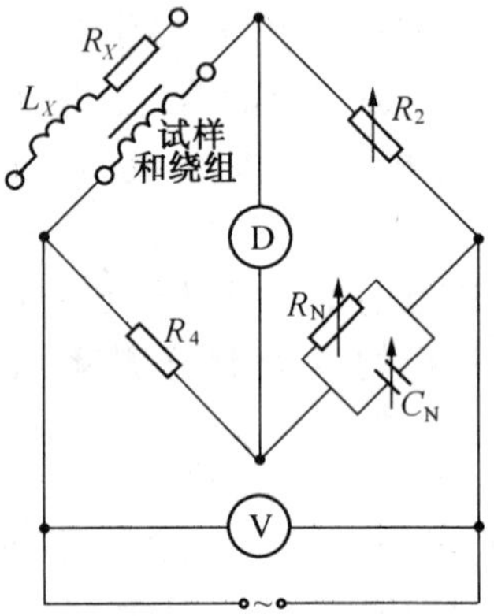

图 3.83　麦克斯韦电桥原理

图 3.83 为一种相对臂为异性阻抗的交流电桥(麦克斯韦 - 维恩电桥),其中 D 为交流指零仪,通常是谐振式检流计或电子指示器。若带试样的线圈被等效成 L_X 和 R_X 的串联电路,其品质因数为 Q_X,则电桥的平衡条件为

$$\begin{cases} R_X = \dfrac{R_2 R_4}{R_N} \\ L_X = R_2 R_4 C_N \\ Q_X = \omega R_N C_N \end{cases} \tag{3.82}$$

由电压表 V 测得电源对角线的电压有效值为 U,则线圈电流的有效值为

$$I = \frac{U}{\sqrt{\left(\dfrac{R_2 R_4}{R_N} + R_2\right)^2 + (\omega C_N R_2 R_4)^2}} \tag{3.83}$$

则试样的交流磁损耗为

$$P_C = I^2(R_X - R_{X0}) \tag{3.84}$$

3.14.4　动态磁特性的自动测量

图3.84为软磁材料音频磁滞回线测量的原理方框图。由图可见，其与静态磁特性自动测量不同的是，它的记录仪的 X、Y 输入信号必须经过采样变换环节。这是因为在动态磁测量中，交变磁化场都有确定频率(50 Hz ~ 20 kHz)，故不能用改变磁化电流变化速率的办法来满足 X – Y 记录仪的工作条件，而引入时基电路和采样保持器就能把正比于 H 和 B 的交变电信号变换成相应的长周期信号。图 3.85 示出了时基电路和采样保持器的方框图及各点的波形。关于交流磁化曲线的自动测量原理与直流情况大致相同，不再赘述。下面简述一下采样变换的原理：

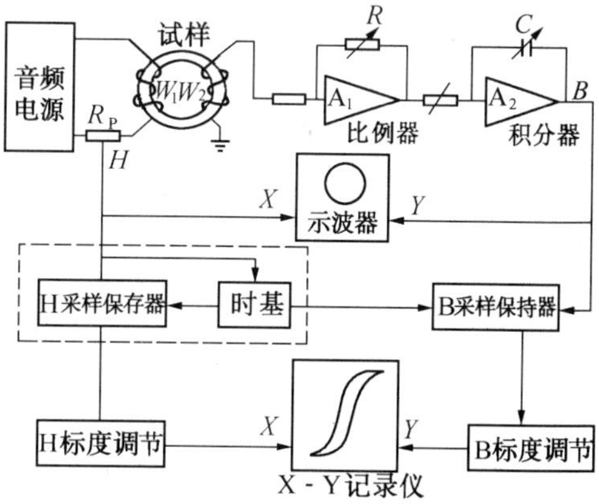

图 3.84　动态磁特性自动测量原理

在时基电路中，与磁化电流(即 H) 同步的信号 ① 送入同步脉冲发生器，产生与该信号同步的脉冲 ②，经锯齿波发生器形成同步锯齿波 ③。慢扫描电压发生器产生的线性电压 ④ 将与 ③ 分别输入比较器，比较器能在两锯齿波电压幅度相等的每一时刻输出一个窄脉冲 ⑤。因慢扫描锯齿波电压的线性增长，使得这些脉冲的周期比被测信号的周期增长了 Δt 时间。故用 ⑤ 作为采样周期脉冲，便可对被测信号的全周期波形在一个慢扫描锯齿波周期内采样完毕。若慢扫描周期为 T_0，交变磁场周期为 T，则采样的点数为 $T_0/T = fT_0$。波形 ⑤ 经过脉冲整形放大，由门脉冲发生器输出决定采样时刻的门脉冲。门脉冲分别送入 H、B 采样保持器，控制它们对同一时刻的 H、B 信号电压实现采样保存。

采样保持器的作用是，在采样门脉冲到来时对被测信号电压采样，在保持门脉冲到来时把经过放大的采样电压保存在记忆电容 C 上。u_C 正比于被测信号在上一个采样点时刻的电压，这个电压通过缓冲放大器输出。输出波形 ⑥ 是一个周期由慢扫描频率决定、而电压值正比于被测信号的阶梯波。

3.15　材料磁性分析的应用

材料磁性分析对研究钢的相变动力学、淬火钢中的残余奥氏体、淬火钢的回火转变、建立合金的相图、研究合金的时效，以及合金的结构变化等是一种非常有效的方法。

3.15.1　测定钢中的残余奥氏体量

各种钢淬火后，室温组织中或多或少地都存在着部分残余奥氏体 Ar。Ar 的存在对钢的工艺和机械性能都有重要的影响。例如对工具钢来说，Ar 的存在可以减小淬火过程中的变形；在超高强度钢中，保留一定量的 Ar 能显著改善断裂韧性；近年来又有研究认为 GCr15 轴承钢中的 Ar有利于提高接触疲劳强度和寿命。因此测量 Ar的数量对发挥 Ar有利作用和控制其不利影响都有重要的实际意义。

1. 对碳钢和低合金钢

这类钢的淬火组织基本上由马氏体和残余奥氏体组成。因此，确定残余奥氏体的数量

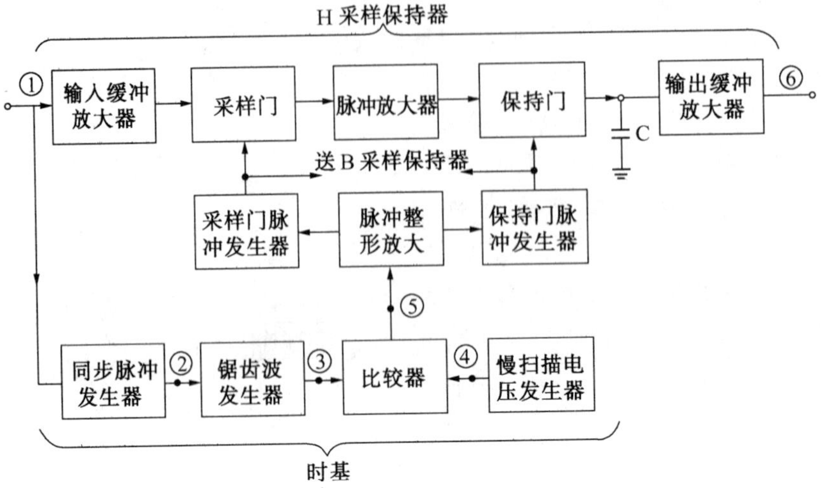

(a) 时基电路和采样保持器的方框图

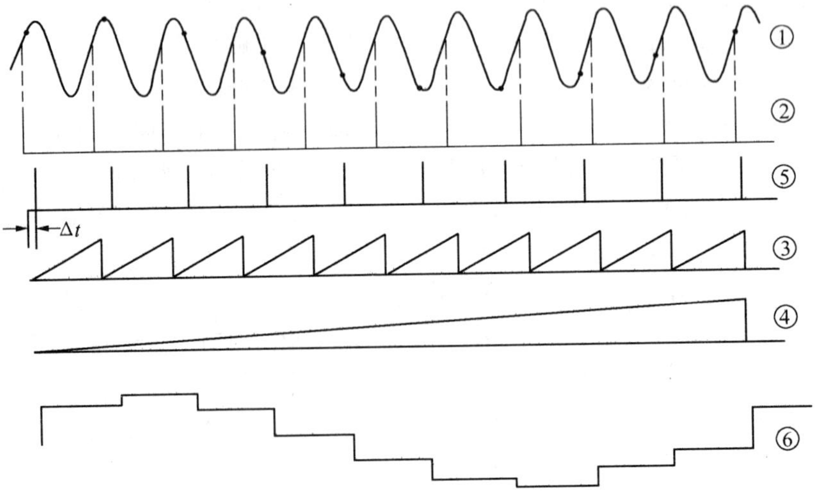

(b) 各点波形　　　　波形 ① 上的黑点为采样点位置

图 3.85　交流磁特性自动测量的采样变换环节

可以通过直接测量淬火钢中马氏体的数量来实现。即知道了马氏体的数量后，从试样中扣除马氏体即得奥氏体的数量。也即有

$$\varphi_a + \varphi_m = 1 \quad 或 \quad \varphi_a = 1 - \varphi_m \tag{3.85}$$

式中，φ_m、φ_a 分别为马氏体和残余奥氏体的体积分数。由于马氏体是强铁磁性组织，故淬火态试样的饱和磁化强度 $(M_s)_s$ 与马氏体的数量成正比。即有

$$(M_s)_s = \varphi_m (M_s)_m \quad 或 \quad \varphi_m = \frac{(M_s)_s}{(M_s)_m} \tag{3.86}$$

式中，$(M_s)_m$ 为纯马氏体的饱和磁化强度。由上二式可得

$$\varphi_a = 1 - \frac{(M_s)_s}{(M_s)_m} = \frac{(M_s)_m - (M_s)_s}{(M_s)_m} \times 100\% \tag{3.87}$$

这种确定残余奥氏体的方法是利用待测试样的$(M_s)_s$与一个完全是马氏体的试样的$(M_s)_m$作比较，从而求得残余奥氏体所占的体积百分数。这个纯马氏体的试样称为标准样，对它的要求是：成分要和待测试样完全一样；要具有100%马氏体组织。我们知道，要获纯马氏体试样非常困难，故在实际测量中，常采用相对标准样来代替理想马氏体标准样。即用淬火后立即进行冷处理或回火处理的试样来做相对标准样，并用下式计算残余奥氏体的体积百分数，即

$$\varphi_a = \frac{(M_s)_r - (M_s)_s}{(M_s)_r} \times 100\% \tag{3.88}$$

式中，$(M_s)_r$为相对标准样的饱和磁化强度。$(M_s)_r$和$(M_s)_s$都可通过实验测量得到。

2. 对高碳高合金钢

这类钢的淬火组织由马氏体、残余奥氏体和合金碳化物组成。而后二者都是顺磁相的，故确定残余奥氏体比前面一个顺磁相的复杂。

对于这类钢式(3.86)仍成立，但式(3.85)改为

$$\varphi_a = 1 - \varphi_m - \varphi_{Cm} \tag{3.89}$$

式中，φ_{Cm}为碳化物的体积分数。由式(3.87)和式(3.89)可得

$$\varphi_a = \frac{(M_s)_m - (M_s)_s}{(M_s)_m} \times 100\% - \varphi_{Cm} \tag{3.90}$$

对高碳高合金钢，$(M_s)_m$更难以获得，故一般采用退火或淬火后再经高温回火的试样来做相对标准样，并且

$$\varphi_a = \frac{(M_s)_r - (M_s)_s}{(M_s)_r} \times 100\% - \varphi_{Cm} \tag{3.91}$$

式中，$(M_s)_r$为相对标准样的饱和磁化强度。$(M_s)_r$和$(M_s)_s$都可通过实验测得（可用冲击磁性仪法或热磁仪法测），φ_{Cm}用电介萃取或定量金相方法确定。

3.15.2 研究淬火钢的回火转变

淬火钢在回火的过程中，无论是马氏体还是残余奥氏体都要发生分解而引起饱和磁化强度M_s的变化。由于多相系统的M_s服从相加原则，故可采用M_s随回火温度的变化作为相分析的根据，从而确定不同相发生分介的温度区间，判断生成相的性质。

在回火过程中残余奥氏体分介的产物都是铁磁相，会引起M_s的升高，而马氏体分介析出的碳化物是弱铁磁相，会引起M_s的降低。回火过程中析出的碳化物θ相、γ相和ε相的居里温度分别为210℃、265℃和380℃。分析回火过程M_s的变化时，必须分清楚是温度的影响还是组织变化的影响。

图3.86给出了T_{10}钢淬火试样在回火时M_s随温度t的变化曲线。实际上多数合金钢淬火后在回火过程中M_s的变化规律与T_{10}钢类似。图中曲线1表明在20 ~ 200℃加热时M_s缓慢下降，冷却时不沿原曲线恢复而沿曲线3升高，这说明试样内部的组织发生了转变，即所谓回火第一阶段的转变。曲线下降的原因，从$M_s - t$的关系看，首先是温度的影响，但若只是温度的影响，曲线应是可逆的，而实际曲线是不可逆的，这说明此阶段中试样

的组织发生了转变，γ 射线结构分析表明从马氏体中析出了碳化物，是这种组织转变的不可逆性导致了 M_s 的不可逆变化。

在 200 ~ 300℃ 内是回火的第二阶段，其特点是曲线随温度升高而急剧升高。此时温度的影响依然存在，且此回火温度已接近析出的θ相和γ相的居里点，将引起 M_s 下降。但残余奥氏体分介的回火贝氏体是强铁磁相，将引起 M_s 的剧烈升高，从这个阶段 M_s 的升高可以看出残余奥氏体的分介和转变占主导地位。

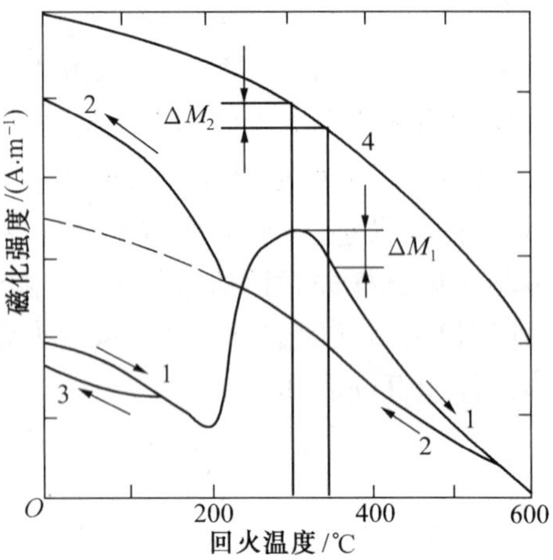

图 3.86　T_{10} 钢淬火试样在回火时饱和磁化强度变化曲线

300 ~ 350℃ 是回火过程的第三阶段，其特点是曲线随温度升高而明显下降。此时温度影响仍然存在，但这个温度范围距铁的居里点还较远，不会引起这样急剧的下降。与工业纯铁的饱和磁化曲线 4 相比，可以看出，淬火钢的 M_s 下降值 ΔM_1 远大于工业纯铁的下降值 ΔM_2，后者只是温度影响的结果，由此可以推断，淬火钢 M_s 的降低应是组织变化引起的。在此区间中θ相和γ相是顺磁相，对 M_s 已无影响，而残余奥氏体的分介只能导致 M_s 的升高，显然，它们都不是曲线降低的原因，因此，只有从马氏体分介的继续进行来解释。

350 ~ 500℃ 是回火的第四阶段，其特点是曲线单调下降。且此区间的 M_s 与退火状态相比还存在一定的差别(图中曲线1和2不重合)，它说明回火组织尚未达到稳定的平衡状态，故可推断在此区间淬火钢中仍存在相变。曲线下降主要是由于 γ 相与铁作用生成 Fe_3C，从而造成铁素体数量减少所致。

500℃ 以上，曲线在加热和冷却时的变化是可逆的，它说明在此温度区已完成回火过程中的所有组织转变。这里曲线的下降只受温度的影响，虽有渗碳体的聚集与球化，但已不影响 M_s。

3.15.3　研究过冷奥氏体的等温转变

用热磁仪测定钢的等温分介动力学曲线是比较方便的，因而应用较多。

我们知道，钢的饱和磁化强度 M_s 与过冷奥氏体的转变产物的数量成正比，因此研究过冷奥氏体分介过程中各相的相对数量的变化时，可选用 M_s 作测量参数。

测量时先将试样放在磁极之间的加热炉中加热到奥氏体化的温度(必须低于转变产物的居里点)，然后加上强磁场。因为奥氏体是顺磁性，所以试样在磁场中不发生偏转。然后再迅速将加热炉换成等温炉使试样进行等温淬火，这时过冷奥氏体将分介，其分介产物珠光体、贝氏体、马氏体等都是强铁磁相。随等温时间的延长，分介的产物越多，试样的 M_s 越高，试样的偏转角也越大。连续记录下试样的转角，经适当的换算，就可算出奥氏体的转变量，因而也就可以绘出奥氏体的等温分介曲线，如图 3.87 所示。将不同温度下测得的转变开始时间 t_0 和转变终了时间 t_f 标到温度 – 时间坐标中，便可得到过冷奥氏体的等温转变曲线(C 曲线)。从曲线的拐点(切离点) 可以确定出该温度下奥氏体等温转变的开始及终了时间。

3.15.4 建立合金的相图

置换式固溶体合金的成分对矫顽力基本无影响,但合金的组织对矫顽力有显著影响。当合金成分超过最大固溶度而生成第二相时,矫顽力将显著增高,因此,根据矫顽力的变化情况很容易确定合金的最大固溶度。

图 3.88 示出了 Fe - Mo 合金的矫顽力与成分的关系曲线,由图可以看出,当 $w(\mathrm{Mo}) < 7.5\%$ 时,矫顽力基本无变化,这表明合金处于 α 固溶体状态。当 $w(\mathrm{Mo}) > 7.5\%$ 时,矫顽力随含钼量的增多而上升,这表明合金的组织除饱和的 α 固溶体外,又形成了第二相 Fe_3Mo_2,合金处于两相混合组织状态。α 固溶体为铁磁相,Fe_3Mo_2 为顺磁相,起杂质的作用,因此含钼量越多,即 Fe_3Mo_2 相数量越多,矫顽力也越大。矫顽力随成分变化的关系曲线上的拐折点所对应的 $w(\mathrm{Mo}) = 7.5\%$,即室温下钼在铁中的最大固溶度。若取一系列不同成分的合金,将它们分别加热到不同温度进行固溶处理,然后测出它们的矫顽力与成分的关系曲线,并确定出相应的拐折点,便可确定不同温度时钼在铁中的最大固溶度。以温度和固溶度作图即可获得合金状态图中的固溶度曲线。

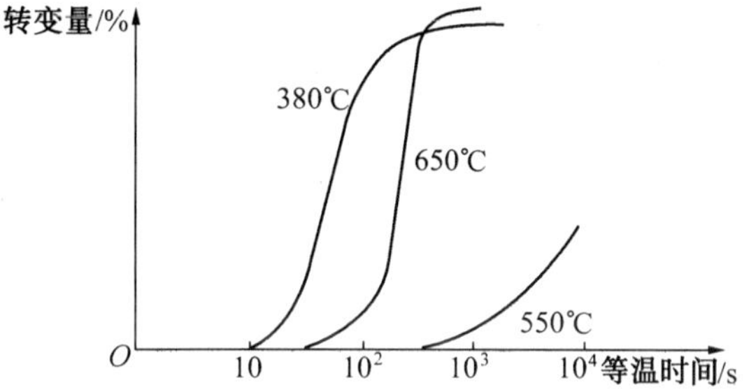

图 3.87 热磁法测得的过冷奥氏体等温转变动力学曲线

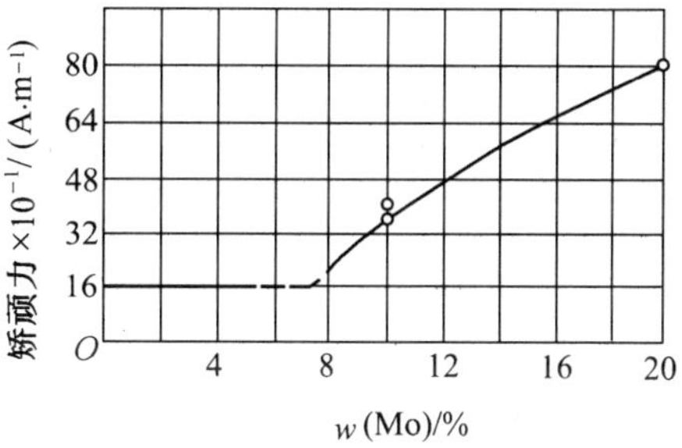

图 3.88 Fe - Mo 合金的矫顽力与成分的关系曲线

图 3.89 为 Fe - Cr 合金的相图。由图可看出,当合金的 $w(\mathrm{Cr}) < 38\%$、$w(\mathrm{Cr}) > 58\%$ 时,均具有一个居里点,它随含铬量的增多呈直线降低,且居里点与成分的关系曲线 *AB* 和 *EF* 互为延长线,它表明这个区间属于单一的 α 固溶体相。含 $w(\mathrm{Cr}) = 43\% \sim 53\%$ 的合金没有居里点,说明这个区间是单一的顺磁 σ 相。$w(\mathrm{Cr}) = 38\% \sim 43\%$ 之间合金存在着一个居里点,且不随成分变化,即图中的 *BC* 线段,说明这个区间存在两个相,即 α 相和 σ 相。其中 α 相的 $w(\mathrm{Cr}) = 38\%$,为铁磁相,σ 相的 $w(\mathrm{Cr}) = 43\%$,是顺磁相。$w(\mathrm{Cr}) = 53\% \sim 58\%$ 的合金也存在着一个居里点,而且也是一个恒定值,即图中的 *DE* 线段,它说明这一区间也存在两个相,即 $w(\mathrm{Cr}) = 53\%$ 的 σ 顺磁相与 $w(\mathrm{Cr}) = 58\%$ 的 α 铁磁相。从此例可知,根据合金的居里点可以分析合金中相的性质与相的数目。

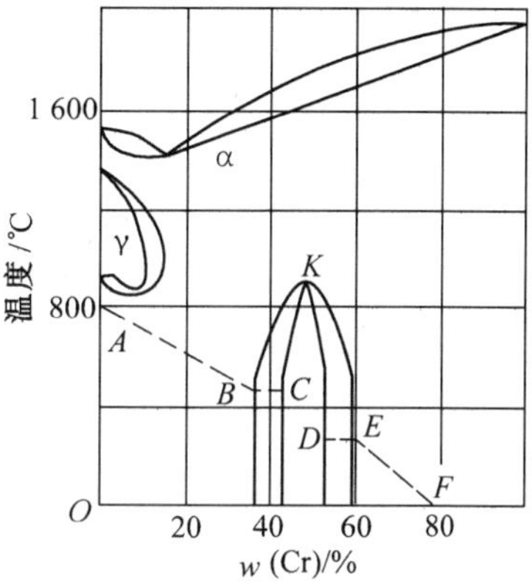

图 3.89 Fe - Cr 合金的相图

习　题

1. 什么是自发磁化？

2. 铁磁体形成的条件是什么？

3. 简述影响金属及其合金铁磁性的因素有哪些？

4. 磁畴的大小和结构由哪些条件决定？

5. 分析抗磁性、顺磁性、反铁磁性、亚铁磁性的磁化率与温度的关系？

6. 试说明下列磁学参量的定义和概念：

磁化强度，矫顽力，饱和磁化强度，磁导率，磁化率，磁各向异性常数，饱和磁致伸缩系数

第四章　材料的光学性质

4.1 概　述

光学材料的各种用途被人们广为利用与材料的光学性能有关。材料对可见光的不同吸收和反射性能使我们周围的世界呈现五光十色。玻璃、塑料、晶体、金属和陶瓷都可以成为光学材料。作为一个特殊材料领域的光学材料是光学仪器的基础。它们由于在一些高、新技术上的应用,已越来越受到人们的青睐。

光学玻璃的生产已有200多年的历史,其传统的应用有望远镜、显微镜、照相机、摄影机、摄谱仪等使用的光学透镜。而今除了传统的应用外又出现了高纯、高透明的光通信纤维玻璃。这种玻璃制成的纤维对工作频率的吸收低达普通玻璃的万分之几,使远距离光通信成为可能。钕玻璃是应用最广泛的大功率激光发射介质。20世纪70年代以来,国内外先后采用钕玻璃建立了输出脉冲功率为$10^{12} \sim 10^{14}$W的高功率激光装置。掺钕的钇铝石榴石晶体在中小型脉冲激光器和连续激光器方面都得到广泛应用。陶瓷、橡胶和塑料在一般情况下对可见光是不透明的,但是,橡胶、塑料、半导体锗和硅却对红外线透明。因为锗和硅的折射率大,故被用来制造红外透镜。光学塑料做隐形眼镜已被普遍采用。聚甲基丙烯酸甲酯、苯乙烯、聚乙烯、聚四氟乙烯等光学塑料的许多优点之一,就是对紫外和红外光的透射性能均比光学玻璃好。许多陶瓷和密胺塑料制品在可见光下完全不透明,但却可以在微波炉中做食品容器,因为它们对微波透明。由于金和银对红外线的反射能力最强,所以常被用做红外辐射腔内的镀层。

另外,光学玻璃等透光材料,折射率和色散这两个光学参数是其应用的基本性能。从而涉及光在透明介质中的折射、散射、反射和吸收,以及诸如光泽、乳浊等与釉彩相关的陶瓷表面光学性能。例如建筑瓷砖(面砖)、餐具、艺术瓷、搪瓷、卫生瓷等,对它们的光学性能则要求颜色、光泽、半透明度等各式各样的表面效果。

发光材料的进步对于信息显示技术有重要意义,它给人类的生活带来了巨大的变化:1929年斯福罗金(Zworykin)成功地演示了黑白电视接收机;1953年出现了彩色电视广播;1964年以稀土元素的化合物为基质和以稀土离子掺杂的发光粉问世,成倍地提高了发红光材料的发光亮度,这一成就使得“红色”能够与“蓝色”和“绿色”的发光亮度相匹配,实现了如今这样颜色逼真的彩色电视。光盘与光记录不论对于电子计算机,还是激光唱盘或影碟都是一次非凡的突破。彩色照相技术的出现也给人们的生活增添了一份乐趣。这一切都与材料光学性能的开发和应用联系在一起。

本章主要介绍光传播电磁理论、光的反射与折射、光的吸收和色散、晶体的双折射和二向色性、介质的光散射、发光材料等。

4.2 光传播的基本理论

4.2.1 波粒二象性

光是人类最早认识和研究的一种自然现象。然而对于光本质的认识，在人类历史上却经历了长期的争论和发展过程。早期以牛顿(Newton)为代表的一种观点认为，光是由光源飞出的粒子流，并以此观点解释了反射和折射定律。后来随着生产和技术的发展，又发现了许多用光的直线传播概念不能解释的复杂现象，出现了以惠更斯(Huygens)为代表的观点，认为光是一种波动。1860年，麦克斯韦创立了电磁波理论后，既解释了光的直线行进和反射，又解释了光的干涉和衍射，表明光是一种电磁波。随后人们还测量到光的有限速度。所以，19世纪初叶和中期成了波动说占统治地位的时期。然而在19世纪末，当人们深入研究光的发生及其与物质的相互作用(如黑体辐射和光电效应)时，波动说却遇到了新的难题。1900年，普朗克提出了光的量子假设并成功地解释了黑体辐射。接着1905年爱因斯坦进一步完善了光的量子理论，不仅圆满地解释了光电效应，而且解释了后来的康普顿(Compton)效应等许多实验。

爱因斯坦理论中的光量子(光子)不同于牛顿微粒学说中的粒子。他将光子的能量、动量等表征粒子性质的物理量与频率、波长等表征波动性质的物理量联系起来，并建立了定量关系。因此光子是同时具有微粒和波动两种属性的特殊物质，是光的双重本性的统一。1924年，德布罗意创立了物质波假说，后又很快被电子束衍射实验所证实。这一切都说明，波动性和粒子性的统一不仅是光的本性，而且也是一切微观粒子的共同属性。1927年，狄拉克提出了电磁场的量子化理论，进一步以严格的理论形式把波动理论和量子理论统一起来，大大提高了人们对光本性的认识。

尽管人们对光的本性有了全面认识，但这并不排除经典理论在一定范围内的正确性。在涉及光传播特性的场合，只要电磁波不是十分微弱，经典的电磁波理论还是完全正确的。当涉及光与物质相互作用并发生能量、动量交换的问题时，才必须把光当做具有确定能量和动量的粒子流来看待。本章在讨论材料的光学性能时，将根据需要分别或同时采用光子和光波两种概念。

4.2.2 光的电磁性

光是一种电磁波，它是电磁场周期性振动的传播所形成的。在光波中，电场和磁场总是交织在一起的。麦克斯韦的电磁场理论表明，变化着的电场周围会感生出变化的磁场，而变化着的磁场周围又会感生出另一个变化的电场，如此循环不已，电磁场就以波的形式朝着各个方向向外扩展。电磁波具有宽阔的频谱，如图4.1所示，其中可以用光学方法进行研究的那一部分光波只占很小的一部分，它的范围从远红外到真空紫外并延伸到软X射线区。光波中人眼能够感受到的仅占一小部分，其波长大约在390～770 nm范围，对应的频率范围为$7.7\times10^{14}\sim4.1\times10^{15}$ Hz，这部分光被称为可见光。在可见光范围内，不同的波长引起不同的颜色视觉。图4.1中给出了各种颜色的光波所对应的波长范围。

光波是一种横波，其中的电场强度 E 和磁场强度 H 的振动方向互相垂直。它们和光波的传播方向 S(即光的能量流动方向)之间构成一个直角坐标系，如图4.2所示。图中的

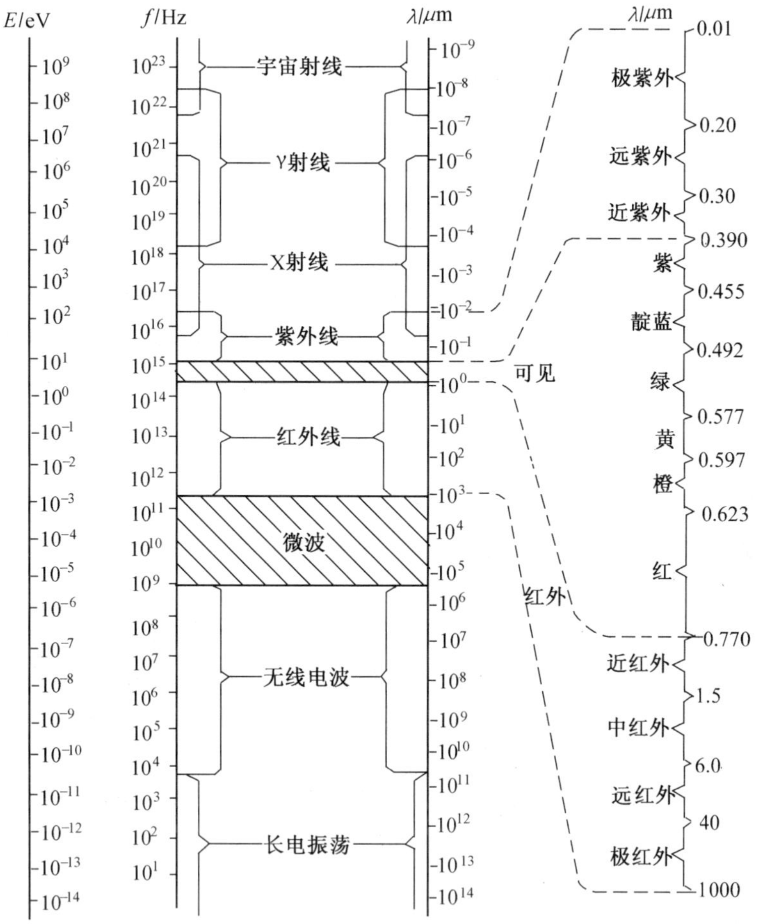

图 4.1　电磁波谱

电场强度 E 平行于 x 轴，电振动始终保持在 $x-z$ 平面内，磁振动则平行于 y 轴并保持在 $y-z$ 平面内，光波则沿 z 轴传播出去。由于人的视觉、植物的光合作用，以及绝大多数测量光波的仪器对光的反应主要由光波中的电场所引起，磁场对介质的作用远比电场要弱，而且一旦得到电场强度就可以算出磁场强度，因此实际讨论光波时往往只需考虑电场的作用，而将磁场忽略。所以电场强度矢量被直接作为“光矢量”。

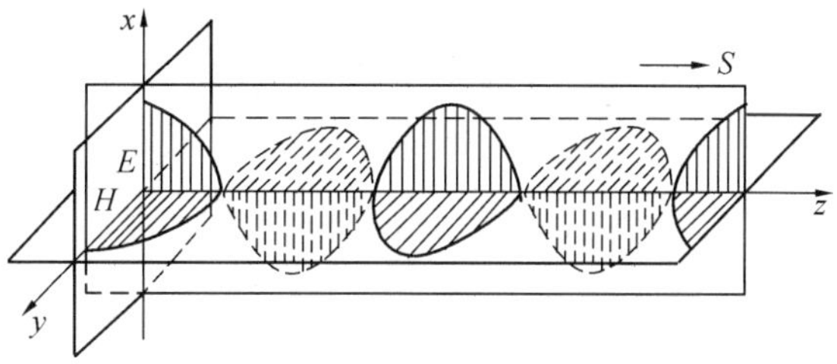

图 4.2　线偏振光波中的电振动、磁振动及光传播方向

偏振性是横波的特有性质。如果光波电矢量的振动只限定在某一个确定方向称为平面偏振光，亦称为线偏振光。电矢量在垂直光传播方向的平面内随时间规则变化的轨迹是椭圆或圆。这样的光可以称为圆偏振光、椭圆偏振光等。光波也可以由各种振动方向的波复合而成。如果在垂直于光传播方向的平面内电矢量振动取向机会均等，这样的光就称为

"自然光"。太阳光和普通照明灯光都属于自然光。利用偏振元件可以从自然光中分离出线偏振光来。

光波的振动可用数学表达式来描述。以沿 z 轴传播的线偏振光为例,假如初始的简谐振动发生在 $z=0$ 点,则电场强度变化规律可表示为

$$E = E_0\cos(2\pi\nu t + \varphi_0) \tag{4.1}$$

式中,ν 为振动频率;φ_0 为初位相;E_0 为振幅。若经过时间 t 后振动传到空间的 z 点,则该点的电场强度应表示为

$$E = E_0\cos[2\pi\nu(t - z/v) + \varphi_0] \tag{4.2}$$

式中,v 为光波传播的速度(位相速度)。光波在一个振动周期内传播的距离称为波长,以 λ 表示。光波从 $z=0$ 到 $z=\lambda$ 点所需的时间应等于振动周期 $T=1/\nu$,因此有

$$\lambda = vT = v/\nu \tag{4.3}$$

故光波的速度

$$v = \lambda\nu \tag{4.4}$$

光波在不同介质中的传播速度不同,而光振动的频率不变,因此相同频率的光波在不同介质中可有不同的波长。如果不加特别说明,通常使用的是真空中的波长值。

式(4.2) 所表示的光波中,波的位相与空间坐标 z 有关,而与 x 和 y 无关。这表明在 $x-y$ 平面上到处都与(0,0) 点有相同位相,这种形成等相面为平面的光波称为"平面波"。如果光波是从一个点出发,均匀地沿各个方向向外传播,则等相面就是球面,这种光波称为"球面波"。

根据电磁场的麦克斯韦方程组,可以推算出电磁波在介质中的速度

$$v = \frac{c}{\sqrt{\varepsilon_r\mu_r}} \tag{4.5}$$

式中,c 为电磁波在真空中的速度,且

$$c = \frac{1}{\sqrt{\varepsilon_0\mu_0}} \tag{4.6}$$

ε_0、ε_r 以及 μ_0、μ_r 分别为真空中和介质中的介电常数和磁导率。令

$$n = \sqrt{\varepsilon_r\mu_r} \tag{4.7}$$

则光在真空中的速度 c 与在介质中的速度 v 之比

$$\frac{c}{v} = n \tag{4.8}$$

后面将看到这个介质常数 n 决定了材料的光折射性质,称为介质的"折射率"。关于光在真空中的速度,人们曾经用多种方法进行了测量,已经达到的最准确的数值为

$$c = 2.997\,924\,562 \times 10^8 \pm 1.1\ \mathrm{m/s} \tag{4.9}$$

一般近似为

$$c = 3 \times 10^8\ \mathrm{m/s} \tag{4.10}$$

光波的传播伴随着光能量的流动。在单位时间里流过垂直于传播方向的单位截面积的能量称为光波的能流密度。由电磁场的麦克斯韦方程组可得到能流密度的表达式

$$S = E \times H \tag{4.11}$$

因场矢量 E 和 H 都是以 10^{14}Hz 高频振荡的物理量，故仪器所能测量到的仅仅是能流密度的时间平均值，称为光波的强度或光强，表示为

$$I = \frac{c}{4\pi}E_0^2 \tag{4.12}$$

在实际应用中，人们常常只关心光强的相对值，故往往略去上式中的常数因子，而直接使用 $I = E_0^2$ 来表示光强与光波电场振幅的关系。

从上面的推导可以看出光波电磁场的几个重要特性：电磁场是横波；场矢量 E 和 H 彼此正交，且均与波的前进方向垂直，其振幅大小成正比，相位相同（对于透明媒质），波所携带的能流密度，即光强，与其振幅平方成正比，沿波传播方向前进。由于在光波中，E 和 H 虽有同样的变化规律，但在对人眼或感光仪器的传感、光电效应及微光现象等方面，电矢量 E 起着主导作用，因此在材料的光学性质中一般只关心电矢量，而不必同时考虑 E 和 H 两个矢量。

4.2.3 光的干涉和衍射

光的波动性主要表现在它有干涉和衍射及偏振等特性。所谓双光束干涉就是指两束光相遇以后，在光的叠加区，光强重新分布，出现明暗相间、稳定的干涉条纹。

在实验室里为演示双光束干涉现象，常采用图 4.3 给出的激光的双缝干涉实验。用一个强的单色光源（如激光）照射一块挡光板，上面开有两条相距很近的狭缝 S_1 和 S_2，一般在一张废底片上用刀片刻出两条刻痕即成，两条刻痕的距离无严格的要求，1 mm 左右即可。此时将接收屏幕放到前方，便可在屏幕上看到明暗相间的条纹，如图 4.3 的右侧所示。

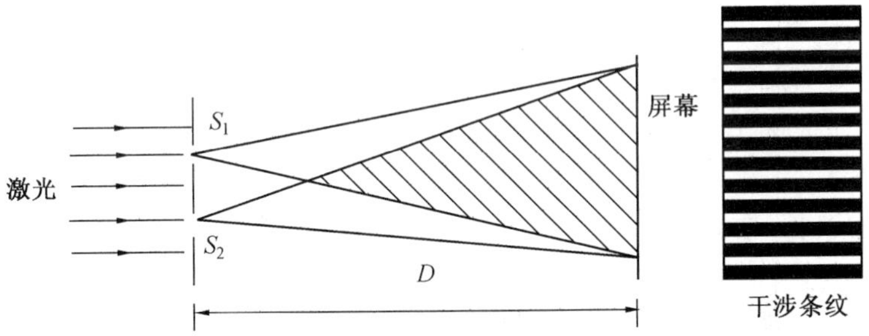

图 4.3　激光的双缝干涉实验

可是，两个独立的光源发出的光波叠加后，却只有强度的相加，而决不出现明暗的条纹。日常生活中两只日光灯同时照亮某一地方时，只见其强度增加（仍为均匀亮），却不见有亮暗的条纹出现。究其原因乃是这两只日光灯不是相干光源。两束光“相干”（即可形成干涉条纹）的条件是它们的光波之间频率相同、振动方向一致并且有固定的位相关系。如果采用白光为光源，那么白光中各种颜色成分都会产生自己的干涉条纹。各色条纹排布位置的交错，可形成彩色并降低了明暗的对比度，故不易观察。日常生活中常见日光照射到漂浮于水面的油膜反射出五颜六色，正是日光中各色光波经油膜两层表面反射到眼中叠加而产生的干涉图像。

众所周知，光在自由空间是沿着直线传播的，那么有没有不沿直线传播的情形呢?有。当光波传播遇到障碍物时，在一定程度上能绕过障碍物而进入几何阴影区，这种现象称为

衍射，也称为绕射。例如，当平行光束照射到一个很小的小圆盘之后投向前方的屏幕时，按直线传播规律在屏幕上本该看到一个全暗的圆斑。可是，在它的中央竟能见到一个亮点，这说明有一部分光波绕过了圆盘的边缘而投射到阴影区去了。如果把小圆盘换成大圆盘就只能看到阴影了。图 4.4 所示的是激光狭缝衍射实验，一束激光通过一细长的狭缝(缝长 ≫ 缝宽，缝宽在 1 mm 以下) 以后，在距缝几米处的屏幕上，出现的将不是狭缝的几何阴影，而是长的明暗相间的衍射条纹。理论分析表明，只有当光所遇到障碍物或狭缝的尺寸与其波长可以相比拟时，衍射现象才明显地表现出来。日常所见到的一般物体与光的波长相比都可称是巨大的障碍物，所以光波通常表现直线传播性质。

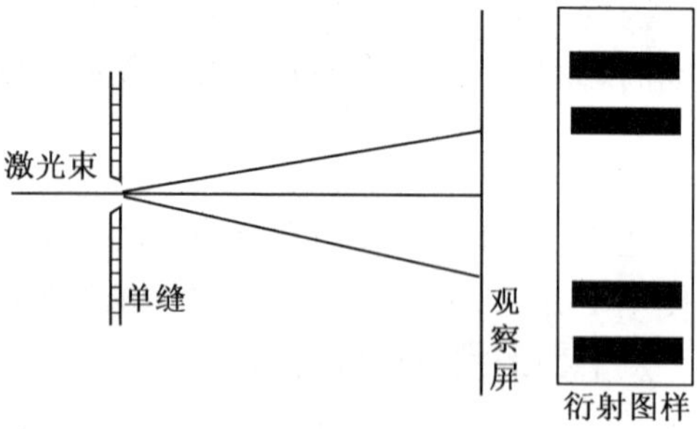

图 4.4　激光狭缝衍射实验

4.2.4　光子的能量和动量

麦克斯韦方程组没有考虑电磁场的量子化，即不涉及光子或光量子的概念。在解释光电效应的实验结果时，爱因斯坦首先提出电磁场(或光场) 的能量是不连续的，可以分成一份一份最小的单元，其数值为

$$\varepsilon = h\nu \tag{4.13}$$

式中，ν 为光波电磁场的频率；h 为数值很小的普适常数，称为普朗克常量，其数值

$$h = 6.626 \times 10^{-34}\,\mathrm{J \cdot s} \tag{4.14}$$

这个最小的能量单元就称为“光子”。电磁场则由许许多多光子组成。

爱因斯坦还根据相对论的质能关系预言这个光子具有分立的动量，其数值为

$$p = h/\lambda \tag{4.15}$$

式中，λ 为光的波长。根据这个观点，光波照射到物体上就相当于一串光子打到物体表面，它们对物体会产生一定的压力(尽管很小)。这个论断也为后来测量光压的实验所证实。

光子的能量和动量虽小，却不能再分割。最微弱的光源至少发射一个光子，要么不发射，不能发射半个光子。按照波动观点，一个点光源所发射的光波会均匀照亮以其为中心的球面。如果在球面上安装了许多探测器，而点光源在某一时刻只发射一个光子，那么光子将射向哪个探测器呢？我们不能做确切的预言。但是，有一点很清楚，即光子是不可分的。只要有一个探测器接收到光子，其他探测器就一定没有接收到。不能把一个光子再分散到整个球面上。波动理论预言光强在球面上的均匀分布，在这里只能理解为球面上各个探测器接收到这个光子的概率相等。只有等这个光源发射了许许多多光子之后，球面上每个探测器积累接收到的光子数才会相等。至此，我们认识到，即使在一次只发射一个光子的情况下光仍然具有波动特性。它表现为空间各处找到光子的概率。

总而言之，光既可以看做光波又可以看做光子流。光子是电磁场能量和动量量子化的粒子，而电磁波是光子的概率波。光作为波的属性可以用频率和波长来描述，而作为光子的属性则可以用能量和动量来表征。波动性和粒子性的统一就定量地反应在爱因斯坦的两个等式式(4.13) 和式(4.15) 之中。

4.3　光的反射和折射

4.3.1　反射定律和折射定律及其影响因素

1. 光通过固体现象

当光从一种介质进入另一种介质时，例如从空气进入透明介质，一部分透过介质，一部分被介质吸收，一部分在两种介质的界面上被反射，还有一部分被散射，设入射到材料表面的光辐射能流率为 φ_0，透过、吸收、反射和散射的光辐射能流率分别为 φ_τ、φ_α、φ_m、φ_s 则

$$\varphi_0 = \varphi_\tau + \varphi_\alpha + \varphi_m + \varphi_s \tag{4.16}$$

光辐射能流率的单位为 W/m^2，表示单位时间内通过单位面积（与光传播方向垂直的面积）的能量。若用 φ_0 除式（4.16）的等式两边，则得

$$\tau + \alpha + m + s = 1 \tag{4.17}$$

式中，$\tau = \dfrac{\varphi_\tau}{\varphi_0}$ 称为透射系数；$\alpha = \dfrac{\varphi_\alpha}{\varphi_0}$ 称为吸收系数；$m = \dfrac{\varphi_m}{\varphi_0}$ 称为反射系数；$s = \dfrac{\varphi_s}{\varphi_0}$ 称为散射系数。上述光子与固体介质的相互作用可由图 4.5 予以形象表述。

从微观上分析，光子与固体材料相互作用，实际是光子与固体材料中的原子、离子、电子等的相互作用，出现的结果如下。

（1）电子极化

电磁辐射的电场分量，在可见光的频率范围内，电场分量与传播过程中的每一个原子发生作用，引起电子极化，即造成电子云和原子核电荷重心发生相对位移。其结果是一部分能量被吸收，同时光的速度被减小，导致折射产生。

（2）电子能态转变

光子被吸收和发射，都涉及固体材料中电子能态的转变。为讨论方便，考虑一孤立的原子，其电子占据的能态如图 4.6 所示。该原子吸收了光子能量之后，可能将 E_2 能级上的电子激发到能量更高的 E_4 能级上，电子发生的能量变化 ΔE 与电磁波的频率有关，即

$$\Delta E = h\nu_{42} \tag{4.18}$$

式中，h 为普朗克常量；ν_{42} 为入射光子的频率。

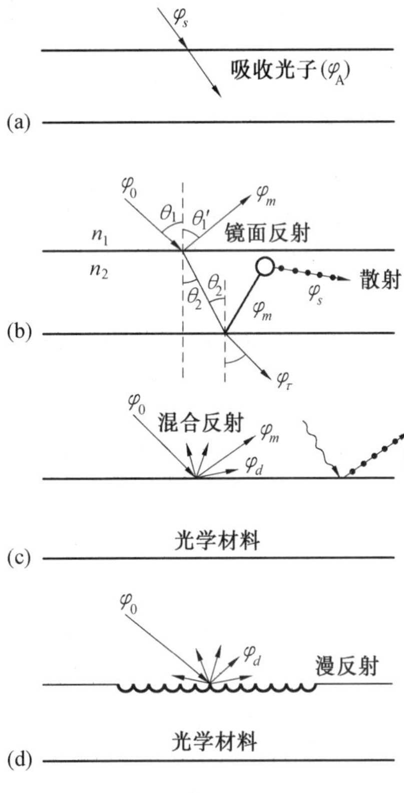

图 4.5　光子与固体介质的作用

此处应明确以下两个概念：第一，原子中电子能级是分立的，能级间存在特定的 ΔE。因此，只有能量为 ΔE 的光子才能被该原子通

过电子能态转变而吸收。第二,受激电子不可能无限长时间地保持在激发状态,经过一个短时期后,它又会衰变回激态,同时,发射出电磁波。衰变的途径不同,发射出的电磁波频率就不同。

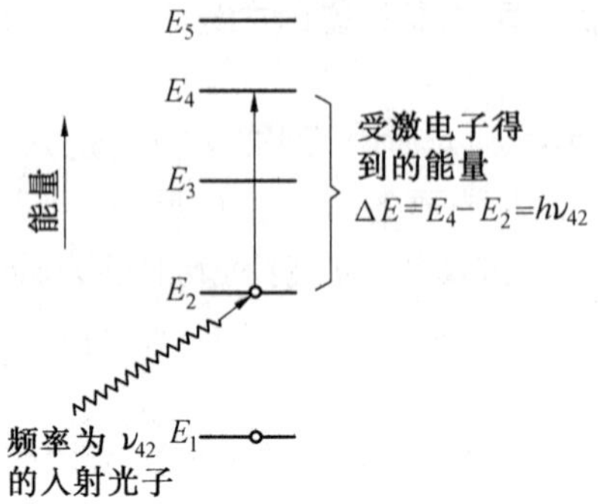

图 4.6　孤立原子吸收光子后电子能态转变示意图

2. 反射定律和折射定律

光波入射到两种媒质的分界面以后,如果不考虑吸收、散射等其他形式的能量损耗,则入射光的能量只在两种介质的界面上发生反射和折射,能量重新分配,而总能量保持不变。人们经常接触到的是那些可以忽略衍射作用的实际光学问题。如果只关心光在传播过程中方向的变化,则光波的振幅和光波传播过程中的位相变化都显得不太重要,只需注意光波的传播方向和光波等相面的形状就行了,这样就抽象出了光线和波面(等相面)这两个几何学概念。借助这些概念,以实验规律和几何定律为基础的光学就是几何光学。几何光学在实验基础上,简单明了地总结了如下几条有关光的传播特性的基本规律:① 光在均匀介质中的直线传播定律;② 光通过两种介质的分界面时的反射定律和折射定律;③ 光的独立传播定律和光路可逆性原理。

我们用图 4.7 来表示光在两种透明介质在平整界面上反射和折射时传播方向的变化。当光线入射到界面时,一部分光从界面上反射,形成反射线。入射线与入射点处界面的法线所构成的平面称为入射面。法线和入射线及反射线所构成的角度 θ_1 和 θ'_1 分别称为入射角和反射角。入射光线除了部分被反射外,其余部分将进入第二种介质,形成折射线。折射线与界面法线的夹角 θ_2 称为折射角。

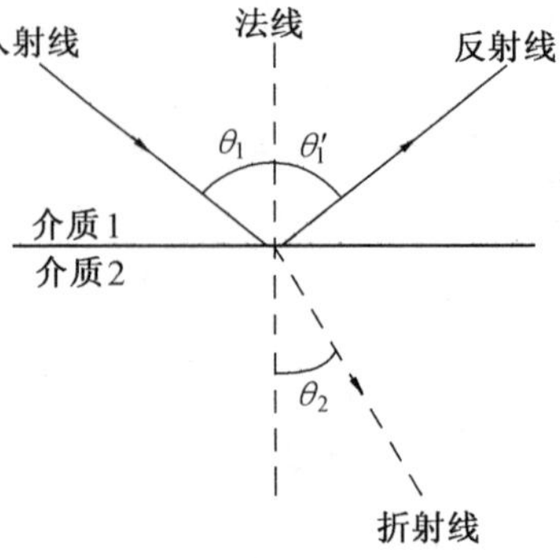

图 4.7　光的反射和折射

反射定律指出,反射线的方向遵从:① 反射线和入射线位于同一平面(即入射面)内,并分别处于法线的两侧;② 反射角等于入射角,即 $\theta'_1 = \theta_1$。

折射定律指出,折射线的方向满足:① 折射线位于入射面内,并和入射线分别处在法线的两侧;② 对单色光而言,入射角 θ_1 的正弦和折射角 θ_2 的正弦之比是一个常数,即

$$\frac{\sin\theta_1}{\sin\theta_2} = n_{21} \tag{4.19}$$

式中,比例常数 n_{21} 称为第二介质相对于第一介质的相对折射率。它与光波的波长及界面两侧介质的性质有关,而与入射角无关。如果第一介质为真空,则上式可写为

$$\frac{\sin\theta_1}{\sin\theta_2} = n_2 \tag{4.20}$$

式中,n_2 为第二介质相对于真空的相对折射率,或第二介质的绝对折射率,简称折射率。通常,介质对空气的相对折射率与其绝对折射率相差甚少,实际上常常不加区分。

从微观的角度,光子进入材料,其能将受到损失,因此,光子的速度将要发生改变,当光从真空进入较致密的材料时,其速度下降。所以也将光在真空中和材料中的速度之比称为材料的折射率,如式(4.8)所示。

表4.1列出了各种玻璃和晶体的折射率。图4.8描绘了多种无机固体的折射率与波长的关系。

不难推出两种材料的相对折射率与它们的绝对折射率之间的关系为

$$n_{21} = n_2/n_1 \tag{4.21}$$

式中,n_1 为第一介质相对于真空的绝对折射率。

表 4.1　各种玻璃和晶体的折射率

材　　料	平均折射率	双折射
玻璃组成:		
由正长石($KAlSi_3O_8$)组成的	1.51	
由钠长石($NaAlSi_3O_8$)组成的	1.49	
由霞石正长岩组成的	1.50	
氧化硅玻璃	1.458	
高硼硅酸玻璃(90% SO_2)	1.458	
钠钙硅酸玻璃	1.51 ~ 1.52	
硼硅酸玻璃	1.47	
重燧石光学玻璃	1.6 ~ 1.7	
硫化钾玻璃	2.66	
晶体:		
四氯化硅	1.412	
氟化锂	1.392	
氟化钠	1.326	
氟化钙	1.434	
刚玉(Al_2O_3)	1.76	0.008
方镁石 MgO	1.74	

续表 4.1

材　　料	平均折射率	双 折 射
石英	1.55	0.009
尖晶石 $MgAl_2O_4$	1.72	
锆英石 $ZnSiO_4$	1.95	0.055
正长石 $KAlSi_3O_8$	1.525	0.007
钠长石 $NaAlSi_3O_8$	1.529	0.008
钙长石 $CaAl_2Si_2O_8$	1.585	0.008
硅线石 $Al_2O_3 \cdot SiO_2$	1.65	0.021
莫来石 $3Al_2O_3 \cdot 2SiO_2$	1.64	0.010
金红石 TiO_2	2.71	0.287
碳化硅	2.68	0.043
氧化铅	2.61	
硫酸铅	3.192	
方解石 $CaCO_3$	1.65	0.17
硅	3.49	
碲化镉	2.74	
硫化镉	2.50	
酞酸锶	2.49	
铌酸锂	2.31	
氧化钇	1.92	
硒化锌	2.62	
钛酸钡	2.40	

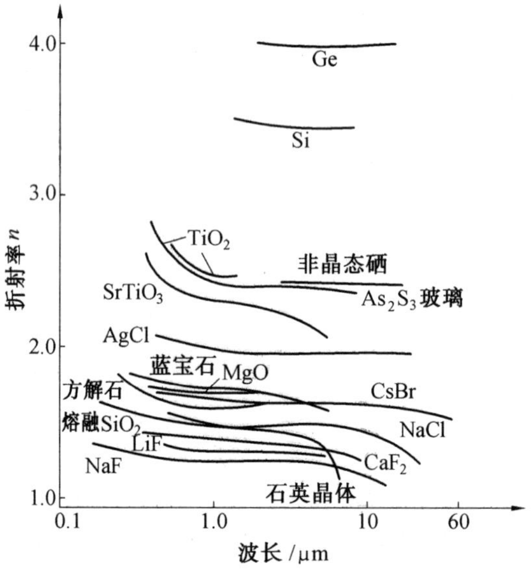

图 4.8　一些无机固体的折射率与波的关系

因此，折射定律可以改写成

$$n_1 \sin \theta_1 = n_2 \sin \theta_2 \tag{4.22}$$

由此可见，当光线在第二介质中沿着原来的折射线从相反方向入射到界面并经过折射后，在第一介质中必定逆着原入射线的方向射出。同理，根据反射定律，若光线沿反射线从相反方向入射，经过界面反射后必定逆原入射线的方向射出。这就是光路可逆性原理。

3. 材料折射率的影响因素

介质的折射率永远是大于 1 的正数。如空气的 $n = 1.000\,3$，固体氧化物 $n = 1.3 \sim 2.7$，硅酸盐玻璃 $n = 1.5 \sim 1.9$。不同组成、不同结构的介质的折射率不同。影响 n 值的因素有下列四方面。

(1) 构成材料元素的离子半径

由式(4.7) 知，材料的折射率为 $n = \sqrt{\varepsilon_r \mu_r}$，因陶瓷等无机材料 $\mu_r \approx 1$，故

$$n \approx \sqrt{\varepsilon_r} \tag{4.23}$$

由式(4.23) 可知介质的折射率随介质的介电常数 ε_r 的增大而增大。ε_r 与介质的极化现象有关。当光的电磁辐射作用到介质上时，介质的原子受到外加电场的作用而极化，正电荷沿着电场方向移动，负电荷沿着反电场方向移动，这样正负电荷的中心发生相对位移。外电场越强，原子正负电荷中心距离越大。由于电磁辐射和原子的电子体系的相互作用，光波被减速了。

以后将知道介质材料的离子半径与介电常数的关系，当离子半径增大时，其 ε 增大，因而 n 也随之增大。因此，可以用大离子得到高折射率的材料，如 PbS 的 $n = 3.912$，用小离子得到低折射率的材料，如 $SiCl_4$ 的 $n = 1.412$。

(2) 材料的结构、晶型和非晶态

折射率除与离子半径有关外，还与离子的排列密切相关。对于非晶态(无定型体) 和立方晶体这些各向同性的材料，当光通过时，光速不因传播方向改变而变化，材料只有一个折射率，称之为均质介质。但是除立方晶体以外的其他晶型，都是非均质介质。光进入非均质介质时，一般都要分为振动方向相互垂直、传播速度不等的两个波，它们分别构成两条折射光线，这个现象称为双折射。双折射是非均质晶体的特性，这类晶体的所有光学性能都和双折射有关。

上述两条折射光线中平行于入射面的光线的折射率，称为常光折射率 n_o。不论入射光的入射角如何变化，n_o 始终为一常数，因而常光折射率严格服从折射定律。另一条与之垂直的光线所构成的折射率，则随入射线方向的改变而变化，称为非常光折射率 n_e。它不遵守折射定律，随入射光的方向而变化。当光沿晶体光轴方向入射时，只有 n_o 存在；与光轴方向垂直入射时，n_e 达最大值，此值视为材料特性。石英的 $n_o = 1.543$，$n_e = 1.552$；方解石的 $n_o = 1.658$，$n_e = 1.486$；刚玉的 $n_o = 1.760$，$n_e = 1.768$。总之，沿着晶体密堆积程度较大的方向 n_e 较大。

(3) 材料所受的内应力

有内应力的透明材料，垂直于受拉主应力方向的 n 大，平行于受拉主应力方向的 n 小。

(4) 同质异构体

在同质异构材料中，高温时的晶型折射率较低，低温时存在的晶型折射率较高。例如常温下的石英玻璃，$n = 1.46$，数值最小；常温下的石英晶体，$n = 1.55$，数值最大。高温时的鳞石英，$n = 1.47$；方石英，$n = 1.49$。至于普通钠钙硅酸盐玻璃，$n = 1.51$，比石英的折射率小。提高玻璃折射率的有效措施是掺入铅和钡的氧化物。例如含 PbO90%（体积）的铅玻璃 $n = 2.1$。

4.3.2 折射率与传播速度的关系

为了说明光波的传播规律，惠更斯提出了一个普遍原理：光波波前（最前沿的波面）上的每一点都可看做球面次波源。每一次波源发射的球面次波以光波的速度 v 传播，经过时间 Δt 之后，形成半径为 $v\Delta t$ 的球面次波。如此产生的无数个次波的包络就是 Δt 时间后的新波前。图 4.9 画出了平面波和球面波通过次波形成新波前的过程。垂直于波前（或等相面）的直线就代表光波的传播方向，也就是光线。

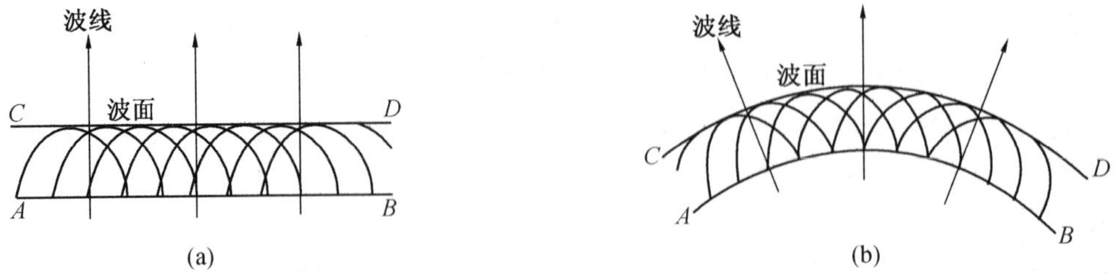

图 4.9 惠更斯原理

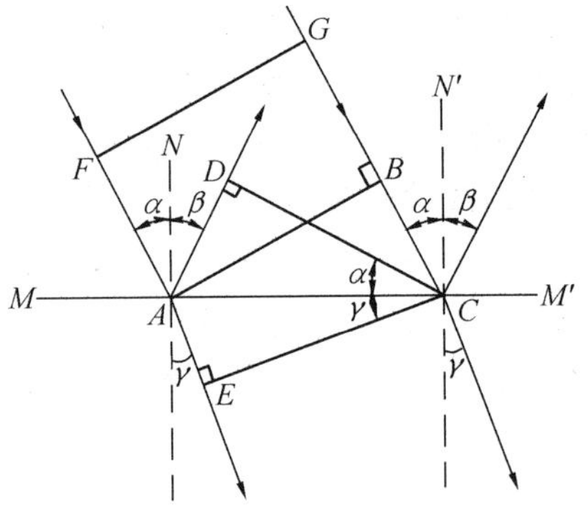

图 4.10 惠更斯原理推导反射定律和折射定律

根据惠更斯原理可以方便地推导出光的反射定律和折射定律。图 4.10 中 MM' 表示两种透明介质的分界面。FG 表示入射平面波的波面，平面波在第一介质中以速度 v_1 传播，经过一定时间后波面到达 AB。A 点正好在界面上。从 A 点发出的次波一部分进入第二介质，另一部分返回第一介质。波前 AB 上的 B 点发出的次波仍在第一介质中传播。又经过时间 Δt 后，从 B 点发出的次波到达界面上的 C 点。$BC = v_1\Delta t$，此时波前 AB 上各点都陆续传播到界面并发生返回第一介质和进入第二介质的次波。第一介质中的新波前为 CD，即反射波的波前，它仍旧是平面波。由三角形全等关系 $\triangle ACD \cong \triangle ABC$，可得 $\alpha = \beta$，即入射角等于反射角，这就是反射定律。

进入第二介质的波成为折射波。当光波从 B 点传播到界面上的 C 点时，从 A 点发出进入第二介质的次波到达 E 点，$AE = v_2\Delta t$，v_2 为第二介质中的光速。EC 就是 Δt 时间后在第二介质中形成的新波前。由三角关系可得

$$\frac{\sin\alpha}{\sin\gamma} = \frac{AD}{AE} = \frac{v_1\Delta t}{v_2\Delta t} = \frac{v_1}{v_2} = n_{21} \tag{4.24}$$

上式就是光的折射定律。如果第一介质为真空，则

$$\frac{\sin \alpha}{\sin \gamma} = \frac{c}{v_2} = n_2 \tag{4.25}$$

故有

$$n_{21} = \frac{v_1}{v_2} = \frac{n_2}{n_1} \tag{4.26}$$

由此可见，材料的折射率反映了光在该材料中传播速度的快慢。两种介质相比，折射率较大者，光的传播速度较慢，称为光密介质；折射率较小者，光的传播速度较快，称为光疏介质。

材料表现出一定的折射率，从本质上讲，反映了材料的电磁结构(对非铁磁介质主要是电结构)在光波电磁场作用下的极化性质或介电特性。正是因为介质的极化，"拖住"了电磁波的步伐，才使其传播速度变得比真空中慢。材料的极化性质又与构成材料的原子的相对原子质量、电子分布情况、化学性质等微观因素有关。这些微观因素通过宏观量介电系数来影响光在材料中的传播速度。

4.3.3 反射率和透射率

前面讨论了光在两种介质的界面上发生反射和折射时传播方向的变化。但是无论是几何光学定律还是惠更斯原理，都没有解决光波在反射前后和折射前后的能量变化规律。根据麦克斯韦方程组和电磁场的边界条件可以得到有关的结果。反射光的功率对入射光的功率之比称为反射率(有时也称反射比)。经过折射进入第二介质的光为透射光，透射光与入射光功率之比称为透射率。当光线由介质 1 入射到介质 2 时，光在介质面上分成了反射光和折射光，如图 4.11 所示。这种反射和折射，可以连续发生。例如当光线从空气进入介质时，一部分反射出来了，另一部分折射进入介质。当遇到另一界面时，又有一部分发生反射，另一部分折射进入空气。

由于反射，使得透过部分的强度减弱。需要知道光强度的这种反射损失，使光尽可能多地透过。

设光的总能量流为

$$W = W' + W'' \tag{4.27}$$

式中，W、W'、W'' 分别为单位时间通过单位面积的入射光、反射光和折射光的能量流。根据波动理论

$$W \propto A^2 v S \tag{4.28}$$

由于反射波的传播速度 v 及横截面积 S 都与入射波相同，所以

$$\frac{W'}{W} = \left(\frac{A'}{A}\right)^2 \tag{4.29}$$

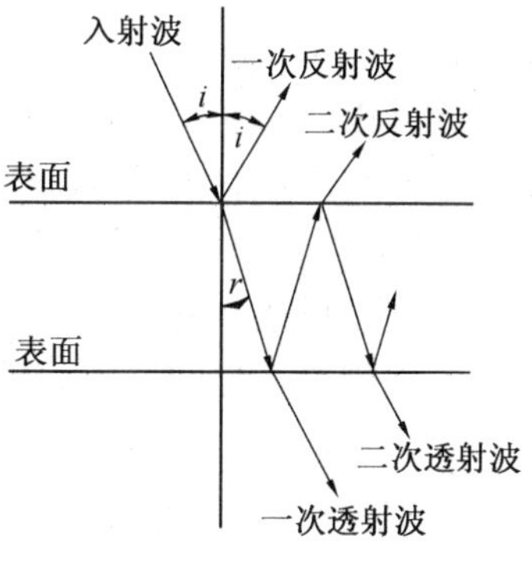

图 4.11 光通过透明介质分界面时的反射和透射

式中，A'、A 分别为反射波、入射波的振幅。光的反射率和透射率与光的偏振方向有关，并随入射角度而变化。我们知道，光是横波，在垂直于传播方向的平面上，电矢量可以取任何方向。因此，总可以把它分解成两种线偏振分量，一个振动方向垂直于光的入射面，称 s 分量或 s 波；另一个振动方向平行于入射面(即在入射面内)，

称为 p 分量或 p 波。把光波振动分为垂直于入射面的振动和平行于入射面的振动，菲涅耳(Fresnel) 推导出

$$R_s = \left(\frac{W'}{W}\right)_{\perp} = \left(\frac{A'_s}{A_s}\right)^2 = \frac{\sin^2(\alpha - \gamma)}{\sin^2(\alpha + \gamma)} \tag{4.30}$$

$$R_p = \left(\frac{W'}{W}\right)_{//} = \left(\frac{A'_p}{A_p}\right)^2 = \frac{\tan^2(\alpha - \gamma)}{\tan^2(\alpha + \gamma)} \tag{4.31}$$

式中，α 和 γ 分别为入射角和折射角；R_s 和 R_p 分别代表两分量的反射率。当 $\alpha + \gamma = \frac{\pi}{2}$ 时，$\tan(\alpha + \gamma) = \infty$，所以 $R_p = 0$，表示反射光中没有平行入射面的矢量成分。此时的入射角称为布儒斯特(Brewster)角，常以 α_B 表示。这说明当逐渐改变入射角时，随着入射角的增大，反射光线会越来越强，而透射(折射) 光线则越来越弱，直至为零。这可以从反射率曲线(图 4.12) 看出。它的数值与界面两侧介质材料的折射率有关，普遍关系为

$$\tan \alpha_B = \frac{n_2}{n_1} \tag{4.32}$$

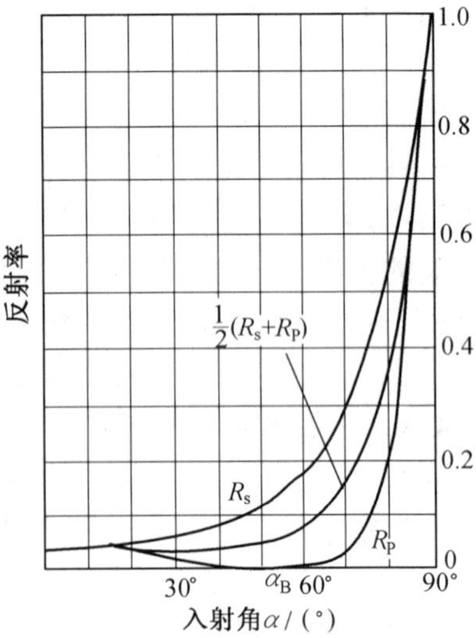

图 4.12 反射率随入射角的变化

图4.12给出了光在空气和玻璃界面上反射时 p 波和 s 波的反射率与入射角的关系，其中居中的曲线表示平均情况，对应于自然光的反射率。从图可以看出，当入射角 $\alpha = 54°40'$ 时，p 波的反射率下降到零。这就是玻璃材料布儒斯特角。

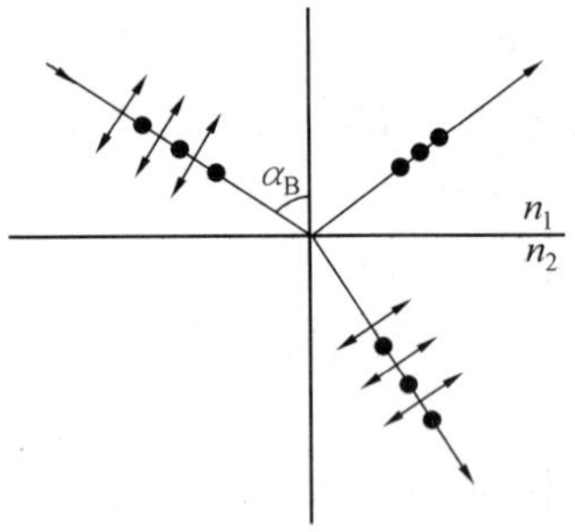

图 4.13 光线以布儒斯特角入射时反射光是全偏振光

利用布儒斯特角可以产生偏振光。图 4.13 中以双箭头的短线表示 p振动，以黑点表示 s振动。在激光器中常将光学元件以布儒斯特角安装以便产生偏振的激光束。介质的折射率与波长有关，因此同一材料对不同波长有不同的反射率。例如，金对绿光的垂直反射率为 50%，而对红外线的反射率可达 96% 以上。

自然光在各方向振动的机会均等，可以认为一半能量属于同入射面平行的振动，另一半属于同入射面垂直的振动，所以总的能量之比为

$$\frac{W'}{W} = \frac{1}{2}\left[\frac{\sin^2(\alpha - \gamma)}{\sin^2(\alpha + \gamma)} + \frac{\tan^2(\alpha - \gamma)}{\tan^2(\alpha + \gamma)}\right] \tag{4.33}$$

当角度很小时，即垂直入射，有

$$\frac{\sin^2(\alpha - \gamma)}{\sin^2(\alpha + \gamma)} = \frac{\tan^2(\alpha - \gamma)}{\tan^2(\alpha + \gamma)} = \frac{(\alpha - \gamma)^2}{(\alpha + \gamma)^2} = \frac{\left(\frac{\alpha}{\gamma} - 1\right)^2}{\left(\frac{\alpha}{\gamma} + 1\right)^2} \tag{4.34}$$

因介质 2 对于介质 1 的相对折射率 $n_{21} = \dfrac{\sin\alpha}{\sin\gamma}$(式(4.19)),故

$$n_{21} = \frac{\alpha}{\gamma}$$

$$\frac{W'}{W} = \left(\frac{n_{21} - 1}{n_{21} + 1}\right)^2 = m \tag{4.35}$$

式中,m 称为反射系数。根据能量守恒定律

$$W = W' + W''$$

$$\frac{W''}{W} = 1 - \frac{W'}{W} = 1 - m \tag{4.36}$$

式中,$1 - m$ 称为透射系数。由式(4.33) 可知,在垂直入射的情况下,光在界面上反射的多少取决于两种介质的相对折射率 n_{21}。

如果介质 1 为空气,可以认为 $n_1 = 1$,则 $n_{21} = n_2$。如果 n_1 和 n_2 相差很大,那么界面反射损失就严重;如果 $n_1 = n_2$,则 $m = 0$,因此在垂直入射的情况下,几乎没有反射损失。

设一块折射率 $m = 1.5$ 的玻璃,光反射损失为 $m = 0.04$,透过部分为 $1 - m = 0.96$。如果透射光又从另一界面射入空气,即透过两个界面,此时透过部分为 $(1 - m)^2 = 0.922$。如果连续透过 x 块平板玻璃,则透过部分应为 $(1 - m)^{2x}$。

由于陶瓷、玻璃等材料的折射率较空气的大,所以反射损失严重。如果透镜系统由许多块玻璃组成,则反射损失更可观。为了减小这种界面损失,常常采用折射率和玻璃相近的胶将它们粘起来,这样,除了最外和最内的表面是玻璃和空气的相对折射率外,内部各界面都是玻璃和胶的较小的相对折射率,从而大大减小了界面的反射损失。

玻璃和石英是最常见的非金属光学材料,它们在可见光区是透明的,但光线正入射时,每个表面仍约有4% 的反射。高分子材料中有机玻璃在可见光波段与普通玻璃一样透明,在红外区也有相当的透射率,可作为各种装置的光学窗口。聚乙烯在可见光波段不透明,但在远红外区透明,可做远红外波段的窗口和保护膜。氧化镁中添加少量 LiF、CaO 或 Ga_2O_3,经真空热压或高温烧结可得到透明的陶瓷材料。氧化铝(厚 0.8 mm) 和氧化铍(厚 0.8 mm) 陶瓷也一样,它们对可见光的透射率都在 85% ~ 90%,可作为高压钠灯发光管的管壁。由于管壁与钠蒸气接触,必须严格控制 SiO_2 和 Fe_2O_3 的含量(低于 0.05%),以防止使用后的"黑化"。耐高温的透明陶瓷在航天领域也常被作为重要的透射窗口材料。

4.3.4 光的全反射和光导纤维

当光束从折射率 n_1 较大的光密介质进入折射率 n_2 较小的光疏介质,即 $n_2 < n_1$ 时,则折射角大于入射角。因此入射角达到某一角度 θ_c 时,折射角可等于 90°,此时有一条很弱的折射光线沿界面传播。如果入射角大于 θ_c,就不再有折射光线,入射光的能量全部回到第一介质中。这种现象称为全反射,θ_c 角就称为全反射的临界角,如图 4.14 所示。根据折射定律可求得临界角的表达式

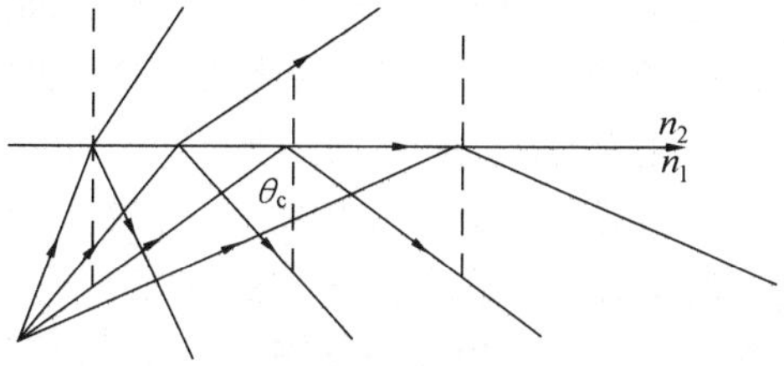

图 4.14 光的全反射

$$\sin\theta_c = \frac{n_2}{n_1} \tag{4.37}$$

不同介质的临界角大小不同,例如普通玻璃对空气的临界角为 42°,水对空气的临界角为 48.5°。而钻石因折射率很大($n = 2.417$),故临界角很小,容易发生全反射。切割钻石时,经过特殊的角度选择,可使进入的光线全反射并经色散后向其顶部射出,看起来就会光彩夺目。

利用光的全反射原理,可以制作一种新型光学元件 —— 光导纤维,简称光纤。光纤是由光学玻璃、光学石英或塑料制成的直径为几微米至几十微米的细丝(称为纤芯),在纤芯外面覆盖直径为 100 ~ 150 μm 的包层和涂敷层,如图 4.15 所示。包层的折射率比纤芯略低,约 1%,两层之间形成良好的光学界面。当光线从一端以适当的角度射入纤维内部时,将在内外两层之间产生多次全反射而传播到另一端,如图 4.16 所示。在光导纤维内传播的光线,其方向与纤维表面的法向所成夹角如果大于 42°,则光线全部内反射,无折射能量损失。因而一玻璃纤维能围绕各个弯曲之处传递光线而不必顾虑能量损失。

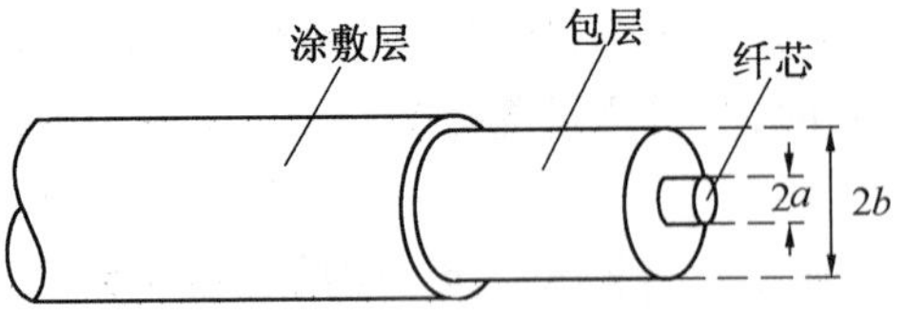

图 4.15　光纤的结构

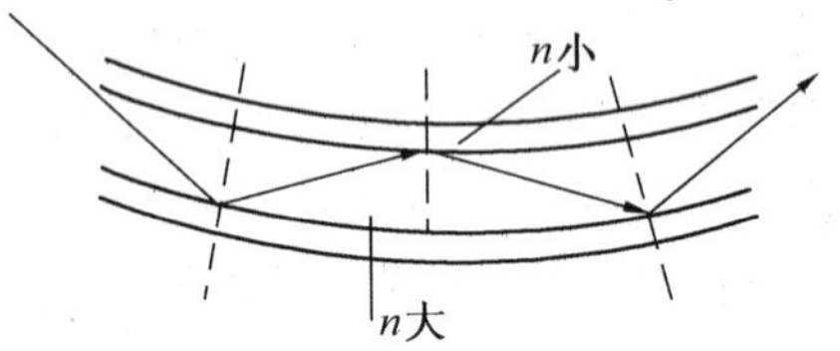

图 4.16　光在光导纤维中的传播

然而,实际使用中常将多根光纤聚集在一起构成纤维束或光缆。从纤维一端射入的图像,每根纤维只传递入射到它上面的光线的一个像素。如果使纤维束两端每条纤维的排列次序完全相同,整幅图像就被光缆以具有等于单根纤维直径那样的清晰度被传递过去,在另一端看到近于均匀光强的整个面积。

目前常用的光纤材料有石英系玻璃、多成分玻璃和复合材料(表 4.2)。在这些材料中吸收和散射都造成光损耗,其中吸收的主要因素是杂质离子。光导纤维传输图像时的损耗,来源于各个纤维之间的接触点,发生纤维之间同种材料的透射,对图像起模糊作用;此外,纤维表面的划痕、油污和尘粒,均会导致散射损耗。这个问题可以通过在纤维表面包敷一层折射率较低的玻璃来解决。在这种情况下,反射主要发生在由包敷层保护的纤维与包敷层的界面上,而不是在包敷层的外表面上,因此,包敷层的厚度大约是光波长的两倍左右,以避免损耗。对纤维及包敷层的物理性能要求是相对热膨胀与黏性流动行为、相对软化点与光学性能的匹配。这种纤维的直径一般约为 50 μm。由之组成的纤维束内的包敷玻璃可在高温下熔融,并加以真空密封,以提高器件效能,构成整体的纤维光导组件。光纤玻璃中的金属离子在可见光和红外光区的电子跃迁吸收是杂质吸收的主要来源。为了使光纤在工作波长的损耗降低至 20 dB/km 以下,金属杂质的质量分数,如 Fe、Cu、V、Cr 分别不得超过 8×10^{-9}、9×10^{-9}、18×10^{-9}、8×10^{-9}。此外,工艺过程中会有 OH 基引入,其谐波吸收损耗也是制作低损耗光纤所必须考虑的问题。只要光纤材料中含有质量和为 10^{-6} 的 OH 基就会使光纤在 0.95 μm 波长处的损耗高于 1 dB/km。关于光的吸收和散射问题随后将进一步进行讨论。

表 4.2　几种光导纤维的性能

材料的种类	成分	损耗 /($dB \cdot km^{-1}$)	性能特征	应用
石英系光纤	$w(SiO_2) > 90\%$ GeO_2, B_2O_3, P_2O_5	2 ~ 4 (较小)	低损耗,宽频带 化学稳定性好,软化温度大于 1 400℃	光纤通信
硅树脂包封纤维	SiO_2 芯	5 ~ 8 (较大)	纤芯直径大,数值孔径大	光纤传感器
多成分玻璃纤维	SiO_2, Na_2O, B_2O_3, CaO, Al_2O_3 等	5 ~ 8 (较大)	纤芯直径大,数值孔径大	光纤传感器
全塑料光纤	苯乙烯系,苯丙烯系等有机物	500 ~ 1 000 (很大)	成本低,可实现大纤芯直径和大数值孔径,但损耗高	

4.3.5　棱镜、透镜和反射镜

利用材料的折射性质可以制成有用的光学元件,应用最为广泛的是棱镜和透镜。棱镜是由几个平面包围而成的透明光学材料。棱镜主要用于分光(将复色光束分解成不同的波长成分)和偏转光束的方向。透镜通常是由两个球面或曲面包围而成的透明光学材料,主要用于聚光和成像。它们在光学仪器和光谱仪器中应用很普遍。锗和硅对于红外光透明且有很高的折射率。锗对波长 10 μm 红外光的折射率为 4.1,硅为 3.4,可作为红外透镜、棱镜和红外输出窗口。

上节所分析的光的反射,是指材料表面光洁度非常高的情况下的反射,反射光线具有明确的方向性,一般称之为镜反射。在光学材料中利用这个性能可达到各种应用目的。例如雕花玻璃器皿,含铅量高,折射率高,因而反射率约为普通钠钙硅酸盐玻璃的两倍,达到装饰效果。同样,宝石的高折射率使之具有强折射和高反射性能。玻璃纤维作为通信的光导管时,有赖于光束总的内反射。这是用一种可变折射率的玻璃或用涂层来实现的。

有的光学应用中,希望得到强折射和低反射相结合的玻璃产品。这可以在镜片上涂一层折射率为中等、厚度为光波长 1/4 的涂层来实现。所指光的波长可采用可见光谱的中部波长(即 0.60 μm 左右)。这样,当光线射至带有涂层的玻璃上时,其一次反射波刚好被涂层与玻璃接触平面反射的大小相等、位相相反的二次反射波所抵消。在大多数显微镜和许多其他光学系统中都采用这种涂层的物镜。同样的系统被用来制作“不可见”的窗户。

根据光的反射定律制作的元件是反射镜。反射镜的表面可以磨成光滑的平面或球面(或其他曲面)。平面反射镜通常用于改变光的传播方向,球面和其他曲面反射镜除了可改变光束的方向之外,还会对光波有会聚或发散作用。在这方面它可以代替透镜,应用于望远镜(例如大型天文望远镜)或其他光学仪器中。为了提高反射率,可用真空镀膜方法在玻璃或石英表面蒸镀金属膜。现代光学技术发展了一种利用多光束干涉原理制成的多层介质膜反射镜,它们对特定波长的反射率接近 100%。金属膜和多层介质膜反射镜已被普遍应用于激光技术中。

大多数陶瓷表面并不是十分光滑,因此当光照射到粗糙不平的材料表面上时,发生相当的漫反射。对一不透明材料,测量单一入射光束在不同方向上的反射能量,得到图4.17所示的结果。漫反射的原因是由于材料表面粗糙,在局部地方的入射角参差不一,反射光的方向也各式各样，致使总的反射能量分散在各个方向上，形成漫反射。材料表面越粗糙，镜反射所占的能量分数越小。

图 4.17　粗糙度增加的镜反射、漫反射能量图

4.4　材料对光的吸收和色散

一束平行光照射各向同性均质的材料时，除了可能发生反射和折射而改变其传播方向之外，进入材料之后还会发生两种变化。一是当光束通过介质时，一部分光的能量被材料所吸收，其强度将被减弱，即为光吸收；二是材料的折射率随入射光的波长而变化，这种现象称为光的色散。

4.4.1　光的吸收

1. 吸收系数与吸收率

假设强度为 I_0 的平行光束通过厚度为 l 的均匀介质，如图4.18所示，光通过一段距离 l_0 之后，强度减弱为 I，再通过一个极薄的薄层 $\mathrm{d}l$ 后，强度变成 $I+\mathrm{d}I$。因为光强是减弱的，此处 $\mathrm{d}I$ 应是负值。经大量实验证明：入射光强减少量 $\mathrm{d}I/I$ 应与吸收层的厚度 $\mathrm{d}l$ 成正比，假定光通过单位距离时能量损失的比例为 α，则

$$\frac{\mathrm{d}I}{I}=-\alpha\mathrm{d}l \tag{4.38}$$

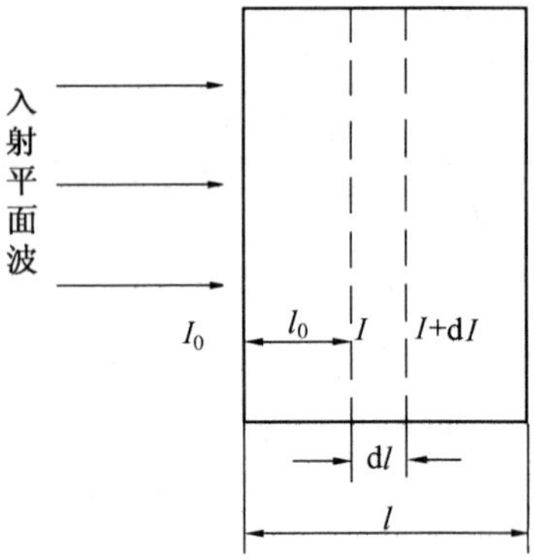

图 4.18　光的吸收

式中，负号表示光强随着 l 的增加而减弱；α 即为吸收系数，其单位为 cm^{-1}，它取决于材料的性质和光的波长。对一定波长的光波而言，吸收系数是和介质的性质有关的常数。对式(4.38) 积分，得

$$\int_{I_0}^{I}\frac{\mathrm{d}I}{I}=-\alpha\int_0^l\mathrm{d}l,\quad \ln\frac{I}{I_0}=-\alpha l$$

所以

$$I=I_0\mathrm{e}^{-\alpha l} \tag{4.39}$$

式(4.39) 称为朗伯(Lambert) 定律。它表明，在介质中光强随传播距离呈指数式衰减。当光的传播距离达到 $1/\alpha$ 时，强度衰减到入射时的 $1/\mathrm{e}$。α 越大材料越厚，光就被吸收得越多，因而透过后的光强度就越小。

如果上式中 $\alpha l\ll 1$，则式(4.38) 可近似地写成

$$\alpha l = \frac{I_0 - I}{I_0} \tag{4.40}$$

记 $A = \alpha l$，A 称为吸收率，上式表示经过厚度为 l 的材料后光强被吸收的比率。此时，根据能量守恒定律

$$A + T + R = 1 \tag{4.41}$$

式中，R 为反射率；T 为透射率。

光作为一种能量流，在穿过介质时，引起介质的价电子跃迁，或使原子振动而消耗能量。此外，介质中的价电子吸收光子能量而激发，当尚未退激时，在运动中与其他分子碰撞，电子的能量转变成分子的动能亦即热能，从而构成光能的衰减。即使在对光不发生散射的透明介质，如玻璃、水溶液中，光也会有能量的损失，这就是产生光吸收的原因。

2. 光吸收与波长的关系

研究物质的吸收特性发现，任何物质都只对特定的波长范围表现为透明，而对另一些波长范围则不透明。金属对光能吸收很强烈。这是因为金属的价电子处于未满带，吸收光子后即呈激发态，用不着跃迁到导带即能发生碰撞而发热。从图 4.19 中可见，在电磁波谱的可见光区，金属和半导体的吸收系数都是很大的。但是电介质材料，包括玻璃、陶瓷等无机材料的大部分在这个波谱区内都有良好的透过性。也就是说吸收系数很小。这是因为电介质材料的价电子所处的能带是填满了的。它不能吸收光子而自由运动，而光子的能量又不足以使价电子跃迁到导带，所以在一定的波长范围内，吸收系数很小。

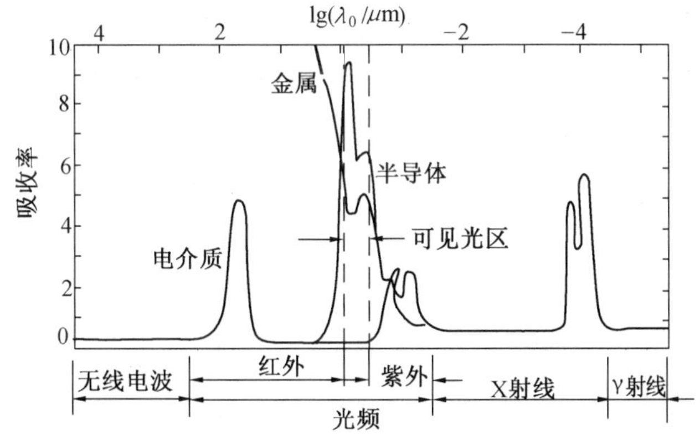

图 4.19　金属、半导体和电介质的吸收率随波长的变化

但是在紫外区出现了紫外吸收端，这是因为波长越短，光子能量越大。当光子能量达到禁带宽度时，电子就会吸收光子能量从满带跃迁到导带，此时吸收系数将骤然增大。此紫外吸收端相应的波长可根据材料的禁带宽度 E_g 求得，即

$$E_g = h\nu = h \times \frac{c}{\lambda} \tag{4.42}$$

式中，h 为普朗克常量，$h = 6.626 \times 10^{-34}\,\mathrm{J \cdot s}$；$c$ 为光速。

从式(4.42) 可见，禁带宽度大的材料，紫外吸收端的波长比较小。希望材料在电磁波谱的可见光区的透过范围大，这就希望紫外吸收端的波长要小，因此要求 E_g 大。如果 E_g

小,甚至可能在可见区也会被吸收而不透明。

常见材料的禁带宽度变化较大,如硅的 $E_g = 1.1$ eV,锗的 $E_g = 0.72$ eV,其他半导体材料的 E_g 约为 1.0 eV。电介质材料的 E_g 一般在 10 eV 左右,NaCl 的 $E_g = 9.6$ eV,因此发生吸收峰的波长为

$$\lambda/\mu\text{m} = \frac{hc}{E_g} = \frac{6.626 \times 10^{-34} \times 3 \times 10^8}{9.6 \times 1.602 \times 10^{-19}} = 0.129$$

此波长位于极远紫外区。另外,在红外区的吸收峰是因为离子的弹性振动与光子辐射发生谐振消耗能量所致。要使谐振点的波长尽可能远离可见光区,即吸收峰处的频率尽可能小,则需选择较小的材料热振频率 ν。此频率 ν 与材料其他常数的关系为

$$\nu^2 = 2\beta\left(\frac{1}{M_c} + \frac{1}{M_a}\right) \tag{4.43}$$

式中,β 是与力有关的常数,由离子间结合力决定;M_c 和 M_a 分别为阳离子和阴离子质量。为了有较宽的透明频率范围,最好有高的电子能隙值和弱的原子间结合力以及大的离子质量。对于高相对原子质量的一价碱金属卤化物,这些条件都是最优的。表 4.3 列出一些厚度为 2 mm 的材料的透光超过 10% 的波长范围。

表 4.3　各种材料透光波长范围

材料	能透过的波长范围 λ/μm	材料	能透过的波长范围 λ/μm
熔融二氧化硅	0.16 ~ 4	多晶氟化钙	0.13 ~ 11.8
熔融石英	0.18 ~ 4.2	单晶氟化钙	0.13 ~ 12
铝酸钙玻璃	0.4 ~ 5.5	氟化钡 - 氟化钙	0.75 ~ 12
偏铌酸锂	0.35 ~ 5.5	三硫化砷玻璃	0.6 ~ 13
方解石	0.2 ~ 5.5	硫化锌	0.6 ~ 14.5
二氧化钛	0.43 ~ 6.2	氟化钠	0.14 ~ 15
钛酸锶	0.39 ~ 6.8	氟化钡	0.13 ~ 15
三氧化二铝	0.2 ~ 7	硅	1.2 ~ 15
蓝宝石	0.15 ~ 7.5	氟化铅	0.29 ~ 15
氟化锂	0.12 ~ 8.5	硫化镉	0.55 ~ 16
氧化钇	0.26 ~ 9.2	硒化锌	0.48 ~ 22
单晶氧化镁	0.25 ~ 9.5	锗	1.8 ~ 23
多晶氧化镁	0.3 ~ 9.5	碘化钠	0.25 ~ 25
多晶氟化镁	0.45 ~ 9	氯化钠	0.2 ~ 25
单晶氟化镁	0.15 ~ 9.6	氯化钾	0.21 ~ 25

吸收还可分为选择吸收和均匀吸收。例如石英在整个可见光波段都很透明，且吸收系数几乎不变，这种现象称为"一般吸收"。但是，在3.5 ~ 5.0 μm的红外线区，石英表现为强烈吸收，且吸收率随波长剧烈变化，这种同一物质对某一种波长的吸收系数可以非常大，而对另一种波长的吸收系数可以非常小的现象称为"选择吸收"。任何物质都有这两种形式的吸收，只是出现的波长范围不同而已。透明材料的选择吸收使其呈不同的颜色。如果介质在可见光范围对各种波长的吸收程度相同，则称为均匀吸收。在此情况下，随着吸收程度的增加，颜色从灰变到黑。将能发射连续光谱的白光源（例如卤钨灯）所发的光经过分光仪器（如单色仪、分光光度计等）分解出单色光束，并使之相继通过待测材料，可以测量吸收系数与波长的关系，得到吸收光谱。

由图4.20(a)及图4.20(b)可见，金刚石和石英这两种电介质材料的吸收区都出现在紫外和红外波长范围。它们在整个可见光区，甚至扩展到近红外和近紫外都是透明的，是优良的可见光区透光材料。

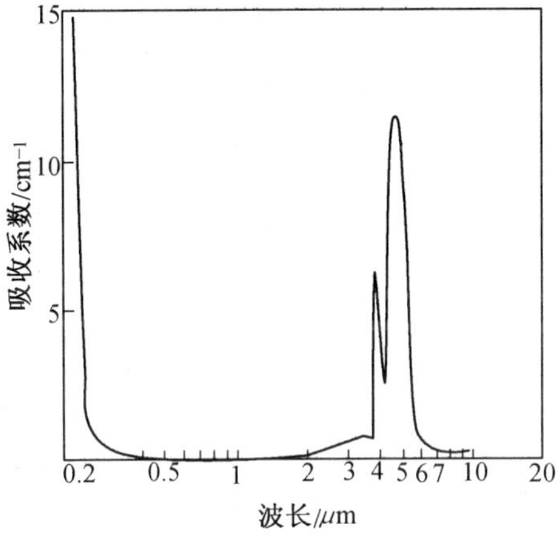

(a)金刚石从紫外到远红外之间的吸收光谱的大致轮廓

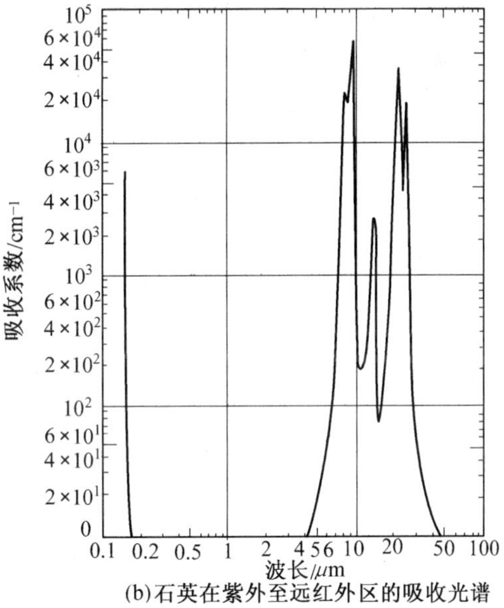

(b)石英在紫外至远红外区的吸收光谱

图4.20 金刚石与石英的吸收光谱

4.4.2 光的色散

材料的折射率随入射光的频率的减小（或波长的增加）而减小的性质，称为折射率的色散。几种材料的色散如图4.21(a)及图4.21(b)所示。

在给定入射光波长的情况下，材料的色散为

$$色散 = \frac{dn}{d\lambda} \tag{4.44}$$

色散值可以直接由图4.21确定。然而最实用的方法是用固定波长下的折射率来表达，而不是去确定完整的色散曲线。最常用的数值是倒数相对色散，即色散系数

$$\gamma = \frac{n_D - 1}{n_F - n_C} \tag{4.45}$$

式中，n_D、n_F和n_C分别为以钠的D谱线、氢的F谱线和C谱线（589.3 nm，486.1 nm和

656.3 nm) 为光源，测得的折射率。描述光学玻璃的色散还可用平均色散 $n_F - n_C$。由于光学玻璃一般都或多或少具有色散现象，因而使用这种材料制成的单片透镜，成像不够清晰，在自然光的透过下，在像的周围环绕了一圈色带。克服的方法是用不同牌号的光学玻璃，分别磨成凸透镜和凹透镜组成复合镜头，就可以消除色差，这称为消色差镜头。

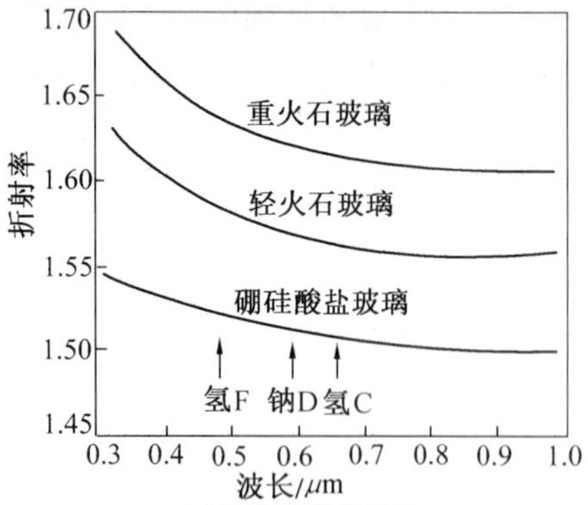

(a)几种玻璃的色散

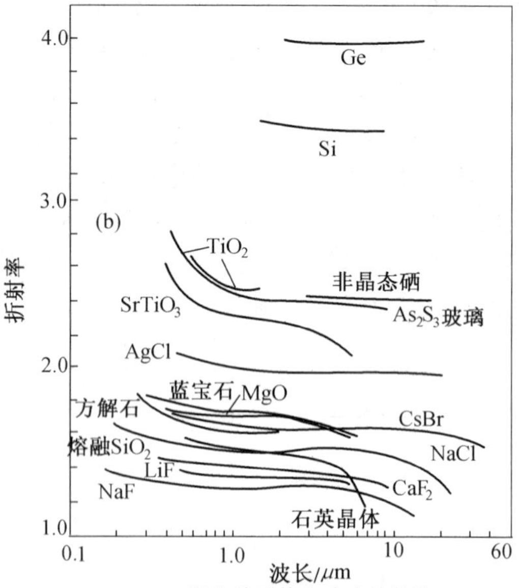

(b)几种晶体和玻璃的色散

图 4.21　几种材料的色散

关于介质的色散曲线，尤其是色散曲线在吸收带两侧发生突变的特征，经典色散理论采用了阻尼受迫振子的模型。根据这个模型，介质原子的电结构，被看做正负电荷之间由一根无形的弹簧束缚在一起的振子。在光波电磁场的作用下，正负电荷发生相反方向的位移，并跟随光波的频率做受迫振动，受迫振动的位相既与光波电矢量振动的频率有关，又和振子的固有频率有关。光波引起介质中束缚电荷的受迫振动，这只是光与介质相互作用的一个方面；另一方面是做受迫振动的振子(束缚电荷) 也可以作为电磁波的波源，向外发射“电磁次波”(或称为“散射波”)。在固体材料中这种散射中心的密度很高，多个振子的互相干涉使得次波只沿原来入射光波的方向前进。按照波的叠加原理，次波和入射光波叠加的结果使合成波的位相与入射波不同。因为光速是等位相状态的传播速度，次波的叠加改变了，波的位相也就改变了，而次波的位相就是振子受迫振动的位相，它既与入射光波的频率有关，又与振子的固有频率有关，因此介质中的光速与波长有关，同时也与材料的固有振动频率(在经典理论中也就是振子的吸收频率) 有关。这些简短的语言只能给出概念性的物理解释，要回答在吸收区两侧折射率(或光速) 的具体变化规律，必须借助严格的理论推导。

4.5 晶体的双折射和二向色性

4.5.1 双折射

4.3 节中已经讲过，当光束通过平整光滑的表面入射到各向同性介质中去时，它将按照折射定律沿某一方向折射，这是常见的折射现象。研究发现，当光束通过各向异性介质表面时，折射光会分成两束沿着不同的方向传播，如图 4.22 所示。这种由一束入射光折射后分成两束光的现象称为双折射。许多晶体具有双折射性质，但也有些晶体（例如岩盐）不发生双折射。双折射的两束光中有一束光的偏折方向符合折射定律，所以称为寻常光（或 o 光）。另一束光的折射方向不符合折射定律，被称为非常光（或 e 光）。一般地说，非常光的折射线不在入射面内，并且折射角以及入射面与折射面之间的夹角不但和原来光束的入射角有关，还和晶体的方向有关。

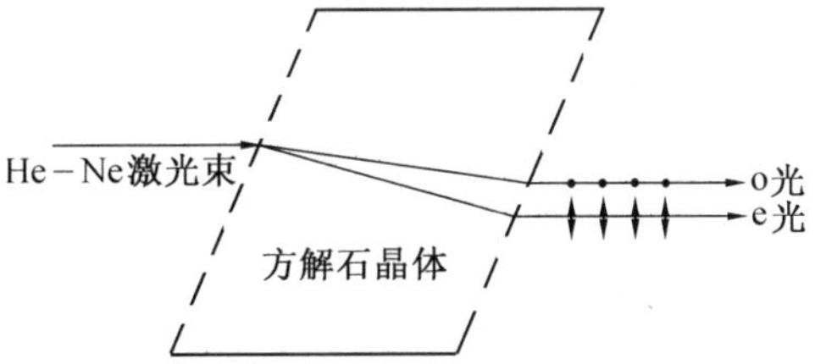

图 4.22　双折射现象

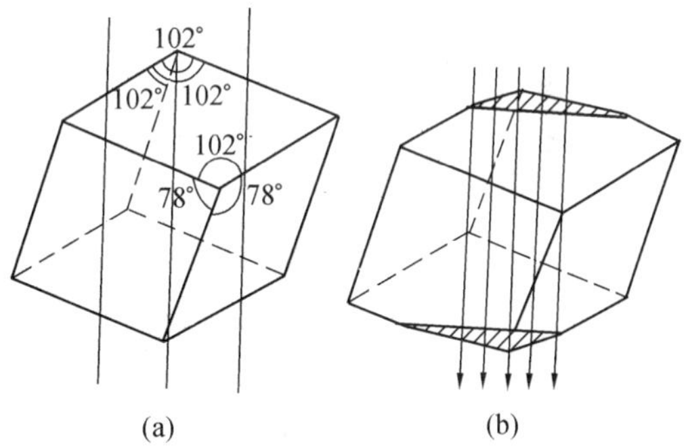

图 4.23　方解石晶体的光轴

通过改变入射光束的方向，可以找到在晶体中存在一些特殊的方向，沿着这些方向传播的光并不发生双折射，这些特殊的方向称为晶体的光轴。应该注意，光轴所标志的是一定的方向，而不限于某一条具体的直线。有些晶体，例如方解石、石英等，只有一个光轴，称为单轴晶体；例如云母、硫黄、黄玉等，具有两个光轴的晶体称为双轴晶体。方解石（$CaCO_3$）晶体是各向异性较明显的单轴晶体，属于六角晶系，其光轴可以从外形认定。天然的方解石晶体呈平行六面体形状，如图 4.23 所示。其六个表面（解理面）均为平行四边形，四边形的一对锐角为 78°，一对钝角为 102°，在方解石的八个顶点中有两个顶点是由三个钝角所形成的。适当选择解理面，使晶体的各个边长相等，就得到一个特殊的平行六面体，它的三个面角均为钝角，两个顶点间的连线方向就是方解石晶体的光轴。将这两个顶点磨成两个光学平面，使两个光学平面都垂直于光轴，则当一束平行光垂直地入射到磨出的光学平面上并进入晶体后，光将沿着光轴方向传播，不发生双折射现象。

利用检偏器观察发现寻常光和非常光都是线偏振光，不过它们的电矢量振动方向不同。寻常光的振动方向垂直于主截面（光轴和传播方向构成的平面），而非常光的振动方向平行于主截面（不一定都平行于光轴）。

4.5.2 双折射现象的解释

我们已经知道，在介质中的光波是入射波与介质中振子（原子、分子、离子等微观粒子的抽象概念）受迫振动所发射的次波的合成波。合成波的频率与入射光波相同，但其位相却因受到振子固有振动频率的制约而滞后。因此,波合成的结果使介质中的光速比真空中慢。位相滞后的程度与振子固有频率和入射光波频率的差值有关,因此介质中的光速又与入射光的频率(或波长)有关。

晶体结构的各向异性决定了晶体中振子固有振动的各向异性,所以,一般认为晶体中的振子,在三个独立的空间方向上有不同的固有振动频率 ω_1、ω_2 和 ω_3。对于单轴晶体,三个固有频率中有两个相同。因此可令平行于光轴方向的固有振动频率为 ω_1,而垂直于光轴方向的固有振动频率为 ω_2。让我们用图 4.24 来分析单轴晶体的光速和折射率。图 4.24(a) 和图 4.24(b) 分别表示从晶体中一个发光点 C 所发出的 o 光和 e 光在主截面中的传播情形。图中光轴方向以虚线表示。o 光的电矢量垂直于光轴(以黑点表示),所以无论光向什么方向传播,其位相都只受 ω_2 制约,故传播速度都一样,以 v_o 表示。因此,在主截面上从 C 点发出的 o 光,等相点的轨迹是以 C 为中心的圆。将图 4.24(a) 绕通过 C 点的光轴旋转 180° 就得到寻常光的波面,这是一个球面。在图 4.24(b) 中,从 C 点发出的 e 光,电矢量方向在主截面内,因传播方向不同而与光轴成不同的角度。例如,沿 $\overrightarrow{Ca_1}$ 传播的 e 光,电矢量垂直于光轴,传播速度受垂直于光轴的振子固有频率 ω_2 制约,故也以速度 v_o 传播。而沿 $\overrightarrow{Ca_2}$ 方向传播的 e 光,其电矢量平行于光轴,传播位相与 ω_1 有关,应以速度 v_e 传播。至于沿其他方向(如 $\overrightarrow{Ca_3}$) 传播的 e 光,因为电矢量与光轴成某一角度,可认为其中既有垂直于光轴的分量,又有平行于光轴的分量。所以,该方向的传播速度与 ω_1、ω_2 都有关,其数值应介于 v_o 和 v_e 之间。非常光在不同方向有不同的传播速度,故等位相点的轨迹形成一个椭圆。将图 4.24(b) 绕通过 C 点的光轴旋转 180° 就得到 e 光的波面,它是一个旋转的椭球。

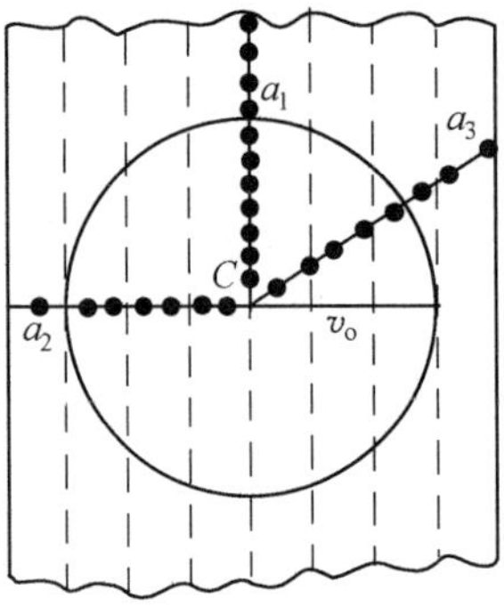

(a) o 光

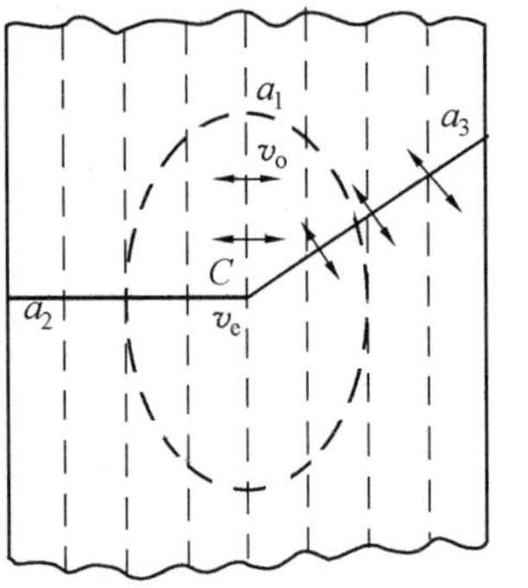

(b) e 光

图 4.24 单轴晶体中 o 光和 e 光的传播特性

由上面的讨论可知,在单轴晶体中,光的传播速度与光波电矢量方向相对于光轴方向的角度有关,因此晶体的折射率也与这个角度有关。光波电矢量与光轴垂直时,传播速度为 v_o,故寻常光的主折射率为 $n_o = c/v_o$。寻常光沿任何方向传播,晶体表现的折射率都是 n_o。非常光,当电矢量与光轴平行时,光速为 v_e,对应于非常光的主折射率 $n_e = c/v_e$。显然,非常光沿不同方向传播有不同的折射率,但如果沿光轴传播,非常光的折射率也是 n_o,所以在光轴方向观察不到双折射现象。

4.5.3 折射率椭球

晶体的双折射性质还可以用折射率椭球来描写。折射率椭球的优越性在于:它可以直接给出各向异性介质的折射率与光的传播方向以及光矢量的方向之间的关系。

折射率椭球的方程一般写成

$$\frac{x^2}{n_x^2}+\frac{y^2}{n_y^2}+\frac{z^2}{n_z^2}=1 \tag{4.46}$$

满足上式的点构成折射率椭球的球面,如图 4.25 所示。椭球的三个主值 n_x、n_y、n_z(数值上等于椭球的三个半轴的长度)分别称为在 x、y、z 三个方向的主折射率,其意义可以从下面的分析看出。设光波在图 4.25(b) 的晶体中沿某一方向 a 传播,从椭球中心 O 画出这个方向,同时通过 O 点作一个垂直于传播方向 a 的平面,这个平面与折射率椭球相割,得到一个椭圆截面。椭圆的长轴和短轴方向分别代表沿 a 方向传播的光波中两个相互垂直的偏振方向,而长短轴的两个半轴长度就是该晶体对应于这两种偏振光的折射率。显然,双轴晶体的三个主折射率各不相等。对于这样的折射率椭球,可以找到两个特殊方向。当光沿着这两个方向中任何一个方向传播时,通过 O 点并垂直于这个方向的平面与椭球相交的截面均为一个圆,这表明,沿这两个方向传播的光波不发生双折射。振动方向互相垂直的两个偏振光以同一速度传播,折射率相等。这两个特殊方向就是双轴晶体的光轴,如图中的 OA_1 和 OA_2 所示,它们与 z 轴的夹角均为Ω。所以式(4.46) 所描写的是双轴晶体的双折射性质。

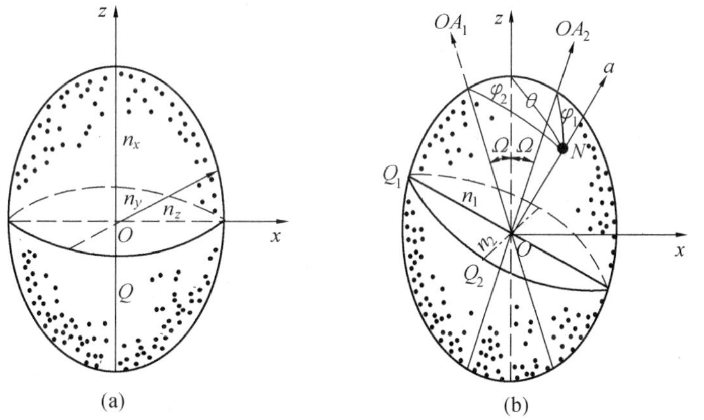

图 4.25 双轴晶体的折射率椭球

由于单轴晶体有两个主折射率相等,令 $n_x=n_y=n_o$ 代表寻常光的主折射率,$n_z=n_e$ 代表非常光的主折射率,则折射率椭球方程(4.46) 转化为

$$\frac{x^2+y^2}{n_o^2}+\frac{z^2}{n_e^2}=1 \tag{4.47}$$

式(4.47) 表明,单轴晶体的折射率椭球是一个旋转椭球体。椭球体的 z 轴就是单轴晶体的光轴。值得注意的是,折射率椭球只有一个球壳。这和前面提到的波面双壳层结构不同,意义也不一样。如果折射率椭球的三个主值都相等,即 $n_x=n_y=n_z$,折射率椭球就退化为一个圆球,这就对应于各向同性的材料特性了。

4.5.4 偏振元件

利用晶体材料的双折射性质可以制成特殊的光学元件,在光学仪器和光学技术中有广泛应用。例如利用晶体的双折射,将自然光分解成偏振方向互相垂直的两束线偏振光的洛匈棱镜和沃拉斯顿棱镜;利用双折射和全反射原理,将光束分解成两束线偏振光后再除去其中一束,而保留另一束的起偏和检偏元件 —— 尼科耳棱镜、格兰棱镜等;利用晶体可以制成各种晶体波片,波片是各向异性透明材料按一定方式切割的具有一定厚度的平行平面板,它可使 o 光和 e 光之间产生预期的位相差,从而实现光束偏振状态的转换($\frac{1}{4}$ 波片,又称 $\lambda/4$ 片,可实现线偏振光和圆偏振光之间的互相转换;$\frac{1}{2}$ 波片,又称 $\lambda/2$ 片,可根据需要随意改变线偏振光的偏振方向);利用双折射元件装配的偏光干涉仪,可用于测量微小的相位差;偏光显微镜可用于检测材料中的应力分布;利用不同厚度的晶体组合构成的双折射滤光器已在激光技术中获得应用,它可以用于光谱滤波,实现从连续谱光源或宽带光源中选出窄带辐射。

4.5.5 二向色性及其偏振片

晶体结构的各向异性不仅能产生折射率的各向异性(双折射),而且能产生吸收率的各向异性(称为"二向色性")。电气石就是在可见光区域有明显二向色性的晶体。一块厚度为 1 mm 的这种晶体,几乎可以完全吸收寻常光,而让非常光通过。它对非常光也有一些选择吸收,使得白光透射后呈黄绿色。具有明显二向色性的材料也可以用来制造偏振元件,即二向色性偏振片。

除了天然晶体之外,还可以利用特殊方法使具有明显各向异性吸收率的微晶,在透明胶片中有规律地排列,制成人造二向色性偏振片。例如,一种由有机化合物碘化硫酸奎宁凝聚成的多晶,具有显著的二向色性。如果将它们沉积在聚氯乙烯薄膜上,并采用机械方法将这种薄膜沿某一方向拉伸,则上述微晶就会沿着拉伸方向整齐地排列起来,表现出和单晶一样的二向色性(即吸收 o 光而让 e 光通过)。将这种薄膜固定在两片玻璃之间就可以作为偏振片使用。由于人造偏振片工艺简单,价格便宜,容易加工成大面积的产品,所以很有实用价值。

4.6 介质的光散射

4.6.1 散射与其他光学现象的关系

光在通过气体、液体、固体等介质时,遇到烟尘、微粒、悬浮液滴或者结构成分不均匀的微小区域,都会有一部分能量偏离原来的传播方向而向四面八方弥散开来,这种现象称为光的散射。光的散射导致原来传播方向上光强的减弱。我们在 4.4 节中讨论光在均匀纯净介质中的吸收时,给出了朗伯定律。如果同时计及各种散射因素,光强随传播距离的减弱仍符合指数衰减规律,只是比单一吸收时衰减得更快罢了,则其关系为

$$I = I_0 e^{-al} = I_0 e^{-(a_a + a_s)l} \tag{4.48}$$

式中,I_0 为光的原始强度;I 为光束通过厚度为 l 的试件后,由于散射,在光前进方向上的剩余强度;a_a 和 a_s 分别称为吸收系数和散射系数,是衰减系数的两个组成部分。散射系数

与散射(质点)的大小、数量以及散射质点与基体的相对折射率等因素有关,单位是 cm^{-1},如图 4.26 所示。当光的波长约等于散射质点的直径时,出现散射的峰值。

图 4.26 中所用光线为 Na_D 谱线($\lambda = 0.589\ \mu m$),材料是玻璃,其中所含有 1%(体积)的 TiO_2 为散射质点。二者的相对折射率 $n_{21} = 1.8$。散射最强时,质点的直径为

$$d_{\max} = \frac{4.1\lambda}{2\pi(n-1)} = 0.48\ \mu m$$

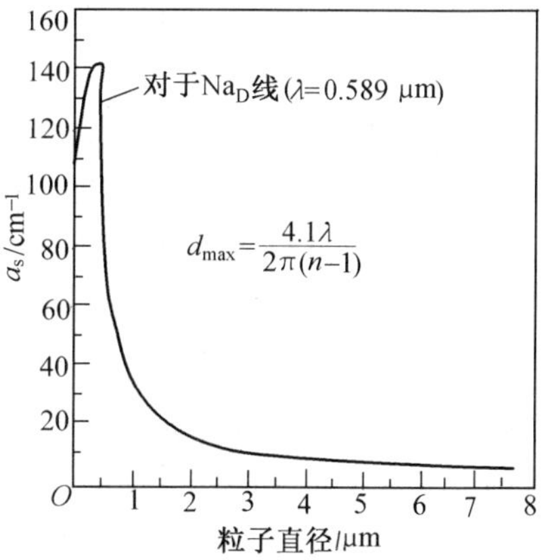

图 4.26　质点尺寸对散射系数的影响

显然,光的波长不同时,散射系数达最大时的质点直径也有所变化。从图 4.26 中可以看出,曲线由左右两条不同形状的曲线所组成,各自有着不同的规律。若散射质点的体积分数不变,当 $d < \lambda$ 时,则随着 d 的增加,散射系数 a_s 也随之增大;当 $d > \lambda$ 时,则随着 d 的增加,a_s 反而减小;当 $d \approx \lambda$ 时,a_s 达最大值。所以可根据散射中心尺寸和波长的相对大小,分别用不同的散射基因和规律进行处理,可求出 a_s 与其他因素的关系。

在 4.5 节讲过,材料对光的散射是光与物质相互作用的基本过程之一。原则上,当光波的电磁场作用于物质中具有电结构的原子、分子等微观粒子时将激起粒子的受迫振动,这些受迫振动的粒子就会成为发光中心,向各个方向发射球面次波。空气中的分子就可以作为次波源,把阳光散射到我们眼里,使我们看得见蔚蓝色的天空。各种烟尘、云雾微粒,无论是固态还是液态,都由许多原子或分子组成,它们在光照下都会发出次波。由于固态和液态粒子结构的致密性,微粒中每个分子发出的次波位相相关联,合作发射形成一个大次波。由于各个微粒之间空间位置排列毫无规则,这些大次波不会因位相关系而互相干涉,因此微粒散射的光波从各个方向都能看到。这是我们白天看得见明亮天空的又一个原因。

纯净的液体和结构均匀的固体都含有大量的微观粒子,它们在光照下无疑也会发射次波。但由于液体和固体中的分子排列很密集,彼此之间的结合力很强,各个原子、分子的受迫振动互相关联,合作形成共同的等相面,因而合成的次波主要沿着原来光波的方向传播,其他方向非常微弱。通常我们把发生在光波前进方向上的散射归入透射。应当指出的是,发生在光波前进方向上的散射对介质中的光速有决定性的影响。

众所周知,惠更斯原理只是表象地解释光在光滑平整的介质界面上发生反射和折射,并没有说明作为“次波源”的实体究竟是什么。现在应把界面上的原子、分子等微观粒子视做受迫振动的发光中心,它们的整齐排列和密集分布使得次波互相叠加,形成反射波面和折射波面,沿着反射定律和折射定律所预言的方向传播。假如介质的表面并不平整,而是由许许多多取向不规则凹凸分布的小镜面构成(如毛玻璃表面),那就要发生光的“漫反射”。这是因为每个小镜面的线度远大于光的波长,而一个镜面上的不平整度小于波长。此时每个小镜面的反射遵从反射定律,只因小镜面法线的取向漫无规律,其反射光也散布到不同的方向。

与散射现象不同，光的衍射是由个别不均匀的介质小区域（如小孔、狭缝、小障碍物等）所形成的，这些区域的尺度一般可与光的波长相比拟。由于介质分子的振动产生次波并叠加，使所形成的波面上出现不同强度分布的衍射特性。一般空气中微粒的散射是由大量排列无序的小区域集合形成的，因此散射波在总体上观察不到衍射现象。

光的散射现象有多种多样的表现，然而，根据散射前后光子能量（或光波波长）变化与否，可以区分为弹性散射和非弹性散射两大类。与弹性散射相比，通常非弹性散射要弱几个量级，常常被忽略，只有在一些特殊安排的实验中才能观察到。

4.6.2 弹性散射

散射前后，光的波长（或光子能量）不发生变化的散射称为弹性散射。从经典力学的观点看，这个过程被看成光子和散射中心的弹性碰撞。散射结果只是把光子碰到不同的方向上去，并没有改变光子的能量。弹性散射的规律除了波长（或频率）不变之外，散射光的强度与波长的关系可因散射中心尺度的大小而具有不同的规律。假如以 I_s 表示散射光强度，λ 表示入射光的波长，一般有关系

$$I_s \propto \frac{1}{\lambda^\sigma} \tag{4.49}$$

式中，参量 σ 与散射中心尺度大小 a_0 有关。

按 a_0 与 λ 的大小比较，弹性散射又可分三种情况。

1. 丁铎尔（Tyndall）散射

当 $a_0 \gg \lambda$ 时，$\sigma \to 0$，即当散射中心的尺度远大于光波的波长时，散射光强与入射光波长无关。例如，粉笔灰颗粒的尺寸对所有可见光波长均满足这一条件，所以，粉笔灰对白光中所有单色成分都有相同的散射能力，看起来是白色的。天上的白云是由水蒸气凝成比较大的水滴所组成的，线度也在此范围，所以散射光也呈白色。

2. 米氏（Mie）散射

当 $a_0 \approx \lambda$ 时，即散射中心尺度与入射光波长可以比拟时，σ 在0 ~ 4之间，具体数值与散射中心尺寸有关。这个尺度范围的粒子散射光性质比较复杂，例如存在散射光强度随 a_0/λ 值的变化而波动和在空间分布不均匀等问题。

3. 瑞利（Rayleigh）散射

当 $a_0 \ll \lambda$ 时，$\sigma = 4$。换言之，当散射中心的线度远小于入射光的波长时，散射强度与波长的 4 次方成反比（$I_s = 1/\lambda^4$）。这一关系称为瑞利散射定律。

按照瑞利定律，微小粒子（$a_0 \ll \lambda$）对长波的散射不如短波有效。图4.27画出了$I_s - \lambda$ 的关系。据此，在可见光的短波侧 $\lambda = 400$ nm处，紫光的散射强度要比长波侧 $\lambda = 720$ nm处红光的散射强度大约大 10 倍。根据瑞利定律，不难理解晴天早晨的太阳为何呈鲜红色而中午却变成白色。图 4.28 表示地球大气层结构和阳光在一天中不同时刻到达观察者所通过的大气层厚度。由于大气及尘埃对光谱上蓝紫色的散射比红橙色为甚，阳光透过大气层越厚，蓝紫色成分损失越多，因此到达观察者的阳光中蓝紫色的比例就越少。所以，太阳在 A 处看起来是白色，在 B 处变为黄色，在 C 处变为橙色，而在 D 处则变为红色。

必须指出，瑞利散射并非气体介质所特有。固体光学材料在制备过程中形成的气泡、条纹、杂质颗粒、位错等都可成为散射中心，在许多情况下，当线度满足 $a_0 \ll \lambda$ 的条件，也

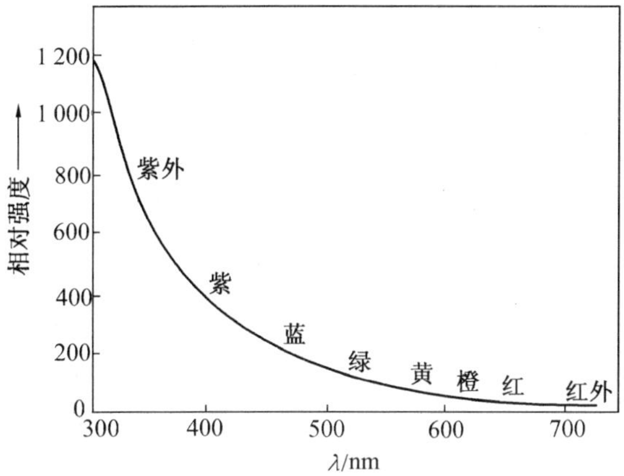

图 4.27　瑞利散射强度与波长的关系

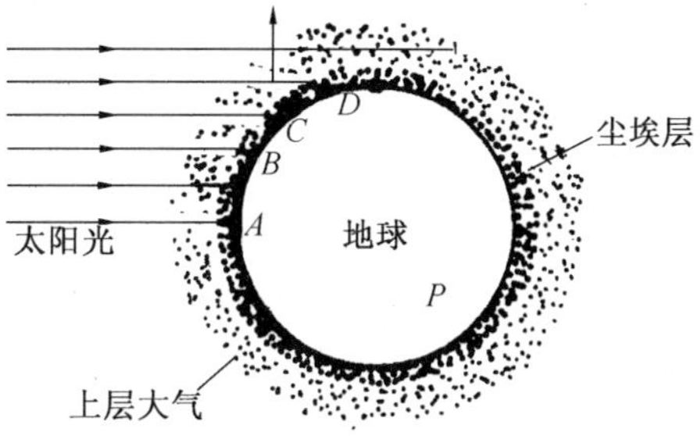

图 4.28　地球表面尘埃和大气引起的光散射

可引起瑞利散射。人们通常根据散射光的强弱判断材料光学均匀性的好坏。对各种介质弹性光散射性质的测量和分析,可以获取胶体溶液、浑浊介质、晶体和玻璃等光学材料的物理化学性质,确定流体中散射微粒的大小和运动速率。利用激光在大气中的散射可以测量大气中悬浮微粒的密度和监测大气污染的程度等。

4.6.3　非弹性散射

由上所述,当光束通过介质时,从侧向接收到的散射光主要是波长(或频率)不发生变化的瑞利散射光,属于弹性散射。除此之外,使用高灵敏度和高分辨率的光谱仪器,可以发现散射光中还有其他光谱成分,它们在频率坐标上对称地分布在弹性散射光的低频和高频侧,强度一般比弹性散射微弱得多。这些频率发生改变的光散射是入射光子与介质发生非弹性碰撞的结果,称为“非弹性散射”。研究非弹性散射通常是对纯净介质进行的。弹性散射和非弹性散射的光谱如图 4.29 所示。图中与入射光频率相同的谱线为瑞利散射线,其近旁两侧的两条谱线为布里渊散射线,与瑞利线的频差一般在 $10^{-1} \sim 10^{0}\text{cm}^{-1}$ 量级。距离瑞利线较远些的谱线是拉曼(Raman)散射线,它们与瑞利线的频差可因散射介质能级结构的不同而在 $10^{0} \sim 10^{4}\text{cm}^{-1}$ 之间变化。出现在瑞利线低频侧的散射线统称为斯托克斯(Stokes)线,而在瑞利线高频侧的散射线统称为反斯托克斯(anti-Stokes)线。拉曼散射和布里渊散射都可以分别产生斯托克斯线和反斯托克斯线。

从波动观点来看,光的非弹性散射机制乃是光波电磁场与介质内微观粒子固有振动之间的耦合,可激发介质微观结构的振动或导致振动的淬灭,以致散射光波频率相应出现“红移”(频率降低)或“蓝移”(频率增高)。通常能产生拉曼散射的介质多由相互束缚的正负离子所组成。正负离子的周期性振动导致偶极矩的周期性变化,这种振动偶极矩与光波电磁场的相互作用引起能量交换,发生光波的非弹性散射。一般认为拉曼散射是分子或点阵振动的

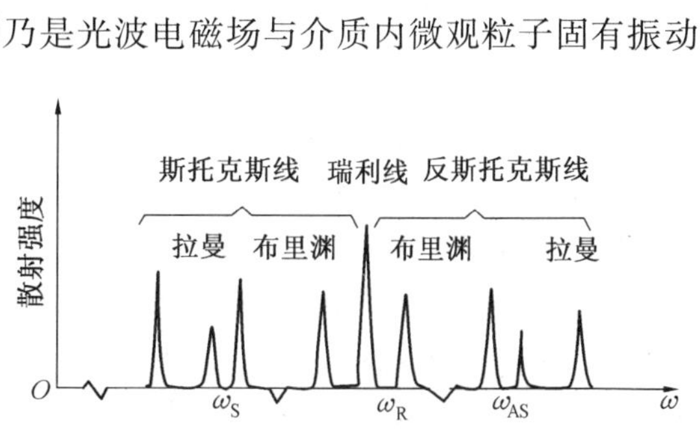

图 4.29　散射光谱示意图

光学声子(光学模) 对光波的散射。没有振动偶极矩的体系也可以通过光波感生极化而产生拉曼散射,但散射强度较弱。布里渊散射是点阵振动引起的密度起伏或超声波对光波的非弹性散射,也可以说是点阵振动的声学声子(声学模) 与光波之间能量交换的结果。由于声学声子的能量低于光学声子,布里渊散射的频移比拉曼散射小,它们紧靠在瑞利线的近旁,只能用高分辨率的双单色仪等光谱仪器才能分辨出来。

从量子观点来看,拉曼散射过程可以用简单的能级跃迁图来说明,如图 4.30 所示。为简单起见,图中画出了介质的两个能级 E_1 和 E_2,图 4.30(a) 表示瑞利散射过程。当介质分子处于低能级 E_1(或高能级 E_2) 并受到频率为 ν_0 的入射光子作用时,介质分子可以吸收这个光子,跃迁到某个虚能级,随后这个虚能级上的分子便向下跃迁回到它原来的能级,伴随着发射出一个与入射光频率相同的光子(方向可能改变),这就是瑞利散射过程。图 4.30(b) 表示拉曼散射的斯托克斯过程。它与瑞利散射的唯一区别是,分子从虚能级向下跃迁时回到了较高的能级 E_2,并伴随着一个光子发射。这个光子的频率 ν_s 与入射光子相比红移了 $\Delta\nu$,其数值相当于两个能级的能量差,即

$$h\Delta\nu = E_2 - E_1 \tag{4.50}$$

图 4.30(c) 是拉曼散射的反斯托克斯过程。其特点是,如果介质原来处于较高的能级 E_2,那么在吸收频率为 ν_0 的光子跃迁到一个较高的虚能级后,分子向下跃迁回到了低能级 E_1,同时发射一个频率蓝移了的散射光子,频移量 $\Delta\nu$ 仍旧符合式(4.50) 的能量守恒关系。

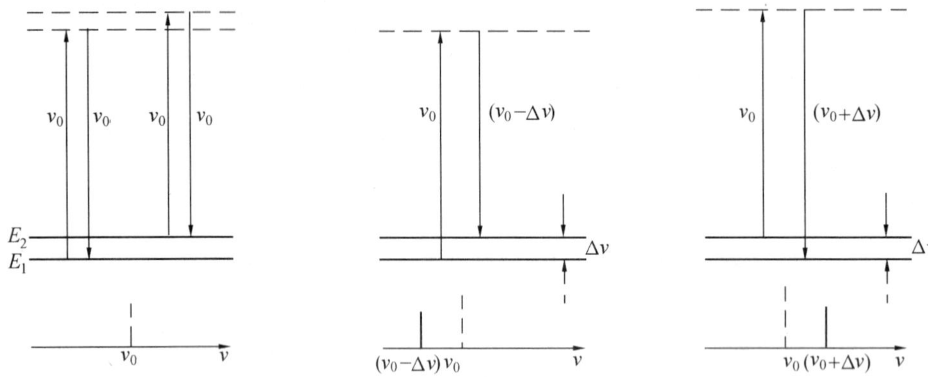

(a) 瑞利散射过程 (b) 拉曼散射的斯托克斯过程 (c) 拉曼散射的反斯托克斯过程

图 4.30 分子散射的量子图像

需要说明的是,这里所说的虚能级,实际上应当理解为电磁场和介质的共同状态,也就是在相互作用过程中形成的复合态。但是量子力学图像里只画介质的状态,所以把共同状态称为虚态或虚能级。一般虚能级并不真正代表介质体系的真实能级。实验发现,当入射光的频率选择到使虚能级正好与介质的某个能级重合时,拉曼散射的强度会大大加强,这种情形称为共振拉曼散射。此外,通过用强激光进行的拉曼散射实验发现,当入射光强超过某阈值时,拉曼散射强度可以获得增益,这时的强度会突然增强几个数量级,并且在瑞利散射线的两侧还会出现多条等间隔分布的散射谱线,分别称为一级、二级 …… 拉曼散射谱线,这种现象称为受激拉曼散射。其机制类似于激光的形成。与受激拉曼散射相对

应,一般拉曼散射可称为自发拉曼散射。布里渊散射也有类似的共振和受激过程。

非弹性散射一般极其微弱,以往的研究极少。只有在出现激光器这样的强光源之后,这一新的研究领域才获得很大的发展。由于拉曼散射和布里渊散射中散射光的频率与散射物质的能态结构有关,研究非弹性光散射已经成为获得固体结构、点阵振动、声学动力学以及分子的能级特征等信息的有效手段。此外,受激拉曼散射还为开拓新的相干辐射波长和可调谐相干光源开辟了新的途径。

4.7 材料的光发射

材料的光发射是材料以某种方式吸收能量之后,将其转化为光能即发射光子的过程。发光是人类研究最早也应用最广泛的物理效应之一。一般地说,物体发光可分为平衡辐射和非平衡辐射两大类。平衡辐射的性质只与辐射体的温度和发射本领有关,如白炽灯的发光就属于平衡或准平衡辐射;非平衡辐射是在外界激发下物体偏离了原来的热平衡态,继而发出的辐射。本节将只讨论固体材料的非平衡辐射。

材料光发射的性质与它们的能量结构紧密相关。我们已经知道,固体的基本能量结构是能带。固体中也常常通过人为的方法掺杂一些与基质不同的成分,以改善固体的发光性能。杂质离子具有分立的能级,它们常出现在禁带中。固体发光的微观过程可以分为两个步骤:第一步,对材料进行激励,即以各种方式输入能量,将固体中的电子的能量提高到一个非平衡态,称为"激发态";第二步,处于激发态的电子自发地向低能态跃迁,同时发射光子。如果材料存在多个低能态,发光跃迁可以有多种渠道,那么材料就可能发射多种频率的光子。在很多情况下发射光子和激发光子的能量不相等,通常前者小于后者。倘若发射光子与激发光子的能量相等,发出的辐射就称为"共振荧光"。当然向下跃迁未必都发光,也可能存在把激发的能量转变为热能的无辐射跃迁过程。

4.7.1 激励方式

发光前可以有多种方式向材料注入能量。通过光的辐照将材料中的电子激发到高能态从而导致发光,称为"光致发光"。光激励可以采用光频波段,也可以采用 X 射线和 γ 射线波段。日常照明用的荧光灯就是通过紫外线激发涂布于灯管内壁的荧光粉而发光的。利用高能量的电子来轰击材料,通过电子在材料内部的多次散射碰撞,使材料中多种发光中心被激发或电离而发光的过程称为"阴极射线发光"。彩色电视机的颜色就是采用电子束扫描、激发显像管内表面上不同成分的荧光粉,使它们发射红、绿、蓝三种基色光波而实现的。通过对绝缘发光体施加强电场导致发光,或者从外电路将电子(空穴)注入半导体的导带(价带),导致载流子复合而发光,称为"电致发光"。作为仪器指示灯的发光二极管就是半导体复合发光的例子。

4.7.2 材料发光的基本性质

自然界中很多物质都或多或少可以发光。但近代显示技术所用的发光材料主要是无机化合物。在固体材料中又主要是采用禁带宽度比较大的绝缘体,其次是半导体,它们通常是以多晶粉末、单晶或薄膜的形式被应用的。

发光材料除了要有合适的基质为主体外,还要选择掺入微量杂质作为"激活剂"。这些微量杂质一般被用来充当发光中心,有些也被用来改变发光体的导电类型。在很多情况下还加入另一种称为“助熔剂”的杂质,以促进材料的结晶或与激活剂匹配(调整点阵中的电荷量)。譬如,ZnS:(Ag,Cu)表示 ZnS 基质中掺有杂质 Ag 和 Cu。这种材料发出 525 nm 中心波长的黄绿光,可用于示波管。从应用的角度看,材料感兴趣的光学性能通常是发光的颜色、强度和延续时间。所以,材料的发光特性主要从发射光谱、激发光谱、发光寿命和发光效率进行评价。

1. 发射光谱

发射光谱是指在一定的激发条件下发射光强按波长的分布。发射光谱的形状与材料的能量结构有关,有些材料的发射光谱呈现宽谱带,甚至由宽谱带交叠而形成连续谱带,有些材料的发射光谱则是线状结构,如图 4.31 所示的 $Y_2O_2S:Tb^{3+}$ 的发射谱呈现了复杂的谱线结构。它由于同时可发绿色和蓝色光,常被选做黑白电视显像材料。

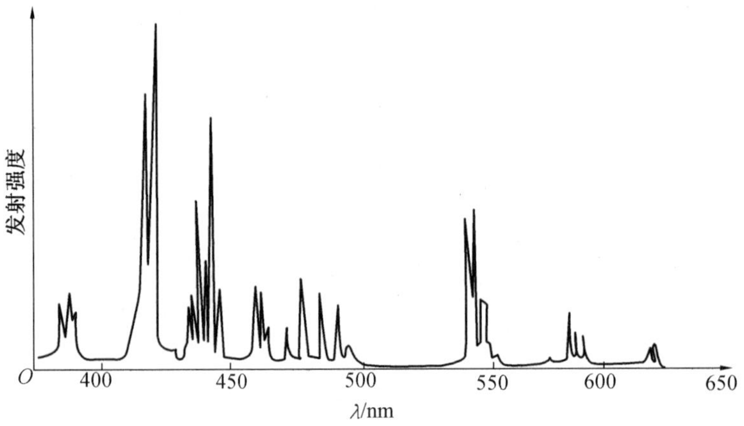

图 4.31　$Y_2O_2S:Tb^{3+}$ 的线状发射光谱

2. 激发光谱

激发光谱是指材料发射某一种特定谱线(或谱带)的发光强度随激发光的波长而变化的曲线。能够引起材料发光的激发波长也一定是材料可以吸收的波长。就这一点而言,激发光谱与吸收光谱有类似之处。但是有的材料吸收光之后不一定会发射光,就是说它可能把吸收的能量转化为热能而耗散掉。对发光没有贡献的吸收是不会在激发光谱上得到反映的,因此,激发光谱又不同于吸收光谱。通过激发光谱的分析可以找出,使材料发光采用什么波长进行光激励最为有效。激发光谱和吸收光谱都是反映材料中从基态始发的向上跃迁的通道,因此都能给出有关材料能级和能带结构的有用信息。与之形成对比的是,发射光谱则是反映从高能级始发的向下跃迁过程。图 4.32 给出了 $Y_2SiO_5:Eu^{3+}$ 部分高分辨率的激发光谱,其中两个吸收峰间距仅有约 0.2 nm,接收波长为 612 nm。

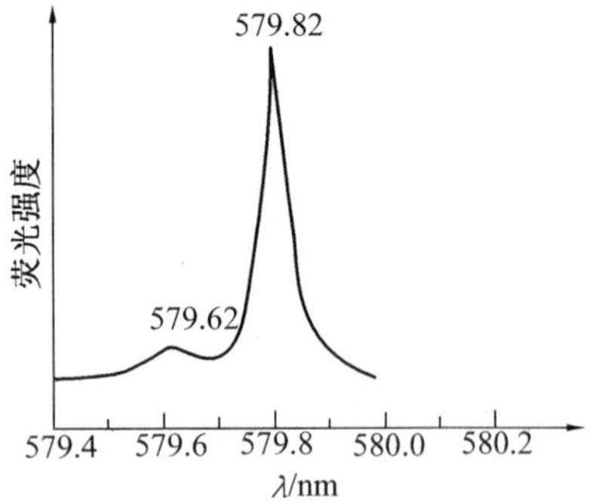

图 4.32　$Y_2SiO_5:Eu^{3+}$ 部分激发光谱

3. 发光寿命

发光体在激发停止之后持续发光时间的长短称为

发光寿命(荧光寿命或余辉时间)。最简单的情况是发光中心的电子被激发到高能态之后,各自独立地相继向基态跃迁而发光。设某时刻 t 共有 n 个电子处于某激发态,则在 $\mathrm{d}t$ 时间内跃迁到基态的电子数 $\mathrm{d}n$ 应正比于 $n\mathrm{d}t$,即

$$\mathrm{d}n = -\alpha n\mathrm{d}t \tag{4.51}$$

式中的比例系数 α 表示电子在单位时间内跃迁到基态的概率。从上式得到电子数衰减的规律为

$$n = n_0\mathrm{e}^{-\alpha t} \tag{4.52}$$

式中,n_0 为初始激发态的电子数。与此相应,发光强度也以同样的指数规律衰减,即

$$I = I_0\mathrm{e}^{-\alpha t} \tag{4.53}$$

定义光强衰减到初始值 I_0 的 1/e 所经历的时间为发光寿命 τ,则

$$\tau = 1/\alpha \tag{4.54}$$

式(4.53)和式(4.54)的指数衰减是发光过程的一个基本规律。但某些材料的发光涉及比较复杂的中间过程,其光强衰减规律呈双指数或双曲线形式,难以用一个反映衰减规律的参数来表示。在应用中往往约定,从激发停止时的发光强度 I_0 衰减到 $I_0/10$ 的时间称为余辉时间,根据余辉时间的长短可以把发光材料分为:超短余辉($< 1\ \mu$s)、短余辉(1 ~ 10 μs)、中短余辉(10^{-2} ~ 1 μs)、中余辉(1 ~ 100 ms)、长余辉(0.1 ~ 1 s)、超长余辉(> 1 s)六个范围。不同应用目的对材料的发光寿命有不同的要求,例如短余辉材料常应用于计算机的终端显示器;长余辉和超长余辉材料常应用于夜光钟表字盘、夜间节能告示板、紧急照明等场合。

4. 发光效率

发光效率通常有三种表示法,即量子效率、功率效率和光度效率。量子效率 η_q 是指发射光子数 n_{out} 与吸收光子数(或输入的电子数)之比 n_{in},写成

$$\eta_q = \frac{n_{out}}{n_{in}}$$

功率效率 η_p 表示发光功率 P_{out} 与吸收光的功率(或输入的电功率)P_{in} 之比,写成

$$\eta_p = \frac{P_{out}}{P_{in}}$$

显然,当激发波长比发射波长短时,即使发光量子效率达到 100%,体系发光的功率效率也不可能达到 100%。

值得注意的是,许多发光器件(例如各种显示器)的性能要以人眼的感觉来评价,而人眼对不同波长的敏感程度不同,有些材料发光效率很高的器件所发出的光,在人眼看起来并不觉得很明亮。因此,从实用出发还引入了"光度效率"这一参数。

光度效率定义为发射的光通量 L(以流明(lm)为单位)与输入的光功率(或电功率)P_{in} 之比,写成

$$\eta_l = L/P_{in}$$

η_l 与 η_p 的关系为

$$\frac{\eta_l}{\eta_p} = \frac{\int_0^{\infty} \Phi(\lambda) I(\lambda) \mathrm{d}\lambda}{\int_0^{\infty} I(\lambda) \mathrm{d}\lambda} D \tag{4.55}$$

式中，$\Phi(\lambda)$ 为人眼的视见函数；$I(\lambda)$ 为发光功率的光谱分布函数；D 为光功当量。波长 $\lambda = 555$ nm 的光功当量 D 为 680 $\mathrm{lm \cdot W^{-1}}$。

4.7.3 发光的物理机制

固体材料发光可以有两种微观的物理过程：一种是分立中心发光，另一种是复合发光。就具体的发光材料而言，可能只存在其中一种过程，也可能两种过程兼有。

1. 分立中心发光

这类材料的发光中心通常是掺杂在透明基质材料中的离子，有时也可以是基质材料自身结构的某一个基团。选择不同的发光中心和不同的基质组合，可以改变发光体的发光波长，调节其光色。不同的组合当然也会影响到发光效率和余辉长短。发光中心分布在晶体点阵中或多或少会受到阵点上离子的影响，使其能量状态发生变化，进而影响材料的发光性能。发光中心与晶体点阵之间相互作用的强弱又可以分成两种情况：一种发光中心基本是孤立的，它的发光光谱与自由离子很相似；另一种发光中心受基质点阵电场（或称“晶格场”）的影响较大，这种情况下的发光性能与自由离子很不相同，必须把中心和基质作为一个整体来分析。

分立发光中心的最好例子是掺杂在各种基质中的三价稀土离子。它们产生光学跃迁的是 4f 电子，发光只是在 4f 次壳层中跃迁。在 4f 电子的外层还有 8 个电子（2 个 5s 电子，6 个 5p 电子）形成了很好的电屏蔽。因此，晶格场的影响很小，其能量结构和发射光谱很接近自由离子的情况。晶格场对发光离子的影响主要表现在以下几个方面：

（1）晶格场影响光谱结构

由于晶格场的扰动会引起中心离子简并能级的分裂，因而发光谱线也会引起分裂；这样就使发射光谱比自由离子时要复杂，如图 4.31 中所看到的复杂谱线结构。

（2）晶格场影响光谱的相对强度

晶格场对光谱相对强度的影响，源于晶格场的参与改变了跃迁选择定则，从而也改变了不同谱线的跃迁概率。例如，彩电三基色中发红光的材料，常选择 Eu^{3+} 为发光中心。它在中心对称的晶格场中却以发橙色谱线为主（属 $^5D_0$—$^7F_1$ 跃迁，中心波长为 593 nm），不符合要求。但是，如果出现非中心对称的晶格场就可以破坏偶极跃迁的“宇称选择定则”，使得原先禁戒的 $^5D_0$—$^7F_1$ 跃迁成为可能。这时波长为 618 nm 的红光成为主要发光谱线，从而满足了彩电的色度要求。图 4.33 给出了 Eu^{3+} 在中心对称和非中心对称晶格场中的发射光谱。

（3）晶格场影响发光寿命

晶格场对发光寿命的影响通常也是通过改变选择定则而实现的。例如，作为 ZnF_2：Mn^{2+} 材料发光中心的 Mn^{2+} 离子，就是依靠基质晶格场的影响使原来禁戒的跃迁部分地解除禁戒而发光。由于禁戒解除不彻底，发光概率不大，因而有较长的余辉时间。ZnF_2：Mn^{2+} 的余辉时间可达 100 ms。

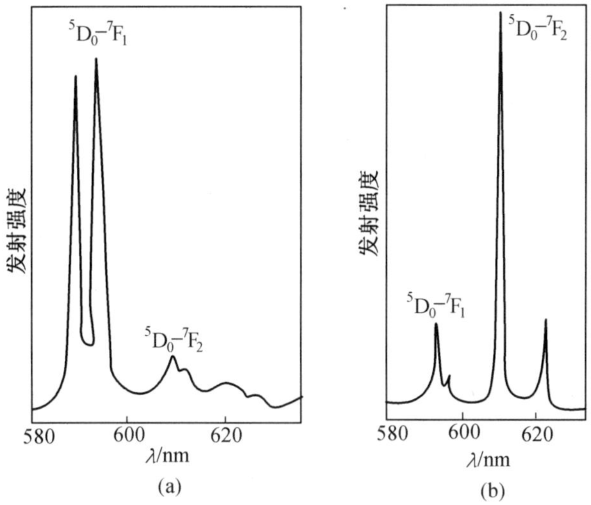

图 4.33　Eu^{3+} 在(a)$NaLuO_2$ 晶体(中心对称)和(b)$NaGdO_2$ 晶体(非中心对称)中的发射光谱

作为分立发光中心的 Ce^{3+} 离子是唯一不发射线状光谱的三价稀土离子，通常受晶格场影响较大，图 4.34 显示了 Ce^{3+} 在几种晶体中的发射光谱。发射带状光谱的原因在于 Ce^{3+} 的发光是来自 5d 能级，由于 5d 能级没有 4f 能级那样的电屏蔽，因而受晶格场的影响很大，而且 5d—4f 跃迁又是宇称选择定则允许的电偶极跃迁，所以发光概率很大，相应地发光寿命就很短，仅几十纳秒。正因为这一点，Ce^{3+} 掺杂的材料常被选做超短余辉材料。

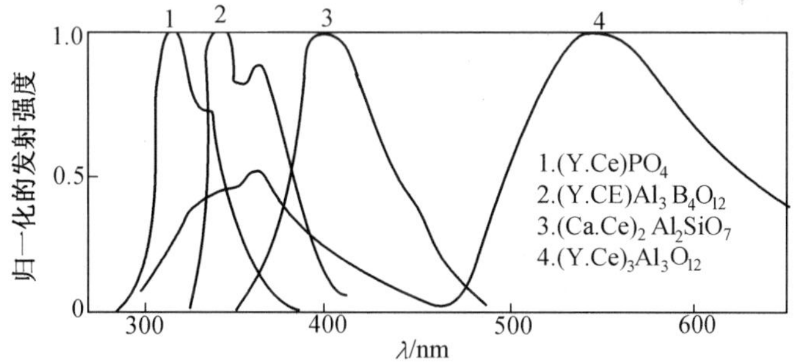

图 4.34　Ce^{3+} 在几种晶体中的发射光谱

2.复合发光

复合发光与分立中心发光最根本的差别在于，复合发光时电子的跃迁涉及固体的能带。由于电子被激发到导带时在价带上留下一个空穴，因此当导带的电子回到价带与空穴复合时，便以光的形式放出能量。这种发光过程就叫复合发光。复合发光所发射的光子能量等于禁带宽度($E_g = h\nu$)。通常复合发光采用半导体材料，并且以掺杂的方式提高发光效率。下面以硅基发光二极管为例说明复合发光的机制。

我们知道硅属于 ⅣA 族元素，有 4 个价电子，在材料中构成共价键。在低温的平衡状态下硅中没有自由电子，不会导电。当价电子受到激发而跃迁到导带时就变成自由电子，而在价带上留下一个空穴，这称为本征激发。由于受激发的结果，自由电子和空穴都成为材料中的载流子,因而具有一定的导电性。实验表明,在硅中掺入 VA 族元素(例如砷) 或 ⅢA 族元素(例如硼) 等杂质时,导电能力大大增强。砷有 5 个价电子,当它取代一个硅原子时,与周围原子进行共价结合之余,多出一个电子,这个电子虽然没有束缚在共价键里,却仍然受到砷原子核的吸引,只能在砷原子附近运动。然而与共价键的约束相比,这种吸引要弱得多,只要很少的能量就能使它挣脱而成为自由电子,相应地砷原子就变成带正电的离子 As^+。当硅中掺入硼时,由于硼只有 3 个价电子,与硅形成共价键还缺少一个电子,因而留下一个可以吸引外来电子的空穴。如施加一定的能量使硅价键中的电子能够跳跃到硼的空穴中去,材料中就出现了可以导电的自由空穴,这称为空穴激发。空穴导电是依靠成键电子在不同硅原子之间移动而形成电流。上述两种杂质的不同作用是:砷向硅材料中施放电子,靠自由电子导电,称为 N 型杂质,相应于 N 型半导体;硼则是接受电子,靠空穴导电,称为 P 型杂质,对应于 P 型半导体。

当N型半导体和P型半导体相接触时,N区的电子要向 P 区扩散,而 P 区的空穴要向 N 区扩散。由于载流子的扩散使两种材料的交界处形成空间电荷,在 P 区一侧带负电,N 区一侧带正电,如图 4.35(a) 所示,因而形成一个称为"P - N结" 的电偶极层和与其相应的接触电位差。显然,P - N结内的电场方向阻止着电子和空穴进一步扩散。电子要从 N 区扩散到 P 区,必须克服高度为 $e\Delta V$ 的势垒,如图 4.35(b) 所示。如果在 P - N 结上施加一个正向外电压 V(把正极接到 P 区,负极接到 N 区),那么势垒的高度就降低到 $e(\Delta V - V)$,势垒区的宽度也要变窄(从 δ 变成 δ'),如图 4.35(c) 所示。由于势垒的减弱,电子便可以源源不断地从N区流向P区,空穴也从 P 区流向 N 区。这样,在 P-N 结区域,就有大量的电子和空穴相遇而产生复合发光。半导体发光二极管就是根据上述原理制作的发光器件。表 4.4 列出了几种半导体材料的禁带宽度和相应的发光波长,其中 Ge、Si 和 GaAs 等禁带宽度较窄,只能发射红外光,另外三种则有可见光辐射。

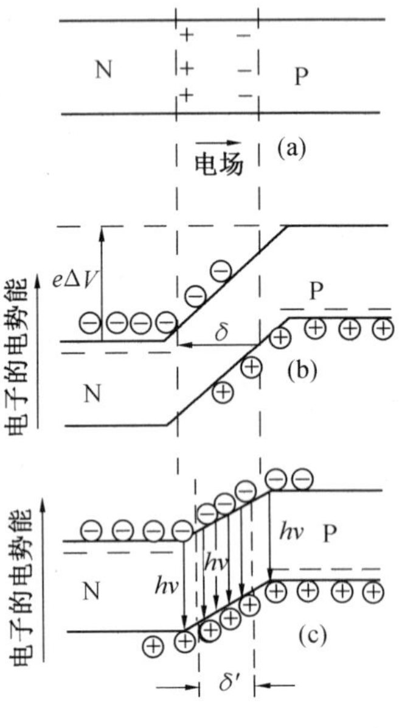

图 4.35　P - N结势垒的形成和在外电场作用下的减弱

表 4.4　半导体材料的禁带宽度和复合发光波长

材料	Ge	Si	GaAs	GaP	$GaAs_{1-x}P_x$	SiC
E_g/eV	0.67	1.11	1.43	2.26	1.43 ~ 2.26	2.86
λ/mm	1 850	1 110	867	550	867 ~ 550	435

固体发光材料在各个领域的应用十分普遍,材料光发射的研究对象和内容也十分丰富。通过光发射性能的测量可以获得有关物质结构、能量特征和微观物理过程的大量信息,对于开发新型光源、光显示和显像材料、激光材料和信息材料都有重要意义。

4.8 材料的受激辐射和激光

20 世纪 60 年代出现了一种崭新的光源 —— 激光。这种光的色彩极为单纯，发射方向单一，辐射能量在空间和时间上高度集中，因而可以达到比太阳强 10^{10} 倍的亮度。激光器为科学研究和计量检测提供了强有力的手段，而且大大推动了信息、医学、工业、能源和国防领域的现代化进程。激光之所以具有传统光源无与伦比的优越性，关键在于它利用了材料的受激辐射。本节将对材料产生受激辐射的性质和激光形成的机制进行讨论。

4.8.1 受激辐射

我们已经知道，材料的光吸收和光发射都是光和物质相互作用的基本过程。1917 年爱因斯坦在研究“黑体辐射能量分布”这一当时物理学难题时曾提出，光与物质的相互作用还有第三个基本过程，即受激辐射。据此他推得黑体辐射的能量分布公式，合理地解释了实验规律。为了与受激辐射相区别，前面所涉及的光发射应称为自发辐射。下面简要介绍爱因斯坦关于黑体辐射的理论要点，从中认识光与物质相互作用的三种过程以及它们之间的关系。

为简单起见，我们以原子为例，并且只关心物质与发光有关的两个能级 E_1 和 E_2，如图 4.36 所示。自发辐射是指这样的过程，即如果原子已经处于高能级，那么它就可能自发、独立地向低能级 E_1 跃迁并发射一个光子，其能量为

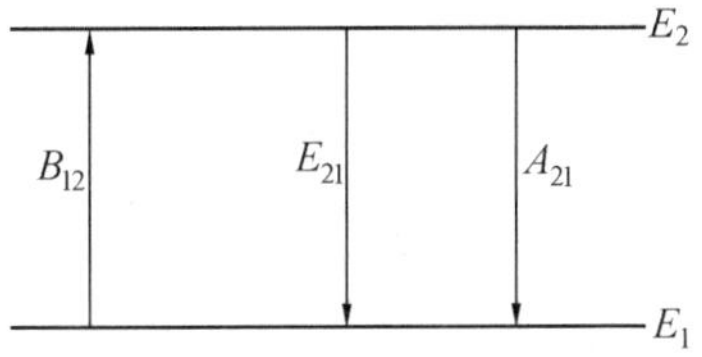

图 4.36　光与物质相互作用的三个基本过程

$$h\nu = E_2 - E_1 \tag{4.56}$$

各个原子发射的自发辐射光子，除了能量(频率)受上式制约之外，其发射方向和偏振态都是随机和无规则的。若以 N_2 代表处于高能级 E_2 的原子密度，则在单位体积内单位时间发生自发辐射的原子数 $(\mathrm{d}N_2/\mathrm{d}t)|_{sp}$(等于自发辐射的光子数)与高能级的原子数 N_2 成正比，故有

$$\left.\frac{\mathrm{d}N_2}{\mathrm{d}t}\right|_{sp} = -A_{21}N_2 \tag{4.57}$$

式中，系数 A_{21} 称为自发辐射跃迁概率，也称为自发辐射系数。因此，A_{21} 即为没有辐射场存在时从高能级向低能级的跃迁概率。它仅与原子的性质有关而与是否存在辐射场无关。负号表明自发辐射导致 N_2 随时间减少。

如果原子处于低能级，当有能量满足 $h\nu = E_2 - E_1$ 光子趋近它时，原子则可能吸收一个光子并跃迁到高能级 E_2。由于这个吸收过程只有在存在适当频率的外来光子时才会发生，故可称为“受激吸收”。单位体积内单位时间发生受激吸收的原子数 $(\mathrm{d}N_1/\mathrm{d}t)|_{sp}$(等于被吸收的光子数)，不但与低能级的原子密度 N_1 成正比，还和辐射场的能量密度 $\rho(\nu, T)$ 成正比，故有

$$\left.\frac{\mathrm{d}N_1}{\mathrm{d}t}\right|_{sp} = -B_{12}\rho(\nu, T)N_1 \tag{4.58}$$

式中，B_{12} 称为受激吸收系数，而 $B_{12}\rho(\nu, T)$ 则为受激吸收概率。吸收结果导致高能级原

子数增加，故

$$\left.\frac{dN_2}{dt}\right|_{sp} = -\left.\frac{dN_1}{dt}\right|_{sp} \tag{4.59}$$

受激辐射的过程是：当一个能量满足 $h\nu = E_2 - E_1$ 的光子趋近高能级 E_2 的原子时，入射的光子诱导高能级原子发射一个和自己性质完全相同的光子来。换言之，受激辐射的光子和入射光子具有相同的频率、方向和偏振状态。受激辐射是受激吸收的逆过程，它的发生使高能级的原子数减少。单位体积内单位时间发生受激辐射的原子数 $(dN_2/dt)|_{st}$（等于受激辐射产生的光子数）应与高能级的原子数 N_2 及辐射场能量密度 $\rho(\nu, T)$ 成正比，写成

$$\left.\frac{dN_2}{dt}\right|_{st} = -B_{21}\rho(\nu, T)N_2 \tag{4.60}$$

式中，B_{21} 称为受激辐射系数，而 $B_{21}\rho(\nu, T)$ 为受激辐射概率。

由于在热平衡条件下，只有当辐射体发射的光子数（包括自发辐射和受激辐射）等于吸收的光子数时，才能保持辐射场的能量密度不变，因此

$$[A_{21} + B_{21}\rho(\nu, T)]N_2 = B_{12}\rho(\nu, T)N_1 \tag{4.61}$$

与此同时，热平衡条件下原子密度按能量的分布应满足玻耳兹曼分布定律

$$\frac{N_2}{N_1} = \frac{g_2}{g_1}e^{-\frac{h\nu}{k_B T}} \tag{4.62}$$

式中，k_B 为玻耳兹曼常数；g_2 和 g_1 分别为高、低能级的简并度。由式(4.61)和式(4.62)求得辐射场能量密度

$$\rho(\nu, T) = \frac{\dfrac{A_{21}}{B_{21}}}{\dfrac{g_1 B_{12}}{g_1 B_{21}}e^{\frac{h\nu}{k_B T}} - 1} \tag{4.63}$$

这个结果和黑体辐射的普朗克定律形式完全一致。普朗克开创性地引入了量子化的概念，结合经典统计理论，推出了反映实验定律的普朗克公式，其形式为

$$\rho(\nu, T) = \frac{8\pi h\nu^3}{c^3}\frac{1}{e^{\frac{h\nu}{k_B T}} - 1} \tag{4.64}$$

比较两式可得

$$\frac{A_{21}}{B_{21}} = \frac{8\pi h\nu^3}{c^3} \tag{4.65}$$

$$g_1 B_{12} = g_2 B_{21} \tag{4.66}$$

这就是著名的三个爱因斯坦系数 A_{21}、B_{21} 和 B_{12} 的关系式。

因此可以说，爱因斯坦的黑体辐射理论首次预言了受激辐射的存在，明确提出了光子和受激辐射概念，以更清晰的物理图像解释了黑体辐射的规律，尽管人们经历了将近半个世纪才制造出第一台激光器，真正观察到了受激辐射。

4.8.2 激活介质

受激辐射既然存在，为什么人们长期没有观察到呢？这是因为通常人们所接触到的体

系都是热平衡体系或者与热平衡偏离不远的体系。按照玻耳兹曼分布公式(4.56),能量差在光频波段的两个能级中,高能级的原子密度总是远小于低能级的原子密度,而受激辐射产生的光子数与受激吸收的光子数之比等于高、低能级粒子数之比,所以受激辐射就微乎其微以至长期没有被察觉。通过计算也可以证明,与自发辐射相比,在热平衡条件下受激辐射也完全可以忽略。怎样才能使受激辐射占主导地位呢?关键在于设法突破玻耳兹曼分布,使上能级的粒子数大于下能级的粒子数,这个条件称为“粒子数反转”。这里的“粒子”二字泛指任何具体介质中的微观粒子,而不局限于原子。显然,在高、低能级均无简并的情况下,粒子数反转即要求 $N_2 > N_1$。在热平衡条件下,光波通过物质体系时总是或多或少地被吸收,因而越来越弱,但是实现了粒子数反转的体系却恰恰相反。由于受激辐射放出的光子数多于被吸收的光子数,辐射场将越来越强。换言之,实现粒子数反转的介质具有对光的放大作用,称为“激活介质”。

本章4.3节中曾给出光波通过介质时强度随距离呈指数式衰减的公式 $I = I_0 e^{-\alpha l}$,由于一般介质的吸收系数 α 为正数,所以 $I \leqslant I_0$。对于粒子数反转介质而言,吸收系数为负数。如令 $g = -\alpha$,g 为正数,称为增益系数,则有

$$I = I_0 e^{gl} \tag{4.67}$$

故有可能 $I \geqslant I_0$。所以,实现粒子数反转的介质又称为“负吸收介质”或“增益介质”,即对光波有放大作用的介质。受激辐射光子的性质与入射光子完全一样,激活介质放大的结果,就能使特定频率、特定方向、特定偏振态的光得到增强。当增益足以克服损耗时,即形成激光辐射。

要使普通的介质变成激活介质,必须进行有效的激励,把低能级的粒子尽可能多地激发到高能级。激励方式可依介质种类的不同而异,分别有气体放电激励、电子束激励、强光激励、载流子注入、化学激励、气体动力学激励、核能激励和激光激励等。形成激光的激励方式可能和4.5节谈到的材料光发射所采用的方式类似,但所要求激励的程度不同。一般发光并不要求达到粒子数反转。

下面列举固体激光介质激活过程的几个实例。固体激光通常采用光激励(称为光泵),因此要求介质有较宽的吸收谱带,以使有较多发光中心离子被激发。被激发的离子一般通过无辐射跃迁过渡到激光作用的高能级。这个过程希望有高的量子效率,以达到高的荧光量子效率。发射激光的高能级应具有较长的寿命,以便可以积累较多的粒子,利于形成粒子数反转。此外,作为发射激光的低能级应占有尽可能少的粒子数,为此应尽量避免采用基态为激光跃迁的低能级。

红宝石是历史上首先获得激光(1960年)的材料。它是在蓝宝石(Al_2O_3)基质中掺杂 Cr^{3+} 离子而形成的淡红色晶体。材料中发光中心为 Cr^{3+} 离子,其能级如图4.37所示(以波数表示)。图中 $^4A_2$ 为基态,$^4F_1$ 和 $^4F_2$ 为两个分布很宽的能级,对应的吸收分别形成很宽的吸收带,即紫带(360 ~ 450 nm)和绿带(510 ~ 600 nm)。通过吸收光泵的激发光子到达 $^4F_2$ 和 $^4F_1$ 的离子,与点阵振动耦合,很快(10^{-9}s)向激光高能级 ^2E 作无辐射跃迁。由于 ^2E 为有较长能级寿命($\sim 3 \times 10^{-3}$s)的亚稳态,因此可积累较多的 Cr^{3+} 离子。^2E 能级由两个支能级 ^2A 和 E 组成,它们向激光低能级 $^4A_2$(可惜是基态)跃迁时产生 R_1(694.3 nm)谱线和

R_2(692.9 nm)谱线,其中 R_1 线跃迁概率较大,但两条谱线均可能产生激光,光束呈深红色。

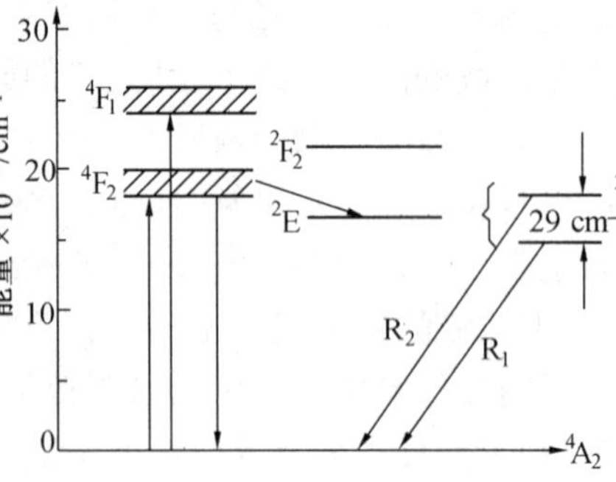

图 4.37　红宝石的能级图

掺钕的钇铝石榴石(Nd^{3+}:YAG) 基质晶体为 $Y_3Al_5O_{12}$(缩写为 YAG),激活离子为 Nd^{3+}。如果对材料 Nd^{3+}:YAG进行激励,Nd^{3+} 吸收不同波长的激发光子后，从基态$^4I_{9/2}$ 跃迁到$^4F_{3/2}$、$^4F_{5/2}$、$^4F_{7/2}$ 等高能级,如图 4.38 所示。由于这些能级都有一定的宽度,因而在光泵激励下有足够的吸收。晶体中 Nd^{3+} 离子吸收光子到达高能级后,通过无辐射跃迁迅速过渡到激光谱线的高能级$^4F_{3/2}$。由于高能级$^4F_{3/2}$ 是一个长寿命的亚稳态能级,激光跃迁发生在高能级$^4F_{3/2}$和低能级$^4I_{13/2}$、$^4I_{11/2}$、$^4I_{9/2}$之间,因此发射谱线均为红外线,其波长分别为 1.32 μm、1.064 μm、0.913 μm。这三条谱线以 1.064 μm 的一条最强,最容易获得激光输出。由于与激光跃迁有关的三个低能级中$^4I_{13/2}$ 和$^4I_{11/2}$ 离基态较远,常温下很少有粒子集居,容易实现粒子数反转,因此在能级结构上 Nd^{3+}:YAG 比红宝石更为合理。

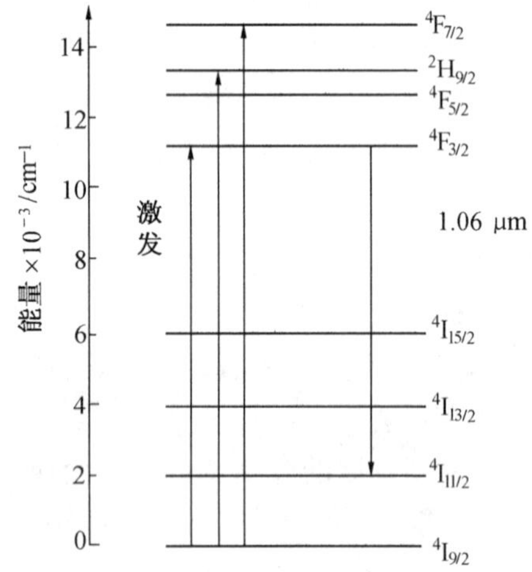

图 4.38　Nd^{3+}:YAG 的能级图

钕玻璃的激活离子也是 Nd^{3+},基质是不同成分的玻璃,其中以碱 – 碱土 – 硅酸盐基质玻璃的性能较好(如 K-Ba-SiO_2)。钕玻璃的光谱特性与 Nd^{3+}:YAG 相近,但谱线较宽,输出激光波长也和 Nd^{3+}:YAG 一样(一般为 1.06 μm)。由于玻璃的光学均匀性好,价格低廉,而且容易制造大块材料,所以钕玻璃是大功率、高能量激光器的主要工作物质。

钛宝石激光器是20世纪80年代新发展的一种激光器,其工作介质基质为 Al_2O_3,激活离子为 Ti^{3+}。它的主要优点是激光为宽带可调谐(680 ~ 1 180 nm)。具有这一性质的主要原因是过渡金属离子 Ti^{3+} 的 d 电子和基质点阵振动的强烈耦合,使其具有宽带的吸收(有利于激发) 和宽带的荧光(有利于激光波长调谐)。其吸收带与荧光带之间有大的斯托克斯频移。由于激光跃迁的低能级为声子能级,因此被称为终端声子激光器。

4.8.3　光学谐振腔和模式

激活介质仅仅是获得激光的一个要素。要真正产生激光还必须使受激辐射在频率、方向和偏振态上集中起来。光学谐振腔就是发挥这一作用的部件,谐振腔通常由放置在激活介质两端的两面反射镜所构成,反射镜的内表面蒸镀对特定波长具有高反射率的介质膜或金属膜。谐振腔通常起四个作用:

1.提供光的正反馈

为了使光强不断放大,让一定波长的自发辐射光在两个反射镜之间来回反射并反复通过激活介质,以诱发受激辐射。由激活介质和光学谐振腔组成的器件称为受激辐射的光放大器(英文缩写为 Laser)。谐振腔有多种形式的结构,例如可由两个平面反射镜、两个凹面(球面)反射镜或一平一凹两反射镜相向放置而构成等。两面凹镜曲率中心重合的谐振腔称为“共心腔”,两面凹镜焦点重合的则称为“共焦腔”。这些结构的谐振腔内相向传播的两列光波可以形成驻波,故属于“驻波腔”。另外还可以由几个反射镜按一定光路排列起来,使光波在排列而成的闭合回路中循行,这属于“行波腔”。

2. 限制或选择光束的方向

因为只有那些基本上沿着镜面法线方向运行的光束,才会被镜面反射回来而经激活介质反复放大形成强光束,而其他方向的光波都会很快逸出腔外,不可能积累到很高的强度,所以说,谐振腔限制了激光束的方向。

3. 选择光的模式和振荡频率

被谐振腔来回反射的光束彼此叠加起来,将形成光强在空间的稳定分布。可以有很多种稳定分布形式,其中沿光波传播方向的稳定分布称为“纵模”,而垂直于传播方向的稳定分布称为“横模”。根据光波的干涉原理,在谐振腔内往返一周的光学距离等于光波波长整数倍的那些光波,可以同相位相叠加而得到加强,并形成驻波形式的稳定分布。因此,不同的模式分别对应于不同的频率。这种驻波的频率满足

$$\nu_q = q\frac{c}{2d} \tag{4.68}$$

式中,d 为反射镜的间距;c 为光速;q 为纵模指数($10^4 \sim 10^6$ 量级)。一般谐振腔内可有多个纵模满足上述条件,相邻纵模的频率间隔为 $c/2d$ 。

谐振腔的横模是光波电磁场在腔内往返传播损耗最少而得以保存的横向分布稳定形式,它们可以从电磁场的自洽理论推出。

将腔内激光束的一部分耦合到腔外作为输出光束,供人们使用。为此,通常两面反射镜中总有一面的反射率选得稍低,使得在反射时有一部分透射到腔外,而另一面则具有尽可能高的反射率,理想情况是 100% 反射。

4.8.4 激光振荡条件

激光器经过适当的激励之后能否产生激光振荡,取决于激励过程中对光强的增益和损耗两个因素。一方面,激活介质的光放大作用对一定的波长有增益,另一方面,介质的散射和吸收会造成光的损耗。反射镜的反射率不足 100%(有一定透射)对腔内光波也是一种损耗。显然,仅当增益超过损耗时才会实现激光振荡。因此可以综合考虑两方面的因素,给出一个实现激光振荡的最低要求,称为振荡的“阈值条件”。设两个反射镜的反射率分别为 R_1 和 R_2,镜面间距(即谐振腔长)为 l,如图 4.39 所示,由于增益作用,从镜面 2 出发强度为 I_0 的光波通过激活介质一次激励后光强就变成

$$I_1 = e^{gl}I_0 \tag{4.69}$$

式中,$g = \beta - \alpha$,β 为激活介质的增益系数,α 为介质的损耗系数(包括吸收和散射),g 即为净增

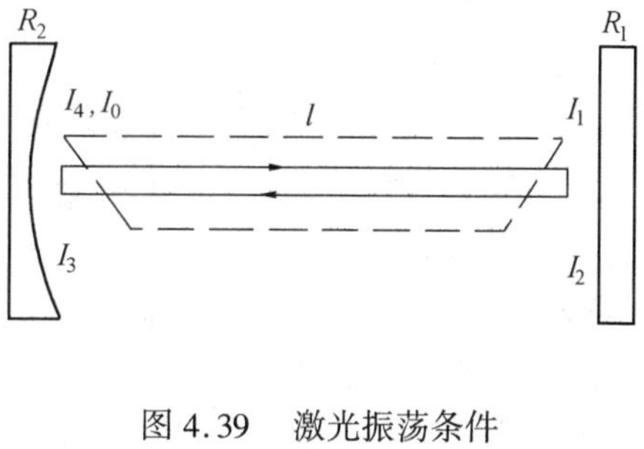

图 4.39 激光振荡条件

益系数。如果 $gl \ll 1$,则有近似式

$$gl = \ln \frac{I_1}{I_0} = \frac{I_1 - I_0}{I_0} = \frac{\Delta I}{I_0} \tag{4.70}$$

由此可知,gl 代表每次光波通过介质后光强增加的百分比,称为“单程增益”。然后光被镜面 1 反射,强度变成

$$I_2 = R_1 e^{gl} I_0 \tag{4.71}$$

这里反射镜的损耗已经反映在 R_1 之中了。接着光波再次通过激活介质,其光强变成

$$I_3 = e^{gl} R_1 e^{gl} I_0 \tag{4.72}$$

然后又被镜面 2 反射,光强为

$$I_4 = R_2 e^{gl} R_1 e^{gl} I_0 \tag{4.73}$$

显然,激光振荡要求在完成腔内一个往返周期的运行之后,光强大于出发时的值,至少不小于该值,即 $I_4 \geqslant I_0$,这样我们就得到激光振荡的阈值条件

$$R_2 R_1 e^{2gl} = 1 \tag{4.74}$$

如果反射镜没有损耗,即 $R_1 = R_2 = 1$,则上式要求 $g = 0$,即

$$\beta = \alpha \tag{4.75}$$

因此阈值条件代表增益和损耗相抵的条件。

必须指出,激活介质的增益系数与介质内粒子数反转的水平有关。因此,不难理解阈值条件对粒子数反转水平有一个基本要求,其数值可以进行计算(此处从略)。

综上所述,为了产生激光,必须选择增益系数超过一定的阈值的激活介质,在激光谐振腔的配合下,使沿腔轴(镜面法线)方向传播的光波不断增强,并成为色彩极单纯(特定模式)、方向性极好、能量密度极高的激光束。从输出反射镜透射出来的光束就是人们可以利用的激光。而最初引起受激辐射的光子,其实就是介质自发辐射光子中朝腔轴方向发射的那些光子。

4.8.5 激光器件简介

自从第一台激光器问世以来,人们已经研制出许许多多的激光器。不同的工作物质和谐振腔结构导致不同的输出波长、输出功率(或能量)、波长调谐范围和光脉冲宽度(激光脉冲持续时间)。与此同时,为了适应各种应用要求,还逐步发展了调 Q、锁模、选频、调谐等激光技术。随着激光技术越来越广泛的应用,激光束特性得到了进一步的优化,发展出种类繁多的激光器,按激活介质分类,激光器主要包括气体激光器、液体激光器、固体激光器和半导体激光器四大类。

气体激光器以各种原子、分子、离子气体或蒸气为工作物质,可以采用放电激励、电子束激励、化学激励甚至核激励等方式输入能量。气体激光的单色性好,其工作波段汇总起来可以覆盖从紫外到毫米波段的广阔谱区。典型的器件有 He-Ne 原子激光器、CO_2 分子激光器、Ar^+ 离子激光器、KrF 准分子激光器等。气体激光在精密计量、彩色激光电视、大气检测、激光手术、工业加工和科学研究中有广泛的应用。

液体激光器以有机染料或无机稀土离子溶液为工作物质。无机溶液激光器的性能类似于稀土离子激活的固体激光器。激光染料主要有若丹明、香豆素、花菁族染料等。染料激

光器的突出优点是激光波长调谐范围宽，调换染料可以产生从紫外到红外各种波长的激光，采用适当的脉宽压缩技术已经获得线宽小于 1 kHz 的连续激光和 6×10^{-15}s 的超短光脉冲。染料激光对于高分辨率的光谱学研究和物质瞬态变化的测量和分析尤其有用。

固体激光器通常在晶体或玻璃基质中掺杂发光中心离子作为工作物质。常用的激活中心包括过渡金属离子（如 Cr^{3+}，Ti^{3+}，Co^{3+}，Ni^{3+} 等）和稀土离子（如 Nd^{3+}，Ho^{3+}，Tm^{3+}，Er^{3+}，Ce^{3+} 等）。基质使用最多的是钇铝石榴石（YAG）、红宝石晶体和光学玻璃。由于固体激光器体积小、结构紧凑，通常采用（Xe 灯，Kr 灯，卤钨灯等）光激励，故使用方便。目前正大力发展用半导体发光二极管和半导体激光器为激励源。多数固体激光适合脉冲运转，通过锁模、调 Q 等技术可获得超短光脉冲。固体激光在工业加工、医科手术、跟踪测距、光纤通信等领域有广泛应用。

半导体激光器本是固体激光器的一种，因工作机制独特而另列为一类。它是利用半导体能带跃迁的复合发光引发受激辐射而形成激光的。半导体激光器的基本结构是由掺杂浓度很高的半导体材料制成 P－N 结，在垂直于结平面的方向施加正向偏压，将电子和空穴分别从 N 型材料的导带和 P 型材料的价带注入结区，使得结区中的导带布居许多电子，而价带只有空穴，从而造成结区中的粒子数反转。通常利用材料垂直于结平面方向的两个自然解理端面构成光学谐振腔。当增益足够大时，可以从 P－N 结的结区沿着结平面方向朝两端发射出激光。常用的半导体激光材料主要为 Ⅲ－Ⅴ 族和 Ⅱ－Ⅵ 族化合物半导体及其固溶体，如 GaAs、$Al_xGa_{1-x}As$、InP、PbS、PbTe 等。半导体激光器的波长一般在红外区，目前正在向可见区延伸。半导体激光器由于体积很小、容易集成且可以直接调制，因此在光纤通信、光盘读写、激光印刷、激光雷达等信息领域有重要应用。

习 题

1. 已知光子的波长为 2.0 Å，它的动量是多少？

2. 试说明 $n=\sqrt{\varepsilon_r}$ 的物理意义？

3. 一入射光以较小的入射角 i 和折射角 r 穿过一透明玻璃，证明透过后的光强系数为 $(1-m)^2$，设玻璃对光的衰减不计。

4. 一透明 Al_2O_3 板厚为 1 mm，用以测定光的吸收系数，如果光通过板之后，其强度降低了 15%，计算吸收及散射系数的总和？

第五章　材料的弹性及内耗分析

5.1 概　述

弹性是一种重要的物理性能。弹性分析常用于研究与原子间结合力有关的问题。在交变应力的作用下，在弹性范围内还存在非弹性行为，因此产生内耗。内耗代表材料对振动的阻尼能力，它与材料内部的原子重排与磁重排有关。内耗是结构敏感性能，常用于研究材料内部的结构、溶质原子的浓度，特别是位错与溶质原子的交互作用等有关问题，是一种很有效的方法。

弹性体的近代研究可以追溯到 17 世纪所建立的胡克定律。基于这一定律的弹性理论观点，在施加给材料的应力 F 和所引起的应变 D 之间存在着线性关系

$$F = MD \tag{5.1}$$

式中，比例常数 M 是一个与材料性能有关的物理常数，不随施加应力的大小而变化，称为弹性模量或简称模量。但是，弹性模量 M 依应力状态的形式而异：对于各向同性的材料而言，单向拉伸或压缩时用正弹性模量 E（又称杨氏模量）来表征；当受到剪切形变时用剪切弹性模量 G（又称切变模量）来表征；当受到各向体积压缩时用体积弹性模量 K（又称流体静压模量）来表征。它们分别定义为

$$E = \sigma/\varepsilon, \quad G = \tau/\gamma, \quad K = P/\theta \tag{5.2}$$

式中，σ，τ 和 P 分别为正应力、切应力和体积压缩应力；而 ε，γ 和 θ 分别为线应变、切应变和体积应变。显然，弹性模量 E，G 和 K 有着相同的物理意义，都代表了产生单位应变所需施加的应力，是材料弹性形变难易（刚性）的衡量，也表征着材料恢复形变前形状和尺寸的能力（回复力）。从微观上讲，弹性模量代表了材料中原子、离子或分子间的结合力。因而它与同样代表这些结合力的其他物理参数，如熔点、沸点、德拜温度和应力传播速度等存在函数关系。

弹性材料的应用十分广泛。从火车、汽车的强力弹簧到仪器仪表的游丝、张丝，弹性合金无不起着重要的作用。工程结构设计中为了保证稳定性，在选择最佳结构形式的同时必须尽量采用弹性模量高的材料。与此相反，在另一些情况下，例如为了提高弹性形变功，人们往往采用模量较低的材料。因此在多次冲击加载的条件下，如果应力相等，形变功将与模量成反比。从这个观点出发，镁合金（$E \approx 4.41 \times 10^4$MPa）、铝合金（$E \approx 7.35 \times 10^4$MPa）和软铸铁（$E \approx 9.80 \times 10^4$MPa），应当比钢（$E \approx 1.96 \times 10^5$MPa）具有更大的优越性。此外，还可以发现，具有高弹性模量的材料加载时应当具有大的裂纹扩展速率，这当然是高模量材料的一个缺点。

在自动控制仪表、高级钟表和其他精密仪器中，材料的模量随温度的微小变化可能都

显得极其有害。在这种情况下,仪器的弹性元件(弹簧、游丝、波纹管、张丝等)总是由一些专门的所谓Elinvar合金制成。这种合金在一定温度范围里(例如从 -50 ~ 0℃)其弹性模量保持恒定,称为恒弹性材料。

模量不但在工程上是材料的重要性能,而且在基础理论研究中将有助于揭示高温强度和马氏体相变机制。如今马氏体相变的"软模"理论就是在模量微观基础上提出的一种新理论。根据这一理论,马氏体相变是由于冷却过程中母相某个晶体学方向上软化,从而丧失回复力,使声子"冻结"而发生的。

应当指出的是,表现出从弹性形变向范性形变过渡的"弹性极限"和"屈服极限"就其本质而言乃是塑性性能,而不是弹性性能。因此,在一般情况下很难期望在弹性性能(E、G和K)与弹性极限或屈服极限之间有规律性的联系。而且,由于材料在形变过程中内部存在着各种微观的"非弹性"过程,即使在胡克定律适用的范围内,材料的弹性也是不完全的。材料的这种特性在交变载荷的情况下表现为应变对应力的滞后,称为"滞弹性"。由于应变的滞后,材料在交变应力的作用下就会出现振动的阻尼现象。实验表明,固体的自由振动并不是可以永远延续下去的,即使处于与外界完全隔离的真空中,其振动也会逐渐停止。这是由于振动时固体内部存在某种不可逆过程,使系统的机械能逐渐转化为热能的缘故。如果要使固体维持受迫振动状态,则必须从外界不断提供能量。这种由于固体内部的原因使机械能消耗的现象称为"内耗"。

人类对金属中内耗现象的注意可以追溯到古代时钹与钟的制作,那时人们无疑是在寻求一种低内耗的材料。一个世纪以前人们就已经知道,即使在小应力下金属也会显示出对完全弹性的偏离。在当今的钟表、乐器等制造业中,获得尽可能完全的弹性,仍然是一个令人感兴趣的课题。随着近代动力机械功率的增大,速度的不断提高,有害的振动与噪声不可避免地增长。当系统进行振动并通过共振时,材料疲劳而导致零件损坏的危险性增加,机械工作的可靠性降低了。伴随着振动的噪声也在污染着环境,噪声不但会干扰仪器,还要刺激人体的中枢神经和心血管系统。声压达到90 dB以上,人体即难以忍受,称为声学疲劳。因此,振动与噪声或者关系到许多交通工具的舒适与否,或者严重地恶化着劳动条件。和振动与噪声作斗争乃是当今机械制造、仪器制造和船舶制造等部门一个迫切而重要的现实课题。

必须指出,对于工作在动力状况下的机械与结构零件,采用具有大内耗的"高阻尼合金"对减小有害振动和噪声,阻碍其传播以及降低共振峰值应力等方面是有效的,在许多情况下也是唯一可采用的方法。由于这种合金存在大的内耗,所以结构的自由振动很快地衰减、在共振状况下受迫振动的振幅大大降低、在自由度大的结构中脉冲应力显著降低而且在动态应力集中的地方发生松弛。可见,对于在动力影响下工作的结构而言,内耗越大则结构越可靠。然而,在另一些情况下过大的内耗可能有害,譬如,汽车在炎热的夏天行驶时若轮胎橡胶的内耗过大,则将缩短轮胎的寿命。

在船舶制造中高阻尼合金的应用有着广阔的前景。由于船舶开动时振动和噪声既破坏声学定位仪器的工作,又给乘员的正常工作、生活和健康带来影响,削弱以至消除有害振动和噪声在很大程度上关系到可靠性与舒适性。关于内燃机曲轴减振的专门研究表明,当振动向共振过渡时,曲轴中依靠材料阻尼消散了60% ~ 65%的能量,而依靠结构减振

(轴承、活塞等部件的摩擦)仅消散35% ~ 40%。由此可见,滞弹性研究在工程上的意义乃是寻求具有特殊阻尼本领(高阻尼或低阻尼)的材料,这方面的研究工作,主要是研究合金化和热处理对实际使用条件(如应变振幅大小等)下材料内耗值的影响。

滞弹性研究的另一个重要方面是把内耗测量作为一个信息来探知材料内部的微观结构组态。因为固体内部各种不对称的微观缺陷,受交变应力的作用将产生不可逆的运动,引起内耗,所以根据内耗的不同规律将可以判断"内耗源"的性质。这方面研究的注意力集中在产生内耗的机制上。显然,晶体中的内耗可由多种不同机制引起,而内耗测量乃是一种探测晶体缺陷极为灵敏的指示器。如同所有灵敏指示器一样,作为研究晶体缺陷的一种方法,内耗法的效果取决于无用信号的"噪声"究竟要掩盖掉多少人们所要观测的效应。为了显示所要观测的效应引起的内耗,在实验方法上必须尽力避免各种其他原因给仪器带来的背景损耗。

本章将重点介绍弹性的物理本质、影响弹性模量的因素、铁磁状态的弹性反常、弹性模量的测量及应用、滞弹性与内耗、影响滞弹性与内耗的因素、滞弹性的测量方法、内耗分析应用等。

5.2 弹性的物理本质

5.2.1 广义胡克定律

如前所述,各向同性的弹性体受单向压力、剪切或流体静压时,其应力 - 应变关系的性质可由式(5.1)中的弹性模量 M 表示。倘若考虑在一般应力作用下各向异性的单晶体,则表示材料弹性就需要较多的常数。由材料力学知,在一般受力情况下,内应力状态由6个应力分量即 σ_{xx}、σ_{yy}、σ_{zz}(正应力)和 τ_{xy}、τ_{yz}、τ_{zx}(剪切应力)决定,一点的应变状态也应由6个应力所对应的应变分量,即正应变 ε_{xx}、ε_{yy}、ε_{zz} 和切应变 γ_{xy}、γ_{yz}、γ_{zx} 决定。以下对正应力、正应变只用单下标表示,对于理想弹性体,应力和应变关系的一般式可以写为

$$\left.\begin{aligned}\sigma_x &= f_1(\varepsilon_x,\varepsilon_y,\varepsilon_z,\gamma_{xy},\gamma_{yz},\gamma_{zx})\\ \sigma_y &= f_2(\varepsilon_x,\varepsilon_y,\varepsilon_z,\gamma_{xy},\gamma_{yz},\gamma_{zx})\\ \sigma_z &= f_3(\varepsilon_x,\varepsilon_y,\varepsilon_z,\gamma_{xy},\gamma_{yz},\gamma_{zx})\\ \tau_{yz} &= f_4(\varepsilon_x,\varepsilon_y,\varepsilon_z,\gamma_{xy},\gamma_{yz},\gamma_{zx})\\ \tau_{zx} &= f_5(\varepsilon_x,\varepsilon_y,\varepsilon_z,\gamma_{xy},\gamma_{yz},\gamma_{zx})\\ \tau_{xy} &= f_6(\varepsilon_x,\varepsilon_y,\varepsilon_z,\gamma_{xy},\gamma_{yz},\gamma_{zx})\end{aligned}\right\}\tag{5.3}$$

在弹性范围内,ε 和 $\gamma \ll 1$,并假设应变为零,应力也为零。此时把式(5.3)中各等式按泰勒级数展开,并略去应变分量二次及其以上的项,则得

$$\left.\begin{aligned}
\sigma_x &= \frac{\partial f_1}{\partial \varepsilon_x}\varepsilon_x + \frac{\partial f_1}{\partial \varepsilon_y}\varepsilon_y + \frac{\partial f_1}{\partial \varepsilon_z}\varepsilon_z + \frac{\partial f_1}{\partial \gamma_{xy}}\gamma_{xy} + \frac{\partial f_1}{\partial \gamma_{yz}}\gamma_{yz} + \frac{\partial f_1}{\partial \gamma_{zx}}\gamma_{zx} \\
\sigma_y &= \frac{\partial f_2}{\partial \varepsilon_x}\varepsilon_x + \frac{\partial f_2}{\partial \varepsilon_y}\varepsilon_y + \frac{\partial f_2}{\partial \varepsilon_z}\varepsilon_z + \frac{\partial f_2}{\partial \gamma_{xy}}\gamma_{xy} + \frac{\partial f_2}{\partial \gamma_{yz}}\gamma_{yz} + \frac{\partial f_2}{\partial \gamma_{zx}}\gamma_{zx} \\
\sigma_z &= \frac{\partial f_3}{\partial \varepsilon_x}\varepsilon_x + \frac{\partial f_3}{\partial \varepsilon_y}\varepsilon_y + \frac{\partial f_3}{\partial \varepsilon_z}\varepsilon_z + \frac{\partial f_3}{\partial \gamma_{xy}}\gamma_{xy} + \frac{\partial f_3}{\partial \gamma_{yz}}\gamma_{yz} + \frac{\partial f_3}{\partial \gamma_{zx}}\gamma_{zx} \\
\tau_{yz} &= \frac{\partial f_4}{\partial \varepsilon_x}\varepsilon_x + \frac{\partial f_4}{\partial \varepsilon_y}\varepsilon_y + \frac{\partial f_4}{\partial \varepsilon_z}\varepsilon_z + \frac{\partial f_4}{\partial \gamma_{xy}}\gamma_{xy} + \frac{\partial f_4}{\partial \gamma_{yz}}\gamma_{yz} + \frac{\partial f_4}{\partial \gamma_{zx}}\gamma_{zx} \\
\tau_{zx} &= \frac{\partial f_5}{\partial \varepsilon_x}\varepsilon_x + \frac{\partial f_5}{\partial \varepsilon_y}\varepsilon_y + \frac{\partial f_5}{\partial \varepsilon_z}\varepsilon_z + \frac{\partial f_5}{\partial \gamma_{xy}}\gamma_{xy} + \frac{\partial f_5}{\partial \gamma_{yz}}\gamma_{yz} + \frac{\partial f_5}{\partial \gamma_{zx}}\gamma_{zx} \\
\tau_{xy} &= \frac{\partial f_6}{\partial \varepsilon_x}\varepsilon_x + \frac{\partial f_6}{\partial \varepsilon_y}\varepsilon_y + \frac{\partial f_6}{\partial \varepsilon_z}\varepsilon_z + \frac{\partial f_6}{\partial \gamma_{xy}}\gamma_{xy} + \frac{\partial f_6}{\partial \gamma_{yz}}\gamma_{yz} + \frac{\partial f_6}{\partial \gamma_{zx}}\gamma_{zx}
\end{aligned}\right\} \tag{5.4a}$$

为了易于采用矩阵符号表示应力张量、应变张量以及应力应变关系的弹性系数，通常的做法是把 x、y、z 分别以 1、2、3 替换，把 $yz(zy)$、$zx(xz)$、$xy(yx)$ 分别以 4、5、6 代替，且也用 σ 表示切应力，即只用下标加以区别是正应力或切应力、线应变或切应变，则式(5.4a)成为

$$\left.\begin{aligned}
\sigma_1 &= c_{11}\varepsilon_1 + c_{12}\varepsilon_2 + c_{13}\varepsilon_3 + c_{14}\varepsilon_4 + c_{15}\varepsilon_5 + c_{16}\varepsilon_6 \\
\sigma_2 &= c_{21}\varepsilon_1 + c_{22}\varepsilon_2 + c_{23}\varepsilon_3 + c_{24}\varepsilon_4 + c_{25}\varepsilon_5 + c_{26}\varepsilon_6 \\
\sigma_3 &= c_{31}\varepsilon_1 + c_{32}\varepsilon_2 + c_{33}\varepsilon_3 + c_{34}\varepsilon_4 + c_{35}\varepsilon_5 + c_{36}\varepsilon_6 \\
\sigma_4 &= c_{41}\varepsilon_1 + c_{42}\varepsilon_2 + c_{43}\varepsilon_3 + c_{44}\varepsilon_4 + c_{45}\varepsilon_5 + c_{46}\varepsilon_6 \\
\sigma_5 &= c_{51}\varepsilon_1 + c_{52}\varepsilon_2 + c_{53}\varepsilon_3 + c_{54}\varepsilon_4 + c_{55}\varepsilon_5 + c_{56}\varepsilon_6 \\
\sigma_6 &= c_{61}\varepsilon_1 + c_{62}\varepsilon_2 + c_{63}\varepsilon_3 + c_{64}\varepsilon_4 + c_{65}\varepsilon_5 + c_{66}\varepsilon_6
\end{aligned}\right\} \tag{5.4b}$$

式中 $c_{11} = \frac{\partial f_1}{\partial \varepsilon_x}$，$c_{12} = \frac{\partial f_1}{\partial \varepsilon_y}$，$c_{13} = \frac{\partial f_1}{\partial \varepsilon_z}$，$c_{14} = \frac{\partial f_1}{\partial \gamma_{xy}}$，$c_{15} = \frac{\partial f_1}{\partial \gamma_{zx}}$，$c_{16} = \frac{\partial f_1}{\partial \gamma_{xy}}$，余类推。采用简化的求和表示法，则

$$\sigma_i = c_{ij}\varepsilon_j \quad (i, j = 1,2,3,4,5,6) \tag{5.5a}$$

同样每个应变也可以写成 6 个应力的函数

$$\left.\begin{aligned}
\varepsilon_x &= s_{11}\sigma_x + s_{12}\sigma_y + s_{13}\sigma_z + s_{14}\tau_{yz} + s_{15}\tau_{zx} + s_{16}\tau_{xy} \\
\varepsilon_y &= s_{21}\sigma_x + s_{22}\sigma_y + s_{23}\sigma_z + s_{24}\tau_{yz} + s_{25}\tau_{zx} + s_{26}\tau_{xy} \\
\varepsilon_z &= s_{31}\sigma_x + s_{32}\sigma_y + s_{33}\sigma_z + s_{34}\tau_{yz} + s_{35}\tau_{zx} + s_{36}\tau_{xy} \\
\gamma_{yz} &= s_{41}\sigma_x + s_{42}\sigma_y + s_{43}\sigma_z + s_{44}\tau_{yz} + s_{45}\tau_{zx} + s_{46}\tau_{xy} \\
\gamma_{zx} &= s_{51}\sigma_x + s_{52}\sigma_y + s_{53}\sigma_z + s_{54}\tau_{yz} + s_{55}\tau_{zx} + s_{56}\tau_{xy} \\
\gamma_{xy} &= s_{61}\sigma_x + s_{62}\sigma_y + s_{63}\sigma_z + s_{64}\tau_{yz} + s_{65}\tau_{zx} + s_{66}\tau_{xy}
\end{aligned}\right\}$$

采用上述的简化数字下标则有

$$
\left.\begin{aligned}
\varepsilon_1 &= s_{11}\sigma_1 + s_{12}\sigma_2 + s_{13}\sigma_3 + s_{14}\sigma_4 + s_{15}\sigma_5 + s_{16}\sigma_6 \\
\varepsilon_2 &= s_{21}\sigma_1 + s_{22}\sigma_2 + s_{23}\sigma_3 + s_{24}\sigma_4 + s_{25}\sigma_5 + s_{26}\sigma_6 \\
\varepsilon_3 &= s_{31}\sigma_1 + s_{32}\sigma_2 + s_{33}\sigma_3 + s_{34}\sigma_4 + s_{35}\sigma_5 + s_{36}\sigma_6 \\
\varepsilon_4 &= s_{41}\sigma_1 + s_{42}\sigma_2 + s_{43}\sigma_3 + s_{44}\sigma_4 + s_{45}\sigma_5 + s_{46}\sigma_6 \\
\varepsilon_5 &= s_{51}\sigma_1 + s_{52}\sigma_2 + s_{53}\sigma_3 + s_{54}\sigma_4 + s_{55}\sigma_5 + s_{56}\sigma_6 \\
\varepsilon_6 &= s_{61}\sigma_1 + s_{62}\sigma_2 + s_{63}\sigma_3 + s_{64}\sigma_4 + s_{65}\sigma_5 + s_{66}\sigma_6
\end{aligned}\right\}
$$

同样采用简化的求和表示法,则

$$
\varepsilon_i = s_{ij}\sigma_j \quad (i,j = 1,2,3,4,5,6) \tag{5.5b}
$$

上述变换中 $\varepsilon_{23} = \dfrac{\varepsilon_4}{2}$,$\varepsilon_{31} = \dfrac{\varepsilon_5}{2}$,$\varepsilon_{12} = \dfrac{\varepsilon_6}{2}$,这是由于剪切应变的特殊性,才出现 1/2 这个系数。

式(5.5a)和式(5.5b)表示一般受力条件下材料在弹性范围内应力 - 应变的普遍关系,称为广义胡克定律。其中 c_{ij} 称为刚度常数,s_{ij} 称为柔度常数,一般情况下 $c_{ij} \neq s_{ij}{}^{-1}$。两种系数统称为弹性常数。

从式(5.5a)和式(5.5b)可知,每种常数都有 36 个,可以证明 $c_{ij} = c_{ji}$,$s_{ij} = s_{ji}$,所以独立的系数只有 21 个,即

$$
\begin{matrix}
c_{11} & c_{12} & c_{13} & c_{14} & c_{15} & c_{16} \\
 & c_{22} & c_{23} & c_{24} & c_{25} & c_{26} \\
 & & c_{33} & c_{34} & c_{35} & c_{36} \\
 & & & c_{44} & c_{45} & c_{46} \\
 & & & & c_{55} & c_{56} \\
 & & & & & c_{66}
\end{matrix}
$$

由于不同点阵结构晶体的对称性各不相同,它们的各向异性也不一样。因此,只需比 21 个更少的弹性系数就可以表征各种单晶材料的弹性性能。同样可以证明,随着晶体点阵对称性的提高,弹性系数的表示大大简化;有些系数相同,有些则为零,其独立的弹性系数数目将更少,表 5.1 列出了不同对称性单晶体和各向弹性体所需弹性系数数目。

表 5.1　表示不同晶系的独立弹性系数数目

晶　　系	独立弹性系数数目
三斜晶系	21
单斜晶系	13
斜方晶系	9
四方晶系	6
六方晶系	5
立方晶系	3
各向同性体	2

由于晶体材料的弹性是各向异性的，为了评价不同晶体各向异性的程度，下面将引进弹性各向异性常数作为表征。为此，先考察材料各向同性所要求的条件。

由单元体的分析可知，若把立方晶系相对于力的坐标轴任意旋转一个角度，则应当得到一组新的应力－应变方程。假如这时的弹性系数和旋转前相等，则可以认为该弹性体为各向同性。可以证明，立方晶系满足这一要求的条件为

$$c_{44} = \frac{1}{2}(c_{11} - c_{12}) \tag{5.6}$$

式中，c_{44} 的物理意义为立方晶系中(100) 面沿⟨010⟩ 方向的切变模量；c_{11} 和 c_{12} 没有确切的物理意义，但$(c_{11} - c_{12})/2$ 则为立方晶体中(110) 面沿⟨110⟩ 方向的切变模量，常令 $c' = (c_{11} - c_{12})/2$。在立方晶系中通常把弹性各向异性常数 A 定义为

$$A = c_{44}/[\frac{1}{2}(c_{11} - c_{12})] \tag{5.7}$$

作为弹性各向异性的量度。

5.2.2　各向同性体的弹性系数

由于多晶体金属材料、陶瓷和高分子聚合物通常都是各向同性体，因此介绍各向同性体的广义胡克定律的形式及其相关常用弹性常数的表征。

各向同性体的弹性必须满足式(5.6) 的条件，那么立方晶系各向同性体的弹性特征用 c_{11} 和 c_{12} 两个常数就可以确定。但是工程上一般不用 c_{ij}，而习惯于用 E、G、K 且它们之间的关系为

$$G = \frac{E}{2(1 + \mu)} \tag{5.8}$$

$$K = \frac{E}{3(1 - 2\mu)} \tag{5.9}$$

式中，μ 为泊松系数，它反映出材料横向应变与受力方向应变的比值。一般金属材料的泊松比为0.29 ~ 0.33，大多数无机材料为0.2 ~ 0.25。弹性模量 E 随材料不同变化很大，金属材料 E 为0.1 ~ 100 GPa，而无机材料 E 为1 ~ 100 GPa。

工程上材料弹性模量(如 E) 的意义通常是以零件的刚度表现出来。一般以引起单位应变的负荷为零件的刚度，即

$$\frac{F}{\varepsilon} = \frac{\sigma s}{\varepsilon} = Es \tag{5.10}$$

式中，s 为零件的承载面积；F 为零件应变ε 所承受的载荷；Es 为零件的刚度。所以，材料弹性模量的大小特别是对细长的杆零件尤为重要。

显然，在 E、G、K 中用任意两个模量就可以确定各向同性体的弹性特征。

为了更进一步理解弹性模量和各弹性系数的意义，可以建立它们之间的定量关系。根据弹性力学的推导，各向同性体广义胡克定律可以表示为

$$
\left.\begin{aligned}
\varepsilon_x &= \frac{1}{E}[\sigma_x - \mu(\sigma_y + \sigma_z)] \\
\varepsilon_y &= \frac{1}{E}[\sigma_y - \mu(\sigma_x + \sigma_z)] \\
\varepsilon_z &= \frac{1}{E}[\sigma_z - \mu(\sigma_y + \sigma_x)] \\
\gamma_{yz} &= \frac{2(1+\mu)}{E}\tau_{yz} = \tau_{yz}/G \\
\gamma_{zx} &= \frac{2(1+\mu)}{E}\tau_{zx} = \tau_{zx}/G \\
\gamma_{xy} &= \frac{2(1+\mu)}{E}\tau_{xy} = \tau_{xy}/G
\end{aligned}\right\} \tag{5.11}
$$

以立方晶体为例,考虑到把多晶体看成各向同性体,在等应力作用下分别代入立方晶系体和各向同性体的广义胡克定律进行比较,便可得到弹性系数和模量之间的关系为

$$
\left.\begin{aligned}
c_{11} &= 2G\left(1 + \frac{\mu}{1-2\mu}\right) = 2G\left(\frac{1-\mu}{1-2\mu}\right) \\
c_{12} &= 2G\left(\frac{\mu}{1-2\mu}\right) \\
c_{44} &= G
\end{aligned}\right\} \tag{5.12}
$$

若以大多数金属的 $\mu \approx 1/3$ 代入式(5.12),可得到 $c_{11} : c_{12} : c_{44} = 4:2:1$。表5.2列出了一些立方系金属室温下的晶体弹性数据。

表5.2　一些立方系金属室温下的晶体弹性数据

金属	点阵类型	弹性系数 $\times 10^{-5}$/ MPa			$c' = \frac{c_{11} - c_{12}}{2}$	A	μ
		c_{11}	c_{12}	c_{44}			
αFe	体心立方	2.37	1.41	1.16	0.480	2.4	0.37
Na(210 K)	体心立方	0.055 5	0.042 5	0.049 1	0.006 5	7.5	0.43
K	体心立方	0.049 5	0.037 2	0.026 3	0.006 15	4.3	0.45
W	体心立方	5.01	1.98	1.51	1.51	1.00	0.28
β 黄铜	体心立方	0.52	0.275	1.73	0.122 5	14.1	0.32
Al	面心立方	1.08	0.622	0.284	0.229	1.24	0.36
Au	面心立方	1.86	1.57	0.420	0.145	2.9	0.46
Ag	面心立方	1.20	0.897	0.436	0.151	2.9	0.46
Cu	面心立方	1.70	1.23	0.753	0.235	3.2	0.35
Pb	面心立方	0.483	0.409	0.144	0.037	3.9	0.44
α 黄铜	面心立方	1.47	1.11	0.72	0.180	4.0	0.35
Cu_3Al	面心立方	2.25	1.73	0.663	0.260	2.6	0.34
C	金刚石	9.2	3.9	4.3	2.6	1.6	0.30

5.2.3　材料中应力波的传播

众所周知,一切纵波在弹性介质内都以疏密发散的形式向前或向后传播,其传播速度是个常数;一切横波在弹性介质内都以切变的横向位移形式向前或向后传播,其传播速度

也是一个常数。应力波在介质中的传播速度与介质材料的弹性常数相关联。大多数工业材料(如金属,合金,塑料,橡胶,陶瓷,水泥)都可以看做各向同性体,因而它们的弹性性能可以由杨氏模量 E、切变模量 G 和泊松系数 μ 中任意两个独立参数决定,并通过式(5.8)联系起来。

弹性力学表明,在无限介质中纵波的传播速度 c_l 是一个与材料杨氏模量 E,泊松系数 μ 和密度 ρ 有关的常数,即

$$c_l = \sqrt{\frac{E}{\rho}\frac{1-\mu}{(1+\mu)(1-2\mu)}} \tag{5.13}$$

横波的传播速度 c_t 只与切变模量 G 和密度 ρ 有关,即

$$c_t = \sqrt{\frac{E}{\rho}\cdot\frac{1}{2(1+\mu)}} = \sqrt{\frac{G}{\rho}} \tag{5.14}$$

如果按大多数金属的情形取 $\mu = 1/3$,则

$$c_l/c_t = 2 \tag{5.15}$$

这就是说,在金属材料中纵波的传播速度为横波传播速度的一倍。所以地震时总是先感受到纵波,然后才是横波,通过测定纵波与横波到达的时间间隔,可以计算出震源所在。

在研究实践和工业测试中,如果应力波波长 λ 的数量级小于试样的几何尺寸(如小试片用超声测量材料的弹性模量),且介质表面二次反射波的影响可以忽略,则介质可以有条件地被认为是“无限大的”。对于“一维介质”,即纵向尺寸比横向尺寸大得多的介质,纵波的传播速度 c_l 与杨氏模量 E 的关系可简化为

$$c_l = \sqrt{E/\rho} \tag{5.16}$$

从式(5.13),式(5.14)和式(5.16)可以看出,密度越小刚性越强的材料,其应力波的传播速度也越大。

目前在弹性模量的动力法测量中最常用的是声频法,但超声波的应用已引起广泛重视,它不但可以作为材料弹性模量测试的一种准确而又标准的方法,而且在机械零件工艺缺陷的无损检测和材料内部结构转变的研究中,都已成为一个重要手段。

5.2.4 弹性模量的微观分析

固体对所有作用力的反应的实质来自于原子间相互作用的势能。对于一对相距为 r 的原子,其势能 U 可以写成

$$U(r) = -\frac{A}{r^n} + \frac{B}{r^m} \tag{5.17}$$

式中,A,B,m,n 是取决于材料的常数。

式(5.17)的第一部分表征势能的相吸部分,第二部分是势能的相斥部分。研究表明,$n < m$,意义是斥力对距离变化更敏感,原子间作用力 $F(r)$ 可以写为

$$F(r) = -\frac{\mathrm{d}U(r)}{\mathrm{d}r} = -\frac{nA}{r^{n+1}} + \frac{mB}{r^{m+1}} \tag{5.18}$$

令 $F = -\frac{\mathrm{d}U(r)}{\mathrm{d}r} = 0$,可解出原子间平衡距离 r_0,即

$$r_0 = \left(\frac{mB}{nA}\right)^{1/(m-n)} \tag{5.19}$$

方程(5.19) 表明,若相对于原子间的排斥作用 B,来增加原子间的相吸作用 A,则原子间平衡距离减小。图 5.1 绘出了双原子的势能曲线和原子间的作用力,并标明了相吸引和排斥的部分以及稳定的原子间距 r_0。

下面以上述的双原子势能曲线模型,讨论一下弹性模量的定量表达式。假设对双原子键合作用一微扰,使之偏离平衡,那么,微力 dF 和微位移 dr 间的关系为

$$dF = -\left(\frac{d^2U(r)}{dr^2}\right)_{r=r_0} dr \tag{5.20}$$

真实材料由许多键构成,那么在宏观应力和应变变量之间总是显示相似的线弹性关系,并且其比例系数 —— 弹性模量相关于材料原子的键刚性(Bond Stiffness)。

同样材料的体积模量 K 也与势能曲线的曲率有关:水静压力作用于原子每个键上的压力与每一个键的横截面积成比例,即 $dF = pr_0^2$;固体的体应变整体上大约是单个键的线性应变的3倍,即$\frac{dV}{V} = 3\frac{dr}{r_0}$,因此,由式(5.20) 和体积模量定义则得

$$K = \frac{1}{3r_0}\left(\frac{d^2U(r)}{dr^2}\right)_{r=r_0} \tag{5.21}$$

式(5.21) 再次表明宏观上弹性模量正是微观平衡态原子间距的原子间作用力的反映。这一理论已被在离子晶体上的实验观察所证实。

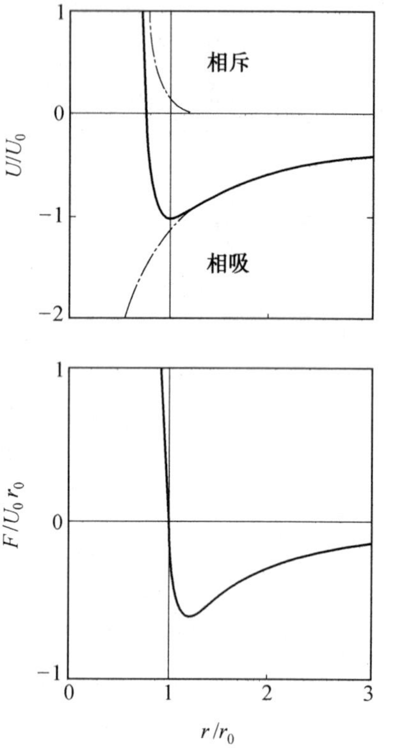

图 5.1　双原子的势能 $U(r)$ 及其相互作用力 $F(r)$ 曲线

5.2.5　弹性模量和其他物理量的关系

1. 弹性模量与原子结构的关系

由于材料的弹性与原子间的结合力有关,所以弹性模量取决于材料原子的价电子数和原子半径的大小,即取决于原子的结构。元素周期表中原子外层的电子数呈周期变化,因此,室温下弹性模量也随原子序数相应地呈周期变化,如图 5.2 所示。从图可以看到,第三周期中的 Na、Mg、Al、Si 等元素随着原子序数的增加,价电子数增多,弹性模量增高。同一族元素,如 Be、Mg、Ca 和 Ba,它们的价电子数相等,由于原子半径随着原子序数增加而增大,弹性模量减小。可以认为,弹性模量 E 与原子间的距离 a 近似地存在着数值关系

$$E = \frac{k}{a^m} \tag{5.22}$$

式中,k 和 m 均为常数。

式(5.22) 所示的规律不适用于过渡族金属,这是因为过渡族金属的 d 层电子所产生的原子间结合力都比较强,它们的弹性模量都比普通金属大,并且还随原子半径的增大而增高。

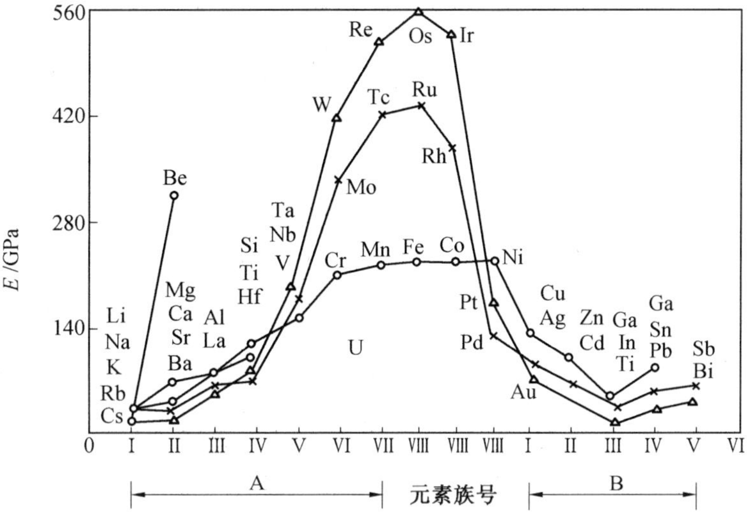

图 5.2　弹性模量周期变化示意图

2. 弹性模量与德拜温度

德拜温度 θ_D 同晶体的原子振动有关，一般 θ_D 越高，原子间结合力越强。弹性模量 E 也表征晶体原子间结合力强弱，因此二者关系为

$$\theta_D = \frac{h}{k}\left(\frac{3N_A}{4\pi M}\right)^{1/3}\rho^{1/3}c \tag{5.23}$$

式中，h 为普朗克常量；k 为玻耳兹曼常数；N_A 为阿伏加德罗常数；M 为摩尔质量；ρ 为密度；c 为弹性波的传播速度。

又知

$$\frac{3}{c^3} = \frac{1}{c_l^3} + \frac{1}{c_t^3} \tag{5.24}$$

则由式(5.14)、式(5.16) 和式(5.24) 及式(5.23)，可计算德拜温度 θ_D。

由式(5.23) 可见，德拜温度与弹性波速成正比，一般来说，弹性模量越高，其 θ_D 温度也越高。

3. 弹性模量与熔点的关系

材料的熔点高低反映其原子间结合力的大小，因此，弹性模量与熔点有正比例关系，例如，在 300 K 下，弹性模量与熔点 T_m 之间的关系为

$$E = \frac{100kT_m}{V_a} \tag{5.25}$$

式中，V_a 为原子体积或分子体积；k 为玻耳兹曼常数。

5.3 影响弹性模量的因素

5.3.1 温度的影响

可以这样认为，凡是影响金属原子间结合力的因素都会对弹性模量造成影响，对于多数金属，随着温度的升高，原子的热运动加剧，原子间的距离增大，导致原子间相互作用力减弱，所以弹性模量随温度升高近似地呈直线降低，如图 5.3 所示。

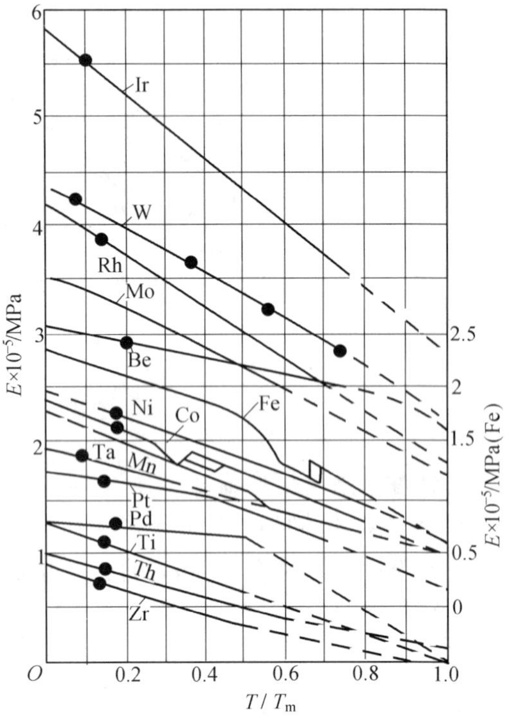

图 5.3　金属弹性模量与温度的关系

正弹性模量随温度的变化常用温度系数表示，$e=\dfrac{dE}{dT}\cdot\dfrac{1}{E}$，$e$ 近似地与线膨胀系数 α_l 成正比，$\alpha_l/e\approx4\times10^4$。当温度高于 $0.52T_m$ 时，弹性模量和温度之间不再是直线关系，而呈指数关系，即

$$\frac{\Delta E}{E}\propto\exp\left(-\frac{Q}{RT}\right)$$

式中，Q 为模量效应的激活能，与空位生成能相近。

从图 5.3 可以看出，钨虽然熔点最高（～ 3 400℃），但其弹性模量比铱（T_m = 2 454℃）要低得多。注意这些金属升温时模量降低的过程还可以看到，铱从室温到 1 000℃ 模量降低约 20%，而钨只降低约 12%。模量迅速下降的还有铑，而铂与钨类似却降低得比较缓慢。

值得注意的是，当加热到 600℃ 时，钯的模量值仍保持接近于初始值，铂也有类似的情况。这说明，该金属在高温下保持原子间结合力的能力较强，即模量温度系数 e 绝对值较小。

从图 5.3 可以看出，如不考虑相变的影响，对于大多数金属，其模量随着温度的升高几乎都直线地下降。一般金属材料的模量温度系数 $e=-(300\sim1\ 000)\times10^{-6}/℃$，低熔点金属的 e 值较大，而高熔点金属与难熔化合物的 e 值较小，合金的模量随温度升高而下降的趋势与纯金属大致相同，具体数据可以从材料手册上查到。

5.3.2 相变的影响

材料内部的相变（如多晶型转变、有序化转变、铁磁性转变以及超导态转变等）都会对弹性模量产生比较明显的影响，其中有些转变的影响在比较宽的温度范围里发生，而另一些转变则在比较窄的温度范围里引起模量的突变，这是由于原子在晶体学上的重构和磁的重构所造成的。图 5.4 表示了 Fe、Co、Ni 的多晶型转变与铁磁转变对模量的影响。例如，当铁加热到 910℃ 时发生 α－γ 转变，点阵密度增大造成模量的突然增大，冷却时在 900℃ 发生 α－γ 的逆转变使模量降低。钴也有类似的情况，当温度升高到 480℃ 时从六方晶系的 α－Co 转变为立方晶系 β－Co，弹性模量增大。温度降低时同样在 400℃ 左右观察到模量的跳跃。这种逆转变的温差显然是由于过冷所致。

镍的弹性模量大小以及模量的温度系数对于退火态和磁饱和态有不同的数值，当加热到 190～200℃ 时退火镍的模量降到最低值，进一步升高温度时，出现模量增大直至 360℃。在这之后镍的模量重新开始下降，可以看出在 360℃ 时，退火镍的正弹性模量和室温时几乎有相同的数值。

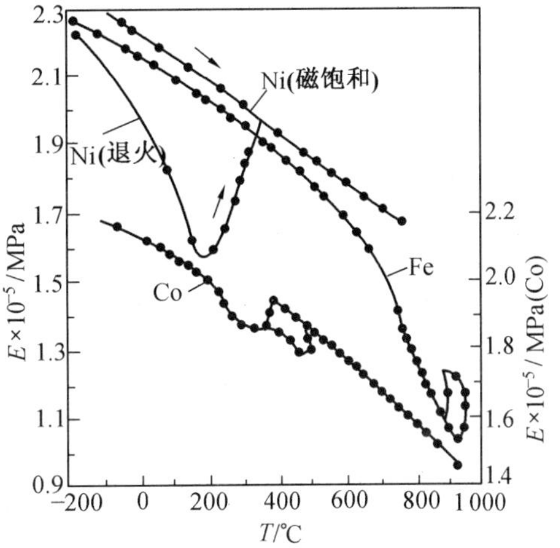

图 5.4　相变对弹性模量与温度的关系

磁饱和镍的模量大小随温度升高单调地降低，在居里点附近可以发现模量曲线有轻微的弯曲。在这一温度（360℃）下，铁磁性损失后所显示的弹性模量值才表征着镍晶体点阵中原子间的结合强度。关于这种反常现象可作如下解释：铁磁性金属在测量弹性模量时，除产生正常的弹性伸长外，还由于应力的作用感生磁化，同时产生磁致伸缩效应，即产生补充伸长。因此，它们的弹性模量比正常模量低，即

$$E_f = E_n - E' \tag{5.26}$$

式中，E_f 为铁磁金属实测时的弹性模量；E_n 为正常时的弹性模量；E' 为应力感生磁致伸缩效应对弹性模量的贡献。

低温时镍的 E' 的影响比较显著，当温度高于 200℃，接近居里点时，镍的铁磁性逐渐变弱，E' 的影响减小，从而导致 E_f 增大。

5.3.3　合金成分与组织的影响

总地来说，一般加入少量的合金元素和进行不同热处理工艺对弹性模量的影响并不明显，但如加入大量的合金元素也会使弹性模量产生明显的变化。

1. 形成固溶体合金

在有限互溶的情况下形成固溶体合金时，根据梅龙（Melean）的观点，溶质对合金弹性模量 E 的影响有以下三个方面：① 由于溶质原子的加入造成点阵畸变，引起合金弹性模量的降低；② 溶质原子可能阻碍位错弯曲和运动使弹性模量增大；③ 当溶质和溶剂原子间结合力比溶剂原子间结合力大时，会引起合金模量的增加，反之合金模量降低。所以合金元素可能使弹性模量 E 增大，也可能使 E 减小，因具体情况而异。

一般由点阵类型相同、价电子数和原子半径相近的两种金属组成无限固溶体时，如 Cu－Ni、Cu－Pt、Cu－Au 和 Ag－Au 合金，弹性模量和溶质原子浓度之间呈直线或近似于直线关系。但溶质是过渡族元素时，弹性模量与溶质原子浓度之间明显偏离直线关系，而呈向上凸起的曲线关系。这一现象与过渡族元素的 d 层电子未填满有关。

两种金属组成有限固溶体时，若两个组元的原子价不相同，则溶质原子溶入必然要引

起电子浓度的变化，从而改变了参与键合的电子数目，导致弹性模量产生相应的变化。据研究，以Ag、Au、Cu等为基与周期表中B族元素Zn、Cd、Ca、In、Tl、Ge、Sn、Pb、As、Sb和Bi等所形成的固溶体，其弹性模量的变化可表示为

$$\Delta E = \pm cr_s - ar_r(\Delta Z)^2 \tag{5.27}$$

式中，ΔE 为弹性模量的变化值；c 和 a 均为常数，溶质原子半径大于溶剂时，c 为负；r_s 为溶质原子浓度；ΔZ 为溶质和溶剂金属的原子价差。式(5.27)中第一项表示由于两组元原子半径不同所引起的变化；第二项表示由于原子价不同所引起的变化。

从式(5.27)可以看到，弹性模量的变化值 ΔE 与溶质原子的浓度成正比，并且原子价差 ΔZ 越大，ΔE 的变化越剧烈。

以下探讨Cu、Ag与B族元素组成的有限固溶体弹性模量的变化。如图5.5所示，从图上可以看到：弹性模量随着溶质原子浓度的增加均呈直线降低；随着组元的原子价差的增大，弹性模量下降的趋势明显加剧。当两组元的原子价相近或相等，而原子半径的差别较大时，如Cu－Ag、Cu－Au和Cu－Mg合金，理论证明，$\frac{dE}{dr_s}$ 与 ΔR^2 成正比，这里 r_s 为溶质原子的浓度。铁中加入3d过渡族元素，如Cr、V、Co、Ni和Mn，电子浓度的变化对 ΔE 的影响很小，这时 ΔE 主要取决于原子间距的变化以及由异类原子所引起的局部压力。

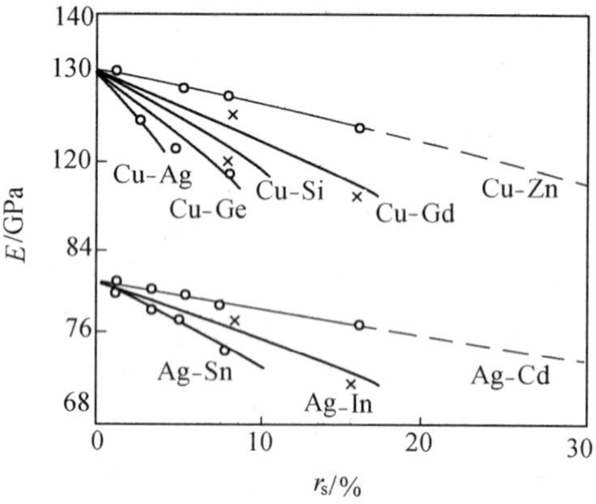

图5.5　Cu和Ag合金的 E 与溶质原子浓度的关系

前面指出，弹性模量和熔点之间存在着正比关系，因此可以设想，若加入使合金熔点降低的元素，合金的弹性模量也应当降低？实验证明，铜或银为基的固溶体合金的 $\frac{dE}{dr_s}$ 和 $\frac{dT}{dr_s}$ 基本上呈直线关系，这里 $\frac{dT}{dr_s}$ 是状态图上固相线的斜率，而固相线可以近似地看成直线。

合金的有序化和生成不均匀固溶体时，原子间的结合力增强，从而导致弹性模量增大。例如，CuZn和 Cu_3Au 有序合金的弹性模量都比相同成分无序状态的高。

2.形成化合物和多相合金

对化合物及中间相的模量研究得不够，但基本上可以认为，中间相的熔点越高，弹性模量也越大。譬如，在Cu－Al系中化合物 $CuAl_2$ 相的弹性模量比铝高，但比铜低。相反地，γ相的正弹性模量差不多比铜的模量高1.5倍。

通常认为，弹性模量的组织敏感性较小，多数单相合金的晶粒大小和多相合金的弥散度对模量的影响很小，即在两相合金中，弹性模量对组成合金相的体积浓度具有近似线性关系。但是，多相合金的模量变化有时显得很复杂。第二相的性质、尺寸和分布对模量有时也表现出很明显的影响，即与热处理和冷变形关系密切。例如，Mn－Cu合金就是如此，如

图5.6所示。该合金在0～80%范围内的退火组织为α+γ两相结构;图5.6中,*a*为退火条件下的模量变化,*b*为经过90%冷变形后的模量,*c*为冷变形后经400℃加热的模量,*d*为经96%冷变形后经600℃加热的模量。

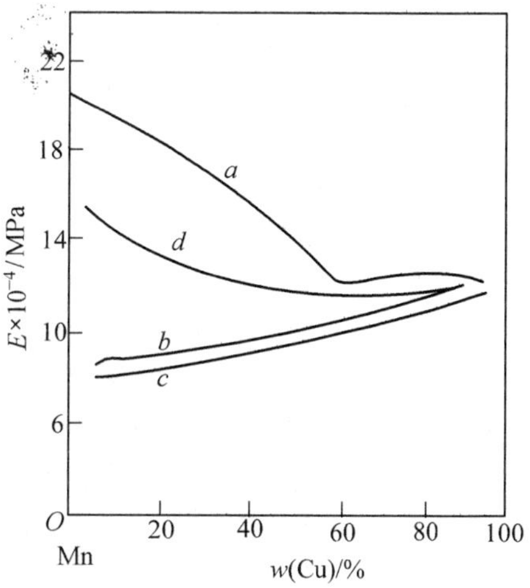

图5.6 锰铜合金的模量

综上所述可以看出,在选择了基体组元后,很难通过形成固溶体的办法进一步实现弹性模量的大幅度提高,除非更换材料。但是,如果能在合金中形成高熔点、高弹性的第二相,则有可能较大地提高合金的弹性模量。目前常用的高弹性和恒弹性合金往往通过合金化和热处理来形成,诸如 Ni_3Mo、Ni_3Nb、$Ni_3(Al,Ti)$、$(Fe,Ni)_3Ti$、Fe_2Mo 等中间相,在实现弥散硬化的同时提高材料的弹性模量。例如,Fe－42Ni－5.2Cr－2.5Ti(*w*%)恒弹性合金就是通过 $Ni_3(Al,Ti)$ 相的析出来提高材料弹性模量的。

5.3.4 晶体结构的影响

弹性模量是依晶体的方向而改变的。多晶体中弹性模量不依方向而变化,其量可用单晶体的弹性模量取平均值的方法计算出来。

立方晶系的多数金属单晶体,其[111]晶向的弹性模量值最大,而沿[100]晶向的弹性模量值最小(见表5.3)。最大切变模量 *G* 沿[100]晶向,最小切变模量沿[111]晶向。

如果通过冷变形(冷轧、冷拉、冷压、扭转),且冷变形量很大时,由于织构的形成,将导致金属与合金弹性模量的各向异性。经冷加工变形的金属与合金,在高于再结晶温度退火时,会产生再结晶结构,这时材料的性能也会出现各向异性。

有人研究了冷轧织构与再结晶退火织构对铜的弹性各向异性的影响(图5.7)。曲线(1)表示冷轧后铜板各向的弹性模量,曲线(2)表示再结晶退火的铜板弹性模量同轧制方位的关系。铜的冷轧织构为(110)[112]和(112)[111],因[112]方向与[111]之间夹角很小,所以经冷轧的铜板沿轧向和横向弹性模量值最高;与轧向成45°角的方向 *E* 值最低,这同[110]晶向的 *E* 值有关([110]晶向的 *E* 值居于[111]和[100]晶向 *E* 值之间)。铜的再结晶退火织构是(100)[001],故沿轧向和横向的弹性模量值最低。表5.4列出了不同变形量对黄铜和锡青铜的轧向和横向弹性常数的影响。

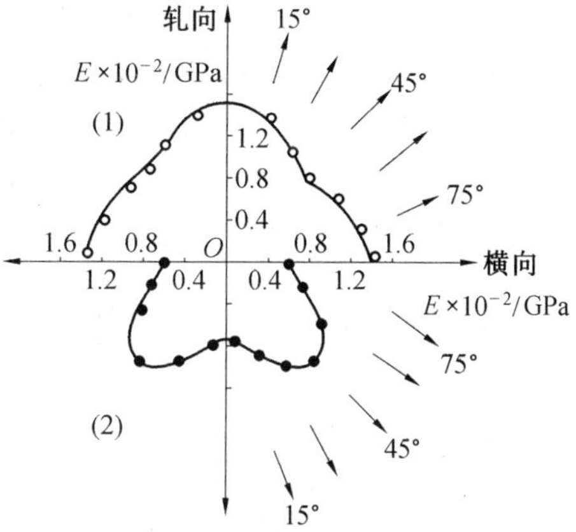

图5.7 铜板材的弹性各向异性

(1)—冷轧结构; (2)—再结晶退火结构

表 5.3　弹性模量的各向异性

晶系	材料	E_{max}/GPa		E_{min}/GPa		$E_{多晶}$/GPa
		单晶	晶向	单晶	晶向	
立方	Al	75.46(7 700)	[111]	62.72(6 400)	[100]	70.56(7 200)
	Au	137.20(14 000)	[111]	41.16(4 200)	[100]	79.38(8 100)
	Cu	190.22(19 400)	[111]	66.64(6 800)	[100]	118.58(12 100)
	Ag	114.66(11 700)	[111]	43.12(4 400)	[100]	79.40(8 000)
	W	392.00(40 000)	[111]	392.00(40 000)	[100]	347.90 ~ 392.00
	MgO	348.9	[111]	248.20	[100]	210(5% 气孔)
	Fe	284.20(29 000)	[111]	132.30(13 500)	[100]	209.72(21 400)
六方	Mg	50.37(5 140)	0°	42.83(4 370)	53.5°	44.10(4 500)
	Zn	123.77(12 630)	70.2°	34.89(3 560)	0°	98.00(10 000)
	Cd	81.34(8 300)	90°	28.22(2 800)	0°	49.98(5 100)
四方	Sn	84.67(8 640)	[001]	26.26(2 680)	[110]	54.29(5 540)
立方	Al	28.42(2 900)	[100]	24.50(2 500)	[111]	26.46(2 700)
	Au	40.18(4 100)	[100]	17.64(1 800)	[111]	27.44(2 800)
	Cu	75.46(7 700)	[100]	30.38(3 100)	[111]	43.12(4 400)
	Ag	43.61(4 450)	[100]	19.31(1 970)	[111]	26.46(2 700)
	W	151.90(15 500)	[100]	151.90(15 500)	[111]	130.34 ~ 151.90
	MgO	154.60	[100]	113.80	[111]	87.50
	Fe	115.64(11 800)	[100]	59.78(6 100)	[111]	82.32(8 400)
六方	Mg	18.03(1 840)	44.5°	16.76(1 710)	90°	17.64(1 800)
	Zn	48.71(4 970)	30°	27.24(2 780)	41.8°	36.26(1 800)
	Cd	24.60(2 510)	90°	18.03(1 840)	30°	21.56(2 200)
四方	Sn	17.84(1 820)	45.7°	10.39(1 060)	[100]	20.38(2 080)

注：表中圆括号内数的单位为 kgf/mm^2，1 kgf/mm^2 = $9.8 \times 10^6 N/m^2$ = $9.8 \times 10^6 Pa$。

表 5.4　冷变形对黄铜和锡青铜弹性常数的影响

变形量 ε/%		$\sigma_{0.005}$/MPa		E/GPa	
		黄铜	锡青铜	黄铜	锡青铜
8	轧向	188(19.2)	261(26.6)	100.45(10 250)	100.94(10 300)
	横向	203(20.7)	285(29.1)	97.51(9 950)	99.96(10 200)
20	轧向	187(19.1)	294(30.0)	101.43(10 350)	93.10(9 500)
	横向	274(28.0)	326(33.3)	95.06(9 700)	100.94(10 200)
50	轧向	212(21.6)	309(31.5)	95.84(9 780)	91.63(9 350)
	横向	343(35.0)	459(46.9)	994.70(10 150)	106.33(10 850)
80	轧向	218(22.3)	384(39.2)	90.16(9 200)	91.63(9 350)
	横向	400(40.8)	602(61.4)	107.80(11 000)	110.74(11 300)
92	轧向	296(30.2)	509(52.0)	93.10(9 500)	91.63(9 350)
	横向	457(46.6)	670(68.4)	108.78(11 100)	113.19(11 550)

注：表中括号内数的单位为 kgf/mm^2。

定向结晶工艺研究结果表明，定向凝固的金属与合金的弹性性能表现出各向异性。图5.8给出了K3镍基铸造高温合金和定向凝固的合金的高温弹性模量E、G值。一般情况下，铸造K3合金在常温下的弹性模量$E = 194.73$ GPa，而沿[100]方向定向凝固K3合金的弹性模量$E = 126.40$ GPa。可见，定向凝固方向合金的弹性模量E比铸态合金E值低1/3左右。实验结果还指出，垂直于[100]方向定向凝固K3合金的切变模量G也比铸态K3合金低，如图5.8所示。

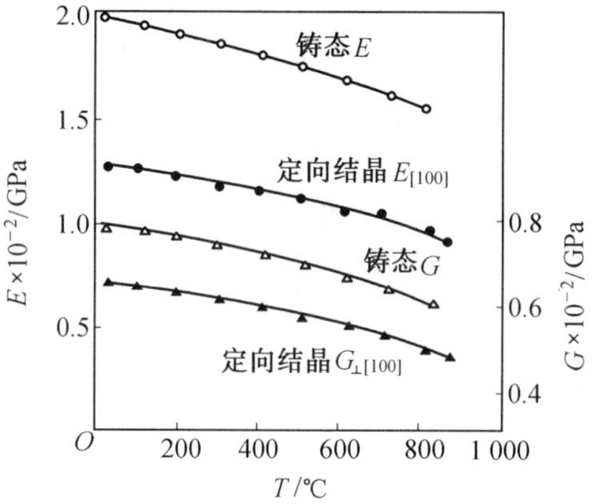

图5.8　定向凝固对K3镍基合金高温弹性模量的影响

○— 铸态K3合金E；△— 铸态K3合金G；

•— 定向凝固K3合金$E_{[100]}$；▲— 定向凝固K3合金$G_{\perp[100]}$

5.4　铁磁状态的弹性反常（ΔE效应）

未磁化的铁磁材料，在居里温度以下的弹性模量比磁化饱和状态的弹性模量低，这一现象称为弹性的铁磁性反常，又称ΔE效应。图5.9中OA直线表示已磁化饱和铁磁材料的应力－应变关系（一般“正常”材料的应力－应变关系），OBC曲线表示未磁化或未磁化到饱和的材料的应力－应变关系。

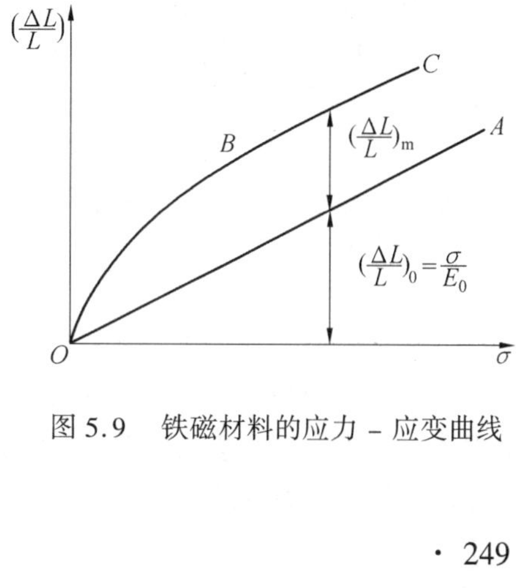

图5.9　铁磁材料的应力－应变曲线

未经磁化的铁磁材料由于自身存在自发磁化，它的各个磁畴的取向排列是封闭的。当这种材料在外力作用下发生弹性变形时，还将引起磁畴的磁矩转动，产生相应的磁致伸缩（力致伸缩）。在拉伸时，具有正的磁致伸缩的材料，其磁畴矢量将转向垂直于拉伸方向，同样在拉伸方向上产生附加伸长。由此，一个未磁化（或未磁化到饱和）的铁磁材料在拉伸时的伸长由两部分组成：拉应力产生的伸长$\left(\frac{\Delta L}{L}\right)_0$和磁致伸缩产生的伸长$\left(\frac{\Delta L}{L}\right)_m$。这样,铁磁材料的弹性模量应为

$$E = \frac{\sigma}{\left(\frac{\Delta L}{L}\right)_0 + \left(\frac{\Delta L}{L}\right)_m}$$

不难看出,$E_{f(铁磁材料)} < E_{0(“正常”材料)}$,二者之差 ΔE 即由磁致伸缩引起的弹性模量降低值,$\Delta E = E_0 - E_f$。

图 5.10 表示镍的弹性模量同温度、磁场的关系。磁场强度为 46 kA/m 时镍已被磁化饱和,故此时在任一温度的弹性模量按正常规律变化,而未磁化(未磁化饱和)的镍在低于居里温度时都具有较低的弹性模量。

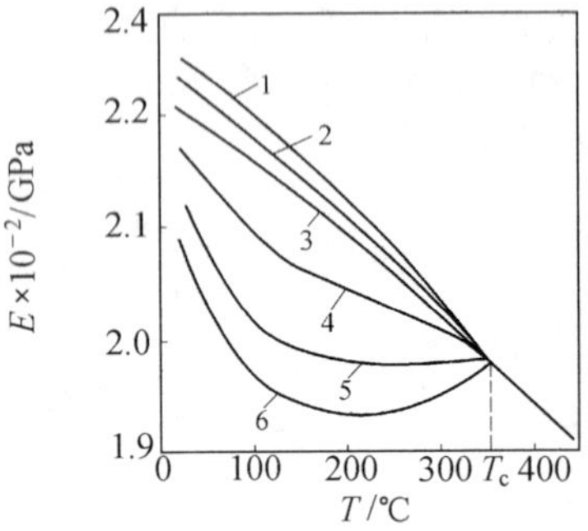

图 5.10 在磁场作用下镍的高温弹性模量
1—46 kA/m;2—8.48 kA/m;3—3.28 kA/m;4—0.8 kA/m;5—0.48 kA/m;6—$H = 0$

随温度升高,E_0 值下降,自发磁化也降低,磁致伸缩减小,因此 ΔE 值减小。如果温度升高时 E_0 和 ΔE 的降低在数值上大体相同,则 E_f 接近一个常数,与温度无关。具有这一特征的合金称恒弹性合金,它们的弹性温度系数很小或接近于零。艾林瓦合金(Fe - Ni - Cr 合金)即属于此合金。

5.5 弹性模量的测量及应用

5.5.1 概 述

测量弹性模量的方法有两种:一种是静态测量法,即从应力和应变曲线确定弹性模量,这是一种经典的方法,这种方法的测量精度较低,其载荷大小、加载速度等都影响测试结果,也不适合于对金属进行弹性分析。此外,对脆性材料,静态法也遇到极大的困难。另一种是动态测量法,这种方法是在试样承受交变应力产生很小应变的条件下测量弹性模量,用这种方法获得的弹性模量称为动态模量。动态测量法的优点是测量设备简单,测量速度快,测量结果准确。因动态法测试时试样承受极小的应变应力,试样的相对变形甚小($10^{-5} \sim 10^{-7}$),故用动态法测定 E、G 对高温和交变复杂负荷条件下工作的金属零部件尤其重要,适合于对金属进行弹性分析。本小节重点介绍动态测量法。

一般情况下静态法测定的结果较动态法低。若动态法加载频率很高,可认为是瞬时加载,这时试样与周围的热交换来不及进行,即几乎是在绝热条件下测定的。而静态法的加载频率极低,可认为是在等温条件下进行的。二者弹性模量的关系是

$$\frac{1}{E_i} - \frac{1}{E_a} = \frac{\alpha_1^2 T}{c\rho} \tag{5.28}$$

式中,E_i 表示在等温条件下测得的弹性模量;E_a 表示在绝热条件下测得的弹性模量;ρ 是材料的密度;c 表示材料的等压比热容;α_1 为材料的热膨胀系数。

按加载频率范围,动态法分为:声频法,频率为 10^4Hz 以下;超声波法,频率为 $10^4 \sim 10^8$Hz。目前声频法应用较为广泛和成熟。应该指出,由于材料科学的发展,最近几年超声

波法在国外越来越引起人们的重视。

5.5.2 动态法测弹性模量的原理

测量动态弹性模量是根据共振原理。当试样在受迫进行振动时,若外加的应力变化频率与试样的固有振动频率相同,则可产生共振。测试的基本原理可归结为测定试样(棒材、板材)的固有振动频率或声波(弹性波)在试样中的传播速度。由振动方程可推证,弹性模量与试样的固有振动频率平方成正比,即

$$E = k_1 f_1^2, \quad G = k_2 f_\tau^2 \tag{5.29}$$

式中,f_1 是纵向振动固有振动频率;f_τ 是扭转振动固有振动频率;k_1、k_2 是与试样的尺寸、密度等有关的常数。关系式(5.29)是声频法测定弹性模量的基础,而式(5.14)和式(5.16)则是超声波法测弹性模量的基础。

为测试 E、G,所采用的激发试样振动的形式也不同,如图5.11所示。图5.11(a)为换能器激发试样做纵向振动(拉 - 压交变应力),同样,图5.11(b)为试样做扭转振动(切向交变应力),图5.11(c)为试样做弯曲振动(也称横向振动)。

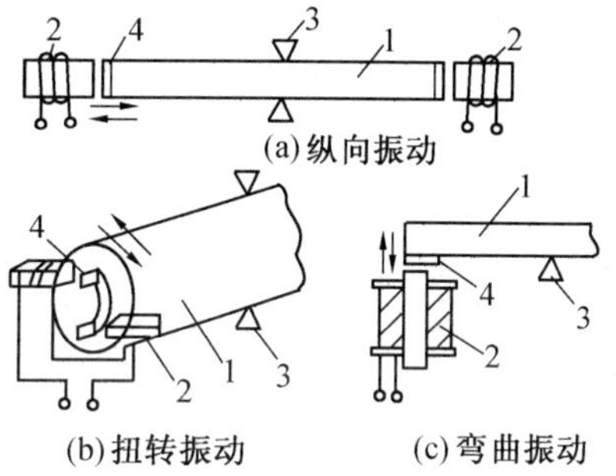

图5.11 激发试样纵向、扭转、弯曲振动原理图

1— 试样; 2— 电磁换能器; 3— 支点;

4— 铁磁性金属片

激发(或接收)换能器的种类比较多,常见的有电磁式、静电式、磁致伸缩式、压电晶体(石英、钛酸钡等)式。

1. 纵向振动共振法

用此法可以测定材料的弹性模量 E。如图5.11(a)所示,设有截面均匀棒状试样,其中间被固定,两端处自由。试样两端安放换能器2,其中一个用于激发振动,另一个用于接收试样的振动。以电磁式换能器为例,当磁化线圈通上声频交流电,则铁芯磁化,并以声频频率吸引和放松试样(如试样是非铁磁性的,需在试样两端面粘贴一小块铁磁性金属薄片),此时试样内产生声频交变应力,试样发生振动,即一个纵向弹性波沿试样轴向传播,最后由接收换能器接收。

当棒状试样处于如图5.11(a)所示状态,其纵向振动方程可写成

$$\frac{\partial^2 u}{\partial t^2} = \frac{E}{\rho} \frac{\partial^2 u}{\partial x^2} \tag{5.30}$$

其中 $u(x,t)$ 为纵向位移函数。解该振动方程(具体解法略),并取基波解,经整理可得

$$E = 4\rho L^2 f_1^2 \tag{5.31}$$

式中,L 为试样长度。由式(5.31)可以看出长棒状试样受迫产生振动时,弹性模量 E 和共振频率 f 存在的关系,为了求出 E,必须测出 f_1。利用不同频率的声频电流,通过电磁铁去激发试样做纵向振动,当 $f \neq f_1$ 时,接收端接收的试样振动幅很小,只有 $f = f_1$ 时在接收端可以观察到最大振幅,此时试样处于共振状态。

2. 扭转振动共振法

扭转振动共振法用于测量材料的切变模量 G,如图5.11(b)所示。一个截面均匀的棒

状试样，中间固定；在棒的一端利用换能器产生扭转力矩，试样的另一端（图中只画出试样的半面，另半面略）装有接收换能器（结构与激发换能器相同），用以接收试样的扭转振动。同样可以写出扭转振动方程并求解，最后仍归结为测定试样的扭转振动固有频率 f_τ，G 的计算式为

$$G = 4\rho L^2 f_\tau^2 \tag{5.32}$$

3. 弯曲振动共振法

如图 5.11(c) 所示，一个截面均匀的棒状试样，水平方向用二支点支起（图中只画出试样的半面）。在试样一端下方安放激发用换能器，使试样产生弯曲振动，另一端下方放置接收换能器，以便接收试样的弯曲振动。两端自由的均匀棒的振动方程为

$$\frac{\rho S}{EI}\frac{\partial^2 u}{\partial t^2} = -\frac{\partial^4 u}{\partial x^4} \tag{5.33}$$

式(5.33) 是一个四阶偏微分方程，其中 I 为转动惯量；S 为试样截面积。最后得到满足于基波的圆棒（直径为 d）的弹性模量计算式为

$$E = 1.262\rho\frac{L^4 f_{弯}^2}{d^2} \tag{5.34}$$

式中，L 和 d 分别为试样的长度和直径；ρ 为试样的密度。

同样测出试样弯曲振动共振频率 $f_{弯}$ 之后，代入上式计算 E。

在高温测试弹性模量时，考虑到试样的热膨胀效应，其高温弹性模量计算式为

纵向振动

$$E = 4\rho L^2 f_1^2(1 + \alpha_1 T)^{-1} \tag{5.35}$$

扭转振动

$$G = 4\rho L^2 f_\tau^2(1 + \alpha_1 T)^{-1} \tag{5.36}$$

弯曲振动

$$E = 4\rho L^4 f_{弯}^2 d^{-2}(1 + \alpha_1 T)^{-1} \tag{5.37}$$

式中，α_1 为试样的热膨胀系数；T 为加热温度。

5.5.3 悬挂法测弹性模量

悬挂法测弹性模量是弯曲共振法测量的一种。常采用如图 5.12 所示的装置进行测量。用这种装置测量时，首先由音频信号发生器发出交变信号并传给换能器（激发），换能器通过悬丝把转换成的机械振动传给试样，由此驱使试样产生弯曲振动，试样振动的频率与音频信号发生器发出的信号频率相同。在试样的另一端通过悬丝把试样的机械振动传给换能器（接收），再由换能器把机械振动转换成电信号，通过放大器，由毫伏表给出数字显示，与此同时，由示波仪将振动图形显示出来。测量时调整信号发生器的输出频率，当信号的频率与试样的固有频率相同时，试样便处于共振状态，此时示波仪的 y 轴可观察到最大振幅，由测频仪把共振频率记录下来，通过式(5.34) 便可计算出弹性模量

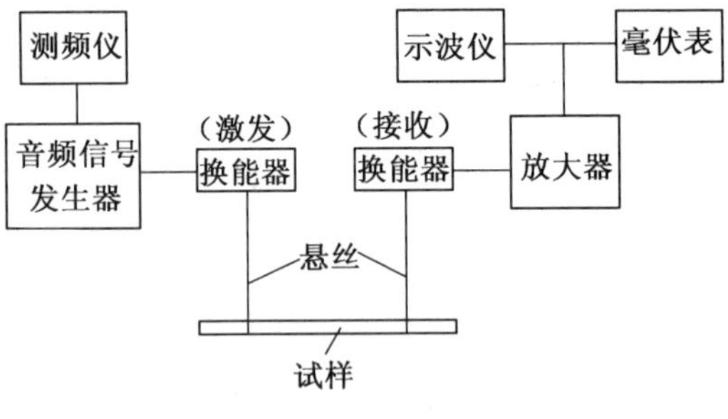

图 5.12　悬挂法共振测量弹性模量装置示意图

E。算式中的试样密度 ρ 常以其他物理量来表征,这样式(5.34)经整理最后写成

圆棒试样

$$E = 1.6067 \times 10^{-9}\left(\frac{L}{d}\right)^3 \frac{m}{d}f_{弯}^2 T_1 \qquad (\mathrm{GPa}) \tag{5.38}$$

矩形试样

$$E = 0.9465 \times 10^{-9}\left(\frac{L}{h}\right)^2 \frac{m}{b}f_{弯}^2 T_1 \qquad (\mathrm{GPa}) \tag{5.39}$$

式中,L 为试样长度,mm;d 为圆棒直径,mm;m 为试样质量,g;h、b 分别为矩形试样截面的高和宽,mm;$f_{弯}$ 为频率,Hz;T_1 为试样基频共振时的修正系数,它与样品的尺寸和泊松比有关,查国家标准表可得。

如果将悬丝的端点固定(可用点焊等方法)在试样两侧,其两固定点的连线应为通过试样轴心水平面的对角线。此时试样将同时进行两种形式的振动:弯曲振动和扭转振动。这种悬丝方法可以在一根试样上同时测出 E、G 值。同理,式(5.32)经整理可写成

圆棒试样

$$G = 5.093 \times 10^{-9} \frac{L}{d^2} m f_{\tau}^2 \qquad (\mathrm{GPa}) \tag{5.40}$$

矩形试样

$$G = 4.00 \times 10^{-9} \frac{L}{b} \frac{m}{h} f_{\tau}^2 R \qquad (\mathrm{GPa}) \tag{5.41}$$

式中,R 为形状因子,查国家标准表可得其值。

一般测量试样的尺寸应满足 $L/d = 20 \sim 25$,L 通常为 150 ~ 200 mm,d 为 3 ~ 8 mm。悬丝用直径小于 0.2 mm、长为 100 ~ 300 mm 的不具有强谐振的细软丝制成。一般室温测试采用丝棉线、卡普龙线,高温测试用铂金丝效果较好。温度低于 600 ~ 700℃ 以下可选用铜线,直径为 0.05 ~ 0.1 mm。将悬丝悬挂于距试样两端 0.224L ~ 0.174L 范围内,即靠近振动的结点处。作为研究金属的一种方法在实际应用中,有时用扭摆仪测量试样的切变模量 G,由于 $G \propto f^2$,常用自由振动频率 f^2 代表 G 来分析金属内部的变化。这种测量方法的优点是测量速度快而且方便,具体测量的原理及条件可参看内耗的测量部分。

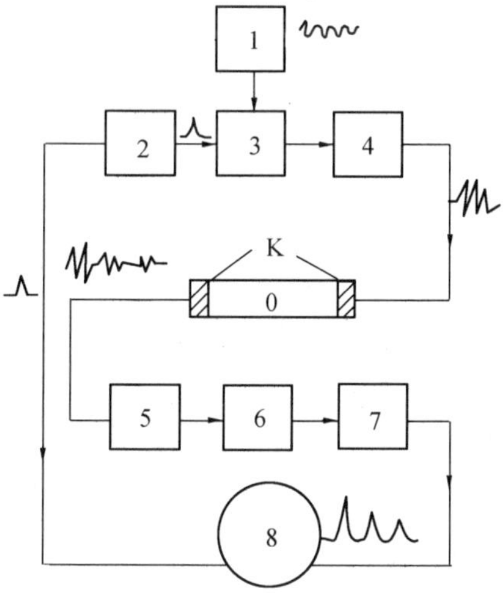

图 5.13　小脉冲法测定超声波速度和衰减的装置示意图

1— 高频信号振动发生器;2— 脉冲信号发生器;3— 脉冲调制;4— 放大器;5— 定标衰减器;6— 放大器;7— 检波器;8— 示波器;K— 石英晶体换能器;0— 试样

5.5.4　超声波脉冲法

由于近代超声波技术的发展,目前超声波法已可以应用在小块试样的测量上,这对稀贵金属、难加工材料和研究单晶体材料很重要。图 5.13 介绍了一种超声波脉冲法测定超声波速度和衰减的原理图。

试样中超声波振动可以是连续波和脉冲波(直角形和钟形波)。超声波的波速可以通过测定超声波在试样中的传播时间及已知试样的长度而求得($2L = ct$,c 为速度)。根据超声波纵向传速 c_l 和横向传速 c_t 同试样弹性模量间的关系(见 5.2.3 小节),可求得

$$E = \left[3 - \frac{1}{(c_l/c_t)^2 - 1}\right]\rho c_l^2 \tag{5.42}$$

$$G = \rho c_t^2 \tag{5.43}$$

$$\mu = \frac{1}{2}\left[\frac{(c_l/c_t)^2 - 2}{(c_l/c_t)^2 - 1}\right] \tag{5.44}$$

脉冲信号发生器 2 给出直角形或钟形电脉冲,高频信号振动发生器 1 发生高频振动。借助于脉冲调制 3,将高频振动脉冲经过放大器 4 放大后,送至试样一端 K 石英压电晶体,在此转换成超声波脉冲。再通过试样 0,每个超声波脉冲在试样中(试样底面间)多次反射。试样另一端的 K 石英压电晶体,把超声脉冲转换成电的振动信号,这些电的振动信号经过定标衰减器 5、放大器 6 和检波器 7 之后送至带触发扫描的示波器 8,并同脉冲信号振动发生器 2 的扫描发射同步。在示波器上观察到一组电的脉冲幅值衰减,即相对应在试样中超声波脉冲多次反射,如图 5.14 所示。

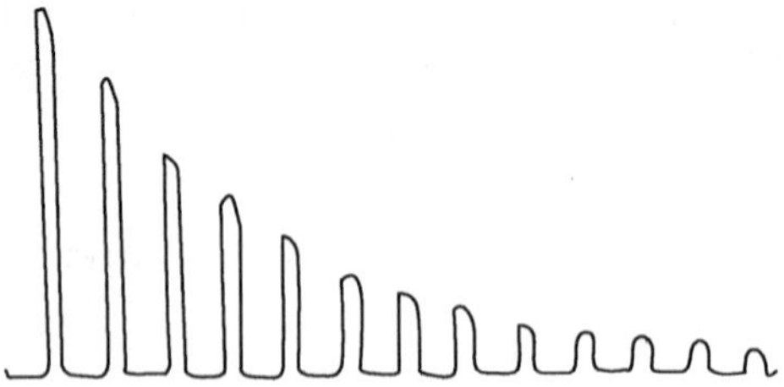

图 5.14　示波器上观察到的一组脉冲信号(检波)衰减

由超声波法的原理可知,纵波和横波在试样中传播速度的测量精确度直接影响弹性模量的测试结果。

弹性模量的测量可用于高温合金的研究中。对一些金属的测量表明,大部分金属室温下的硬度和弹性模量之间呈直线关系。只有 W、Mo、Ti、Zr 等少数几种金属偏离上述的规律,这是由于它们在室温下,产生了变形强化所引起的,如图 5.15 所示。温度升高,W、Mo 等金属便产生去强现象,因此当温度升高到 500℃ 时,W 和 Mo 的硬度和其他金属一样也都落到直线上。当温度提高到 800℃ 时,除了在测量硬度的过程中产生晶界黏滞性效应的金属之外,大多数金属的硬度和弹性模量之间都符合直线关系,而且弹性模量越大,硬度也越高。这意味着,原子间的结合力对金属在高温下抗塑性变形的能力起主要作用。而弹性模量的大小反映了原子间结合力的强弱,因此可根据弹性模量和温度的关系研究原子间结合力的变化条件及原因,用于初步估计合金的高温强度。

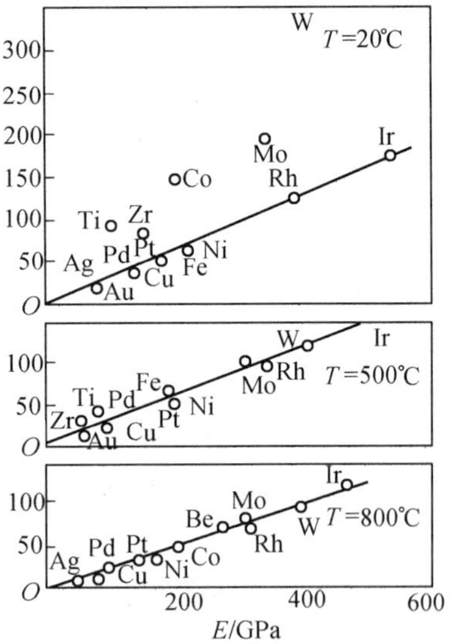

图 5.15　硬度和弹性模量的关系

5.6 滞弹性与内耗

一个固体材料棒即便是在真空中做弹性振动，它的振幅也会逐渐衰减，最后停止，这说明，振动能逐渐地被消耗掉了。对固体材料，这种内在的能量损耗称为内耗。研究内耗有下述两个方面的意义：一是用内耗值评价金属的阻尼本领，寻求新的减振材料以满足工程结构的需要，例如汽轮机、涡轮机叶片和机床的床身等应具有良好的减振性能，即内耗要大，振动器件，如打击乐器，则要求有良好的振动性能，即内耗要小；二是了解内耗与金属成分、组织和结构之间的关系，用以分析固体材料学方面的有关问题。后者是本节中的主要任务。

从产生内耗的原因看，固体材料中的内耗可分为三种类型，即滞弹性内耗、静滞后内耗和位错阻尼型内耗。

5.6.1 滞弹性内耗

1. 材料的滞弹性

所谓滞弹性是指在弹性范围内出现的非弹性现象。一个理想的弹性体，在振动的条件下应力和应变之间的关系应完全遵守胡克定律，如图 5.16 所示。也就是应变和应力的变化随时都保持相同的位相，这种情况不会产生内耗。

但是，对于一个实际固体材料来说，即使是在弹性范围内振动，也并非是完全弹性的，而是存在着明显的非弹性现象。例如，对一个金属棒，骤然加上一个一定大小的拉应力 σ_0，由此试棒将立即产生一个应变 ε'，如图 5.17 所示。ε' 称为瞬时应变，它只是试棒应当产生总应变中的一部分，还有一部分应变 ε'' 则是在受力以后的一定时间内逐渐地产生，ε'' 称为补充应变，这种现象称为弹性蠕变。同样，当去除应力后应变也并不立即消失，而是先消失一部分，另一部分逐渐地消失，这种现象称为弹性后效。显然，弹性蠕变和弹性后效都是弹性范围内的非弹性现象，即滞弹性，亦称弛豫。从上述的例子可以看到，一个实际固体材料在弹性范围内受应力的作用所产生的总应变 $\varepsilon = \varepsilon' + \varepsilon''$，并且应变的变化落后于应力。

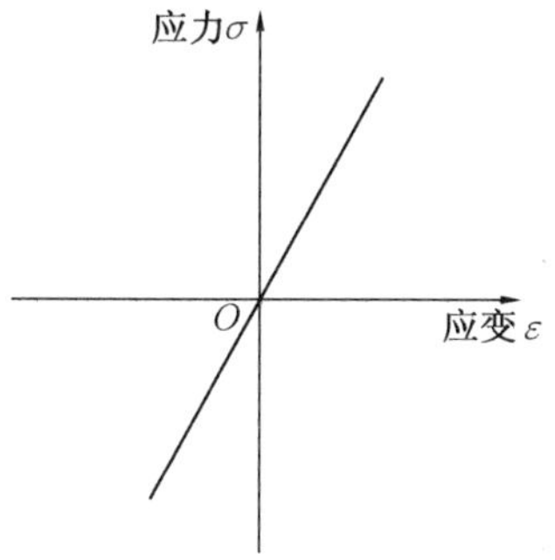

图 5.16 理想的弹性体应力和应变之间的关系

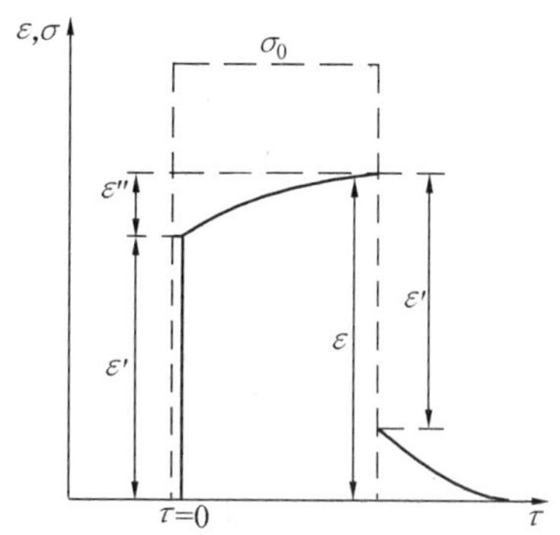

图 5.17 应力和应变与时间的关系

2. 内耗与滞弹性的关系

上述例子中的滞弹性行为是在一个固定的弹性应力作用下产生的。当试棒受到交变应力的作用时，应力和应变都随着时间在不断地变化。例如，应力和应变都以简单正弦曲线的规律发生变化，显然，由于滞弹性的影响，应变落后于应力。应变和应力之间便存在着一个相角差，如图 5.18 所示。从图可见，当应力变为零时，应变还有一个正的 OA 值；当应力的方向反转之后，应变才逐渐地变为零，这样便产生了阻尼作用，由此导致能量消耗。如果应力变化一个周期，应变和应力的变化便形成一个封闭的回线，如图 5.19 所示。回线中所包围的面积代表振动一周所产生的能量损耗，回线的面积越大，则能量损耗也越大。回线面积大小取决于应变和应力之间的相角差，当相角差为零时，材料相当于理想弹性体，回线的形状相当于一条直线，故不产生内耗。而在一般情况下，应变和应力之间相角差不为零，相角差越大，回线面积越大，内耗也越大。

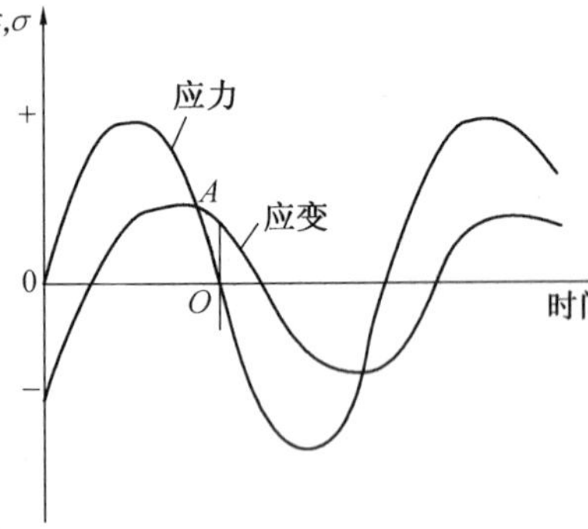

图 5.18　周期应力和应变与时间的关系

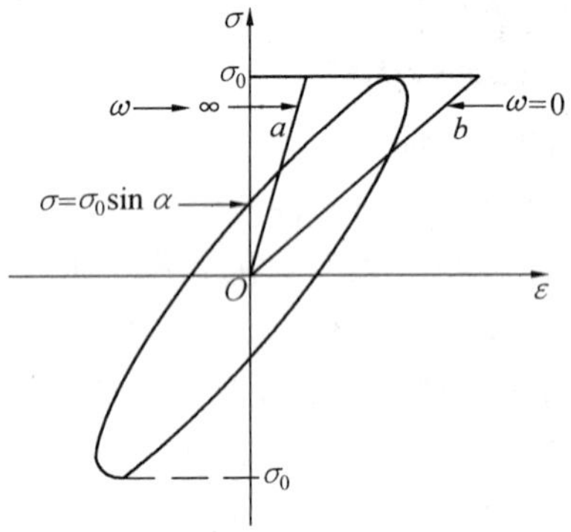

图 5.19　应力 - 应变回线

由滞弹性产生的内耗称为滞弹性内耗，内耗的基本量度是振动一周期在单位弧度上的相对能量损耗。这个损耗取决于应变和应力之间的相角差 δ，一般这个相角差都很小，所以常用 $\tan\delta$ 来表示内耗，即

$$\tan\delta = \frac{1}{2\pi}\frac{\Delta W}{W} \tag{5.45}$$

式中，ΔW 为振动一周的能量损耗；W 为最大振动能。从式(5.45)可以看到内耗为量纲为 1 的物理量。

上述表示方法的物理概念是很明确的，但直接测量 δ 角比较复杂，而且测量精度也不高，所以实际测量时常通过自由衰减振动时的振幅对数减缩量来确定内耗，在实际测量中也常用 Q^{-1} 代表内耗。即

$$Q^{-1} = \frac{1}{2\pi}\frac{\Delta W}{W} = \frac{\ln\dfrac{A_n}{A_{n+1}}}{\pi} \tag{5.46}$$

式中，A_n 为第 n 次振动的振幅；A_{n+1} 为第 $n+1$ 次振动的振幅。

当试样在受迫振动时，内耗可用共振频率来求得，即

$$Q^{-1} = \tan\delta = \frac{1}{\sqrt{3}}\frac{\Delta\nu}{\nu_\tau} \tag{5.47}$$

式中，$\Delta\nu$ 为共振曲线峰巅两侧最大振幅一半处所对应的频率差；ν_τ 为共振频率。

3. 内耗峰及内耗谱

对多数固体材料来说，与振幅无关的情况下，根据弛豫理论可以导出内耗、模量亏损、应变角频率 ω、弛豫时间 τ 四者之间的关系

$$\tan\delta = \Delta_M \frac{\omega^2}{1+(\omega\tau)^2} \tag{5.48}$$

式中，Δ_M 为模量亏损，$\Delta_M = \dfrac{M_U - M_R}{(M_U M_R)^{\frac{1}{2}}}$，$M_U$ 为未弛豫模量，可理解为只产生 ε' 条件下的弹性模量，M_R 为弛豫模量，是充分产生 ε'' 条件下的弹性模量。

式(5.48) 为内耗的理论公式，它表明了内耗曲线的基本特征。当 $\omega\tau \gg 1$ 或 $\omega\tau \ll 1$ 时，$\tan\delta$ 都趋向于零；只有当 $\omega\tau = 1$ 时，$\tan\delta$ 才出现极大值，它被称为内耗峰，如图 5.20 所示。$\omega\tau \gg 1$ 时，意味着应力的变化非常快，以至于材料来不及产生弛豫过程，即 ε'' 等于零，相当于理想弹性体，所以内耗趋于零。$\omega\tau \ll 1$ 时，即应力的变化非常慢，这时有条件使 ε'' 充分地产生；应变和应力同步变化，应力和应变组成的回线趋于一条直线，但斜率较低，内耗也趋于零。在上述两种极限情况之间应力变化一周便形成一个如图 5.20 所示的椭圆形回线，当 $\omega\tau = 1$ 时回线的面积达到最大，亦即内耗为最大。

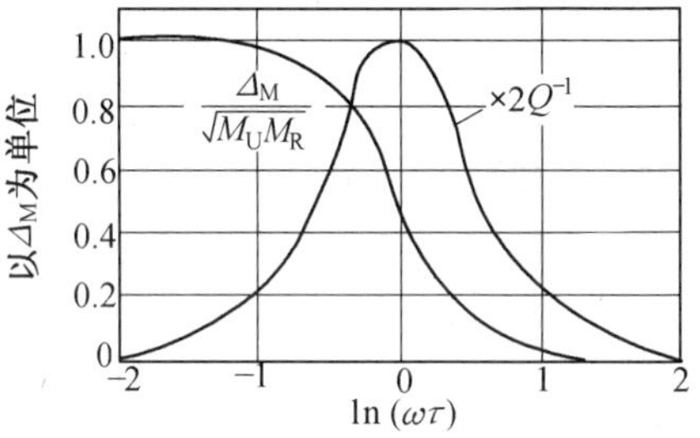

图 5.20　内耗峰示意图

弛豫时间 τ 可以理解为受力材料从一个平衡状态过渡到新的平衡状态，内部原子调整所需要的时间。它和温度的关系为

$$\tau = \tau_0 \exp(H/RT) \tag{5.49}$$

式中，H 为扩散激活能；R 为气体常数；T 为热力学温度；τ_0 为材料常数。从式(5.49) 不难看出，τ 随着温度的升高而变小。

根据式(5.48) 所描述的关系，显然，要得到内耗曲线有两种途径：一是改变角频率 ω，得到 $Q^{-1} - \omega\tau$ 的关系曲线；二是改变温度，得到 $Q^{-1} - T$ 的关系曲线。实际测量时上述两种方法都在应用。

材料内部一种弛豫过程对应着一种物理机制，固体材料中可能存在着不同的物理机制，因此对应不同的频率会出现一系列的内耗峰，如图 5.21 所示。对于典型固体材料，图中具有数个内耗峰的曲线称为内耗谱或称弛豫谱。同样道理，改变测量温度也可获得相应的温度内耗谱。

5.6.2　静滞后内耗

以上介绍的滞弹性内耗，它有一个明显的特点，就是应变 - 应力滞后回线的出现是由实验的动态性质所决定的。因此回线的面积与振动频率的关系很大，但与振幅无关。即使是滞弹性材料，如果实验是静态地进行，实验时应力的施加和撤除都非常缓慢，也不会产生内耗。所以，可以将滞弹性内耗看做一种动态滞后行为的结果。

相对于动态滞后的行为而言，材料中还存在着一种静滞后的行为。静滞后是指弹性范

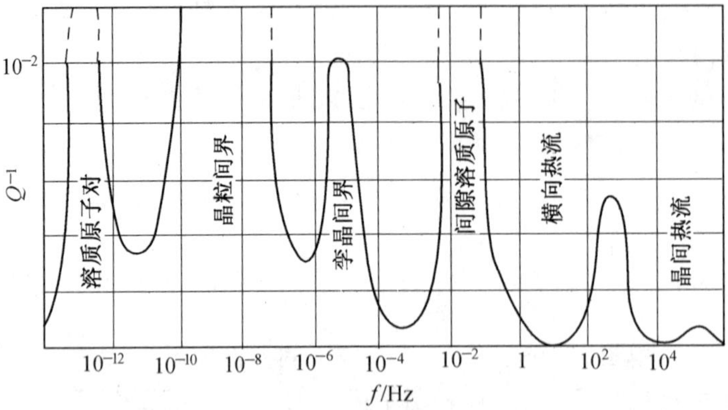

图 5.21 典型固体材料室温下内耗谱示意图

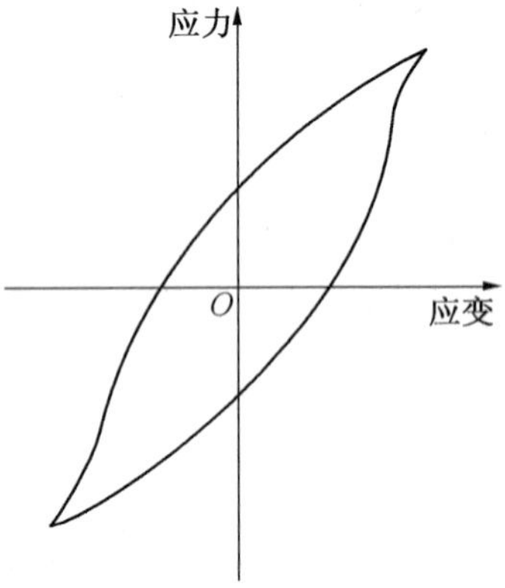

图 5.22 静滞后回线示意图

围内与加载速度无关、应变变化落后于应力的行为。静滞后也是一种弹性范围内的非弹性现象，它们在应力 - 应变间虽也存在多值函数关系，同一载荷下加载与去载具有不同应变值，但在完全去载后却留下残余形变，只有反向加载才能使其恢复到零应变状态，如图 5.22 所示。由于应力变化时应变总是瞬时调整到相应的值，因此这种滞后回线的面积是恒定的，与振动频率无关，故称为静态滞后，有别于滞弹性的动态滞后。

显然，当应力超过开始弹性形变所对应的值时将发生静滞后。这一事实在材料疲劳的研究中可能有重要作用。后面还将看到，由于磁致伸缩现象，铁磁材料也会得出一个与频率无关的滞后回线，且在低应变振幅下即引起内耗，它对高阻尼材料的研制有重要的意义。以上例子表明，静滞后可以在极低的振幅下发生，且既可来源于原子的重构，也可来源于磁的重构，这种重构实际上不可能瞬时发生，但可能是以声速传播的，其传播速度在通常振动实验所用的频率下却可以认为是“瞬时”的。

由于静态滞后的各种机制之间没有类似的应力 - 应变方程可循，所以不能像弛豫型内耗那样进行简单而明了的数学处理，而必须针对具体的内耗机制进行计算，求出回线面积 ΔW，再根据定义（$Q^{-1} = \Delta W/2\pi W$）求得内耗值。

一般说来，静滞后回线的面积与振幅不存在线性关系，因此其内耗一般与振幅有关而与振动频率无关，这往往被认为是静滞型内耗的特征。它与前面所讨论的弛豫型内耗“频率相关”和“振幅无关”的特征恰恰成为鲜明的对照。这一明显的差别今后将成为区分这两类内耗的重要依据。

近年来已查明，应力振幅很小时，晶体内的位错运动便会产生静滞后行为引起的内耗。

5.6.3 阻尼共振型内耗

除了弛豫型和静滞型内耗外，随着内耗测量频率扩展到兆频，人们还发现另一种类型的内耗。初看起来这种内耗的特征（与频率的关系极大，而与振幅无关）和弛豫型内耗很相似。不同的是，它的内耗峰所对应的频率一般对温度不敏感，而弛豫过程的弛豫时间对温度却很敏感，从阿伦纽斯关系（$\tau = \tau_0 eH/RT$）可知，只要温度略有改变，弛豫内耗峰对应的频率（$\omega\tau = 1$）就变化很大。研究表明，这种内耗很可能是由于振动固体中存在阻尼共振现象引起的能量损耗。例如，在实际晶体中，两端被钉扎的自由位错线段在振动应力作用下可做强迫振动，位错线的运动可引起非弹性应变，因而产生阻尼。阻尼强迫振动可用微分方程来描述，即

$$A\frac{\partial^2\xi}{\partial t^2} + B\frac{\partial\xi}{\partial t} - C(\xi) = F_0 e^{i\omega t} \tag{5.50}$$

式中，ξ 为偏离平衡位置的位移；A 为振子的有效质量；$A\frac{\partial^2\xi}{\partial t^2}$ 为惯性力；B 为阻尼系数；$B\frac{\partial\xi}{\partial t}$ 为通常假定的阻尼力（黏滞阻尼）；$C(\xi)$ 为回复力（一般与位移成正比）；$F_0 e^{i\omega t}$ 为作用在振子上的外加振动力。

由于位移 ξ 联系着非弹性应变，F_0 联系着外加应力，因此式（5.50）也就是阻尼共振型的应力－应变方程。显然，当外加应力频率与位错线的共振频率相近时将产生共振现象，其位移 ξ 具有最大值，此时阻尼对振子所做的功（即内耗）也最大。又因式（5.50）为线性关系，因而内耗与振幅无关。

5.7 内耗产生的机制

弄清产生内耗的机制对掌握内耗分析方法十分重要。总地来说，材料的非弹性行为起源于应力感生原子的重排和磁重排，但原子重排的性质不同，要通过不同的机制进行。在讨论各种内耗机制时，要考虑内耗与成分、结构的依赖关系，弛豫的性质以及引起不对称畸变的条件等因素。

5.7.1 点阵中原子有序排列引起内耗

1. 体心立方点阵中间隙原子的微扩散

碳（氮）原子在 α－Fe 中引起内耗的现象早就引起了人们的注意。斯诺克（J. Snoek）首先研究了碳钢振动衰减和温度的关系，发现随着温度的变化，在 40℃ 附近出现一个内耗峰，该峰被称为斯诺克峰，如图 5.23 所示。如用不含碳（氮）的试样测量，则不出现这个峰，这表明，该峰的出现直接与碳（氮）原子有关。用 1 Hz 频率进行测量时，由氮原子引起的内耗峰峰温为 20℃，而由碳原子引起的内耗峰峰温为 40℃。用内耗法测定该峰对应的激活能，40℃ 峰为 80 200 J/mol，20℃ 峰为 76 800 J/mol，这个数量恰好等于碳（氮）原子在 α－Fe 中的扩散激活能。因此有理由认为，这两个峰分别是由碳（氮）原子在 α－Fe 中产生微扩散所引起的。

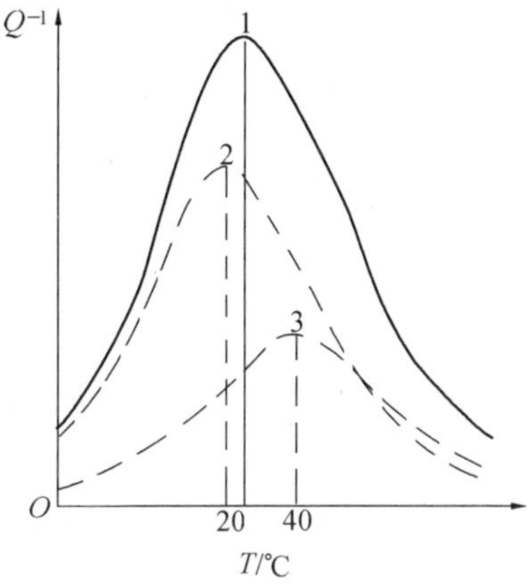

图 5.23　碳（氮）原子在 α－Fe 中引起的内耗（$\nu = 1$ Hz）

1—实际测量曲线；2—氮峰；3—碳峰

在交变应力的作用下，碳（氮）原子如何在 α－Fe

的点阵中扩散，可做如下的解释。在体心立方点阵的 α - Fe 中，碳(氮) 通常是处于晶胞的 $(\frac{1}{2},0,0)(0,\frac{1}{2},0)(0,0,\frac{1}{2})$ 和$(\frac{1}{2},\frac{1}{2},0)$ 的位置上，如图5.24 所示。当晶体没有受到力时，间隙原子在这些位置上是统计均匀分布的，即在"x、y、z"位置的间隙原子各占 1/3。如在某一位置上的溶质原子数量大于 1/3，称这种溶质原子择优分布的现象为有序化。由于间隙原子在点阵中引起的是不对称畸变，所以有序化将导致相应方向上的伸长要大于其他方向。若沿 Z 方向施加拉力，则沿 Z 方向上的间隙位置能量比其他方向都低，因此碳原子便从受压的方向跳到 Z 方向的位置上，于是便产生了溶质原子应力感生有序化。显然，溶质原子的有序是通过微扩散过程来实现的，并由此而产生滞弹性行为，引起内耗。当应力频率很高时，间隙原子来不及跳动，也就不能产生弛豫过程，所以不能产生内耗。当应力频率很低时，应变和应力完全同步变化，也不能引起内耗。

在一定的温度下，由间隙原子在体心立方点阵中应力感生微扩散产生的内耗峰与溶质原子浓度成正比，浓度越大，内耗峰就越高，如图 5.25 所示。当测量频率不变时，不同合金的内耗峰和溶质的原子浓度之间都呈直线关系。如以 w_{ga} 表示间隙原子在固溶体中的浓度，则 $w_{ga} = KQ_{max}^{-1}$，式中 K 为常数，Q_{max}^{-1} 为内耗峰值。用 1 Hz 的频率测量碳在 α - Fe 中的内耗峰，则得 $w_C = 1.37 \times Q_{max}^{-1}$，利用这个关系可以很方便地确定钢板中的含碳量，研究碳(氮) 从 α - Fe 中脱溶和沉淀方面的问题。

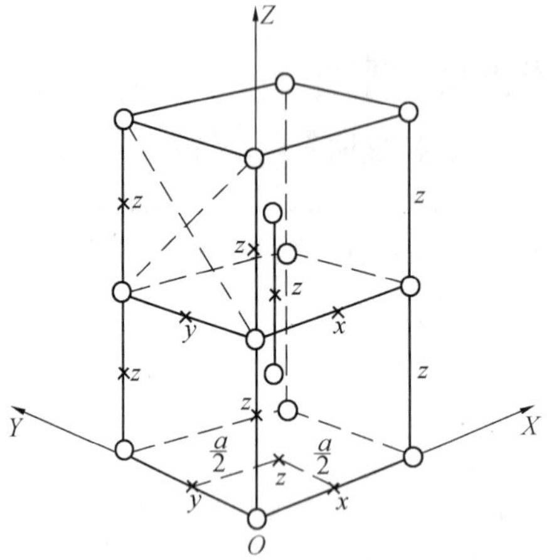

图 5.24　斯诺克机制模型

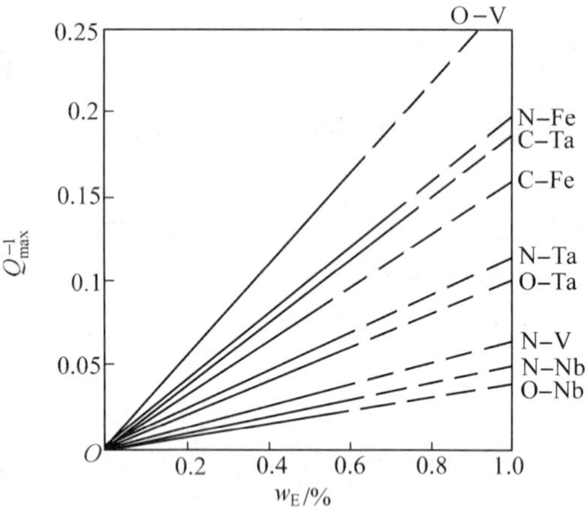

图 5.25　体心立方固溶体内耗峰与溶质原子点阵的浓度关系

晶界对间隙原子有吸附作用，所以晶粒度对参与有序化的间隙原子数量有影响，晶粒越细、晶界越多，受应力感生有序的间隙原子就越少，内耗峰就越低。位错是一种线缺陷，它与晶界有类似的影响。

析出的溶质原子往往生成第二相，它对间隙原子引起的内耗无影响，内耗峰值只和固溶体中的间隙原子有关。

2. 面心立方点阵中间隙原子的微扩散

一般认为，由于在面心立方晶体中间隙原子处于(111) 面所组成的八面体中心，间隙原子不会使溶剂的点阵产生不对称畸变，在交变应力作用下不会产生应力感生微扩散，所以不能引起内耗。

但是,在实际测量 $Cr_{25}Ni_{20}$ 奥氏体不锈钢从室温到 800℃ 的内耗曲线时,得到了两个内耗峰,如图 5.26 所示。如果将钢中的碳去除掉,则 300℃ 附近的内耗峰随即消失,由此可见,这个峰的出现和碳原子有关。进一步研究表明,间隙原子在面心立方晶体中引起内耗峰的现象是一个普遍规律,内耗峰一般出现在 250℃ 附近。这个峰对应的激活能相当于碳在该合金中的扩散激活能,也就是说,这个峰与碳原子的扩散有关。

在面心立方晶体中,由间隙原子引起内耗的机制要考虑两种情况:一是点阵中存在着合金元素的原子;二是点阵中存在着空位。在这两种情况下间隙原子的溶入都会产生不对称畸变而引起内耗。

可以设想,当面心立方晶体中存在着合金元素的原子时,如图 5.27 所示,若合金元素的原子 B 与溶剂原子 A 的直径不同,则在 B 原子附近点阵便会产生畸变。如 B 原子附近有一个碳原子 C,则 A—B—C 方向所产生的畸变与 A—B—A 方向不同,即产生不对称畸变。如沿 Z 方向为最大正畸变方向,当沿 Z 方向施加压力时,间隙的碳原子便从位置 Ⅱ 跳到 Ⅰ;反之,如沿 Z 方向施加拉力时,碳便从 Ⅰ 跳到 Ⅱ。由于碳原子受应力的作用产生微扩散从而引起内耗。

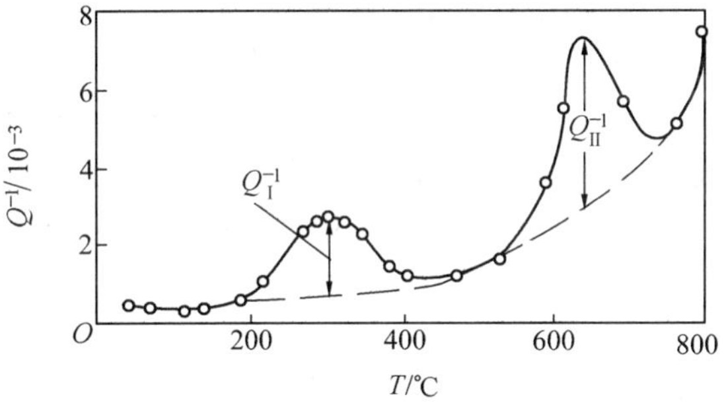

图 5.26 奥氏体钢的内耗曲线

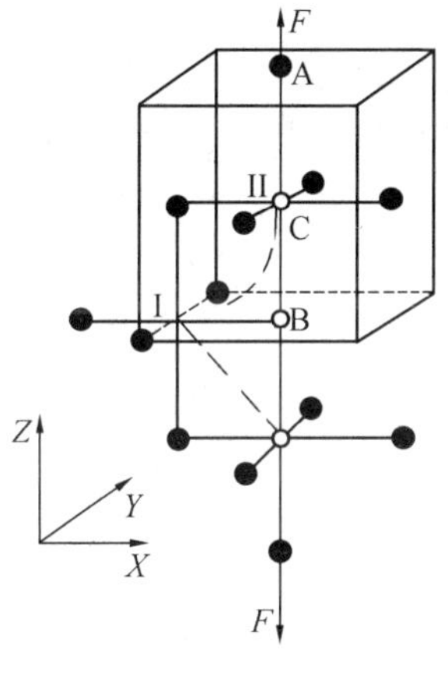

图 5.27 间隙原子面心立方点阵中的内耗模型

据此机制可以想象,内耗峰区应当和单位体积内间隙原子的浓度成正比。这种规律在研究 Fe - Mn 和 Fe - Mn - Ni - Cr 合金的内耗峰和含碳量的关系时得到了证实。

在面心立方点阵没有合金元素原子或合金元素原子很少时,空位也能引起点阵畸变。如果点阵中存在着空位,可能的情况是碳原子进入空位和另一碳原子组成原子对或者是两个碳原子都不进入空位,而是在空位的两旁形成一个原子对。这样的原子对便可使点阵产生不对称畸变,从而在受力的情况下产生间隙原子的运动而引起内耗。按此机制内耗峰的峰高应当与含碳量的平方成正比。实验表明,镍和碳的固溶体内耗峰值与含碳的原子浓度之间存在着近似于平方的关系。

5.7.2 置换原子应力感生有序

置换式固溶体中,由应力感生有序所产生的内耗峰,首先是在 Cu - Zn 合金中被观察到的，内耗峰所对应的激活能相当于锌在黄铜中的扩散激活能。后来发现，Ag－Zn合金的这种内耗的特征表现得更为明显，如图5.28所示。图中的曲线表明，随着锌原子浓度的减少，内耗峰迅速降低，当锌的原子浓度大约低于10%时，即不再出现内耗峰。上述事实都表明，该峰的出现肯定与锌原子扩散有关。

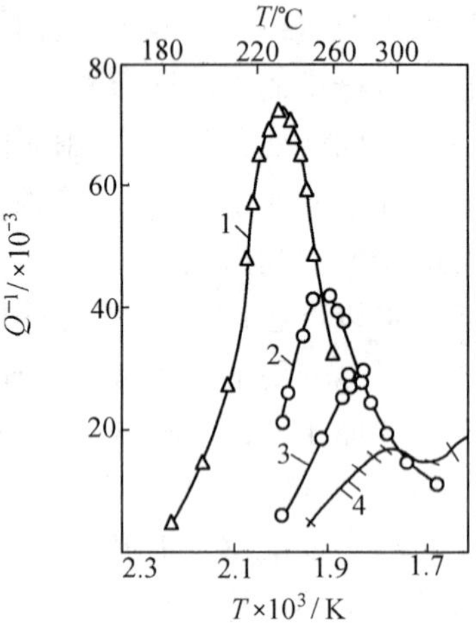

图5.28　Ag－Zn合金的内耗

1—Zn的原子浓度为30.2%；2—Zn的原子浓度为24.2%；3—Zn的原子浓度为19.3%；4—Zn的原子浓度为15.78%

应当看到，在置换式固溶体中单个的溶质原子所能引起的点阵畸变完全是对称性的，对于对称性畸变不存在应力感生有序倾向，亦即不能引起内耗。但齐纳(C.Zener)首先提出，当溶质原子的浓度足够高时，两个相邻的溶质原子会组成原子对，这样便会产生不对称畸变，如图5.29所示。图5.29(a)为由A－B组成的面心立方晶胞中，溶质原子B_1和B_2组成了一个原子对，原子对的轴长为$a/\sqrt{2}$，与它最邻近的原子是A_1-A_4和A_2-A_3，由它们组成一个边长为a和$a/\sqrt{2}$的长方形。由于a大于$a/\sqrt{2}$，所以由原子对所引起沿着A_1-A_4和A_2-A_3方向上的畸变是不同的，最大畸变方向为A_1-A_4方向，即沿OY方向。图5.29(b)表明，当原子对的B_2占据A_1的位置时，原子对最邻近的原子应是A_5-A_8，所以这时最大畸变沿着OZ方向产生。由于产生了不对称畸变，故受到应力时原子对的轴要发生扭动而形成有序化，溶质原子从图5.29(a)转换为图5.29(b)所示的位置，亦即产生了微扩散，从而引起滞弹性内耗。

由于置换式固溶体是以原子对的形式导致应力感生微扩散，因此只有当固溶体中的溶质原子浓度足够高时，才能保证组成原子对的条件，所以溶质原子浓度大于10%，内耗峰才能明显地表现出来。实验表明，Ag－Zn和Cu－Zn合金的内耗峰近似地与锌的原子浓度的平方成正比。

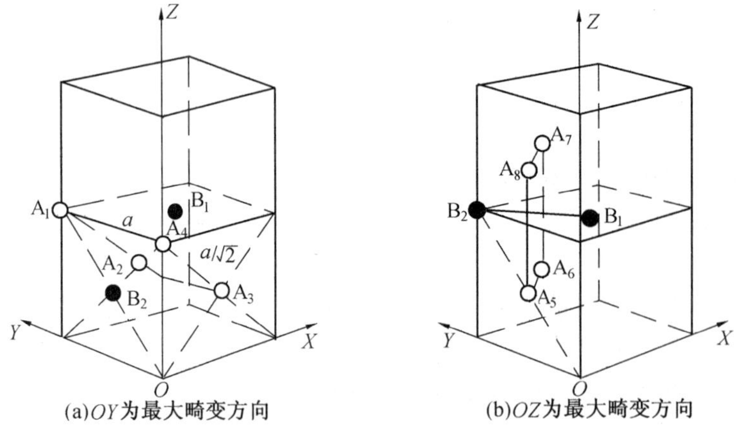

(a)OY为最大畸变方向　　(b)OZ为最大畸变方向

图5.29　齐纳内耗模型

5.7.3　与位错有关的内耗

金属的内耗对冷形变非常敏感，退火状态的纯单晶体即使是受到轻微的形变，由于晶体内产生了一定数量的位错，故内耗增加几倍。相反，形变后的金属再经退火，则使内耗显著降低。以上事实说明，位错也是一种内耗源。

位错运动的形式不同，由此所产生的内耗具有不同的机制，这里仅就我们在研究金属时经常遇到的背底内耗和间隙固溶体的形变内耗做一个简要介绍。

1. 背底内耗

在进行内耗分析时，不管内耗曲线有无内耗峰出现，都存在一定的背底内耗，如图5.30所示。图中曲线 *abc* 表示内耗峰，虚线 *ac* 以下的内耗即背底内耗。位错内耗在背底内耗中占有十分重要的地位。

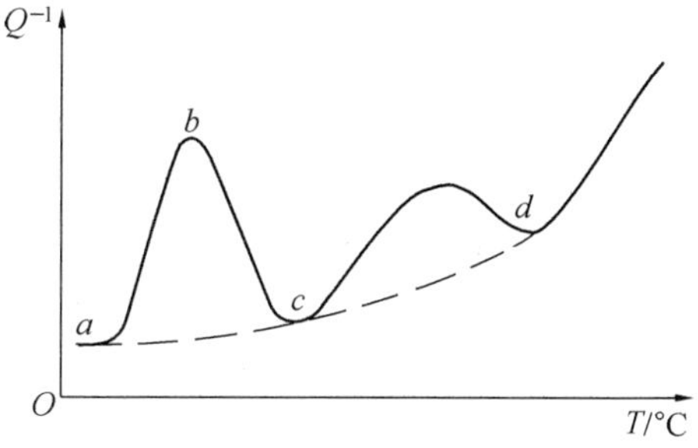

图 5.30　背底内耗示意图

为了弄清位错引起内耗的原因，首先观察一下背底内耗与应变振幅的关系。以不同加工状态的铜单晶为例，如图 5.31(a) 所示，可以看到，减缩量 $\delta(\pi Q^{-1})$ 不仅与试样的加工状态有关，而且还明显依赖于应变振幅的大小。也就是说，在低振幅时 δ 不受振幅的影响。当振幅超过临界值时，内耗随着振幅的增大而升高，即内耗与振幅有关。将减缩量 δ 分为与振幅无关 δ_{I} 和与振幅有关 δ_{H} 两个部分，如图 5.31(b) 所示。显然，总的减缩量为 $\delta = \delta_{\mathrm{I}} + \delta_{\mathrm{H}}$。

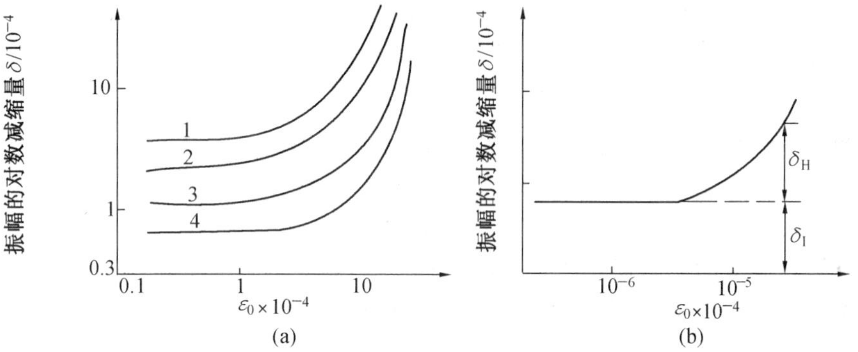

图 5.31　铜单晶对数减缩量与应变振幅的关系(ν = 88 kHz)

1— 微量冷加工；2—240℃ 时效 8 min；3— 时效 30 min；4— 时效 60 min

背底内耗之所以有上述变化特点，完全是由于金属内部位错阻尼的行为所决定的。寇勒(Koehler) 最先提出了钉扎位错弦的阻尼共振模型，认为 δ_{I} 是由于位错被钉扎时阻尼振动引起的；δ_{H} 是位错脱钉过程引起的。这一模型随后经格拉那陀(Gronato) 和吕克(Lücke) 进一步完善后，形成了 K－G－L 理论。

K－G－L理论模型如图 5.32 所示。图中 L_{N} 为晶体中位错线的平均长度，位错线的两端由位错网络的结点和析出相的粒子所钉扎，这种钉扎称为强钉扎，即不能产生脱钉。L_{C} 为位错线段 L_{N} 被点缺陷(杂质原子) 钉扎时的平均长度，这种钉扎称为弱钉扎，即受力时可 以脱钉。在很小的应力作用下，位错线段 L_{C} 便发生弯曲而弓出，如图 5.32(b) 所示。由于应变振幅增大，使位错线弓出加剧，如图 5.32(c) 所示。当应变振幅增大到足够大时，位错便从杂质的钉扎处解脱出来，即发生脱钉。一般在最长的位错线段两端所产生的脱钉力为最大,因此脱钉要先从最长的位错线段开始。一旦脱钉开始之后,便会产生比原先更长的位错线段,由此所引起的脱钉力就更大,于是脱钉过程就像雪崩一样连续地进行,直到网络结点之间的钉扎全部脱开为止,如图 5.32(d) 所示。

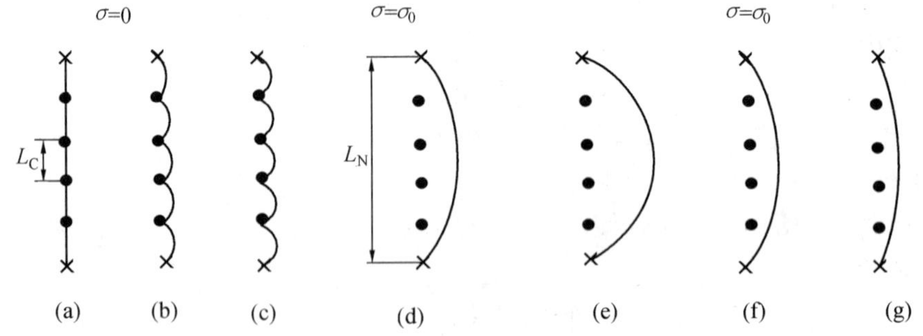

图 5.32　位错钉扎模型

●— 杂质钉; × — 网络钉

为了更形象地认识位错运动的特性,利用位错理想的应力 - 应变曲线,如图 5.33 所示,对上述过程作进一步的说明。当应力很小时,位错线段受力弓出,如图 5.32(b) 所示,相当于图 5.33 中产生应变 ab。当应力增加到 σ_0 时,位错于 c 点脱钉。在脱钉之前位错线段像绷紧的弓弦一样在交变应力的作用下振动,在振动的过程中要克服阻力,而产生内耗。在位错开始脱钉之后,如图 5.32(d) 所示,相当于图 5.33 中的 cd 阶段,即应变迅速地增加,直到外应力减小时,应力 - 应变曲线沿着 fga 减小,这样便引起一个静滞后类型的能量损耗。它的大小相当于 acd 三角形的面积,与频率无关。这样对于前一种由于位错段 L_C 做强迫阻尼所引起的内耗应当是阻尼共振型的,内耗与振幅无关,与频率有关。

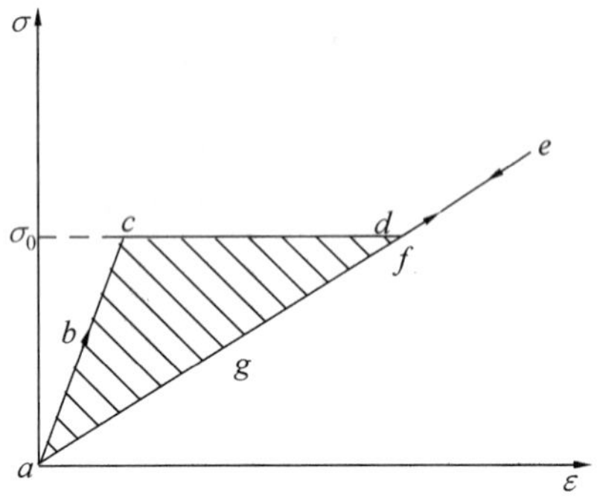

图 5.33　位错理想的应力 - 应变曲线

K - G - L理论适合于高纯材料,因为在这些材料中大多数溶质原子聚集在位错线上,在位错之间的区域内可以认为没有溶质原子或其他点缺陷。

通常有少量的杂质原子存在时,能够钉扎位错,使 δ_{I} 和 δ_{H} 均减小。

轻度的加工硬化能使位错密度增大,因此 δ_{I} 和 δ_{H} 也会相应地增大,但位错密度过大时会使 L_N 减小,由此可以抵消位错密度增大所造成的影响。当网络结点很密时,若 L_N 比杂质钉扎的间距 L_C 还小,脱钉过程就不能进行了。

温度对减缩量有两种影响:一是温度升高会促使位错线容易从钉扎点解脱出来,所以在减缩量和应变振幅的关系曲线上,拐折点所对应的临界振幅随温度升高向较低振幅处偏移。二是由于位错线上杂质原子的平均浓度取决于温度,随着温度升高,L_C 增大,由此导致 δ_{I} 和 δ_{H} 增大。

淬火能将金属中高温时的空位冻结,淬火温度越高,速度越快,淬火后金属中的空位浓度就越大。这些空位凝聚到位错线上,钉扎位错,使 L_C 减小,因而 δ_{I} 和 δ_{H} 都减小。

2. 间隙固溶体的形变内耗

含有碳（氮）原子的铁经过冷形变之后，于 200℃ 附近出现一个内耗峰，如图 5.34 所示。该峰首先由寇斯特（W. Köster）发现，故称为寇斯特峰。它的激活能为 $2.4\times10^{-9}\ J\cdot mol^{-1}$，其中位错运动需要的激活能为 $0.8\times10^{-10}\ J\cdot mol^{-1}$，碳原子扩散所需要的激活能为 $1.6\times10^{-10}J\cdot mol^{-1}$。因此可以认为该峰的弛豫过程受点阵和溶质原子的扩散所控制。由于形变在位错周围产生了斯诺克气团，因此当位错线受力发生弯曲时，便要遇到气团所造成的阻力，而当位错运动时，又可使气团中的碳（氮）原子产生重新分布。于是在位错运动的过程中不断地与气团产生交互作用，从而引起内耗。由于寇斯特峰具有上述的机制，所以形变量增大、位错密度增高和间隙原子增多、气团的浓度增大都将导致弛豫强度增大。由于形变峰是位错和溶质原子的交互作用引起的，所以溶质原子（氮）对峰的作用比单纯的应力感生有序要大得多。寇斯特峰与气团密度有关，因此当大量气团形成时，间隙状态的碳（氮）原子浓度便会下降，所以斯诺克峰便会降低，故该峰与斯诺克峰存在着相互消长的关系。

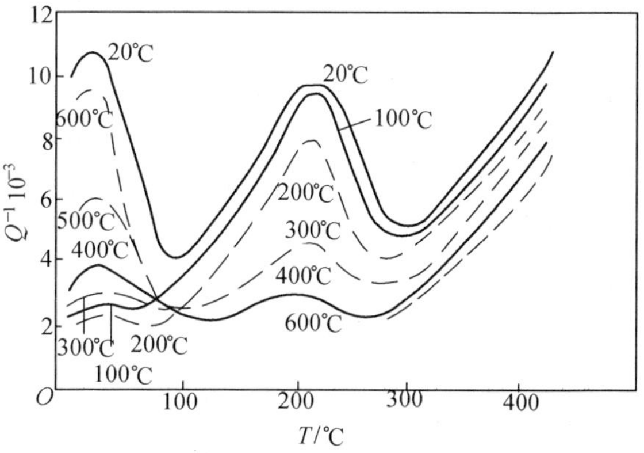

图 5.34　形变后不同温度回火 1 h 铁的形变峰与斯诺克峰

含碳或氮的 α－铁经淬火处理在 200℃ 附近出现内耗峰，此峰的机制与形变都一样。

5.7.4　与晶界有关的内耗

晶界的原子排列是相邻两个晶粒的过渡状态，它的厚度受相邻晶粒取向差和纯度的影响。不管晶界的结构如何，实验证明，晶界具有一定的黏滞性，并可以通过内耗的测量确定出它的黏滞系数。对高纯铝内耗曲线的测量表明，多晶铝随着温度的变化约在 285℃ 附近出现一个内耗峰，如图 5.35 所示。图中曲线具有一个明显的特征，就是晶粒越大，内耗峰就越低，而单晶铝不出现这个内耗峰。该峰的激活能为 $1.34\times10^{4}\ J\cdot mol^{-1}$，它相当铝晶界弛豫的激活能，与蠕变法求得的激活能基本一致，它表明，晶界内耗是由晶界滑动引起的。

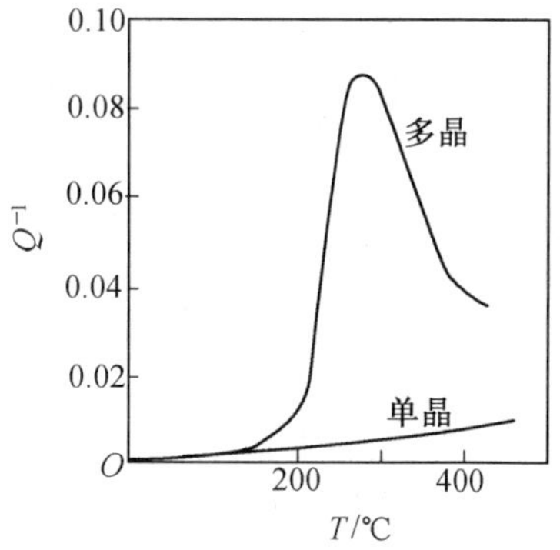

图 5.35　铝的晶界内耗（$\nu=0.8$ Hz）

在温度比较高时，晶界的黏滞系数变小，晶界受到切应力时便可产生相对滑动，如图 5.36 所示。由于晶界的相对滑动是一种非弹性行为，从而导致能量的损耗。可以近似地认为，能量的损耗取决于相邻晶粒的相对位移和导致滑移的切应力的乘积。

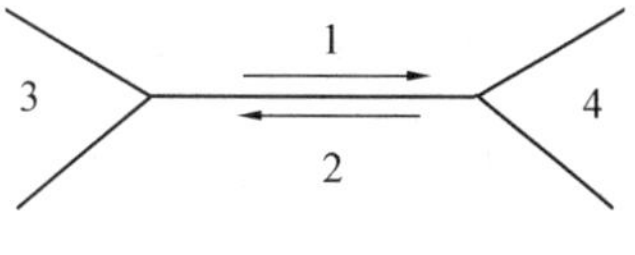

图 5.36　晶界的滑动模型

从上述的关系不难看出，当湿度较低时，晶界的黏滞性较大，即滑动的阻力较大，而相对位移很小,所以能量损耗较小。高温时晶界的黏滞性变小,相对位移虽然增大,但滑移的切应力很小,所以能量的损耗也比较小。只有在中间某一温度下,当位移与滑移的切应力都比较大时,能量的损耗才达到最大,于是就出现了内耗峰。

晶界黏滞性所产生的非弹性行为对动态弹性模量也产生相应的影响,它使弹性模量明显下降,如图 5.37 所示。单晶铝的弹性模量不受晶界的影响。

对晶界内耗的研究表明,它受下列因素的影响:晶粒越细,晶界越多,则内耗峰值越大;杂质原子分布于晶界,对晶界起着钉扎作用,从而可使晶界峰值显著地下降,当杂质的浓度足够高时,晶界峰可完全消失,因此晶界内耗的测量可用于研究与晶界强化有关的问题。

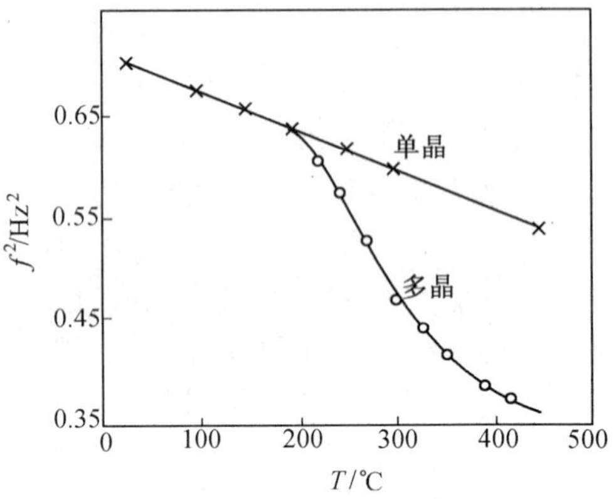

图 5.37　晶界对动态弹性模量的影响

5.7.5　热弹性内耗与磁弹性内耗

1. 热弹性内耗

固体受热便会产生膨胀,而热力学上的倒易关系是绝热膨胀时变冷。因此,可以设想,当一个很小的应力突然加于金属试样时,如整个试样受力均匀,则在试样的每一点都要发生同样的温度变化。如试样的各点受力不均,就必然会造成温度差而产生热流。对于试样的各部分来说,热量的流入和流出都要导致附加的应变产生,这种非弹性行为所引起的内耗称为热弹性内耗。

例如,在弯曲振动的情况下,试样内部产生不均匀应变,受拉部分的温度偏低,而受压部分的温度则偏高。若应力变化得非常快,以至于在一个周期内热量来不及交换,实际上相当于绝热过程,因此不会导致能量损耗,这时的动态模量称为绝热模量。另一种情况是应力变化的频率很低,试样各部分有足够的时间进行热量的交换,经常使温度保持着平衡状态,这样便相当于等温过程。在这样的过程中,随着时间的变化机械能转换为热能,随后热能又转换为机械能,没有能量损耗,这时的动态模量称为等温模量。由于等温过程中产生了由热量交换所导致的附加应变,所以等温模量比绝热模量小。当应变频率处于中间状态时,既非绝热,又非等温,机械能不可逆地转换为热能,便产生内耗。

热弹性效应不仅在宏观上存在,而且在微观范围内也存在,例如,晶粒和晶粒之间,由于变形不均匀也能产生热弹性效应而引起内耗。

切应变没有温度变化,因此在扭转振动时,虽然切应力也是不均匀的,但并不产生热弹性效应,引起内耗。

2. 磁弹性内耗

磁弹性内耗是铁磁材料中磁性与力学性质的耦合所引起的。磁致伸缩现象提供了磁性与力学性质的耦合。其倒易关系是,施加应力可以产生磁化状态的改变,因此除弹性应变外,还有由于磁化状态而导致的非弹性应变和模量亏损效应。

铁磁性材料受应力作用时,引起磁畴壁的微小移动而产生磁化,由此可产生三种类型的能量损耗:一是由于磁化伴随着产生磁致伸缩效应,导致产生静滞后类型的内耗损失;二是由于交变磁化使试样表面感生涡流,这种宏观涡流造成能量损耗;三是由于局部磁化,产生微观涡流导致能量损耗。

宏观和微观涡流的产生都和振动的频率有关，当应力变化的频率很小时，实际上，可以认为不产生涡流损失。所以对铁磁性材料的内耗，采用低频测量便可以排除涡流的影响。此外，对铁磁性金属在磁饱和状态下测量内耗也可消除磁弹性的影响。

产生内耗的机制有很多种，以上介绍的仅是较常遇到的几种机制，对于内耗机制的认识还在不断地发展和完善。

5.8 内耗的测量方法和量度

内耗的测量方法很多。由于往往需要在宽广的频率、振幅、温度（有时还在一定的磁场）下进行测量，因而出现了种类繁多的仪器装置。根据不同的要求而设计的仪器，其结构特点各不相同，但按照振动的频率大致可分为：低频（一般在 0.5 赫到几十赫）、中频（千赫）和高频（兆赫）三类。每个指定频率范围对解决不同类型问题都引起了一定的兴趣，现根据这种最常用的分类简要地讨论它们的一般原理。

5.8.1 扭摆法 —— 低频下内耗的测量

扭摆是一种最简单的振动系统。早在 18 世纪汤姆逊就研究过扭摆和阻尼，但直到 20 世纪 40 年代，我国物理学家葛庭隧等人才开始将扭摆应用于研究金属中的非弹性现象。葛氏所创造的扭摆仪结构简单、操作方便，至今仍然是低频下内耗测量方法的基础，如图 5.38 所示。

在葛氏扭摆仪中，丝状试样 2 借助于夹头 1 悬挂着，在试样的下端附加一个惯性元件，它是由竖杆 4、横杆 5 以及横杆两端的重块 6 组成的。重块沿横杆的移动可以在一定范围内调整摆的固有频率。为了消除试样横向运动对实验带来的影响，把摆的下端置于一个盛有阻尼油的容器 10 中。为了进行不同温度下的内耗测量，试样安装在可以加热到 500℃ 的管状炉 3 中。具体测量时先激发扭摆使其处于自由振动状态，并借助于光源 7、小镜子 8 和标尺 9 将每次摆动的偏转（正比于振幅）记录下来。由于振动能量在材料内部消耗从而振幅减小，故得到一条振幅随时间的衰减曲线，如图 5.39 所示。测量内耗实际上是要确定每振动一周所消耗能量的相对值 $\Delta W/W$。由于振动能量正比于振幅的平方，人们常常采用振幅的对数减缩量 δ 来量度内耗的大小。这里 δ 表示相邻两次振动中振幅比的自然对数，即

$$\delta = \ln\frac{A_n}{A_{n+1}} \approx \frac{1}{2}\frac{\Delta W}{W} \tag{5.51}$$

式中，A_n 表示第 n 次振动的振幅；A_{n+1} 表示第 $n+1$ 次振动的振幅。如果内耗与振幅无关，则振幅的对数与振动次数的关系图为一直线，其斜率即为 δ 值；如内耗与振幅有关，则所得到曲线上各点的斜率即代表该振幅下的 δ 值。

根据内耗的定义将式(5.51) 代入，得到

$$Q^{-1} = \frac{1}{2\pi}\frac{\Delta W}{W} = \frac{\delta}{\pi} = \frac{1}{\pi}\ln\frac{A_n}{A_{n+1}} \tag{5.52}$$

可见，在自由振动衰减法中，可以用振动的对数减缩量 δ 来对内耗进行量度。由于振幅无关内耗的振幅对数值与振动次数成线性关系，所以振幅的对数减缩量 δ 显然可以表示成

$$\delta = \frac{1}{n}\ln\frac{A_0}{A_n} \tag{5.53}$$

式中，A_0 为开始计算的某一初始振幅值。按式(5.53)进行减缩量的测量将有利于减少偶然误差。

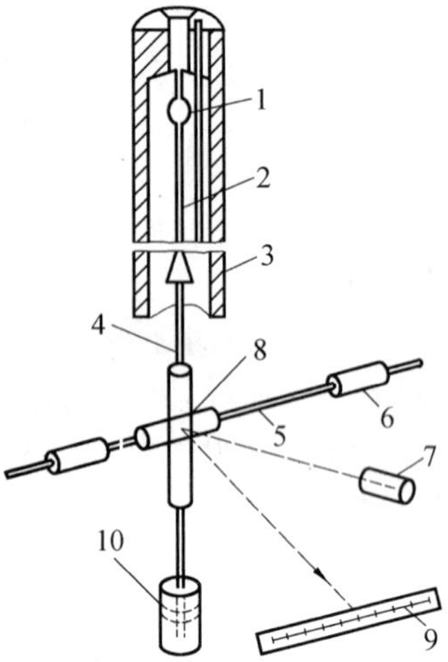

图 5.38　扭摆仪

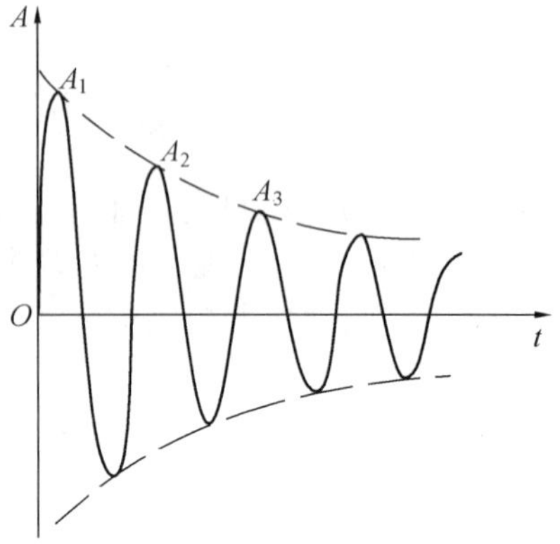

图 5.39　自由振动衰减曲线

为了测定温度内耗曲线，应将铁磁金属试样置于无磁场加热炉中，要求加热炉在试样加热范围内温度分布均匀。测量出不同温度下的内耗，即可获得 $Q^{-1}-T$ 的关系曲线。

这种仪器结构的缺点是摆动部分有一定的质量，它使试样除受扭转应力外，还承受一定的轴向拉力。在低温测量时，金属的强度较高，拉应力的影响不大，但在高温测量时拉应力的影响则不可忽视。为了减小轴向拉应力，现在多采用倒置扭摆结构，如图 5.40 所示。这种结构与正扭摆不同之处是把摆动部分装在试样的上端，用对重把摆动部分的质量平衡掉。一般摆锤可稍重一些，以保证摆动的平稳性。采用这种结构可以把轴向应力减小到 $7\times10^4\text{N/m}^2$。

扭摆振动试样产生的切应变在断面上的分布是不均匀的，以表面层为最大。测量时试样最大的切应变不应超过 10^{-5} 数量级，以保证内耗不受振幅的影响。由于这种仪器本身的损耗所引起的背底内耗比较大，故内耗值为 0.1 数量级时测量比较合适，内耗不应低于 10^{-4} 数量级。如用人眼直接观测，使用的频率应控制在 0.5 ~ 2 Hz 之间。使用频率较高时，可采用自动记录。

内耗是一种组织敏感的性能，因此对试样的制备过程要求很严格。如试样不能加工成细丝状，可用线切割的方法制成方形断面为 1.5 mm × 2 mm、长为 150 ~ 200 mm 的试样，用这种尺寸较大的试样在倒置扭摆仪上测量也能获得比较满意的结果。

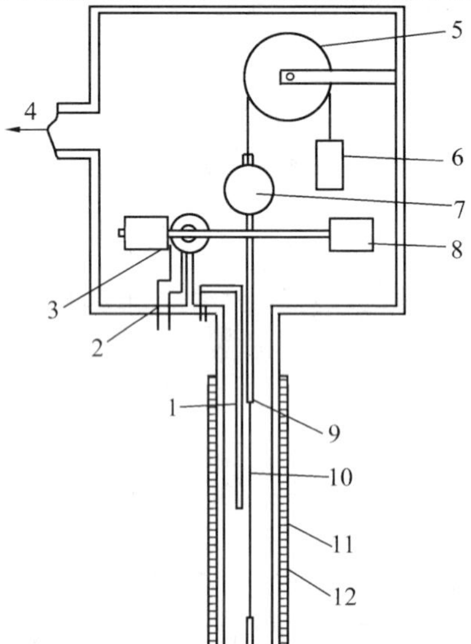

图 5.40　倒置扭摆仪示意图

1—测量热电偶；2—导线抽头；3—电磁铁；4—真空系统；5—动滑轮；6—对重；7—反射镜；8—摆锤；9—夹头；10—试样；11—加热炉；12—炉壳

5.8.2 共振棒法——中频下内耗的测量

在讨论材料弹性模量的动力法测试中，已经介绍了共振棒法的基本原理和装置。对于材料中内耗的测量同样可以利用这些装置来进行振动的激发、接收、放大和显示。所不同的是必须在拉断信号源的同时，把反映试样振幅衰减的信号提供给示波器，记录衰减曲线（当采用自由振动衰减法时）或记录不同频率信号下所得到的强迫振动振幅值，用以绘出共振曲线（当采用强迫共振法时）。这里内耗的量度与扭摆法完全相同。

共振棒法的一般特点是没有辅助的惯性元件，棒状试样通常以谐振方式振动。振动的频率范围随所产生的振动类型而定。例如在圆柱试样的扭振动和纵振动模式中频率主要决定于试样的长度，其范围一般在 $10^4 \sim 10^6$Hz。而弯振动模式的频率一般在 $3\times10^2 \sim 10^4$Hz，既决定于试样的长度，也决定于试样的直径。所以，共振法是一种音频测量法，这种方法的优点是没有惯性系统，在受迫振动时内耗由

$$Q^{-1} = \frac{\Delta\nu}{\sqrt{3}\nu_r} \tag{5.54}$$

确定。根据式(5.54)的关系，利用共振方法测量出共振曲线，如图5.41所示。当频率为 ν_r 时，试样产生共振，这时振幅 A 为最大，$\Delta\nu$ 为最大振幅一半时所对应的频率差。从共振曲线确定出 ν_r 和 $\Delta\nu$ 值，便可求得内耗。

和弹性测试一样，大多数方法都采用一个电振荡器作为信号源。用不同方法把电振荡转换成试样的机械振动，再用同一种方式（亦可用不同的方式），把机械振动转换成电振动记录下来，达到探测振动的目的。图5.42表示了几种最常用的激发与接收方式。

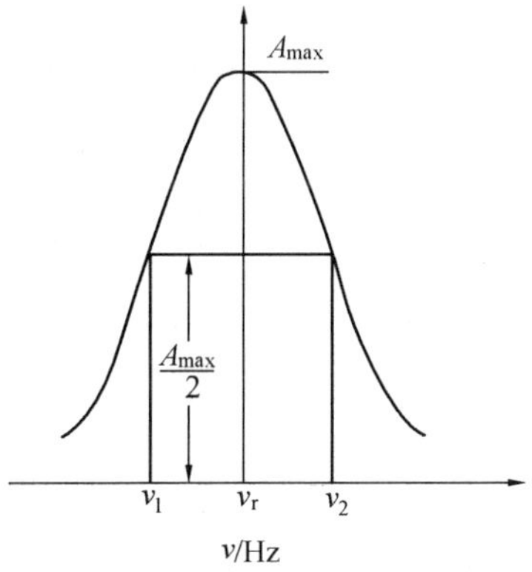

图5.41 共振曲线示意图

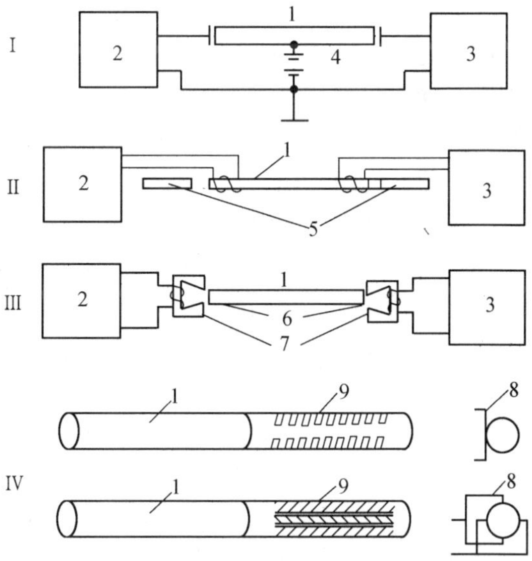

图5.42 共振棒内耗的测量装置原理图

1—试样；2—信号源；3—接收器；4—偏压；5—磁棒；6—铁磁片；7—电磁铁；8—电极；9—石英

1. 静电法

静电法的原理是把试样的一端作为电容器的一个极板，在试样和一块相邻的固定极板之间，施加一个交变的电位差以激发机械振动，振动的接收是在另一端做一个同样的作为电容传感器的电容器来达到的。如果试样不是导体，只需用一片金属箔粘到试样上，同样可以实现静电的激发与接收。这一方法通常用于实现纵振动与弯曲振动。如适当设置电极，也可以实现扭振动。

2. 涡流法

众所周知，交变电流在附近的良导体中会感生涡流，如果这种涡流处于磁场中则将产生安培力。据此，在试样的一端绕一个线圈并使它处于一个恒定的磁场中，由于信号的作用产生交变的涡流，因而驱使试棒振动。在试棒的另一端放置一个同样的线圈和磁场，试棒在该磁场中感生涡流，而这些涡流又在线圈中感应出一个电动势，这个电动势可作为接收到的振动信号被放大和记录。由于电 - 机械的耦合弱，在试样中产生的振幅很小，因此这种方法只适用于研究很低的内耗，这时驱动试样不要很大的功率。为了防止涡流传感器和输入线圈之间的直接耦合，必须适当加以屏蔽。这种方法的主要优点在于，没有把可能产生应变因而对阻尼有额外贡献的物体连接到试样上，因而背景损耗很低。但是，该方法一般局限于对良导体试样激发纵振动。

3. 电磁法

电磁法一般用于铁磁材料，对于非铁磁材料则必须在试棒端点粘上铁磁片。如果靠近一块铁磁片放置一个与信号源相连的线圈，则线圈的交变磁场与磁片的相互作用将驱使试样振动。同样在另一块铁磁片附近设置第二个线圈将产生感应电动势，经放大达到探测振动的目的。由于铁磁片与线圈的不同位置决定着振动的方式，因此适当安置铁磁片可以实现纵振动、弯曲振动甚至扭振动。由于这种方法的电 – 机械耦合比较强，所以很适合于研究高阻尼的材料。但是，由于铁磁片粘到试棒上有可能产生对阻尼有贡献的应变，因此对于研究很低的阻尼现象较为不利。

为了测量高温下的内耗，这种方法产生了一个变种，即两块铁磁片不直接粘到试棒上而是通过悬丝连接到试棒上，称为佛斯特(Forster) 法。这样，试棒振动的激发和接收都通过悬丝来传递，如同弹性测试一样，使得所有仪器装置都处在室温。当然，使用这种方法测量内耗不可避免地要考虑悬丝对阻尼的贡献。

4. 压电晶体法

1925 年，昆贝(Quimby) 首先采用的压电法是利用晶体的压电效应，把一块石英晶体紧粘在试棒上，跨过石英施加一个交变的电信号，驱使两个圆柱体像一个单一的共振体那样振动，称为“复合振子”。*X* – 切和 *Y* – 切石英晶体分别用来产生纵振动和扭振动。复合振动在共振频率处的等效电阻决定于石英和试棒两者的弹性及阻尼性能。只要用适当的方法测定电路的等效电阻，给出一个复合内耗，测定和扣除石英晶体对内耗的贡献，从复合内耗中减去单独的石英内耗即为试棒材料的内耗。如果试棒与石英晶体的固有振动频率严格一致，在连接点产生一个应力节点，那么石英和试样间的黏结剂对复合振子阻尼的贡献就小。综上所述，只要确定联系着内耗与共振时等效电阻的比例常数，就可以从共振时的等效电阻直接得到内耗值。所以这是一种测量与振幅有关的内耗的重要方法，其最大

应变振幅大约在 $10^{-8} \sim 10^{-5}$ 范围。这种方法的缺点是，试样内耗只能在其基频和一次或二次谐频上测量。

值得注意的是，复合振子上的石英和试棒的基频要严格一致。曾经发现，由于石英和试棒热膨胀系数不同，在连接处产生的应变对阻尼有显著贡献，因此这种方法不能测量内耗作为温度的函数。

对于以上几种方法，如果系统被抽成真空，则阻尼的外部贡献只限于支点的损耗。系统中因存在空气而产生的损耗一般为 10^{-4} 数量级。如果支点处在驻波节点，则支点引起的损耗显著降低。曾经报导，在抽空了的系统中这种外部损耗可以低达 2×10^{-6} 数量级。

5.8.3 超声脉冲回波法 —— 高频下内耗的测量

在兆频范围内可以用超声脉冲法来测量材料的内耗。和弹性测量相同的是，这种方法也是利用压电晶片在试样一端产生超声短脉冲，但不是测定波速，而是测量穿过试样到达第二个晶片或反射回到脉冲源晶片时脉冲振幅在试样中的衰减。

和激发驻波的共振法不同，脉冲法采用往复波。通常由高频发生器在共振频率把脉冲发给石英晶片，作为发射器的晶片把它们转换成机械振动，通过一个过渡层传递给试样，如图 5.43 所示。过渡层的物质与压电石英和待研究材料的声阻相匹配，结果在试样中发生往复的超声波。这种超声波在试样端面经受多次反射直至完全消耗。接收这些信号可以利用同一个电压传感器，其信号经过一定的放大进行记录。如果让超声波穿透试样，也可以采用同一共振频率的第二个晶片作为接收器，把它贴在试样的对面。超声脉冲装置功能示意图如图 5.44 所示。在示波器屏幕上放大了的那些回波信号和发送脉冲同步，这些回波信号提供了一系列随时间衰减的可见脉冲，如图 5.45 所示。回波信号振幅的相对降低，表征了在研究介质(试样材料) 中的超声波阻尼。

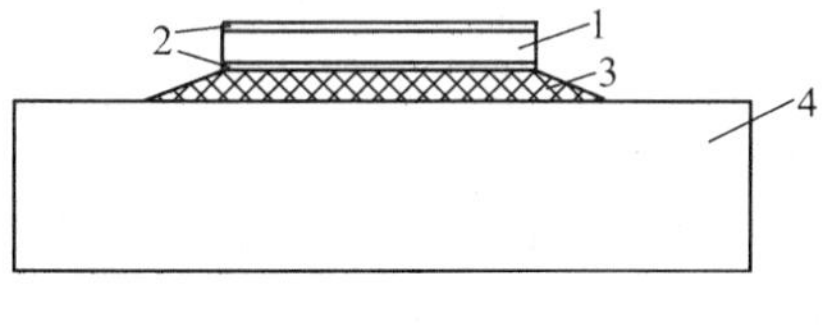

图 5.43　传感器在试样上的位置

1— 石英传感器；2— 镀银平面；

3— 过渡层；4— 试样

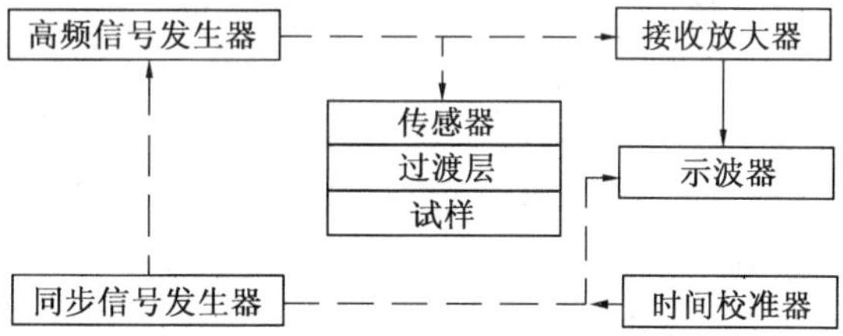

图 5.44　超声脉冲装置方框图

由于超声脉冲回波法工作频率范围很宽，测量的敏感性很高且实验的安排较为灵活，故有可能获得其他方法得不到的新结果，从而成功地解决那些与晶体缺陷及其相互作用有关的材料科学课题。特别是，它在相当宽的频率范围内测量阻尼与频率依赖关系，以及研究低温下与电子行为有关的效应是很有效的。但由于超声脉冲回波法的应变振幅一般很小，故不能用来测量与振幅有关的效应。

值得注意的是，由于采用了短的波长，测到的超声衰减有可能因缺陷的散射而不能完全吸收，因此在解释衰减结果时必须谨慎。由于缺乏标准的超声装置及脉冲回波法的理论和实验结果处理还不完善，故有必要设计和制造超声仪，进行该方法所固有的附加动力损耗理论和实验研究。

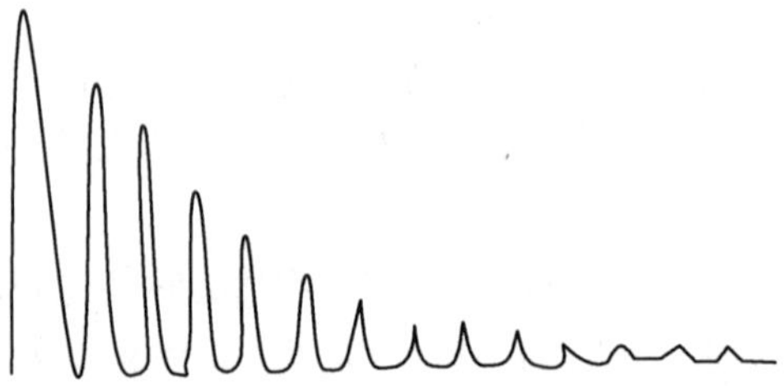

图 5.45　典型的回波信号图像

5.9　内耗分析的应用

从产生内耗的机制和影响因素便可看到，内耗分析可用于分析固溶体中溶质原子浓度的变化，从而能有效地研究与固溶体析出有关的各种问题；分析晶界的行为，研究对晶界进行强化的途径；研究相变动力学；特别是对分析位错和溶质原子的交互作用是唯一有效的方法。

5.9.1　研究过饱和固溶体的沉淀

间隙原子应力感生有序引起的内耗峰，被广泛地用来研究过饱和固溶体中第二相的沉淀。因为溶质原子一般是在适当的化学气氛下通过高温处理进入点阵的，通常在高温的溶解度比低温要大得多，这样在低温下为了达到平衡必须析出一个富溶质的第二相，这时析出的溶质原子通常紧密地束缚在金属化合物中，因而对内耗没有贡献。由于内耗峰的高度只是固溶体中间隙原子浓度的量度，且随固溶体的脱溶而下降，这就提供了一个追踪沉淀的有效方法，从而可以定量地得到作为时效时间和时效温度函数的实际沉淀量。与追踪时效过程的其他物理性能（导电性、热电性、磁性、密度等）相比，没有一种能像斯诺克效应这样完全地由沉淀量决定，而且不依赖于沉淀粒子的大小和状态。

迪克斯彻(Dijkstra)首先用上述方法来研究 α- 铁中氮和碳原子的沉淀。当振动频率约为 1 Hz 时，氮的内耗峰在 20℃，碳在 40℃。由于在这样低的温度下沉淀速率可以忽略，因此可以先把样品从渗碳或渗氮的温度以淬火方式降下来，然后在所需的沉淀温度作不同时间的回火处理。每次热处理后把丝状样品淬火以防止进一步发生沉淀，然后在扭摆仪上测量斯诺克峰的高度，这样从斯诺克峰高可以求得留在固溶体中的溶质数量，因而也就得到一定温度下随回火时间变化的沉淀量。为了得到在第二个温度下同样的回火曲线，只要把原来的样品重新固溶处理、淬火并重复上述过程就可以了。迪克斯彻发现，250℃ 回火时氮在 α- 铁中发生沉淀有两个相继的阶段，第一阶段在基体的(100) 晶面上形成一种亚稳相薄片，而在第二阶段则形成 Fe_4N 的薄片。后来又有人用内耗法详细地研究铁 - 氮合金，证实了氮从 α- 铁中沉淀的两个阶段，如图 5.46 所示。

作为沉淀实验的一部分，可以测定任一温度下充分沉淀后留在固溶体中的溶质浓度，即可以测定某种间隙溶质元素的溶解度曲线。与一般化学方法测出的溶解度相比，内耗法可以测定更小的溶解度。例如碳在 α- 铁中的溶解度曲线最低已测到 150℃，其质量分数为

10^{-4},这个数值比以前估计的都要低,并且是比较直接测到的。

需要说明的是,用内耗法进行固溶体溶解度测量不但方法简便、精确度高(尤其在低浓度时),而且对试样是非破坏性的,即同样大小的试样在没有任何损坏的情况下可以经受多次的化学分析。

5.9.2 研究固溶体的时效

由于斯诺克峰值和固溶体中的间隙原子浓度成正比,所以内耗法可以定量地测定时效过程中溶质原子浓度的变化。内耗峰的选择性很强,它只取决于固溶状态的溶质原子浓度,而和析出相的数量与状态无关,因此在研究时效时,它比电阻、热电性、磁性和密度等方法更为有效。内耗法用于研究氮在 α - Fe 中的时效沉淀工作比较多。为了找出析出和时效温度及时效时间之间的关系,将试样进行固溶处理后,以不同温度和不同时间对试样分别进行时效,时效之后要进行快冷,以防在冷却过程中进一步发生变化,此后测量内耗曲线并确定出斯诺克峰值。由于斯诺克峰出现的温度很低,所以在测量过程中氮的继续沉淀可以不考虑,峰值的大小完全代表时效过程中固溶体中氮原子的数量。

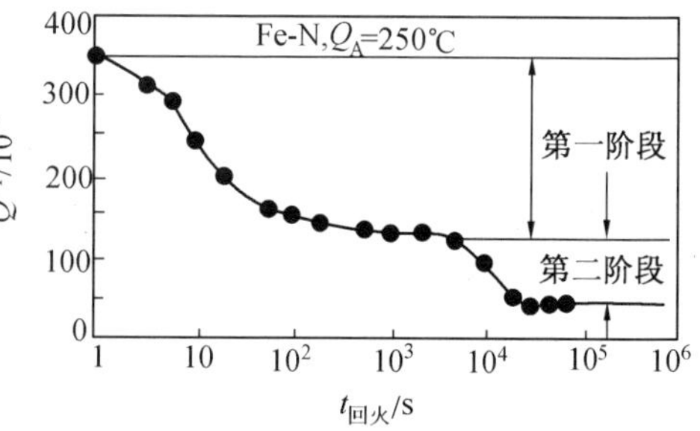

图 5.46 Fe-N 合金斯诺克峰高度随回火时间的变化

对时效过程动力学的研究指出,沉淀析出的数量 ω 和时效时间 t 之间存在的关系为

$$\omega = 1 - \exp[-(t/\tau_0)^n] \tag{5.55}$$

式中,n 为时效指数;τ_0 为时效的时间常数。式(5.55)表示析出的一般规律,具体在某一温度下的析出动力取决于 n 和 τ_0。为了确定 n 和 τ_0 值可以借助内耗的测量。由于斯诺克峰与 α-Fe 中的氮的原子浓度成正比,所以沉淀析出的数量和峰值的变化可表示为

$$\omega = (Q_0^{-1} - Q_t^{-1})/(Q_0^{-1} - Q_f^{-1}) \tag{5.56}$$

式中,Q_0^{-1} 为固溶处理状态的内耗峰值;Q_t^{-1} 为经过时效 t 秒时的内耗峰值;Q_f^{-1} 为规定温度下的时效达到平衡状态时的内耗峰值。$Q_0^{-1} - Q_f^{-1}$ 为时效过程中斯诺克峰的最大变化量,它代表着最大析出量;$Q_0^{-1} - Q_t^{-1}$ 为时效经过 t 秒时斯诺克峰值的变化量,它对应相应的析出量。为了确定 ω,只要测量出各试样时效过程的内耗变化曲线,并确定出内耗峰值,按照式(5.56)计算即可。例如,研究 Fe-N 合金经 350℃ 固溶处理、250℃ 时效析出的动力学过程。首先测定出不同时间时效试样的 $Q^{-1}-f$ 关系曲线,确定出斯诺克峰。然后将不同时间时效所得到的斯诺克峰值和时效时间的关系作图,如图 5.46 所示。从图中曲线可见,氮的析出分为两个阶段,两个阶段的析出各有自己的动力学规律。

为了确定各阶段的 n 和 τ 值,将式(5.56) 取对数,则得 $\log[-\ln(1-\omega)] = n\log t - \log \tau_0$。以 $\log[-\ln(1-\omega)]$ 作为 $n\log t$ 的函数作图,则得到图 5.47。当纵坐标为零时,对应的时间即为 τ_0 值,而曲线的斜率即为 n 值。从上图求得:第一阶段的 n 为 0.91,τ_0 为 1.9×10 s;第二阶段 n 为 1.82,τ_0 为 1.3×10^4s。第一阶段是在(100) 面上沉淀析出亚稳氮化物,呈针状和细长的薄片状;第二阶段析出 Fe_4N 稳定相,形状呈薄片状。

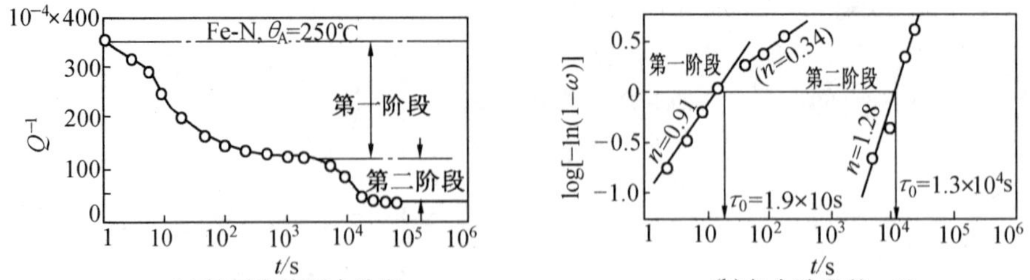

(a)氮析出的两个阶段　　(b)各个阶段的 n 和 τ_0

图 5.47　Fe-N 合金的时效曲线

5.9.3　确定扩散激活能与低温扩散系数

由于扩散过程在低温下进行得非常缓慢，故通常研究扩散时都是在高温下获得扩散层，所以由此测定的扩散系数只能是代表高温范围内的扩散情况。用上述方法无法研究低温下空位和位错等对扩散的影响。内耗法的优点是能有效地研究低温范围内的扩散，它与其他方法相互配合便可在较宽的温度范围内更准确地确定出扩散系数、扩散常数和激活能，研究与扩散有关的金属学问题。

1. 确定碳在 α - Fe 中的扩散系数

内耗法确定间隙原子的扩散系数 D 是根据间隙原子在周期应力作用下的微扩散与点阵类型、弛豫时间 τ 的关系。对于体心立方点阵的铁的扩散系数为

$$D = \frac{\alpha^2}{36\tau} \tag{5.57}$$

式中，D 为峰温下碳原子在 α - Fe 中的扩散系数；α 为点阵常数。

由于内耗峰所对应的 $\omega\tau = 1$，故 $\omega = 1/\tau$，因此上式可写为

$$D = \frac{\omega}{36}\alpha^2 \tag{5.58}$$

根据式(5.58)，只要测量出 $Q^{-1} - T$ 关系曲线，确定出斯诺克峰所对应的频率，即可求得该峰温度下的扩散系数。

2. 测定碳在 α - Fe 中的扩散激活能

由式(5.49)知，弛豫时间 τ 和温度的关系为

$$\tau = \tau_0 \exp \frac{H}{RT}$$

当出现内耗峰时 $\omega\tau = 1$，亦即

$$\tau = \tau_0 \exp \frac{H}{RT} = 1/\omega \tag{5.59}$$

如选用两个频率测量 Q^{-1}-T 曲线，则在内耗峰出现的时候，$\omega_1\tau_1 = \omega_2\tau_2 = 1$。即

$$\omega_1 \exp \frac{H}{RT_1} = \omega_2 \exp \frac{H}{RT_2}$$

由此得到

$$H = \frac{R\ln f_1/f_2}{1/T_2 - 1/T_1} \tag{5.60}$$

式中，T_1 和 T_2 为斯诺克峰所对应的温度，频率越高，峰出现的温度就越高；f_1 和 f_2 为内耗

峰对应的频率，不同频率所得到的内耗曲线形状相似，峰高也相同，只是频率较高时，峰出现在较高的温度，如图 5.48 所示。从图中曲线确定出 T_1 和 T_2，代入式(5.60)，便可确定出扩散激活能。

将内耗和其他方法测量所得到的结果综合起来，便可看到，扩散系数从 35 ~ 800℃ 的变化可达 14 个数量级。用作图法确定碳在 α - Fe 中的扩散常数，其值为 0.02 cm^2/s，而扩散激活能为 83.6 kJ/mol。

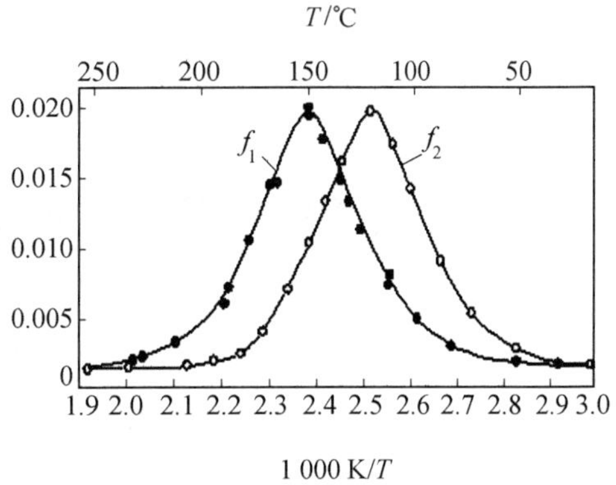

图 5.48　不同频率测得的内耗 - 温度关系曲线

内耗分析，除上述一些方面的应用外，还广泛应用于研究金属的缺点、塑性形变、回复与再结晶以及相变等问题。

习　题

1. 用双原子模型解释材料弹性的物理本质。

2. 表征材料原子间结合力强弱的常用物理参数有哪些？请说明这些参数间的关系。

3. 动态悬挂法测弹性模量 E、G 的原理是什么？叙述动态法测 E、G 的优点。

4. 简要说明产生弹性的铁磁反常现象（ΔE 效应）的物理本质及其应用？

5. 计算 2Cr13 不锈钢在 100℃ 时的纵向弹性波 c_l(m/s) 和横向弹性波 c_t(m/s) 的传播速度。已知 2Cr13 不锈钢在室温 20℃ 的弹性模量 $E = 224$ GPa，$\mu = 0.28$，热膨胀系数 $\alpha_{l(20\sim100℃)} = 10.5 \times 10^{-6}/℃$，$\rho_{100℃} = 7.75\ g/cm^3$。

6. 表征材料内耗有哪些物理量，它们之间的关系如何。

第六章 核物理检测方法及其应用

6.1 概 述

近些年来发展起来的核物理技术已成为分析金属及合金微观结构的重要方法。应用这些方法可以获得点阵结构、相变和磁结构等方面的信息，并为某些用其他方法无法分析的一些材料问题提供了有效的分析手段，从而受到材料工作者们的广泛重视。本章将要介绍穆斯堡尔效应、核磁共振、正电子湮没和中子散射等现代物理方法，这些方法各有特点。恰当地选用这些方法能够获得特殊的效果。

核物理方法所涉及的基础较宽，应用范围也很广，这里只能对这些方法的原理和在金属材料研究中的应用做一些简要的介绍，以便对这些方法有一个概括的认识。

6.2 原子核的组成及核辐射

6.2.1 原子核的组成

我们知道，原子核是由中子和质子组合而成。中子是电中性粒子，它的质量约为 $1.674\,9 \times 10^{-27}$kg，在自然界里中子并不单独存在，只是当原子核受到外来粒子的轰击时，才从核里释放出来，它处于自由状态时是不稳定的。质子带有一个正电荷，电荷的绝对值与电子所带的负电荷相等，质子的质量约为 $1.672\,6 \times 10^{-27}$kg。

据现在新的规定，取$^{12}_{6}C$原子质量的$\frac{1}{12}$为一个原子质量单位，以 μ 表示。一个中性原子处于基态的静止质量等于 $1.660\,5 \times 10^{-27}$kg。

在任何物质的原子核中，质子数都等于核外电子总数，亦即等于原子序数。由于电子的质量很小，可以不计。因此，质子和中子的质量数的总和就是原子的质量数。

原子序数相同，而质量不同的元素，它们在周期表中占有同一位置，故被称为同位素。同位素的物理和化学性质相同。按照国标的符号标准，同位素用$^{A}_{Z}X$ 表示。X 代表元素的化学符号，A 为原子的质量数，Z 为原子序数。例如，锌的 Z 为 30、A 为 66 的同位素，便可写作$^{66}_{30}Zn$。左下角的数字还表示原子核里的质子数，则中子数等于 $A - Z$。

在一个原子核里质子和中子的数目并不是任意的。原子序数大的同位素，中子比质子多。如果原子核中有过多的质子或中子，原子核就不稳定，即具有放射性。放射性元素的原子核不断地向外辐射出射线。射线在磁场中分为三种独立的射线，即 α 射线、β 射线及 γ 射线。

α 射线是带正电的高速粒子，这种粒子叫 α 粒子，它是$^{4}_{2}He$ 原子核，其电离能和感光作用强，但穿透能力弱，在磁场作用下发生偏转。

β射线是带负电的β粒子(即电子)组成的电子流，这种粒子的电离能力较小，但穿透能力强，在磁场作用下产生与α射线方向相反偏离较大的射线。

γ射线是波长较X射线更短的一种电磁波，它具有很高穿透能力，但电离能力弱，磁场对它没有作用。如图6.1所示。

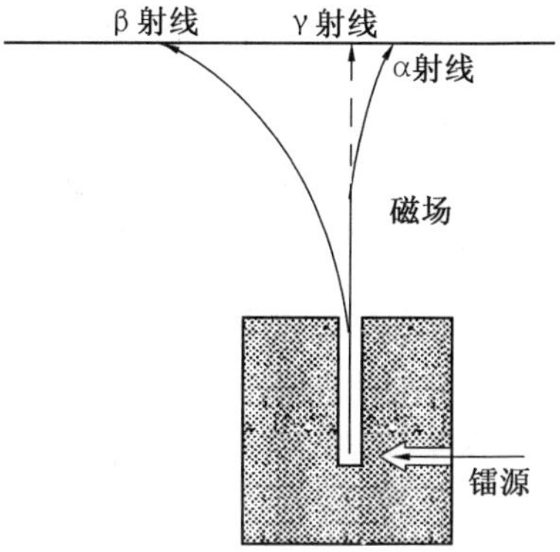

图6.1　镭放射源的三种射线

当不稳定的原子核在向外放射各种射线时，原子核本身也就发生了蜕变，这里就原子核蜕变的几种情况介绍如下。

1.α 蜕变

放射性同位素放射出α射线叫α蜕变。因为α粒子是质量等于4、电荷等于2的氦原子核，所以每放出一个α粒子，原子核的质量便减少4个单位，原子序数减少2，亦即在元素周期表中向左移两格。可以把α蜕变写成

$$ {}_{Z}^{A}X \longrightarrow {}_{Z-2}^{A-4}Y + {}_{2}^{4}He \tag{6.1}$$

2.β 蜕变

β蜕变是核电荷改变而核子数不变的核蜕变。它主要包括β^-蜕变，β^+蜕变和轨道电子俘获(EC)。很多放射性元素都能放射出带负电荷的普通电子，其实质就是原子核内部有一个中子自动转变为质子，称之为β^-蜕变。β^-蜕变除了放出普通电子外，还将放出一个不带电的轻的基本粒子，即中微子。β^-蜕变可表示为

$$ n \longrightarrow p + e^- + v \tag{6.2}$$

式中，n代表中子；p代表质子；e^-代表电子；v代表中微子。β^-蜕变对原子核的质量数没有影响，但使原子序数增加1，因此如以${}_{-1}^{0}e$表示电子，则β^-蜕变可写成

$$ {}_{Z}^{A}X \longrightarrow {}_{Z+1}^{A}Y + {}_{-1}^{0}e + v \tag{6.3}$$

有一些放射性元素放出的不是普通电子，而是正电子，就其实质而言，则是原子核中的一个质子自动转变为中子，因而原子序数减少1，这种蜕变称为β^+蜕变。与β^-蜕变一样，在β^+蜕变时也放出中微子。β^+蜕变可表示为

$$ p \longrightarrow n + e^+ + v $$
$$ {}_{Z}^{A}X \longrightarrow {}_{Z-1}^{A}Y + {}_{1}^{0}e + v \tag{6.4}$$

式中，e^+及${}_{1}^{0}e$为正电子。

此外，还有k俘获(或l俘获)也被列为β蜕变之中。在发生k俘获时，原子核从它的电子层夺取一个电子而与原子核中的一个质子结合成为中子。k层的空位则由外层电子跃迁进来而填满，k俘获可写成

$$ p + e^- \longrightarrow n + v $$
$$ {}_{Z}^{A}X + {}_{-1}^{0}e \longrightarrow {}_{Z-1}^{A}Y + v \tag{6.5}$$

3.γ 辐射

当原子核发生β^-、β^+及α蜕变或k俘获时，原子核都将处于高能的激发状态，也就是

原子核具有多余的能量。为了使原子核从激发状态转变为能量最低的基本状态,其多余的能量将以光子的方式放射出来,放射出来的光子能量与其波动频率之间的关系为

$$E = h\nu \tag{6.6}$$

式中,E 为光子具有的能量;h 为普朗克常量;ν 为光子的频率。

这些光量子流即称为γ辐射,所以γ辐射实际上是伴随α蜕变与β蜕变发生的现象。

由于核态能量和存在时间的不确定性,使得放射源辐射γ射线的频率虽然很窄,但并不是单色的,而是在一个小的范围内以平均能量置 E_γ 为中心,按照洛伦兹线形分布,如图6.2所示。通常取分布曲线半高处的全宽度 Γ_H 为自然线宽,用以描述发射γ射线的特征。

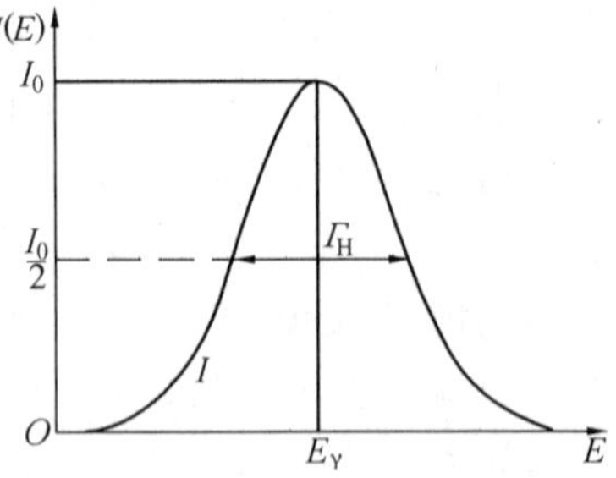

图6.2　γ射线强度随跃迁能的分布

6.2.2　原子核的基本特性

原子核是一个带电体,而且是在不停地运动着,因此,它必然具有如下的特性。

1. 动量矩和磁矩

质子和中子也像电子一样在自转,它们的自旋角动量为$\frac{1}{2}\hbar$,$\hbar = \frac{h}{2\pi}$。原子核动量矩通常称为核自旋,用自旋量子数 I 来表示。由于原子核的质量数是质子加中子数,若以 $\hbar$ 为单位,质子和中子的自旋则都是$\frac{1}{2}$,所以原子核的 I 是自旋的整倍数或半倍数。当质量数为偶数时,I 为整数;奇数时,为半整数。

与核外电子的情况相似,原子核的自旋 I 在某个方向上的分量也是量子化的。自旋 I 的分量常以 m_I 表示,它可以是 $I, I-1, \cdots, 0, \cdots, -(I-1), -I$ 等值,亦即总共有 $2I+1$ 个值,每相邻两个值之间相差为1。例如,$I = \frac{3}{2}$ 时,则可取为 $+\frac{3}{2}, +\frac{1}{2}, -\frac{1}{2}, -\frac{3}{2}$。自旋 I 的数值代表着原子核所处的状态,$I = \frac{1}{2}$ 是未激发态,一般称为基态,$I = \frac{3}{2}$ 为激发态,这两种状态的能量不同。基态是稳定态,它的能量常取为零。激发态的能量一般都比较高,是不稳定态。基态和激发态之间可以进行能量跃迁。量子数不同,而能量相同的状态称为简并态。

自旋不为零的原子核还具有磁矩 μ_I,且

$$\mu_I = g_N \mu_N I \tag{6.7}$$

式中,g_N 为原子核的"g 因子";μ_N 为核磁子,它等于$\frac{e\hbar}{2m_p c}$,e 和 m_p 分别为质子的电荷和质量,c 为光速。

2. 电四极矩

处于基态的原子核电荷分布为球对称形,激发态原子核的电荷则呈旋转椭球对称分布。这意味着,激发态原子核电荷分布偏离了球形,并且不同激发态偏离的情况也不相同,偏离的程度通常用电四极矩表示。如果椭球状电荷分布是均匀的,则电四极矩为

$$Q = \frac{2}{5}Z(a^2 - b^2) \tag{6.8}$$

式中，a 和 b 分别为椭球的长半轴和短半轴；Z 为电荷数。电荷分布呈长椭球状，Q 为正；压扁的椭球状，Q 为负；球对称，Q 为零。

6.2.3 放射性衰变的一般规律

不稳定同位素的核放射射线，即发生核衰变。核衰变进行的速度不受外界因素的影响，有的同位素衰变得很快，有的则很慢。衰变是放射性物质的特性。经衰变后的核有的是稳定的，有的是不稳定的，不稳定的则继续衰变。

这里简要介绍一下衰变定律，假如取一定量某种放射性同位素，并测量它在每一单位时间内所放出来的粒子数 n_i，则可发现 n_i 的数值随着时间的增长而逐渐减少。这说明一个事实，即放射性同位素每一个核的衰变并不是同时发生的，而是有先有后。实验证明，在时间间隔为 τ 到 $\tau + \Delta\tau$ 的范围内，衰变数目 ΔN 是和 $\Delta\tau$ 及在该时间尚未衰变的核总数 N 乘积成正比，即

$$\Delta N \propto N\Delta\tau$$

或

$$\frac{\Delta N}{\Delta\tau} = -\lambda N \tag{6.9}$$

式中，λ 是一个比例常数，称为衰变常数，负号表示 N 的值随时间 τ 的增大而减小，也即 ΔN 是负值。若以微分表示，则

$$\frac{\mathrm{d}N}{\mathrm{d}\tau} = -\lambda N \tag{6.10}$$

积分后得

$$\ln N = -\lambda\tau + K \tag{6.11}$$

当 $\tau = 0$ 时，$N = N_0$，代入上式，则 $K = \ln N_0$，故由上式可得到

$$N = N_0 \mathrm{e}^{-\lambda\tau} \tag{6.12}$$

这个式子指出，N 的值按照时间的指数函数而衰变。由式(6.10) 衰变常数可以写为

$$\lambda = -\frac{\mathrm{d}N}{\mathrm{d}\tau}\bigg/N \tag{6.13}$$

式(6.13) 表示在单位时间内每个核的衰变概率。每种放射性同位素，都有其固定的衰变常数，λ 值大表示衰变得快，小则衰变得慢。通常用半衰期 $T_{1/2}$ 表示放射性原子核衰变的速度，所谓半衰期是指放射性原子数因衰变而减少到原来的一半所需要的时间，即当 $\tau = T_{\frac{1}{2}}$ 时

$$N = \frac{N_0}{2} = N_0 \mathrm{e}^{-\lambda T_{\frac{1}{2}}} \tag{6.14}$$

解此式，得

$$T_{1/2} = \frac{0.693}{\lambda} \tag{6.15}$$

不同的放射性原子核之间半衰期的差别很大，最长的可达数亿年，而最短的则只有百分之几秒。

对某种确定的放射性元素，其中有些核素早变，有些晚变，寿命不一样，可以计算出它们的平均寿命 τ。

$$\tau = \frac{1}{\lambda} \tag{6.16}$$

平均寿命为衰变常数的倒数，它比半衰期长一些。

单位时间内蜕变的原子核数目称为放射强度，通常用 A 表示，即

$$A = -\frac{dN}{dt} \tag{6.17}$$

A 的单位为 Ci(居里)。1 Ci 相当 1 g 镭的放射强度，而 1 g 镭在 1 s 内有 3.7×10^{10} 个原子发生蜕变，所以

$$1\ \text{Ci} = 3.7\times10^{10}[\text{衰变}]/\text{s} \tag{6.18}$$

用放射性同位素作示踪原子时，常用所谓放射性比度来表征放射性同位素的浓度，以单位质量(或体积)的样品所具有的放射强度来表示放射性比度。例如，mCi/g 或 mCi/cm^3。

自从1924年约·居里夫妇提炼放射性同位素以来，到目前为止，人造放射性同位素已达一千多种。它们是利用各种中子源所产生的中子，以及在各种加速器中产生的中子、快速带电粒子、光子轰击各种靶子物质而制成的。

把元素或化合物放在原子堆中照射或受不同加速粒子轰击，即可得到放射性同位素，而以中子轰击最为有效。

对所有元素能用人工方法得到它们的放射性同位素，人造放射性同位素有的放射 β 射线，有的放射正电子，它们有的同时还放射出 γ 射线来，还有少数元素的人工放射性同位素放射 α 射线。

在实际测量中，有意义的不是衰变的核数，而是放射强度 A。所谓放射强度是指一个放射源在单位时间内发生衰变的原子核数，即

$$A = -\frac{dN}{dt} = \lambda N_0 e^{-\lambda t} = A_0 e^{-\lambda t} \tag{6.19}$$

式中，A_0 为 $t=0$ 时放射强度，t 为放射时间。可见放射源的强度衰减同样遵从指数规律。

6.3 放射强度的测量及其应用

6.3.1 放射强度的测量

1.电离室法

测量放射强度的方法有多种，可以利用放射性辐射对气体的电离效应来记录和测量，即电离室法，其原理示于图 6.3。电离室和静电计管相互配合是探测放射性的一个重要工具。图中 A 和 B 是两个平行的金属板，A 和 B 间的电位差 V_{AB} 是可以调整的，电离室内可充空气或其他气体。当有射线进入电离室时，选择适当电位差 V_{AB} 即有电离电流通过电阻 R，电流 I 的大小随着射线强度而改变。电离室本身不能直接测量电离电流的大小，它必须和测量电流的元件相配合才能达到测量电离电流的目的。当电离电流比较大时，用一个灵敏的电流计与电阻串联，即可测出电流。

电离室可以探测电离电流，也可做脉冲探测用，但多用于测量 α 和 β 射线。目前应用最

广泛的探测工具是盖革计数管。

2. 盖革计数管

盖革管简称G－M管，其结构原理是在一个密封的玻璃管内壁涂一层导电物质或用圆筒状金属作为阴极，管中心有一条金属丝做阳极。管内充入惰性气体与少量淬灭性气体，所谓淬灭性气体即电离电压比惰性气体低的气体，如乙醇、二乙醚、溴、氯等。在阳极和阴极之间加高电压时，如果有β或γ光子射入计数管，使管内的气体产生电离，则电离产生的电子在电场的作用下高速向阳极运动，同时在运动的途中与气体分子发生碰撞，而使其产生许多次级电子，从而产生沿着阳极整个线上的"雪崩"而发生阳极放电。放电后只剩下许多包围着阳极的正离子，称之为正离子鞘，离子鞘在电场的作用下向阴极运动，到达阴极的时间约需100 μs左右，这段时间称为计数管的呆钝时间。如果没有淬灭性气体的存在，正离子在达到阴极后激发出的电子经过电场加速，又会引起计数管的放电，放电后又会激发正离子鞘，这样的过程将循环出现，放电将不停地进行。由于管内充入了少量的淬灭性气体，在正离子鞘向阴极移动时，就有机会和淬灭气体的分子相撞而失去电荷，成为中性的惰性气体分子，而同时产生了淬灭气体的正离子。它们到达阴极时，就不会再激发电子，因此放电就停止下来。这样通过对放电次数的计数，就可以计算出β或γ光子的数目。

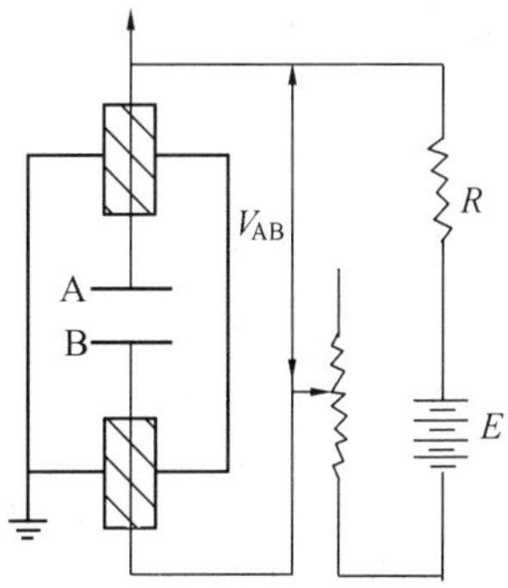

图6.3　电离室示意图

盖革计数管所给出的计数脉冲与最初给出放电的电离粒子种类无关，只要产生电离，就会激发放电引起脉冲，而且每次脉冲大小都一样。因此，盖革计数管不能区别进入管中的究竟是什么粒子。实际上，不同的粒子具有不同的贯穿本领，β或γ射线穿透力强可用薄壁的铝计数管探测，但对α射线因贯穿能力弱可采用云母和石英硝化纤维等制成探测窗口的计数管。盖革计数管的优点是比电离室灵敏，能测量较弱的射线而且测量速度快。

3. 照相法

辐射粒子具有感光效应，利用这种效应可以做照相记录和测量放射强度。将带有放射性同位素的被研究的样品在暗室中紧贴在照相底片上，由于放射性辐射引起溴化银粒子分解而使底片感光，经一定时间后，把底片从样品上取下，经显影和定影后可得到放射性同位素在样品中分布情况的照片。

由于底片感光后的黑度D和α、β或γ等辐射量成直线关系，所以只要利用微光度计测出底片上各个地方的黑度，便可得到各地方放射强度。这样便可利用照相法对同位素分布作定性、定量的分析。

照相法的优点是设备简单，可以精确地指示出放射性同位素在样品中的分布情况，所得的照片也易于保存，缺点是测量速度慢，误差也较大。

6.3.2　放射强度的应用

放射性同位素可作为示踪原子用于研究金属及合金的扩散和合金元素的分布情况。研究互扩散的方法很多，但适于研究自扩散的方法极少。放射性同位素是研究自扩散仅有的方法，而且，用放射性同位素研究扩散，测量简单而且方便。

在研究金属中的扩散时,其主要问题就是测量扩散系数 D 和温度的关系,找出扩散常数 D 和扩散激活能 Q。它们之间的关系是

$$D = D_0 \exp(-Q/KT) \tag{6.20}$$

测定扩散系数的方法可分直接测量法与间接测量法,直接测量法是将扩散源与扩散片用焊接或电镀法联结在一起,然后将其加热到所要求的温度并在一定的时间内保温,使之发生扩散。冷却至室温后,将扩散片分成与扩散面平行的薄层,用切削等方法一层一层剥离下来,而后用化学、光谱等方法测出各层中扩散元素的浓度,作出浓度与厚度的曲线。根据测得的实验数据求得扩散系数 D,给出扩散方程。

采用上述方法,其测定过程是很复杂的,可以研究互扩散,但不能研究自扩散。相比之下,采用放射性同位素既能研究互扩散,又能有效地研究金属中的自扩散,而且测量方便,结果可靠。将含有要扩散元素的同位素溶液涂在样品表面,然后再用电镀法把扩散元素嵌在表面。将样品放在高温炉中加热,使其扩散。保温一段时间后取出样品,测量不同厚度处的杂质放射性的强度,便可知道不同深度杂质浓度。

除了上述磨削剥层方法外,还可以采用腐蚀方法剥层。剥层的缺点是粉末收集困难,引起的误差较大。为了排除这种缺点常采用自射线照相法,即将加热扩散后的试样取出冷却之后,将样品按一小角度偏斜切去一部分,然后以样品斜切面的放射性自射线照相,便可测出自射线照相得出的黑度与深度的关系曲线。然后再进一步根据作出黑度的对数的关系曲线,计算出扩散系数。此法的优点是用一次切片便可测定出扩散系数。

如果试片中的放射性同位素所放射出的是低能量的 β 粒子,这时只有试样表面层所放射的 β 粒子才能为计数管记录下来,而试样内层所放射的 β 粒子在试样内就全被吸收了,所以这种情况计数管记录下来的放射强度,实际上是试样表面层的放射比度,此时放射性比度即代表扩散元素的浓度。

关于用放射性同位素研究扩散方面的工作已有很多,格鲁津等曾用同位素研究了 $\gamma-Fe$ 中的自扩散,测定了不同温度下的扩散系数。他们根据上述数据用作图法确定出 $\gamma-Fe$ 的自扩散激活能 $E_D = 28 \times 10^4$ J/mol,扩散常数 $D_0 = 0.7$ cm²/s。并且发现,激活能随着含铁量的增加而下降,它表明,碳在 γ-Fe 中削弱了铁原子间的结合力。

克依金等人用同位素做示踪原子研究 20 号钢在高频感应加热淬火后马氏体组织中的碳分布和原始组织(珠光体)的关系,证明了,只有当加热温度相当高时,才能获得碳在马氏体中均匀分布的效果。

硼的原子序数低,用扫描电子显微镜和 X 射线法都难于分析它在显微组织中的分布情况,但用硼自射线照相法却得到了硼在钢组织中的分布情况。

用氚示踪法研究氢在金属中的分布效果很好。

6.4 穆斯堡尔效应及其应用

6.4.1 穆斯堡尔效应

1.原子核的共振吸收

核外电子按不同的壳层分布着,每层电子都有其确定的能量状态,即分为不同的能

级，电子的能量状态不是任意的，而只能是按着能级变化。光子具有一定的能量，如果以光子照射原子时，若光子的能量恰好是原子中某两个能级电子之间的能量差，这时光子便会被电子吸收，而吸收了光子的电子由于有了更高的能量便由原来的能级跳到较高的能级上去，即发生电子跃迁，这种现象称为原子共振吸收。

如同原子一样，原子核也具有许多能级，最低的能级称为基级，高的能级称为激发能级，通常核的能级用平行线表示，最低线代表基级，用 0 标记，如图 6.4 所示。表示激发级的横线与基级线的距离与它们的能量差成正比，这里能级用兆电子伏特为单位。距基级线最近的是第一激发能级，其次是第二、第三等激发能级。原子核的能量状态和电子的能量状态类似，也存在着能级差别。原子核能级之间的差别一般约为几万或几十万电子伏特，而射线光子的能量一般也约为几万或几十万电子伏特，因此，可以设想，如用 γ 射线照射原子时，γ 射线的能量恰好是被照物质原子核的能量差时，原子核就会吸收 γ 射线而产生核共振吸收。如果用一个处于激发态的核作为 γ 射线源，再以同种元素处于基态的核作为吸收体，由于同是一种核，退激和激发跃迁能相等，很容易产生原子核共振吸收。

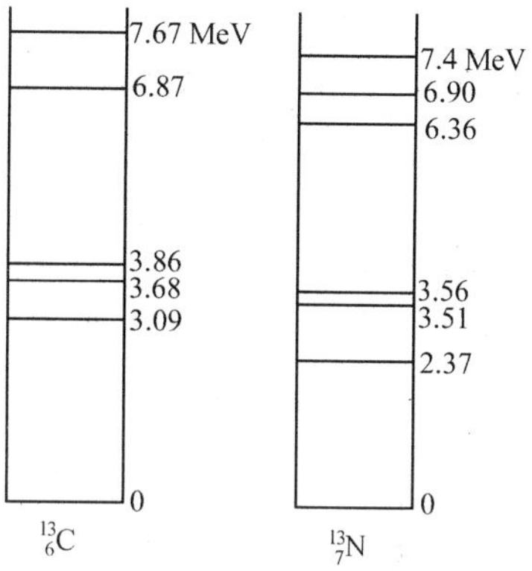

图 6.4　碳 - 13 和氮 - 13 的原子核能级图

2. 反冲能的影响

上面所说的核共振吸收是一种理想情况，实际上，即便是发射体和吸收体的核完全相同，当发射体和吸收体的核处于自由状态时，也观察不到核共振吸收现象。这是因为处于自由状态的核，在发射和吸收 γ 光子时，它自身要产生反冲效应。可以设想，一个处于激发态的原子核在能量守恒定律作用下，在 γ 光子发出的同时，原子核要受到一个向后的反冲，致使 γ 射线的能量减少千分之几的电子伏特。同样，接收原子吸收 γ 射线时也有反冲，因此又损失千分之几的电子伏特。经两次减少的能量值并不大，但却使得 γ 射线的光子和原子核的能级差不一样了，从而破坏了共振吸收的条件，如图 6.5 所示。

为了使其产生核共振吸收，则必须消除或减小反冲。德国物理学家穆斯堡尔在研究核共振吸收时，采用了固体放射源和吸收体。固体中的原子核由于键合作用被牢牢地固定在点阵的晶位上，在发射和吸收 γ 光子时都不能从晶位上离开，这时受到反冲的不是单个原子，而是整个晶体，这种情况下反冲便可减少到忽略不计，从而达到核共振吸收的效果。这种无反冲核共振吸收即为穆斯堡尔效应（Mössbauer Effect，ME）。由于原子结合往往不是十分牢固，一般只有一部分原子核出现无反冲共振吸收。

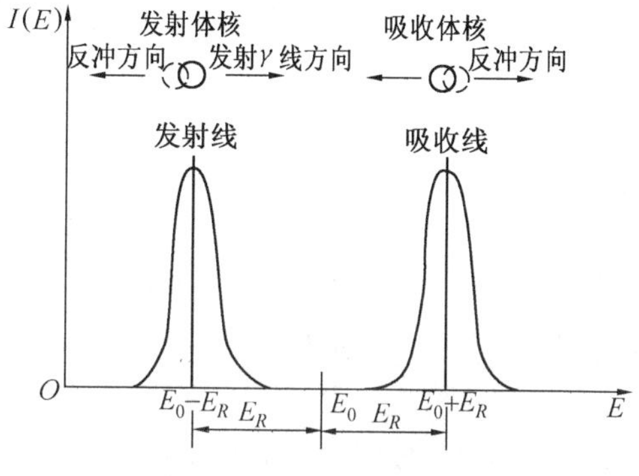

图 6.5　射线发射和吸收时反冲引起的能量损失

实验证明,在固体尤其是一些合金、硅酸盐化合物中,能实现无反冲核共振吸收的原子核占的比例较大,故穆斯堡尔核效应更为显著。

现已找到40余种元素能发射作为光源的γ射线,常用的重要元素有铁、金、锇、铱和锡。此外还有镍、锑、钨以及稀土元素等。对相应地含有这些元素的物质,由于它们的原子核能级差和γ射线光子能量相等,都有可能观察到穆斯堡尔效应。

6.4.2 核共振吸收的测量

测量穆斯堡尔效应最常用的是透射法,所用的仪器为透射谱仪。仪器的测量原理如图6.6所示。图中1为放射源;2为试样;3为γ射线探测器。γ探测器由闪烁计数器、电子放大器、甄别器和自动多道分析器组成。闪烁计数器的前端有一片碘化钠荧光晶体,当γ射线照射到它上面时便会发出微弱的荧光,此荧光经光电倍增管转化为脉冲电压并进行放大,然后经过多道分析器,再进行自动记录(自动打印出数据)。由于脉冲电压值的大小与碘化钠晶体接收到的γ射线光子数成正比,因此,用这种方法可将样品吸收γ射线的情况记录下来。

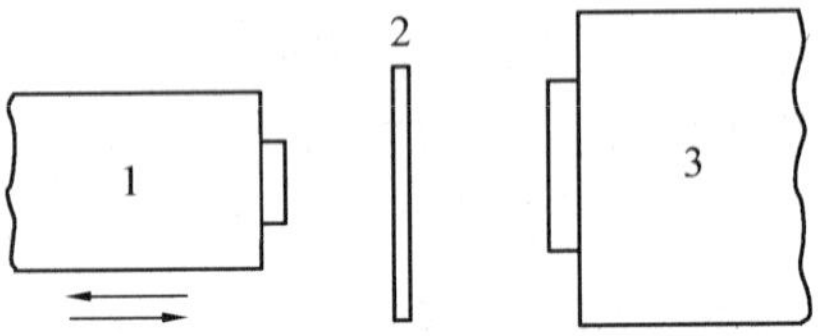

图6.6 透射谱仪测量原理示意图

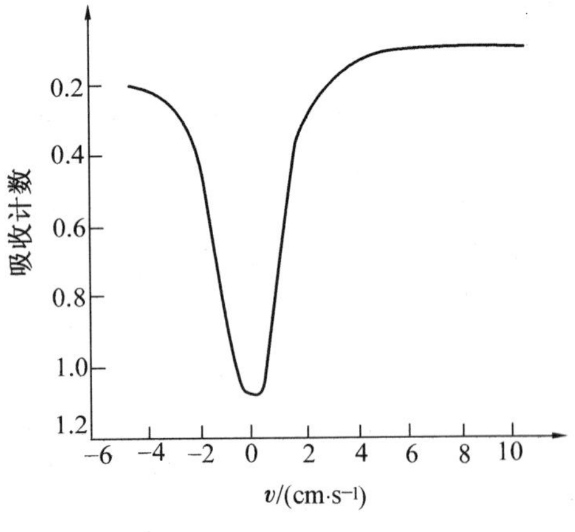

图6.7 多普勒速度谱示意图

为了将无反冲共振吸收的情况在图谱上清晰地显示出来,在测量时常利用多普勒效应对γ射线的能量进行调制。所谓多普勒效应是指发射体运动引起γ光子能量改变的现象。这种效应引起的能量变化虽然很小,但足以破坏核的共振吸收条件。这里所测到的穆斯堡尔谱,其横坐标为放射源的运动速度,也称多普勒速度,纵坐标为吸收计数,如图6.7所示。图中曲线称为多普勒速度谱。利用多普勒效应的措施是将射线源安放在一个做恒加速运动的振子上,γ光子的能量可随着振动方向和速度大小在一定范围内进行调制。当速度为零时,γ光子的能量不变,核共振吸收达到最大值。当振子的速度增大时,共振吸收减少,速度达到1 mm/s时,共振吸收遭到完全破坏;当速度为负时,也会有同样的结果。

对放射源的主要要求是发出没有能级分裂的γ射线,有高的无反冲分数。现在用得最多的源是$^{57}_{27}Co$,通常是将$^{57}_{27}Co$扩散到无磁性薄膜中做放射源。从$^{57}_{27}Co$母核蜕变为激发态的$^{57}_{26}Fe$,退激时发射能量为23.1×10^{-16}J的γ射线,无反冲分数可达0.7~0.80。$^{57}_{27}Co$的半衰期为270 d,适合用于实验工作,其次是^{119}Sn。

吸收体即所要研究的样品。对样品的制备工艺无严格要求。样品的厚度必须合适,一般选用有效厚度t_α,t_α取决于多种因素,即

$$t_\alpha = \sigma_0 n_\alpha f_\alpha d_\alpha c_\alpha \qquad (6.21)$$

式中,σ_0为最大吸收截面;n_α为与共振核相关元素的原子数;f_α为无反冲分数;c_α为穆斯

堡尔核在同种元素中的相对含量，d_α 为吸收体厚度。根据上述原则，对铁及铁合金样品厚度取 15 ~ 20 μm 为宜，太薄信号太弱，太厚时，线谱的形状将因饱和效应而失真，直径取 10 ~ 20 mm 即可。

多晶粉末样品需要黏结和压制成薄片状，为了避免 γ 射线的散射，要用低原子序数的物质做黏结剂。

6.4.3 超精细相互作用及穆斯堡尔参量

如前所述，通过测量可以获得所需要的速度谱，从谱线的线形、线的强度和位置等即可确定出一些重要参量，例如，同质异能移位、超精细场、四极分裂等。它们被称为穆斯堡尔参量。

我们知道，原子核在点阵中并不是孤立存在的，它处于核外电子和配位体原子所产生的电场与磁场之中。该处的电场与磁场给核能级造成微扰，这种微扰就是超精细相互作用。它主要表现在三个方面：电单极相互作用产生同质异能移位；电四极相互作用产生四极分裂；磁偶极相互作用使核能级产生塞曼效应，所谓塞曼效应是指核能级受磁场作用产生分裂的现象。

概括起来，超精细相互的作用取决于两种因素：一是核本身的因素，例如原子体积及形状；二是核的环境因素，例如该处的电场及磁场。

1. 同质异能移位

同质异能移位也称中心移位，是由核电荷与该处电子电荷相互作用引起的，一般用 δ 表示，如图 6.8 所示。在实际研究工作中常采用同一放射源进行测量，放射源的电子电荷密度在测量过程中是不变的，可用 c 表示。由吸收体、该处环境因素所引起的移位可表示为

$$\delta = \alpha \mid \Psi_A(0) \mid^2 - c \tag{6.22}$$

式中，α 为与核体积变化有关的核因子，对给定的穆斯堡尔核来说是固定值；$\mid \Psi_A(0) \mid^2$ 为吸收体的电子电荷密度，它取决于核外电子数量及分布状态。

核外电子对同质异能移位的影响可分为两种情况：外层的 s 层电子密度对 δ 产生直接影响，s 层电子增加，直接使该处电子电荷密度增大，电单极相互作用加强。非 s 层电子只产生间接影响。p、d、f 层电子增加，由于它们对 s 层电子起着屏蔽作用，该处的电子密度反而减小。合金的成分、结构、键合性质、有序化和原子偏聚等都会对该处电子电荷密度产生直接或间接的影响，从而导致吸收体核能级的能量发生变化，如图 6.8(a) 所示。这个变化在测量时，要用多普勒速度补偿，因此产生了中心移位 δ，如图 6.8(b) 所示。

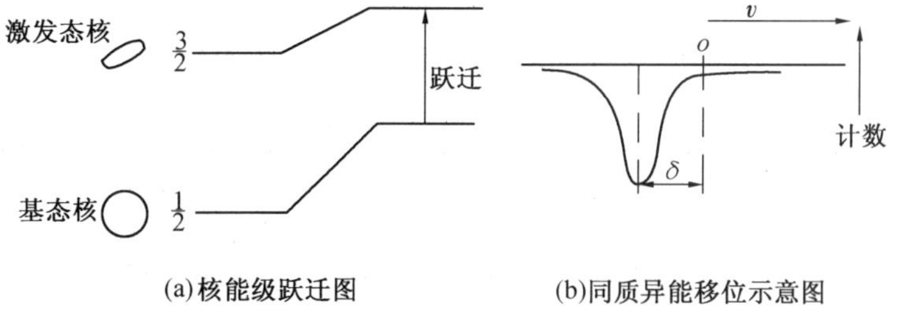

图 6.8　吸收体核能级的跃迁与速度谱

同质异能移位是用相对比较法确定的，一般是把放射源的谱线位置作为标准参考位置，如标准谱线中心位置是 V_c，吸收体的中心位置是 V_a，则

$$\delta = V_a - V_c \tag{6.23}$$

中心在正速度一侧，δ 为正；在负速度一侧，则 δ 为负。例如，高价金属溶入低价金属中，s 层电子增多，使跃迁能变小，故 δ 为负。

2. 四极分裂

如前所述，当 $I > \frac{1}{2}$ 时，原子核具有电四极矩。这时如该处电场是立方对称的，它对受激态的能量没有影响；但当原子该处的电场由于某种原因发生畸变时，电场与电四极矩相互作用，便会使核能级发生分裂。

现以 $^{57}_{26}Fe$ 的 23.1×10^{-16}J 能量的跃迁为例，$I = \frac{3}{2}$ 的第一激发态，由于电四极相互作用，分裂为两个亚能级，而 $\pm\frac{1}{2}$ 相 $\pm\frac{3}{2}$ 的激发态仍然处于简并态，如图 6.9(a) 所示，因此，速度谱中出现了两个相应的共振吸收峰，如图 6.9(b) 所示。两峰之间的距离称为四极分裂的裂距 Q.S.，它表示该处电场相对于立方对称偏离的程度，对应的能量

$$\Delta E_Q = \frac{1}{2}e^2qQ \tag{6.24}$$

式中，e 为电子的电荷；四极矩 Q 为核因子，由核本身电荷非球对称分布产生；q 为电场梯度，是环境因子，由核周围配位体原子或离子的非立方对称分布造成。常见的固溶体合金，虽然多数都具有高度对称的立方结构，但如存在着溶质原子和缺陷，就会使电场发生局部畸变，从而产生四极分裂。总之，低对称或对称性局部被破坏的点阵，都会引起四极分裂。四极相互作用具有短程性，不对称电荷距核越近，作用越大。四极相互作用不改变能级中心，即对谱线中心没有影响。

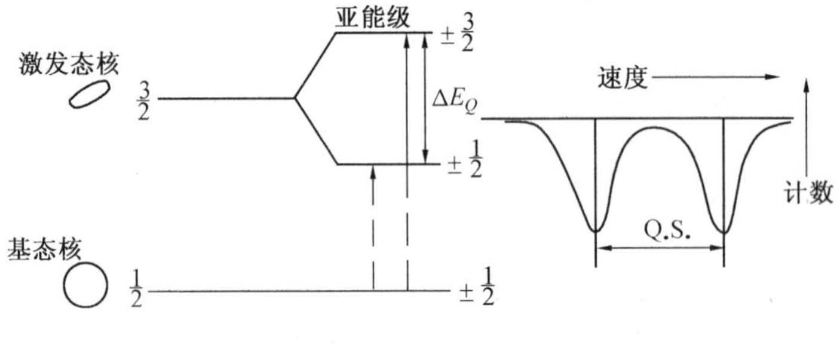

(a)能级分裂图　　(b)谱线分裂示意图

图 6.9　吸收体($^{57}_{26}Fe$) 核能级的四级分裂与速度谱

3. 磁超精细场

自旋不为零的原子核具有磁矩，如果核处于磁场之中，核磁矩和磁场相互作用能为

$$\Delta E = -\mu_I H\cos\theta \tag{6.25}$$

式中，H 为磁场；μ_I 为核磁矩；θ 为 μ_I 和 H 之间的夹角。因受磁场的作用核能级发生分裂。

如果取磁场方向为 OZ，则给出分裂的能级移位为

$$E_m = -g_N\mu_N Hm_I \tag{6.26}$$

式中，g_N 为原子核的 g 因子；μ_N 为核磁子；m_I 为原子核的磁量子数。自旋为 I 的状态将分裂为 $2I+1$ 个亚能级，每相邻两个亚能级之间的间隔都等于 $g_N\mu_N Hm_I$。

$^{57}_{26}Fe$ 的基态分裂为两个亚能级。第一激发态分裂为四个亚能级，如图 6.10(a) 所示。在激发态和基态的亚能级之间可以进行跃迁，其条件是 $\Delta m_I = 1$ 或 0，其他值不能跃迁。根据这个定则，各能级之间只存在六种可能的跃迁，所以测到的速度谱为六指谱，如图6.10(b)所示。六个峰的宽度基本相同，但强度相差很大。

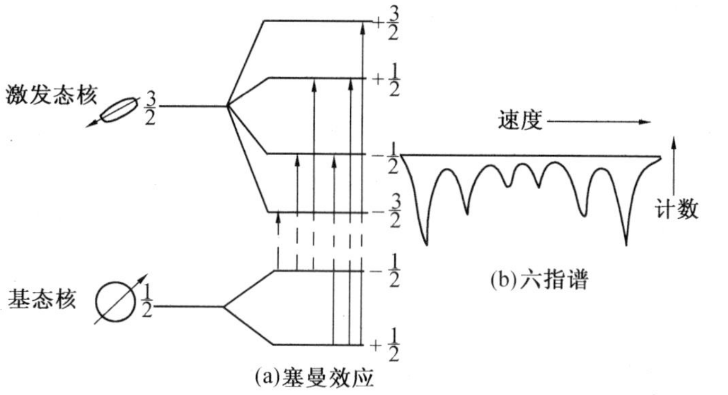

图 6.10　$^{57}_{26}Fe$ 的塞曼效应和速度谱

该处的磁场来源于两个方面：一是金属内部自发磁化产生的磁场，称它为磁超精细场 H_{hf} 或内场 H_{in}，所有铁磁性合金都存在内场；二是外加磁场在该处产生的磁场。我们感兴趣的是内场，因为该处的内场直接受近邻原子的影响。近邻原子的性质和组态可以引起未满壳层电子的组态发生变化，导致原子磁矩大小和取向发生变化。对以铁为基的固溶体，溶质原子会引起内场减小，这种影响的结果，可以认为是相加性的，即 n 个最近邻的溶质原子产生的效果是一个溶质原子的 n 倍。此外，原子的热振动和点阵缺陷也会引起原子磁矩的变化。合金中有不同相和不同原子组态时，速度谱便相应地有不同裂距成分的磁分裂谱线。不同磁合金的超精细场有不同特征值，参考特征值可以进行相分析。

6.4.4　共振吸收在研究金属中的应用

综上所述可以看出，实现无反冲核共振吸收的条件是极其严格的，尤其是对作为光源的 γ 射线光子能量和吸收光子的原子核能级的能量差要求更为严格，二者之间能量差只要有 $\frac{1}{100\ 000} \sim \frac{1}{1\ 000\ 000}$ eV，就足以影响甚至破坏其共振吸收。这么微小的能量差可以由各种各样的因素引起，例如微小的振动可以使 γ 射线的能量发生变化，而样品中电场、磁场现象的变化也可以引起核能级的能量差发生变化。所有这些变化在速度谱上都有反映，导致速度谱上曲线的形状与共振吸收位置发生变化。因此，通过速度谱便可以反过来推测速度谱发生的改变的原因及其变化数值。

利用磁化现象对共振吸收的影响，可以研究测量原子核的磁矩和磁场强度，它为研究产生磁能的原因提供可靠的数据。

作为样品的化合物，其中原子的排列形式或者元素的电价发生变化，必然造成电场分布不均，这种不均匀在速度谱上能够反映出来，而且是超灵敏的。因此，利用速度谱可以测知某些元素的排列状况和电价特征。还能通过与标准速度谱对比，鉴定化合物的种类及测定元素的含量。

现已知道，有 40 余种元素观察到了穆斯堡尔效应，其中有实际应用价值的元素仅有 15 ~ 20 种。穆斯堡尔核作为试探原子，能获得原子尺度内微观结构的信息，是研究钢的淬火、回火、有序 - 无序转变、时效析出、固溶体分解等过程的动力学、晶体学和相结构等问题的有效工具。下边我们主要介绍在铁合金方面的应用。

1. 碳钢淬火组织的研究

将 $w(\mathrm{C}) = 4.2\%$ 的碳钢加热到850℃后用盐水淬火，然后在室温下测量速度谱，如图 6.11 所示。谱中间的峰是顺磁峰，它相对于纯铁 γ 相的同质异能移位为 - 0.1 mm/s，是由残余奥氏体产生的，从它的强度估算出残余奥氏体的数量约为 8%。含碳量增多，残余奥氏体数量增加，线的强度也相应增大。由于碳原子使近邻的铁原子立方对称性被破坏，因此出现四极分裂，所以伴有双肩的中心峰出现。将此峰分解之后，便可得到，它的裂距为 0.6 mm/s。在 γ-Fe 中心的碳第一近邻为六个铁原子，如图 6.12(b) 所示，峰的强度是相应含碳量的六倍。另外，由于碳原子的存在还引起了同质异能移位。

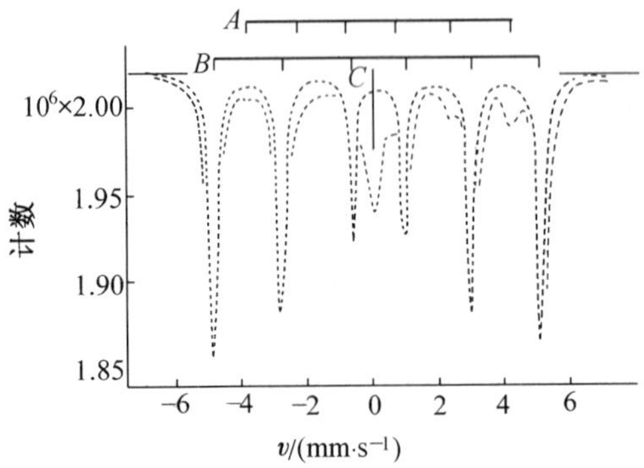

图 6.11　碳钢淬火态的穆斯堡尔谱

A、B 和 C 分别表示 α''、α 和 γ 相谱线的位置

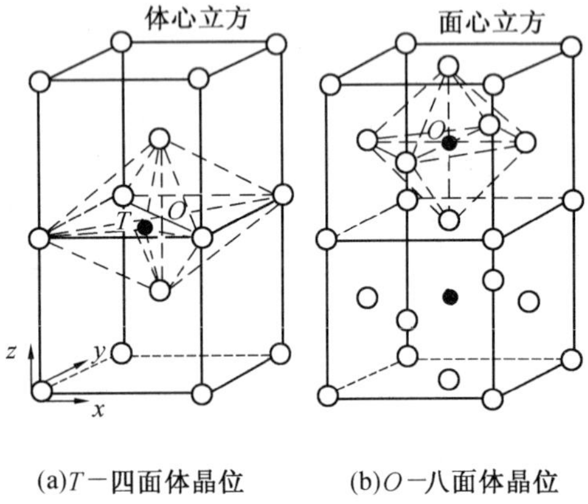

图 6.12　体心立方和面心立方点阵中碳原子间隙位置

淬火组织中的马氏体是一个铁磁相，因此，由它给出的是六指谱，六指谱的每一边最外侧两个主峰之间有一个小峰。它的强度比相应含碳量大一倍，这是由于体心立方点阵中碳原子间隙在面心处，如图 6.12(a) 所示。它的第一近邻是上下两个体心的铁原子，因此，这个小峰就是最近邻的两个铁原子和碳相互作用而引起的，所以这个峰的强度恰好是相应碳浓度的两倍。

2. 研究淬火钢的回火

如将 $w(\mathrm{C}) = 5\%$ 的钢淬火后进行回火处理，碳原子就会从固溶体中析出，导致马氏体和残余奥氏体分解，由此使速度谱产生相应的变化。在回火的第一阶段，由于碳从马氏体中析出，八面体第一近邻所引起的峰消失，如图 6.13(b) 所示。在第二阶段中，由于残余奥氏体分解，中间顺磁峰消失，如图 6.13(c) 所示。在第三阶段中由于渗碳体析出，出现了新的附属峰，如图 6.13(d) 所示。与此同时，在回火过程中六指谱逐渐变窄，最后与图中虚线所示的纯铁谱重合。在220℃回火时，出现了一些小峰，其内场和渗碳体不同，而和 χ 相吻合，它说明，在形成渗碳体之前，已经析出了 χ 相，温度再增高时 χ 相转变为渗碳体。由于这种方法的应用，对回火过程中组织变化有了更加深入的了解。

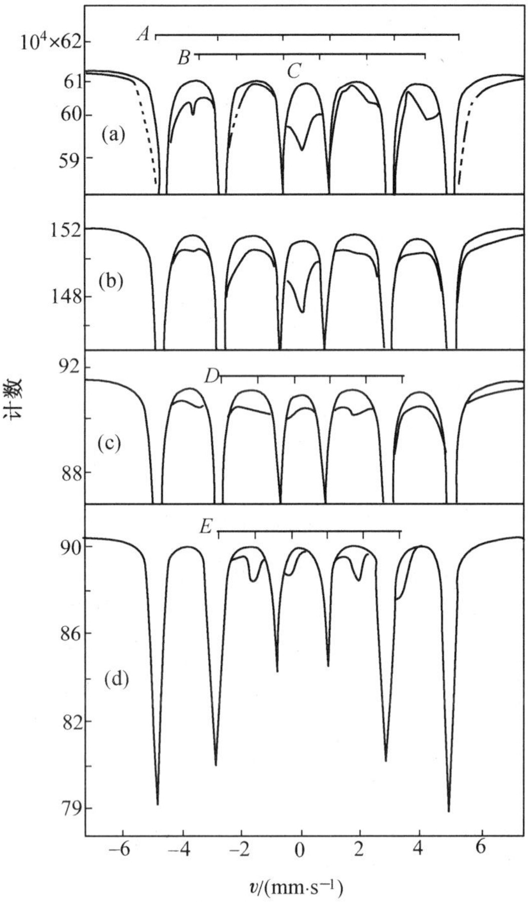

图6.13　碳钢淬火不同温度回火后的穆斯堡尔谱

(a)淬火态　(b)140℃回火1 h　(c)220℃回火1 h　(d)340℃回火1 h

A、B、C、D 和 E 分别代表 α、α'、γ、χ 和 θ 相谱线的位置

3.研究低温马氏体和碳的晶位

近年来利用穆斯堡尔谱学，发现了钢的马氏体结构和变化机制方面一些新的现象。将 Fe－Mn－C 和 Fe－Ni－C 钢淬火到－80℃，得到了一种新的正交马氏体，它的 c/a 远比室温马氏体小，但单胞体积却比室温马氏体稍大，它在0℃附近即开始转变为平常的马氏体。关于上述现象，曾借助穆斯堡尔谱学进行了深入的分析。将 $w(Ni)=6\%$、$w(C)=1.8\%$ 的钢经低温淬火的马氏体再进行60℃、30 min的时效处理，测得的速度谱，如图6.14所示。由图可见，它基本上是一个六指谱，在主峰之间有 O_1、T_1 等小峰，O_1 峰的强度随着相应碳浓度的增加而增大，并且是相应碳浓度的两倍。这种关系表明，T_1 峰是由八面体中第一近邻的铁原子引起的。T_1 峰的强度随相应含碳量增多和淬火速度的增大而增强。在室温附近回火时，它逐渐降低，与此同时 O_1 峰则逐渐增高。如果将 O_1 峰强度的一半再加

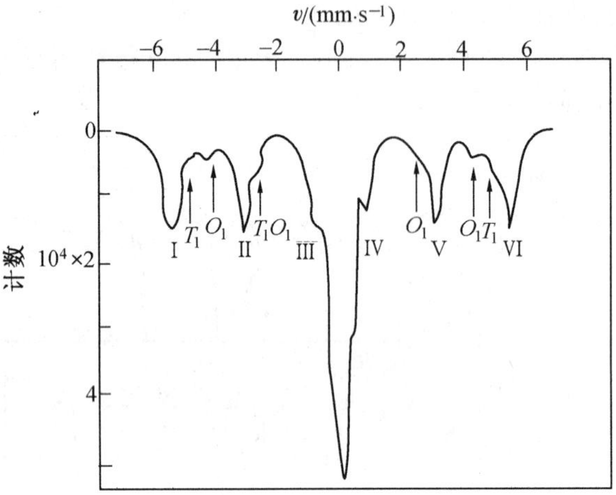

图6.14　w(Ni) = 6%、w(C) = 1.8% 的钢低温淬火及半时效状态的穆斯堡尔谱

O_1— 碳在八面体中间隙；T_1— 碳在四面体中间隙

上 T_1 峰强度的$\frac{1}{4}$，在回火温度低于60℃时，O_1 将永远与相应含碳量相当。由此可见，T_1 峰是四面体中间隙碳原子最近邻的四个铁原子引起的。

分析还表明，在低温时，四面体间隙位置的大部分为碳原子所占据，当含碳量大于5% 原子总数时，即使是在室温下长期回火，T_1 峰也不能完全消失，而是保留一定的强度。如果淬火过程中冷却速度非常快，则原子来不及扩散，O_1 和 T_1 峰的强度比为1∶2，这意味着碳原子占据八面体中心和四面体中心位置的概率是 1 ∶ 1。这种关系表明碳在四面体中应当是转化机制本身所固有的，它对进一步认识马氏体转变有重要意义。

4.研究固溶体的分解

Fe – Cr 系合金相图的低温部分具有明显的调幅分解特征。由于铁和铬的原子序数很接近，在固溶体分解的早期阶段，用 X 射线和电子探针都不易观察到，但由于合金微观成分的变化能导致内场发生明显的改变，因此，用穆斯堡尔效应跟踪固溶体分解，特别是调幅分解的早期变化取得了很好的效果。

对于 w(Cr) = 60% 的 Fe-Cr 合金，淬火后在475℃ 以不同时间进行时效，由于时效过程中产生调幅分解，穆斯堡尔谱产生了相应的变化，如图6.15所示。图中1为淬火态谱线；2、3、4 分别为时效 30 h、80 h、1 300 h 的谱线。谱线 2 和 1 相比，没有明显的变化。谱线 4 和3 相比，在高速度处的吸收已有明显的增加，基本形成了六指谱，并且谱线 4 中心还出现了顺磁峰，这说明，谱线 4 代表的是接近平衡态组织，中间的顺磁峰代表组织中的富铬相，六指谱代表富铁相。从 1 到 4 谱线展宽表明，调幅分解是一个化学成分逐渐变化的过程。

除上述一些例子外，穆斯堡尔谱学在分析合金有序 - 无序转变、非晶态、晶体缺陷，以及磁性材料等的研究方面也都很有用。

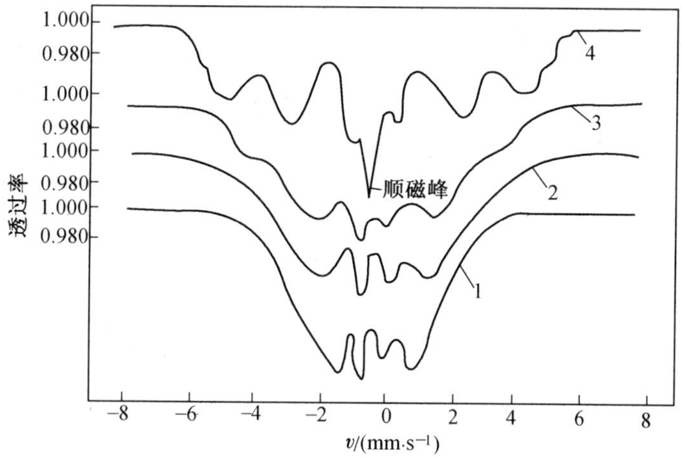

图 6.15 $w(\mathrm{Cr})=60\%$ 的 Fe－Cr 合金在室温下的穆斯堡尔谱

1— 淬火态;2,3,4— 于 470℃ 时效,停留时间分别为 30 h、80 h、1 300 h

6.5 核磁共振及其应用

6.5.1 共振原理

如上节所述,原子核在磁场中自旋能级要产生塞曼分裂(Zeeman Splitting),分裂为 $2I+1$ 个亚能级。根据空间量子化关系,核能级的位移为

$$\Delta E=-g_N\mu_N H m_I \tag{6.27}$$

这时,若在垂直于磁场 H 的方向再加一个交变磁场 H_a,如图 6.16 所示,原子核受磁场 H_a 的作用,吸收一定的能量可发生能级跃迁。根据量子数的选择定则,磁能级跃迁的条件是 $\Delta m_I=\pm 1$,因此,跃迁能

$$\delta\Delta E=g_N\mu_N H \tag{6.28}$$

由于原子核在磁场中只能吸收量子能量,所以,当交变磁场 H_a 的频率 ν 满足

$$h\nu=g_N\mu_N H \tag{6.29}$$

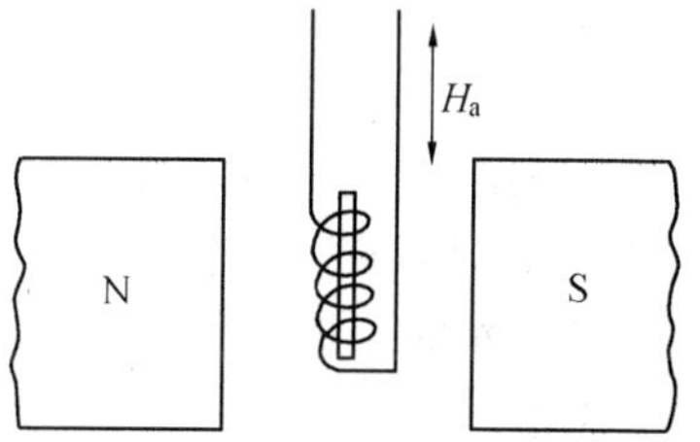

图 6.16 核磁共振原理示意图

时其能量恰好是核磁能级差,于是原子核便会强烈地吸收交变磁场的能量,而产生跃迁,这就是我们所说的核磁共振(Nuclear Magnetic Resone,NMR)。由于核磁共振是发生在亚能级之间,所以它的共振频率比较低,一般铁磁金属共振频率大约是几到几百兆赫。

6.5.2 测量方法

测量核磁共振有连续波谱仪和脉冲波谱仪两种方法。

连续波谱仪的简化框图如图 6.17 所示。测量部分为一个能产生强磁场以及可以调制磁场的电磁铁,磁场中放置一个高频线圈,用于产生磁场 H_a。试样放在线圈中,由射频发生器供给射频电流,用射频电桥做探测器,通过探头测量试样影响射频功率的情况。再由电子系统进行显示和记录。当射频频率 ν 达到共振频率时,便会出现共振吸收峰;或者频率不变,而改变磁场强度,当磁场达到式(6.29)的关系时,也会出现共振吸收峰。吸收强度相对 H_a 的频率 ν 的关系曲线或磁场强度 H 的变化曲线即测量所得到的核磁共振谱。

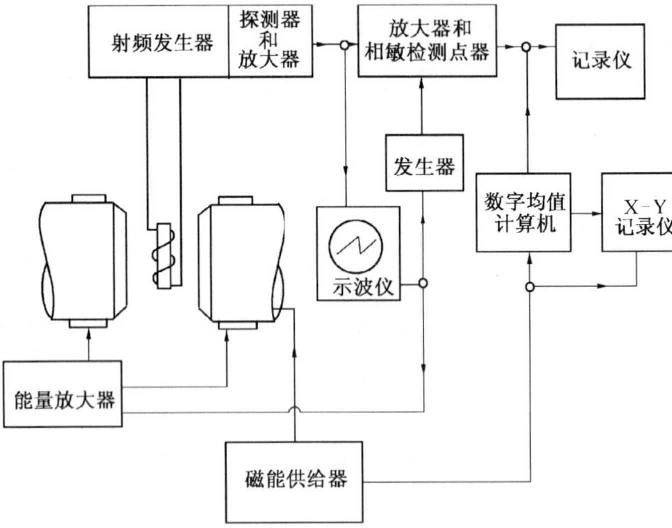

图 6.17　连续波谱仪简化框图

脉冲波谱仪法是将射频功率以脉冲的方式,不连续地加到测量系统中。用频率可变的脉冲波谱仪,可测得自旋回波强度和频率的关系曲线,它和连续波谱仪测量结果一样。

核磁共振测量所需的试样的质量一般为 1 ~ 10 g,金属试样的厚度 $d = 500/\mu\sigma\nu$。式中,μ 为材料的相对磁导率;σ 为电导率,单位为 S/m;ν 为频率,单位为 MHz。

6.5.3　NMR 谱和金属微观结构的关系

对于一个特定的核来说,它只对应一个共振频率,但试样中的核所处的环境略有不同,所以产生共振并不是一个频率,而是一个频带。此外,由于不同频率所激发共振的核数不同,共振吸收强度按洛伦兹线型分布,如图 6.18(a)所示。图中曲线即测量所得到的核磁共振谱。从核磁共振谱可以观察到线型、线宽、线的强度、线的位置等重要特征,这些特征除与核本身的特性有关外,还要受该处的电场和磁场的影响,也就是说,它们还取决于合金的原子组态和电子状态。上述因素的影响主要表现在以下几个方面。

1. 电四极相互作用

原子核的电四极矩受该处电场梯度的影响,给核能级造成微扰,导致核能级分裂,从而在谱线上出现分开的卫星线,如图 6.18(b)所示。同时,由于电四极相互作用还使 NMR 谱线展宽。NMR 谱线展宽与引起电场畸变的合金结构因素,例如位错、层错等缺陷有关。

2. 奈特位移

对于同一种核,在相同的外磁场作用下,它在金属中的共振频率 ν_0 与它在非金属中的共振频率 ν_r 有一个位移,通常称它为奈特位移(Knight Shift),用 K 表示,即

$$K = \frac{\nu_0 - \nu_r}{\nu_0} \tag{6.30}$$

这种位移来源于该处的正自旋和负自旋电子密度差。

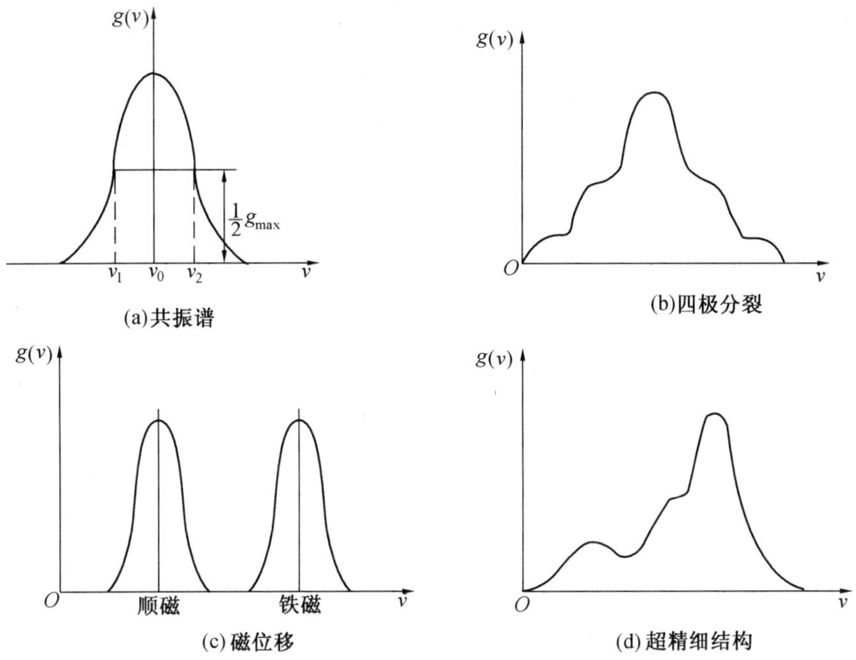

图 6.18 NMR 共振谱的四种形态

3. 磁位移

铁磁金属具有很强的内场(超精细场),因此相对顺磁状态来说,它们的共振频率将移动相应的数量,如图 6.18(c) 所示。内场与该处结构状态有关,不同的结构有不同的内场,共振频率也不同,由此可能产生具有精细结构的 NMR 谱,如图 6.18(d) 所示。

6.5.4 在金属材料研究中的应用

核磁共振和穆斯堡尔效应一样,也用于研究合金的微观结构。与穆斯堡尔谱分析相比,它的优点是:有较高的能量分辨率;适于分析的同位素较多,约有 100 多种;对于轻元素也可进行分析。缺点是灵敏度较差,一般是它和穆斯堡尔谱分析相互补充。

1. 测量超精细场

根据 NMR 谱可精确地确定出材料内部的超精细场。由于超精细场的大小和方向与核及核外电子相互作用有关,后者取决于核外电子结构和核的近邻组态,所以分析材料的超精细场能够找出材料微观结构的变化和成分、工艺、环境温度、压力及磁场之间的关系,并可找出宏观性能和微观结构之间的联系。在这方面,已经发现材料的磁化强度和超精细场成正比。

2. 研究局域环境和有序结构

由于合金中溶质和溶剂原子处的有效场与它们的原子组态有关,通过 NMR 谱线的位置和强度测量,可分析核的近邻组态。基于这个关系,研究合金原子的局域环境和有序结构,以及成分和工艺条件对它们的影响,在这方面已经进行了大量的研究工作。

例如,对于 $w(\mathrm{Al}) = 14\% \sim 28\%$ 的铁 - 铝合金,经用 NMR 谱分析,据超精细场确定 Fe_3-Al 有序相中原子的排布存在着两种情况:一种是在中心的铁原子周围有八个最近邻铁原子和六个次近邻的铝原子;另一种情况是有四个最近邻铁原子和四个最近邻铝原子及六个次近邻铁原子。在有序相 Fe_3-Al_3 中也有两种情况:一是中心铁原子周围有八个铁原子是最近邻,六个铝原子是次近邻;二是五个铁原子、三个铝原子是最近邻,六个铁原子是次近邻。这样不仅从 NMR 谱分析了有序相存在的成分及工艺条件,而且还明确地揭示了有序相的结构。

3. 沉淀现象的研究

合金在沉淀过程中,随着时效处理工艺条件的变化,溶质原子的分布及变化情况可以根据超精细场的分析确定出来。例如,对 $w(\mathrm{Cu}) = 3.5\%$ 的铜合金进行时效处理时发现,600℃ 时效在铜的基体上析出钴的微粒,因此,在 -73 K 测量时,在频率为 218 MHz 处出现了核磁共振线,经确定析出相是尺寸相当于 $1.5 \sim 1.7\ \mu\mathrm{m}$ 面心立方的钴。同时还发现,钴的共振线强度随着时效时间的延长而增高,它表明,析出粒子的数量(体积) 随着时效时间加长呈线性增加。从主线和卫星线相对积分强度计算出的钴粒子中铜的质量分数大约是0.5%。当粒子的尺寸大于 3 μm 时,共振频率便急剧下降,这是由于析出相与基体共格联系减弱的结果。它与电镜分析结果完全一致,而测量精度比电镜还高。

4. 缺陷的研究

位错应变场能使核周围的电场梯度增大,从而使 NMR 谱中的卫星峰首先被加宽,随着电场梯度进一步增加,中心峰也被加宽。据此,可以研究影响电场梯度发生变化的结构因素。

例如,铜由于塑性形变几乎可使卫星峰消失,而在恢复过程中,由于晶体中的位错发生攀移,形成位错墙,使大部分核的周围恢复立方对称结构,从而使共振峰的强度增大。这种分析可用于研究退火时的多边化过程。

这些年来,通过测量超精细场,对合金的有序化、非晶态材料的结构等许多重要问题进行了多方面的研究,取得一些成果。

核磁共振在磁性材料、半导体和超导体等方面研究工作中都有广泛的应用。

6.6 正电子湮没及其应用

6.6.1 基本概念

正电子是电子的反粒子。当它与电子靠近时,它和电子的全部质量转换为电磁辐射能,即转变为 γ 射线,这种现象称为正电子湮没(Positron Annihilation)。正电子与原子的外层电子发生湮没时,产生双 γ 和三 γ 辐射。发生哪种辐射取决于正电子和电子的相对取向,自旋方向平行时,产生三 γ 辐射;自旋方向反平行时,产生双 γ 辐射。正电子与原子 k 层电子湮没时,发生单 γ 射线。正电子湮没辐射虽然存在着上述的三种可能情况,但三 γ 和单 γ 辐射的概率都很小,因此,正电子湮没主要表现是双 γ 辐射,即发射出两个 γ 射线。

对于能量低的正电子,单位时间发生双 γ 辐射的概率 Γ 正比于正电子处的电子密度 n_e,即

$$\Gamma \propto n_e \tag{6.31}$$

通常把正电子在样品中存在的时间称为正电子的寿命,它是湮没概率的倒数。因此,

湮没概率越大，正电子寿命就越短。正电子的寿命和样品中电子的密度有关，而与正电子的速度无关。实验表明，金属及合金中的正电子寿命大约为 0.1 ~ 3.0 ns。

正电子 - 电子对的湮没特性，除和样品中电子的密度有关外，还与电子的动量有关。假如正电子 - 电子湮没对，在湮没前总的动量为零，湮没时将它们的全部静止质量转变为 γ 光子的能量，那么，γ 光子的能量应当是 8.19×10^{-14}J。根据动量守恒定律湮没后的总动量也应当为零，所以辐射出的 γ 射线方向应当相反，即呈 180° 角射出。

实际上，样品中的电子并不是静止的，而是具有一定的动量，由此而导致湮没 γ 射线的方向相对 180° 有所偏离，同时也使湮没 γ 射线的能量偏离 8.19×10^{-14}J，造成能量在一个小的角度内分布，即所谓角关联。再说，样品中电子的动量也并不是单一的，而是有一个分布范围，因此，一个方向上的 γ 射线相对另一 γ 射线，在 180° 范围内 γ 射线的能量也形成一个展宽分布，即所谓多普勒加宽。

以上所说的正电子寿命、角关联和多普勒加宽等都表示样品中正电子的湮没特性。

6.6.2 测量方法

正电子寿命、角关联和多普勒加宽分别由相应的仪器测量。

1. 正电子寿命测量

正电子寿命测量用正电子寿命谱仪，如图 6.19 所示。谱仪中所用正电子源一般是 $^{22}_{11}$Na，它放出一个正电子后蜕变为 $^{22}_{10}$Na。$^{22}_{10}$Na 在 10 ps(10^{-12}s) 内发射出一个能量为 2.05×10^{-13}J 的 γ 粒子，这一时间相对金属中的正电子寿命来说是很短的，因此，把探测器 1 探测到 γ 射线能量为 2.05×10^{-13}J 的时刻定为正电子产生的时刻 t_1。当正电子进入样品以后，它与电子发生一系列的非弹性碰撞，很快地慢化成为能量相当于 KT 级的热正电子。这个过程时间很短，约几个 ps。此后热正电子便在样品中扩散，直至它与外层电子发生湮没而转换成能量为 8.19×10^{-14}J 的 γ 光子，便由探测器 2 测到能量为 8.19×10^{-14}J 湮没 γ 射线，这一时刻用 t_2 表示。通常将 t_2-t_1 定为正电子寿命。

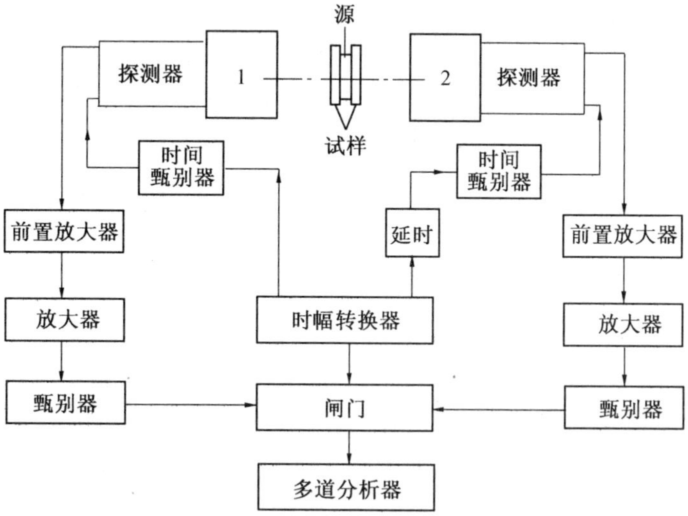

图 6.19　正电子寿命测量仪框图

2. 双 γ 光子角关联的测量

γ 光子能量受样品中电子的动量在垂直于 γ 射线方向上的分量的影响，使 γ 射线能量在 180° 附近构成一个角分布，这种方法就是测定 γ 射线能量和角度的关系。测双 γ 角关联所用的角关联仪，如图 6.20 所示。测量时将试样置于接近放射源的地方，湮没 γ 射线用探测器（探头）检测，两个探测器呈 180° 分别置于试样两侧，其中一个固定不动，另一个可以在垂直方向上移动。将两个探测器所接收 γ 光子的符合计数 $N(\theta)$ 和探测器位移的 θ 角记录下来，所获得的符合计数与角分布曲线，即角关联曲线，如图 6.21 所示。角关联曲线由两部分组成：$\theta < \theta_F$ 时曲线主要是由正电子与自由电子湮没给出；$\theta > \theta_F$ 的部分是正电子与动量较大的核心电子湮没产生的。

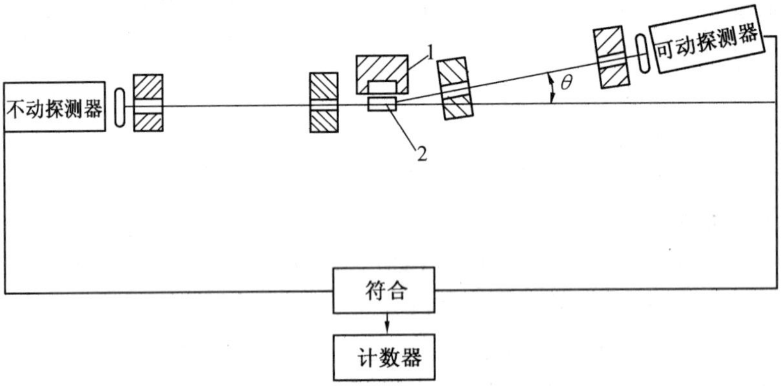

图 6.20　角关联测量装置示意图

1— 放射源；2— 试样

3. 多普勒加宽谱的测量

这种方法测量的能量展宽谱是由样品中电子动量对 180° 方向上湮没 γ 射线的影响而产生的。为此，用分辨率较高的能量色散 Ge(Li) 谱仪进行测量。测量得到的多普勒加宽谱示于图 6.22。在研究工作中通常只要求用多普勒加宽线型参数来表示加宽程度。用得较多的是 s 参数，它表示为

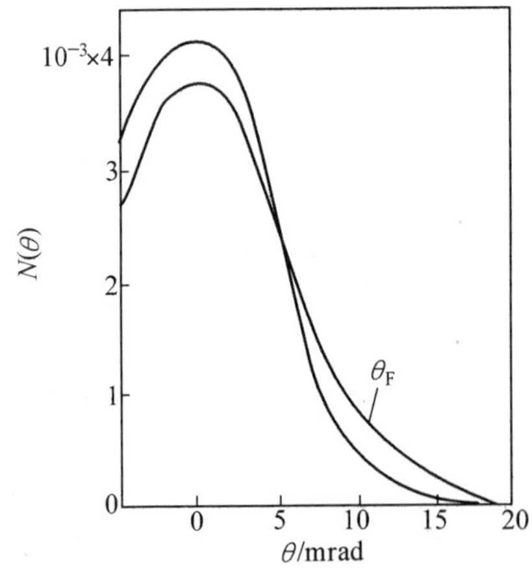

图 6.21　角关联曲线（θ_F 为费米截止角）

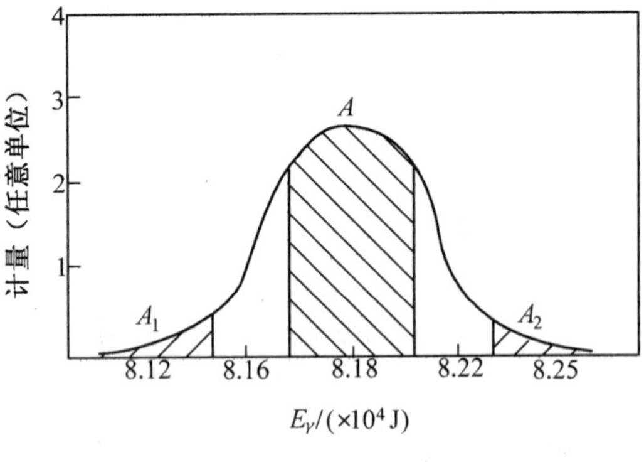

图 6.22　多普勒加宽谱示意图

$$s = \frac{A}{A_1 + A_2} \tag{6.32}$$

式中，A 为中央部位一定宽度的面积；A_1、A_2 为两侧一定宽度的面积。

这种测量方法和角关联一样反映样品中电子动量分布的信息，但它的分辨率较低，优点是测量简便，对样品尺寸没有限制，因此，分析缺陷时用得较多。

6.6.3 缺陷对正电子湮没特性的影响

正电子湮没特性和材料及点阵缺陷有关。样品中的缺陷破坏了理想晶体内的势场，缺陷本身有的带正电荷，有的带负电荷，正电子在带正电荷的缺陷处停留概率较小，靠近负电荷缺陷处的概率较大。当缺陷对正电子吸引力很强时，正电子被缺陷捕获，不能再自由扩散，形成束缚态，因此，正电子在金属中有两种湮没情况：一是"自由态"湮没；二是束缚态湮没，这两种湮没的特性不同。

空位处带有等效负电荷，它能捕获正电子，且空位处的电子密度较低，因此湮没率较低，正电子寿命相应地比较长。空位处电子的平均动量也较低，所以使多普勒加宽参数增大。由于正电子处于束缚态，接触核心电子的机会变少，使角关联的中心部分增高，而整个曲线变窄，如图 6.21 所示。空位型缺陷的线度越大，湮没的寿命就越长。

位错和空位一样，也能捕获正电子，正电子湮没前的寿命接近于空位湮没寿命。晶界是正电子的陷阱，它也能捕获正电子。间隙原子对正电子具有排斥作用，不能造成束缚态，由上述缺陷引起束缚态正电子寿命有不同的确定值。所以，根据正电子寿命，可以判别缺陷的类型。

不同状态正电子湮没的寿命不同，束缚态的寿命较长，单晶铝的空位中正电子寿命约为 228 ps，而"自由态"的寿命约为 172 ps。缺陷增多，正电子束缚态湮没概率增大，长寿命湮没的强度增大，它的相对强度反映缺陷的浓度。多普勒加宽参数 s 也随着位错增多而增大。根据上述湮没特性的变化，可以分析缺陷的数量变化。

6.6.4 正电子湮没技术的应用

由于正电子湮没与缺陷有上述关系，故正电子湮没技术是一种用于研究缺陷较理想的方法。通过对缺陷的分析，可研究形变、相变和辐照损伤，以及杂质对微观结构的影响等金属学问题。

1. 马氏体相变的研究

在马氏体相变过程中所产生的缺陷和由此产生的局部应变在马氏体中是不稳定的，它将随着外界温度的改变而发生变化。所以相变过程中缺陷情况很难用常规结构分析方法探测到。但是用正电子湮没技术可以分析缺陷的变化情况，揭示出正、反向马氏体转变的一般特征。

例如，$w(\mathrm{Ni}) = 2.95\%$ 的铁镍合金分析表明，冷却过程中由 F.C.C 转变为 B.C.C 结构，正电子寿命没有变化，如图 6.23 所示。它意味着没有产生捕获正电子的缺陷。可以设想，这种转变是通过孪晶机制进行的，孪晶界不能吸引正电子，但在反向转变时，正电子平均寿命显著地增高，说明在转变过程中产生了大量位错。关于马氏体相变方面已进行了不少研究工作。

2. 时效的研究

时效过程中沉淀析出对正电子湮没有强烈的影响。正电子湮没是研究时效的一种重

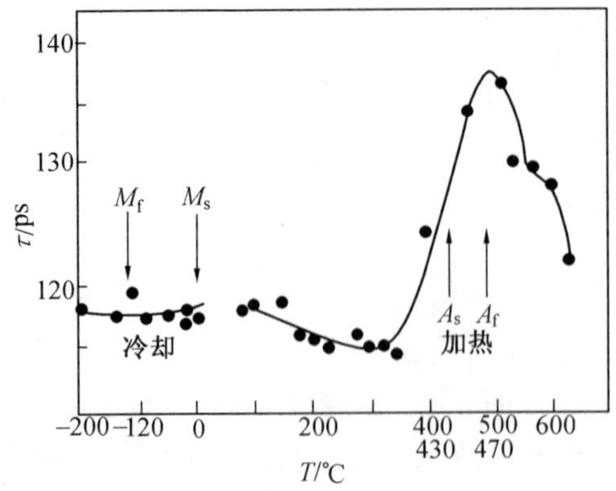

图 6.23 正电子寿命和马氏体相关的关系

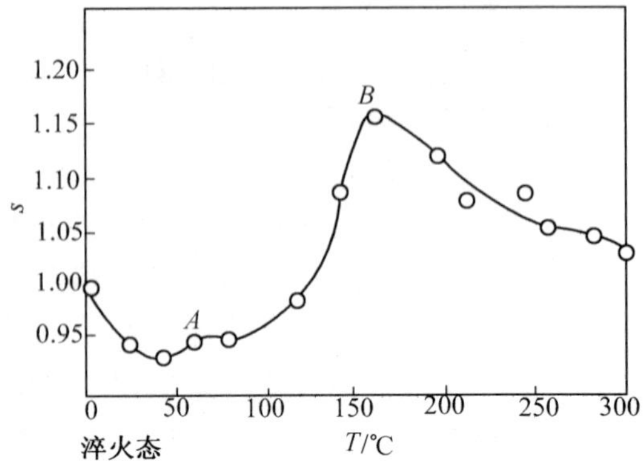

图 6.24 多普勒加宽参数和等温的时效温度的关系(w(Zn) = 10.3% 的铝合金,时效前经 300℃ 加热,2 h 淬火到 0℃)

要方法,这方面开展过许多研究工作。正电子和溶质原子的亲和力很强,G.P.区和沉淀相与基体相构成的大角晶界均能捕获正电子,使线形参数 s 显著增大。

例如,将 w(Zn) = 10.3% 的铝合金加热到 300℃,保温 2 h,淬火后进行时效,测量出电子湮没线型参数 s,所得结果如图 6.24 所示。曲线表明,峰 A 对应于形成 G.P.区;峰 B 对应于沉淀出 θ' 和 θ 相。

3. 研究辐照效应

由于辐照使材料中产生空位型缺陷,所以正电子湮没特别适合研究辐照效应。用这种方法可以粗略估计空位团的大小及相对浓度,还能揭示缺陷变化的情况。此外,正电子湮没技术所用样品不受限制,适于作现场测量,并且应用的温度范围也较宽,因此对研究缺陷随温度变化的运动过程十分方便。迄今,用这种方法已对铜合金、铁合金、镍合金、铌合金,以及铌 - 钴合金等进行了大量的研究工作。

正电子湮没技术还用于研究氢脆、钢中的氢损伤、金属断裂塑性区的缺陷分布状态以及形变等问题。此外非晶体材料研究方面的应用也在不断扩大。

6.7 中子散射及其应用

6.7.1 散射原理

中子是电中性粒子,它具有波动性。常用的热中子波长约为 10 ~ 100 nm,相当于金属的原子间距。

中子束通过金属时会被散射。中子散射分为两种性质:一是弹性散射,即散射前后中子的能量不发生变化;二是非弹性散射,即散射时中子的能量产生损耗或者增大。

1. 核散射

中子束通过金属时不受电场的影响,但要受到原子核的影响,而产生核散射。对多数材料来说,基本散射体就是原子核。通常中子发生散射的特性可用散射长度 l_b 表示,l_b 的量纲为长度，金属的散射长度约为 10^{-12}cm 数量级。

几种常见金属的散射长度见表 6.1。

表 6.1　常见金属的散射长度 l_b　　10^{-12}cm

V	Cr	Mn	Fe	Co	Ni	Cu	Zn
－0.05	0.35	－0.36	0.96	0.25	1.03	0.79	0.59

由上表 6.1 可知，周期表中相邻元素间中子散射长度的变化没有固定规律，正是这一特性使它对相邻元素的鉴别能力比 X 射线高得多。

由于中子的波长与原子间距的数量相当，所以 X 射线的衍射规律都适用于中子束。当用中子束照射晶体时，散射中子的衍射规律服从布拉格方程 $n\lambda = 2d\sin\theta$，它是利用中子衍射技术分析合金微观结构的基础。

2. 磁散射

中子具有磁矩，当它与一个具有磁矩的原子相互碰撞时，由于磁的相互作用也会产生散射，这种散射称为磁散射。核散射和磁散射同时存在时，两个散射效应可相互叠加。磁散射取决于被研究金属原子的磁性，即受散射体原子和离子磁矩大小及方向的影响。

对于磁散射，通常也用一个磁散射长度 l_p 表示原子或离子的磁散射特性，它的量纲是长度单位。不同金属的磁散射长度也有明显的差异，例如，铁的 l_p 值是 0.6×10^{-12}cm，钴为 4.7×10^{-12}cm，镍为 0.16×10^{-12}cm。

以上所说的核散射和磁散射均属于弹性散射。另外，考虑到热中子的能量与分子或原子的平均振动能量相当，所以中子与分子（原子）相互碰撞时能量可以发生交换，由此可引起中子的波长发生变化，这就是热中子的非弹性散射。

6.7.2　中子散射的测量

中子散射技术应用中有两种测量方法，即中子衍射法和飞行时间法。

1. 中子衍射测量

中子衍射分析用衍射仪原理图，如图 6.25 所示。由于这种分析需要一个高通量的中子源，所以衍射仪必须安置在核反应堆处，由反应堆供给高通量中子束，当中子束照射到单色化的晶体上时，便产生单波长的中子束，用这个中子束照射样品时，便会被晶体衍射，衍射的中子由 BF_3 计数器进行检测，并将信息输入计数电路和数据分析系统进行处理。完成一个结构分析，需要改变计数器相对于试样的角度测量，要收集上千个数据，然后根据衍射图样对结构进行分析。

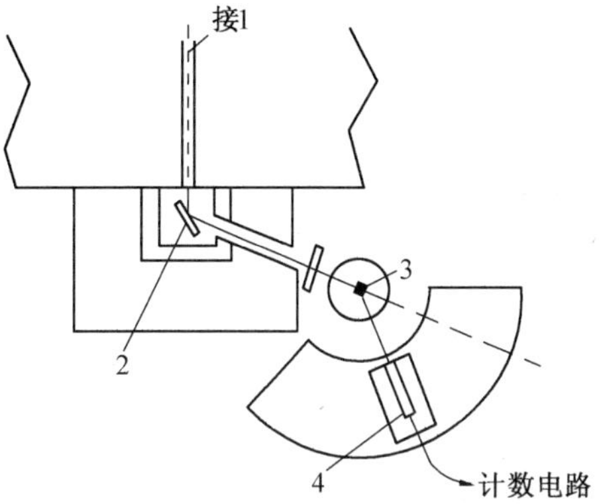

图 6.25　中子衍射仪测量原理图
1— 核反应堆；2— 单色器；
3— 试样；4—BF_3 计数器

中子衍射常采用粉末和多晶试样，体积大约是 1 cm^3。

2. 飞行时间测量法

飞行时间法是在反应堆放出中子束的通路上，加入一个斩波器（闸门），用以产生脉冲中子束，中子束被试样散射之后，用一个放置在几米远处的探测器测量中子经固定路径所需要的飞行时间，这一飞行时间实质上代表散射中子的动量和能量。此法用于分析非弹性碰撞。

6.7.3 中子散射的应用

相对于X射线和电子衍射来说，中子衍射有鉴别力高、穿透性强、对磁结构反应灵敏等优点，它是X射线和电子分析技术的一个重要发展。不足之处是必须有高通量的中子源供给中子束，所需设备庞大，造价昂贵，并且实验所需要的时间较长。所以，一般当用其他分析方法无法解决时，才采用中子散射设备进行分析。

1. 确定晶体的结构

轻元素对X射线和电子的散射能力很弱，所以要确定轻元素在点阵中的晶位，上述方法都不好用。但轻元素对中子的散射长度较大，因此，可以借助于中子衍射技术进行分析。在这方面曾经对锆和铑的氢化物结构，以及氢在晶体中的位置进行过测定。

X射线和电子散射长度随原子序数增加而逐渐地增大，因此它对周期表中相邻元素的鉴别能力很差。如前所述，相邻元素的中子散射长度都有明显的差别，因此，它能把相邻元素引起的衍射线明显地区分开来。在铁-钴合金有序-无序转变和Al、Cr、Mn、Ni等元素对铁-钴合金长度有序结构影响的研究中，测量结果证明，它是一种很有效的方法。

此外，利用中子散射飞行时间的测量，研究非晶态合金$Fe_{80}P_{13}C_7$的结构也取得了较好的效果。

2. 研究晶体的磁结构

中子衍射最重要的应用是研究材料的磁结构，它是直接测量原子磁结构的唯一方法。利用中子衍射可以确定铁磁及反铁磁体中原子磁矩的有序分布情况。从磁散射的强度可以分析出原子磁矩的大小，因此中子衍射对研制新的磁性材料有极为重要的价值。迄今用这种方法已经对Fe-Si、Fe-Al、Fe-Ni及稀土钴等合金进行过大量的研究工作。

3. 缺陷分析

除上述一些应用外，中子衍射技术还应用于分析空位和形变引起的缺陷。在应用此法分析缺陷时，所用中子的波长要比晶体的面间距大一倍以上，即所谓长波中子。在这种情况下，不再产生布拉格反射，于是散射花样只取决于金属中的缺陷，从而可以鉴别缺陷的性质与分布情况。

习　题

1. 一放射性核素的平均寿命为10 d，试问经过5 d衰变的数目以及在第五天内发生衰变的数目是原来的多少（百分比）？

2. 已知1 mg ^{238}U每分钟放出740个α粒子，试计算1 g ^{238}U的放射强度（已知^{238}U的半衰期$T_{\frac{1}{2}}=4.5\times10^9 a$）。

3. 简述穆斯堡尔效应及其应用。

参考文献

[1] 陈树川,陈凌冰.材料物理性能[M].上海:上海交通大学出版社,1999.
[2] 田莳.材料物理性能[M].北京:北京航空航天大学出版社,2004.
[3] 关振铎,张中太,焦金生.无机材料物理性能[M].北京:清华大学出版社,1992.
[4] 宋学孟.金属物理性能分析[M].北京:机械工业出版社,1983.
[5] 陈宜生,周佩瑶,冯艳全.物理效应及其应用[M].天津:天津大学出版社,1996.
[6] 吴南屏.电工材料学[M].北京:机械工业出版社,1993.
[7] 施密特 J.材料的磁性[M]. 中科院物理所磁学室,译.北京: 科学出版社, 1978.
[8] 内山晋,等.应用磁学[M]. 姜恩永,译. 天津: 天津科学技术出版社, 1983.
[9] 李大明.磁场的测量[M].北京:机械工业出版社,1993.
[10] 杨嘉祥,池晓春.电工电子材料物性理论[M].北京:机械工业出版社, 1996.
[11] 王从曾,等.材料性能学[M].北京:北京工业大学出版社,2001.
[12] 陈洪荪.金属材料物理性能检测读本[M].北京:冶金工业出版社,1984.
[13] 杨家福,等.原子核物理[M].上海:复旦大学出版社,1993.
[14] 梅文余.动态磁性测量[M].北京:机械工业出版社,1985.
[15] 刘恩科.半导体物理[M].北京:国防工业出版社,1994.